Prestel-Museumsführer

TMW
Technisches Museum Wien

Prestel
München · Berlin · London · New York

Herausgeberin: Gabriele Zuna-Kratky

Titelfoto: TMW – Technisches Museum Wien
Umschlagrückseite: Haswell'sche Schmiedepresse

Bildnachweis: Alle Fotos Peter Sedlaczek TMW oder TMW-Archiv; mit Ausnahme von Foto Donhauser: 29, 33 o., 98, 148, 149, 150; VOEST-ALPINE Erzberg: 53 u.; Österreichisches Institut für Zeitgeschichte – Wien, Bildarchiv: 65; VEÖ/Graf: 83, 85; Foto Deutsches Museum München: 118; Hertha Hurnaus: 122, 123; Margherita Spiluttini: 138; Foto: Prof. Gary S. Settles, Penn State University, USA: 146

Textbeiträge:
Peter Donhauser (DoP),
Manuela Fellner (FeM),
Barbara Hafok (HaA),
Beatrix Hain (HaB),
Reinhard Keimel (KeR),
Karl Heinz Knauer (KnK),
Helmut Lackner (LaH),
Otmar Moritsch (MoO),
Roswitha Muttenthaler (MuR),
Lisa Noggler (NoL),
Wolfgang Pensold (PeW),
Gerhard Schaukal (ScG),
Hannelore Stöckl (StH),
Manfred Tragner (TrM),
Hubert Weitensfelder (WeH),
Gabriele Zuna-Kratky

Redaktion: Helmut Lackner
Koordination: Barbara Pilz

Prestel Verlag
Mandlstraße 26, D-80802 München
Tel +49/89/38 17 09-0
Fax +49/89/38 17 09-35
e-mail: vertrieb@prestel.de
www.prestel.de

Lektorat: Cornelia Greiner
Satz, Gestaltung: Bernd Hüller
Lithografie: Repro Ludwig, Zell am See
Druck und Bindung: Passavia, Passau

Printed in Germany
ISBN 3-7913-2659-7

Informationen

TMW – Technisches Museum Wien
Mariahilfer Str. 212
A-1140 Wien

Telefon: +43/1/8 99 98-60 00 (Information)
+43/1/8 99 98-30 01 (Führungen)
Fax +43/1/8 99 98-11 11
E-Mail: mbox@tmw.ac.at
Web: www.tmw.ac.at

Der Lesesaal von Archiv und Bibliothek ist frei zugänglich.

Inhalt

Vorwort

Seit der Neueröffnung 1999 zeigt sich das Technische Museum Wien (TMW) »wunderbar wandelbar«. Entwicklungen und Grundlagen der Technik werden hier verständlich gemacht. Das TMW präsentiert sich als Erlebnismuseum und wird so auch zum Ort der Auseinandersetzung mit aktuellen Fragen.

Die lange Tradition des Hauses und seiner Sammlungen macht es möglich, Alt und Neu einander gegenüberzustellen. Es wird die Gelegenheit genutzt, historische Objekte mit modernen Ansätzen und Zugängen zu verbinden. So findet der Besucher Modelle aus dem 19. Jahrhundert neben Hands-on-Modellen, die zum Anfassen anregen. Mit diesem Anspruch entwickeln wir laufend Angebote für Jung und Alt – Führungen, museumspädagogische Aktionen, »Camp-Ins«. Für unsere Besucher von drei bis sechs Jahren haben wir mit dem Mini-TMW einen eigenen Erlebnisraum gestaltet.

Bis es so weit war, musste viel passieren. Der Neugestaltung der Schausammlung war eine Generalsanierung des Gebäudes vorausgegangen.

Zu den bereits eröffneten Bereichen zählen »Natur und Erkenntnis«, »Technikbilder«, »Schwerindustrie«, »Energie«, »Musikinstrumente«, und »Verkehr«. Ende 2002 werden auch die »medien.welten« zum Thema Kommunikation und Information zugänglich sein. In den folgenden Jahren dann wird die Wiedereinrichtung des TMW mit den Themen »Produktionstechnik«, »Lebensräume«, »Sehen und Verstehen« abgeschlossen sein.

Neben der Präsentation nimmt das Museum auch die Aufgaben des Sammelns und Bewahrens wahr. Archiv und Bibliothek sind dafür ebenso unverzichtbar wie die Depots. So befindet sich das Technische Museum Wien in einem dauernden Prozess der Veränderung.

Wir nehmen unseren Bildungsauftrag als einziges umfassendes Technikmuseum Österreichs und drittgrößtes Technikmuseum Europas sehr ernst und freuen uns auf Ihren nächsten Besuch in unserer Schausammlung und in den wechselnden Sonderausstellungen.

Gabriele Zuna-Kratky

Zur Geschichte des Museums

TECHNISCHES MUSEUM FÜR INDUSTRIE UND GEWERBE IN WIEN

AUFRUF

Das sechzigjährige Regierungsjubiläum Seiner Majestät des Kaisers bot der österreichischen Industrie den Anlass, ein TECHNISCHES MUSEUM FÜR INDUSTRIE UND GEWERBE zu errichten, das die mächtige Entwicklung der technischen, industriellen und gewerblichen Arbeit in Österreich darstellen und ein dauerndes Denkmal der Regierungszeit Seiner Majestät des Kaisers Franz Joseph I. bilden soll. Der Plan der Gründung eines Technischen Museums fand einmütige Zustimmung. Vertreter der Wissenschaft, Technik und Industrie erklärten sich zu ideeller und materieller Arbeit bereit. Dank dem Opfersinne der industriellen, gewerblichen und technischen Kreise, in reicher Weise gefördert durch Staat und Stadt, gelang es in kurzer Frist, die erforderlichen Mittel

Erste Seite des Aufrufs zur Gründung eines Technischen Museums für Industrie und Gewerbe in Wien, um 1909. Druck

Technische Sammlungen als Vorläufer des Museums

Den Grundstock der heutigen Sammlungen des Technischen Museums Wien bildet die durch das kaiserliche Handschreiben vom 11. September 1807 begründete Sammlung des »Fabriksprodukten-Kabinetts«. Der Aufbau einer Sammlung von »Musterstücken und vorzüglichen Fabrikaten« hatte den Zweck, »durch die Aufstellung charakteristischer Muster aus sämmtlichen Erzeugnissen der nützlichen Künste eine Uebersicht sowohl des gegenwärtigen Zustandes der Vervollkommnung in diesen Arbeiten als auch des allmählichen Fortschreitens derselben, und dadurch ein Bild der Kulturstufe des inländischen Industriezustandes zu gewähren«. Die ursprünglich provisorisch in einem Privathaus untergebrachte Sammlung wurde 1815 zusammen mit dem unter Kaiser Franz I. gegründeten »Physikalisch-astronomischen Kabinett« dem Polytechnischen Institut, dem Vorläufer der heutigen Technischen Universität Wien, eingegliedert. In der von Johann Joseph Prechtl 1817 ausgearbeiteten Verfassung des Polytechnischen Instituts wird festgelegt, dass sich diese Institution nicht nur als technische Lehranstalt, sondern auch erstmals als »Technisches Museum« benanntes »Konservatorium für Künste und Gewerbe« und als ein »Verein zur Beförderung der Nationalindustrie« verstand. Diese Sammlungen umfassen in der technischen Abteilung die »Chemische Präparaten- und Fabrikaten-Sammlung«, das »Mathematische Kabinett«, das »Physikalische Kabinett«, die »Modellensammlung«, die »Mathematische und mechanische Werkstätte«, das »Fabriksprodukten-Kabinett« sowie in der kommerziellen Abteilung die »Sammlung für Warenkunde« und die »Sammlungen der Realschule« sowie eine Kartensammlung.

Die Verfassung des Polytechnischen Instituts wies dem »Fabriksprodukten-Kabinett« einen klar umrissenen Aufgabenbereich zu. Die Sammlung verfügte 1816 über 6000, 1829 bereits über 30 000 Inventarnummern. Anfang der 1840er Jahre wurde die ursprünglich eigenständige Sammlung mit der »Technisches Kabinett« genannten Produktensammlung Kaiser Ferdinands I. sowie mit anderen Sammlungen zum »Technologischen Kabinett« vereinigt. 1912 wurden insgesamt 19 311 nicht mehr für die Lehrtätigkeit benötigte Inventarnummern oder 44 341 Stück aus diesem Bestand der Sammlung ausgemustert und leihweise dem neu gegründeten Technischen Museum überlassen.

Gründungsidee und Museumsleitbild

Die Entstehung des Technischen Museums Wien ist eng mit dem Wirken von Wilhelm Franz Exner (1840–1931) verbunden, der bereits seit seinem Besuch der Pariser Weltausstellung 1867 die Idee verfolgte, ein großes österreichisches technisches Museum einzurichten. Der an der Wiener Hochschule für Bodenkultur tätige Professor für Mechanik prägte wesentlich das österreichische Materialprüfungs- und Normungswesen sowie die österreichische Ausstellungs- und Museumslandschaft.

Max Hegele, prämierter Projektentwurf, Perspektive, 1909. Aquarell

Im Rahmen der Wiener Weltausstellung 1873 organisierte Exner unter anderem auch eine »additionelle Ausstellung der Gewerbe und Erfindungen Österreichs«. Seine Idee, diese reichhaltige Sammlung an Objekten und Dokumenten zur Geschichte von Gewerbe und Erfindungen als Grundstock für ein technisches Museum zu erhalten, konnte er aber nicht verwirklichen.

Mit Unterstützung des Niederösterreichischen Gewerbevereins gründete Exner schließlich 1879 das »Technologische Gewerbemuseum«. Diese erste höhere technische Lehranstalt Österreichs war von Anfang an auch mit einem Museum verknüpft. Die Schwerpunkte lagen – Exners Ambitionen entsprechend – auf den Gebieten Holztechnologie und technisches Versuchswesen. 1893 begründete Exner, wiederum mit Unterstützung des Niederösterreichischen Gewerbevereins, das »Museum der Geschichte der österreichischen Arbeit«. Reichlich ausgestattet mit Objekten des Technologischen Kabinetts widmete es sich der Technik und Industrie in Österreich und wurde dem »Technologischen Gewerbemuseum« angegliedert.

Parallel zu diesen damals privaten Institutionen erfolgte die Gründung weiterer technikhistorischer Museen mit staatlichem Charakter: 1885 das »k.k. Historische Museum der österreichischen Eisenbahnen«, 1889 das »k.k. Postmuseum« und 1890 das »Gewerbe-hygienische Museum«. All diese Museen waren organisatorisch getrennt, über ganz Wien verstreut und verfügten nur über unzureichende Ausstellungsmöglichkeiten. Die Idee, diese Museen zu einer Ausstellungseinheit unter einem Dach zu vereinen, bildete eine der treibenden Kräfte für die Gründung des Technischen Museums.

Das Technische Museum kann durchaus auch als Ergebnis einer gescheiterten Gewerbeausstellung interpretiert werden, die zum 60-jährigen Regierungsjubiläum Kaiser Franz Josephs I. 1908 in Wien geplant war und somit in Konkurrenz zu einer bereits in Vorbereitung befindlichen Industrieausstellung in Prag stand. Die Ambitionen der Wiener Ausstellungsplaner wurden aus politischen Überlegungen geschickt umgelenkt. Dazu griff man die Idee Exners wieder auf, statt einer Jubiläumsausstellung ein technisches Museum für Industrie und Gewerbe als Institution von bleibendem Wert zu errichten. Bereits im Juni 1907 konstituierte sich ein »Vorbereitendes Komitee zur Schaffung eines Technischen Museums für Industrie und Gewerbe in Wien«, das sich aus Vertretern der drei industriellen Verbände, des Niederösterreichischen Gewerbevereins und des Elektrotechnischen Vereins zusammensetzte. Zum Obmann des Komitees wurde der Industrielle Arthur Krupp gewählt. Als finanzielle Grundlage wurde eine staatliche Subvention von 30 Prozent des Gesamtaufwandes, höchstens aber eineinhalb Millionen Kronen gewährt. Die Gemeinde Wien stellte den Baugrund und einen zusätzlichen Betrag von einer Million Kronen als Zuschuss zu den Baukosten zur Verfügung. Der Restbetrag musste über Spenden aufgebracht werden.

Das Museum im Bau, um 1910. Fotografie

Das Komitee wurde im darauf folgenden Jahr durch einen »Arbeitsausschuss für die Errichtung des Technischen Museums für Industrie und Gewerbe in Wien« ersetzt. Dieser legte 1908 eine Programm- und Werbeschrift auf, die den Werdegang der Gründungsbemühungen bis zu diesem Zeitpunkt dokumentiert und die programmatischen Leitlinien enthält. Neben dem Conservatoire des Arts et Métiers in Paris und dem Science Museum in London bildete das 1903 gegründete Deutsche Museum München das große Vorbild für das Wiener Projekt. Zwischen München und Wien gab es in den Gründungsjahren intensiven Erfahrungsaustausch, insbesondere zwischen Exner und Oskar von Miller.

Im Technischen Museum Wien sollten die technischen Entwicklungen von Industrie und Gewerbe anschaulich dargestellt und durch die jeweils neuesten Errungenschaften ergänzt werden. Objekte und Sammlungen österreichischer Provenienz sollten bevorzugt werden. Exponate nicht-österreichischer Herkunft sollten nur dann berücksichtigt werden, wenn diesen eine entwicklungsgeschichtliche Bedeutung für die industrielle und gewerbliche Produktion zukam. Weiters wurde Wert darauf gelegt, nicht Einzelobjekte, sondern vollständige Objektreihen zu präsentieren, die entweder Arbeitsverfahren oder Arbeitsprozesse veranschaulichten. Neben der Beschaffung von Objekten oder deren Nachbildungen sollten auch Beschreibungen und Publikationen gesammelt werden. Zur Popularisierung des Museums waren Vorträge und Fachausstellungen geplant.

Wilhelm Franz Exner (1840–1931). Ölgemälde

Ludwig Erhard (1863–1940). Fotografie

1909 wurde der »Verein Technisches Museum für Industrie und Gewerbe« gegründet, der aus den Organisationseinheiten Generalversammlung der Mitglieder, Kuratorium als Vorstand und Direktorium als Exekutivorgan bestand. Dem Direktorium war ein Fachkonsulenten-Kollegium als Beirat zur Seite gestellt, dessen fast 900 Mitglieder sich aus Vertretern von Wissenschaft, Industrie und Gewerbe sowie der staatlichen Verwaltung zusammensetzten.

Das Museumsgebäude bildete das Ergebnis eines Architektenwettbewerbs, dem ein Vorentwurf von Emil Ritter von Förster zugrunde lag. An diesem Wettbewerb beteiligten sich 24 Architekten – darunter so namhafte wie Max Freiherr von Ferstel, Adolf Loos und Otto Wagner – mit 27 Entwürfen. Die Entscheidung fiel für Hans Schneider, dessen Entwurf dem des 1909 verstorbenen von Förster am nächsten kam. Die festliche Grundsteinlegung durch Kaiser Franz Joseph I. erfolgte am 20. Juni 1909. Der ursprüngliche Bauplan wurde aus finanziellen Gründen auf etwa ein Drittel reduziert. Der Baubeginn erfolgte Anfang Juni 1910, der Rohbau – einer der ersten Stahlbetonbauten Österreichs – wurde mit eineinhalbjähriger Verspätung Ende 1912 fertig gestellt.

Einrichtung und Eröffnung

Ludwig Erhard (1863–1940), von 1913 bis 1930 erster Direktor des Technischen Museums, prägte entscheidend die Organisations- und Ausstellungsplanung. Erhard widmete sich insbesondere der Aufgabe, die Sammlungen zu requirieren und zu sichten. Bereits 1912 wurden wesentliche Sammlungskörper aus dem öffentlichen Bereich übernommen, so die Bestände des »Gewerbe-hygienischen Museums«, des »Technologischen Kabinetts« der Technischen Hochschule, des »Museums der Geschichte der österreichischen Arbeit«, der »Salinenverwaltung«, der

»Sammlung von Maßen und Gewichten der k.k. Normalausgleichskommission« und die »Modellensammlung der k.k. Landwirtschaftsgesellschaft«. Das »k.k. Historische Museum der österreichischen Eisenbahnen« und das »k.k. Postmuseum« übersiedelten 1914 ins Museumsgebäude, blieben aber bis 1980 eigenständige Verwaltungseinheiten.

Mit der Aufstellung von Objekten in den Ausstellungssräumen konnte 1914 begonnen werden. Das Erdgeschoss war dem Verkehrswesen gewidmet, im ersten Geschoss wurden verschiedene Gewerbezweige und im zweiten die Themen Brückenbau und Vermessungswesen präsentiert. Im Untergeschoss entstand ein Schaubergwerk.

Vor allem Wilhelm Franz Exner drängte auf eine möglichst rasche Eröffnung des Museums noch vor der endgültigen Fertigstellung. So wurden am 6. Mai 1918 die Tore des Museums für Ausstellungsbesucher-

Führungsgruppe in der Mittelhalle, nach 1918. Fotografie

Innen formlos geöffnet. Die Bespielung der kompletten Ausstellungsflächen zog sich jedoch infolge von Personal- und Finanzknappheit noch über weitere zwei Jahrzehnte hin und erfolgte in mehreren Etappen.

Museumsbetrieb nach 1918

Die Entwicklung des Museums nach 1918 ist wesentlich geprägt von den politischen und wirtschaftlichen Ereignissen. Das ursprünglich von einem Verein getragene Museum wurde 1922 verstaatlicht und dem Bundesministerium für Handel und Gewerbe unterstellt. In den 1930er Jahren versuchte das Museum mit Kursen und Vorträgen über aktuelle technische Neuerungen volksbildnerisch tätig zu sein.

Zweites »Gläsernes Gehirnmodell«, konstruiert von Direktor Josef Nagler, 1953. Fotografie

In diese Zeit fällt auch die Institutionalisierung des »Österreichischen Forschungsinstituts für Geschichte der Technik«. Das ursprünglich als private Forschungseinrichtung konzipierte Institut nahm unter Leitung von Ludwig Erhard am 1. Juli 1931 am Museum seine Tätigkeit auf und wurde zunächst von freien Mitarbeitern mit technikgeschichtlichen Quellen versorgt. Ergebnisse der Sammlungs- und Forschungstätigkeit wurden ab 1932 in den »Blättern für Geschichte der Technik«, seit 1939 »Blätter für Technikgeschichte«, publiziert. Kurz nach dem Tod Erhards wurde das Institut verstaatlicht und in das Museum integriert.

Ab 1938 fanden verstärkt nationalsozialistisches Gedankengut und Terminologie Eingang in das Museum. Unmittelbar nach der Machtübernahme gab es Gespräche über eine Einbindung des Museums in das Haus der Deutschen Technik unter Leitung des deutschen Ingenieurs und nationalsozialistischen Politikers Fritz Todt. Dabei hatte man der Wiener Sammlung vor allem den Auftrag einer »Südost-Mission für Deutsche Technik« zugedacht. Reorganisationspläne und eine massive bauliche Erweiterung des Wiener Museums um ein Verwaltungs- und Ausstellungsgebäude wurden nicht umgesetzt. Nach Auflösung der österreichischen Ministerien wurde das Museum unmittelbar dem Reichsstatthalter von Wien unterstellt. Die wissenschaftliche Leitung des Technischen Museums gemeinsam mit dem Naturhistorischen Museum und dem Volkskundemuseum übernahm Anfang 1939 Hans Kummerlöwe, der Direktor des Dresdener Tierkundemuseums, der dieses Amt aber nur kurze Zeit innehatte.

Die Kriegsjahre 1939 bis 1945 und die Auslagerung der wertvollsten Bestände überstand das Museum fast unbeschädigt. Nach dem Rücktransport der Objekte konnte das Technische Museum als erstes großes Wiener Museum am 14. Oktober 1945 wieder eröffnet werden.

Enthüllung der Nikola-Tesla-Büste vor dem Museum, 1952. Fotografie

Von einer Erweiterung der Ausstellungsflächen in den 1950er Jahren abgesehen, wurden bis in die 1980er Jahre praktisch nur Instandsetzungsarbeiten durchgeführt. 1992 wurde somit auch ein veraltetes Museum im Museum geschlossen und eine Generalsanierung in Angriff genommen.

Das 1999 wieder eröffnete Museum wurde mit dem 1. Januar 2000 aufgrund des Bundesmuseen-Gesetzes (1998) zu einer rechtlich selbstständigen »Wissenschaftlichen Anstalt öffentlichen Rechts des Bundes«. *FeM*

Aufstellung der ersten Kaplan-Turbine vor dem Museum, 1960. Fotografie

Generalsanierung

Renovierungsarbeiten an der Südfassade des Technischen Museums Wien

1918, im Jahr der Eröffnung, entsprach das Gebäude des Technischen Museums Wien als Stahlbetonskelettbau mit modernster Haustechnik dem damals aktuellsten Stand der Technik. Zwar hatte der Bau im Zweiten Weltkrieg keine Bombentreffer zu verzeichnen, aber jahrzehntelange Nutzung und Vernachlässigung ihre Spuren hinterlassen. In den 1980er Jahren waren die Abnutzungserscheinungen, für Außenstehende vor allem an der Fassade ablesbar, nicht mehr zu übersehen. Da aber nicht nur das Technische Museum Schäden aufwies, sondern mehr oder weniger praktisch alle großen Bundesmuseen, begann in den 1980er Jahren unter dem Schlagwort »Museumsmilliarde« eine kulturpolitische Diskussion zur Sanierung dieser Museen.

Den Auftakt der für das Technische Museum geplanten Maßnahmen bildete in den späten 1980er Jahren die Ausschreibung eines Architektenwettbewerbs für einen Erweiterungsbau im Westen, in dem vor allem die Sammlung »Verkehr« untergebracht werden sollte. Zwar wurde 1990 die Architektengruppe »Atelier in der Schönbrunnerstraße« von der Jury als Sieger ausgelobt, doch verhinderten in der Folge finanzielle und technische Gründe eine Realisierung des Projekts.

Damit konzentrierten sich alle weiteren Überlegungen auf die Sanierung des bestehenden Gebäudes. Die kurzfristig angedachte Variante, in mehreren Phasen vorzugehen und die bestehende Schausammlung nach und nach innerhalb des Hauses umzusiedeln, wurde rasch als zu aufwendig und teuer wieder verworfen. Zudem wies nicht nur das Gebäude, sondern auch die Schausammlung deutliche Schäden auf und entsprach wissenschaftlich längst nicht mehr internationalem Standard. Außerdem waren die noch aus der Anfangszeit stammenden Asbestzementplatten zu entsorgen.

Die Kuppel der Osthalle wird auf Dachniveau angehoben

Als das Museum dann im September 1992, als Voraussetzung für die geplante Generalsanierung, geschlossen wurde, stand deshalb die vollständige Räumung des Gebäudes bereits fest. Die nach einer internen Erfassung durchgeführte Verlagerung der Schausammlung, der Werkstätten, der Büros, der Depots im Dachgeschoss sowie von Archiv und Bibliothek in das Ausweichquartier in Wien-Breitensee (ehemaliges Philips-Gelände) durch die Spedition Horst Auer galt als einer der größten Transportaufträge der Zweiten Republik. Mit Ausnahme von drei Maschinen im Nordteil der Mittelhalle, die aus technischen Gründen an ihrem Standort verblieben, war das Gebäude bis 1994 leer geräumt.

Die Bautätigkeit begann mit der Entkernung, also mit dem Abbruch aller seit 1918 erfolgten Einbauten. Ziel war es, die ursprüngliche Architektur wiederherzustellen. Ebenso wurden die veralteten Haustechnikanlagen, wie etwa die Kohle-Dampfheizung und die gesamte Wasser- und Elektroinstallation, sowie alle Fußböden entfernt. Abgesehen von der Sanierung des Bestands umfasste das Projekt auch Maßnahmen zur Verbesserung der Infrastruktur und zur Erweiterung der Nutzflächen durch einige, zum Teil spektakuläre bauliche Veränderungen.

In dem seit der Eröffnung 1918 als Depot genutzten Dachgeschoss erhielten nach dem Umbau alle MitarbeiterInnen neue Büros. (Die alten

Der restaurierte Festsaal

waren zwischen den Ausstellungen über das zweite Stockwerk verteilt gewesen.) Außerdem beherbergt das Dachgeschoss jetzt den Lesesaal der Bibliothek sowie Werkstätten für Ausstellungsvorbereitungen und Restaurierungen. Die vor der Schließung im Keller untergebrachten Museumswerkstätten für Holz- und Metallbearbeitung mit ihren unzumutbaren Arbeitsbedingungen übersiedelten im Zuge der Generalsanierung in neue Stahl-Glas-Anbauten an der Nordfassade. Beide wurden auch mit den modernsten Maschinen ausgestattet und durch eine Lackiererei, Sandstrahlerei und Lagerräume im darunter liegenden Kellertrakt ergänzt. Bleiben diese Veränderungen normalerweise dem Museumsbesucher vorenthalten, so gibt es durchaus auch Maßnahmen, die Fragen nach der technischen Machbarkeit provozieren. Das betrifft vor allem die Kuppelhebung und den Einbau der Galerien. In den beiden Seitentrakten des Museums wölbten sich die Glasdächer seit der Eröffnung 1918 direkt über dem Erdgeschoss.

Hauptargument für die nun durchgeführte spektakuläre Anhebung der beiden Kuppeln auf Dachniveau war der deutliche Zugewinn an Ausstellungsfläche durch den Einbau von Galerien in Sichtbetonbauweise. Die millimetergenaue hydraulische Kuppelhebung durch die Firmen »Waagner-Biro« und »Gleisbau« erreichte während der zweijährigen Bauzeit größte öffentliche Aufmerksamkeit.

In der Regel nehmen die Besucher die gelungene Generalsanierung jedoch vor allem in Gestalt der weißen, in der Sonne hell leuchtenden

Fassade, des neu eingedeckten Dachs sowie der unter Anleitung des Bundesdenkmalamtes erfolgten Restaurierung der historischen Innenausstattung wahr. Wesentlich verändert wurde der alte Gesamteindruck auch an der Südfassade: Hier entstand vor dem alten Haupteingang auf Kellerniveau eine von den Architekten des »Atelier in der Schönbrunnerstraße« entworfene gläserne Eingangshalle. Das neue Museumsrestaurant fand in der Säulenhalle des früheren Eingangsbereichs Platz. Meist unsichtbar bleiben dem Besucher hingegen die für das Funktionieren des Museums lebenswichtigen haustechnischen Installationen, wie zum Beispiel der Anschluss an die Fernwärme, sowie der klimatisierte und mit einer Kompaktus-Regalanlage ausgestattete Tiefspeicher für Bibliothek und Archiv.

Bauherr des mit rund 36 Millionen Euro kalkulierten Projekts der Generalsanierung des Technischen Museums Wiens war das Bundesministerium für wirtschaftliche Angelegenheiten, vertreten durch die Bundesbaudirektion Wien als Baudienststelle. Als Bauträger beauftragte das Ministerium die »›Konstruktiva‹, Projektentwicklung und Bauträger GesmbH.«, die Generalplanung erfolgte anfänglich durch Suter & Suter/Dr. Kurt Eckel GesmbH. und ab Mai 1995 durch Herbert Endl und Franz Dinhobl, Ziviling. für Bauwesen. Das neue Technische Museum Wien hat nach der Generalsanierung eine Ausstellungsfläche von rund 22 000 m² und eine Gesamtnutzfläche von ca. 30 000 m².
LaH

Das Technische Museum Wien nach Abschluss der Generalsanierung

Schausammlung

Das Technische Museum Wien zählt zusammen mit den technischen Museen in Paris, London und München zu den klassischen Technikmuseen mit großer Tradition.

Das Museum konnte bei seiner Gründung auf mehreren beachtlichen Vorgängersammlungen aufbauen, unter anderem auf dem von Wilhelm Franz Exner gegründeten »Museum der Geschichte der österreichischen Arbeit«, »dem Gewerbe-hygienischen Museum«, dem Eisenbahn- und Postmuseum oder der »Patriotischen Kriegsmetallsammlung« des Ersten Weltkriegs. Zu den bedeutendsten, ins 18. und frühe 19. Jahrhundert zurückreichenden Beständen gehören die »Modellensammlung der Landwirtschaftsgesellschaft« und vor allem die Sammlungen des ehemaligen Polytechnischen Instituts: die »Maschinen-Modellensammlung«, die Werkzeug-Sammlung sowie das über 50 000 Inventarnummern umfassende »Fabriksprodukten-Kabinett«. Vor einem Vierteljahrhundert übernahm das Museum noch eine umfangreiche, seit der Wiener Weltausstellung 1873 aufgebaute Warenkunde-Sammlung.

Das traditionelle Technikmuseum definiert sich also als Institution mit einem großen Bestand an historischen Originalobjekten in den Ausstellungen und Depots sowie mit Bibliothek und Archiv für die wissenschaftliche Bearbeitung und versucht, alle Bereiche der Technik und deren Auswirkungen abzudecken. Klassische Industrie- und Technikmuseen sammeln und zeigen im Wesentlichen die technische Entwicklung am Beispiel von Verkehr, Energie, Produktionstechnik, Informations- und Kommunikationstechnik, Alltag sowie ergänzend der angewandten Naturwissenschaften.

Am anderen Ende des möglichen Spektrums etablierte sich seit der Eröffnung des Exploratorium in San Francisco 1969 der Typus des Science Centre als Haus mit Hands-on-Objekten aus dem Bereich der Naturwissenschaften. Versucht das Technikmuseum in der Regel die angewandten Naturwissenschaften und die Technik mit ihren Artefakten, den Entstehungsbedingungen und ihrer Anwendung in einen komplexen Kontext einzuordnen, so beschränkte sich das Science Centre lange Zeit auf die Vermittlung naturwissenschaftlicher Grundlagenphänome. Auch wenn beide Museumskonzepte schon für sich allein ihre Berechtigung haben, zeichnet sich zumindest in der europäischen Museumslandschaft seit den 1980er Jahren eine Symbiose ab. Mit der Einrichtung der neuen Dauerausstellungen realisierte auch das Technische Museum Wien die Integration beider Konzepte unter einem Dach.

Als zu Beginn der Generalsanierung des rund 90 Jahre alten Museumsgebäudes der Beschluss fiel, das Haus völlig zu räumen, also auch die alten Ausstellungseinheiten abzubauen und sich damit weitgehend vom immer noch vorhandenen Gründungskonzept zu verabschieden, schuf das verantwortliche Ministerium mit dieser Entscheidung auch die Voraussetzung für eine Neukonzeption der Schausammlung. Vom nutzerspezifischen Budget über insgesamt 18 Millionen Euro standen für die erste Einrichtungsphase, die mit ca. 10 000 m² rund die Hälfte der Ausstellungsflächen umfasste, etwa 12 Millionen Euro zur Verfügung.

Die über Jahrzehnte prägende inhaltliche Ausrichtung, die Positionierung des Museums innerhalb der internationalen Museumslandschaft sowie die finanziellen Bedingungen gaben für die Neueinrichtung der Schausammlungen nach der Generalsanierung den Rahmen vor. Das bedeutete unter anderem die Berücksichtigung der historischen Architektur, die Verwendung der vorhandenen historischen Sammlungsbestände, aber auch der neuesten Vermittlungstechniken sowie inhaltlich ein primär auf der naturalen Technikdimension (nach Ropohl) beruhendes Konzept. Politische, ökonomische und soziale Aspekte der Technik sind demgegenüber immer wieder an exponierten Stellen konzentriert, begründen aber kein neues Paradigma.

Eine wichtige inhaltliche Grundsatzentscheidung erfolgte bereits im Vorfeld der Neueinrichtung Anfang der 1990er Jahre mit der Zusammenfassung der mehr als 30 Sammlungsgruppen zu fünf, später sechs übergreifenden Bereichen. Sie wurde grundsätzlich auch als Vorgabe für die Ausstellungsplanung verstanden:

1. Technisch-naturwissenschaftliche Grundlagen
2. Informations- und Kommunikationstechnik
3. Montanistik, Maschinenbau und Elektrotechnik
4. Handwerkliche und industrielle Produktionstechnik
5. Verkehrswesen
6. Bau-, Alltags- und Umwelttechnik

Die Wiedereinrichtung des Museums nach der Generalsanierung erfolgt in mehreren Schritten. Zum Zeitpunkt der Eröffnung des Hauses im Juni 1999 wurden folgende Ausstellungen der Öffentlichkeit übergeben: »Technikbilder«, »Musikinstrumente«, »Natur und Erkenntnis«, »Schwerindustrie« sowie »Verkehr«. Im Oktober desselben Jahres folgte im Rahmen dieser Phase eins auch die Fertigstellung der Ausstellung »Energie«.

Die weitere Komplettierung der Schausammlung sieht als nächste Etappe die Eröffnung der Ausstellung »medien.welten« (Informations- und Kommunikationstechnik) Ende 2002 vor. Im Planungsstadium befinden sich derzeit die Themen »Lebensräume«, »Produktionstechnik« sowie »Sehen und Verstehen«.

Alle Abteilungen sind in unterschiedlicher Ausprägung einer kontextorientierten Auffassung der Themenaufarbeitung verpflichtet. Dem klassischen Konzept des Technikmuseums entspricht bisher am ehesten die Ausstellung »Schwerindustrie«. Mit Rohstoffgewinnung (Bergbau), Metallerzeugung und Metallverarbeitung im Wesentlichen gegliedert nach technischen Kriterien, basiert sie weitgehend auf dem Bestand an historischen und aktuellen Originalobjekten. Diese Ausstellung vermittelt in erster Linie strukturiertes Wissen über Geschichte und Gegenwart der Schwerindustrie in globaler Perspektive. Darüber hinaus stellt sie das Thema in einen politischen, ökonomischen, sozialen und kulturellen Kontext, dem auch die chronologisch strukturierte Ausstellung »Energie« verpflichtet ist. Hier fällt die Integration von rund 60 interaktiven Objekten besonders auf. Mit der Anordnung von Hands-on-Objekten innerhalb der historischen Ausstellung, also der direkten Kombination von naturwissenschaftlichem Phänomen und technischer Anwendung, bietet die »Energie«-Ausstellung ein Beispiel für eine mögliche Symbiose der beiden musealen Konzeptionen.

Am konsequentesten nutzt die den naturwissenschaftlichen Grundlagen gewidmete Ausstellung »Natur und Erkenntnis« die breite Palette an Vermittlungsmethoden: Einem ausschließlich dem haptischen Erkunden von Fragestellungen zu Inhalten und Methodik der Naturwissenschaften (»Phänomene und Experimente«) im Stil eines Science Centre gewidmetem Einführungsteil steht eine hauptsächlich an historischen Objekten orientierte Ausstellung gegenüber (»Konzepte und Konsequenzen«), die die Entwicklung naturwissenschaftlichen Wissens, seine zivilisatorische Bedeutung und die Konsequenzen für die gesellschaftliche Entwicklung zeigt. Die Hands-on werden ausschließlich dort als didaktisches Hilfsmittel eingesetzt, wo sie das Mittel der Wahl sind. Sie unterscheiden sich sowohl im Design als auch in ihrem Einsatz von interaktiven Objekten in den anderen Ausstellungen.

Organisiert als »Wissenschaftliche Anstalt öffentlichen Rechts«, ist das Technische Museum Wien seit Januar 2000 verstärkt angehalten, durch permanente Optimierung seines Angebots die Attraktivität für potenzielle Besucher zu erhöhen. Zusätzlich zu den Dauer- und zahlreichen Sonderausstellungen bietet das TMW daher für die kleinsten Besucher von drei bis sechs Jahren ein eigenes »Mini-TMW« und für Schüler bis zur 12. Schulstufe ein umfangreiches museumspädagogisches Programm. Führungen für alle Altersgruppen gehören selbstverständlich zum Gesamtangebot.

LaH

Technikbilder

Technikbilder

Jede Zeit hat ihre eigenen Technikbilder. Bewertungen ändern sich laufend: Was gilt als modern oder fortschrittlich? Was hat Bestand, was verliert an Bedeutung? Das Technische Museum Wien zeigte bei seiner Eröffnung 1918 den damals als aktuell und relevant erachteten Stand der Technik in einem ingenieurwissenschaftlichen, auf Entwicklungsreihen gestützten Konzept. Der dabei abgedeckte Zeitraum war nicht sehr groß und umfasste im Wesentlichen die Industrialisierung des 19. Jahrhunderts. Damit war ein bestimmtes Technikbild umrissen: Kraftmaschinen, große Aggregate zur Energieerzeugung, schwere Werkzeugmaschinen und neue Verkehrsmittel wie Dampflokomotiven und erste Flugzeuge stehen symbolisch für diese Zeit, die sich euphorisch der Innovation verschrieben hatte. Dies fand seinen besonderen Ausdruck in den repräsentativen Objekten der zentralen Halle des Museums. Die Architektur spiegelt die Idee der Gründungszeit wider, einen auratischen Raum zur Präsentation technischer Leistungen in Form von Großobjekten zu schaffen.

Das 1999 neu eröffnete Museum trägt der Technikentwicklung im 20. Jahrhundert und dem veränderten Verständnis von Technik Rechnung. Dies gilt insbesondere für die Entstehung völlig neuer Anwendungsbereiche, die zunehmende Globalisierung und Vernetzung sowie die Darstellung der vielfältigen Wechselwirkungen zwischen dem Menschen, seiner natürlichen Umgebung und der Technik und schlägt sich in der Neuaufstellung der zentralen Halle nieder. Mikroelektronik, Massen- und Individualkommunikation, Virtualität und der Einsatz von Computern in vielen Bereichen der menschlichen Lebenswelt, die tiefgreifende Veränderungen unserer Lebens- und Arbeitsbedingungen bewirkt haben, finden symbol- und beispielhaft ihre Darstellung.

Um auf den Wandel von der Industrie- zur Informationsgesellschaft zu verweisen, die sich in den beiden hier skizzierten Technikbildern manifestiert, werden nunmehr in der zentralen Halle des Hauses die Technikbilder der beiden Eröffnungsperioden (1918 und 1999) einander gegenübergestellt. Dabei soll deutlich gemacht werden, wie zeitgebunden die jeweilige Vorstellung davon ist, ob Lösungen als modern oder gar als zukunftsweisend eingestuft werden.

Für das Technikbild der Gründungszeit 1918, das wesentlich durch die Schwerindustrie geprägt war, steht das Symbol »Kraftmaschine«. Im hinteren Hallenteil verblieben daher einige aus der ursprünglichen Aufstellung stammende Maschinen. Prägend für die ehemalige Präsentation waren etwa die zentral platzierte Prick'sche Dampfmaschine oder der Flugapparat Etrich-Taube im Luftraum der Halle.

Die Zeit der Neueröffnung (1999) wird exemplarisch durch die Informations- und Kommunikationstechnik charakterisiert, deren umfassende Auswirkungen das ausgehende 20. Jahrhundert in wirtschaftlicher und sozialer Hinsicht maßgeblich prägten. Wesentliche Voraussetzung für diese Entwicklung sind die Digitaltechnik, visualisiert durch einen Wassercomputer, und die Mikroelektronik, repräsentiert durch einen Mikroprozessor. Für die Kommunikationstechnik in ihrer massenmedialen Form steht stellvertretend ein Fernseh-Regieplatz. Ein besonderes Beispiel für die Informationstechnik stellt die Installation »Invisible Person« dar. Es handelt sich um eine computergenerierte Figur, die – durch intelligente Programme gesteuert – mit dem Besucher interagiert. Die weltweite Vernetzung wird durch einen Nachrichtensatelliten in Originalgröße im Luftraum der Halle symbolisiert.
MoO, MuR

Natur und Erkenntnis

Natur und Erkenntnis
Vom Phänomen zum Konzept

»Phänomene und Experimente«. Ein Blick in die Abteilung

Das Konzept im Überblick

Technik ohne naturwissenschaftliche Grundlagen ist heute undenkbar. Das war nicht immer so. Empirische Lösungen ohne experimentell überprüfbare theoretische Grundlagen standen beispielsweise auch in der Medizin im Vordergrund. Die systematische Anwendung der Naturwissenschaften mit ihren seit dem 17. Jahrhundert entwickelten Methoden reduzierten den zeitintensiven Vorgang der Entwicklung durch Versuch und Irrtum.

Wie kann man aus der Natur Erkenntnisse gewinnen? Die Interpretation von Phänomenen durch Philosophie und Mythologie sind die ältesten Versuche. Erst die Methoden der Naturwissenschaften erzielten wiederholt überprüfbare Ergebnisse, die nachhaltig Denken und Handeln veränderten. Heute besitzen sie globale Bedeutung. Die Grundlagenforschung, die Wirtschaft, die Medizin und leider auch die Waffentechnik nutzen sie intensiv. Den Naturwissenschaften kommt daher eine besondere Verantwortung zu. Die Physik als Leitwissenschaft ist Schwerpunkt der Ausstellung.

Die Abteilung gliedert sich in zwei Bereiche: »Phänomene und Experimente« richtet sich an Besucher, die gern eigene Erfahrungen machen wollen, »Konzepte und Konsequenzen« an jene, die erfahren wollen, wie naturwissenschaftliches Wissen entsteht und wo es Anwendung findet.

Phänomene und Experimente

Experimentieren zählt zu den wichtigsten Methoden der Naturwissenschaften, unbekannte Phänomene zu ergründen. Anhand ausgewählter Demonstrationsexperimente kann man in der Ausstellung selbst versuchen, den Dingen auf den Grund zu kommen. Sieben Hauptthemen laden ein, Fragestellungen nachzugehen, die für die weiteren Abteilungen im Haus von Bedeutung sind. Die Reihenfolge ist nicht zwingend, Interesse am Phänomen und seiner Erklärung steht im Vordergrund.

Beurteilen unsere Sinne objektiv?

Warum benötigt man Messgeräte? Unser Gehirn schätzt Entfernungen und Geschwindigkeiten, Gewichte oder Größen blitzschnell, ohne dass wir bewusst eingreifen können. Es vergleicht Erfahrungswerte, beurteilt die Wichtigkeit. Diese »Überlebens-Programme« funktionieren in unserer natürlichen Umgebung, sie versagen allerdings bei neuen Situationen, die keinem erlernten Muster entsprechen. Die Folge: falsche Beurteilungen, die für naturwissenschaftliche Aussagen nicht herangezogen werden können. Für nachprüfbare Ergebnisse braucht man daher exakte Messeinrichtungen.

Experimente veranschaulichen, wie sich unsere Wahrnehmung täuschen lässt. Im »Zerr-Raum« erfährt man, wie relativ Größenbeurteilungen ausfallen. Die »Cheshire-cat« demonstriert das Aufmerksamkeitsverhalten des Gehirns.

Gemeinsam Neues entdecken: Faszination für Jung und Alt

Die Blue-Box: Finden Sie sich im Wetterstudio, im Aquarium oder in anderen eingeblendeten Situationen wieder. Inv.Nr. 29.000

Was ist real, was ist fiktiv?

Die Grenze zwischen (objektiv erfahrbarer) Realität und (künstlich erzeugter) Fiktion kann sich durch Einsatz technischer Hilfsmittel verschieben. Im harmlosesten Fall ist dies ein Ablenkungsmanöver, etwa ein Zaubertrick, der zur Unterhaltung dient. Es kann aber auch eine Täuschung sein, die man nicht mehr durchschaut, beispielsweise durch Computer-Bildbearbeitung oder die »Blue Box«. Was ist Realität? Was ist Fiktion? Es empfiehlt sich deshalb, nicht alle Bildeindrücke für bare Münze zu halten.

Unsere Experimente zeigen deutlich eine Reihe von (leicht durchschaubaren) technischen Möglichkeiten, Fiktionen zu erzeugen. In der »Blue Box« kann man sich selbst vor verschiedenen Hintergrundszenen sehen, Animationsszenen können selbst erstellt oder in einer Medienstation angesehen werden.

Bilder – Dokumente und Perspektiven

Als Informationsquelle wirken Bilder meist unmittelbarer als Worte. Antike und prähistorische Wandzeichnungen verdeutlichen dies. Bilder helfen beim Verstehen von Zusammenhängen, etwa bei Gebrauchsanweisungen. Vor allem seit Erfindung der Fotografie sind Bilder oft die einzigen Dokumente von Ereignissen. Richtig interpretiert, sind sie objektiv. Es gibt jedoch Randbedingungen, die ihren Informationsgehalt verändern. Beispielsweise lassen sich Größen auf einem Foto nicht genau abschätzen, ohne Aufnahmeabstand und Brennweite zu kennen. Computerverfahren gestatten weitgehende Bildveränderungen bis hin zur Bildfälschung. Tiefeneindrücke erzielt man mit Stereofotografie, Farbeindrücke kann man in weiten Grenzen verändern.

Farben in Bildern verändern: Was geschieht mit dem Gesamteindruck? Inv.Nr. 50.598

Kräfte – wichtig für Technik und Alltag

Kräfte sind allgegenwärtig in unserer Welt und nahezu bei allen Vorgängen beteiligt. Ein Sessel beispielsweise reagiert mit einer Kraft, wenn man sich darauf setzt – wir würden sonst zu Boden fallen. Über die meisten dieser Mechanismen denken wir im Alltag nicht nach.

Kräfte lassen sich nur an ihren Auswirkungen erkennen: Körper verformen sich oder verändern ihren Bewegungszustand, wenn eine Kraft auf sie einwirkt. Druck ist ebenfalls eine Kraft, die sich auf eine bestimmte Einheitsfläche bezieht. Kräfte herrschen im kleinsten subatomaren Rahmen bis hin zu astronomischen Dimensionen zwischen Himmelskörpern und fernen Galaxien: Sie halten buchstäblich die Welt zusammen.

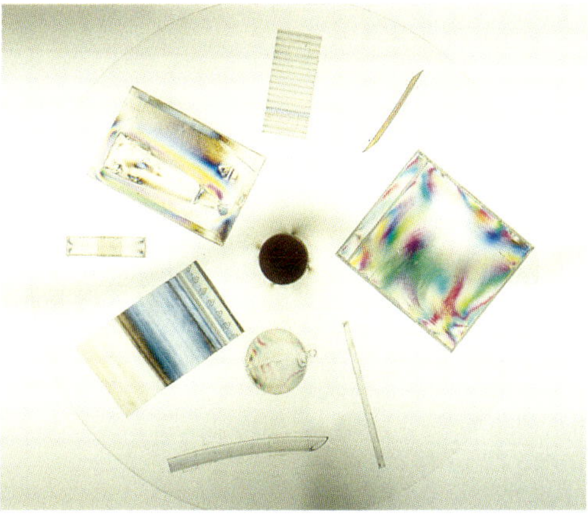

Die Spannungsoptik lässt verschiedene Kräfte in verschiedenen Farben sichtbar werden. Inv.Nr. 50.339

Am Luftkissentisch sieht man die Auswirkungen verringerter Reibungskräfte, mit polarisiertem Licht erkennt man Zonen von Krafteinwirkung an transparenten Körpern.

Schwingungen und Wellen

In der Natur gibt es keine starren Körper, keine stationären Vorgänge. Wo Elastizität und variable Kräfte im Spiel sind, können Schwingungen entstehen. Breiten sie sich aus, spricht man von Wellen. Dazu gehören einfache mechanische Vibrationen (etwa durch Erschütterungen), Schallwellen, elektrische Wechselströme oder gar das Licht. Gemeinsame Eigenschaften sind zum Beispiel Reflexion oder Überlagerungsfähigkeit. Mit Schwingungen kann man Stoffe oder Vorgänge analysieren, Nachrichten übermitteln, Entfernungen bestimmen (Echolot) oder reinigen (Ultraschall). Manchmal werden sie so energiereich, dass sie Gegenstände zerstören können.

Eine große »Wellenmaschine« zeigt die Wellenausbreitung in »Zeitlupe«, eine »Kundt'sche Röhre« die Schallausbreitung in Rohren.

Die »Wellenmaschine« zeigt, wie sich Schwingungen im Medium ausbreiten. Inv.Nr. 50.342

Elektromagnetismus

Elektrizität und Magnetismus hängen ursächlich zusammen, sind ineinander umwandelbar. Das weiß man seit etwa 200 Jahren. Seitdem behandelt man sie als gemeinsames Phänomen und spricht von »Elektromagnetismus«. Diese Erkenntnis öffnete vielfältigen Anwendungen in der Elektrotechnik die Tür: So sind beispielsweise Generator, Elektromotor, Transformator, Relais, Wirbelstrombremse oder Hubmagnete aus unserem Leben nicht mehr wegzudenken. Auch die Kräfte zwischen Strömen und Magneten, wie etwa bei einer Fernsehbildröhre, gehören zur Gruppe dieser Phänomene. Selbst der Zündfunke beim Benzinmotor wird elektromagnetisch erzeugt.

Ein Transformatorexperiment zeigt die Umwandelbarkeit von Wechselströmen, das Magnetfeld von Strömen wird mit Eisenpulver sichtbar gemacht.

Das Experiment »Transformator« erklärt den Zusammenhang zwischen Strom, Spannung und Leistung. Inv.Nr. 50.726

Ströme und Elektronen

Elektronen gehören zu den elementaren Bausteinen der Atome. Der elektrische Strom in Kabeln besteht aus diesen Teilchen. Die Funktionen von Nerven, Gehirn und Herz sind ebenfalls auf Ströme zurückzuführen. Exakte Kenntnisse der Stromleitung sind deshalb auch in der Medizin von größter Bedeutung.

Heute erfolgt ein wesentlicher Teil des Energietransports durch elektrischen Strom über Kabel und Leitungen. Die Energiewerte liegen zwischen dem Glimmen eines Lämpchens und der Entladung eines Blitzes. Elektronen spielen auch bei der Datenverarbeitung und in der Kommunikation eine entscheidende Rolle. Beispiele für

Die Station »Elektrokardiogramm« zeigt die elektrischen Ursachen von Muskelbewegungen im menschlichen Körper. Inv.Nr. 50.759

Ströme im menschlichen Körper liefern ein Elektrokardiogramm und die Messung der Spannung zwischen verschiedenen Metallen und den Kontaktflächen der Handinnenseiten.

Konzepte und Konsequenzen

Wie lassen sich Vorgänge in der Natur erklären? Die Naturwissenschaften gehen hierbei von Grundsatzfragen aus und entwickeln mit spezifischen Methoden allgemein gültige Konzepte. Diese prägen unser Naturverständnis und führen oft zu neuen Verfahren und Denkweisen. So haben Naturwissenschaften weit reichende Konsequenzen für unser gesamtes Leben.

»Konzepte und Konsequenzen«. Ein Blick in die Abteilung

Der Aufbau der Abteilung orientiert sich an einem »roten Faden«, der Entwicklung der Kosmologie (der Lehre vom Wesen des Kosmos), die im lang gestreckten Gang direkt nach dem Eingang dargestellt wird. Nicht nur inhaltlich, sondern auch zeitlich mit den Abschnitten der kosmologischen Entwicklung korrespondierend, wird jeweils im Saal daneben ein wichtiges Prinzip oder eine fundamentale Entdeckung präsentiert. Zu allen Zeiten wurde die Kosmologie vom Fortschritt, insbesondere der Physik, beeinflusst und umgekehrt. Im Thema »Das Jahrhundert der Physik« – das 20. Jahrhundert – fließen beide Darstellungsstränge zusammen.

Die Wende zum heliozentrischen Weltbild: Zeitgleich entsteht das System Experiment – Theorie. Die Ausstellung veranschaulicht dies in den zwei Erzählsträngen

Die erste exakte Wissenschaft: Astronomie

Die Astronomie ist die Wissenschaft von den Himmelskörpern. Erste astronomische Beobachtungen wurden schon vor mehr als 6000 Jahren gemacht. Die Astronomie war lang eng mit mythischen Vorstellungen über die Stellung des Menschen im Universum verknüpft. Aber auch praktische Fragen spielten eine wichtige Rolle, wie zum Beispiel die Einteilung des Kalenders, die Zeitrechnung oder die Orientierung im Gelände. Als erste »exakte Wissenschaft« hatte die Astronomie großen Einfluss auf die Entwicklung der Physik. Durch die Raumfahrttechnik und neue Theorien über die Entstehung des Universums stieg die Bedeutung der Astronomie in der zweiten Hälfte des 20. Jahrhunderts.

Von Beobachtungen zu Weltbildern

Die heutige Astronomie hat ihre Wurzeln in den Beobachtungen der Gestirne im alten Ägypten und in Mesopotamien, die bis ins dritte Jahrtausend v. Chr. zurückreichen. Sie wurden im antiken Griechenland in Form geometrischer Modelle aufbereitet und von Claudius Ptolemäus im 2. Jahrhundert n. Chr. zusammengefasst. Demzufolge bewegen sich die Sonne und die Planeten um die ruhende Erde. Islamische Astronomen machten das ptolemäische Weltbild im mittelalterlichen Europa wieder bekannt. Da es alle Beobachtungen erklärte und mit der katholischen Lehre vereinbar war, wurde es allgemein akzeptiert.

Nikolaus Kopernikus (1473–1543) behauptete hingegen, dass sich Erde und Planeten um die ruhende Sonne bewegen. Anfangs wurde sein Werk kaum beachtet und lediglich als mathematisches Hilfsmittel zur Verbesserung des Kalenders angesehen. Später trat Galileo Galilei (1564–1642) für die kopernikanische Lehre ein, die im 17. Jahrhundert als realistische Beschreibung der Welt allmählich akzeptiert wurde. Johannes Kepler (1571–1630) entwickelte sie aufgrund neuer Beobachtungen weiter.

Leitobjekt dieses Ausstellungsthemas ist die astronomische Prunkuhr des Philipp Imsser. Die von ihm zur Veranschaulichung von Himmelsvorgängen 1554 bis 1559 konstruierte Uhr basiert noch auf dem geozentrischen Weltbild, wonach sich Planeten, Sonne und Mond um die ruhende Erde bewegen. Mit ihr ließen sich Sternenkonstellationen für beliebige Zeitpunkte, der Eintritt von Finsternissen sowie einige Monderscheinungen ermitteln, aber auch astrologische Deutungen vornehmen. Im Gegensatz dazu demonstriert ein Planetarium von Henry Pyefinch aus der Zeit um 1780 das heliozentrische System.

Die Astronomie wird zum Machtfaktor

Die Astronomie war in der Vergangenheit eng mit religiösen und mythischen Vorstellungen verbunden. Der Streit um das kopernikanische Weltbild ist ein deutlicher Beweis dafür. Dennoch hatte sie immer auch eine praktische Bedeutung. So nutzte man Beobachtungen der Sonne für die Zeitbestimmung, also für die Einteilung in Jahre und Jahreszeiten sowie für die Unterteilung des Tages in Stunden. Auch mechanische Uhren aus dem 17. Jahrhundert mussten aufgrund ihrer Ungenauigkeit noch regelmäßig nach Sonnenuhren gestellt werden.

Astronomische Beobachtungen spielten auch in der Navigation zur geografischen Bestimmung eine große Rolle und ergänzten die Orientierung mittels Kompass. Dies war für die Entwicklung der Astronomie von besonderer Wichtigkeit. Denn aufgrund der Auseinandersetzungen zwischen den europäischen Staaten um Kolonien und Handelswege wurde die Navigation zu einem großen Machtfaktor. Um sie weiter zu verbessern, errichtete man im 17. Jahrhundert neue staatliche Observatorien für eine immer exaktere Vermessung der Erde und des Himmels. Die neuen Kenntnisse über die Erde führten zu immer genaueren Globen wie zum Beispiel dem Erd- und Himmelsglobus von Cary aus dem frühen 19. Jahrhundert.

Das Foucault-Pendel – im Museumsrestaurant zu sehen – stellt einen Meilenstein im Erkenntnisgewinn über die Bewegung der Erde dar. Um die Drehung der Erde nachzuweisen, führte Jean Bernard Léon Foucault am 8. Januar 1851 im Pariser Panthéon ein fundamentales Experiment durch: Er ließ ein langes Pendel einige Zeit unbeeinflusst schwingen und zeigte, dass die Drehbewegung der Pendelebene nur durch die Drehung der Erdoberfläche zu erklären ist.

Mit Entdeckung der Kontinentaldrift musste man die Vorstellung von der Erde als starrer Kugel aufgeben. Am Bildschirm sind geologische Veränderungen der Erdoberfläche über Jahrmillionen zurückzuverfolgen.

Das Weltbild ändert sich: Keplers erste Vorstellung vom Bauplan des Weltalls im Modell steht den am heliozentrischen Weltbild orientierten Demonstrationsgeräten gegenüber

Die Physik verändert die Astronomie

Wie entstand das Planetensystem? Woher kommt die Wärme der Sonne? Welche chemischen Elemente sind in Sternen vorhanden? Physikalische Fragen dieser Art veränderten im 19. Jahrhundert die Astronomie. Es entstand die »Astrophysik«, deren Untersuchungsmethoden den neuen Fragen angepasst waren: Vor allem in den am Ende des 19. Jahrhunderts errichteten Observatorien hielten physikalische Instrumente und Techniken Einzug.

Zu Beginn des 20. Jahrhunderts erfuhr die theoretische Basis der Astronomie durch die »Allgemeine Relativitätstheorie« von Albert Einstein (1879–1955) eine grundlegende Veränderung. Sie stellte die Frage nach der Entstehung und der Entwicklung des Universums auf eine neue Grundlage. Von den verschiedenen in der Folge entwickelten Theorien, die diese Frage zu beantworten versuchten, setzte sich die »Theorie des Urknalls« durch.

Nach 1945 begann die Ära der Raumfahrt auf der Basis der im Zweiten Weltkrieg entwickelten militärischen Raketentechnik. Die Astronomie war nun in einer völlig neuen Art und Weise praktisch nutzbar – sowohl auf militärischem, als auch auf zivilem Gebiet.

Die Entwicklung der theoretischen Vorstellungen vom Licht

Eine der Voraussetzungen für das Entstehen der Astrophysik waren deutlich verbesserte Fernrohre, so zum Beispiel ein 10-Fuß-Spiegelteleskop von Friedrich Wilhelm Herschel aus der Zeit um 1790.

Mittels einer vom Institut für Hochenergiephysik in Wien 1999 gebauten Funkenkammer kann man die von Victor Franz Hess 1911 entdeckte kosmische Höhenstrahlung sehen. Als neuere Ausbeute einer Mondlandung zeigen wir einen kleinen Mondgesteinssplitter.

Wie wird naturwissenschaftliches Wissen produziert?

Naturwissenschaftliche Erkenntnis entwickelt sich im Zusammenspiel von Experiment und Theorie. Im Experiment werden Naturvorgänge nicht nur beobachtet, sondern im Labor unter kontrollierbaren Bedingungen zielgerichtet untersucht und verändert. So können auch neue Phänomene produziert werden, die so in der unberührten Natur nicht auftreten. Das Ergebnis des Experiments wird mathematisch analysiert und mit der Theorie verglichen. Falls nötig, wird diese dann erweitert oder verändert. Theorien ermöglichen auch die Vorhersage neuer Phänomene, die in Experimenten überprüft werden müssen.

Um Fallbewegungen verlangsamt zu demonstrieren, benutzte man die Fallmaschine nach Atwood. Die »Farbzerlegung nach Newton« gilt als »experimentum crucis« – das Experiment soll die Entscheidung zwischen widersprüchlichen Theorien ermöglichen –, da es die Zusammensetzung weißen Lichts als Spektralfarben zeigen sollte, die sich nicht mehr weiter in Komponenten aufspalten lassen. Mit Hilfe eines Besucherexperiments kann man das nachvollziehen. Ein Prismen-Spektroskop von Adam Hilger aus dem Besitz von Auer von Welsbach nutzt die Farbzerlegung von Licht zur Stoffanalyse.

Wie wirken physikalische Kräfte?

Kraft ist ein zentraler Begriff der Physik. Die Vorstellung, wie eine Kraft wirkt, veränderte sich im Lauf der Geschichte. Im 19. Jahrhundert setzte sich zur Beschreibung elektromagnetischer Kräfte der Begriff des »Feldes« durch. Ein Feld ist so definiert, dass jedem Punkt im Raum bestimmte Werte zugeordnet werden. Man betrachtet nicht mehr die Wechselwirkung zwischen einzelnen Teilchen, sondern den Einfluss des Feldes auf ein Teilchen. Heute sind alle grundlegenden Theorien in der Physik »Feldtheorien«. Diese einheitliche Beschreibung soll zu einer »großen, vereinigten Theorie« für alle Kräfte führen.

Die drei Experimente nach Faraday zeigen Wirkungen elektromagnetischer Felder und sind fundamental für die weitere Entwicklung der Theorie des Elektromagnetismus.

Demonstration und Anwendung magnetischer Kräfte an ausgewählten Beispielen

Woraus besteht Materie?

Materie setzt sich aus kleinsten unteilbaren Teilchen zusammen, den »Atomen«. Anfang des 19. Jahrhunderts wurde diese Vorstellung zur Erklärung chemischer Reaktionen eingesetzt. Dies führte zu einer intensiven Beschäftigung mit der Atomtheorie, die nun auch in der Physik immer wichtiger wurde. Die Entdeckung des Elektrons 1897 ließ vermuten, dass jedoch noch kleinere Teilchen im Atom existieren. Der exakte Aufbau des Atoms wurde fast 40 Jahre später geklärt: Protonen und Neutronen bilden den Kern, Elektronen die Hülle. Die Suche nach den Grundbausteinen der Welt war damit aber noch nicht beendet und geht auch heute noch weiter.

Massenspektrometer, 1966. Inv.Nr. 39.513

Das ausgestellte Massenspektrometer dient unter anderem zur Analyse von Isotopengemischen, die Analysenwaage aus dem späten 19. Jahrhundert zur möglichst genauen Massebestimmung von Proben.

Wie können physikalische Prozesse analysiert werden?
Wie war der Zustand am Anfang und wie ist er am Ende des Prozesses? Diese Bilanz wird in der Regel zur Analyse physikalischer Prozesse aufgestellt. Und: Welche Größen blieben unverändert, waren also »Erhaltungsgrößen«? Im Laufe der Geschichte suchte man möglichst allgemeingültige »Erhaltungssätze«, die für viele Prozesse gelten. Beispiele sind: die Erhaltung der Masse in chemischen Reaktionen, die Erhaltung des Impulses (»Bewegungsgröße«) in elastischen Stoßprozessen und die Erhaltung der Energie. Erhaltungssätze spielen auch in der heutigen Physik eine sehr große Rolle. Dabei wird versucht, sie aus übergeordneten »Symmetrieprinzipien« abzuleiten.

Trotz der Kenntnis des Energieerhaltungssatzes wird immer wieder versucht, ein Perpetuum mobile zu bauen. Das Exemplar in der Vitrine ist die Kopie eines Originals, das im Technischen Museum in Prag steht.

Demonstrationsmodell zur Umwandlung von Energie. Es stammt aus der Ersteinrichtung des Technischen Museums. Inv.Nr. 10.598

Der Apparat zur Bestimmung des mechanischen Wärmeäquivalents nach Puluj, einem ehemaligen Professor an der Technischen Hochschule in Prag, aus dem Jahr 1916 wurde zur Bestimmung des Umrechnungsfaktors zwischen mechanischer und Wärmeenergie verwendet.

Warum ist die Theorie der Wärme so wichtig?
Wärme ist eine Form der Energie. Dieser Hauptsatz wurde bereits um 1850 formuliert, ebenso die Grundzüge der heutigen Wärmetheorie. Sie entwickelte sich damals aus Wetterbeobachtungen und dem Bemühen, die Funktion der Dampfmaschine besser zu verstehen.

Als zweiter Hauptsatz gilt: Wärme geht von selbst immer nur vom heißen zum kalten Körper über. Bestimmte physikalische Prozesse können also nur in eine Richtung der Zeit ablaufen (»Irreversibilität«). Eine solche Einschränkung gibt es in keiner anderen physikalischen Theorie. Diese Besonderheit und ihre weitreichende Gültigkeit machen die Wärmetheorie zu einer äußerst wichtigen Teildisziplin der Physik.

Die Wärmepumpe bedient sich der Wärmetheorie, um mittels mechanischer Arbeit Wärme zu transportieren. Daher steigt oder sinkt die Temperatur je nach Drehrichtung.

Johann Natterers Apparat zur Verflüssigung von Kohlendioxid, gebaut von Joseph Schembor um 1817, nutzt die Eigenschaft von Gasen, sich

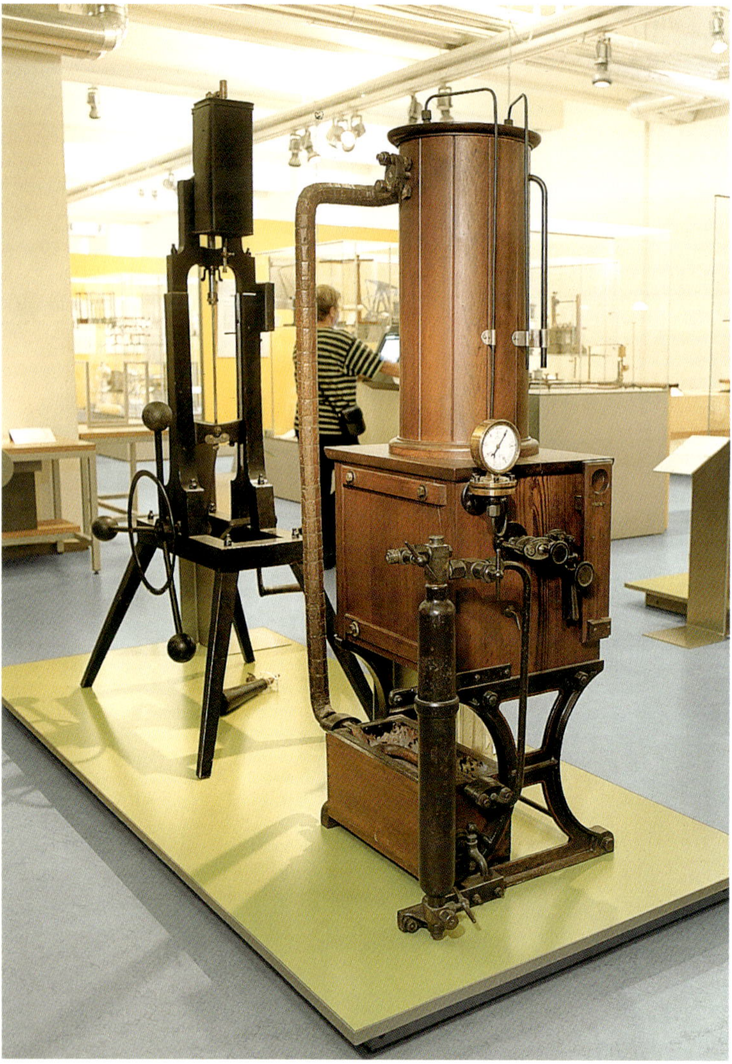

Luftverflüssigungsapparat von Linde, 1901. Inv.Nr. 13.773

unterhalb einer Grenztemperatur bei ausreichendem Druck zu verflüssigen. Die Anwendung der theoretischen Erkenntnisse der Thermodynamik ermöglichen den Bau von Kühlaggregaten bis zu extremen Temperaturen von etwa minus 190 Grad Celsius, die zur Verflüssigung von Luft erforderlich sind.

Warum wurde naturwissenschaftliche Bildung so wichtig?

Eisenbahn, Telegrafie und Elektrifizierung hatten im 19. Jahrhundert den Alltag der Menschen stark verändert. Die Naturwissenschaft, die man als Basis dieser technischen Erfindungen ansah, gewann stetig an

Bedeutung. Auch um die Akzeptanz der neuen Techniken zu fördern, sollte sie nun deren grundlegende Prinzipien den Menschen erklären und ein rationales Weltbild vermitteln. Dazu waren mehr Wissenschaftler und Ingenieure notwendig. Schulen und neu gegründete Institutionen, wie zum Beispiel das Technische Museum, widmeten sich daher zur Jahrhundertwende verstärkt der Vermittlung naturwissenschaftlichen Wissens.

Eine Reihe von Objekten aus der Ersteinrichtung des Technischen Museums vermittelt ein Bild der Technikdidaktik im frühen 20. Jahrhundert.

Was ist Strahlung?

Die Ausbreitung von Energie in Form von Wellen oder Teilchen nennt man Strahlung. Licht, Wärmestrahlung oder auch Radiowellen waren schon am Ende des 19. Jahrhunderts bekannte Beispiele dafür. Der heutige Alltagsbegriff wurde eher von den Röntgenstrahlen und der Radioaktivität geprägt, die man 1895/96 entdeckte. Die verblüffenden Eigenschaften der neuen Strahlen erregten Aufsehen. Neben vielen praktischen Anwendungen, vor allem in der Medizin, nutzte man die neu entdeckten

Zusammenstellung von Geräten, die zur Entdeckung der Röntgenstrahlen führten

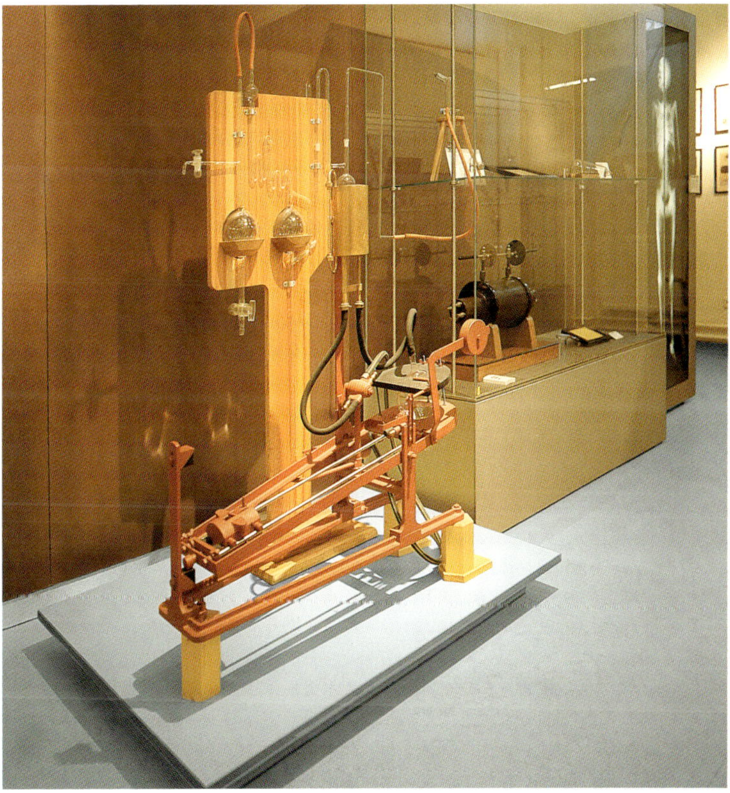

Strahlen auch für Experimente in der Physik, etwa zur Untersuchung von Kristallen. Gleichzeitig erkannte man aber auch die Gefahren der Strahlung für den Menschen.

Eine medizinische Röntgeneinrichtung aus der Zeit um 1925 und ein Ganzkörper-Röntgenbild der Lehrkanzel für Anatomie der Universität Wien aus dem Jahr 1913 stehen für die rasche Entwicklung der medizinischen Anwendung der Röntgenstrahlen nach deren Entdeckung. Ein Besucherexperiment zur Radioaktivität beschäftigt sich mit Proben aus der natürlichen Umwelt, die Strahlung abgeben.

Wie genau kann man physikalische Phänomene berechnen?
Alle physikalischen Phänomene sind beliebig genau vorhersagbar, da sich komplexe natürliche Vorgänge auf einfache Grundphänomene zurückführen lassen. Heute ist bekannt, dass diese Annahme nicht immer gilt. Werden zum Beispiel alle wechselseitigen Anziehungskräfte berücksichtigt, sind die Bahnen der Planeten nicht mehr exakt zu berechnen. In der Wärmetheorie gibt es nur für eine große Anzahl von Atomen präzise Aussagen, nicht aber für das einzelne Atom. Die Erkenntnisse der Quantentheorie schränken die Möglichkeiten der Vorhersage weiter ein. Dennoch können auch diese »zufälligen« oder »chaotischen« Phänomene durch Naturgesetze beschrieben werden.

Mit der Zusammenstellung »Die berechenbare Natur«, die in einer Vitrine zu sehen ist, wird auf eine Änderung dieser Auffassung abgezielt: Die Astronomie – als deren »Symbol« hier das Fernrohr fungiert – galt als Vorbild für andere Naturwissenschaften. Die erreichte prognostische Genauigkeit wurde für die Untersuchung sämtlicher Naturvorgänge angestrebt – von der Beobachtung kleinster Teilchen im »Staubzähler« bis hin zu den in Nebelkammern sichtbar gemachten Bewegungen atomarer Teilchen.

Die Ursache für die chaotische »Brown'sche Bewegung« wird an einem Luftkissentisch demonstriert. Eine künstlerisch gestaltete Anwendung ist der von Bernard Gitton geschaffene »Chaotische Brunnen« entlang der Treppe in die Mittelhalle.

Das Jahrhundert der Physik
Das 20. Jahrhundert gilt als Jahrhundert der Physik. Die »Quantentheorie« und die »Relativitätstheorie« widersprachen zu Beginn des Jahrhunderts der klassischen Physik und veränderten die Vorstellungen von Raum, Zeit und Kausalität. Dieses neue Weltbild der Physik fasziniert bis heute auch viele Laien. Die Physik wurde mathematischer und abstrakter – die Verflechtungen zwischen Physik und Industrie bzw. Militär immer enger.

Die Atombombe demonstrierte die ungeheure Macht der Physik. In Forschungslaboratorien entwickelten meist große Teams neue Technologien, ohne die eine moderne Industriegesellschaft nicht denkbar wäre.

Die Theorien des 20. Jahrhunderts finden Anwendung bei Halbleitern, Laser und der Hochenergiephysik. Halbleiter erzeugt man aus Silizium-

Anwendung der Hochenergiephysik – Betatron aus dem Allgemeinen Krankenhaus in Wien. Es diente der Krebsnachbehandlung unter Verwendung hochenergetischer Elektronen. Inv.Nr. 28.339

Einkristallen, der ausgestellte Helium-Neon-Laser war eine der ersten großen Anlagen in Österreich, und der Bestrahlungskopf des Betatron stand vor nicht allzu langer Zeit im Wiener Allgemeinen Krankenhaus im Einsatz.

Das Ende der Physik?

Am Ende des 19. Jahrhunderts glaubten viele Wissenschaftler, die Physik sei bis auf wenige Detailfragen abgeschlossen. Wie die weitere Entwicklung zeigte, war dies eine Fehleinschätzung. Vor allem die Quantentheorie und die Relativitätstheorie veränderten die Physik grundlegend. Mit der Chaostheorie entstand im 20. Jahrhundert zudem eine völlig neue Forschungsrichtung. Neuentwicklungen, Ergänzungen und Änderungen in den Theorien, den experimentellen Möglichkeiten und den Anwendungen sind daher auch in Zukunft zu erwarten. Das Technische Museum Wien bietet deshalb in seiner Ausstellung auch die Möglichkeit, aktuelle Forschungsergebnisse zu präsentieren.
DoP

Schwerindustrie

Schwerindustrie

LD-Tiegel, Oberhausen, 1952. Einer der beiden ersten, von der Gutehoffnungshütte in Oberhausen (Ruhrgebiet) erzeugten und Ende 1952 von der VOEST in Linz in Betrieb genommenen Tiegel. Inv.Nr. 50.392

Grundlagen des Konzepts

Die Ausstellung »Schwerindustrie« im Westflügel des Erdgeschosses gliedert sich in Bergbau, Metallerzeugung und -verarbeitung in ihren funktionalen Zusammenhängen. Im Anschluss an die zentrale Installation der Großobjekte beschäftigt sich das Thema »Leitsektor Stahl« mit dem ökonomischen und sozialen Kontext der Schwerindustrie im 20. Jahrhundert.

Inhaltlich bezieht sich die Ausstellung auf die historische und aktuelle Bedeutung des Berg- und Hüttenwesens auch in Österreich, insbesondere in der Obersteiermark, wo im Jahr 1881 unter Einbeziehung der traditionsreichen Innerberger Hauptgewerkschaft die Österreichisch-

Alpine Montangesellschaft (ÖAMG) mit ihrem Hauptwerk Donawitz entstand. Nach der erzwungenen Fusionierung mit den 1938 gegründeten »Hermann Göring«-Werken in Linz firmiert der Konzern seit 1973 als VOEST-ALPINE AG. Die österreichische Eisen- und Stahlindustrie gehörte zudem seit 1948 zum Kern der verstaatlichten, wesentlich mit Mitteln der amerikanischen Marshall-Plan-Hilfe wiederaufgebauten Industrie und prägte die österreichische Wirtschaft insofern besonders nachhaltig.

Nachdem sie über ein Jahrhundert lang zu den Leitsektoren der Industrialisierung gezählt hatte, wandelte sich die Eisen- und Stahlindustrie in der so genannten ersten Welt zu einer »alten« Industrie. Nach Schließungen, Personalabbau, Privatisierung und technischem Wandel in Richtung höherwertiger Finalproduktion hat sich die Branche zwar verändert und weltweit Kapazitäten abgegeben, jedoch in den ehemaligen Industrieländern mit innovativen Produkten eine neue Position erobert.

Die Ausstellung ist auf einer zweiten Ebene, der Tradition und internationalen Positionierung unseres Museums folgend, vornehmlich nach technischen Kriterien unterteilt. Die thematische Grundstruktur bilden 19 Hauptthemen, entsprechend der dem Besucher vertrauten Spezialisierung der Technik und der museumsinternen Einteilung in Sammlungsgruppen. Auf der dritten Ebene besteht die Ausstellung aus über 90 Unterthemen. Damit gibt es eine Hierarchie der Themen bzw. der verschiedenen Dimensionen der Technik. Politische, ökonomische, soziale und kulturelle Aspekte finden sich daher an mehreren ausgewählten, exponierten Stellen auf der Ebene der Unterthemen.

Bergbau

Der Bergbau liefert dem Menschen seit der Sesshaftwerdung im Neolithikum jene Bodenschätze, die zur materiellen Basis seiner gesamten gestalteten Umwelt und seit der Industrialisierung auch seiner energetischen Grundlagen wurden, und ist deshalb fundamentale Voraussetzung der Zivilisation. Darunter fallen nicht nur Metallerze, sondern zum Beispiel auch Salze, Kohle, Industrieminerale wie Kaolin, Talk, Grafit oder Magnesit, Bindemittel wie Kalk oder Zement, sowie Schotter, Kies und Sand für das Bauwesen.

Die besonderen Bedingungen bei der Gewinnung mineralischer Rohstoffe sind Thema der ersten einleitenden Ausstellungseinheit. Die Natur hat die mineralischen Rohstoffvorkommen ungleichmäßig über die Erdoberfläche verteilt. Daraus resultiert die Standortgebundheit des Bergbaus und die punktuelle Konzentration. Von diesen Vorkommen sind nur wenige – die Lagerstätten – wirtschaftlich gewinnbar.

Eine Computerstation bietet dem Besucher Informationen zu über 3000 Rohstoffvorkommen in Österreich. Es handelt sich hierbei um ein Projekt der Geologischen Bundesanstalt und der Obersten Bergbehörde. Die Größe und Bonität der Lagerstätte bestimmten letztendlich auch die Dauer der Gewinnung. Alle Lagerstätten sind grundsätzlich nicht reproduzierbar und werden durch die einmalige Gewinnung endgültig abgebaut. Die Rohstoffförderung in unmittelbarer Konfrontation mit der Natur ist gekoppelt mit spezifischen Gefahren für Mensch und Umwelt. Dabei spielt das Vordringen in immer größere Teufen – also der Untertagebergbau – die entscheidende Rolle. Diese Bedingungen haben im Laufe der Jahrhunderte zur Ausbildung einer spezifischen Bergbaukultur sowie zur frühen Verwissenschaftlichung und Professionalisierung der Bergtechnik, der Bergverwaltung und des Bergrechts geführt. Zentrum der Bergbauwissenschaften und der -kultur in Österreich ist die 1840 gegründete Montanuniversität Leoben in der Obersteiermark.

Ensemble von Grubenlampen aus zwei Jahrtausenden

Bis ins 19. Jahrhundert bildete die Erzeugung von Metallen aus den Erzen einen Leitsektor des gesamten Montanwesens. Seit Mitte des 19. Jahrhunderts veränderte der Kohlenbergbau und seit Mitte des 20. Jahrhunderts die Gewinnung von Kohlenwasserstoffen sowie, insbesondere in den Industrieländern mit ehemals klassischem Erzbergbau, jene von Baurohstoffen weltweit den Bergbau.

Beginnend in der frühen Neuzeit währte die Konjunktur des europäischen Bergbaus über vier Jahrhunderte. Insbesondere der dafür charakteristische Erz- und Kohlenuntertagebergbau, aber auch der obertägige Bergbau stießen sowohl geologisch als auch ökonomisch und ökologisch an ihre Grenzen. Parallel zu dem seit der zweiten Hälfte des 20. Jahrhunderts feststellbaren Wandel von einer Industrie- in eine Dienstleistungsgesellschaft büßte die Rohstoffgewinnung in den Industrieländern ihre ursprüngliche breite gesellschaftliche Wertschätzung als Träger des zivilisatorischen Fortschritts ein.

Erste elektrische Gruben-lokomotive der Habsburger-monarchie von Ganz & Co., Budapest, 1891. Sie fuhr in den Stollen des Blei-Zink-Bergbaus in Bleiberg (Kärnten). Inv.Nr. 7.562

Nach jahrhundertelanger Ausbeutung der ertragreichen Lagerstätten in den Industriestaaten im Tiefbau verlagert sich der Bergbau seit dem 19. Jahrhundert weltweit in Entwicklungsländer. Dazu kommt, dass die Bevölkerung der Industrie- bzw. Verbraucherländer seit der Industrialisierung in erheblichem Maß auf Kosten der Bevölkerung und der Natur in den Förderländern lebt, die sich im Wesentlichen in der insgesamt ökonomisch benachteiligten südlichen Hemisphäre befinden. Mitten in diesem Wandel ereignete sich 1998 die Katastrophe im steirischen Talkbergbau Lassing. Die Grubenkatastrophe mit zehn Toten bedeutete auch den Startschuss zu einer breiten öffentlichen Diskussion über die gesellschaftliche Rolle des Bergbaus speziell in Österreich.

Der Bergbau hat grundsätzlich drei technische Anforderungen zu erfüllen: Erstens müssen die Lagerstätten der mineralischen Rohstoffe in der Erdkruste aufgesucht und untersucht werden (Prospektion und Exploration), sodann müssen sie gewonnen werden, und schließlich ist der gewonnene Lagerstätteninhalt zu einem Produkt aufzubereiten, das sich für den Absatz eignet. Im Zentrum der »Bergbaukunst« steht das Hereingewinnen (Lösen) mineralischer Rohstoffe aus dem Gebirge. Der Bergbau kann ober oder unter Tage erfolgen. Der Untertage-Bergbau hat eine lange Tradition. In den letzten Jahrzehnten hat sich aber in großen Teilen Europas immer mehr der Übertage-Bergbau durchgesetzt; dies zeigt sich unter anderem an der enorm gestiegenen Abbautätigkeit in Steinbrüchen und Schottergruben. Österreich verbraucht jährlich rund 100 Millionen Tonnen Massenrohstoffe – etwa 13 Tonnen pro Kopf der Bevölkerung. Bei einer durchschnittlichen Abbauteufe von zehn bis fünfzehn Metern entspricht das einem jährlichen Flächenbedarf von 500 Hektar bzw. der Fläche von 700 Fußballfeldern.

Auf dem Gebiet des heutigen Österreich gab und gibt es mehrere bekannte Bergbaue auf Erz, Salz und Kohle. Dazu zählt Mitterberg am Hochkönig in Salzburg, wo bereits vor rund 4000 Jahren und mit Unterbrechungen bis zur Schließung im Jahr 1977 Kupfer abgebaut wurde.

Modell des Erzbergs, Köln, um 1913. Das von der Österreichisch-Alpine Montangesellschaft dem Museum zur Gründung gewidmete Modell zeugt von der einstigen Bedeutung des »steirischen Brotlaibs«.
Inv.Nr. 9.706/1–2

Schwaz in Tirol war im 16. Jahrhundert eine der weltweit bedeutendsten Bergbauregionen auf Kupfer und Silber. In Bleiberg/Kärnten wurden bis 1993 Blei und Zink gewonnen, am Kärntner Hüttenberg bis 1978 Eisenerz. Der bekannteste und nach wie vor aktive Bergbau liegt aber am steirischen Erzberg, auf den ein großes historisches Modell verweist. Auf dem Erzberg als »eisernem Herz« der »ehernen Mark« beruhte seit dem Mittelalter weitgehend die Bedeutung des alpenländischen Montanwesens mit der staatlichen Innerberger Hauptgewerkschaft. Braunkohle wird seit den frühen 1990er Jahren nur mehr im steirischen Bärnbach im Tagebau für die Verstromung gewonnen.

Der alpine Bergbau auf Salz hat wie jener auf Metallerze eine lange Tradition; er weicht von diesem allerdings in mehrerlei Hinsicht ab. Gewöhnlich wurden die salzhaltigen Minerale im Berg mit Wasser ausgelaugt; die dabei entstehende salzhaltige Flüssigkeit, die Sole, wurde dann zutage gefördert, zu den Sudhütten geleitet und dort in großen Pfannen versiedet. Dabei verdampfte das Wasser. Das aus den Pfannen entfernte (»ausgepehrte«) Salz stand nach dem Trocknen in Fudern für den Transport bereit.

An die Stelle der Pfannen trat im 20. Jahrhundert das energiesparende Thermokompressions-Verfahren, an die Stelle der Normalwerke die Bohrloch-Solegewinnung. Neben seiner unverzichtbaren Funktion für die Regulierung des menschlichen Stoffwechsels findet Salz auch als Rohstoff in der chemischen Industrie, speziell bei der Herstellung von Kunststoffen, Verwendung.

Insbesondere beim Bergbau auf Metallerze liegt zwischen der Gewinnung aus der Lagerstätte und der Erzeugung der Rohmetalle ein entscheidender Arbeitsschritt: die Aufbereitung. Dabei wird das aus dem Berg gewonnene Gut zerkleinert, von unerwünschten Begleitstoffen befreit und der Erzgehalt angereichert. Die Zerkleinerung erfolgt in Pochwerken, Mühlen und Brecheranlagen.

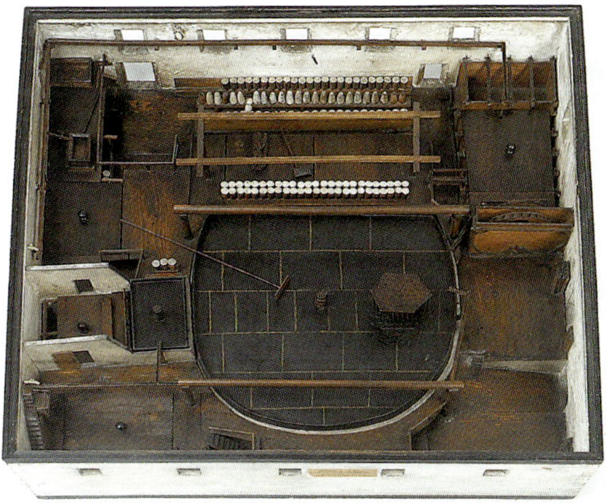

Modell einer Rundpfanne, Hall in Tirol, 17. Jahrhundert. In solchen aus Blechplatten zusammengenieteten Pfannen erfolgte durch Erhitzen und Verdampfen des Wassers die Salzgewinnung aus dem Sud. Inv.Nr. 9.563

Die wichtigsten Trennverfahren nutzen bestimmte physikalische Eigenschaften des Materials, zum Beispiel das spezifische Gewicht oder den Magnetismus. »Taubes« Gestein (»Berge«), das kein Erz enthält, wird getrennt und gelagert. Nach der Aufbereitung ist der Erzgehalt im Gut erhöht, sodass es den Hüttenbetrieben zugeführt werden kann.

Große Bergbauzentren wie der Erzberg, aber auch bereits kleinere Gruben und Hüttenbetriebe erforderten ein enormes Ausmaß an Organisation und Logistik, um diese zumeist abgelegenen Orte mit Holz für die Gruben und für die Holzkohlenerzeugung in Lang- und Rundmeilern zu versorgen. In den Alpen sind außerdem große Waldgebiete nur schwer

Klauberinnen bei der händischen Trennung von Erz und »taubem« Material am steirischen Erzberg, um 1930

zugänglich. Dort wurde das Holz häufig auf den Bächen und Flüssen talabwärts geflößt oder getriftet. Da diese jedoch oft nicht genug Wasser führten, wurden sie mittels so genannter Klausen aufgestaut. Nach dem raschen Öffnen der Klause riss der Wasserschwall das Holz mit sich.

An die Stelle von Holz bzw. Holzkohle trat seit Mitte des 19. Jahrhunderts die Kohle als Energieträger bei der Verhüttung von Erzen zu Metallen. Torf fand im 19. Jahrhundert über Jahrzehnte hinweg speziell in den Puddelöfen der Steiermark und Kärntens Verwendung.

Metallerzeugung

Das weitaus wichtigste Metall ist das Eisen. Es kommt in der Natur nicht in reiner Form vor, sondern ist in Erzen (Eisenoxiden) gebunden. In den Hochöfen wird das Eisen reduziert, das heißt aus seiner Bindung mit Sauerstoff freigesetzt. Roheisen mit rund vier Prozent Kohlenstoffanteil ist spröde und daher nur eingeschränkt als Werkstoff einsetzbar; es findet gewöhnlich als Gusseisen Verwendung. Wird der Anteil des Kohlenstoffs auf weniger als zwei Prozent gesenkt, so spricht man von Stahl. Dieser lässt sich zum Beispiel schmieden, walzen oder ziehen.

Eisen

Die älteste Technik der Eisengewinnung ist jene in Rennöfen, ursprünglich lediglich mit Lehm ausgekleidete Gruben. Durch Überbauung entstanden bis zu zwei Meter hohe Schachtöfen. Die für die Verbrennung notwendige Luft wurde über Tondüsen, zunächst durch

Schnittmodell eines typischen frei stehenden Kokshochofens, Witkowitz/Vitkovice, um 1900. Sie ersetzten seit den 1870er Jahren sukzessive die älteren Holzkohlenhochöfen. Inv.Nr. 9.781

Hochofen-Gebläse, Mariazell, 1847. Dieses Zylinder-Balancier-Gebläse war von 1848 bis zur Stilllegung 1901 im Kaiser-Franz-Holzkohlenhochofen in Eisenerz in Betrieb. Inv.Nr. 9.972

natürlichen Zug (Fallwinde), später durch Blasebälge, zugeführt. Brennstoff und Reduktionsmittel war Holzkohle.

Ein den Ausgrabungen auf der Feistawiese am Erzberg nachempfundener Rennofen in Originalgröße vermittelt diese Technik der Schmiedeeisenerzeugung in der Römerzeit und im Mittelalter. Mit diesem Ofen gelang vor der Aufstellung im Museum ein Schmelzversuch.

Der Name Rennofen verweist auf die Schlacke, die in flüssiger Form herausrann. Das Eisen hingegen fiel als teigige Masse an, da mit dieser Technik »nur« Temperaturen zwischen 1200 und 1300 Grad Celsius erreicht werden konnten.

Zunehmender Eisenbedarf führte im Hochmittelalter dazu, dass sich die Standorte der Roheisenerzeugung von den Erzlagerstätten hin zu den Wasserläufen verlagerten, wo die Wasserkraft zum Betreiben von Blasebälgen genutzt werden konnte. Nach den markanten Wasserrädern nannte man diese Ofengebäude »Radwerke«. Aus den Rennöfen wurden allmählich die höheren Stucköfen, die man zum Schutz vor der Witterung in Hütten stellte. Davon leitet sich die Bezeichnung »Hütte« für ein Eisenwerk und »Verhüttung« für die Eisenschmelzung ab. Die bei der Erzeugung entstehende Luppe wurde als »Stuck« bezeichnet; daher der Name »Stuckofen«. Die Renn- und Stucköfen lieferten schmiedbares Eisen mit niedrigem Kohlenstoffgehalt, nach heutiger Definition also Stahl. Der größte Nachteil bestand in Betriebsunterbrechungen, da nach jedem Schmelzvorgang die Ofenbrust aufgebrochen und die Luppe entfernt werden musste.

Eisen schmilzt erst bei rund 1530 Grad Celsius. Ab dem 16. Jahrhundert ließ sich diese Temperatur durch stärkere Blasebälge, Vorwärmung der Gebläseluft und höhere Öfen mit schlankeren Querschnitten, so genannte Flossöfen, erreichen. Beginnend in England traten seit dem 18. Jahrhundert an die Stelle der Holzkohlenhochöfen schließlich überall

Kokshochöfen in frei stehender Bauweise. Zum Betrieb eines Hochofens sind Gebläse und Winderhitzer, Kokereien zur Kokserzeugung aus Steinkohle und Sinteranlagen zur Erzaufbereitung bzw. Stückigmachung notwendig.

Die Ausstellung zeigt zwei historische Originalgebläsemaschinen: ein hölzernes Kastengebläse aus Assling/Jesenice aus den 1820er Jahren und das in Mariazell gegossene Zylinder-Balanciergebläse aus dem Jahr 1847, das im Kaiser-Franz-Holzkohlenhochofen in Eisenerz stand. Ein großes, animiertes Leuchtschaubild informiert über die komplexe Funktionsweise eines modernen Kokshochofens. Eine Alternative zum Hochofen sind Direktreduktionsverfahren, wie zum Beispiel das im Modell und in einer Computersimulation gezeigte, von VOEST-ALPINE Industrieanlagenbau entwickelte Corex©-Verfahren.

Stahl

Flüssiges Roheisen aus dem Floss- und Hochofen enthält rund vier Prozent Kohlenstoff und muss durch das »Frischen« zu Stahl umgewandelt werden. Dieser Entkohlungsvorgang fand zunächst unter Verwendung von Holzkohle im so genannten Frischfeuer statt und beschränkte sich auf kleine Mengen. Ende des 18. Jahrhunderts entwickelte der Engländer Henry Cort den Puddelofen. Er ermöglichte die Verwendung von Kohle beim Frischen und die Erzeugung größerer Mengen – eine Voraussetzung für die Walzung der ersten Eisenbahnschienen. Dabei rührte ein Arbeiter das teigige Eisen im Ofen durch eine Öffnung mit einer Kratze um (englisch: to puddle), wobei ein Teil des Kohlenstoffs entwich.

Modell eines Frischherdes, Wien, 1817. Hochwertiges Schmiedeeisen aus Holzkohlen-Roheisen konnte bis etwa 1830/40 nur in solchen Frischherden erzeugt werden. Inv.Nr. 9.869

An die Stelle des Puddelns trat schließlich ein von dem Engländer Henry Bessemer entwickeltes Windfrischverfahren. Das Frischen des flüssigen

Roheisens erfolgte nun durch Einblasen von Luft in den Boden eines birnenförmigen Konverters. Dabei verband sich der Sauerstoff mit dem Kohlenstoff des Eisens zu CO und CO_2.

In der Ausstellung befindet sich das Original einer der ersten in Österreich (Turrach) aufgestellten Bessemerbirnen aus dem Jahr 1866 mit einem Fassungsvermögen von drei Tonnen.

Bessemerbirne, Turrach, 1866. Aufgrund seiner guten Englandkenntnisse und -kontakte gelang Peter Tunner im Auftrag des Fürsten Schwarzenberg 1863 die Inbetriebnahme des ersten Bessemerstahlwerks in Österreich. Inv.Nr. 9.508

Der Übergang vom Puddel- zum Bessemerverfahren kennzeichnet auch den entscheidenden Einzug von Mechanisierung und Verwissenschaftlichung in die Stahlerzeugung. Der gut verdienende, aber körperlich schwer arbeitende erfahrene Puddler wurde jetzt durch Chemiker mit Spektroskop und mehrere angelernte Arbeiter zur Manipulation der Anlage ersetzt. Diese Entwicklung markiert beispielhaft den Wandel der Arbeitsqualifikation in Abhängigkeit von der technischen Entwicklung.

1864 erreichte die Massenstahlerzeugung mit der Anwendung des Siemens-Martin-Verfahrens, das erstmals auch die Einschmelzung von größeren Mengen Schrott ermöglichte, für lange Zeit ihren vorläufigen technischen Höhepunkt. An seine Stelle trat schließlich in jüngster Vergangenheit das bereits erwähnte, in Österreich entwickelte LD-Verfahren, auf das im Kapitel »Metallbearbeitung« eingegangen werden wird. Zum Beweis für die Tauglichkeit von Blechen aus LD-Stahl für den Schiffsbau konstruierte die VOEST in den späten 1950er Jahren mehrere Hochsee-Frachtschiffe. Ein großes Modell der »Linzertor« zeugt von dieser Übergangszeit.

Die Edelstahlerzeugung, die etwa ein Drittel der Weltstahlerzeugung von rund 750 Millionen Tonnen umfasst, basiert seit dem frühen 20. Jahrhundert auf der Anwendung des von Paul Héroult konstruierten Elektrolichtbogen-Ofens.

An die Elektrostahlerzeugung schließt unmittelbar ein Unterthema über die Legierungsmetalle an, die den Rohstählen bestimmte, genau definierte Eigenschaften verleihen, sowie ein weiteres über die Sekundärmetallurgie, ein Schmelzverfahren zur Erhöhung der Reinheit von Edelstählen.

Der ausgestellte originale Elektro-Schlacke-Umschmelzofen aus den 1970er Jahren ermöglicht die Herstellung hochreiner Stähle für spezielle Anwendungen wie Kolbenringe oder Ventile.

Von der Technik weg führt das Unterthema mit dem Titel »Stahlhart«. Eisen und Stahl gelten als dauerhaft, hart und zäh. Eigenschaften, die ihnen große Verbreitung in Sprachbildern des Alltags und im politischen Kontext verschafften. Der ausgestellte Stahlhelm aus dem Jahr 1913 aus nicht rostendem Stahl steht ebenso als Beispiel für diese metaphorische Verwendung wie auch das Eiserne Kreuz aus dem Zweiten Weltkrieg.

Nichteisenmetalle

Eisen und Stahl kommt aufgrund der großen Erzlagerstätten als wichtigsten Metallen in Österreich traditionell eine besondere Rolle zu. Lange Zeit wurden in den Ostalpen aber auch Nichteisenmetall-Erze gefördert und Edelmetalle sowie Bunt-, Schwer- und Leichtmetalle erzeugt. Seit dem späten 20. Jahrhundert hat die Sekundärerzeugung eine gewisse Bedeutung erlangt. So hat sich zum Beispiel das Hüttenwerk Brixlegg in Tirol, wo jahrhundertelang Kupfererze geschmolzen wurden, auf die Wiedergewinnung von Kupfer aus Altmetallen spezialisiert. Insgesamt stammen heute in den Industrieländern rund 40 Prozent des erzeugten Kupfers aus dem Recycling. Auch die Hütte in Ranshofen in Oberösterreich hat sich nach Einstellung der Elektrolyse vollständig auf die Erzeugung von Sekundäraluminium aus Schrott konzentriert.

Gold- und Silberschmiedewerkstätte, Wien, 19. Jahrhundert. Tisch mit fünf Arbeitsplätzen und dem Werkzeug zur Herstellung eines Schmuckringes. Inv.Nr. 10.260

Wachskopf einer Bronzearbeiterin, Wien, um 1900. Mit diesem Wachskopf wies das in den späten 1880er Jahren gegründete Gewerbe-hygienische Museum auf mögliche Gefahren im Umgang mit Schwermetallen hin. Inv.Nr. 33.924

Unweit der heutigen österreichischen Grenze, auf dem Gebiet der einstigen Habsburgermonarchie, befindet sich eine außergewöhnliche Lagerstätte: das slowenische Idria/Idrija, in dem rund 500 Jahre lang aus Zinnober Quecksilber gewonnen wurde; damit war Idria weltweit nach Almadén in Spanien der zweitgrößte Produzent dieses Metalls.

Quecksilber-, Zinn-, Zink- und Bleierzeugung sowie -verarbeitung zählten zu den für Mensch und Umwelt gefährlichsten Arbeiten. Dafür steht stellvertretend der aus dem ehemaligen Gewerbe-hygienischen Museum stammende Wachskopf einer Bronzearbeiterin, der Hautkrankheiten aufweist. Zentrales Vermittlungsmedium an dieser Stelle ist eine Hörstation mit abrufbaren Texten zum Thema Vergiftungen durch Schwermetalle von Paracelsus bis Egon Erwin Kisch und Berichten des Gewerbe-Inspektorats.

Die Erschmelzung der Edelmetalle Gold und Silber überschritt in Österreich bereits im 16. Jahrhundert ihren Höhepunkt. Die in einem Zwischengeschoss über eine Treppe erreichbare Ausstellungseinheit zeigt sowohl die mythische Bedeutung von Edelmetallen wie Gold, Silber oder Platin, die auf Menschen schon immer eine besondere Faszination ausgeübt haben, wie auch ihre Bedeutung für die Schmuckerzeugung – unter anderem am Beispiel einer originalen Goldschmiedewerkstätte – und als Münzmetall auch für industrielle Anwendungen.

Metallbearbeitung

Bei der Formgebung von Metallen lassen sich die Fertigungstechniken des Urformens, des Umformens und des Spanens unterscheiden. Fügetechniken wiederum dienen dazu, Einzelteile zu größeren Einheiten zusammenzusetzen. In diesem Ausstellungsbereich nehmen Originalmaschinen und -werkzeuge, die teilweise auch vorgeführt werden können, sowie Halb- und Fertigprodukte einen breiten Raum ein.

Gießen

Das wichtigste und älteste Verfahren des Urformens ist das Gießen. Aus Eisen, anderen Metallen und verschiedenen Legierungen werden seit Jahrhunderten Kanonen ebenso wie Glocken gegossen. Auch in der Kunst findet der Metallguss – vom Eisenschmuck bis zu überlebensgroßen Bronzeplastiken – eine Vielfalt von Anwendungen. Eine in mehrere Schritte zerlegte Sandguss-Original-Installation mit Kernformerei ermöglicht es, den komplizierten Gussprozess nachzuvollziehen. Eine moderne Variante des Urformens ist die Pulvermetallurgie.

Eisenkunstguss Horschowitz/Hořovice und Blanz/Blansko, 1829–1839. Von links: Kronprinz Ferdinand, Kaiser Franz I., Venus, Bacchus, Rudolf Graf Wrbna

Schmieden und Walzen

Schmieden und Pressen, Walzen und Ziehen zählen zu den Umformtechniken. Die größte Rolle spielte über Jahrtausende das Schmieden auf dem Amboss mit dem Handhammer. Seit dem Mittelalter übernahmen wasserbetriebene Hämmer diese Arbeit, seit dem 19. Jahrhundert Dampf-, hydraulische sowie pneumatische Hämmer und Pressen. Der in Wien ansässige Schotte John Haswell baute 1860/61 die erste dampfhydraulische Schmiedepresse der Welt. Das älteste erhaltene Exemplar aus dem Jahr 1872 steht in der großen Halle der Schwerindustrie. Im Gegensatz zu der für die Industrialisierung des 19. Jahrhunderts typischen Freiformschmiede blieben Spindelpressen mit Gesenken für präzise Metallteile, zum Beispiel Turbinenschaufeln, bis in die Gegenwart von Bedeutung.

Beim Walzen wird das Metall zwischen rotierenden Zylindern verformt. So entstehen Produkte mit planen Oberflächen oder profilierten Querschnitten. Bereits seit dem Mittelalter wurden weiche Metalle wie etwa Blei zu dünnen Streifen gewalzt, seit dem 18. Jahrhundert gelang dies auch mit weichem Schmiedeeisen. Gleichbleibende Qualität und große Stückzahlen sind – im Vergleich zum Schmieden – die großen Vor-

Schmiedepresse, Wien, 1872. Der Engländer John Haswell konstruierte 1860/61 die erste Schmiedepresse der Welt, die teilweise die bestehenden Schmiedehämmer ersetzte. Inv.Nr. 527

teile dieses Verfahrens. Deshalb ist das Walzen bis in die Gegenwart hinein die bedeutendste Umformtechnik für Bleche, Schienen und Träger sowie für Profile. Das Modell eines elektrisch betriebenen Blockwalzwerks aus dem frühen 20. Jahrhundert wird im Vorführbetrieb gezeigt.

Drahtziehen kann als Sonderform des Walzens betrachtet werden. Draht zählt zu den wichtigsten Halbfertigprodukten und dient unter anderem als Vormaterial für Nägel, Ketten, Siebe und Seile. Anfänglich wurde Draht händisch gefertigt: Der Handwerker zog ihn mit einer Zange durch die Löcher eines Zieheisens und verringerte so seinen Querschnitt. Später erfolgte dieser Vorgang mittels Wasser- und Dampfkraft. Draht lässt sich nur bis zu einem Durchmesser von fünf Millimetern walzen; dünnerer Draht muss wie früher kalt gezogen werden.

Drehen, Fräsen, Bohren

In der Regel erhalten metallene Werkstücke ihre endgültige Form durch spanende Bearbeitung der Oberfläche. Wo immer metallene Späne fliegen, spricht man vom »Spanen«. Zu dieser Fertigungstechnik zählen unter anderem das Drehen, Fräsen und Bohren sowie das Sägen,

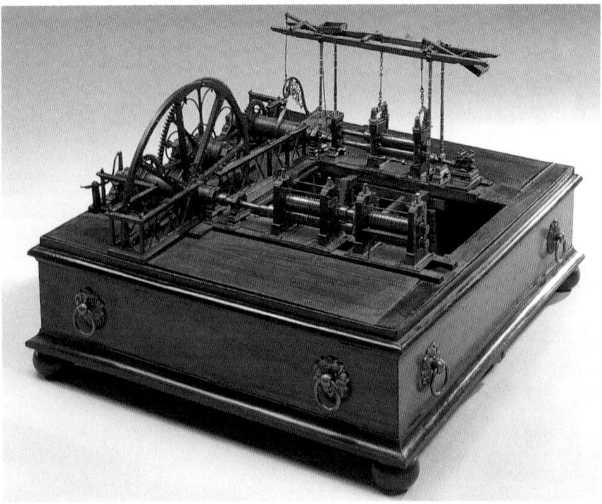

Modell eines Blechwalzwerkes, Hall in Tirol, um 1800. Walzwerke waren die technische Voraussetzung für die industrielle Herstellung von Blechen, Schienen und Trägern. Inv.Nr. 9.778

Hobeln, Feilen und Schleifen. Das Prinzip ist immer dasselbe: Die sehr harte Schneide eines Werkzeugs trennt Späne von einem weicheren Werkstück ab. Ohne spanende Bearbeitung gäbe es keine Produkte mit genau passenden beweglichen Teilen wie Nähmaschinen, Fahrräder und Autos.

Das Drehen von Metallen ist eng mit dem Drechseln von Holz verwandt. Dabei wird das Werkstück eingespannt, in Drehung versetzt und mit einem Werkzeug bearbeitet. Der Drehmeißel wurde ursprünglich mit der Hand geführt, seit etwa 1800 auf einen Werkzeugschlitten (»Support«) gespannt. Mit dieser Vorrichtung konnten nun Maschinenteile mit geradlinigen, klaren Konturen hergestellt werden. Das Ensemble der originalen Werkzeugmaschinen reicht von einer hölzernen Handdrehbank aus dem Jahr 1840 bis zu einer neuen, betriebsbereiten CNC-gesteuerten Drehmaschine aus den 1990er Jahren. Anhand dieser Exponate kann der Besucher nicht nur die entscheidenden Schritte der Werkzeugmaschinenentwicklung nachvollziehen, sondern auch die durch die technische Entwicklung veränderten Arbeitsanforderungen an den Dreher.

Nieten und Schweißen

Neben dem Umformen von Metallen kommt auch den Fügetechniken bei der Herstellung von Industrieprodukten eine große Bedeutung zu. Fügen ist das auf Dauer angelegte Verbinden von Werkstücken. Fügeverbindungen mit Hilfselementen wie Nägeln, Klammern oder Schrauben lassen sich in der Regel ohne Materialschädigung wieder lösen. Unlösbare Verbindungen durch Nieten, Schweißen, Löten oder Kleben dagegen sind nur durch Zerstörung des Materials wieder zu trennen. Das Nieten war seit den 1840er Jahren rund ein Jahrhundert lang die gebräuchlichste Fügetechnik im Eisen- und Stahlbau. Schiffe, Lokomotiven, Dampfkessel, Brücken und Hallen wurden durch Unmengen von Nieten zusammengehalten. Allein beim Bau des berühmten Eiffelturms 1889 fanden 2,5 Millionen Nieten Verwendung. Die Zahnrad-Dampflokomotive der 1891 eröffneten Erzbergbahn Vordernberg-Eisenerz und ihr Kessel zeigen unter anderem die Anwendung der Niettechnik im Lokomotivbau. Seit Beginn des 20. Jahrhunderts verdrängten allmählich Schweißverfahren das Nieten. Das Schweißen stellt bis heute die wichtigste Technik zur Herstellung unlösbarer Verbindungen dar.

Zwei Unterthemen – »Die Kraft des Nieters« und »Die Kunst des Schweißers« – thematisieren die jeweils für diese Fügetechniken erforderlichen beruflichen Qualifikationen der Arbeiter.

Werkzeugmaschinen, 19./20. Jahrhundert. Das Ensemble von Dreh-, Fräs- und Bohrmaschinen seit 1840 zeigt die technische Entwicklung und in Abhängigkeit davon den Wandel der Arbeitsqualifikation

Leitsektor Stahl

Eisen und Stahl, mengenmäßig immer noch die mit großem Abstand weltweit wichtigsten Metalle, stehen im Zentrum der Ausstellung. Wer von der Mittelhalle kommend die »Schwerindustrie« betritt, dem wird zunächst die Installation der originalen Großobjekte im Zentrum der Halle auffallen. Nach dem Zweiten Weltkrieg gelang in der Hütte Linz der VOEST nach Vorversuchen in Deutschland und in der Schweiz die Einführung einer neuen Technik der Stahlerzeugung. Es handelt sich um das Linz-Donawitz-Verfahren, benannt nach Linz und Donawitz (Steiermark), wo es 1952/53 erstmals zur Anwendung kam. Heute werden rund zwei Drittel des weltweit erzeugten Stahls in LD-Tigeln erschmolzen. Beim LD-Verfahren wird flüssiges Roheisen im Tiegel durch Aufblasen von reinem Sauerstoff unter hohem Druck zu Stahl umgewandelt. So werden in rund 20 Minuten bis zu 300 Tonnen Roheisen zu Stahl gefrischt. Der 30-Tonnen-LD-Tiegel aus dem Jahr 1952 mit Schrottschure, Schlackenpfanne, vier Kokillen und einem Stahlblock stellt nicht nur die Technik der frühen 50er Jahre nach, sondern vermittelt zumindest einen Eindruck von den Dimensionen und den Materialien in der Schwerindustrie. Hautnah vertiefen kann man diesen Eindruck auf einem erhöhten, umlaufenden Steg. Ein Funktionsmodell der Halle führt den gesamten Ablauf vom Roheisenmischer bis zum Kokillenguss vor. Eine 3D-Computersimulation in einem nachgebauten Steuerstand veranschaulicht die Technik des im Jahr 2000 eröffneten neuen LD-Stahlwerks in Donawitz. Eine zweimal täglich eingespielte, am Computer gemischte Toninstallation ermöglicht eine (abstrakte) Vorstellung von der Geräuschkulisse in Stahlwerken.

Ein Epilog am Ende des offenen Rundgangs fasst die politische und ökonomische (»Stahlzeit«) und die soziale Dimension (»Arbeitsplatz Stahlwerk«) der Schwerindustrie in zwei Hauptthemen für das 20. Jahrhundert konzentriert zusammen. Diese Ausstellungseinheit ist um das Geländemodell der während des Zweiten Weltkriegs in Linz errichteten Hütte der »Hermann Göring«-Werke angeordnet. Es steht auch stellvertretend für ein am Reißbrett geplantes und auf grüner Wiese realisiertes integriertes Hüttenwerk, Arbeitsplatz für zeitweise mehr als 20 000 Menschen.

Eine Arbeitsordnung des Hüttenwerks Zeltweg der Alpine Montangesellschaft aus dem Jahr 1886 verweist auf die anfänglich penibel gere-

Lokomotivkessel, Wien, 1890. Er gehörte zur Zahnrad-Dampflokomotive 97.201 der Erzbergbahn und ist ein typisches Produkt der Schwerindustrie des 19. Jahrhunderts. Inv.Nr. 50.395/2

Hochofenarbeiter, Donawitz, um 1950. Die Schwerindustrie war sowohl technisch als auch sozial ein Leitsektor der Industrialisierung

gelte Disziplin in den Fabriken, von der Arbeitsaufnahme bis zur Entlassung. Stahlarbeit ist Schwerarbeit und gleichzeitig hoch qualifizierte angelernte Facharbeit. Gerade deshalb war es für die Unternehmer im Berg- und Hüttenwesen immer wichtig, ihre Stammarbeiterschaft durch betriebliche Sozialleistungen an sich zu binden. Eine Serie von Fotografien zeigt beispielhaft die Waschanlagen bei Böhler in Düsseldorf, die Zahnambulanz der VOEST-Gießerei in Linz, die 1953 gegründete katholische Betriebsseelsorge der VOEST in Linz, den Sportklub »SK VOEST« als österreichischen Fußballmeister 1974, das 1953 eröffnete VOEST-Bad am Weikerlsee bei Linz und das Einfamilienhaus einer VOEST-Siedlung in Traun bei Linz. Auszüge aus Interviews mit Stahlarbeitern der Obersteiermark aus den späten 1980er Jahren über ihre Arbeit, Arbeitsunfälle oder den Dreischichtenbetrieb sind in einem Hörsessel per Knopfdruck abrufbar.

Die Eisen- und Stahlindustrie war ein Leitsektor der Industrialisierung und blieb es bis zur Wiederaufbau-Konjunktur in den 1950er und 1960er Jahren. Es folgte die Krise: zuerst auf dem Kohlen-, dann auf dem Stahlsektor. In der ursprünglich schwerindustriell geprägten Obersteiermark blieb kaum ein Stein auf dem anderen. Die verbliebenen Standorte mussten ihre Belegschaften stark reduzieren und können heute durch hochwertige Finalproduktionen bestehen. Darauf nimmt die Ausstellung Bezug anhand von Beispielen wie dem ESU-Verfahren in der Sekundärmetallurgie, mit gesenkgeschmiedeten Turbinenschaufeln für Gaskraftwerke, mit dem Profil einer 120 Meter langen kopfgehärteten Hochgeschwindigkeitsschiene und mit der laserverschweißten Platine einer Autotür für eine »ultralight« Autokarosserie.
LaH

Energie

Energie

Wandlerkette. Inv.Nr. 50.866

Energie spielt im täglichen Umgang mit technischen Geräten eine zentrale Rolle. Obwohl wir uns dieser Tatsache kaum bewusst sind, ist jede Inbetriebnahme eines Fahrzeugs, Küchengeräts oder Kommunikationsmittels mit dem Gebrauch von Energie verknüpft. Im Schausammlungsbereich »Energie« werden die verschiedenen Facetten der Energieumwandlung und -nutzung dargestellt.

Die Nutzung von Energie ist historisch betrachtet auch mit der Verknappung einzelner Energieträger, so genannten Energiekrisen, verbunden. Gegenmaßnahmen wie Rationalisierung und »Energiesparen« kennzeichnen diesen Mangel. Phasen des Wohlstands und des wirtschaftlichen Aufschwungs hingegen hängen häufig mit einer Bevölkerungszunahme und neuen Energieträgern, Umwandlungsverfahren und Nutzungstechniken zusammen.

Die Schausammlung »Energie« beschäftigt sich mit »Erzeugung«, »Verteilung« und »Verbrauch« von Energie. Die im allgemeinen Sprachgebrauch verwendeten Begriffe »Erzeugung« und »Verbrauch« verweisen jedoch im physikalischen Sinn auf einen gänzlich anderen Zusammenhang, da Energie weder »erzeugt« noch »verbraucht«, sondern nur von einer Form in eine andere umgewandelt werden kann.

Von der Mittelhalle kommend, fällt als erstes ein großes Besucherexperiment auf, die so genannte »Wandlerkette«: Indem der Besucher durch 90-maliges Kurbeln Wasser in ein höher gelegenes Becken pumpt und somit das System seine Energie speichert, wird auf sehr anschauliche und effektvolle Weise die Umwandlung in eine Reihe von Energieformen demonstriert.

Vom zentralen Forum aus gelangt man in den eigentlichen Schausammlungsbereich »Energie«, der chronologisch in drei Bereiche aufgeteilt ist: »Zeit der Künste«, »Zeit der Kraftstationen«, »Zeit der Netzwerke«. In der »Zeit der Künste« wurde Energie an der Stelle genutzt, an der sie bereitgestellt wurde. In der »Zeit der Kraftstationen« wurde Energie dezentral erzeugt, also von Kraftstationen aus das nähere Umfeld mit Energie versorgt, und in der »Zeit der Netzwerke« wird die Energie zentral produziert und über Netzwerke zu den Verbrauchern geliefert.

Zeit der Künste

Die Zeit der Künste umfasst den Zeitraum von der Urzeit bis zur Industrialisierung. Bereits in der Antike wird im Zusammenhang mit Kraftaufbringung und -verstärkung von den »mechanischen Künsten« gesprochen. Im Mittelalter und in der frühen Neuzeit wurden Handwerker, die die mechanischen Künste beherrschten, als Kunstmeister bezeichnet. Sie fertigten Wasserhebewerke, Wasserkraftmaschinen und Muskelkraftmaschinen. So errichtete etwa der Salzburger Zimmerermeister Abraham Hueber im Auftrag des Abtes von Stift Göttweig (Niederösterreich) einen Bauaufzug und legte eine Wasserleitung zum Klostergebäude an.

Von jeher war die Sonne eine wichtige Energiequelle. Solange der Mensch nicht imstande war, selbst Feuer zu machen, war die unmittelbare Nutzung von Sonnenenergie die einzige Möglichkeit, Wärme und Licht zu gewinnen.

Um physische Arbeit zu verrichten, waren Menschen lange Zeit auf ihre eigene und die Muskelkraft von Tieren angewiesen. Ein einzelner Mensch konnte nur kleinere Lasten tragen. Um größere Lasten transportieren oder heben zu können, mussten diese so beschaffen sein, dass mehrere Personen anpacken konnten. Erleichterung brachten Vorrichtungen zur Kraftverstärkung, mit deren Hilfe man die Natur überlistet zu haben glaubte. So erforschte der griechische Gelehrte Archimedes im 3. Jahrhundert v. Chr. die Funktionen von Hebel, Keil (schiefe Ebene) und

Modell der Hebung des Obelisken am Petersplatz in Rom. Inv.Nr. 50.882

Seilumlenkrollen. Dabei stellte er fest, dass bei einer Halbierung der Kraft durch Hebel oder Flaschenzug der doppelte Weg erforderlich ist (Last x Lastweg = Kraft x Kraftweg). Besucherexperimente zum Thema Hebel, Keil und Flaschenzug ermöglichen die direkte Auseinandersetzung mit diesen mechanischen Prinzipien. Weitere wichtige technische Hilfsmittel waren Schraube und Winde, mit denen Pressen betrieben oder Lasten gehoben werden konnten. Zum Heben von Lasten und zum Wasserschöpfen war die Tretmühle eine wirkungsvolle Erfindung. Trat der Arbeiter das Rad an der Außenseite auf gleicher Höhe mit der Achse, konnte er die Wirkung seines Körpergewichts voll ausnutzen.

Tiere wurden zum Betrieb von Treträdern, vor allem aber für den Betrieb von Göpeln und im Transportwesen herangezogen. Lange Zeit konnten Pferde nicht ohne massive gesundheitliche Schäden zum Ziehen schwerer Lasten eingesetzt werden. Das für Ochsen gedachte Jochgeschirr entsprach nicht ihrem Körperbau, da es auf die Luftröhre drückte. Dieses Problem wurde durch das Kummet gelöst, das die Last auf Brust und Schultern verteilt.

Ein Beispiel für die Möglichkeit, mit Hilfe von Tier- und Menschenkraft große Lasten transportieren und heben zu können, zeigt ein Modell der von Papst Sixtus V. in Auftrag gegebenen und von dem Baumeister und Architekten Domenico Fontana 1586 durchgeführten Versetzung des fast 26 Meter hohen Obelisken in die Mitte des Petersplatzes in Rom. Die ausgeklügelte Positionierung und der hohe Koordinationsaufwand der vielen hundert Menschen und Tiere lässt die Schwierigkeiten des Unterfangens erahnen.

Mit der Nutzung von Wasser- und Windkraft konnte der Mensch die engen Grenzen der Muskelkraft überwinden. Um Wassermenge und Fließgeschwindigkeit optimal zu nutzen, gibt es im Wesentlichen zwei

Arten von Wasserrädern – solche mit vertikaler Welle und solche mit horizontaler. Zu Letzteren zählen ober-, mittel- und unterschlächtige Wasserräder.

Das Wasserrad mit vertikaler Welle (Löffelrad- oder Stockmühle) besteht in der Regel aus leicht geneigten Schaufeln, ähnlich den heutigen Kaplanturbinen, und einer hölzernen Rinne, über die das Wasser auf die Schaufeln geleitet wurde. Mit Hilfe solcher einfachen Mühlen konnte die Kraft des Wassers bei geringen Wassermengen und großen Fallhöhen zu ca. 15 Prozent (Wirkungsgrad) genutzt werden. Der Antrieb der Mühlsteine mit senkrechter Welle und das fehlende Getriebe lassen den Schluss zu, dass es sich bei dieser Mühle um die älteste ihrer Art handelt.

Löffelradmühle aus dem 19. Jahrhundert. Inv.Nr. 708

Erste schriftliche Nachweise über die Existenz von unterschlächtigen Wasserrädern stammen aus dem 1. Jahrhundert v. Chr. Ihr Wirkungsgrad lag bei ca. 35 Prozent. Der grundsätzliche Vorteil dieser Mühlen bestand darin, dass zu ihrem Betrieb keine Veränderungen der Wasserführung von Flüssen oder Bächen notwendig waren. Schiffsmühlen – Schiffe mit angebauten Wasserrädern, die an Seilen befestigt im Flusslauf lagen – bildeten eine Sonderform unterschlächtiger Wasserräder.

In Mitteleuropa traten die ersten oberschlächtigen Wasserräder im 14. Jahrhundert auf. Bei ihnen wurde die Bewegungsenergie und das Gewicht von oberhalb des Wasserrades zugeführtem Wasser genutzt. Der Wirkungsgrad betrug ca. 75 Prozent. Sie benötigten allerdings auch ein größeres Gefälle und waren deshalb hauptsächlich in alpinen Regionen verbreitet.

Ein Besucherexperiment mit unter- und oberschlächtigem Wasserrad veranschaulicht den Unterschied der erzielten Wirkungsgrade. Das Modell eines 30 km langen Flussabschnittes mit 69 Mühlen an der Traisen in Niederösterreich zeigt beispielhaft, wie intensiv die Nutzung der Wasserkraft in Österreich um 1850 war.

Zeit der Kraftstationen

Die »Zeit der Kraftstationen« umfasst die Zeit der Industrialisierung bis zum Beginn des 20. Jahrhunderts. Energie wurde weiterhin in Verbrauchernähe erzeugt, und Kraftstationen versorgten einzelne Fabriken oder lokal begrenzte Gebiete mit Antriebskraft, Gas oder elektrischem Strom.

Bis Anfang des 18. Jahrhunderts standen allein Muskel-, Wasser- und Windkraft für die Bereitstellung von mechanischer Energie zur Verfügung.

Karbonurwald (Temperamalerei). Inv.Nr. 39.974

So basierte die von England ausgehende Industrialisierung unter anderem auf neuen Möglichkeiten der Energieerzeugung und -nutzung. Mit Hilfe von Dampfmaschinen konnte die in Kohle gespeicherte chemische Energie in mechanische umgeformt werden.

Eine Temperamalerei auf weiß grundierter Leinwand der Künstler Prof. Kautsky & Rottonara aus der Entstehungszeit des Technischen Museums Wien zeigt einen Wald mit der für die Zeit der Steinkohlebildung vor ca. 300 Millionen Jahren vermutlich typischen Vegetation, Baumfarnen, Schachtelhalmen und Bärlappgewächsen.

Voraussetzung für den Bau von Dampfmaschinen waren leistungsfähige Dampfkessel. Ab etwa 1800 reichte die Dampfleistung der herkömmlichen Koffer- und Walzenkessel für die neuen Dampfmaschinen nicht mehr aus. Um die Heizfläche und damit die Leistung zu vergrößern, führte man wassergefüllte Rohre durch den Feuerraum. Der deutsche Arzt und Erfinder Dr. Ernst Alban arbeitete ab 1840 an Wasserrohrkesseln, die einem Dampfdruck von bis zu zehn bar standhielten. Das Wasser verdampfte teilweise in den leicht geneigten Rohren. Über zwei senkrecht stehende Wasserkammern strömte das Wasser-Dampf-Gemisch in die oben liegenden Kesseltrommeln, wo sich Dampf und Wasser trennten.

Die Konstruktion von Dampfmaschinen, die sich zum Antrieb von Pumpen im Bergbau eigneten, begann im 18. Jahrhundert. 1712 gelang dem Schmiedemeister Thomas Newcomen in Zusammenarbeit mit Thomas Savery der Bau einer ersten funktionstüchtigen atmosphärischen Dampfmaschine. Newcomen wandte die von Savery vorgeschlagene Trennung von Dampferzeugung und Dampfeinsatz auf den bewegten Kolben von Denis Papin an, der 1681 den Dampfkochtopf erfunden hatte. Das Problem der Abdichtung des Kolbens wurde mit einer über diesem liegenden Wasserschicht gelöst.

Trotz ihrer geringen Effizienz, doch aufgrund ihrer Ortsunabhängigkeit standen um 1770 rund 100 Dampfmaschinen in Nordengland im Einsatz. Auf dem Gebiet des heutigen Österreichs stellte 1722 Joseph Emanuel Fischer von Erlach in Zusammenarbeit mit dem englischen Ingenieur Isaac Potter eine erste atmosphärische Dampfmaschine im Garten des Palais Schwarzenberg in Wien auf. Das Originalmodell einer atmosphärischen Dampfmaschine, das Fischer von Erlach vor Baubeginn für seine zweite Dampfmaschine 1732 anfertigen ließ, befindet sich in der Ausstellung.

Wasserrohrkessel von Ernst Alban. Inv.Nr. 829

Allgemein gilt aber nach wie vor der schottische Universitätsmechaniker James Watt als der Erfinder der Dampfmaschine. Anlässlich der Reparatur einer Newcomen-Maschine konnte sich Watt mit deren Funktionsweise auseinander setzen und ihre Schwachstellen kennen lernen. Entscheidend für den Erfolg der Watt'schen Dampfmaschine war die Dreiteilung der Funktionseinheiten in Dampferzeugung, Zylinder mit Arbeit verrichtendem Kolben und Kondensator. Nach dieser Anordnung baute Watt 1765 ein Versuchsmodell und erhielt 1769 mit Hilfe des Bergwerksbesitzers John Reobuck

Dampfmaschinengalerie

ein umfassendes Patent. Aber erst die finanzielle Unterstützung durch seinen neuen Partner Metthew Boulton ermöglichte den Bau erster Dampfmaschinen nach dem Watt'schen Patent im Jahr 1776 und die kommerzielle Vermarktung der Erfindung.

Die Reihe der im Dampfmaschinenraum aufgestellten und unter Dampf betreibbaren Maschinen beginnt mit einer von Johann Fichtner 1825 gebauten Dampfmaschine, die ebenfalls der Watt'schen Bauart mit Balancier entspricht.

Nach Ablauf des Watt'schen Patents 1800 versuchten andere Konstrukteure, die aufwändige Kraftumlenkung mittels Balanciers zu vermeiden. In der zweiten Hälfte des 19. Jahrhunderts und zu Beginn des 20. Jahrhunderts konzentrierten sich die Bemühungen der Ingenieure auf die Entwicklung schnell laufender Maschinen mit liegendem Zylinder. 1882 war Thomas Alva Edison einer der Ersten, der solche Maschinen in seinem öffentlichen Elektrizitätswerk in New York zum Antrieb von Elektrodynamos verwendete, die hohe Drehzahlen erforderten. Die Verbindung von Dampfmaschine und Elektrodynamo erfolgte dabei direkt ohne Zwischenschaltung eines Getriebes.

Die Umkehrung der Drehrichtung von Dampfmaschinen – eine Voraussetzung für den Einsatz von Dampfmaschinen in Lokomotiven, Dampfschiffen und Walzwerken – ermöglichte der englische Eisenbahnpionier George Stephenson mit der von ihm erfundenen Kulissensteuerung. Mit dem Einsatz der Dampfmaschine als Fahrzeugantrieb wird im 19. Jahrhundert ein neues Zeitalter der Mobilität eingeläutet. Erstmals können Menschen und Güter in großer Anzahl und mit hoher Geschwindigkeit befördert werden.

Kaplanturbine.
Inv.Nr. 16.776

Zur Ausbildung technischer Experten wurden im 19. Jahrhundert private und staatliche Lehranstalten für Technik gegründet. Einige dieser Institutionen wurden in weiterer Folge als technische Hochschulen mit dem Recht auf Promotion für Ingenieure anerkannt.

1895 begann der Österreicher Victor Kaplan sein Maschinenbau-Studium an der 1815 als Polytechnisches Institut gegründeten Technischen Hochschule Wien. Der Ausstellungsbereich zum Beruf des Ingenieurs ist dem Versuchslabor, in welchem Kaplan 1912 seine Turbine entwickelte, nachempfunden. Die erste Kaplanturbine der Welt, die 1919 in Velm (bei Wien) eingesetzt wurde, ist genauso zu sehen wie originale Versuchsmodelle und Reproduktionen der Patentschriften.

Das Beispiel Kaplan veranschaulicht, dass technische Entwicklungen nicht allein Ergebnis von Kreativität und Erfindergeist, sondern auch von langwierigen und arbeitsintensiven Versuchsreihen sind. Ob sich ein Produkt durchsetzen kann, stellt sich oft erst Jahrzehnte später heraus und ist außer von der Qualität der Erfindung auch von den gesellschaftlichen und wirtschaftlichen Rahmenbedingungen abhängig. Der angrenzende Bereich »Wege und Irrwege« zeigt am Beispiel einiger Erfindungen Erfolge und Misserfolge. So waren die Elektromotoren von Martin Egger und Johann Kravogl zwar funktionsfähig, aber nicht leistungsfähig genug.

Carl de Laval traf 1889 mit seiner Dampfturbine ein Bedürfnis der Zeit und fand auf Anhieb den richtigen technischen Weg. Dem Gasmotor von Jean Lenoir waren hingegen nur einige Jahrzehnte Erfolg beschieden, während das dabei verwirklichte Prinzip des Verbrennungskraftmotors bis heute verwendet wird. Der Berufserfinder Thomas Alva Edison för-

Maschinen von Martin Egger, Johann Kravogl, Felix Wankel und Julius Hock

derte gegen Ende des 19. Jahrhunderts den Erfolg seiner elektrotechnischen Produkte durch geschickte Vermarktung.

Für die Produktion von Gütern wurden bis Ende des 19. Jahrhunderts verschiedene Antriebsmaschinen entwickelt. Dampfmaschinen oder Wasserturbinen eigneten sich zwar für den Antrieb von Maschinen in Fabriken, für kleinere Handwerks- und Gewerbebetriebe kamen sie jedoch kaum in Frage, da sie zu teuer und/oder in der Anwendung zu kompliziert waren. Die Mechanisierung dieser Kleinbetriebe beruhte seit dem Ende des 19. Jahrhunderts auf dem Einsatz von Gas- oder Elektromotoren, insbesondere Letztere galten um 1900 als »Retter des Handwerks«.

Wechselstromgenerator der Compagnie L'Alliance. Inv.Nr. 4.982

Dieses Arrangement von Maschinen ist einer Gewerbeschau des 19. Jahrhunderts nachempfunden

Grundlage für die Entwicklung der Elektroantriebe und -generatoren waren Entdeckungen von Naturwissenschaftlern des 18. und 19. Jahrhunderts. Der dänische Physiker und Chemiker Hans Christian Ørsted fand 1819 heraus, dass elektrischer Strom eine Kompassnadel ablenkt. 1820 entdeckte der französische Physiker und Mathematiker André Marie Ampère die Kraftwirkung zweier stromdurchflossener Leiter aufeinander. Der britische Physiker und Chemiker Michael Faraday konnte schließlich 1831 beide Effekte durch eine umfassende Theorie erklären und erbrachte den Nachweis für die elektromagnetische Induktion, also das Auftreten einer Spannung an einer Spule, die sich in einem Magnetfeld bewegt. Praktische Umsetzung fanden diese Einsichten in der von Hyppolyte Pixii 1832 konstruierten ersten Dynamomaschine. Elektrische Maschinen dienen zur Umwandlung von Energie. Dynamomaschinen oder Generatoren wandeln Bewegungsenergie in elektrische Energie um, Motoren elektrische Energie in Bewegungsenergie. Einer der ältesten Wechselstromgeneratoren des Technischen Museums Wien ist eine Maschine der Compagnie L'Alliance aus dem Jahr 1870 mit 2 kW Leistung, bei der sich die Rotorspulen in einem Feld von Hufeisen-Stahlmagneten drehen. Die k.u.k. Armee verwendete den Generator zur Vorfeldbeleuchtung.

Regionale und internationale Ausstellungen präsentierten im 19. Jahrhundert dem interessierten Publikum die neuesten industriell gefertigten Produkte, darunter auch Kraftmaschinen. Die Inszenierung folgte dabei den spektakulären Weltausstellungen, die sich am Geschmack des Bürgertums orientierten und Millionen von Besuchern anzogen. Nationale Selbstdarstellung, die Gewerbeförderung und der Vergleich von Produkten waren die Ziele der von staatlichen Organen und Industrievereinen veranstalteten Leistungsschauen.

Den spezifischen Anforderungen der Handwerksbetriebe an ihre Antriebsmaschinen – geringe Kosten, hohe Leistung, unregelmäßige Belastung und oftmaliges Ein- und Ausschalten – konnten trotz anfänglicher Erfolge auch die Verbrennungsmotoren nicht entsprechen, da sie zu teuer waren. Erst mit der Entwicklung von Elektromotoren standen den Kleinbetrieben geeignete Antriebsmaschinen zur Verfügung.

Auerlicht. Inv.Nr. 17.236

Parallel zum raschen Wachstum europäischer Industriestädte im 19. Jahrhundert wurden die Verkehrs- und Kommunikationsnetze, aber auch die Netze zur Versorgung mit Wasser, Licht und Antriebskraft immer dichter. Die öffentliche Beleuchtung von Straßen und Plätzen mit Gaslaternen machte die Nacht zum Tag. Ende des 19. Jahrhunderts konkurrierten Gaslicht und elektrische Beleuchtung miteinander. Im Jahr 1891 erfand der österreichische Chemiker Carl Auer von Welsbach (1858–1929) das Gasglühlicht, das aus einem auf den Brenner der Lampe aufgesetzten imprägnierten Strumpf bestand. Die darin enthaltenen Metalloxide leuchteten in der Flamme. Jetzt erzeugte dieselbe Menge Gas ein weit helleres Licht als beim einfachen Verbrennen. Die »Auerlichter« erlaubten auch die Verbrennung von Gas aus Kokereien, das in den herkömmlichen Gasbrennern nicht genug Leuchtkraft besaß.

1886 begann mit der Inbetriebnahme des ersten kommunalen Elektrizitätswerks im niederösterreichischen Scheibbs die Elektrifizierung in Österreich. In Wien fuhr 1897 die erste elektrische Straßenbahn, und Anfang des 20. Jahrhunderts wurden die Gaslaternen nach und nach durch elektrische Beleuchtung ersetzt. In der Zwischenkriegszeit hielt der Elektromotor auch in der Landwirtschaft Einzug. Aus Kostengründen und um ihn als ortsunabhängigen Antrieb für verschiedene Arbeitsmaschinen einsetzen zu können, wurde er von den Bauern auf Tragen oder Schubkarren montiert.

Der während der Industrialisierung kontinuierlich ansteigende Energiebedarf wurde durch Gas oder Strom gedeckt. Der Vorteil dieser Energie-

Das Innere des Maschinensatzes des Ruetzkraftwerkes – Generator. Inv.Nr. 39.035

träger lag darin, dass sie in Versorgungsnetzen ohne große Verluste über weite Distanzen transportiert werden konnten und für unterschiedlichste Anwendungen einsetzbar waren. Seit Beginn des 19. Jahrhunderts versorgten Gaswerke die ersten Verbraucher mit Stadtgas. Gegen Ende des 19. Jahrhunderts folgten die ersten elektrischen Kraftzentralen. Die ursprünglich fast ausschließlich von privaten Unternehmen betriebenen Energiezentralen wurden bald größtenteils von den Kommunen übernommen.

Die Dampfmaschine avancierte zu einem Symbol der Industrialisierung. Doch konnte sie in wasserreichen Regionen weder mit dem Wasserrad noch mit der technisch ausgereifteren Wasserturbine konkurrieren. Diese konnte unmittelbar in der Produktion oder, seit Ende des 19. Jahrhunderts, zur wirtschaftlichen Gewinnung von elektrischem Strom aus Wasserkraft verwendet werden. 1827 gewann Benoit Fourneyron mit der ersten radial von innen beaufschlagten Wasserturbine den »Preis der französischen Gesellschaft für Gewerbefleiß«, der für die Entwicklung einer neuen Wasserkraftmaschine ausgeschrieben wurde. Diese Turbine war bereits leicht regulierbar und erreichte Wirkungsgrade von fast 80 Prozent. Der Amerikaner Samuel Howd erhielt 1838 ein Patent auf eine von außen beaufschlagte Radialturbine, die sein Landsmann James Bicheno Francis wesentlich verbesserte. Zur Nutzung größerer Fallhöhen entwickelte der Amerikaner Lester Allan Pelton 1880 eine Freistrahlturbine. Der Österreicher Victor Kaplan erfand 1912 die nach ihm benannte Propellerturbine für den Einsatz bei geringem Gefälle und großen Wassermengen.

Nach dem Verlust der reichen Kohlevorkommen in Schlesien, Böhmen und Mähren als Folge des Ersten Weltkrieges setzte Österreich auf die verstärkte Nutzung der Wasserkraft. Die installierte Leistung der Wasser-

Das Innere des Maschinensatzes des Ruetzkraftwerkes – Turbine. Inv.Nr. 39.035

kraftwerke verdoppelte sich zwischen 1918 und 1929. Einer der beiden Maschinensätze des 1912 zur Versorgung der Mittenwaldbahn in Tirol in Betrieb gegangenen Ruetzkraftwerks stellt das größte begehbare Exponat in der Energieausstellung dar.

Zeit der Netzwerke

Die Zeit der Netzwerke widmet sich ausführlich dem 20. Jahrhundert. Energie wird über vernetzte Transportsysteme wie z. B. Pipelines oder Stromleitungen vom Ort der »Erzeugung« zum Ort des »Verbrauchs« geliefert.

Die auch im 20. Jahrhundert ständig steigende Energienachfrage für Produktion, Dienstleistungen und Mobilität spornte die Suche nach neuen Energieträgern ebenso an wie das Wissen um die Begrenztheit der Kohleressourcen und der Anstieg des Kohlepreises zu Beginn des 20. Jahrhunderts. Zu den traditionellen Energieträgern Wasserkraft und Kohle gesellten sich zuerst Erdöl, später auch Erdgas und Uran. Elektrischer Strom gewann als Sekundär- und Endenergieträger zunehmend an Bedeutung. Auch die fossilen Energieträger Erdöl und Erdgas sind grundsätzlich nicht unbegrenzt vorhanden und geben bei ihrer Umwandlung und Nutzung Schadstoffe an die Umwelt ab.

Mitte des 20. Jahrhunderts schien mit der technischen Möglichkeit der Kernenergienutzung ein Ausweg gefunden, doch brachte die bei der Spaltung von Atomkernen frei werdende Radioaktivität neue Probleme mit sich. So bekam die Forderung, auf erneuerbare Energie wie Sonne, Wind, Wasser oder Biomasse zurückzugreifen, zunehmend mehr Gewicht.

Mit der Nutzung der neuen Energieträger wurden diese immer mehr in Großanlagen abgebaut, umgewandelt und weiterverarbeitet, womit teilweise auch die Planung und Realisierung von utopisch anmutenden

Projekten einherging. Technische Utopien wie das Großwasserkraftwerk Itaipú in Brasilien wurden Wirklichkeit.

Die notwendige Infrastruktur zur Bereitstellung und Nutzung von Energie nahm im 20. Jahrhundert bislang kaum vorstellbare Ausmaße an. Es entstanden weitläufige, zum Teil sogar weltumspannende Netzwerke, wie Stromnetze zur Versorgung mit elektrischer Energie, Telefonnetze für die Kommunikation und Tankstellennetze zur Bereitstellung von Erdölprodukten.

Erdöl, ein Gemisch verschiedenartiger Kohlenwasserstoffverbindungen, und Erdgas, das hauptsächlich aus Methan besteht, entstanden im Lauf von Jahrmillionen aus Überresten tierischer und pflanzlicher Mikroorganismen. Die Eigenschaften von Erdöl waren schon sehr lang bekannt, ehe die eigentliche Entwicklung der Mineralölindustrie mit den ersten Ölbohrungen 1859 in Titusville (Pennsylvania, USA) begann. Mit der Verbreitung von Petroleumlampen und – später – Verbrennungsmotoren stieg der Ölbedarf in der zweiten Hälfte des 19. Jahrhunderts sprunghaft an.

Bereits drei Jahre nach Titusville erbohrten Erdölpioniere die reichen Erdöllager in Galizien. Österreich-Ungarn war damit um 1910 der weltweit drittgrößte Erdölproduzent hinter den Vereinigten Staaten und Russland. Auf dem heutigen österreichischen Staatsgebiet gibt es wirtschaftlich bedeutende Erdölvorkommen hauptsächlich im Wiener Becken. Erdgas entdeckte man in Österreich erstmals 1891 bei Wels in Oberösterreich. Seit dem Zweiten Weltkrieg ist es ebenfalls ein weltweit bedeutender Wirtschaftsfaktor.

Erdöl und Erdölprodukte decken in Österreich rund 40 Prozent des Gesamtenergieverbrauchs und sind damit die bedeutendsten Energieträger. Erdgas hat einen Anteil von ca. 22 Prozent. Anhand von Schautafeln wird die Entstehung von Erdöl und Erdgas erklärt, Modelle zeigen die Techniken, um diese Energieträger zu finden und zu fördern.

Der Strombedarf der Industrieländer erfordert eine Vielzahl unterschiedlicher Anlagen zur Stromerzeugung, deren Größe je nach Kraftwerkstype andere Probleme mit sich bringt. Elektrische Energie basiert in Österreich hauptsächlich auf Wasserkraft und fossilen Energieträgern. Die Umwandlung erfolgt in ca. 1750 Laufkraftwerken, 110 Speicherkraftwerken und 210 Wärmekraftwerken. Zusätzlich gelangen Windkraft- und Fotovoltaik-Anlagen zur Stromgewinnung zum Einsatz. Die wichtigsten in Österreich verwendeten Kraftwerkstypen werden mit Hilfe von Besucherexperimenten, Modellen und Schautafeln erklärt.

Thermische Kraftwerke verbrennen hauptsächlich fossile Energieträger (Kohle, Erdgas, Öl). Dampf- oder Gasturbinen wandeln die dabei entstehende Wärmeenergie in Bewegungsenergie um, aus der mit Hilfe von Generatoren elektrische Energie gewonnen werden kann. In einem Blockkraftwerk werden anstelle von Turbinen Verbrennungsmotoren eingesetzt. Um den Wirkungsgrad von Kraftwerken zu erhöhen, wurden Anlagen mit Kraft-Wärme-Kopplung entwickelt, die zusätzlich Wärme für

Modell des Krafthauses Galgenbichel. Inv.Nr. 50.932

Heizzwecke oder Prozesswärme abführen. Ein Modell des Wärmekraftwerks Donaustadt (Block 3) zeigt Aufbau und Funktionsweise des modernsten österreichischen Kombikraftwerks mit Kraft-Wärme-Kopplung.

Speicherkraftwerke wandeln die potenzielle Energie von Wasser in Bewegungsenergie um. Dabei fließt das Wasser eines Speichersees in Rohren zum Kraftwerk und treibt dort die Turbine an, die wiederum mit Hilfe eines Generators elektrische Energie erzeugt. In Speicherkraftwerken kommen in der Regel Francis- oder Peltonturbinen zum Einsatz. Im Unterschied zu gewöhnlichen Speicherkraftwerken wandeln Pumpspeicherkraftwerke überschüssige elektrische Energie in potenzielle Energie von Wasser um. Ein Viermaschinensatz besteht aus Turbine, Generator, Pumpe und Motor, während der Zweimaschinensatz mit Pumpturbine und Motorgenerator ausgestattet ist. Das als Modell vorhandene Krafthaus Galgenbichel der Oberstufe Malta in Kärnten ist mit zwei Pumpturbinensätzen bestückt und gehört zu den leistungsstärksten Kraftwerken Österreichs.

Zur Umwandlung von Wasserkraft in elektrische Energie entstanden an Flüssen und Bächen Laufkraftwerke mit Kaplan- oder Francisturbinen. Dabei haben sich im Laufe der Zeit drei Bautypen durchgesetzt: Wehrkraftanlagen mit Krafthaus und Wehr direkt im Flusslauf, Ausleitungskraftwerke mit einem Kanal, über den das Wasser von der Wehranlage zum Krafthaus geführt wird, und Schwellwasserkraftwerke, mit denen es möglich wurde, ein bestimmtes Wasservolumen über einige Zeit im Stauraum zu speichern. Das erste Laufkraftwerk an der österreichischen Donau ging 1959 in Ybbs-Persenbeug in Betrieb; 1995 erhielt es zusätzlich zu den herkömmlichen Kaplanturbinen die weltweit größte Rohrturbine.

In den 1950er und 1960er Jahren setzte auch Österreich auf die friedliche Nutzung der Kernenergie. Ein eigenes Atomprogramm mit einem

Forschungsreaktor in Seibersdorf bei Wien sollte ihren Einsatz fördern. 1957 wurde Wien Standort der internationalen Atomenergiebehörde zur Förderung der zivilen Nutzung der Kernenergie, 1972 begann man mit dem Bau des ersten österreichischen Kernkraftwerks in Zwentendorf (Niederösterreich). Nach massivem Widerstand von Teilen der Bevölkerung fand 1978 eine Volksabstimmung statt, die ein mehrheitliches Votum gegen die Nutzung von Kernenergie erbrachte. Zwentendorf ging nie ans Netz.

Die großflächige und feinmaschige Vernetzung der elektrischen Energieversorgung führte zu einer tiefgreifenden Veränderung aller Lebensbereiche. Um die Vorteile der elektrischen Energie – hohe Verfügbarkeit, geringe Transportverluste, vielseitige Einsetzbarkeit und gute Regulierbarkeit – nutzen zu können, benötigt man komplizierte technische Systeme, da die Speicherung von Strom wirtschaftlich nicht sinnvoll ist. Strom muss in dem Moment erzeugt werden, in dem er verbraucht wird. Mit der großen Verbreitung und Verfügbarkeit elektrischer Energie stieg auch die Abhängigkeit von diesem Energieträger.

Der Transport elektrischer Energie vom Kraftwerk zum Verbraucher erfolgt über das Stromleitungsnetz, das aus Kabeln, Freileitungen sowie Umspann- und Verteilanlagen besteht. »Vom Kraftwerk zur Steckdose«, ein Ensemble an Ausstellungsobjekten, veranschaulicht anhand mehrerer Modelle und Originalexponate den Weg des Stroms in einem typischen Stadt- und Landnetz. Kraftwerke erzeugen Strom mit einer Spannung von bis zu 27 kV. Um die Verluste in den Stromleitungen gering zu halten, wird der Strom hochgespannt, beispielsweise auf 400 kV. Hochspannungsanlagen erfordern eine aufwändige Isolation der spannungsführenden Teile.

In der Nähe von Verbraucherschwerpunkten wird die Spannung auf Mittelspannungen von 10 bis 30 kV umgespannt. Straßenbahn, U-Bahn,

Lastverteilerspiel. Inv.Nr. 50.947

Industrie- und Gewerbebetriebe entnehmen den Strom direkt auf dieser Spannungsebene. Für Haushalte, Kleinbetriebe und Landwirtschaft wird die Spannung in Transformatorstationen noch einmal auf 230/400 V reduziert.

Bei ständig wechselndem Strombedarf können sowohl zu geringe als auch zu hohe Mengen an verfügbarem Strom Probleme im Elektrizitätsnetz hervorrufen. Der Lastverteiler stimmt die Erzeugung unter Berücksichtigung des optimalen Einsatzes der einzelnen Kraftwerkstypen auf den jeweiligen Verbrauch ab. Im Laufe eines Tages ändert sich der Stromverbrauch, wobei auch jahreszeitlich bedingte Schwankungen zu berücksichtigen sind. Der tägliche Strombedarf wird mit Diagrammen, den so genannten Lastkurven, dargestellt. Allgemein unterscheidet man in der Energiewirtschaft zwischen Grund-, Mittel- und Spitzenlast. Die Grundlast ist jener Anteil am Strombedarf, der immer benötigt wird und in Österreich hauptsächlich von Laufkraftwerken gedeckt wird. Unter Spitzenlast versteht man die nur kurzzeitig auftretenden Bedarfsspitzen. Diesen Anteil liefern Gasturbinen- und Speicherkraftwerke, die man rasch an- und abschalten kann. Am Lastverteilerspiel hat der Besucher die Möglichkeit, Österreich dem Bedarf entsprechend einen Tag lang mit Energie aus diversen Kraftwerken zu versorgen.

Schaubergwerk

Um den ständig steigenden Bedarf an Kohle für die Wärmeerzeugung zu decken, mussten die Abbautechniken zur Kohlegewinnung laufend verbessert werden. Das im Keller des Technischen Museums zu Beginn des 20. Jahrhunderts eingebaute Kohleschaubergwerk ist eine Nachbildung der Gabrielenzeche in Karwin im damals österreichischen Teil Schlesiens.

Zu sehen sind unter anderem Streckenausbauten in hölzerner Türstockzimmerung, der Abbau mit pressluftbetriebenen Stoßbohr- und Schrämmaschinen sowie die Kohleförderung mit Schüttelrutsche und Hunt. 1954 wurde das Bergwerk durch zeitgemäße Ausbauten mit Stahlstreben erweitert und im Zuge der Neueinrichtung der Energieausstellung 1999 durch einen Walzenschrämlader für die Kohlengewinnung und eine Streckenvortriebsmaschine aus den 1970er Jahren ergänzt.

Kettenförderanlage mit Hunten

Hochspannungsvorführung
Vorentladungen in Form von St.-Elms-Feuern (etwa bei Schiffen) oder Blitzen faszinierten schon immer. Für Forschung und Lehre, aber auch zur Unterhaltung bauten Wissenschaftler Anlagen zur Erzeugung künstlicher Blitze. Ursache für das Auftreten von Blitzen ist die Trennung von elektrischen Ladungen in positive und negative Ladungsträger. Dadurch entsteht eine elektrische Spannung. Bei der Entladung kommt es zu Leuchterscheinungen und Geräuschentwicklungen, die wir als Blitz und Donner kennen.

Van-de-Graaff-Generator. Inv.Nr. 50.939

Im Hochspannungsraum des Technischen Museums Wien gibt es Vorführungen mit einem Van-de-Graaff-Generator und einem Tesla-Transformator, die zur Abschirmung der elektromagnetischen Felder in einem Faraday'schen Käfig stehen.

Den Tesla-Transformator entwickelte Nikola Tesla (1856–1943) für die drahtlose Energieübertragung. Der kroatische Elektroingenieur studierte an der Technischen Hochschule in Graz Physik, ging 1882 nach Paris zur Continental Edison Company und konstruierte ein Jahr später den ersten Induktionsmotor. 1884 stellte Edison ihn in den USA als Forschungsassistent an. Meinungsunterschiede über Wechselstrom- und Gleichstromsysteme führten jedoch bald zur Trennung. Tesla, ein Spezialist für Hochfrequenztechnik, entwickelte in seinem eigenen Labor Fernsteuerungen für Boote und Hochfrequenzspulen für die Radio- und Fernsehübertragung.
TrM

Tesla-Transformator. Inv.Nr. 50.940

Musikinstrumente

Musikinstrumente

Renaissanceportativ und Barockpositiv. Inv.Nrn. 15.296 und 15.288

Die Ursprünge der Instrumentensammlung im TMW

Die Musikinstrumentensammlung gehört zum Kernbestand des Museums und stammt in wesentlichen Teilen aus dem Technologischen Gewerbemuseum und dem Museum der Geschichte der Österreichischen Arbeit, den Vorläufern des Technischen Museums. Da das Instrumentenmachergewerbe namentlich im 19. Jahrhundert in Wien eine besondere Blüte erlebte, lag es nahe, diesen Gewerbezweig in das Konzept des zu gründenden Technischen Museums zu integrieren. Zusätzlich verleihen viele Automaten und selbstspielende (mechanische) Instrumente der Sammlung einen besonderen, technikbezogenen Charakter.

Das Konzept im Überblick

In einem Musikinstrument kommt viel zum Tragen: Erfindungsreichtum, handwerkliches Können, Experiment, Tradition, Ästhetik und verschiedenste klangliche Qualitäten. Wie wird ein Instrument hergestellt? Wie klingt es, welche Wechselbeziehung ergibt sich zum Komponisten und Interpreten? Welche Instrumente gibt es mit Selbstspielvorrichtungen? Diese Fragen und mehr gilt es am Beispiel einiger Instrumentengruppen zu beantworten. Musikautomaten und Reproduktionsvorrichtungen als technische Lösungen für Speicherung und Wiedergabe von bislang »flüchtigen« Ereignissen erweitern die Palette unterschiedlicher konventioneller Instrumente in entscheidender Weise. Der Weg über Versuch und Irrtum zu neuen Instrumenten der Gegenwart wird ebenso dargestellt wie die »Software« in Form des Notendrucks oder anderer Speichermedien.

Der Besucher betritt die Ausstellung durch inszenierte »Werkstätten«-Bereiche (für Klavier und Orgel) mit Informationen über die Produkte, ihre historische Entwicklung, über Hersteller, Verwendung und Funktion. Anhand vieler Mechanikmodelle wird die Entwicklung der Hammermechanik und die Funktion einer Orgeltraktur nachvollziehbar. Zur Mitte des Raums hin sind um das Hauptthema »Automaten« selbstspielende Varianten von Klavier und Orgel angeordnet.

In einem »Kino« sind Film- und Tonbeispiele zu den wichtigsten Instrumenten der Sammlung abrufbar. Insgesamt sechs »Hörsessel« bieten Klangbeispiele aus dem Umfeld von Klavier und Orgel. Medienstationen vermitteln detailliertere Informationen zu modernen Herstellungsverfahren von Instrumenten, Lesepulte ausführliche Zusatzinformationen auf »Karteikarten«. Eine Reihe von Instrumenten kann bei Führungen vorgespielt werden, dabei werden auch ihre akustischen Besonderheiten hörbar.

Die Orgel

Die Orgel ist ein komplexes Musikinstrument. Viele mechanische, elektrische und pneumatische Teile wirken zusammen, um die Luft in den Pfeifen zum Klingen zu bringen. Wie kein anderes Instrument zeigt die Orgel je nach Region und Entstehungszeit völlig unterschiedliche Klangbilder.

In der Antike wird die Orgel bei Zirkusaufführungen und Gladiatorenkämpfen eingesetzt, später diente sie zur Unterhaltung bei Hof, und seit rund 1200 Jahren zählt sie zum Inventar christlicher Kirchen. Wie kaum ein anderes Instrument erfuhr sie im Lauf der Geschichte tiefgreifende zeitbedingte Veränderungen bis hin zur Orchesterimitation und zu historisierenden Repliken in der Gegenwart.

Mit Selbstspieleinrichtungen und Effektregistern bei Salon- und Kinoinstrumenten kehrt die Orgel im 20. Jahrhundert wieder in die weltliche Sphäre zurück, vornehmlich auf den Rummelplatz.

Die Orgelbau-Werkstätte

Orgeln müssen bezüglich Größe, Klanggestaltung und Gehäuseform individuell den Raumverhältnissen und dem Verwendungszweck angepasst sein. Die Herstellung erfolgt deshalb auch heute noch in Handwerksbetrieben, deren Mitarbeiter aufgrund der verschiedenen Materialien und Verarbeitungsmethoden vielfältig ausgebildet sein müssen. Einige Orgelbauer haben sich auf die Herstellung von Pfeifen oder Mechanikteilen spezialisiert und die Rolle eines Zulieferbetriebs übernommen. Größere Werkstätten fertigen alles im eigenen Betrieb an. Details aktueller Herstellungsmethoden veranschaulicht eine Medienstation.

Gießofen und Gießlade dienen zur Erzeugung von Blechen für die Orgelpfeifen. Zu sehen sind darüber hinaus verschiedene Windladensysteme, Orgelteile und die entsprechenden Werkzeuge. Ein Ladenschrank zeigt die Entstehungsschritte von verschiedenen Pfeifenformen. Mit der »Orgelrestaurierung« greift die Ausstellung auch ein Thema auf, das für das Museum eine wichtige Rolle spielt.

Die »Orgelbau-Werkstätte«

Die Orgel – ein individuelles Instrument

Entsprechend ihrem Verwendungszweck werden Orgeln in verschiedenen Formen und Größen gebaut. Neben stationären Kirchenorgeln mit mehreren Klaviaturen für Hände (»Manual«) und einer Tastenreihe für Füße (»Pedal«) gibt es auch Kleinorgeln für Kapellen, Schulen, kleinere Säle sowie für das häusliche Musizieren. Sie haben meist nur ein Manual und kein Pedal. Ihre dem Lateinischen entlehnten Namen »Portativ« und »Positiv« – von »portare« (»tragen«) und »ponere« (»hinstellen«) – verweisen auf die Beweglichkeit dieser Orgeln.

Kompakte »Prozessionsorgeln« wurden bei Umzügen weltlicher und kirchlicher Würdenträger mitgeführt. Kleine Instrumente, die nur Pfeifen mit Metallzungen (»Zungenstimmen«) enthalten, heißen »Regal«.

Vier Instrumente stehen stellvertretend für die vielfältige Entwicklung: eine tragbare Prozessionsorgel (um 1590), eine Rekonstruktion eines »Apfelregals« des Hans Weiditz (1518), ein Barockpositiv aus der ersten Hälfte des 18. Jahrhunderts und die ehemalige Orgel der Hofburgkapelle, an der Anton Bruckner viele Jahre hindurch seinen Dienst versah. Drei Trakturmodelle zeigen die Funktion der Verbindungen zwischen Taste und Pfeife im Detail.

Instrumente mit schwingenden Zungen

Wurde ursprünglich bei Orgelpfeifen lediglich eine Luftsäule zum Schwingen gebracht, so gibt es spätestens seit dem 15. Jahrhundert Orgelpfeifen, bei denen Töne durch kleine schwingende Metallplättchen (»Zungen«) erzeugt werden. Schlagen sie bei durchströmender Luft auf eine Metallrinne auf, ergibt dies einen schnarrenden Klang, der durch »Schallbecher« zu einem schmetternden oder trompetenartigen Ton bis hin zur Nachahmung der menschlichen Stimme (»vox humana«-Register) verformt werden kann.

Im 18. Jahrhundert versuchten Orgelbauer aufgrund des veränderten musikalischen Geschmacks auch die Lautstärke des Orgelklangs zu beeinflussen. Das führte zur Übernahme der in außereuropäischen Ländern längst bekannten »durchschlagenden Zungen«. Sie schwingen frei in einem Schlitz und verändern bei unterschiedlichem Luftdruck ihre Lautstärke.

Basierend auf diesem Prinzip entstanden zahlreiche Instrumententypen, bei deren Entwicklung Wien am Beginn des 19. Jahrhunderts führend war. Dazu zählen Physharmonika, Akkordeon, Mundharmonika und Harmonium, von denen typische Beispiele in der Ausstellung zu finden sind.

Selbstspielende Orgeln

Die ersten Orgelautomaten im 16. Jahrhundert enthielten eine Walze, deren Stifte mittels eines fingerförmigen Mechanismus abgetastet wurden. Bereits im 17. Jahrhundert hatten sie einen großen Tonumfang und mehrere Pfeifenreihen. Ausgestattet mit Feder- oder Gewichtsantrieb waren sie in Uhren, Schränken und anderen Möbelstücken eingebaut und wurden »Flötenuhren« genannt.

Im 19. Jahrhundert schließlich kam es zur Hochblüte der Straßendrehorgeln, die es in kleineren und größeren Bauarten gab. Manche waren mit Schlaginstrumenten und überladenen Verzierungen ausgestattet (»Orchestrion«). Gelegentlich sind diese Instrumente noch heute auf Rummelplätzen oder an Sommertagen in den Fußgängerzonen der Großstädte zu hören.

Um die Jahrhundertwende setzte sich die Steuerung mit Druckluft und gelochten Papier- oder Kartonbändern durch. Sie ermöglichte das Spielen nahezu beliebig langer Musikstücke. Vier Vertreter dieser Automaten sind ausgestellt: ein Orgelschrank, ein Biedermeierschreibtisch mit Orgelwerk, ein kleines Orchestrion und ein »Wiener Werkel« (eine typische Wiener Drehorgel).

Das Klavier

»Vienna is a piano town«, sagte einmal der Jazzpianist Oscar Peterson. Tatsächlich entwickelte sich Wien in der zweiten Hälfte des 18. und im 19. Jahrhundert zu einem wichtigen Zentrum des Klavierbaus. »Fortepianos« bzw. »Hammerklaviere« sind wichtige Unterhaltungsinstrumente des Bürgertums und ihre Herstellung ein bedeutender Wirtschaftsfaktor. Bis heute behauptet das Klavier seinen Platz im Konzertleben.

Die Klavierbau-Werkstätte

Um 1700 führte die Entwicklung über mehrmanualige Cembali zum ersten brauchbaren Hammerklavier des Florentiners Bartolomeo Cristofori. Bis zu Beginn des 19. Jahrhunderts erfolgte die Herstellung von Klavieren in Handwerksbetrieben. Aufgrund der großen Nachfrage wandelten sich die Herstellungsmethoden: Im ersten Viertel des 19. Jahrhunderts entstanden in den Zentren des Klavierbaus Werkstätten, die Klavierteile zulieferten. Größere Klavierbaubetriebe konzentrierten ihre Produktion in Fabriken und organisierten sie arbeitsteilig.

Diese Entwicklung führte in der zweiten Hälfte des 19. Jahrhunderts zu einer zunehmenden Rationalisierung und zur Standardisierung von Klaviermodellen, um sie als Serienprodukte herstellen zu können. Der Einsatz von Maschinen wurde ausgeweitet, Metallteile wie die Gussplatte und die darauf gespannten Saiten wurden zugekauft.

Heute werden im Klavierbau computergesteuerte Präzisionsmaschinen verwendet. Die Qualität eines künstlerisch anspruchsvollen Klaviers

Die »Klavierbau-Werkstätte«

Hammerflügel
Anton Walter & Sohn,
um 1813.
Inv.Nr. 35.240

bleibt jedoch weiterhin vom Können und der Erfahrung eines guten Klavierbauers mit seinen klaren Klangvorstellungen abhängig. Seine Qualifikation kann durch keine Maschine ersetzt werden.

Die Vorläufer des Hammerklaviers

Saitenklaviere wie Cembalo und Spinett, bei denen ein Vogelfederkiel die Saiten anzupft, bieten einen hellen Klang, dessen Lautstärke allerdings durch den Anschlag des Spielers nicht beeinflusst werden kann. Anders beim Clavichord, bei dem ein Metallstift (»Tangente«) je nach Stärke des Anschlags einen lauteren oder leiseren Ton erzeugt.

Aufgrund des gewandelten musikalischen Geschmacks im 18. Jahrhundert wurde mehr und mehr ein stufenloser, vom Spieler beeinflussbarer Übergang zwischen lauten und leisen Klängen gefordert. Dies führte zu einer Verdrängung des Cembalos und zu einem verstärkten Interesse am Clavichord. Gleichzeitig suchten Instrumentenbauer weitere Möglichkeiten zur Beeinflussung der Lautstärke. Von allen Versuchen (Entwicklung des Pantalone und des Tangentenflügels, Kombination von Saitenklavieren mit kleinen Orgeln usw.) setzte sich letztendlich nur das Hammerklavier durch, dessen Saiten – wie schon der Name besagt – mit kleinen Hämmern angeschlagen werden.

Die Entwicklung des Wiener Klavierbaus

Der Klavierbau entwickelte sich in Wien rasch zu einem bedeutenden Wirtschaftszweig. Bereits im ersten Drittel des 19. Jahrhunderts waren hier mehr als 380 Klavier- und Orgelbauer tätig. Kleinere Werkstätten existierten oft nur eine Generation lang, andere wurden bis ins 20. Jahrhundert weitergeführt.

Bereits zu Beginn des 19. Jahrhunderts gab es neben kleinen Handwerksbetrieben fabrikartig organisierte Unternehmen sowie eigenständige Zulieferbetriebe. Zahlreiche Patente – in Wien »Privilegien« genannt – dokumentieren den Erfindungsreichtum, vor allem bei der Weiterentwicklung des Hammerklaviers. Am Ende des 19. Jahrhunderts konnte es als klangstarkes Konzertinstrument auch in größeren Sälen bestehen.

Die exemplarisch ausgestellten Klaviere stammen aus den Werkstätten Walter, Streicher, Kober, Graf und Bösendorfer.

Das Klavier im bürgerlichen Leben

Das Bürgertum entwickelte sich in der »Biedermeierzeit« – etwa zwischen 1815 und 1848 – zum bedeutendsten Träger der Musikkultur. Musiziert wurde sowohl in Salons, als auch – seit der Wiederentdeckung der Natur – im Freien.

Da der bürgerliche Salon kleiner als der aristokratische Festsaal war, entstanden Platz sparende Klaviere wie das Tafelklavier (die Klaviatur ist parallel zu den Saiten angeordnet) oder die verschiedenen Arten der »aufrechten« Klaviere mit senkrecht stehendem Saitenbezug, die besonders dekorativ gestaltet waren. Zum Musizieren im Freien gab es ein tragbares Kleinstklavier (»Orphica«) sowie Streich- und Blasinstrumente, die auch als Wanderutensilien benutzt werden konnten.

In der Erziehung der Kinder und Jugendlichen hatte das Klavier oft die Funktion eines Disziplinierungsinstruments, um Tugenden wie Fleiß, Ordnung und Ausdauer einzuüben. In diesem Kontext mutierte das Klavier auch zu einem wichtigen Statussymbol.

Selbstspielende Klaviere: Vergangenes lebt

Selbstspielende Klaviere gibt es seit etwa 1840. Den Anschlag der Tasten übernahmen vorerst Stiftwalzen, Brettchen mit Stiften (»Planchetten«) und gelochte Kartonstreifen als »Datenträger«. Später ermöglichte die

Steinway-Welte-Reproduktionsflügel, 1913/15. Inv.Nr. 29.244

Hupfeld »Phonoliszt Violina«, das »8. Weltwunder«. Um 1913. Inv.Nr. 7.457

Druck- bzw. Saugluftsteuerung (»Pneumatik«) einen wesentlich präziseren Anschlag: Die Tasten werden durch einen Balg angeschlagen, der sich durch Luftzufuhr bewegt. Die Steuerung der Luft erfolgt mittels Lochreihen eines Papierbandes.

Die zu Beginn des 20. Jahrhunderts bespielten Papierbänder stellen wertvolle Dokumente der historischen Musikinterpretation dar, da aus dieser Zeit kaum andere technisch befriedigende Tonaufnahmen existieren. Sie ermöglichen die authentische Wiedergabe des Spiels berühmter Pianisten und Komponisten wie zum Beispiel Max Reger, Eugen d'Albert und Emil von Sauer.

Die Ausstellung präsentiert die komplette Produktpalette der bekannten deutschen Herstellerfirma Welte und ein zeitgenössisches, elektronisch gesteuertes Pendant, das Diskettenklavier.

Klavier und Geige: zwei Instrumente – ein Automat

Selbstspielende Klaviere entwickelten sich rasch zu Unterhaltungsinstrumenten in bürgerlichen Salons und Gaststätten. Daraus entstand der Wunsch, solche Klaviere mit anderen Instrumenten, beispielsweise einem Akkordeon, zu kombinieren. Besonders interessant sind Kombinationen mit Geigenautomaten, da sich Geigen am wenigsten zur Automatisierung eignen. Dennoch bot die »Violina« der Firma Hupfeld durch den Einsatz von drei Geigen und einem in unterschiedlicher Geschwindigkeit rotierenden Rundbogen eine durchaus gelungene Imitation des Geigenspiels.

In der einfacheren Version des »Violano Virtuoso« bringt ein Zelluloid-Rädchen die Geigensaiten zum Klingen. Die simpelste und robusteste Konstruktion war das »Weber Unica«, bei dem spezielle Orgelpfeifen geigenähnliche Töne erzeugten. Allen Instrumenten gemeinsam war die Steuerung mit gelochten Papierbändern sowie ein großes Repertoire an verfügbaren Titeln.

Automaten und Apparate: Musik ohne und mit Interpreten

Musikautomaten kennt man seit dem 17. Jahrhundert. Zunächst waren es kleine Flötenwerke, später ergänzt durch bewegte Figuren. Seit dem 19. Jahrhundert dominiert die Spieldose mit Metallzungen. Die große Vielfalt von Instrumenten mit Walzen, Metall- oder Kartonscheiben, Papier- und Kartonbändern als Tonspeicher fand ihr jähes Ende mit dem Aufkommen der Schallplatte.

Auch konventionelle Instrumente mechanisierte man: Die Fiedel zum Beispiel erhielt eine Tastatur (Schlüsselfiedel), und man ergänzte sie mit einem Rad anstelle des Bogens; so entstand ein neues Instrument (Radleier). Auch Zither und Trompete gab es mit Mechanikzusätzen.

Symphonium Eroica. Zinkenwerk mit drei synchronisierten Scheiben. Inv.Nr. 36.035

Die Geige

Der Geigenbau erlebt im 16. Jahrhundert in Norditalien seine erste Blüte. In dieser Zeit entsteht die Violine in ihrer bis heute gültigen Form. Sie wird in Handarbeit hergestellt aus den gleichen Materialien wie damals. Im deutschsprachigen Raum wenden sich im 18. Jahrhundert die Lautenmacher, die schon früher alle Saiteninstrumente hergestellt hatten, mehr und mehr dem Bau von Geigen zu. Ihr Berufsbild wandelt sich bis ins 19. Jahrhundert zum »Geigen- und Gitarrenbauer«.

Als Begründer der Geigenbautradition nördlich der Alpen gilt Jakob Stainer aus Absam in Tirol. Seine Violinkonstruktion diente vielen Geigenbauern des süddeutsch-österreichischen Raums als Vorbild.

Die Geigenbau-Werkstätte präsentiert die wichtigsten Werkzeuge und Arbeitsschritte zur Herstellung von Geigen. Materialien und Bauteile werden ebenso gezeigt wie die Schritte, die nötig sind, um eine Gambe zu restaurieren.

Die »Geigenbau-Werkstätte«

Schwierige Schritte beim Restaurieren einer Gambe

Werkstätte für Blasinstrumentenbau

Blasinstrumente

Sie gehören in allen Kulturen zu den ältesten Instrumenten. In Nürnberg beispielsweise gibt es schon 1625 eine Handwerksordnung für die Hersteller von Blechblasinstrumenten. Im 17. und 18. Jahrhundert sind die Nürnberger Trompetenmacher europaweit führend. Mit Blechblasinstrumenten können zunächst nur wenige Töne erzeugt werden. Auch in Wien entscheidend weiterentwickelte Ventile schließen nach 1814 die Lücken der »Naturtonreihe«.

Mit dem Bau von Holzblasinstrumenten befassen sich ursprünglich vornehmlich die Drechsler. Bis ins 19. Jahrhundert hinein sorgen immer mehr Klappen für eine gleichmäßige Tonqualität.

Mit den »Wiener Orchesterhörnern und Oboen« prägt die Donaumetropole ein eigenständiges Klangbild.

Blasinstrumentenminiaturen in einem Ladenschrank

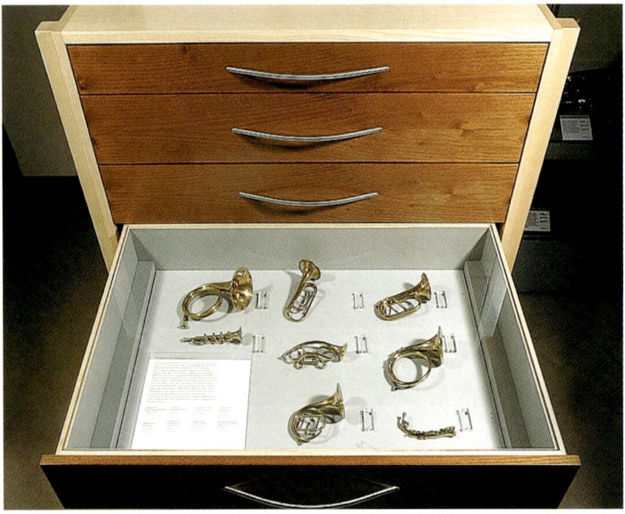

Wege und Irrwege im Instrumentenbau

Instrumentenbauer sind nicht so konservativ, wie oft behauptet wird. Aufgrund kleiner und großer Änderungen, Neukonstruktionen und Erfindungen entstanden laufend neue Formen und Klangmöglichkeiten. Die Elektronik erweitert den Klanghorizont um verblüffende Dimensionen. Man erprobt unkonventionelle Klaviaturen oder Sensoren. Heute ist es deshalb leicht, für Musik verschiedener Stile und Epochen das passende Instrumentarium zu benutzen oder mit Neuem zu experimentieren.

Neues und Nachgebautes

Veränderungen im musikalischen Geschmack und die Experimentierfreude der Instrumentenbauer führten laufend zu neuen Konstruktionen sowie zur Weiterentwicklung bestehender Instrumente. Neben Verbesserungen gab es auch Fehlentwicklungen. So wurde zum Beispiel die Jankó-Klaviatur, der Versuch einer ergonomisch günstigen, tonneutralen Klaviatur, von Musikern nicht angenommen, erwiesen sich Kunststoffteile in Instrumenten als wenig dauerhaft.

Nicht immer waren »neue Bauarten« tatsächlich neu. Oft griff man auf längst bekannte bzw. vergessene Prinzipien zurück. Ein Beispiel dafür ist das Streichklavier, bei dem die Saiten angestrichen statt angeschlagen wurden und dessen Funktion bereits im 17. Jahrhundert bekannt war.

Experimentalklaviaturen: die Jankó-Klaviatur. Inv.Nr. 32.163

Die Elektronik hält Einzug in die Musik

In den 1930er Jahren kam es zur Verwendung elektronischer Bauteile in der Instrumentenherstellung, die neue Klangmöglichkeiten boten: Friedrich Trautwein und Lev Termen benutzten die kurz zuvor erfundene Elektronenröhre zur Schwingungserzeugung und bauten damals viel beachtete Instrumente (»Trautonium« und »Thereminvox«). Sie sind die Urahnen des Synthesizers und der elektronischen Orgel, die vor allem in der Unterhaltungsmusik große Verbreitung fanden und ab 1931 auf den Berliner Funkausstellungen in »elektrischen Konzerten« der breiten Öffentlichkeit vorgeführt wurden. Weitere Vorgänger der elektronischen Musik stellen Instrumente mit Metall-Kurvenscheiben und magnetischer Abtastung (Hammondorgel) sowie mit Zelluloidscheiben und optischer Abtastung dar.

Das »Theremin«. Inv.Nr. 50.336

Bei der Entwicklung elektronischer Instrumente gibt es zwei Hauptrichtungen: Einerseits versucht man – vor allem unter Zuhilfenahme der Computertechnik – konventionelle Instrumente naturgetreu nachzuahmen, andererseits regen neue Klangmöglichkeiten Komponisten zu neuen Kompositionsweisen an. Aufgrund der stark gefallenen Preise sind elektronische Instrumente mittlerweile aus dem aktuellen Musikleben nicht mehr wegzudenken.

Noten. Geschrieben, gestochen, gedruckt

Klang ist vergänglich. Viele Kulturen haben darauf verzichtet, ihre Musik aufzuzeichnen. Die ersten erfolgreichen Versuche zur Notation kennen wir aus mitteleuropäischen Handschriften.

Der Buchdruck ermöglichte es, notierte Musik weiterzuverbreiten. Da sich Noten schwer als bewegliche Lettern setzen lassen, musste man bis zum 20. Jahrhundert eigene Druckplatten in Handarbeit »stechen«. Erst spezielle Schreibmaschinen und der Computersatz ermöglichten es, Noten rascher und einfacher zu drucken.

Die Kompositionstechniken des 20. Jahrhunderts sprengten allerdings die jahrhundertealte Notationspraxis der fünf Notenzeilen. Es entstand die grafische Notation, die mit Bildelementen, Linien und Kurven gelegentlich auch in Kombination mit konventionellen Notensystemen den Verlauf des Stücks charakterisiert.
DoP

Das Mixturtrautonium.
Inv.Nr. 50.634

OE-0017

Verkehr

Verkehr

Modell einer Tiroler Plätte. Inv.Nr. 18.389

Den Einstieg in die Abteilung Verkehr bildet eine interaktive Computerstation, die einen umfassenden Einblick in die historische, technische und wirtschaftliche Entwicklung des Verkehrs bietet. Grundlagen für den Verkehr sind die Verkehrsmittel und, damit zusammenhängend, die Verkehrswege. Mit Schiff, Wagen bzw. Auto, Eisenbahn und Flugzeug entstanden für Wasser-, Land- und Lufttransport jeweils spezifische Transportmittel.

Schifffahrt

Boote sind die ältesten von Menschen gebauten Fahrzeuge. Sie dienten und dienen nicht nur der Fortbewegung, sondern über Jahrtausende hinweg vor allem dem Fischfang, dem Warenaustausch, und schließlich ermöglichten sie die weltweiten Entdeckungsreisen und die Personenbeförderung. Bojen markieren den Zugang zur Schifffahrtsabteilung und weisen auf See den Schiffen den Weg.

Ruderschifffahrt

Der Einbaum zählt zu den frühesten Wasserfahrzeugen. Durch Hinzufügen von Brettern erhöhte man die Seitenwände und fixierte sie mit Spanten. Auf Kiel gebaut, entstanden so um 800 hervorragende Konstruktionen wie die Wikingerschiffe.

Die hierzulande eingesetzten Ruderboote besaßen einen flachen Boden, an dem die Seitenwände mittels Spanten (Kipfen) rechtwinklig befestigt waren. Die Fugen zwischen den einzelnen Brettern wurden V-förmig gehobelt und mit Moos abgedichtet (geschoppt). Je nach Verwendungszweck entstanden größere und kleinere Zillen, z.B. Rettungszillen, oder Plätten.

Ein eigener Schiffstyp entstand für den Salztransport. Mit dem »Trauner« kam das Salz aus dem Salzkammergut zur Donau. Auf der oberen Donau gab es so genannte Salzschiffszüge. Bei Passau wurde das Salz in die großen »Kelheimer« und »Gamsen« umgeladen, die zu einem Schiffsverband zusammengestellt wurden, den etwa 60 bis 80 Pferde stromaufwärts bis Regensburg zogen. Die Gesamtladung betrug rund 300 Tonnen Salz. Heute fasst ein Güterkahn 10 000 Tonnen und mehr.

Alternativ dazu baute man Flöße. Eine moderne Variante ist übrigens das Surfbrett. Je nach Art des verwendeten Materials unterschied man zwischen Baum-, Bretter-, Bauholz- oder Scheiterflößen.

Sportboote

Die Sportschifffahrt ist in der Ausstellung mit drei Typen vertreten: einem Faltboot aus den 1930er Jahren, einem Sea-Doo der österreichischen Firma Bombardier-Rotax und einer Jolle der Type »Optimist«, mit der Kinder Segeln lernen. Dieses Boot ist ein einfacher Kasten, besitzt aber alle zum Segeln notwendigen Einrichtungen.

Schiffbau

Form und Stabilität sind für die Funktion eines Schiffes von wesentlicher Bedeutung. Wichtigste Rolle spielt dabei ein strömungsgünstiger Rumpf. Mit diesem Problem befasste sich der Österreicher Fritz Maier und erhielt für seine Lösung 1905 sein erstes Patent. Die Maier'sche Schiffsform hat einen um rund 20 Prozent geringeren Wasserwiderstand als herkömmliche Konstruktionen.

Seekrankheit wird vor allem durch das Schaukeln (Schlingern) des Schiffes um seine Längsachse verursacht. Die einfachste Lösung, um diese Bewegung zu verringern, sind Schlingerkiele entlang des Schiffsrumpfes unter Wasser. Wirkungsvoller dämpfen aktive seitliche kleine Ruderflossen während der Fahrt das Schlingern.

Die ältesten Schiffsantriebe sind wahrscheinlich Paddel und Riemen (Ruder). Die auf Schiffen installierten Dampfmaschinen setzten anfänglich Schaufelräder in Bewegung. Der österreichische Forstbeamte Josef Ressel verwendete die archimedische Schraube für den Schiffsantrieb. Als Erster platzierte er sie an der günstigsten Stelle des Schiffes – am Heck zwischen Achtersteven und Ruderblatt. Das Versuchsschiff »Civetta«

Modell des Ressel-Versuchsschiffes »Civetta«, 1829. Inv.Nr. 17.863

fuhr 1829 im Hafen von Triest eine kurze Strecke, dann platzte eine Lötstelle und das Unternehmen musste abgebrochen werden. Ein Konkurrent betrieb daraufhin ein Verbot für weitere Experimente mit der Schiffsschraube. Der Erfolg war dennoch nicht zu bremsen. Ressel hatte seine Ausbildung in der Forstanstalt zu Maria Brunn bei Wien absolviert und beschäftigte sich an seinen beruflichen Wirkungsstätten in Istrien, Venedig und Triest mit zahlreichen weiteren Erfindungen wie Mühlen, einem Wiederbewaldungsprojekt des Karsts, Dampffuhrwerken, Bühnenmechanismen etc.

Der österreichische Ingenieur Ernst Leo Schneider entwickelte zusammen mit der Maschinenfabrik J. M. Voith in St. Pölten-Heidenheim (Württemberg) einen neuen Schiffsantrieb, der Antrieb und Steuerung vereinte. Mit zwei derartigen Propellern kann ein Schiff vom Stand weg in jede beliebige Richtung gesteuert werden. Der erste Voith-Schneider-Propeller wurde 1930 in den Donauschlepper »Uhu« eingebaut. Das Modell des Wassertreckers »Gnom« zeigt ein Boot mit derartigem Antrieb.

Seeleute verwenden Knoten, die sich auch bei nassem, gequollenem Tauwerk leicht öffnen lassen. Der Achter-Knoten beispielsweise hält gut bei Zug und lässt sich durch Zusammenschieben der beiden Enden

Voith-Schneider-Antrieb. Modell des Bugsiertreckers »Gnom«, 1961. Inv.Nr. 33.246

leicht öffnen. Spleißen nennt der Seemann das Verweben von zwei Seilenden, wobei sich der Querschnitt nicht vergrößert.

Modell-Leuchtturm und Fresnel-Linse

Die Leuchttürme der Antike hatten ein offenes Feuer. Um schwaches Licht weithin sichtbar zu machen, werden Lichtstrahlen gezielt waagrecht gebündelt, wozu gebogene Reflektoren oder Glaslinsen notwendig sind. Da die großen Linsen sehr schwer wurden, goss man sie zunächst stufenförmig. 1820 erfand der Franzose Augustin Jean Fresnel Prismenringe aus Glas, wodurch ihr Gewicht wesentlich reduziert werden konnte.

Der Österreichische Lloyd

Gegründet im Jahr 1832 durch Triester Versicherungsgesellschaften nahmen die Dampfer des Österreichischen Lloyd 1837 ihren Liniendienst auf. Zu dieser ersten Flotte gehörte der im Modell ausgestellte Raddampfer »Conte Stürmer«. Anfänglich standen Verbindungen im Mittelmeer, vor allem in der Adria, später dann, mit der Eröffnung des Suezkanals, auch nach Indien und schließlich bis nach China auf dem Fahrplan.

Das Lloydarsenal, die Schiffswerft des Österreichischen Lloyd, befand sich in Triest. Hier wurden in den Trockendocks Schiffe ausgebessert und zahlreiche Neubauten für das Unternehmen gefertigt. Das Modell der »Oreste« veranschaulicht, wie ein früher Dampfer konstruiert war: Mit einer Schraube ausgerüstet, besitzt das Schiff noch die volle Takelage eines Seglers, um damit bei günstigen Winden Kohle zu sparen. Ein weiteres Modell zeigt einen der letzten Neubauten für den österreichischen Lloyd, den rund 112 Meter langen Doppelschraubendampfer »Gablonz« von 1912. Gemeinsam mit dem Schwesterschiff »Marienbad« wurde die Route Triest – Bombay befahren. Unmittelbar neben diesem Schiffsmodell befindet sich eine der beiden 4-Zylinder-Expansions-Dampfmaschinen des Eildampfers »Wien«. Zu ihnen gehörten große Kesselanlagen im Schiffsrumpf, in denen der Dampf durch Verbrennen von Schweröl erzeugt wurde. Die Kommandobrücke und die mit Dampfkraft betriebene Ruderanlage sind ebenfalls als Modelle vorhanden.

Modell einer der beiden 4-Zylinder-Expansionsdampfmaschinen des Eildampfers »Wien«, 1910. Inv.Nr. 1.619

Kraftschifffahrt auf der Donau

Am Beginn des Bereichs Verkehr steht das klassische Beispiel eines Seitenradzugdampfers mit einem Schleppkahn. Bei normalem Wasserstand konnten auf der oberen Donau bis zu vier solcher Kähne geschleppt werden; auf der unteren Donau, wo die Strömung wesentlich geringer ist, zwölf und mehr. Ein solcher Verband benötigte auch auf jedem Güterkahn Steuerleute. Schubschiffe ermöglichen eine starre Verbindung mit den Lastkähnen; dadurch entfällt das Personal auf den Kähnen, und die Lohnkosten sinken.

Die derzeit modernste Entwicklung stellen die mit Dieselmotoren ausgerüsteten Güterkähne dar, die nur noch zwei Kapitäne an Bord haben. Die Rationalisierung in der Binnenschifffahrt geht in Richtung höherer Tonnage bei gleichzeitig weniger Personal. Vor einem Jahrhundert noch erforderte der Transport von vier Güterkähnen etwa 30 Personen.

Sonderkonstruktionen der Donauschifffahrt waren der für seichte Stromabschnitte geeignete Heckraddampfer »Temesvar« und das Seilzugschiff »Nyitra«. Beide sind als Modell ausgestellt. Von 1869 bis 1901 waren Drahtseile oder Ketten in der Donau verlegt. Relativ schwach motorisierte Zugschiffe konnten damit größere Lasten stromaufwärts befördern.

Die frühen Personenraddampfer auf der Donau glichen Hochseeschiffen. Gegenwärtig verkehren hier Fahrgastschiffe, die über 100 Meter lang sein können und mit Schiffsschrauben betrieben werden.
KeR

Fahrräder

Vom Laufrad der Wiener Firma Anton Burg (um 1820), dem noch der fürs heutige Fahrrad so charakteristische Pedalantrieb fehlt, geht die Entwicklung über das Michauxrad aus Frankreich – Anfang der 60er Jahre des 19. Jahrhunderts – zum Hochrad (um 1880). Mit ihm konnte man große Wegstrecken mit einer Kurbelumdrehung, ohne mechanische Übersetzung, zurücklegen. Der Nachteil des erhöhten Sitzes und der damit verbundenen Akrobatik wird durch das bald entwickelte Sicherheitsrad wesentlich verringert. Mit dem Niederrad erhält das Fahrrad um 1890 im Wesentlichen seine heutige Gestalt. Luftbereifung und Gangschaltung sind die letzten bedeutenden Neuerungen um 1900. Das Steyr Waffenrad (um 1900) wurde wegen seiner Robustheit sehr geschätzt, oft über mehrere Generationen weitervererbt und fast unverändert bis in unsere Zeit gebaut.

Motorräder

Um 1900 tritt das Motorrad aus dem Experimentierstadium. Serienprodukte wie die Laurin & Klement oder die Puch mit Beiwagen kommen auf den Markt. Sie sind erste brauchbare Transportmittel der motorisier-

Puch 5 HP mit Beiwagen, 1907/08. Inv.Nr. 7.558

ten Freizeit. Nach dem Ersten Weltkrieg spielt die englische Motorradindustrie eine führende Rolle. In Österreich überwiegen mangels inländischer Fabrikation in der Mittelklasse englische Importe. Die große Hubraumklasse, meist mit Beiwagen gefahren, wird von den amerikanischen Marken Indian und Harley-Davidson beherrscht. Nach dem Zweiten Weltkrieg etabliert sich das Motorrad zunächst als billigere Alternative zum Automobil. Als das Wirtschaftswunder erstmals einer breiten Bevölkerungsschicht den Kauf eines Autos und damit ein »Dach über dem Kopf« ermöglichte, reduzierte sich das Interesse am Motorrad auf Sportbegeisterte. Ab 1960 sind Motorräder praktisch unverkäuflich. Erst in den 1970er Jahren wird das Motorrad als das wiederentdeckt, was es am Anfang war: motorisierter Untersatz für die Freizeit-, Spaß- und Genussgesellschaft.

Automobile

Automobilpioniere

Die Automobilpioniere, die den Grundstein für die heutige Massenmotorisierung legten, waren zweifellos Gottlieb Daimler und Carl Friedrich Benz. Nach vielen Experimenten zahlreicher Techniker und Erfinder gelang ihnen als Ersten die Herstellung eines kommerziell erfolgreichen Fahrzeugs. Der »Benz Viktoria« von 1893 war das erste in größerer Stückzahl für den Verkauf produzierte Automobil. Nachdem sich der Automobilbau als lukrativer Geschäftszweig erwies, nutzten zahlreiche Kutschenfabriken, wie etwa die Nesselsdorfer Wagenfabrik, und Maschinenfabriken ihre Möglichkeiten, um sich Marktanteile zu sichern. Viele Neulinge, denen es oft nicht an gutem Willen, aber an Geld mangelte, scheiterten. Schon früh beabsichtigte man, billige, für viele erschwingliche Volksautomobile zu bauen. Ein Vorhaben, das sich allerdings bis Mitte der 1930er Jahre in Europa nicht realisieren ließ. In den USA war mit dem Ford Model T nach dem Ende des Ersten Weltkriegs die Massenmotorisierung eingeleitet worden.

Alternative Antriebe um 1900

Der Benzinmotor hat zwar Anfang der 1890er Jahre grundsätzlich dem Automobil zum Durchbruch verholfen, wies aber noch technische Schwachstellen auf. Mögliche Alternativen waren der Elektro- und der Dampfantrieb.

Die Vorzüge des Elektroantriebs bestanden in Geräuscharmut, Sauberkeit und einfacher Bedienbarkeit. Seine Nachteile waren das hohe

Lohner-Porsche, 1900. Inv.Nr. 1.428

Gewicht der Batterien und die niedrige Speicherkapazität – ein bis heute bei Elektrofahrzeugen nicht zufriedenstellend gelöstes Problem. Unter speziellen Einsatzbedingungen aber kann der Elektroantrieb trotzdem die optimale Lösung sein. So verwendete die amerikanische Mondmission Elektrofahrzeuge der Bauart Lohner-Porsche mit Radnabenmotoren. Auch im urbanen Bereich erweist sich der Elektroantrieb beispielsweise bei Paketpostwagen oder im Werksverkehr oft als vorteilhaft.

Das Dampfantrieb-Automobil punktete vor allem mit den aus dem Lokomotivbau bekannten Vorteilen wie robuste Bauweise und große Reichweite. Allerdings musste die Dampfmaschine an die besonderen Erfordernisse und Betriebsbedingungen des Automobils angepasst werden. Negativ waren die langsame Inbetriebnahme, die komplizierte Regulierung und die Schwerfälligkeit. Außerdem war der Benzinmotor rasch weiterentwickelt worden, sodass Alternativen nicht mehr nötig waren.

Österreichische Automobile

Die Geschichte des österreichischen Automobilbaus begann mit technischen Pionierleistungen. Siegfried Marcus verwendete offensichtlich als Erster – viele Jahre vor Daimler und Benz – die zielführende Kombination von Benzin als Treibstoff und elektrischer Zündung. Die »Gebrüder

Marcuswagen.
Inv.Nr. 1.404

Gräf« konstruierten vor 1900 einen Frontantriebswagen modernster Konzeption und waren damit ihrer Zeit so weit voraus, dass es bei einem unverkäuflichen Einzelstück blieb.

Ab 1900 gab es in Österreich dennoch eine international angesehene Automobilindustrie. Zu den führenden Marken gehörten Austro-Daimler und Gräf & Stift – die Favoritin von Kaiserhaus und Hochadel. Den ausgestellten Wagen fuhr der Herzog von Cumberland. Den Ersten Weltkrieg überdauerten nur wenige Marken. Die Automobilfabriken waren unter dem Druck der Wirtschaftskrise gezwungen, Entwicklungskosten zu sparen und billige Autos herzustellen. Trotzdem gelang es den Marken Gräf & Stift, Austro-Daimler und Steyr immer wieder Modelle herauszubringen, die einem internationalen Vergleich standhalten konnten.

Zahlreiche Rennsiege in der Zwischenkriegszeit legten ebenfalls Zeugnis von der Leistungsfähigkeit der österreichischen Automobilindustrie ab. Der gute Ruf gründete aber besonders auf der Robustheit der heimischen Erzeugnisse. Das Steyr 220 Kabriolett bestach nicht nur durch leistungsfähige Technik, sondern auch durch zeitloses Design. Der Steyr 55 »Baby« war ein echter Volkswagen vor dem »Volkswagen«, in der Werbung wurde erstmals auch die Frau als Kundschaft angesprochen. Der Anschluss an das »Dritte Reich« verhinderte seine weitere Verbreitung. Nach dem Zweiten Weltkrieg beschränkte sich die österreichische Automobilindustrie mit Ausnahme der Produktion des Kleinwagens Puch 500 im Wesentlichen auf die Rolle des Zulieferers. Danach konnte sich in Graz seit den 1970er und 1980er Jahren ein international erfolgreicher Auto-Cluster etablieren.

Motorrennsport

Rennsport mit Straßenfahrzeugen ist fast so alt wie die Straßenfahrzeuge selbst. Bereits im Jahr 1900 wurde das erste Semmeringrennen ausgetragen. Auch österreichische Unternehmen und Sportler beteiligten sich von Beginn an am Motorsport. Der in der Ausstellung gezeigte Celeritas-Rennwagen ist der älteste erhaltene österreichische Rennwagen. Viele Österreicher spielten und spielen im internationalen Motor-

Mercedes W 196 »Silberpfeil«, 1954/1955. Inv.Nr. 16.798

rennsport eine bedeutende Rolle. Der Bogen spannt sich von Ferdinand Porsche über Alfred Neubauer (Rennleiter bei Mercedes) bis Jochen Rindt, Niki Lauda und Gerhard Berger. Eines der Highlights der Automobilpräsentation, der Mercedes »Silberpfeil«, dominierte die Rennsaisonen 1954 und 1955.

Motorradrennsport war und ist in Österreich immer sehr beliebt. In der Zwischenkriegszeit galt ihm mehr Aufmerksamkeit als dem Fußballsport. Dementsprechend engagierte sich auch die österreichische Motorradmarke Puch im Rennsport. Trotz zahlreicher Erfolge, auch im internationalen Renngeschehen, musste sich das Unternehmen aber immer wieder aus finanziellen Gründen aus dem internationalen Renngeschäft zurückziehen.

ScG

Eisenbahnwesen

Die Vereinigung von Rad und Schiene zum spurgebundenen Verkehr erhöhte bereits in mittelalterlichen Bergwerken wesentlich die Transportkapazitäten. Der entscheidende Durchbruch zum ersten leistungsfähigen Landverkehrssystem, das erst die Voraussetzungen für die Industriegesellschaft schuf, erfolgte mit der Bereitstellung der Dampfkraft als Antriebsquelle zu Beginn des 19. Jahrhunderts in England, dem Mutterland der Eisenbahn.

Das Eisenbahnzeitalter in Österreich begann 1832 mit der Inbetriebnahme der Pferdeeisenbahn Linz – Budweis. Davon blieb der Personenwagen »Hannibal«, ein weltweites Unikat, erhalten. Der Übergang zum Dampfbetrieb erfolgte 1837 auf der Kaiser-Ferdinands-Nordbahn (Linie Wien – Krakau) mit einem von der Lokomotive »Austria« gezogenen Zug, der im Modell ausgestellt ist.

Personenwagen »Hannibal« der Pferdeeisenbahn Linz – Budweis, Baujahr 1841. Wagen und später auch Lokomotiven der Frühzeit erhielten Namen von Städten, antiken Helden usw. Inv.Nr. E-77

Das neue Verkehrsmittel, zu dessen Entwicklung Österreich einen beachtlichen Beitrag leistete, war eine große Herausforderung für Techniker, Finanziers und Industrielle. Besonders hervorzuheben ist hier Carl Ritter von Ghega, der Schöpfer der ersten Gebirgseisenbahn der Welt über den Semmering (1854).

Der Streckenbau stellt ein technisches Grundelement der Eisenbahn dar. Eine nur 95 cm lange gusseiserne Fischbauchschiene der Pferdeeisenbahn weist in der Ausstellung auf den langen Weg hin, den die Eisenbahn bis zu den heutigen Hochgeschwindigkeitszügen auf endlos geschweißten Schienen durchlaufen hat.

Hofsalonwagen HZ 0011 der Kaiserin Elisabeth, Baujahr 1873. Innenansicht. Inv.Nr. E-331

Flussquerungen und der Vorstoß in alpine Regionen stellten neue Anforderungen an den Brückenbau und führten zur Entwicklung des Tunnelbaus. Das Modell einer Holzbrücke zeigt eine frühe Tragwerksform mit der für die Eisenbahn notwendig gewordenen hohen Belastbarkeit. Die legendäre stählerne Trisannabrücke der Arlbergbahn ver-

Modell der Dampflokomotive »Vindobona« der Kaiser-Ferdinands-Nordbahn. Das bereits 1843 entstandene Modell stellt eine besondere Rarität dar. Baujahr des Originals 1837, England. Inv.Nr. E-5

deutlicht den Fortschritt innerhalb der 15 Jahre, die zwischen den beiden Bauarten liegen. Im Tunnelbau nimmt Österreich bis in die heutige Zeit eine führende Rolle ein.

Carl Ritter von Ghega. Erbauer der Semmeringbahn (1848–1854), der ersten Gebirgsbahn der Welt. Inv.Nr. 22.366

Das zweite betrifft die Konstruktion geeigneter Fahrzeuge. Bei Personenwagen ist die anfängliche Anlehnung an den Kutschenbau an der Zuggarnitur der Nordbahn, besonders aber am »Hannibal«, deutlich erkennbar. Bald jedoch ging man zur kastenförmigen Bauweise über – teils mit seitlich zugänglichen Abteilen, teils in der heute noch verwendeten Durchgangsbauart, wie sie die Garnitur der Wien-Gloggnitzer Eisenbahn veranschaulicht. Die Verbesserung des Reisekomforts war ein langwieriger Prozess, der von der Abfederung der ursprünglich ungefederten Wagenkästen über die Beheizung und Beleuchtung bis zur Einrichtung von Toiletten um 1870 reicht.

Äußerst komfortabel und prunkvoll waren die Salon- und insbesondere die Hofsalonwägen ausgestattet. Ein besonders exklusives Exponat ist der 1873 für Kaiserin Elisabeth gebaute Hofsalonwagen, der nach seiner Restaurierung im Erdgeschoss des Museums zu sehen ist.

Die entscheidende Innovation war jedoch die Erfindung der Dampflokomotive, mit der erstmals 1804 in England ein Zug befördert wurde. 1829 wurde die erste Eisenbahn im heutigen Sinn mit Dampfbetrieb eingeweiht, die die Linie Liverpool – Manchester bediente. Aus einem vorangegangenen Lokomotivwettbewerb war die von George Stephenson entworfene »Rocket«, die bereits alle Baumerkmale späterer Lokomotiven aufwies, als Siegerin hervorgegangen. Entsprechend der führenden Rolle im Lokomotivbau dieser Epoche belieferte England alle damals entstehenden Bahnen, so auch jene in Österreich. Neben der bereits erwähnten »Austria« war dies auch die »Vindobona«, deren ausgestelltes Modell von einem Lokomotivführer der Nordbahn im Jahr 1843 (!) gebaut wurde und als ältestes Modell der Sammlung einen besonderen Stellenwert hat. Bereits 1840 wurde in Österreich die Lokomotivfertigung aufgenommen und wesentliche Beiträge zur Entwicklung erbracht. Weltgeltung erlangte der Konstrukteur Karl Gölsdorf, der 25 Grundtypen mit insgesamt 47 davon abgeleiteten Baureihen entwickelte. Von ihm stammen etwa die Lokomotiven für die bis 1925 mit Dampf betriebene Wiener Stadtbahn. Von dieser Baureihe steht ein funktionsfähiges Original im Eisenbahnmuseum Strasshof, einer Expositur des Technischen Museums. Dort befinden sich derzeit 48 Lokomotiven und 31 andere Fahrzeuge, darunter die berühmte, ebenfalls noch betriebsfähige Dampflok BBÖ 310.23, auch sie eine Konstruktion Gölsdorfs.

1883 wurde die erste elektrische Bahn der Monarchie zwischen Mödling und Hinterbrühl, südlich von Wien, in Betrieb genommen; 1904 folgte die erste Wechselstrombahn Europas – von der der ausgestellte, weltweit erste Wechselstrom-Bahnmotor stammt – und 1912 die erste Normalspurbahn der Monarchie, beide in Tirol.

Als nach dem Ersten Weltkrieg Österreichs Kohlenressourcen verloren gingen, wurde der Bau elektrischer Bahnen – etwa der Arlbergbahn – forciert. Da der dafür notwendige Energiebedarf aus dem damals bestehenden Netz nicht gedeckt werden konnte, galt es, das vorhandene Wasserkraftpotenzial zu nutzen und eigene Bahnstromkraftwerke zu bauen, unter anderem das 1925 eröffnete Spullerseekraftwerk. Parallel dazu erfolgte die Konstruktion geeigneter Elektrolokomotiven. Legendär geworden ist das ab 1923 gebaute »Krokodil«. Als Modell steht es im Technischen Museum, als Original im Eisenbahnmuseum Strasshof. Ab den 1930er Jahren kommen auch verbrennungsmotorgetriebene Fahrzeuge zum Einsatz, besonders in Form von Triebwagen. Abgesehen von einigen Schmalspurstrecken und Bergbahnen, etwa der Schafbergbahn, existieren in Österreich seit 1977 keine dampfbetriebenen Bahnen mehr. Die Traktion auf den Hauptstrecken erfolgt elektrisch.

Unter den für den Bahnbetrieb notwendigen Einrichtungen kommt der Bahnkunde in erster Linie mit den Aufnahmsgebäuden der Bahnhöfe in Berührung. Nach einfachen Anfängen wurden aus den Bahnhöfen sehr prunkvolle Gebäude. Davon zeugt das ausgestellte Modell des zweiten Wiener Nordbahnhofs, der im Zweiten Weltkrieg zerstört wurde.

Eine dritte technische Säule des Bahnbetriebs stellt die Sicherungstechnik dar, die ebenfalls eine lange Entwicklung durchlaufen hat. Wegen des großen Bremsweges von Eisenbahnzügen ist weder ein Fahren auf Sicht noch, aufgrund der Spurführung, ein Ausweichen möglich. Daher sind spezifische Einrichtungen zur Informationsübermittlung zwischen den Bahnhöfen an das Lokpersonal notwendig. Der anfängliche Betrieb mit Fahren auf Zeitabstand, bei dem die Bahnwächter mit optischen Signalen die vorgegebene Zeitfolge der Züge zu überwachen hatten, erwies sich als unbrauchbar. Es wurde abgelöst durch Fahren auf Raumabstand, bei dem zwischen den Zügen ein Abstand mindestens gleich ihrem Bremsweg einzuhalten ist, und das zur Einführung der Vor- und Hauptsignale führte. In enger Beziehung dazu stehen die nach 1870 eingerichteten Stellwerke, die es ermöglichten, die Signale untereinander oder in Abhängigkeit von der Weichenstellung fernbedient zu stellen und zu verriegeln. Eine umfangreiche Präsentation von Stellwerken und verschiedenen Signalen ist im Eisenbahnmuseum Strasshof im Aufbau.

Die Weitergabe von Nachrichten an das Streckenpersonal oder zwischen den Bahnhöfen erfolgte anfangs mittels optischen Telegrafen wie dem ausgestellten Korbsignal. Man verwendete es auch zur Zugsignalisierung. 1845 erhielt Österreich die erste elektrische Bahn-Fernmeldeanlage mit dem Bain'schen Nadeltelegraphen. Ihm folgten 1856 elektrische Glockensignale mit entsprechenden Signalcodes, Mitte des 19. Jahrhunderts der Morseapparat und 1879 das Telefon.

Heute ist die automatische Fernsteuerung ganzer Streckenabschnitte ein wichtiger Bestandteil rationeller Betriebsführung. Seit einiger Zeit werden Computer für Sicherungsaufgaben eingesetzt, die in Verbindung mit dem Linienleitersystem, etwa bei der Wiener U-Bahn, dem fahrenden Zug laufend die benötigten Informationen oder Vorgaben übermitteln.

Eine bedeutende Rolle im städtischen Verkehr nehmen die Straßen- und U-Bahnen ein. Anhand einiger Modelle ist die Entwicklung der Wiener Straßenbahn, die 1865 mit der ersten Pferdetramway begann und ab 1897 zum Bau des elektrisch betriebenen Netzes unserer Zeit führte, dargestellt.

Die topographischen Verhältnisse Österreichs und die zunehmende touristische Erschließung der Bergwelt verlangten besondere Lösungen, die zum Bau von Zahnrad-Bergbahnen, insbesondere von Seilbahnen und Aufstiegshilfen führten. Zusammen mit der Schweiz nimmt Österreich auf diesem Gebiet eine führende Rolle ein. Die erste Personenseilbahn der Welt war die 1908 eröffnete Kohlernbahn bei Bozen. Nach dem Umbau 1913 kamen Gondeln zum Einsatz, die bereits der heutigen Bauweise entsprechen. Das lässt sich gut am ausgestelltem Modell erkennen.

Dienstuniform eines Oberbeamten der kaiserlich-königlichen österreichischen Staatsbahnen (kkStB), Ausführung 1891. Inv.Nr. E-68

Die Zahlen über den derzeitigen Bestand in Österreich zeigen deutlich den wirtschaftlichen Stellenwert: 805 Seilbahnen, wozu auch die Standseilbahnen (Salzburg, Graz) gehören, und 2384 Lifte verschiedener Bauart.

Die Eisenbahn befindet sich heute durch die Konkurrenzsituation mit dem in manchen Belangen leistungsfähigeren Straßenverkehr in einer Umstrukturierungsphase, nach der ihr aber besonders im Hinblick auf die Umweltproblematik auch in Zukunft eine wichtige Rolle im Gesamtkomplex Transportwesen zukommen wird.
KnK

Luftfahrt

Die Eroberung der Luft ist ein uralter Menschheitstraum. Die technische Luftfahrt begann mit Ballon und Luftschiff. Das Vorbild des Vogelflugs und die Konstruktion geeigneter Motoren führten schließlich zur Entwicklung des Flugzeugs, das heute als Verkehrsmittel nicht mehr wegzudenken ist.

Gleitflug Otto Lilienthals mit dem kleinen Doppeldecker, 1895

Ballon und Luftschiff

Ende des 18. Jahrhunderts entdeckten in Frankreich die Brüder J.-M. und J.-É. Montgolfier, dass heiße Luft aufsteigt. Die Papierfabriksbesitzer bastelten daraufhin Papierballons und füllten sie mit heißer Luft. Am 21. November 1783 stiegen schließlich die ersten Menschen auf, und am 1. Dezember 1783 startete der erste mit Wasserstoffgas gefüllte Ballon von Prof. J.A.C. Charles. Der Bann war gebrochen.

Ende des 19. Jahrhunderts nutzte das Militär den Fesselballon zur Feindbeobachtung und während des Ersten Weltkriegs den Sperrballon zur Fliegerabwehr. Der Blick auf die Erde aus der Luft eröffnete auch Zivilpersonen neue Perspektiven: Um 1900 entdeckten reiche Bürger und Künstler das Ballonfahren als neue Freizeitbeschäftigung und Sport. Die Krise der Zwischenkriegszeit wirkte sich allerdings auch auf das Ballonfahren aus. Die Entwicklung einfacher Petroleum- und Gasbrenner für Heißluftballons machte nach dem Zweiten Weltkrieg aus dem Ballonfahren einen populären Flugsport, der immer noch von einem Hauch Luxus umgeben ist.

Im Ballon ist der Mensch dem Wind ausgeliefert. Um ein bestimmtes Ziel ansteuern zu können, ist ein Motor mit Luftschrauben notwendig. Französische Flugpioniere versuchten es 1852, wenig erfolgreich, mit einem mit Dampf betriebenen Prall-Luftschiff. Der 1860 von Jean Lenoir konstruierte Gasmotor weckte neue Hoffnungen. Paul Haenlein erprobte daraufhin 1872 in Brünn/Brno ein Luftschiff mit diesem Motor. Der nach 1900 folgende Siegeszug gelenkter Luftschiffe ist allerdings mit Ferdinand Graf Zeppelin verbunden. Seine Konstruktion eines starren Gerippes mit eingehängten Traggas- und Kraftgaszellen bewährte sich, und ab 1906 gab es die ersten regelmäßigen Passagierfahrten in Deutschland. Der Erste Weltkrieg brachte weitere technische Verbesserungen und den Beginn einer Serienproduktion mit sich. Auf dieser Grundlage fanden dann mit dem LZ.127 »Graf Zeppelin« regelmäßige Atlantiküberquerungen statt, bis Lakehurst 1937. Flugzeuge verfügten noch nicht über die entsprechende Reichweite. Neu entwickelte Luftschiffe sollen in Zukunft Schwerlasttransporte übernehmen.

Flugpioniere

Unter den vielen Flugpionieren hatte Otto Lilienthal die größte Bedeutung. Er beobachtete zunächst Störche, vermaß ihre Flügel und konstruierte dann einen Apparat, mit dem er den Widerstand und den Auftrieb von Flächen bestimmen konnte. Auf der Basis dieser Erkenntnisse baute Lilienthal mehrere Gleitflugapparate. Mit einem davon gelang ihm 1891 der erste Flug. Fünf Jahre später verunglückte der Ingenieur und Flugtechniker jedoch bei einem der weiteren Versuche tödlich. Das Museum verfügt über einen der wenigen erhaltenen Originalapparate, das »Sturmflügelmodell« aus dem Jahr 1894.

Lilienthal war vor allem aufgrund seiner Zielstrebigkeit Vorbild für viele Flugtheoretiker, wie etwa die Österreicher Friedrich von Lössl, dessen aerodynamische Waage ausgestellt ist, sowie Georg Wellner und Richard Knoller, der den ersten Windkanal mit Freistrahl unter atmosphärischem Druck baute. Ernst Mach (Mach-Zahl für die Schallgeschwindigkeit) und Christian Doppler (Dopplereffekt) lieferten wichtige physikalische Grundlagen für die Luftfahrt.

In Österreich baute Wilhelm Kress ab 1877 die ersten mittels Gummischnurmotor selbststartenden, -fliegenden und -landenden Flugmodelle.

Original-Kress-Flugmodell, 1877. Inv.Nr. 1.922

Erste Etrich-»Taube«, 1910. Inv.Nr. 1.933

1900/01 wagte sich Kress an einen großen Drachenflieger. Doch dieses erste Wasserflugzeug der Welt mit Benzinmotor versank beim Probebetrieb im Wienerwaldstausee. Kress' Ideen des Senkrechtstarts konnten erst viel später realisiert werden.

Die US-amerikanischen Brüder Wilbur und Orville Wright experimentierten ebenfalls zunächst mit Gleitflugzeugen und erforschten Auftriebsverhältnisse, ehe ihnen 1903 die ersten gesteuerten Motorflüge gelangen. In Österreich experimentierten zur gleichen Zeit Vater und Sohn Ignaz und Igo Etrich mit einer geeigneten Tragflächenform und fanden diese nach jahrelangen Flugversuchen in einem tropischen Flugsamen (*Zanonia macrocarpa*). Die ausgestellte Etrich-»Taube« erhielt ihren Namen schließlich durch Hinzufügen eines Taubenschwanzes, der beim Motorflug stabilisierend wirkte. Zahlreiche Pioniere in allen Ländern hatten ab 1907 die Technik der Motorluftfahrt vorangetrieben. Auf dieser Grundlage konnte im Ersten Weltkrieg eine Militär-Luftfahrtindustrie und die Massenproduktion von Flugzeugen entstehen. Der im Original ausgestellte Aviatik-Berg D I Doppeldecker reprä-

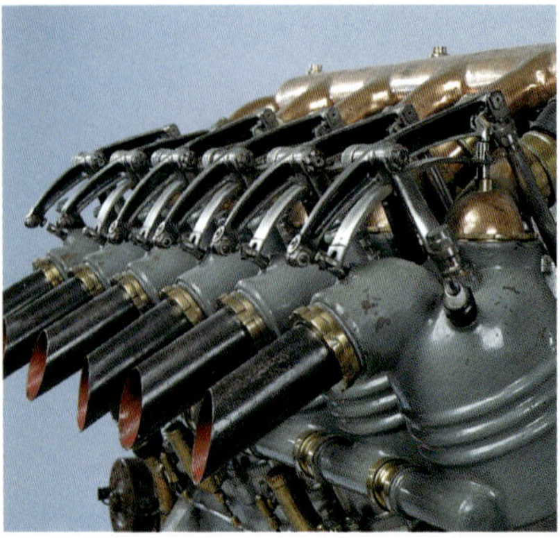

Austro-Daimler AD 12. Erster 12-Zylinder-V-Motor aus Österreich-Ungarn, 1914. Inv.Nr. 1.858

Jagdflugzeug Aviatik-Berg D I, 1918. Inv.Nr.1.916

sentiert das typische Jagdflugzeug dieser Zeit; es war dies die erste österreichische Jagdflugzeugkonstruktion, die in Serie ging. Die Kriegsmarine verwendete Flugboote und Schwimmerflugzeuge.

Aus den Pioniertagen des Fliegens sind mehrere Flugmotore zu sehen; darunter der erste Zwölfzylindermotor aus dem Jahr 1914, eine Konstruktion von Ferdinand Porsche.

Der Weg zur Verkehrsluftfahrt

Zur Post- und Personenbeförderung wurden nach dem Krieg zunächst die noch vorhandenen Militärmaschinen verwendet. Die ersten Passagierflugzeuge, wie zum Beispiel die Junkers F-13, entstanden in den 1920er Jahren.

Das Modell des Flughafens von Aspern bei Wien zeigt die Luftfahrtentwicklung Mitte der 1930er Jahre und die damals verwendeten Typen einmotoriger und dreimotoriger Junkers-Ganzmetallflugzeuge. Die Sportluftfahrt begann bescheiden. In Österreich bauten vor allem Ing. Theodor Hopfner und Ing. Erich Meindl mehrere Typen, unter anderem 1939 das erste Bugradflugzeug Deutschlands.

Die während des Zweiten Weltkriegs in großer Stückzahl gebauten viermotorigen Bomber und Transporter bildeten technisch die Voraussetzung für die nach 1945 entwickelten Transatlantik-Passagierflugzeuge. Düsenmotoren, ebenfalls ein Produkt der Militärs, halbierten schließlich die Reisezeiten im Verkehrsflugzeug. Großraumflugzeuge bewältigen große Distanzen, und durch die Senkung der Tarife wurde das Flugzeug zum Massentransportmittel. Neue Fertigungstechniken und Materialien sowie eine ständig optimierte Aerodynamik senkten den spezifischen Treibstoffverbrauch pro Passagierkilometer.
KeR

Mini-TMW

Der im ersten Obergeschoss gelegene Erlebnisbereich für Drei- bis Sechsjährige umfasst eine Fläche von rund 200 m^2 und verfügt auf drei räumlichen Ebenen über eine Reihe instruktiver Objekte. Das Mini-TMW lädt unsere jüngsten Besucher zum spielerischen Erstkontakt mit der Technik und der Institution »Museum« ein. Dabei steht nicht so sehr das Lernen im herkömmlichen Sinn im Vordergrund, vielmehr soll den Kindern die Gelegenheit gegeben werden, in angenehmer Atmosphäre – und der Altersstufe entsprechend – physikalische Phänomene zu »begreifen«, ihre Beobachtungsgabe zu schulen und sich aktiv ins Museumsgeschehen zu integrieren.

Die in sich geschlossenen didaktischen Einheiten des Mini-TMW fördern das selbst bestimmte Handeln und Denken und sollen durch das Prinzip Ursache – Wirkung Technik in ihren Ansätzen erfahrbar machen. Im Mini-TMW spiegeln sich die Museumsbereiche wider – so gibt es zum Beispiel aus den Bereichen Physik und Musik Objekte zu den Themen Optik, Schall und Schwingungen und aus der Abteilung Energie Versuche zur Kraftübertragung und Aerodynamik.

Die Objekte des Mini-TMW erlauben haptische Erfahrungen, die die Aktivierung der fünf Sinne fördern.

Erlebnis mit allen Sinnen

Sehen, Hören, Tasten und Riechen. Oder wie wär's mit Hüpfen, Rutschen oder Bauen? Einen Ball in der Luft schweben lassen? Im Mini-TMW können Kinder alles ausprobieren.

Das »Bernoulli-Gebläse« scheint die Schwerkraft besiegt zu haben und lässt Bälle frei schweben. Die »Zahnradwand« zeigt das Zusammenspiel von Einzelkomponenten in einem technischen Gesamtsystem – Kinder können hier selbst ausprobieren, wie die Zahnräder miteinander arbeiten müssen, um eine Wirkung zu erzielen. Die »Magnetkugelbahn« schult die feinmotorischen Fähigkeiten der Kinder, und der »Apfelbaum« lädt zum Ertasten von versteckten Gegenständen und zum »Schnuppern« ein. Die Tastwand soll die Sinne aktivieren und die Fantasie anregen. Was ist hart und eckig oder weich und rund? – die Auflösung zeigen die Bienen im Apfelbaum. Das meterlange »Echorohr« »beantwortet« Flüstern und Rufen. In der Höhle verzaubern blinkende Kristalle, die durch Töne des Xylophons angeregt werden, und die »Plasmascheiben« »erzeugen« Blitze. Auf dem »Hüpfklavier« »erspringen« Kinder Töne und können sogar Lieder spielen. Angehende Architekten lassen auf der Baustelle mit dem heiß begehrten Kran ihre Fantasie spielen oder errichten eine selbst tragende und sogar begehbare Brücke. Die »Konstruktionszeichnungen« zu ihren Bauwerken können sie vorab auf dem »Malcomputer« erstellen. Und wer schon immer mal gern ein Auto zerlegt hätte, kann dies in der »Autowerkstätte« des Mini-TMW ausprobieren.

Die »Mini-Galerie« im Außenbereich des Mini-TMW präsentiert Wechselausstellungen von prämierten Kinderzeichnungen oder Bastelarbeiten.

Das Mini-TMW kann zu den Museumsöffnungszeiten besucht werden.
HaA

medien.welten
Information und Kommunikation im Wandel

Postkutsche »Separatwagen«. Wien 1908. Die Kutsche wurde für den Festzug anlässlich des 60-jährigen Regierungsjubiläums von Kaiser Franz Joseph I. durch die Hofwagenfabrik J. Rohrbacher hergestellt. Inv.Nr. 38.400

Die Ausstellung

Die Ausstellung »medien.welten« widmet sich der Geschichte von Speicher- und Übermittlungsmedien. Die beiden Entwicklungsstränge verlaufen lange Zeit getrennt voneinander, um in der Digitalisierung der Gegenwart miteinander zu verschmelzen.

Tiefere Einblicke in das komplexe Beziehungsgeflecht bietet ein virtueller Informationsraum, in den man über verschiedene Terminals einsteigen kann; zum einen ermöglicht dieser Raum die Lektüre einer kompakten, nach Epochen und Themen gegliederten Mediengeschichte, zum anderen eröffnet er Ausblicke in virtuelle Schauräume, die eine Vielzahl an zusätzlichen, durch Animation wieder zum Leben erweckten historischen Objekten enthalten.

Speichermedien

Die Natur zu Papier bringen

Die Bildgeschichte beginnt mit dem Bemühen, das Abbild der Natur festzuhalten. In der Malerei bedient man sich der Rasterung als Technik für naturgetreue Abbildung. Die Camera obscura, in der die Natur nur durch Licht ihr eigenes, flüchtiges Bild zeichnet, wird von den Landschaftsmalern des 18. Jahrhunderts als Vorlage benutzt.

In der Abstraktion wurzelt auch die Geometrie. Land- und Himmelsvermessungen werden durchgeführt, mit Hilfe von Zirkel und Lineal entstehen Landkarten und Kalender als abstrakte Abbilder von Raum und Zeit.

Vom Messen spannt sich der Bogen zum Zählen: Hirten verwenden in früher Zeit Repräsentationssteinchen oder aber die Finger, um ihre Tiere zu zählen. Auf der Grundlage der zehn Finger entsteht das Dezimalsystem.

Aus dem Zählen entwickeln sich die Ziffern und das Rechnen. Am Rechenbrett Abakus – einem Arbeitsbehelf der Händler – werden Zählsteinchen nach dem Stellenwertprinzip verrechnet. Das Rechnen auf Papier erlaubt es, Zwischenergebnisse festzuhalten, kompliziertere Rechenoperationen werden möglich. In der Folge entstehen Verwaltungssysteme wie die doppelte Buchführung.

Mit der Entwicklung von Ziffern und Buchstaben können alle möglichen Inhalte festgeschrieben werden. Die Entwicklung der Buchstaben wiederholt sich in der Entwicklung der beweglichen Lettern. Die Einzellettern können zu allen denkbaren Worten, Sätzen und Texten

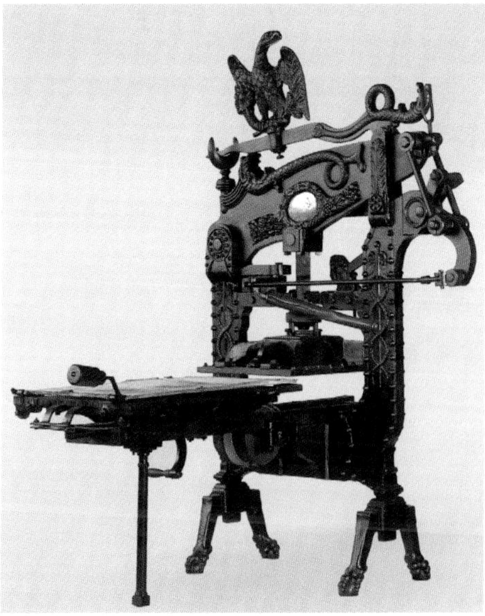

»Columbian Press«. Eiserne Druckerpresse für händisches Drucken, Clymer & Dixon, London, 1833

zusammengesetzt werden. Neben dem Letterndruck dient ab dem 15. Jahrhundert der überkommene Holzschnitt für den Bilddruck.

Schaulust

Dem Spektakel an öffentlichen Plätzen wie Jahrmärkten und Marktplätzen kommen gedruckte Bilder und Texte, erzählte Geschichten oder – anfänglich noch handgeschriebene – Zeitungen entgegen. Projektionen gemalter Dias in der Laterna magica nehmen das moderne Kino vorweg.

Mit der Fotografie entsteht im 19. Jahrhundert ein chemisches Verfahren zur Abbildung der sichtbaren Natur, in der Porträtfotografie eine bürgerliche Nachfolgerin der exklusiven Porträtmalerei. Anfangs ist die Fotografie ein Gewerbe, das von Professionisten ausgeübt wird. Verbreitung in der Massenpresse findet sie durch den entstehenden Bildjournalismus, aber bald auch durch die Amateurfotografie. Jedem Einzelnen ist es fortan möglich, sein Privatleben fotografisch zu dokumentieren.

Durch das chemische Bilddruckverfahren der Lithografie halten Bilder Einzug in die Presse und auf Plakate. Es werden gezeichnete, gemalte, letztlich auch fotografische Bilder reproduziert.

Die zunehmende Verbreitung von Texten wie Bildern in Büchern, Flugschriften und Zeitungen begleitet die Revolutionen und die Aufklärung. Immer mehr Menschen werden in den Kreis der (lesenden) Öffentlichkeit miteinbezogen.

Bürokratie

Das zunehmende Bevölkerungswachstum und die Industrialisierung beflügeln die Entwicklung der modernen Verwaltung in Staat und Wirtschaft. Mechanische Rechenmaschinen werden konzipiert und alsbald auch industriell gefertigt. Der Pariser Versicherungsunternehmer Charles Xavier Thomas lässt Rechenmaschinen zunächst für den Eigenbedarf bauen, arriviert dann aber zum ersten Rechenmaschinen-Fabrikanten.

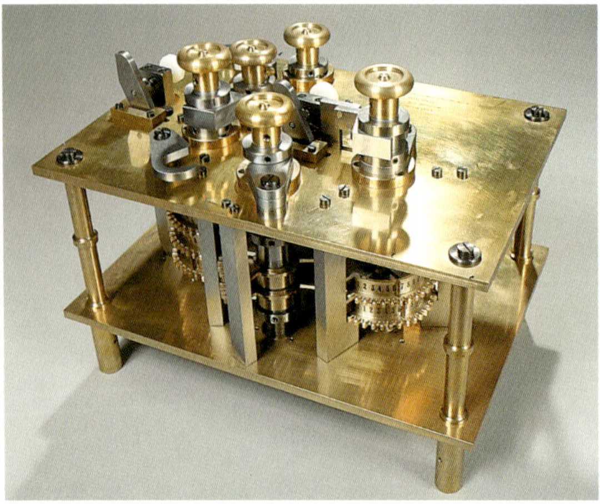

Rechenmodul aus der von Charles Babbage Anfang des 19. Jhs. konzipierten »Difference Engine«. Replik Science Museum London, 1994. Inv.Nr. 29.003

Neben dem Rechnen wird auch das Schreiben durch den zunehmenden Verwaltungsaufwand mechanisiert. Es entsteht eine breite Palette an Schreibmaschinen, die letztlich ebenfalls fabriksmäßig gefertigt werden.

Der »Cinématographe« der Brüder Auguste und Louis Lumière, dient für die Aufnahme, für die Kopie und für die Projektion von Filmbildern, um 1900.
Inv.Nr. 13.294

Massenmedien

Eine neue Epoche beginnt mit der Dampfmaschine, die den Druck und durch die Setzmaschine auch den Satz mechanisiert. Auf der Rotationspresse werden die modernen Massenmedien gedruckt, die während der Weltkriege der Massenpropaganda dienen.

Auch der Film wird zu einem Massenmedium. Illustrierte Filmzeitschriften, Fotos und Plakate unterstreichen den rund um das Kino entstehenden Starkult. Das Kino zielt auf die perfekte Illusion, die dem Zuschauer bereitet werden soll. Filme übernehmen die Funktion der Massenunterhaltung und -beeinflussung. Mit dem Kino kommt auch die Zeit des Schlagers, der, alsbald auf Schellacks gepresst, über das Grammophon in begüterten Heimen abgespielt wird. Das Zeitalter des Musikkonsums per Tonträger beginnt.

Herrschaft der Daten

Um die Jahrhundertwende verbreitet sich die Lochkarte als Datenspeicher bei Volkszählungen. Sortier- und Tabelliermaschinen vollziehen die statistische Verwaltung der modernen Gesellschaft. Einerseits ermöglicht die statistische Erfassung staatliche Vorsorge, andererseits staatliche Überwachung. Während des Zweiten Weltkriegs verwalten die Nationalsozialisten mit der Lochkartentechnik nicht nur die Ressourcen für die Kriegsführung, sondern auch den Holocaust. Darüber hinaus ist eine zentrale Kartei geplant, in der sämtliche Daten über die deutsche Bevölkerung zusammengeführt werden sollen.

Der Zweite Weltkrieg forciert zudem den Aufbau von Großrechnern für ballistische Berechnungen oder zur Dekodierung – etwa der deutschen Funkverschlüsselungsmaschine Enigma.

Die Entwicklung der Bauelemente beginnt beim elektromechanischen Relais und führt über die Elektronenröhre zum Transistor, der eine wesentliche Stabilisierung, Verkleinerung und Verbilligung im Rechnerbau ermöglicht. Der Personal Computer enthält als zentralen Baustein den Mikroprozessor, der die fortschreitende Miniaturisierung widerspiegelt. Neben der Hardware ist auch die rasante Entwicklung der Software zu sehen.

ÜBERMITTLUNGSMEDIEN

Telekommunikationssatellit »Artemis«, Nachbau 1999. Inv.Nr. 50.090

Postwege

Die geometrische Erfassung der Natur zeigt sich um 1500 in Landkarten, aus denen sich mit dem zunehmenden Handels- und Reiseverkehr immer genauere Wegekarten entwickeln. Die Post übernimmt allmählich den Nachrichtentransport und organisiert den Verkehr im Relaisprinzip. Unter staatlicher Hoheit wird sie zum Netzwerk ausgebaut, das in exakten Poststraßenkarten erfasst wird. Regelmäßig verkehrende Postkutschen transportieren gleichermaßen Personen und Briefe, befördern aber auch Druckwerke wie Zeitungen und dehnen so die Reichweite dieser Medien weit über ihre Erscheinungsorte hinaus aus.

Signalübertragung

Die Post übermittelt geschriebene Botschaften, die optische Telegrafie Zeichen. Damit die Signalübertragung mit Feuer- oder Rauchzeichen funktioniert, bedarf es der Standardisierung: Vor dem Senden muss die Bedeutung der Zeichen festgelegt werden. Die Entwicklung des Fernrohrs in der Renaissance lässt die antike Signaltelegrafie wiederaufleben. Das Fernrohr erweitert die Reichweite der einzelnen Relaisabschnitte beträchtlich. Um 1800 wird in Frankreich ein staatseigenes Telegrafensystem eingerichtet, das sich sternförmig von Paris aus über das gesamte Land erstreckt und den zentral regierten Nationalstaat widerspiegelt.

Elektrische Telegrafie

An die optische Telegrafie knüpft die elektrische an. Als Träger der kodierten Information fungiert nun Strom; die Übertragung ist drahtgebunden.

Die Telegrafie eröffnet das Zeitalter internationaler und interkontinentaler Vernetzung. Beim k.k. Telegrafennetz steht die alte staatliche Komponente zur Absicherung des Territoriums im Vordergrund; die Entwicklungen in England und in Nordamerika zeigen dagegen eine zunehmende Kommerzialisierung. Durch Nachrichtenagenturen wie die britische Agentur Reuters wird die Nachricht zur Ware (z.B. Börsenkurse), die an Zeitungen oder Wirtschaftsunternehmen verkauft wird. Im Zeichen des Welthandels und des Kolonialismus erschließt die elektrische Telegrafie durch die Legung von Unterseekabeln erstmals globale Dimensionen.

Telefon

Die Industrialisierung führt zur steten Verdichtung der Netzwerke, die sich in Österreich unter der Hoheit der staatlichen Post entwickeln. Neben Telefonie und Telegrafie betreibt die Post auch das ausgedehnte Wiener Rohrpostsystem.

Durch die Erfindung des Mikrofons kann die menschliche Sprache direkt übertragen werden. Solcherart für den alltäglichen Gebrauch geeignet, hält das Telefon um die Jahrhundertwende Einzug in begüterte Privathaushalte.

Die entstehenden Telefonnetze laufen in händischen, später halb- und schließlich vollautomatischen Vermittlungen zusammen. Mit der Automatisierung geht die Zeit des »Fräuleins vom Amt«, das die gewünschte Verbindung gestöpselt hat, zu Ende.

Sprechfunk

Mit dem Funk emanzipiert sich die Nachricht vom Kabel; leitungslos überwindet sie große Distanzen. Zunächst entwickelt sich der Schiffsfunk, der den Schiffen den Weg weist. Die britische Firma Marconi baut ein weltweites Funknetz auf; sie errichtet Küstenfunkstationen und vermietet Geräte mitsamt Telegrafisten an die Reeder. Nach dem Untergang der »Titanic« wird Funk auf großen Schiffen verpflichtend eingeführt.

Die deutsche Firma Telefunken versucht die Entstehung eines britischen Monopols zu verhindern und stattet vor allem die deutsche (wie auch die österreichisch-ungarische) Armee mit Geräten aus. Während des Ersten Weltkriegs dient der Funk als Instrument, um Armeen zu dirigieren.

Mit der Entwicklung elektronischer Röhren (unter anderem durch den Wiener Robert von Lieben) wird die drahtlose Übertragung von Sprache und Musik – und damit Rundfunk – möglich.

Welt ins Heim

Nach dem Ersten Weltkrieg beginnt die fabrikmäßige Produktion von Rundfunkgeräten. Eine angedeutete Produktionsstraße zeigt die Etappen der Gerätefertigung und veranschaulicht die Entwicklung zum serienmäßig gefertigten Massen- und Konsumartikel.

Radiogeräte etablieren sich als kostspielige Medienmöbel im Heim, mit denen Programme konsumiert werden können. Die Wiener Radiostation RAVAG unternimmt Versuche mit einer Art Bilderradio; es handelt sich dabei um Projektionsstreifen, die man zu bestimmten Radiosendungen kaufen muss, um sie während der Sendung auf einem eigens dazu anzuschaffenden Projektor anzuschauen. Im Bilderradio wird die Idee des Fernsehens vorweggenommen, das nach dem Zweiten Weltkrieg ebenfalls ins private Wohnambiente einzieht.

Fernsehen

Die grundlegenden Prinzipien des Fernsehens – Bildzerlegung und Umwandlung – werden bereits im 19. Jahrhundert formuliert und in den 1920er Jahren in mechanischen Anlagen verwirklicht. Nach dem Prinzip von Paul Nipkow baut auch der Österreicher Josip Sliskovic eine mechanische Fernsehanlage. Das moderne Fernsehen setzt sich indes in elektronischer Form durch.

Eine Inszenierung zeigt das erste Studio des österreichischen Fernsehens aus den 50er Jahren mit verschiedenen Komponenten wie Kameras, Regietisch oder Filmabtaster.

Regieplatz des Österreichischen Rundfunks, um 1985. Inv.Nr. 50.587

Fernsehschrank für den Schwarz-Weiß-Fernseher, Hornyphon. Wien, 1955. Inv.Nr. 50.508

Schaufenster

Ein lang gezogenes Schaufenster zeigt die Entwicklung der zu Konsumgütern gewordenen Geräte. Es sind dies die elektrische Schreibmaschine, der Taschenrechner oder der Personal Computer, der gleichermaßen Kommerzialisierung wie Individualisierung widerspiegelt. Demgegenüber stehen AV-Geräte, die die Facette des Medienkonsums unterstreichen. In historisch ansteigender Chronologie sind Radio-, Fernseh-, Phono- und Videogeräte zu sehen, die durch die Digitalisierung mit dem Computer verschmelzen und damit das technische Phänomen der Konvergenz repräsentieren.

Privater Raum

Der als privater Raum übertitelte Bereich bildet einen zentralen Punkt der Ausstellung und dient gleichermaßen als thematischer Endpunkt wie als interaktive Zone. Er besteht aus dem »Web-Café«, einem Digitalstudio und einem »Wohnzimmer«. Das Digitalstudio ermöglicht dem Ausstellungsbesucher, verschiedene Digitaltechniken miteinander zu kombinieren – etwa Digitalfotografie und digitale Tonaufnahmen. Im Web-Café eröffnet sich die Option, nach außen hin – zum Beispiel im Internet – zu kommunizieren, und im Wohnzimmer können Fernsehprogramme rezipiert werden.

Die zentrale Botschaft des privaten Raums lautet, dass sich das Individuum der Zukunft einer globalen Reichweite erfreuen kann – wenn auch um den Preis seiner fixen Bindung an den Computer.
MoO, PeW

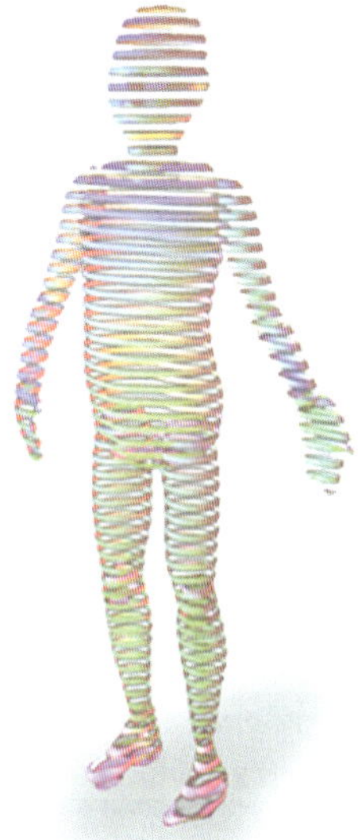

Installation »Invisible Person«. Computergenerierte Figur mit interaktiven Fähigkeiten

Lebensräume

Kaffeemaschine in Form einer Dampflokomotive, 1839. Inv.Nr. 11.526

Was ermöglicht ein Schalter? Wie »intelligent« ist ein Staubsauger? Warum sind PET-Flaschen und Fleecepullover miteinander verwandt? Neue Technologien – wie die der Chemie- und Kunststoffindustrie, der Biowissenschaft oder der Elektronik- und Kommunikationstechnologie – durchdringen den Alltag, der ohne Technik nicht mehr vorstellbar ist. Wie alle produzierten Gegenstände sind auch jene des täglichen Lebens Ausdruck grundsätzlicher Einstellungen zur Welt.

Technik ist allgegenwärtig. Technik ist gemacht. Technik hat Folgen. Der künftige Schausammlungsbereich »Lebensräume« wird sich den Wechselwirkungen von Technik und Kultur widmen und danach fragen, über welche Techniken wir im alltäglichen Leben verfügen. Ziel ist es, zur Auseinandersetzung über das Verhältnis Mensch – Technik – Natur anzuregen. Die Gliederung erfolgt nach vier als Erfahrungsräume verstandenen Lebensräumen: Körper, Haus, Stadt und Umwelt.

Körper

Mensch und Technik prägen einander: Die Widerspiegelung des Körpers in der Maschine erfolgt parallel zur Anpassung des Menschen an die Technik. »Lebensraum Körper« wird diesem widersprüchlichen Verhältnis zwischen technischen Entwicklungen und Körper nachgehen.

In einem ersten Teil werden drei miteinander verknüpfte Themenkomplexe angesprochen. Gezeigt werden etwa Technologien wie Prothesen, Hör- und Sehhilfen oder Herzschrittmacher, mit denen Körperteile und -funktionen imitiert oder ersetzt werden können. Dem schließen sich Entwicklungen von Visionen und Prototypen an, entweder das Organische mittels Schaffung eines künstlichen Menschen, eines Cyborgs, zu simulieren oder den Menschen durch Maschinen zu ersetzen, die nicht wie menschliche Körper erscheinen, etwa Automaten oder Roboter. Schließlich werden Mittel zum Schutz oder zur Formung des Körpers angesprochen, die auch als Geschichte der Verdrängung von »Unzulänglichkeiten« des Körpers zu beschreiben wären. Das Bemühen um die Aufrechterhaltung körperlicher Unversehrtheit zeigt sich in Kleidung – von Kälte- oder Wärmeschutz bis zu speziellen Schutzkleidungen. Der »Optimierung« des Körpers dienen von der Streckbank über die Zahnspange bis hin zu Bodybuilding, Fitness- und Sportgeräten auch Mittel der Körperpflege und der dekorativen Kosmetik. Eine zentrale Rolle spielte in diesem Zusammenhang die Frage der Ausrichtung des Körpers nach dem jeweiligen Idealbild einer Gesellschaft. Wechselwirkungen zwischen Technikentwicklung und der sich wandelnden Wahrnehmungen des Körpers, etwa als geschlechtsspezifischer Körper, werden behandelt.

Thematisiert werden soll ebenso die Kehrseite der Ent-

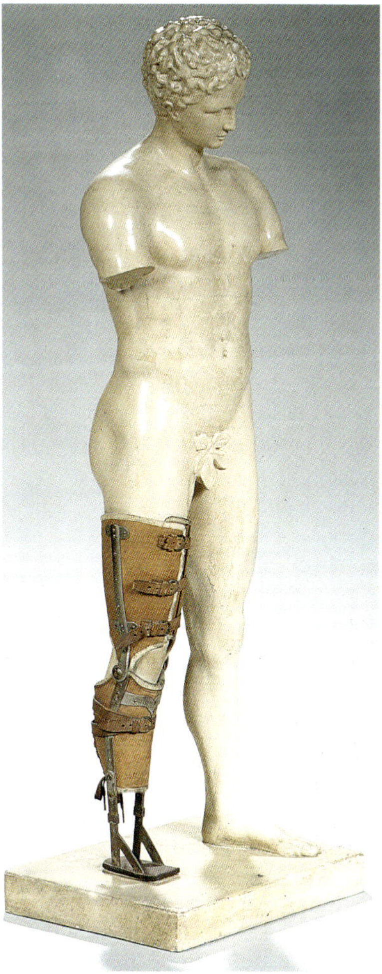

Torso mit Beinprothese. Demonstrationsmodell. Inv.Nr. 33.933

wicklungen, den Körper zu ersetzen und zu schützen, nämlich seine Verletzung mittels technischer Geräte.

Ein weiterer Themenkomplex rückt beispielhaft alltägliche Schnittstellen zwischen Mensch und Technik in den Blickpunkt. Die gezeigten Techniknutzungen im Bereich von Lebensalltag, Konsum und Freizeitgestaltung dienen auch als Beispiele, wie der Technikgebrauch auf das Verhalten zurückwirkt – in Form von »Gebräuchen«.

Drehschalter, Anfang 20. Jh. Inv.Nr. 579

Mit dem Begriff »Be-Dienen« wird exemplarisch die selbstverständliche Inbetriebnahme technischer Geräte und Anlagen, die den heutigen Alltag entscheidend strukturieren, und deren Voraussetzungen und Folgen angesprochen. Anhand der Betätigung eines Schalters, eines Automaten-Knopfs oder einer Computermaus kann veranschaulicht werden, welche Technikkompetenzen – etwa »unsichtbares«, weil selbstverständliches (Technik)Wissen – erforderlich sind und welche Technologien hinter der Nutzungsoberfläche stehen. Wodurch und wie revolutionieren sie mit ihrem Versprechen des unbegrenzten Zugriffs auf Energie, Waren, Informationen und Unterhaltungsangebote die Wahrnehmung unserer (alltäglichen) Lebenswelt, die Strukturen unserer Konsumgewohnheiten?

Der Begriff »Aneignen« steht für den Erwerb von technischem Wissen über das Spiel. Die Heranführung an Technik erfolgt etwa über die Miniaturisierung, die Vereinfachung und die Nachahmung (technischer) Erscheinungen. Paradigmatische Spielmittel sind verschiedene Typen von Baukästen oder auch miniaturisierte Haushaltsgeräte und Puppenstuben. Dem Vertrautwerden mit Technik dienen auch Antriebe, Bewegungsmechaniken oder Elektronik im Spielzeug. Das »Be-Greifen« ist mit »Gewöhnen« gekoppelt. Dabei soll auf den Aspekt der geschlechtsspezifischen Sozialisierung von Gebrauchsaneignung und Wissensvermittlung verwiesen werden.

Haus

Technische Geräte und Anlagen wachsen so in den Lebensalltag hinein, dass sie zum selbstverständlichen Inventar werden: von Brunnen, Plumpsklo und Kerzen zu fernsteuerbaren Netzwerken der Ver- und Entsorgung; vom Besen und Waschbrett zum sprechenden Staubsauger und zur programmierbaren Waschmaschine; von langlebigen Konsumgütern zur Umstellung auf den Massenkonsum industrieller Güter. In

»Lebensraum Haus« soll diese zunehmende Technisierung zur Darstellung kommen.

Gezeigt werden Entwicklungen der beiden miteinander verwobenen Bereiche Haustechnik – die Versorgung eines Hauses mit Wasser und Energie sowie die Entsorgung von Abwasser – und Haushaltstechnik – die Nahrungsversorgung von der Vorratshaltung bis zur Zubereitung sowie die Körperhygenie, Haushalts- und Wäschereinigung sowie -pflege.

Den Beginn bildet die Diversifizierung von technischen Geräten und Einrichtungen zum Beispiel vom Feuer als Spender von Licht und Wärme zum Kienspan und Kohleherd, der gleichzeitig zum Kochen und Heizen diente, zur Differenzierung von Elektro- und Gasherd sowie Zentralheizungssystem.

Gasherd »Wiener Gaswerke«, 1920er Jahre. Inv.Nr. 35.137

Dem folgt die Mechanisierung des Wohnens und die Entwicklung von haustechnischen Einrichtungen und Haushaltsgeräten auf der Basis von Gas und Elektrizität, die zu einer ersten radikalen Umwälzung in der Lebensführung führten. Angesprochen werden hier nicht nur Fragen der Funktion, wie beispielsweise bei Heizgeräten die Wirkungsweise von thermodynamischen Kreisprozessen. Ebenso wichtig ist die Thematisierung der Folgen von Techniken auf Mensch und Umwelt, etwa beim Heizen die thermische Behaglichkeit oder der Energieverbrauch.

Einen Themenkomplex bilden auch die Neuerungen der chemischen Industrie als weiteres Beispiel für die Auswirkungen von Technologiesprüngen auf den Alltag. Der Einsatz von chemischen Produkten im Haushalt ist umfassend: von der Lebensmittelchemie über Chemikalien zur Reinigung und Pflege von Körper, Wäsche und Haushalt zur allgegenwärtigen Verwendung von Massenprodukten aus Kunststoffen und -fasern.

Abschließend werden neueste Technologien wie die Automatisierung vorgestellt und damit ein Blick in die mögliche Zukunft geworfen: das vernetzte Haus mit intelligenten Geräten.

Verwendete Techniken stehen in Verbindung mit gesellschaftlichen Entwicklungen, etwa Rationalisierungsbestrebungen oder veränderten Normen. So reduziert sich beim Waschen der Aufwand an Kraft, kaum jedoch jener an Zeit, da auch die Hygienestandards stiegen: Die »selbsttätigen« Geräte und chemischen Reinigungsmittel ermöglichen häufiges Reinigen. Verfolgt wird also die Frage, wie sich Technikeinsatz und Gestaltung der Lebensformen gegenseitig prägen. Dazu gehört auch das Thema der Rollenzuschreibungen, warum manche Geräte ein »weibliches« Image haben und andere nicht. Küchengeräte, Waschmaschinen, Staubsauger sind nicht nur Haushaltsgeräte, sie gelten auch als Hausfrauengeräte. Anderen Geräten für Freizeitaktivitäten oder zur Kommunikation, die ebenfalls in privaten Haushalten genutzt werden, fehlt diese geschlechtsspezifische Zuschreibung.

Stadt

Die Technisierung des Wohnraums ist eng an bauliche Strukturen und Versorgungsadern eines Wohnorts gekoppelt. In »Lebensraum Stadt« ist beabsichtigt, sich mit deren Funktionen, Entwicklungen und Folgen zu befassen. Dabei wird die Stadt aufgrund ihrer Verdichtung von Baustrukturen, Nutzungsräumen und Netzwerken exemplarisch für ein Siedlungsgefüge herangezogen, das von unterschiedlichen wirtschaftlichen, politischen und sozialen Interessen bestimmt ist.

Der Frage nach der Wechselwirkung von Technik und Siedlungsgefüge – wie sich »Stadt« mittels Technik mit welchen Effekten organisiert – wird entlang von drei Themensträngen verfolgt. Dabei werden die zwei zentralen Themen »Baustrukturen« und »Netze« über den dritten Strang »Phänomene« miteinander verknüpft, der signifikante Ausprägungen von Stadt aufgreift.

Bau des ersten Wiener Hochhauses in der Herrengasse, 1930er Jahre

Zweizylindrige Handdruck-Feuerspritze (1788) der Feuerwehr Maria Schutz/Schottwien. Inv.Nr. 17.793

Beim Thema Bauen werden Materialien, Konstruktionen und Siedlungsformen zusammen mit den Aspekten Architektur und Stadtplanung präsentiert. Der Schwerpunkt liegt auf der Schaffung von Wohnraum und Verkehrswegen, aber auch von Einrichtungen für Freizeit- und Konsumbedürfnisse. Aktuelle Bauvorhaben können dabei anhand von Plänen, Modellen und mit Hilfe von Medien beobachtend begleitet werden.

Netze werden als zentrale Elemente für die Nutzung der Technik im Alltag und für das Funktionieren von Stadt aufgezeigt. Dazu gehören die Verteilung von Wasser und Energie, die Entsorgung von Müll und Abwasser, die Erschließung durch Verkehrswege, Kommunikations-, Sicherheits- und visuelle Orientierungssysteme, aber auch soziale Netze und Infrastrukturen für Erholung, Freizeit und Konsum. Präsentiert wird zum einen die Vielfalt an Netzen, zum anderen wird exemplarisch anhand von Wasser ein Netzwerk detaillierter erörtert und auch die Sicherung eines lebenswichtigen Stoffes angesprochen. Am Beispiel Feuerschutz werden Sicherheitsvorkehrungen thematisiert.

Der Komplexität des sich immer neu organisierenden Lebensraumes Stadt widmet sich der Themenstrang »Phänomene«. Zur Darstellung kommen die Bestrebungen nach einer durchgehenden Verfügbarkeit dieses Lebensraums, die Ausformungen und Wechselwirkungen von Wachstum und Verdichtung, Beschleunigung und Mobilität sowie die Stadt als öffentlicher, aber auch sozial und kulturell vielfältig differenzierter Raum. Zudem wird der biologischen Sicht von Stadt, den nachhaltigen Strategien beim Bauen, bei Ver- und Entsorgung Raum gegeben.

Pipeline, Silvretta-Hochalpenstraße. Bieler Höhe, 1998 (Foto: Margherita Spiluttini)

Umwelt

»Lebensraum Umwelt« wird das umstrittene Verhältnis von Technik und Umwelt aufgreifen. Einerseits thematisiert dieser zukünftige Bereich die Vorstellungen darüber, was unter Umwelt verstanden wurde und wird. Insbesondere ist hier an die Verknüpfung von Umwelt und Natur mit gesellschaftlich-wirtschaftlichen Konzepten wie Fortschritt und Nachhaltigkeit zu denken – Konzepte, die das Verhältnis zur Umwelt entscheidend prägen und beeinflussen. Die Zukunft unserer Welt ist beeinfluss- und machbar, so lehren Fortschrittsoptimisten. Heute sucht man jedoch – nicht zuletzt infolge der großen Umweltschäden – nach einem Rezept, diese Welt nachhaltig für zukünftige Generationen zu erhalten.

Andererseits wird auch die gesellschaftliche Selbstbindung an Technik, die den Umgang mit Umwelt mitbestimmt, thematisiert. Um unser hochtechnisiertes Leben zu erhalten, ist ein kontinuierlicher Aufwand an Material, Arbeit und wiederum auch Technik nötig.

Ein Hauptaugenmerk liegt darauf, wie die »In-Besitz-Nahme« jenes Lebensraums, den wir unter Umwelt verstehen, durch Technik vor sich geht. Daran anknüpfend werden Technikfolgen aufgezeigt und weiterführend jene Bemühungen, die Technikfolgen abzuschätzen versuchen, präsentiert.

Besonders jene Maßnahmen, die unter dem Begriff »technischer Umweltschutz« zusammengefasst sind, bilden einen Schwerpunkt. Der überwiegende Teil an technischem Umweltschutz gehört zur so genannten »End-of-the-Pipe-Technology« – einer »prozessnachgeschalteten«

Reparatur oder Korrektur etwaiger Umweltschäden. Darunter fallen etwa die gesamten Recycling-Vorgänge, die Filtertechnik sowie Abwasser-Kläranlagen.

Darüber hinaus geht dieser Bereich daran, »angepasste Technologien« zu zeigen. Dieser Begriff subsumiert jene Umwelttechnik, die versucht, Belastungen für die Umwelt im Voraus abzuschätzen und daher zu vermeiden – so gehören hierher etwa die Entwicklungen auf dem Sektor der Wind- und Sonnenenergie.

Schaubühne

Damit der Bereich »Lebensräume« schon vorab präsent ist, werden bis zu seiner Fertigstellung wechselnde Vorschauen gezeigt. Als »work in progress« sollen Aspekte und kleinere Module aus der großen Bandbreite der geplanten Themen zur Vorstellung kommen. Auf der »Schaubühne« werden Objekte in Szene gesetzt, Geschichten erzählt, Erklärungen angeboten, um Impulse für eine Auseinandersetzung mit Technik zu geben. Als Experimentierfeld bieten die jeweiligen Bespielungen auch die Möglichkeit, Fragestellungen und Präsentationsweisen auszutesten.
MuR, NoL

Schaubühne »Lebensräume«

Produktionstechnik

Modell eines Jacquard-Webstuhls, 1824. Inv.Nr. 12.508

Die Ausstellungseinheit »Handwerkliche und industrielle Produktionstechnik« wird im westlichen ersten Obergeschoss des Technischen Museums ihren Platz finden. Der Bereich umfasst folgende Themen: Land- und Forstwirtschaft, Holz- und Metallbearbeitung, ferner Textilien und Bekleidung, Nahrungs- und Genussmittel, Papier sowie Glas und Keramik. Darüber hinaus sind die chemische Produktion sowie die Erzeugung von Kunststoffen vertreten.

Die Bestände des Technischen Museums gehen zu einem erheblichen Teil auf ältere Sammlungen zurück wie beispielsweise das »Fabriksprodukten-Kabinett«, dessen Anfänge in die ersten Jahre des 19. Jahrhunderts zu datieren sind. Am Beginn stand die Idee, einen enzyklopädischen Überblick über die Erzeugnisse der Manufakturen und Gewerbe in der Habsburgermonarchie zu gewinnen. Diese kaiserliche Kollektion sollte auch für jene zugänglich sein, die sich über den aktuellen Stand der jeweiligen Produktionstechnik informieren wollten. Bald umfasste sie tausende von Rohstoffproben und Fabrikaten sowie eine größere Anzahl von Modellen. Aus heutiger Sicht besonders wertvoll sind Stoffmuster – vorwiegend aus Wien, Niederösterreich und Böhmen – sowie Gläser, die zu einem erheblichen Teil aus Böhmen, einem weltweit bekannten Zentrum der Glaserzeugung, stammen. Weitere wichtige Objektgruppen sind Tapetenmuster und Spielkarten. Da man vor allem die empfindlichen Stoffe und Tapeten aus restauratorischen Gründen nur in kleiner Auswahl im Original zeigen kann, sollen Abbildungen der Designs über Datenbanken abgerufen werden können.

Deckelpokal aus Überfangglas, Böhmen, vor 1837. Inv.Nr. 19.370

Schwerpunktmäßig konzentrierte sich das »Fabriksprodukten-Kabinett« auf die Biedermeierzeit. Aus dem 19. und frühen 20. Jahrhundert besitzt das Technische Museum zudem umfangreiche Sammlungen von Werkzeugen (Georg Altmütter), Medaillen (Johann Schwerdtner), Schlössern und Schlüsseln (Andreas Dillinger) sowie von Modellen landwirtschaftlicher Geräte. Bedeutende Teile dieser Bestände sollen in der Abteilung »Produktionstechnik« präsentiert werden. Sammlungen von besonderer Bedeutung werden im Rahmen der Dauerausstellung mit wechselnden Exponaten gezeigt. Dies betrifft etwa die Glaskollektion, die zu den weltweit größten und wertvollsten zählt. Es ist bemerkenswert, dass man ihre Bedeutung jahrzehntelang unterschätzt hat; erst im Zusammenhang mit einem Internationalen Glaskongress in Wien 1991 erkannte man ihren Wert.

Zu den herausragenden Ensembles und Objekten zählen ferner Geräte und Einrichtungsgegenstände für ein alchemistisches Laboratorium sowie eine große Sammlung von Apothekengefäßen aus dem 17. bis 19. Jahrhundert. Aus der ersten Hälfte des 19. Jahrhunderts datie-

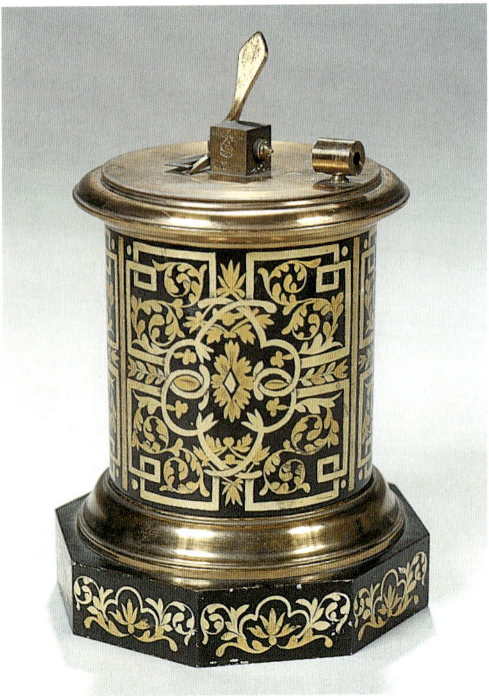

Platinfeuerzeug nach Johann Wolfgang Döbereiner.
1. Hälfte 19. Jh.
Inv.Nr. 14.893

ren einige schön gestaltete Feuerzeuge mit Platinkatalysator, die nach dem deutschen Chemiker Johann Wolfgang Döbereiner benannt sind. Die Alchemie als Vorläuferin der wissenschaftlichen Chemie sowie das frühe Apothekenwesen und die Anfänge der Pharmazie werden ebenso veranschaulicht wie die Erzeugung früher chemischer Produkte (zum Beispiel Vitriol, Alaun, Pottasche und Soda) und die Entwicklung der chemischen Industrie im 19. und 20. Jahrhundert (Produktion von Schwefelsäure und Teerfarben, Ammoniaksynthese). Als Besonderheit der chemischen Produktion in der Habsburgermonarchie wird die Zündholzerzeugung thematisiert.

Aus dem alten Bestand des Museums stammen ferner Modelle von landwirtschaftlichen Maschinen, Getreide- und Papiermühlen sowie Dioramen und Modelle von Apparaturen, mit denen Tee, Kaffee, Schokolade und Tabak hergestellt wurden. Ein besonders bemerkenswertes Exponat aus dem Sektor Nahrungs- und Genussmittel ist das große Modell einer Wiener Molkerei um 1900. Die Holzbearbeitung wird mit Band- und Kreissägen, Hobelmaschinen und Drechselbänken veranschaulicht, die Erzeugung von Bugholz mit Werkzeugen, Halbfabrikaten und Endprodukten. Die umfangreiche österreichische Textilproduktion ist mit einer Reihe von Spinnrädern und mechanischen Spinnstühlen sowie mit Webstühlen repräsentiert. Von großer Bedeutung ist die »Nähhand« des Schneiders Josef Madersperger. Sie stammt aus den 30er Jahren des 19. Jahrhunderts und stellt einen wichtigen Vorläufer der Nähmaschine dar.

Kammmacher-Werkzeug und Hornkamm, nach 1816

Somit werden ältere Objekte aus den reichen Sammlungen des Technischen Museums in dieser Abteilung prominent vertreten sein. Die Entwicklung der einzelnen Produktionsverfahren soll aber darüber hinaus exemplarisch bis hin zum heutigen Stand der Technik gezeigt werden. Im Unterschied zu historischen Exponaten sind moderne Maschinen allerdings oft groß und schwer, außerdem lässt sich ihre Funktion nur mit ausführlichen Erläuterungen erklären. Darüber hinaus sind diese Maschinen vielfach Teil größerer Anlagen und Fertigungsstraßen; sie könnten somit nur in Ausnahmefällen im Original gezeigt werden. Der jeweils aktuelle Stand der Technik wird daher vor allem mit Funktionsgrafiken und Kurzfilmen vertreten sein, die man im Fall einer Weiterentwicklung austauschen kann.

Im »alten« Technischen Museum wurden einige traditionelle Handwerksberufe wie Töpfer, Schuster, Hutmacher, Schneider oder Weber in heimelig anmutenden Werkstattsituationen gezeigt. Nach der neuen Konzeption soll die Präsentation von Handwerksgeräten mit einem Blick auf eine universelle Theorie des menschlichen Werkzeuggebrauchs verbunden werden, auch die faszinierende Thematik Werkzeug – Maschine – Automat wird angesprochen. Darüber hinaus werden Aspekte der traditionellen und industriellen Arbeitswelt veranschaulicht, zum Beispiel die Rationalisierung der Produktion am Fließband sowie die Konzepte des Taylorismus und Fordismus.

Auch die biografische Dimension soll nicht vernachlässigt werden. Das lange Zeit bestimmende Motto, die »großen Männer der österreichi-

Modell eines Pflugs nach Severin Zugmayer, 1. Hälfte 19. Jh. Inv.Nr. 20.906

schen Technik« hervorzuheben, wird aber nicht mehr aufgegriffen. Informationen über Lebensläufe und Leistungen wird man vorwiegend über eine Datenbank abfragen können, wobei auf die bedeutenden Bestände der Bibliothek und des Archivs im Museum verwiesen wird.

Die bisher neu eingerichteten Abteilungen des Technischen Museums ermöglichen es den BesucherInnen in hohem Maß, die Exponate nicht nur zu betrachten, sondern auch selbst »Hand anzulegen«. Zu diesem Zweck ist in der Abteilung »Produktionstechnik« ein eigener Bereich vorgesehen. Dort werden kleinere und größere Gruppen zusammen mit MitarbeiterInnen zum Beispiel eine vorindustrielle Handdrechselbank bedienen können. Auch andere Techniken sollen erprobt beziehungsweise vorgeführt werden: die Arbeit an Spinnrädern bzw. -maschinen und Webstühlen, die Erzeugung von handgeschöpftem Papier sowie Druckvorgänge auf Papier. Darüber hinaus sind die Vorführung des Glasblasens sowie chemische Versuche geplant.
WeH

Apothekertopf, um 1800.
Inv.Nr. 11.322/195

Guillochiermaschine zur Erzeugung regelmäßiger geometrischer Muster auf Dosen, 1. Hälfte 19. Jh. Inv.Nr. 23.581

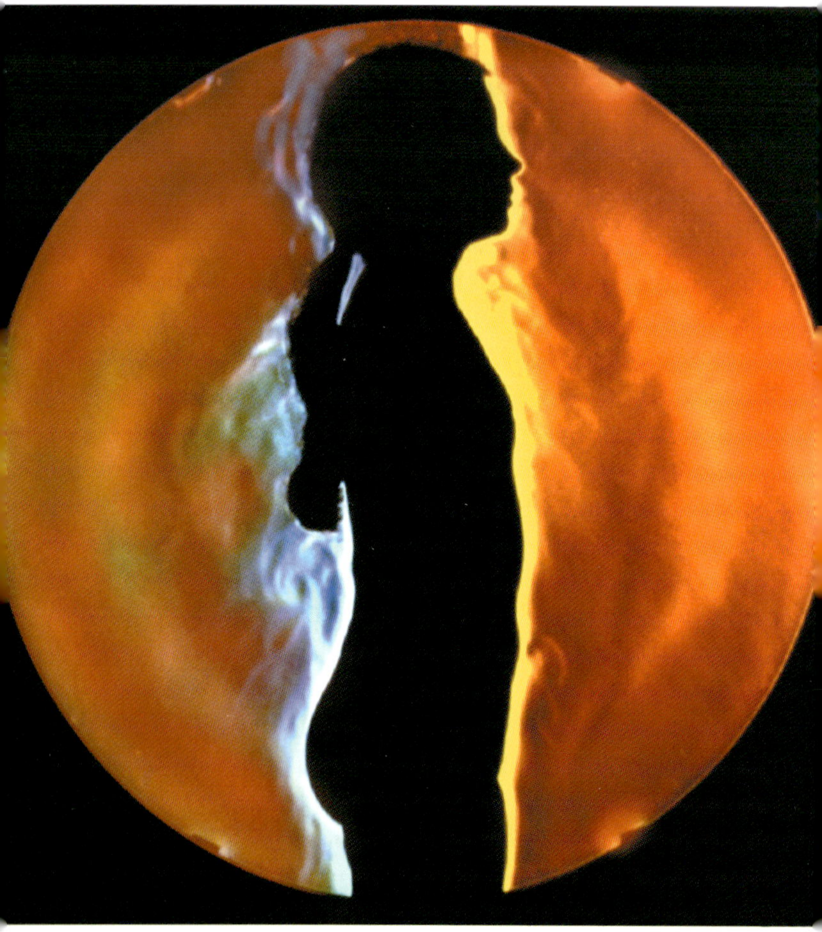

Schlierenbild: Wärmeströmung um einen menschlichen Körper in Falschfarbendarstellung

Das Konzept im Überblick

Eine Vielzahl von Erkenntnissen der Naturwissenschaften und der Technik beruhen auf Vorgängen, die den menschlichen Sinnen nicht unmittelbar zugänglich sind. Große Abstände oder kleine Abmessungen, zu rasche Abläufe und undurchsichtiges Material verhindern in vielen Fällen den für das Verständnis notwendigen visuellen Eindruck. Im Zuge der Weiterentwicklung der wissenschaftlichen Disziplinen entstanden deshalb immer komplexere Verfahren zur Visualisierung solcher Vorgänge. Darüber hinaus ist die Entwicklung der Naturwissenschaften in vielen Fällen ohne sichtbare Evidenz nicht vorstellbar (die Entdeckung der Existenz von Zellen im Mikroskop ist ein Beispiel dafür).

Die Ausstellung ist nach den Ursachen für die Unsichtbarkeit gegliedert: Dimensionen, Geschwindigkeit und Materialeigenschaften verhindern, dass wir viele Vorgänge mit bloßem Auge verfolgen können. Bei allen dargestellten Visualisierungsverfahren werden die Genese der Methode, aktuelle Ergebnisse und die Konsequenzen sowohl für das Fachgebiet als auch für das Alltagsleben aufgezeigt. Erklärende Besucherexperimente, Medienstationen und Originaldokumente aus aktuellen Applikationen ergänzen die Darstellung der historischen Entwicklung.

»Dimensionen«

Die Welt des Größten und Kleinsten ist gleichermaßen dem menschlichen Auge verborgen. Bei astronomischen Dimensionen liegt es an den außerordentlich großen Abständen, dass selbst Objekte von vielfachem Sonnendurchmesser für das bloße Auge unsichtbar bleiben. Kleine Objekte kann man nicht beliebig nah ans Auge heranführen, um sie unter einem ausreichend großen Sehwinkel zu sehen. In beiden Fällen bedient sich der Mensch optischer Hilfsmittel: Sowohl das Fernrohr als auch das Mikroskop wurden etwa zur selben Zeit – der Wende vom 16. zum 17. Jahrhundert – erfunden. Beide Geräte stehen am Beginn der neuzeitlichen Naturwissenschaften. Das Fernrohr wurde zu einem der wesentlichen Hilfsmittel, um das heliozentrische Weltbild zu untermauern; das Mikroskop war Voraussetzung für die Erforschung der Mikroorganismen. Unsere visuelle Evidenz reicht heute von den Grenzen des Weltalls bis zu Atomen, mit indirekten Methoden bis zu Bausteinen der Elementarteilchen.

Die Ausstellung zeigt Fernrohre mit äußerst unterschiedlicher Leistungsfähigkeit: vom Opernglas des 19. Jahrhunderts über einen Querschnitt hervorragender Mikroskope aus zwei Jahrhunderten der Firma Reichert bis hin zu Beobachtungsergebnissen eines Satellitenteleskops zur Sonnenuntersuchung. Mit einem funktionsfähigen Elektronenmikroskop werden im Rahmen von Vorführungen mitgebrachte Objekte untersucht. Eine interaktive Experimentierstation erlaubt es, Mikroskope oder Fernrohre aus Linsen selbst zusammenzubauen. Besondere Ver-

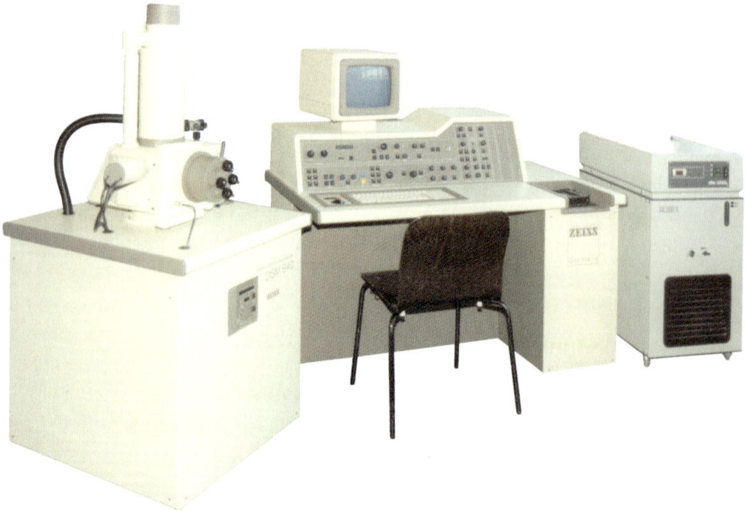

Elektronenmikroskop DSM 940 von Zeiss. Inv.Nr. 34.841

fahren bis hin zum »Ultramikroskop« der Hochenergiephysik, dem Beschleunigerring des CERN in Genf, zeigt eine Medienstation.

»Zeit und Struktur«

Nicht nur Dimensionen trennen uns von visueller Evidenz. Viele Vorgänge sind nicht sichtbar, weil sie zu schnell oder zu langsam ablaufen oder weil strukturelle Eigenschaften wie beispielsweise zu geringe Dichteunterschiede oder zu kleine Änderungen anderer physikalischer Eigenschaften vorliegen. Zeitlupen- und Zeitrafferverfahren erweitern unseren Gesichtssinn über die Grenzen der Zeitauflösung und des Erinnerungsvermögens unserer Sinne hinaus. Voraussetzung dafür war die Erfindung der Fotografie: Um 1880 enstanden die ersten Kurzzeitaufnahmen für wissenschaftliche Zwecke. Bekannt wurden die Phasenaufnahmen von Bewegungen von Eadweard Muybridge, Etienne Jule Maray und Ottomar Anschütz. Heutige High-end-Verfahren schaffen Belichtungszeiten im Nanosekundenbereich und damit die Dokumentation extrem rascher und kurzer Vorgänge zum Beispiel im Bereich der Elementarteilchenforschung.

Die Schlierenmethode – entwickelt von Glasmachern im 19. Jahrhundert – zeigt geringe Dichteänderungen in Medien und dient zum Nachweis von Strömungsvorgängen, von Inhomogenitäten in ansonsten durchsichtigen Festkörpern, von Ultraschallfeldern, thermischen Strömungen usw. Ein Besucherexperiment ermöglicht die Visualisierung

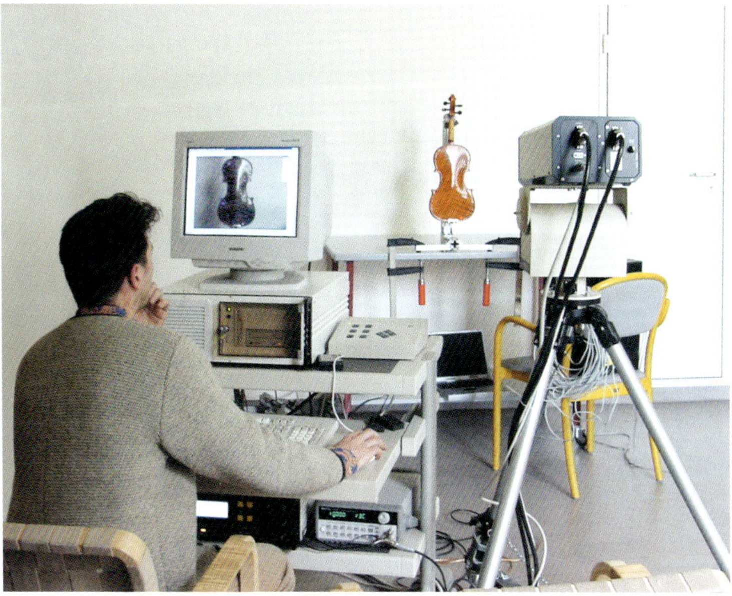

Aufnahme einer Geigendecke mit dem Laservibrometer im TMW

jener Strömung, die durch erwärmte Luft an der Hautoberfläche der Hand entsteht. Zeitlupen- und Zeitrafferanordnungen erlauben die direkte Beobachtung ausgewählter Vorgänge wie das Pflanzenwachstum oder die Wolkenbewegung im Lauf eines Tages. Zahlreiche Beispiele, wie die sensationellen Aufnahmen von Harold Edgerton, illustrieren die Bedeutung der Verfahren zur Erforschung extrem rasch ablaufender Vorgänge. Einen Bezug zur Musikabteilung stellt die Darstellung der Schwingungen von Klavierresonanzböden mit einer Laservibrometrie-Apparatur her.

»Undurchsichtig?«

Materie ist nur für Strahlung bestimmter Wellenlängen durchsichtig. Im sichtbaren Bereich gilt das nur für wenige Substanzen. Vor allem die Medizin, die sich im 19. Jahrhundert zu einer Naturwissenschaft auf der Grundlage der Physik wandelte, empfand die Notwendigkeit genauerer visueller Beurteilung bestimmter Krankheiten im Körper als Problem. Die Entdeckung der Röntgenstrahlung im Jahr 1895 fand daher bei den Medizinern begeisterte Aufnahme. Bis heute ist diese elektromagnetische Strahlung Basis der wichtigsten bildgebenden Methoden in der Medizin: Mit der Erfindung der Computertomografie, der Magnetresonanztomografie und der Nutzung des Ultraschalls stehen seit einigen Jahrzehnten weitere wichtige und aufschlussreiche Techniken zur Verfügung. Allen diesen Verfahren ist gemeinsam, dass die eingesetzte Strahlungsenergie die für sichtbares Licht undurchsichtigen Körperteile durchdringt.

Als ausgewähltes Beispiel wird das Magnetresonanzverfahren im Detail erklärt, ebenso die Funktion der seit 1930 bekannten »klassischen« Tomografie und die Visualisierung von Körperorganen durch Ultraschall. Zahlreiche Aufnahmen aus der Physik, der Chemie, der Medizin und der Industrie illustrieren diese Erklärungen.
DoP

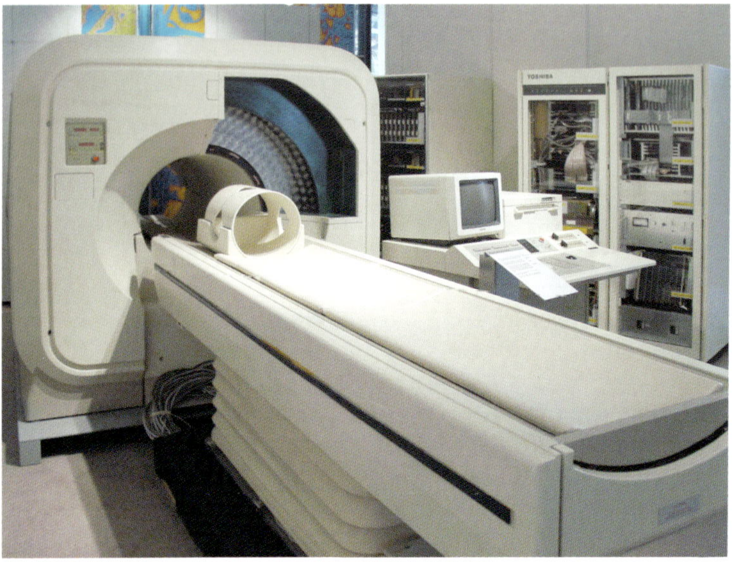

Magnetresonanztomograf MRT-50A von Toshiba, Baujahr 1985. Inv.Nr. 50.375

Depot

Kulturhistorische Museen zeigen in der Regel nur rund fünf bis zehn Prozent ihrer Bestände in den öffentlich zugänglichen Schausammlungen. Die große Masse der Objekte lagert in den Depots. Museen sind daher auch und ganz wesentlich Archive bzw. Speicher der Geschichte.

Für Industrie- und Technikmuseen bedeutet die Bewahrung wesentlicher dreidimensionaler Originalobjekte der Technikgeschichte eine besondere Herausforderung, handelt es sich doch oft um tonnenschwere Maschinen. Dieser Aufgabe widmen sich vorrangig Depotmanagement, Inventarverwaltung und Restaurierungsabteilung. Dem Technischen Museum Wien standen nach der Eröffnung 1918 über Jahrzehnte hinweg nur die Dachböden des Museumsgebäudes als Depot zu Verfügung. Unter dieser Platznot wandelten sich auch manche Ausstellungsbereiche in Schaudepots. Mit der Schließung des Hauses für die Generalsanierung wurde aus der ursprünglichen Konzentration eine Aufsplitterung auf mehrere dezentrale Standorte. Zusätzlich zum Hauptdepotstandort in Wien-Breitensee mit drei Gebäuden verfügte das Museum jetzt über Depots in Wien-Hietzing, am Wiener Nordwestbahnhof, im Schloss Niederweiden (Niederösterreich) und in Siegendorf (Burgenland).

Ökonomische, organisatorische und konservatorische Anforderungen bedingten nach der Eröffnung des Museums eine Bereinigung dieser schwierigen Situation, die im Wesentlichen eine Konzentration der Bestände zum Ziel hatte.

Am Standort Breitensee erfolgte in einem ersten Schritt die bauliche und brandschutztechnische Adaptierung des ehemaligen Bürogebäudes als Depot, in das die Bestände aus Hietzing und Niederweiden eingelagert wurden. Anschließend erfolgte die Sanierung des von Architekt Robert Oerley geplanten und während des Ersten Weltkriegs als Stahlbetonbau errichteten fünfgeschossigen Zeiss-Gebäudes. In diesem unter Denkmalschutz stehenden Bau erfolgt nach dem Umbau eine Neuaufstellung der bereits zuvor hier deponierten Objekte.

Als Ersatz für die Standorte Nordwestbahnhof, Siegendorf und das Lagergebäude in Breitensee, für das die Heeresbauverwaltung Eigenbedarf angemeldet hatte, mietete das Museum in Wien-Floridsdorf ein Depot an. Es handelt sich dabei um eine dreischiffige, im Kern aus dem Jahr 1907 stammende Industriehalle der ehemaligen Paukerwerke.

Damit erreichte das Museum die angestrebte Konzentration der Depots auf zwei Standorte mit drei Gebäuden und insgesamt rund 17 000 m^2 Lagerfläche. In die bauliche und brandschutztechnische Sanierung sowie eine neue Lagerlogistik wurden innerhalb von vier Jahren rund drei Millionen Euro investiert. Begleitend zur Neuorganisation der Depotsituation wurde zur Verwaltung der rund 100 000 inventarisierten Objekte eine neue elektronische Datenbank installiert.

LaH

Archiv und Bibliothek

Der neue Lesesaal

Als Informations- und Dokumentationsstelle für die Kulturgeschichte der Technik bilden Archiv und Bibliothek des Technischen Museums Wien heute eine wichtige und in Österreich in ihrer Komplexität einzigartige Quellen- und Literatursammlung für wissenschaftliche Arbeiten und Forschungsaktivitäten, die sowohl von MitarbeiterInnen des Museums als auch von externen ForscherInnen genutzt wird.

Archiv und Bibliothek des Technischen Museums Wien bewahren Schrift-, Bild- und Tongut sowie elektronische Datenträger zum Sammelgebiet der Naturwissenschafts- und Technikgeschichte mit Schwerpunkt Österreich. Den organisatorisch-gesetzlichen Rahmen bilden das Forschungsorganisationsgesetz (FOG), das Bundesgesetz über die Sicherung, Aufbewahrung und Nutzung von Archivgut des Bundes (Bundesarchivgesetz) und die Museumsordnung für das Technische Museum Wien.

Archiv und Bibliothek sind seit der Gründung des Museums ein fixer und integrierter Bestandteil des Museumskonzepts. In der von Wilhelm

Lesesaal der Bibliothek, um 1955

Franz Exner 1908 verfassten Programmschrift für das Technische Museum finden sich bereits Hinweise auf Funktion und Aufgabengebiet von Archiv und Bibliothek: Exner sah in der Einrichtung einer »technischen Spezialbibliothek« und einer als »Mappensaal« bezeichneten technikgeschichtlichen Archivsammlung eine notwendige Ergänzung zum Aufbau einer Objektsammlung.

Entsprechend ihrem Stellenwert waren ursprünglich großzügige Räumlichkeiten in einem eigenen Verwaltungsbau geplant. Bereits vier Jahre vor Eröffnung des Museums wurde ein Raum für die Unterbringung von Büchern und Archivalien einschließlich eines Lesebereichs adaptiert.

Bibliothekssammlungen

Die Bibliothek verfügt über einen Bestand von 100 000 Bänden zum Wissensgebiet der Geschichte der Technik und deren Grundwissenschaften, zur Geschichte der Industrie und des Gewerbes, Biografien von Technikern sowie allgemeine technische Literatur. Sondersammlungen wie die Libri-Rari-Sammlung sowie die Sammlungen von Weltausstellungs- und Firmenkatalogen bestimmen wesentlich den einmaligen Status dieser Institution. Die in Österreich einzigartige Spezialbibliothek wurde auch in das von der Österreichischen Nationalbibliothek herausgegebene »Handbuch der Historischen Buchbestände in Österreich« aufgenommen.

Alle vor 1800 erschienenen Druckwerke sind zum Libri-Rari-Bestand zusammengefasst. Zu den ältesten Werken zählen »Der newen Perspectiva das I. buch« von Gualtherus H. Rivius, gedruckt in Nürnberg 1547,

Archivspeicher

und ein »Theatrum instrumentorum et machinarum« von Jacobus Bessonius aus dem Jahr 1578. Neben Georgius Agricolas »De re metallica« sind auch Werke von Jacob Leupold vertreten. Weiters besitzt die Bibliothek die von Denis Diderot und Jean-Baptiste d'Alembert edierte »Encyclopédie, ou dictionnaire raisonné des sciences des arts et des métiers«. Von den technischen Enzyklopädien seien hier besonders Johann Georg Krünitz' »Ökonomisch-technologische Encyklopädie«, Johann Joseph Prechtls »Technologische Encyklopädie oder alphabetisches Handbuch der Technologie, der technischen Chemie und des Maschinenwesens« und Karl Karmarschs und Friedrich Herrens »Technisches Wörterbuch« hervorgehoben. Darüber hinaus befinden sich die für das Gewerbe- und Fabrikwesen der ersten Hälfte des 19. Jahrhunderts wichtigsten Nachschlagewerke, die von Stephan Edler von Keeß herausgegebene »Darstellung des Fabriks- und Gewerbswesens im österreichischen Kaiserstaate« und die ebenfalls von Keeß in Zusammenarbeit mit Wenzel Carl Wolfgang Blumenbach edierte »Systematische Darstellung der neuesten Fortschritte in den Gewerben und Manufacturen« im Bestand.

Zu den besonderen Schätzen der Bibliothek zählt eine Sammlung von Weltausstellungskatalogen, beginnend mit den Katalogen zur Pariser Weltausstellung 1855. Mit 150 Bänden ist insbesondere das Ereignis der Wiener Weltausstellung 1873 ausführlich dokumentiert.

Einen wertvollen Bestand bildet auch die Sammlung von frühen Produktkatalogen aus dem Zeitraum der Jahrhundertwende bis in die Zwischenkriegsjahre. Diese Sammlung ist für die Identifikation von Produkten und Maschinen ebenso wichtig wie für firmengeschichtliche Fragestellungen.

Dem Leser stehen Fachzeitschriften zur Verfügung, deren jeweils aktueller Jahrgang im Lesesaal aufliegt. Von den abgeschlossenen Zeitschriften sind unter anderem Ludwig Försters »Allgemeine Bauzeitung«, die »Allgemeine Automobilzeitung« und die »Österreichische Ingenieur- und Architekten-Zeitschrift« erwähnenswert.

Archivsammlungen

Das Archiv des Technischen Museums Wien verfügt über eine breite Palette von Informationsträgern unterschiedlichster Art. So finden sich Handschriften, technische Zeichnungen, Ölgemälde, verschiedenste Druckverfahren, Fotografien, Urkunden, Akten und AV-Medien, um nur die wichtigsten zu nennen. Die Vielfältigkeit des vorliegenden Quellenmaterials, insbesondere der hohe quantitative Anteil an Bildquellen, macht wohl die Besonderheit und die Bedeutung dieser rund 1300 Laufmeter umfassenden Archivsammlungen aus.

Die »Handschriften- und Urkundensammlung« beinhaltet Handschriften bedeutender österreichischer Techniker, Naturwissenschaftler und Ingenieure, Urkunden, Briefe, Vorlesungsmanuskripte und Vorlesungsmitschriften, Privilegien, Patente und Diplome, Notiz- und Tagebücher sowie Manuskripte unterschiedlichster Provenienz. Der

Katalog der Firma Rudolf Schwarz, Wien

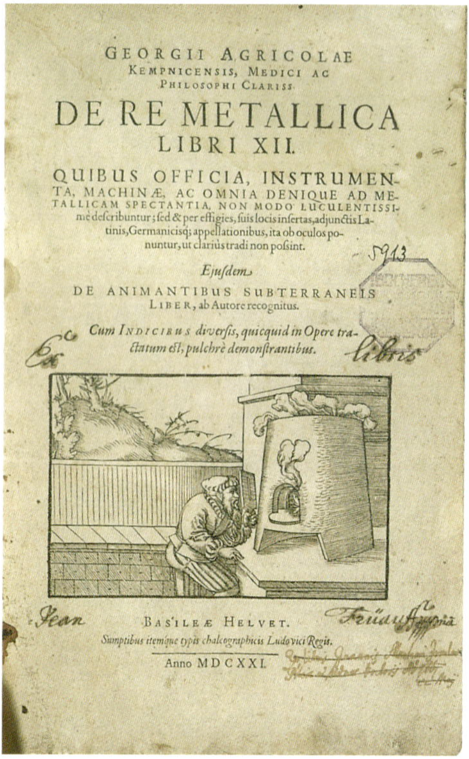
GEORGII AGRICOLAE
KEMPNICENSIS, MEDICI AC
PHILOSOPHI CLARISS.
DE RE METALLICA
LIBRI XII.
QUIBUS OFFICIA, INSTRUMENTA, MACHINÆ, AC OMNIA DENIQUE AD METALLICAM SPECTANTIA, NON MODO LUCULENTISSIME describuntur; sed & per effigies, suis locis insertas, adjunctis Latinis, Germanicisq; appellationibus, ita ob oculos ponuntur, ut clariùs tradi non posint.
Ejusdem
DE ANIMANTIBUS SUBTERRANEIS
LIBER, ab Autore recognitus.
Cum INDICIBUS diversis, quicquid in Opere tractatum est, pulchrè demonstrantibus.
BASILEÆ HELVET.
Sumptibus itemque typis chalcographicis Ludovici Regis.
Anno MDCXXI.

Georgius Agricola, De re metallica, 1621

2650 Signatureinheiten umfassende Bestand reicht zeitlich von der zweiten Hälfte des 16. Jahrhunderts bis in die Gegenwart.

Das Archiv verwahrt weiters eine 66 Einheiten umfassende »Nachlasssammlung« bedeutender österreichischer Techniker sowie von Industrie- und Gewerbebetrieben, die großteils in der Form von Teilnachlässen vorliegen. Beispielsweise finden sich in diesem Bestand Unterlagen von Josef Ressel, Alois Negrelli, Wilhelm Kress, Carl Auer von Welsbach, Ferdinand Redtenbacher, August Musger, Victor Kaplan, Gustav Tauschek, Erich Meindl und Johann Radinger.

Die »Bild- und Plansammlung« bildet den historischen Kernbestand des Archivs und umfasst Plandokumente, technische Zeichnungen, Grafiken, Fotografien, Radierungen und Produktwerbungen. Die »Personenmappensammlung« beinhaltet biografisches Material zu 330 Technikern und wurde vom Österreichischen Forschungsinstitut für Geschichte der Technik angelegt.

Die so genannten »Frühakten«, ein Sonderbestand der Verwaltungsakten des Museums, dokumentieren nicht nur die Gründungsgeschichte des Museums, sondern bilden auch eine Fundgrube für firmengeschichtliche Forschungen.

Von den »Klein- und Sonderbeständen« seien exemplarisch der Bestand zum Donau-Oder-Kanal, die Luftfahrttechnische Dokumentation Molin, die Unterlagen zum Reichsbrückenbau, Schiffspläne

Maréchal Grossier (Huf-schmied), aus: Diderot/ d'Alembert, Encyclopédie..., Planches, 1762–1777

der Schiffswerft Korneuburg, eine Sammlung von Prospekten und Betriebsanleitungen für Kraftfahrzeuge und der Fotobestand zur Wiener Weltausstellung genannt.

Das Archiv verfügt weiters über eine umfangreiche »Kartografische Sammlung« mit rund 2500 Postroutenkarten, Telefon- und Telegrafenkarten, Eisenbahnkarten, Stadtplänen und sonstigen Kartenbeständen aus dem übernommenen Archivbestand des ehemaligen Postmuseums.

Die »Fotosammlung« verwaltet 100 000 Bildträger, die zum Großteil in Form von Negativen oder Diapositiven auf Glasplatten oder Kunststoffträgern vorliegen. Zu den Bildinhalten zählen überwiegend technische Objekte und Personen der Technikgeschichte, aber auch Arbeitsvorgänge und Aufnahmen von Produktionsstätten. Eine Besonderheit bildet der Bestand an Laternenbildern mit Motiven aus dem Bereich der Warenkunde.

Infrastruktur und Datenbanken

Archiv und Bibliothek verfügen heute über ein Umfeld, das den Besonderheiten des Aufgabengebiets von Archivaren und Bibliothekaren entspricht: der Aufbewahrung und Langzeitarchivierung von technikgeschichtlichen Quellendokumenten in zentralen, klimakonditionier-

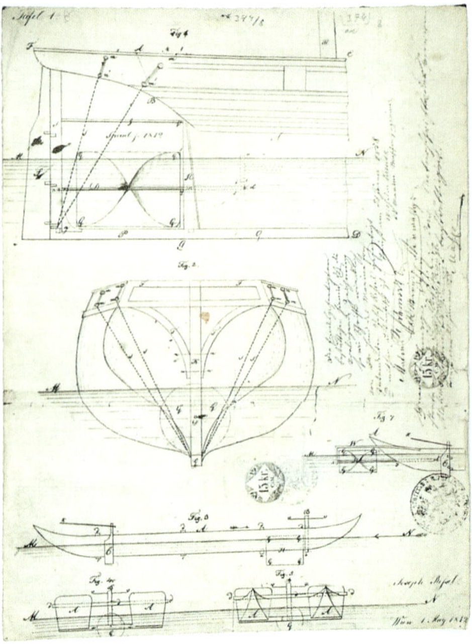

Josef Ressel, Spiraleinbau in das Heck, 1812. Zeichnung

ten Speicherräumen, deren Bearbeitung und Erschließung in Büro- und Manipulationsräumen sowie deren Benutzbarkeit im Lesebereich.

Der neue Lesesaal, der dem Besucher die Möglichkeit bietet, die reichhaltigen Archiv- und Bibliotheksbestände zu benutzen, ist mit zwölf Einzelleseplätzen ausgestattet, die individuelles, ungestörtes Arbeiten ermöglichen. Zusätzlich steht zur Auflage großformatiger Archivalien ein Arbeitstisch zur Verfügung, der auch als Gruppenarbeitsplatz genutzt wird. Für den Lesesaalbesucher steht ein umfangreicher Handapparat, der auch biografische, enzyklopädische und fachliche Nachschlagewerke umfasst, zur sofortigen Information bereit. Recherchemöglichkeiten bieten der OPAC (Online Public Access Catalogue) der Bibliotheksdatenbank, für ältere Bestände der Autoren- und Sachkatalog sowie der Zugriff zum Datenpool der in die Objektdatenbank des Museums integrierten Archivdaten.

Ausblick

Durch den Einsatz von multimedialen Datenbanken und Retrievalsystemen und das Angebot neuer Technologien und Informationssysteme ist ein wichtiger Grundstein für die Öffnung und Anpassung an die Grundbedürfnisse der modernen Informationsgesellschaft gelegt worden. So wurden gleichzeitig auch Voraussetzungen dafür geschaffen, das vorhandene Potenzial der Sammlungen auszuschöpfen, sich aktiv am Informationsmarkt zu beteiligen und davon zu profitieren.

Steyr 50, um 1936. Prospekt

Neben dem Sammeln und Bewahren von technikgeschichtlichen Informationsquellen bildet aber weiterhin deren Auswertung und Zugänglichmachung eine der Kernaufgaben unserer archivarischen und bibliothekarischen Tätigkeiten. Ziel ist es, alle an technikgeschichtlichen Fragestellungen Interessierten durch fachliche und individuelle Betreuung optimal bei ihrer Informationssuche zu unterstützen.
FeM, StH

Kesselanlage. Fotografie

Museumspädagogik

Seiner Bestimmung nach ist das Technische Museum Wien als privatrechtliche Anstalt der Öffentlichkeit verpflichtet. Der aus der Museumsordnung abgeleitete Bildungsauftrag steht im Mittelpunkt des museumspädagogischen Bereichs. Zentrale Aufgabe des TMW ist es, die Angebote so zu gestalten, dass eine effiziente Verknüpfung der Interessen des Museums mit denen der Besucher gewährleistet ist. Unsere lehrplankompatiblen und zielgruppenorientierten Vermittlungsprogramme zeichnen sich durch animatorische, spielerische Verfahren aus, fördern die Interaktivität zwischen Besucher und Objekt und aktivieren die unterschiedlichsten Sinneswahrnehmungen. Das TMW verfügt über gesonderte Räume, in denen mit den Besuchern in Kleingruppen gearbeitet wird. Der personalintensive Einsatz gewährleistet, dass sich der Museumsbesucher über die unterschiedlichsten Vermittlungsmethoden einen eigenständigen Zugang zu den Inhalten und Objekten erarbeiten kann. Mit unseren Angeboten decken wir nicht nur den schulischen, sondern auch den Freizeitbereich für eine Vielzahl von Besuchergruppen ab. Allgemeine Führungen, Spezialführungen für die jüngsten Museumsbesucher, Workshops, Aktionen, Rätselrallyes und unser einzigartiges »Camp-In« – Übernachtungen im TMW – runden das Angebot ab. Darüber hinaus kann man auf Unterrichtsmaterialien zurückgreifen, die für die einzelnen Bereiche der Schausammlung erstellt wurden.

Spezielle Vermittlungsangebote für Senioren oder Behindertengruppen ergänzen die Aktivitäten des museumspädagogischen Bereichs. Über das ganze Jahr verteilt, findet der Besucher immer wieder attraktive Angebote zu bestimmten Anlässen, wie z. B. dem Nationalfeiertag, der Langen Nacht der Museen und Weihnachten.
HaB

Der Bus rumpelte laut über das nasse, unebene Kopfsteinpflaster, die Reifen quietschen jedesmal aufs Neue, wenn sie durch die Pfützen fuhren, spritzten das schmutzige Regenwasser gegen die Scheiben. Jonas Falk saß wie immer am Fenster, den Blick auf die grauen Häuserfassaden der Stadt gerichtet, während das kalte Licht der frühen Morgenstunden alles in einen matt schimmernden Schleier tauchte. Es war mal wieder einer dieser Momente am frühen Morgen, in dem die Welt um ihn herum so still und doch so lebendig schien, während er sich selbst immer mehr von dieser Welt entfernte. Der Regen prasselte unaufhörlich gegen die Scheibe, die Regentropfen traten ein Wettrennen gegeneinander an und Jonas starrte in die trübe Unendlichkeit der Berliner Straßen. Er war erst vor kurzem in die Großstadt gezogen. Die Hoffnung auf einen Neuanfang, einen neuen Job, aber vor allem der sehnliche Wunsch nach neuen sozialen Kontakten zogen ihn schlussendlich nach Berlin, obwohl er sich ein Leben in der Großstadt nie vorstellen konnte. Und jetzt, da er in Berlin lebte, fühlte er sich nur noch fremder und einsamer als je zuvor. Er fühlte sich oft, als würde er durch einen Raum aus purem Glas gehen. Eine Wand aus unzerbrechlichem Material, die ihn von allem und jedem trennte. Alles um ihn herum war eigentlich zum Greifen nah und doch auf irgendeine Art und Weise weit von ihm entfernt. Der Gedanke, dass er von jemandem in diesem Moment auch nur einfach wahrgenommen werden könnte, schien absurder als alles andere. Er fühlte sich unsichtbar. Wieso sollte es auch anders sein? Wie könnte jemand wie er – jemand, der nur eine flüchtige, gesichtslose Silhouette war – überhaupt jemandem auffallen? Niemand in diesem Bus beachtete ihn. Kein Blick, kein Lächeln, keine Geste. Jonas schaute sich um. Die anderen Fahrgäste schienen alle in ihren eigenen Gedanken vertieft zu sein, die Blicke in ihre Handys gesenkt oder den Kopf in den Nacken geneigt. Jonas' Finger verkrampften sich um die kalte Stange, die die obere Reihe der Sitze stützte. Er hatte jedesmal das Gefühl, dass er an diese Stange gekettet war, wenn er morgens den Weg zum Büro antrat. Das Gefühl, als sei er gekettet an das monotone Rumpeln des Busses, an die eintönige Bewegung der Welt um ihn herum, die sich nie veränderte, egal wie oft er versuchte, sie zu umgehen. Die Menschen hier in Berlin, die ganze Hektik der Stadt, das ständige Vorwärtsstreben – sie alle schienen von einem Ziel getrieben zu werden, aber niemand hielt je auch nur für einen Augenblick an, um sich auch nur ein einziges Mal umzusehen. Niemand hielt an, um sich zu fragen, warum er einfach nur hier war, inmitten dieser Masse, inmitten dieser riesigen Stadt. Keiner fragte sich was er überhaupt in seinem Leben anstrebte. Jeder lief nur blind durch die Gegend, ohne das wahrzunehmen, was um ihn herum geschah. Bei den Gedanken kroch ein kaltes Gefühl in Jonas' Magen. Er löste seine Hand von der Stange und starrte wieder aus dem Fenster. Vielleicht war es die Einsamkeit, die er in diesem Moment mal wieder so schmerzhaft spürte. Vielleicht war es die Erkenntnis, dass er sich immer und immer wieder, so oft er nur wollte, durch diese Straßen bewegen konnte, ohne dass irgendjemand ihn jemals bemerken würde. Der Bus war an diesem Morgen überraschend voll, und Jonas spürte, wie die Enge des Busses ihn unruhig machte. Menschen saßen dicht gedrängt, andere standen in den Gängen, ihre Taschen schlugen unschuldig gegen Sitze, während der Bus fuhr und sich langsam durch den morgendlichen Verkehr schob. Jonas zog seine Jacke enger um sich, wollte seiner Klaustrophobie entkommen und starrte hinaus, versuchte sich durch irgendetwas abzulenken, aber seine Gedanken schweiften immer wieder zurück. Die Stimmen um ihn herum, das Murmeln und das Lachen, wurden lauter, als eine Gruppe Jugendlicher einstieg und sich direkt in seiner Nähe niederließ. „Das hast du doch nicht wirklich gesagt, oder?" hörte er ein Mädchen rufen, bevor sie in schallendes Gelächter ausbrach. Jonas zuckte innerlich zusammen. Das Lachen klang schrill, fast höhnisch, und es löste in ihm eine längst vertraute Anspannung aus. Er versuchte, sich auf die vorbeiziehenden Straßen zu konzentrieren, doch das Gespräch hinter ihm zog seine Aufmerksamkeit auf sich. „Hey, schau dir mal den da an," sagte eine der Stimmen plötzlich, und Jonas spürte, wie ihm das Blut in den Adern gefror. Sein Magen zog sich zusammen, als er die neugierigen Blicke im Nacken spürte. „Ja, der da vorne, der sieht aus, als hätte er seit Tagen nicht geschlafen," sagte ein anderer Junge, und wieder brach ein Gelächter aus. Jonas' Hände krampften sich um den Riemen seines Rucksacks. Er wagte es nicht, sich umzudrehen. Vielleicht redeten sie ja über jemand anderen. Aber er wusste, dass das nicht stimmte. Dieses Gefühl, das Brennen, wenn man der Gegenstand des Spotts war – es war ihm nur allzu vertraut. „Ey, du! Hörst du uns nicht, oder was?" rief eine der Stimmen jetzt lauter, und Jonas wusste, dass er nicht länger ignorieren konnte, was da passierte. Langsam drehte er sich um, seine Augen vorsichtig auf den Boden gerichtet. Drei Jugendliche starrten ihn an. Der eine, der gesprochen hatte, grinste ihn herausfordernd an, während die anderen wie eine Kulisse wirkten, die sein Verhalten bekräftigte. „Warum guckst du so komisch? Hast du ein Problem?“ Der Junge machte eine provokante Geste, als würde er ihn herausfordern, etwas zu sagen. Jonas’ Lippen bewegten sich, doch kein Laut kam heraus. Seine Kehle fühlte sich wie zugeschnürt an. Er wusste, dass jedes Wort, das er sagen könnte, die Situation nur schlimmer machen würde. Also wandte er den Blick ab und drehte sich zurück zu seinem Fenster. „Guck mal, der ignoriert uns einfach. Der Typ ist ja noch merkwürdiger, als er aussieht,“ höhnte einer der anderen. Das Lachen prallte gegen Jonas wie ein kalter Windstoß. Er spürte, wie sich eine Mischung aus Scham und Wut in seiner Brust aufbaute, aber er wusste nicht, wohin mit diesen Gefühlen. Er hasste es, dass er sich nicht wehren konnte. Noch mehr hasste er es, dass er überhaupt in diese Situation geraten war. Er war erwachsen. Diese Jugendlichen hätten ihn nicht so anmachen dürfen, aber er ließ es einfach zu. Wieso konnte er sich nie wehren?! Jonas war sauer auf sich selbst, wusste nicht, wieso er so schwach war. Als der Bus an der nächsten Haltestelle hielt, griff Jonas nach seinem Rucksack und stand auf. Er hatte noch mehrere Stationen vor sich, aber er konnte es nicht länger ertragen, hier zu bleiben. Während er sich durch die engen Gänge zwängte, hörte er die Jugendlichen hinter sich tuscheln und leise lachen. Er wusste, dass es eigentlich keine große Sache gewesen war. Nur ein paar Jugendliche, die Langeweile hatten. Aber für Jonas war es mehr. Es war eine weitere Erinnerung daran, dass er immer das Ziel war. Immer derjenige, der zu schwach war, um sich zu wehren. Der Bus hielt an, öffnete quietschend seine Türen und Jonas stieg hinaus in den kalten, nassen Novembermorgen. Er atmete tief ein, den Geruch von nassem Asphalt und kaltem Regen in den Lungen. Der Bus fuhr an und plötzlich tat sich vor ihm das Panorama der Stadt auf, eine graue, aber sich ständig wandelnde Mauer aus Stahl und Beton. Jonas schloss kurz die Augen. Er versuchte, all seine Gedanken für einen kleinen Moment zu vertreiben, doch es war, als würden die Geister der vergangenen Jahre immer wieder an die Oberfläche steigen und ihn in die Enge treiben. Seine Kindheit war ein Schleier aus negativen Erinnerungen, die wie rostige Ketten an ihm zogen. Es gab diese Zeit, als er noch ein kleiner Junge war, in denen er versuchte, sich in den Augen seiner Eltern zu beweisen – ein verzweifelter Versuch, ihre Zuneigung zu gewinnen, die er nie bekommen sollte. „Warum bist du so ein verschlossener Typ? Warum redest du nicht mehr?“Die Worte seines Vaters hallten in seinem Kopf wieder, als er in der Ecke seines Kinderzimmers gesessen hatte, die Beine an den Körper gezogen, um sich vor den Ausbrüchen seines Vaters zu schützen. Der

Mann hatte nie das Gefühl gehabt, dass Jonas etwas Wert war. Weder als Sohn noch als Mensch. Jonas erinnerte sich an die wütenden, enttäuschten Blicke seines Vaters, wenn er mal einen Fehler gemacht hatte. Es war nicht das Schlagen oder das laute Schreien, das ihn am meisten verletzt hatte. Es war das Gefühl, dass er nie gut genug war. Egal wie sehr er sich bemühte, es reichte nie. Der Blick seines Vaters, als dieser ihm sagte, dass er „nichts taugen würde", war ein Schmerz, den Jonas niemals abschütteln konnte. Ein Satz, der ihm immer wieder ins Gedächtnis trat. Er konnte förmlich die Stimme seines Vaters hören, die ihn auslachte. Und dann die ständige Ablehnung in der Schule – die Blicke der anderen Kinder, die ihn wie einen Außenseiter behandelten, als wäre er überhaupt nicht da. Keine Einladung zu Geburtstagsfeiern, keine Gespräche auf dem Pausenhof, nur die ständige Wiederholung eines einzigen Satzes, der wie ein unsichtbarer Stempel in seiner Brust brannte: „Du bist nicht willkommen. "Du gehörst nicht dazu." Jonas stand noch unverändert an der Haltestelle, die Gedanken aus seiner Kindheit rückblickend. Der nächste Bus kam an der nächsten Haltestelle zum Stehen. Jonas blickte auf, als die Türen sich mit einem leisen Zischen öffneten. Einige Passanten stiegen aus, andere stiegen ein. Jonas blieb stehen, er wollte nicht ins Büro gehen, er wollte nicht einen weiteren Tag von seinen Kollegen gedemütigt werden. So blieb er also noch einen weiteren Moment stehen und zog sich noch weiter in sich selbst zurück, wie immer, wenn er sich unter fremde Menschen begab. Die Welt draußen war laut und hektisch. Die Welt drinnen war still und erdrückend. In diesem Moment durchfuhr ihn plötzlich ein seltsames Gefühl. Etwas, das wie eine Berührung an seiner Haut lag und ihm eine Gänsehaut verpasste, gleichzeitig aber war es so unsichtbar wie der Wind. Ein Gefühl, das so vage war, dass es fast beängstigend war. Ein Blick. Ein Blick, den er spürte, aber nicht sehen konnte. Jonas' Herz setzte einen Schlag aus. Hatte er sich das eingebildet? Er drehte sich ruckartig um, doch da war niemand. Nur die üblichen Gesichter der Passanten, die ihre eigenen Gedanken hatten und in ihren eigenen Welten versunken waren. Niemand sah zu ihm. Niemand hatte ihn berührt. Doch das Gefühl ließ ihn nicht mehr los, es blieb. Ein Kloß bildete sich in seinem Hals, als er sich langsam wieder nach vorne drehte. Warum hatte er auf einmal das Gefühl, beobachtet zu werden? War es nur seine eigene Einsamkeit, die ihm diese falschen Eindrücke schenkte? Oder war da doch was gewesen? Es fühlte sich an wie ein Schatten im Augenwinkel, den er nicht ganz zu fassen bekam. Jonas'

Finger zitterten leicht, als er sich die Jacke zurecht rückte und versuchte, seinen Nacken wieder etwas zu entspannen. Vielleicht war es einfach nur die Monotonie des Lebens, die seine Sinne trübten. Vielleicht war es die ständige Rückkehr zu einem Ort, der nichts zu ihm sagte, der aber gleichzeitig alles von ihm verlangte. Er blickte in den Himmel. Die grauen Wolken schienen sich in der Ferne zu verdichten, und der Regen hatte begonnen, stärker zu werden. Ein weiterer Tag in dieser Stadt, ein weiterer Tag, an dem er sich so leer fühlte. Und doch... Etwas war anders. Etwas, das er nicht einordnen konnte. Als schließlich der nächste Bus direkt vor ihm hielt, begann Jonas zu spüren, dass sich etwas in ihm regte. Eine gewisse Unruhe. Eine zunehmende Angst, die er lange verdrängt hatte. Was, wenn dieses Gefühl – dieses Beobachtet werden – mehr war als nur eine eingebildete Erscheinung? Er fühlte sich wie ein Tier in einer Falle, dass die Gefahr erst viel zu spät wahrnahm und dadurch von seinem Jäger gefangen wurde. Die Frage, die immer wieder in seinem Kopf auftauchte, wurde zu einer Dunkelheit, die nicht mehr zu vertreiben war: „Was, wenn jemand hinter mir her ist?". Doch die Frage verflog schnell wieder, als er sich langsam in Bewegung setzte. Er hatte die Strecke von seiner Wohnung bis zum Büro schon so oft zurückgelegt, dass sie sich wie ein Teil seiner selbst fühlte – mechanisch und vorhersehbar. Das Hochhaus, in dem Jonas arbeitete, ragte wie ein grauer Monolith in den Berliner Himmel. Es war ein unpersönlicher Ort, der irgendwie perfekt zu seinem Leben passte. Als er die alte Eingangstüre durchquerte und den Fahrstuhl betrat, war er wie immer allein – selbst, wenn der kleine Fahrstuhl mit Kollegen gefüllt war, er wurde nie beachtet. Im Büro war es still, abgesehen vom leisen Klicken der Tastaturen und dem Summen der Heizungen. Jonas setzte sich an seinen Schreibtisch, einen Platz in einer langen Reihe von identischen Arbeitsplätzen. Hier, in der Welt der Tabellen und E-Mails, war er kaum mehr als ein Zahnrad in einer Maschine, die unaufhörlich lief. Er zog seinen Stuhl heran, schaltete den Computer ein und öffnete eine Excel-Tabelle, die ihn bereits am Tag zuvor angestarrt hatte. Seine Aufgabe war es, Daten zu analysieren und Fehler zu korrigieren – eine Arbeit, die ihn weder forderte noch erfüllte. Doch das war genau das, was Jonas wollte. Es war sicher, es war einfach, und es erlaubte ihm, sich zu verstecken. Während er die Zahlen durchging, spürte er jedoch, wie sich sein Geist langsam von der Realität löste. Die Tastatur unter seinen Fingern wurde schwer, die Zahlen auf dem Bildschirm verschwammen, und die Geräusche des Büros verblassten in den Hintergrund. Wie ein unsichtbarer Sog zogen ihn seine Gedanken zurück in eine Welt, die er zu meiden versuchte – zurück in die Erinnerungen an eine Kindheit, die ihn sowohl geformt, als auch zerstört hatte. Seine Gedanken begannen immer wieder mit einem einzigen Satz. Ein Satz, den sein Vater ihm einst gesagt hatte: „Du bist einfach nicht stark genug.“ Dieser Satz war ein Schalter, der seine Gedanken öffnete wie eine Tür zu einem Raum voller Erinnerungen. Ein Raum, den er am liebsten für immer verschlossen gehalten hätte. Doch jetzt war er da, und Jonas konnte nichts dagegen tun.

*

Die schmerzhaftesten Narben, die Jonas Falk mit sich trug, waren nicht sichtbar. Sie lagen tief in seiner Seele begraben, in Form von Erinnerungen, die immer wieder auftauchten, wie Schatten, die ihn selbst im hellsten Licht einholten. Seine Kindheit war ein Mosaik aus scharfen Splittern, zusammengesetzt aus Ablehnung, Spott und Einsamkeit. Es war diese Last der Vergangenheit, die ihn zu dem Menschen gemacht hatte, der er heute war: ein scheuer, unsicherer junger Mann, der sein Herz hinter einer dicken Mauer versteckte – aus Angst, wieder verletzt zu werden. Jonas wuchs in einer kleinen Mietwohnung am Stadtrand von Duisburg auf. Es war eine dieser Wohnungen, in denen die Tapeten zu blättern begannen und die Heizungen oft klagende Geräusche von sich gaben, als ob auch sie mit der Last des Alltags kämpften. Sein Vater, ein schweigsamer Mann mit kantigem Gesicht und rauen Händen, hatte selten etwas für seinen Sohn übrig. Seine wenigen Worte waren kalt und scharf, wie der Winterwind, der durch die undichten Fenster zog. Seine Mutter war kaum mehr als eine Schattenfigur, immer mit dem Haushalt beschäftigt, immer zu erschöpft, um Jonas zuzuhören, wenn er versuchte, ihr von seinen Träumen und Ängsten zu erzählen. Wenn sie sprach, war ihre Stimme oft gereizt, als würde Jonas’ bloße Existenz sie belasten. Es war, als wäre er ein störender Ton in der ohnehin schon chaotischen Melodie ihres Lebens. „Jonas, hör auf zu heulen. Jungen in deinem Alter weinen nicht,“ hatte sein Vater einmal gesagt, als Jonas nach einem besonders schlechten Tag in der Schule nach Hause gekommen war. Er hatte sich das

Knie aufgeschlagen, als er vor einer Gruppe von Jungen davonlief, die ihn auf dem Pausenhof gejagt hatten. Das Blut war an seinem Bein heruntergelaufen, doch was wirklich schmerzte, war die Demütigung. Er hatte gehofft, dass seine Eltern ihn in den Arm nehmen und ihm sagen würden, dass alles gut werden würde. Stattdessen hatte sein Vater ihn angestarrt, als hätte er ihn enttäuscht, und seine Mutter hatte sich in die Küche zurückgezogen, um das Geschirr zu spülen. In dieser Wohnung war Stille das lauteste Geräusch. Gespräche waren selten, und wenn sie stattfanden, dann waren sie kurz und nüchtern. Jonas hatte gelernt, leise zu sein, unsichtbar zu werden, um nicht noch mehr Zorn oder Ablehnung auf sich zu ziehen. Doch die Stille, die er sich auferlegte, hatte auch ihren Preis. Mit jedem Tag wuchs das Gefühl, dass er nicht genug war – nicht gut genug, nicht stark genug, nicht liebenswert genug. Die Schule, die für andere Kinder ein Ort des Lernens und der Freundschaften war, wurde für Jonas zu einem puren Albtraum. Schon in der ersten Klasse war er das Kind gewesen, das nie zum Geburtstag eingeladen wurde. Die anderen Kinder hatten ihre kleinen Grüppchen gebildet, und Jonas war stets derjenige, der übrig blieb, wenn die Teams für Völkerball ausgewählt wurden. „Willst du Jonas nehmen? Nein? "Na gut, dann nehme ich ihn halt, aber nur, weil ich muss," hatte einer der Jungen einmal gesagt, während die anderen gelacht hatten. Jonas hatte sich in diesem Moment gewünscht, dass der Boden unter ihm aufbricht und ihn verschlingt. Doch der Boden blieb fest, und er musste den Rest des Spiels mit dem Gefühl durchstehen, dass er nicht willkommen war. Als die Jahre vergingen, wurde das Mobbing direkter. Es waren nicht mehr nur Worte, die ihn verletzten, sondern auch Taten. Einmal hatten sie seinen Rucksack in den Müll geworfen, während er auf der Toilette war. Ein anderes Mal hatten sie sein Pausenbrot genommen und es vor seinen Augen zertreten. Die Lehrer hatten nichts bemerkt, und wenn Jonas versuchte, es jemandem zu sagen, zuckten sie nur mit den Schultern. „Jungs in deinem Alter sind halt so. Das ist doch nicht so schlimm," hatte eine Lehrerin gesagt, als Jonas endlich den Mut aufgebracht hatte, ihr von den Hänseleien zu erzählen. Ihre Gleichgültigkeit war wie ein Stich ins Herz gewesen, und von da an hatte er beschlossen, niemandem mehr etwas zu sagen. Es brachte sowieso nichts. Die Abende nach solchen Tagen verbrachte er in seinem Zimmer, die Beine an die Brust gezogen, die Tränen in den Augen. Er hatte gelernt, leise zu weinen, damit seine Eltern es nicht hörten. Manchmal flüsterte er leise zu sich selbst, als würde er versuchen, sich zu trösten: „Es wird besser, es wird besser." Doch in seinem Inneren wusste er, dass das eine Lüge war. Ein Ereignis hatte sich besonders tief in Jonas' Erinnerung eingebrannt: Sein siebter Geburtstag. Er hatte seine Eltern angefleht, ihm eine Party zu erlauben, in der Hoffnung, dass das die anderen Kinder dazu bringen würde, ihn zu mögen. Seine Mutter hatte schließlich nachgegeben, und Jonas hatte mit leuchtenden Augen Einladungen geschrieben, sie liebevoll mit Stickern verziert und in der Schule verteilt. Doch der Tag der Party kam, und niemand erschien. Jonas hatte stundenlang am Fenster gesessen, die Augen auf die Straße gerichtet, in der Hoffnung, dass doch noch jemand auftauchen würde. Aber die Straße blieb leer, und die Stille im Haus war erdrückend. „Sie hatten sicher alle etwas Besseres zu tun," sagte seine Mutter, während sie die Torte, die sie gebacken hatte, in den Kühlschrank stellte. Ihr Tonfall war kühl, als wäre es Jonas' Schuld, dass niemand gekommen war. Sein Vater hatte nicht einmal etwas Negatives hervorgebracht. In dieser Nacht hatte Jonas zum ersten Mal das Gefühl, dass er wirklich unsichtbar war – als wäre er ein Geist, der durch die Welt wanderte, ohne jemals wirklich gesehen zu werden. Als Jonas älter wurde, lernte er, seine Gefühle zu verbergen. Er trug eine Maske der Gleichgültigkeit, die ihn vor den Blicken der anderen schützen sollte. Doch diese Maske war schwer, und je länger er sie trug, desto mehr fühlte er, wie sie ihn erdrückte. In der Oberstufe hatte er aufgehört, sich zu bemühen, Freunde zu finden. Er hatte akzeptiert, dass er allein war, und begann, seine Zeit mit Büchern und Videospielen zu verbringen. In diesen fiktiven Welten konnte er der Held sein, der er in der Realität nie sein würde. Doch selbst diese Fluchten hatten ihre Grenzen. Jonas saß jetzt wieder im Büro und blickte aus dem Fenster. Der Regen prasselte gegen die Scheibe, und die Lichter der Stadt schimmerten wie verschwommene Sterne. Die Erinnerungen an seine Kindheit kamen stärker zurück als je zuvor. Er spürte die Last der Vergangenheit wie ein Gewicht auf seiner Brust, das ihn daran hinderte, frei zu atmen. Er wusste, dass diese Narben nie heilen würden. Aber was er nicht wusste, war, dass die Schatten seiner Vergangenheit bald Gesellschaft bekommen würden – von etwas Dunklem, etwas, das ihn endgültig verändern würde.

*

Die Tür des Bürogebäudes schloss sich mit einem lauten Knall hinter Jonas, und er blieb kurz auf den riesigen Stufen stehen, um in die mittlerweile angebrochene Nacht zu blicken. Es war eine relativ kalte Nacht, und ein eisiger Wind zog durch die Straßen, riss an den letzten braunen Blättern, die noch an den Bäumen hingen. Jonas zog seine Jacke enger um die Schultern. Endlich Feierabend, endlich raus aus diesem stickigen Bürogebäude. Er hatte, wie so oft, keine Eile, nach Hause zu gehen. Denn nur seine kleine, kahle Wohnung wartete auf ihn –mit ihrer klammen Kälte und der Stille, die manchmal lauter war als jede Menschenmenge. Jonas hasste die Einsamkeit, aber noch mehr hasste er, was sie aus ihm machte. Er trat auf die Straße, vorbei an anderen Büroangestellten, die eilig zu den letzten U-Bahnen oder Bussen strömten. Niemand nahm Notiz von ihm. Inmitten der Menge war er unsichtbar, ein Schatten, der keinen Abdruck hinterließ. Es war doch irgendwie ein vertrautes Gefühl, das ihn fast schon beruhigte, wenn es ihn gleichermaßen auch zerriss. Jonas entschied, zu Fuß zu gehen, obwohl der Weg nach Hause ziemlich weit war. Er wollte sich nicht in einen überfüllten Bus quetschen, wo er von den Gesprächen und Lachen der anderen umgeben wäre, die ihn an das erinnerten, was er nicht hatte. Nein, heute würde er sich das nicht antun. Also bog er in eine etwas kleinere, dunklere Seitenstraße ein, wo der Verkehr nachließ und die Stadt stiller wurde. Die Straßenlaternen warfen lange, verzerrte Schatten auf den Asphalt, und Jonas hörte nur das rhythmische Klacken seiner Schuhe. In der Ferne ertönte die aufgeregte Stimme eines Sportmoderators aus einem Fernseher, der durch ein offenes Fenster drang. Es war ein leises Geräusch, aber es fühlte sich an, als würde es den ganzen Raum um ihn füllen. Er blieb stehen, lauschte dem Fernseher, stand regelrecht unter dem Fenster. Und hätte das Ehepaar an diesem Abend aus dem Fenster gesehen, hätte sie Jonas sicherlich für einen Stalker gehalten. Ziemlich oft blieb er im Dunklen an Fenstern stehen, betrachtete das glückliche Zusammenleben. Er stellte sich dann das pure Leben vor. Wie die Bewohner der Häuser lachten, weinten, stritten und sich liebten. Aber aus diesem Gedanken wurde er schnell gerissen. Er hörte Schritte hinter sich. Langsam, gleichmäßig, aber eindeutig auf ihn gerichtet. Er drehte sich um, doch die Straße hinter ihm war leer. Ein kalter Schauer lief ihm über den Rücken, und er spürte, wie seine Kehle trocken wurde. Eine leichte Panik stieg in ihm auf. Wie eine wachsame Katze stand er da, verkrampft und stocksteif. War da jemand? Oder spielte ihm sein Verstand wieder einmal Streich? Das war in letzter Zeit öfters vorgekommen. Jonas wusste, dass er dazu neigte, Dinge zu überdenken, aber diese Schritte hatten sich so real angehört. Doch er konnte nichts erkennen, wollte sich den Gedanken auch nicht unnötig weiter hingegeben. Er drehte sich wieder um, beschleunigte seine Schritte, versuchte das Gefühl abzuschütteln, wollte die Seitenstraße so schnell wie möglich wieder verlassen. Doch die Schatten der Gebäude wirkten plötzlich viel länger, als würden sie nach ihm greifen. Er konnte sich nicht erinnern, dass diese Straße je so dunkel gewesen war. Jonas ballte die Hände in den Taschen zu Fäusten und zwang sich, weiterzugehen. Alles kam ihm an diesem Spaziergang irgendwie verzerrt vor. Unrealistischer als sonst. Als wäre er in einem verzogenen Traum gefangen. Als er schließlich eine belebtere Straße erreichte, atmete er wieder erleichtert auf. Menschen gingen an ihm vorbei – eine Gruppe Jugendlicher, die laut redeten, ein Mann mit einem Hund, der kurz an Jonas schnupperte, bevor er weiterzog. Er fühlte sich wieder ein wenig sicherer, auch wenn die Unruhe in seinem Inneren blieb. Jonas blieb vor einem kleinen Kiosk stehen, dessen gelbes Licht ihm irgendwie tröstlich erschien. Er trat ein und betrachtete die Regale voller Getränke, Snacks und Zeitungen. Der Verkäufer, ein älterer Mann mit grauem Bart, blätterte in einer alten, schon auseinander fallenden Zeitschrift und schenkte Jonas kaum Beachtung. „Ein Wasser, bitte", sagte Jonas schließlich und legte die Münzen auf den Tresen. „Hier", murmelte der Verkäufer und schob ihm die Flasche über den Tresen, ohne ihn anzusehen. Jonas trat mit der Flasche nach draußen und lehnte sich gegen die Wand des Kiosks. Er öffnete die Flasche und nahm einen tiefen Schluck, während er die Menschen beobachtete, die an ihm vorbeigingen. Es war schon echt ein seltsames Gefühl – so nah bei anderen Menschen zu sein und sich doch völlig von ihnen getrennt zu fühlen. „Ist hier noch frei?" fragte plötzlich eine Frauenstimme. Jonas zuckte zusammen und sah sich um. Eine junge Frau stand vor der kleinen Bank neben dem Kiosk. Sie trug eine dicke Wollmütze, und ihr Gesicht war schmal und blass, fast als wäre sie Teil der kalten Nacht selbst. „Äh, ja, klar", stammelte Jonas und machte einen Schritt zur Seite, obwohl er gar nicht auf der Bank gesessen hatte. Die Frau setzte sich und zündete eine Zigarette an. Der Rauch kräuselte sich vor ihrem Gesicht, und Jonas bemerkte, dass ihre Hände zitterten, als sie das Feuerzeug wegsteckte. „Langer Tag?" fragte sie, ohne ihn anzusehen. Jonas war überrascht. Es war selten, dass jemand mit ihm sprach. „Ja, könnte man sagen." „Ich auch", sagte sie und ließ den Rauch langsam aus ihrem Mund entweichen. „Berlin kann manchmal ziemlich erdrückend sein, findest du nicht?" Jonas nickte, obwohl er sich nicht sicher war, ob sie wirklich eine Antwort erwartete. „Ja, schon." Sie sah ihn jetzt an, ihre Augen waren scharf und voller Neugierde. „Du bist nicht von hier, oder?" „Doch, eigentlich schon." Jonas zuckte mit den Schultern. „Ich wohne hier seit... "Naja, circa einem Jahr." Die Frau zog eine Augenbraue hoch. „Komisch. "Du wirkst wie jemand, der nicht dazugehört." Die Worte trafen ihn wie ein Schlag. Er wusste nicht, ob sie es böse meinte, aber sie hatte recht. Er fühlte sich tatsächlich wie ein Fremder in dieser Stadt, in der es vor Menschen eigentlich ja nur so wimmelte. „Vielleicht hast du recht", murmelte er schließlich. Die Frau lächelte leicht, fast entschuldigend. „Nimm's nicht persönlich. Ich meine das nicht negativ. Ich mag Leute, die nicht dazugehören. Die sind... "Interessanter." Sie stand auf und schnippte ihre Zigarette in den Mülleimer. „Pass auf dich auf." Und mit diesen Worten war sie verschwunden. Jonas blieb zurück, mit der leeren Wasserflasche in der Hand und einem Gefühl, das er nicht genau benennen konnte. Jonas setzte seinen Weg fort, doch die Nacht schien nur noch dunkler geworden zu sein. Die Straßenlaternen flimmerten, und der Wind hatte zugenommen. Er zog die Jacke wieder enger um sich und versuchte, das Gefühl von Unbehagen abzuschütteln, das seit der Begegnung mit der Frau an ihm nagte. Er verstand sich selbst nicht. Diese Begegnung, auch wenn sie nur so klein war, war genau das, was er sich wünschte, wonach seine Seele quasi rief. Aber diese Situation machte ihn verwirrenderweise total unsicher. Als er in eine weitere Seitenstraße einbog, sah er einen Schatten am Ende der Straße stehen. Groß, viel zu groß für einen gewöhnlichen Mann, mit überlangen Armen, die proportional überhaupt nicht passten und einem Körper, der sich im Wind zu wiegen schien, als wäre er aus einem einfachen Stoff genäht. Jonas blieb abrupt stehen, sein Atem stockte. Die Angst, die er zuvor in der Seitenstraße gefühlt hatte, kam zurück. Er atmete so laut, dass er außer seinem Herz und seinem Atem nichts mehr hören konnte. Der Schatten war still, bewegungslos, und dennoch wirkte er eigenartig lebendig – zu lebendig, um bloß ein Schatten zu sein. Und als würde sein Kopf ihm einen zu bösen Streich spielen wollen, drangen in diesem Moment wieder die Stimmen in seinen Verstand, riefen leise seinen Namen und versetzten ihm, zusammen mit einem Tinnitus-Anfall, unfassbare Kopfschmerzen. Seitdem er ein kleiner Junge war, hörte er regelmäßig Stimmen, die seinen Namen riefen oder ihn auch mal verspotteten. Sie kamen und gingen, wann sie wollten. Er hatte irgendwann gelernt, mit ihnen zu leben, denn vertreiben konnte er sie nicht. Er schloss kurz die Augen, rieb sich über die Schläfen. Er öffnete die Augen und der Schatten war wieder verschwunden. Spurlos. Jonas fing an zu zittern. Sein Verstand sagte ihm, dass es nichts war, nur ein Spiel von Licht und Wind. Doch tief in seinem Inneren wusste er, dass etwas nicht stimmte. Etwas hatte begonnen, und er konnte es nicht mehr aufhalten.

*

Die Kälte der Berliner Nacht fraß sich durch Jonas' Jacke, als er die letzte Seitenstraße zu seiner Wohnung hinablief. Schlagartig wollte er zurück in seine Wohnung. Der Wind war um einiges stärker und kälter geworden, als hätte er sich mit der Dunkelheit verbündet, um die Straßen noch unheimlicher wirken zu lassen. Jonas zog den Kragen seiner Jacke hoch und steckte die Hände tief in die Taschen. Er fror, zitterte am ganzen Körper. Das flaue Gefühl der Angst war noch immer spürbar. Der restliche Weg zu seiner Wohnung war ihm vertraut, eine Strecke, die er jeden Abend ging. Doch jetzt spürte er etwas. Es war eine unbestimmte Präsenz in der Luft, schwer und drückend, die ihn irgendwie beunruhigte. Es fühlte sich an wie eine schwüle Sommerluft, kurz bevor es zu regnen anfängt. Aber dafür passte die Jahreszeit überhaupt nicht. Die Laternen auf diesem Abschnitt flimmerten, als ob sie kurz davor wären, ganz auszugehen. „Bitte bleibt bloß an", dachte er sich. Die Schatten der Bäume an den Rändern des Gehwegs wirkten lebendig, zitternd und bewegten sich, obwohl der Wind nicht stark genug war, um so intensiv ihre Äste zu schütteln. Er war sich so unsicher über seine eigenen Empfindungen, dass er nicht mehr wusste, was wirklich da war, oder was er sich bloß einbildete. Jonas war müde. Der Tag im Büro war zäh gewesen, die Begegnungen auf der Straße hatten seine Nerven strapaziert, und die Einsamkeit, die ihn zu Hause erwartete, lastete schwer auf ihm. Doch jetzt, als er durch diese schmale Straße ging, war es nicht mehr nur die Einsamkeit, die ihn bedrückte. Es war etwas anderes – etwas Fremdes. Ein Geräusch ließ ihn innehalten. Es war so leise, dass er zunächst dachte, es sei der Wind. Doch er hörte es wieder – ein Flüstern, kaum wahrnehmbar, aber eindeutig. Jonas drehte sich um, versuchte in der Dunkelheit irgendetwas zu erkennen. Doch die Straße hinter ihm war leer. „Hallo?“ Seine eigene Stimme klang schwach und hohl in der Dunkelheit. Niemand antwortete. Er musste ein bisschen über sich selbst lachen. Was hatte er auch anderes erwartet? Das jemand rief: „Ja hallo, sorry für mein lautes Atmen, ich wollte dir keine Angst einjagen“. Er ging weiter, versuchte, das Flüstern zu ignorieren, doch es schien ihm zu folgen, wie ein Schatten, der an ihm klebte. Die Worte waren unverständlich, kaum mehr als ein Wispern, das sich an den Rändern seines Bewusstseins festsetzte. Es war nicht das erste Mal, dass Jonas das Gefühl hatte, Dinge zu hören, die nicht da waren. Doch diesmal war es anders. Es war... realer. Jonas blieb nochmal stehen und lauschte. Das Flüstern verstummte, als hätte es gemerkt, dass er aufmerksam wurde. Doch die Stille war noch schlimmer. Sie drückte auf seine Ohren, ließ ihn jeden Atemzug wie ein Echo in seinem Kopf hören. Lies seinen Herzschlag wie ein lauter Bass durch seinen Körper gehen. Plötzlich hörte er wieder Schritte hinter sich. Langsam, schwer, wie von jemandem, der jede Bewegung genoss. Jonas' Herzschlag beschleunigte sich. Er drehte sich erneut um, doch wieder war niemand da. „Wer ist da?“ rief er, diesmal lauter, die Worte von einer Mischung aus Angst und Wut getragen. Keine Antwort. Nur die flimmernden Straßenlaternen und der Wind, der ihm ins Gesicht peitschte. „Das ist ja wie in einem schlechten Horrorfilm“. Jonas lächelte kurz auf. Das Lächeln verschwand, aber relativ schnell wieder, als der nächste Windzug im Über den Rücken streifte und eine Gänsehaut hinterließ. Als Jonas seinen Weg fortsetzen wollte, bemerkte er etwas aus den Augenwinkeln. Ein Schatten, der sich schneller bewegte, als es ein Mensch jemals könnte. Er riss den Kopf herum, doch da war nichts. „Dass... "Das bilde ich mir doch nur ein“, murmelte er zu sich selbst, als wolle er die Realität beruhigen. Doch sein ganzer Körper war angespannt, seine Sinne schärfer als je zuvor. Dann spürte er es – eine Präsenz, dicht hinter ihm. Es war nicht wie die Schritte oder das Flüstern zuvor. Dies war etwas Greifbares, etwas, das die Luft um ihn herum verdunkelte. Langsam drehte er sich um, und sein Blick traf auf etwas, das er nie hätte beschreiben können.

*

Da stand es. Nur ein wenige Meter entfernt von ihm. Das etwas war riesig, seine überlangen Gliedmaßen bewegten sich unnatürlich, fast wie eine Marionette. Die Augen – riesig und leuchtend – bohrten sich in ihn, als würden sie bis in die tiefsten Winkel seiner Seele blicken. Sein Körper war schwarz wie die Nacht, mit einer Textur, die gleichzeitig glatt und schuppig wirkte. Lange Finger, die eher Klauen glichen, bewegten sich langsam, als würden sie die Luft um Jonas greifen. Er wollte schreien, doch seine Kehle war wie zugeschnürt. Das Wesen sprach nicht, bewegte sich nicht auf ihn zu. Doch sein bloßer Anblick lähmte Jonas. Das Flüstern begann erneut, diesmal lauter, klarer. Es kam nicht mehr von überall – es kam von dem Wesen. Jonas konnte die Worte nicht verstehen, doch sie hatten eine Melodie, die ihn seltsam beruhigte, fast wie eine Hypnose. Und so stand er einfach da, blickte dem Wesen direkt in die Augen. Er hatte Angst, panische Angst. Und doch spürte er dieses andere Gefühl, dieses Gefühl, was ihm sagte „bleib doch noch kurz stehen". Es war die Faszination, die da zu ihm sprach. „Du bist einsam, nicht wahr?" Die Stimme des Wesens war tief, aber nicht bedrohlich. Sie klang wie ein Echo, das von den Wänden seiner eigenen Gedanken widerhallte. Es klang, als wäre er in den tiefsten Träumen seines Geistes. Die Worte klangen stumpf, doch gleichzeitig verlockend. Jonas' Herz raste, doch er nickte, fast ohne es zu merken. Erst danach fuhr er zurück, sein Atem stockte, und er stolperte rückwärts, während ihm ein Schauer über den Rücken lief – das konnte nicht real sein. „Sie alle haben dich verlassen", fuhr die Stimme fort. „Sie haben dich ignoriert, dich verletzt." Jonas wollte widersprechen, doch die Worte des Wesens trafen einen wunden Punkt. Eine einsame Träne rollte hinunter zu seiner Wange. Ein Windstoß ließ sie schließlich herabfallen. Die Worte, alles was das Wesen zu ihm sprach, waren wahr. Seine Mutter hatte ihn nie wirklich geliebt. Die Menschen in der Schule hatten ihn nur ausgelacht. Die Kollegen im Büro sahen durch ihn hindurch, als wäre er Luft oder schikanierten ihn. Für einen kurzen Moment blickte er auf den Asphalt, spürte, wie eine weitere Träne sich seiner Wange näherte. „Ich verstehe dich", sagte das Wesen, und seine Stimme war jetzt fast sanft. „Ich sehe dich. "Ich kann dir helfen." Jonas machte einen Schritt zurück. Der kalte Wind, den er in diesem Augenblick wieder wahrnahm, hinterließ ihm eine Gänsehaut. „Was... "Was bist du?" brachte er schließlich hervor.

Das Wesen lachte, ein kehliges, unnatürliches Geräusch, das Jonas' Magen zusammenkrampfen ließ. „Ich bin, was du brauchst", sagte es schließlich. „Ein Freund. Ein Verbündeter. "Jemand, der dich niemals verraten wird."Jonas schüttelte den Kopf. Eine Mischung aus Wut und Trauer machte sich in seinem Körper breit. „Nein... das kann nicht echt sein. "Du bist nicht echt." Jonas schloss die Augen, rieb sich kräftig die Schläfen, wollte, dass diese Einbildung verschwand. Aber egal was er versuchte, die Gestalt blieb an genau derselben Stelle stehen. Das Wesen trat sogar noch einen Schritt näher, und Jonas konnte jetzt die Details seines Gesichts erkennen – oder besser gesagt, das Fehlen eines Gesichts. Es war glatt, ohne Mund oder Nase, nur die riesigen Augen starrten ihn an. „Ich bin so echt wie deine Einsamkeit, Jonas und ich bin hier, um dich zu befreien." „Befreien?" Jonas' Stimme war kaum mehr als ein Flüstern. Jonas wollte am liebsten einfach schweißgebadet in seinem Bett wach werden, wollte erkennen, dass all das nur ein Traum war. Und auch wenn er hätte rennen wollen, wenn er diese Gestalt hinter sich lassen wollte, konnte er sich keinen Millimeter bewegen. Das Wesen begann leicht zu nicken. „Von all dem Schmerz. Von all der Ablehnung. "Ich kann dir die Kraft geben, die du brauchst, um das alles hinter dir zu lassen." Dieses Wesen sprach für ihn so unerklärlich ruhig und sanft. Diese Stimme passte nicht zu der Gestalt, die da vor ihm stand. Jonas' Verstand kämpfte gegen die Worte, doch tief in seinem Inneren spürte er etwas, das wie eine Erleichterung klang. War es möglich, dass dieses... Ding ihm wirklich helfen konnte? Oder war es nur eine weitere Illusion, eine Falle seines eigenen Verstands? „Ich will nichts Böses", sagte das Wesen, als hätte es seine Gedanken gelesen. „Ich will nur, dass du endlich bekommst, was du verdienst." Die Worte hallten durch Jonas' Kopf und er wusste, dass er die Wahl hatte. Doch bevor er eine Entscheidung treffen konnte, verschwand das Wesen – so plötzlich, wie es erschienen war. Jonas stand allein in der dunklen Straße, das Flüstern noch immer in seinen Ohren, wie ein Nachhall. War es real gewesen? Oder hatte er den Verstand verloren? Egal, was es war – Jonas wusste, dass sein Leben nie wieder dasselbe sein würde. Er stand weiterhin regungslos auf der Straße, unfähig, die Dunkelheit vor sich zu durchbrechen. Sein Blick wanderte über die Schatten, die das Wesen hinterlassen hatte, obwohl es verschwunden war. Es war, als ob die Luft selbst verändert worden war. Der Wind, der ihn zuvor noch umklammert hatte, war plötzlich verstummt, und eine seltsame Stille hatte sich ausgebreitet. Doch in dieser Stille lag auch etwas Neues. Jonas spürte ein seltsames Ziehen in seiner Brust, als hätte das Wesen etwas in ihm zurückgelassen. Es war kein Schmerz, eher eine Unruhe, ein Pochen, dass ihm das Gefühl gab, dass etwas Unerwartetes auf ihn wartete. Die Laternen flackerten erneut, und diesmal war es, als hätten sie eine eigene Sprache. Die Schatten tanzten wie Gestalten um ihn herum, und für einen Moment dachte Jonas, er könne sie verstehen – ein weiteres Flüstern, leise und in einer fremden Sprache. Doch bevor er es greifen konnte, verblasste es wieder. Er schüttelte den Kopf, versuchte, sich zu sammeln. „Ich bin überarbeitet“, murmelte er zu sich selbst, während er sich zwang, weiterzugehen. Doch selbst seine eigene Stimme klang hohl und fremd in der Kälte der Nacht. Als Jonas schließlich seine Wohnung erreichte, fühlte er sich ausgelaugt. Das Treppenhaus war düster und kalt, wie immer. Die Lampe über seinem Türschild flackerte. Das tat sie schon seit Wochen, und der Hausmeister hatte sich nie darum gekümmert. Normalerweise hätte sich Jonas darüber geärgert, aber heute nahm er es kaum wahr. Er öffnete die Tür und trat ein. Die Enge seiner kleinen Wohnung bot ihm sonst ein wenig Trost, doch heute fühlte sie sich bedrückend an, fast klaustrophobisch. Die Dunkelheit in den Ecken schien tiefer, die Stille in den Räumen schwerer. Jonas ließ sich auf das alte, durchgesessene Sofa fallen und starrte in die Leere. Die Worte des Wesens gingen ihm nochmals durch den Kopf. „Ich sehe dich. "Ich verstehe dich.“ Noch nie hatte jemand das zu ihm gesagt. Nicht seine Mutter, die ihn immer nur kritisiert hatte. Nicht die Lehrer, die ihn ignorierten. Nicht die Menschen in seiner Umgebung, die ihn wie Luft behandelt hatten. Niemand hatte je behauptet, ihn zu verstehen. Er wusste, dass er Angst haben sollte, dass das, was er gesehen hatte, unmöglich war. Doch stattdessen spürte er etwas anderes – eine Art kranke Hoffnung. Was, wenn dieses Ding tatsächlich die Wahrheit gesagt hatte? Was, wenn es ihm wirklich helfen konnte? Jonas stand auf und ging in die Küche, in der ein Stapel ungewaschenes Geschirr auf ihn wartete. Er ignorierte es und griff stattdessen nach einer Flasche Bier aus dem Kühlschrank. Mit zitternden Händen öffnete er sie und nahm einen tiefen Schluck. Seine Gedanken rasten. Er dachte an die letzten Monate, an die endlose Monotonie seines Lebens. Den Job, den er hasste. Die Einsamkeit, die ihn auffraß. Die Gesichter seiner Kollegen, die sich nie wirklich zu ihm umdrehten. Es war, als wäre er ein Geist, ein unsichtbares Nichts, das durch die Welt wanderte. Jonas starrte noch lange aus dem Fenster, während die Zeit unbemerkt verstrich. Die Lichter der Stadt verschwammen vor seinen Augen, und das leise Summen der Kühlschranktür hinter ihm schien die einzige Bewegung im Raum zu sein. Schließlich zwang er sich, aufzustehen und sich umzuziehen. Seine Gedanken waren ein Gewirr aus Bildern, Stimmen und Erinnerungen. „Das ist alles nur Stress," redete er sich ein, als er sich in das kleine, unordentliche Bett fallen ließ. Doch das Ziehen in seiner Brust war immer noch da, ein dumpfes Echo, das nicht verschwinden wollte. Die Dunkelheit der Nacht verschluckte ihn, und sein Körper fühlte sich schwerer an, als die Müdigkeit ihn endlich einholte. Er war wieder auf der Straße, die er so oft entlanggelaufen war. Die Laternen flackerten und tauchten die Umgebung in ein unregelmäßiges Spiel aus Licht und Schatten. Doch etwas war anders. Die Gebäude wirkten schiefer, als würden sie sich über ihn beugen, ihre Fensterhöhlen wie leere Augen, die ihn stumm beobachteten. Jonas ging weiter, seine Schritte hallten viel zu laut auf dem Pflaster. Der Wind war kalt, aber er schien nicht von außen zu kommen – er fühlte ihn tief in sich, als würde er von innen nach außen wehen. Er blickte um sich, doch niemand war zu sehen. Die Stadt war leer, menschenleer. „Jonas..." Die Stimme kam von überall und nirgends. Sie war sanft, fast ein Flüstern, doch sie hatte ein Gewicht, das ihn innehalten ließ. Plötzlich sah er wieder die Gestalt am Ende der Straße. Sie war verschwommen, nicht greifbar, wie ein Schatten, der sich von der Dunkelheit selbst losgelöst hatte. Jonas wollte wegrennen, doch seine Füße waren schwer wie Blei. Er konnte nur zusehen, wie die Gestalt näher kam, Schritt für Schritt, lautlos. Je näher sie kam, desto mehr erkannte er die Umrisse. Die Augen. Diese riesigen, glänzenden Augen. Sie schienen ihn anzuziehen, ihm zuzuraunen, dass er sich nicht wehren musste, dass er endlich verstanden wurde. Doch dann veränderte sich die Szene. Die Stadt begann sich zu bewegen, die Straßen krümmten sich, als würden sie sich um ihn wickeln. Die Laternen stürzten wie umgeknickte Streichhölzer zu Boden, und aus dem Asphalt sprossen Hände, die nach ihm griffen. Jonas versuchte, sich zu wehren, doch die Hände zogen ihn immer tiefer in die Erde. „Hilf mir! Lass mich los!" schrie er, doch seine Stimme schien im Nichts zu verhallen. Plötzlich war er nicht mehr in der Stadt. Er befand sich in einem Raum, einem endlosen, schwarzen Raum ohne Wände oder Decke. Überall um ihn herum waren Spiegel. Dutzende, Hunderte Spiegel, die sein Bild zurückwarfen. Doch es war nicht sein Bild. Die Spiegel zeigten ihn, aber verändert. Sein Gesicht war verzerrt, seine Augen groß und leer, seine Haut schwarz wie die Dunkelheit um ihn herum. Er griff nach einem der Spiegel, wollte ihn zerbrechen, doch seine Hand glitt hindurch, als wäre das Glas flüssig. „Das bist du, Jonas“, sagte eine Stimme hinter ihm. Er drehte sich um, doch da war nichts. Plötzlich zersprangen die Spiegel mit einem ohrenbetäubenden Krachen, und Jonas fiel. Er fiel endlos, immer tiefer, bis er schließlich mit einem Schock aufwachte. Jonas saß senkrecht in seinem Bett, sein Atem ging stoßweise, und Schweiß klebte an seinem Körper. Es war noch Nacht, doch ein fahles Licht fiel durch die Vorhänge. Der Traum war so real gewesen, dass er seinen Herzschlag in seinen Ohren spüren konnte. Er sah sich in seinem Zimmer um, suchte nach etwas, das ihm Halt gab, doch alles wirkte fremd. Sein Schreibtisch, der überquellende Wäschestapel, selbst das knarzende Bettgestell – nichts fühlte sich vertraut an. Er zog die Knie an die Brust und umklammerte sie, wie er es seit seiner Kindheit nicht mehr getan hatte, während er sich wieder und wieder einzureden versuchte, dass es nur ein Traum gewesen war. Doch tief in seinem Inneren wusste er, dass es mehr war. Die Begegnung, der Schatten, das Flüstern – sie waren real gewesen. Seine Augen wanderten zum Fenster, das ihm plötzlich wie ein dunkler Abgrund vorkam. Draußen war alles still, doch Jonas spürte, dass die Dunkelheit auf ihn wartete. „Ich sehe dich,“ hörte er wieder, diesmal wie ein schwaches Echo in seinem Kopf. Die Nacht schien endlos, und Jonas wusste, dass sein Leben sich für immer verändert hatte.

*

Der nächste Morgen begann wie jeder andere. Jonas’ Wecker klingelte schrill, und er tastete im Halbschlaf nach dem Knopf, um das Geräusch zum Verstummen zu bringen. Ein flüchtiger Blick auf die Uhr zeigte, dass er wie immer zu spät dran war. Sein Körper fühlte sich schwer an, seine Glieder zogen, als wollten sie ihn zurück in die Dunkelheit des Bettes zwingen. Wie gerne wäre er dem nachgegangen. Er zwang sich jedoch dazu, aufzustehen. Er setzte sich auf, rieb sich die Augen. Er versuchte zu realisieren, was gestern wirklich passiert und was nur geträumt war. Gähnend und mit schweren Schritten ging er auf die Badezimmertüre zu. Das Badezimmer war kalt, und der Spiegel zeigte ihm sein müdes Gesicht. Die dunklen Ringe unter seinen Augen waren tiefer als je zuvor, und sein Blick war seltsam leer. Er starrte in sein eigenes Abbild, konnte sich kaum wiedererkennen. „Ich muss mich zusammenreißen," murmelte Jonas zu sich selbst, während er sich das Gesicht mit kaltem Wasser wusch. Das Gefühl der Fremdheit aus der Nacht war immer noch wie ein Schatten, der ihm folgte. Der Alltag im Büro lief ebenfalls wie gewohnt ab. Der Kaffee schmeckte wie bitteres Wasser, und die Gespräche um ihn herum drehten sich um belanglose Dinge – das Wetter, die neueste Serie, das bevorstehende Wochenende. Jonas versuchte, sich zu konzentrieren, doch seine Gedanken wanderten immer wieder ab. Während er einen Bericht für seinen Vorgesetzten schrieb, bemerkte er, wie ein Kollege, Willi, ihn flüchtig musterte. Jonas hasste diesen Blick – halb Mitleid, halb Verachtung. Er hatte ihm schon tausende Male zugeworfen bekommen. Er fühlte sich ertappt, obwohl er nichts getan hatte. „Alles okay bei dir, Jonas?" fragte Willi schließlich, seine Stimme neutral, aber doch irgendwie schneidend. „Ja, alles gut," log Jonas und zwang ein Lächeln auf seine Lippen. Er war überrascht. Das war das erste Mal, dass ihn jemand beachtete, ihn sogar fragte, wie es ihm geht. Doch Willi sah ihn gar nicht wirklich an. Er wandte sich schnell wieder seiner Arbeit zu, als wäre Jonas' Antwort nicht wirklich von Bedeutung. Die Stunden zogen sich wie zähflüssiger Honig dahin. Das Klicken der Tastaturen und das Summen des Kopierers wurden zu einer Art Hintergrundmusik, die Jonas in den Wahnsinn trieb. Er hatte furchtbare Kopfschmerzen, rieb sich dauerhaft die Schläfen. Er fühlte sich, als hätte er einen ganz miesen Kater, nur eben ohne dass er betrunken gewesen war. Als sein Arbeitstag ein Ende nahm, stapfte Jonas mit gesenktem Kopf zur U-Bahn-Station. Die Menschen um ihn herum schoben sich wie eine amorphe Masse durch die engen Gänge, doch er nahm sie kaum wahr. Der Zug kam, die Leute drängten sich aus der U-Bahn. Es war rappelvoll. Der einzige Platz, der frei war, widmete er einer alten Frau die so langsam Einstieg, dass der Zugführer eine Ermahnung aussprach, es solle ihr doch mal jemand beim Einstieg helfen. Sein Atem beschlug das Glas der Zugtür, als er sich dagegen lehnte und versuchte, die klaustrophobische Enge der U-Bahn zu ignorieren. U-Bahn fahren war nicht unbedingt eine Lieblingsbeschäftigung von ihm. Doch laufen wollte er auf keinen Fall. Er wollte dieser Gestalt nicht noch einmal begegnen. Die Stimmen der anderen Passagiere waren gedämpft und Jonas versank wieder in seinen Gedanken. Ein seltsames Gefühl kroch in ihm hoch, ein unbestimmtes Ziehen in seiner Brust, das ihn dazu brachte, über die Schulter zu blicken. Es war nichts

Außergewöhnliches zu sehen – Menschen, die auf ihre Smartphones starrten, und die alte Frau, die müde aus dem Fenster blickte. Und doch hatte er das unheimliche Gefühl, beobachtet zu werden. Die Bahn hielt an der nächsten Station, und Jonas stieg aus, froh, der erdrückenden Enge zu entkommen. Der Abend war kalt, der Wind biss ihm ins Gesicht, als er die Straße entlang ging. Die Laternen warfen erneut trübe, gelbliche Lichter auf den Asphalt, und die Schatten der Bäume wirkten verzerrt und bedrohlich. Er wollte so schnell wie möglich nach Hause. Die 10 min Fußweg, die er bis zu seiner Wohnung hatte, machten ihm eine Gänsehaut. Angesichts der Kälte, als auch aus Angst vor einer wiederkehrenden Begegnung. Dann hörte er es. Ein Flüstern. Zuerst dachte er, es sei der Wind, der durch die Äste der kahlen Bäume pfiff, aber das Geräusch war zu gezielt, zu nah. „Jonas..." Er blieb abrupt stehen. Sein Herz setzte für einen Moment aus, und er drehte sich langsam um. Die Straße war leer. Kein Mensch war zu sehen, nur die leeren Häuserfassaden und die flackernden Straßenlaternen. „Du willst doch nicht allein bleiben, oder?"Die Stimme war sanft, fast beruhigend, aber sie ließ Jonas' Nackenhaare zu Berge stehen. Sie kam von nirgendwo und überall zugleich. Wie am Vortag. „Wer... wer ist da?" rief Jonas mit zitternder Stimme, die zwischen Angst und Wut schwankte. Wieder wollte er am liebsten weglaufen. Und wieder konnte er nichts tun außer stehen zu bleiben. Doch die Antwort kam nicht sofort. Stattdessen spürte er plötzlich eine Präsenz, ein Gewicht in der Luft, das ihn fast zu Boden drückte. „Ich bin hier, Jonas. Schon immer. Ich sehe dich." Ein Schatten löste sich aus der Dunkelheit, zuerst nur schemenhaft, dann deutlicher. Es war groß, mit langgezogenen Gliedmaßen, riesigen, tiefschwarzen Augen und einem Mund, der wie eine klaffende Wunde wirkte. Da war es wieder. Die Gestalt schien sich zu bewegen, ohne den Boden zu berühren, und jede Faser in Jonas' Körper schrie danach wegzulaufen – doch er konnte sich nicht bewegen. „Du fühlst dich allein, nicht wahr?" fragte das Wesen, und seine Stimme war jetzt deutlicher, tiefer. „Aber ich sehe dich. "Ich verstehe dich." Wieder einmal hatte die Stimme eine beinahe hypnotische Wirkung auf Jonas, alle Geräusche um ihn herum versanken. Er hörte nur noch diese Stimme laut wie ein Echo. Jonas' Kehle war trocken und er konnte nur stumm nicken. Die Furcht, die ihn durchströmte, war überwältigend, aber da war auch etwas anderes. Etwas, das er nicht benennen konnte – eine seltsame Faszination. „Ich kann dir helfen," sagte das Wesen mit einem Lächeln, das seine scharfen Zähne entblößte. „Du musst mich nur lassen.“ Adrenalin schoss Jonas durch den Körper. Von einer Sekunde auf die nächste war er losgerannt, hatte es irgendwie geschafft, sich von der Stelle zu lösen. Er blieb nicht stehen, kein einziges Mal, bis er vor dem großen Wohnblock stand und zitternd die Tür aufschloss. Als Jonas in seiner Wohnung war, war er wie betäubt. Er schloss die Tür hinter sich, lehnte sich daran und atme schwer ein. Die Begegnung hatte sich wie ein Traum angefühlt, doch das Gefühl der Präsenz war immer noch da, wie ein Schatten, der ihn einfach nicht losließ. Er ließ sich auf sein Bett fallen, zog die Decke bis zum Kinn und schloss die Augen. Doch der Schlaf brachte ihm keinen Frieden. In seinem Traum war er wieder auf der Straße, umgeben von Schatten. Die Gestalt war da, seine riesigen Augen bohrten sich in Jonas' Seele. „Ich sehe dich,“ wiederholte die Stimme, doch diesmal war sie eindringlicher, fordernder. „Lass mich dir helfen. "Lass mich dein Schmerz sein.“ Jonas schrie, doch kein Laut kam aus seinem Mund. Die Dunkelheit verschlang ihn, und der Traum löste sich auf wie Rauch. Als er am nächsten Morgen aufwachte, war sein Gesicht nass von Tränen, und sein Herz hämmerte wild in seiner Brust. Doch inmitten der Angst war ein neues Gefühl – etwas, das ihn gleichzeitig beunruhigte und tröstete. Hoffnung.

*

Er wischte sich mit einer zittrigen Hand über die Stirn, die vor Schweiß glänzte, und versuchte, das diffuse Bild des Traums festzuhalten, das bereits begann, ihm zu entgleiten. Bruchstücke blieben zurück: Das Flüstern, das Lachen, die unaussprechliche Dunkelheit, die ihn verschlungen hatte. „Ich sehe dich.“ Die Worte brannten sich erneut in seinen Verstand, als hätte die Stimme sie ihm direkt ins Ohr geflüstert, bevor er erwachte. Jonas setzte sich langsam auf, die Beine über die Bettkante baumelnd, und massierte sich die Schläfen. Sein Kopf dröhnte, als hätte er die ganze Nacht nicht geschlafen. Der Traum fühlte sich so real an, dass er unwillkürlich die Dunkelheit seiner Wohnung musterte, auf der Suche nach... irgendetwas. Oder jemandem. Aber da war nichts. Nur das leise Summen des Kühlschranks und die ersten Geräusche des erwachenden Morgens, die durch das leicht geöffnete Fenster drangen. „Es war nur ein Traum,“ murmelte er zu sich selbst und versuchte, seine Gedanken zu ordnen. Doch irgendetwas in seinem Inneren widersprach. Der Traum hatte sich anders angefühlt. Echter. Fast so, als hätte es tatsächlich stattgefunden. Er zwang sich aufzustehen, die Trägheit und die seltsame Beklommenheit abzuschütteln. Er schlich ins Bad, drehte den Wasserhahn auf und spritzte sich kaltes Wasser ins Gesicht. Er zog sich langsam an, bereitete sich auf den Arbeitstag vor, der ihn erneut in die eintönige Realität holen würde. Doch die Schritte, mit denen er die Wohnung verließ, fielen ihm schwerer als sonst. Als würde er etwas hinter sich herziehen, das er nicht abschütteln konnte. Die U-Bahn war voll, wie immer. Menschen mit Kopfhörern, mit halb geschlossenen Augenlidern und mit hektisch getippten Nachrichten auf ihren Smartphones. Jonas versuchte, sich in den Alltag der Menge einzufügen, doch der Traum – oder was auch immer es gewesen war – ließ ihn nicht los. Jede Bewegung, jedes Geräusch in der Bahn schien ihm lauter, schärfer, bedeutungsschwerer. Als er am Büro ankam, fühlte sich die Welt ein kleines Stück stabiler an, aber nur oberflächlich. Die Routinen des Arbeitsplatzes – der Login am Rechner, der Geruch von abgestandenem Kaffee, Simons lautes Lachen über einen Witz, den niemand sonst lustig fand – brachten ihm eine merkwürdige Art von Beruhigung. Doch selbst hier, zwischen den grauen Wänden und den Summtönen des Kopierers, konnte er es nicht abschütteln. Das Gefühl, dass etwas hinter ihm lauerte. Bis zum späten Abend hielt er sich aufrecht, erledigte, was nötig war, ließ sich von Melanie mit halbherzigen Gesprächen ablenken. Aber als er das Bürogebäude verließ und wieder in die kühle Berliner Nacht trat, spürte er, wie sich die Dunkelheit um ihn schloss – nicht nur die der Straßen, sondern die in ihm selbst. Und mit jedem Schritt, den er tat, begann er wieder zu ahnen, dass er nicht allein war. Die Nacht war kalt und durchdringend still, nur gelegentlich durchbrochen vom Dröhnen eines vorbeifahrenden Autos. Jonas saß auf seiner alten, durchgesessenen Couch, seine Hände ruhten zittrig auf den Knien. Die Gestalt hatte sich aus seinem Kopf zurückgezogen, nachdem er seine erste Botschaft übermittelt hatte. "Ich sehe dich," hatte es geheißen, und diese Worte hallten in Jonas' Kopf wie ein Lied, das sich nicht mehr abstellen ließ. Er versuchte, den Fernseher einzuschalten, in der Hoffnung, sich abzulenken. Doch das flackernde Licht des Bildschirms tat nichts, um die Unruhe in ihm zu mildern. Es fühlte sich an, als wäre die Dunkelheit im Raum lebendig geworden, dicker und greifbarer als zuvor. Irgendwo im Hintergrund summte der Kühlschrank, doch auch dieses vertraute Geräusch konnte den Eindruck nicht vertreiben, dass etwas anwesend war, das nicht hierher gehörte. Plötzlich begann die Luft zu flimmern. Ein eisiger Windstoß ließ die Vorhänge tanzen, obwohl die Fenster geschlossen waren. Jonas sprang auf, sein Herzschlag raste, während er sich umblickte. Und dann war es wieder da. Die Gestalt. Es stand mitten im Raum, riesig und doch gebeugt, mit seinen langen Gliedmaßen, die sich wie Schatten über die Wände erstreckten. Die Augen, groß und leuchtend wie zwei Monde, die ihn fixierten. „Du bist schwach, Jonas," sagte es, und seine Stimme war ein tiefes, unheimliches Wispern, das sich in Jonas' Ohren schlängte wie kalter Nebel. „Aber du musst es nicht bleiben." Jonas wich zurück, stolperte über den Couchtisch und fiel beinahe zu Boden. „Was... "Was willst du von mir?"" Seine Stimme zitterte, sein Mund war trocken. Er hielt es kaum mehr aus. Wieso? Wieso musste es ihn auch noch bis zu sich nach Hause verfolgen? Das Wesen neigte den Kopf und betrachtete ihn, wie ein Raubtier seine verängstigte Beute beobachtet. „Ich will dir helfen," flüsterte es. „Ich sehe, was sie dir angetan haben. Die Welt war grausam zu dir. Niemand hat dich je verstanden, Jonas. Aber ich... "Ich sehe dich wirklich." Die Worte trafen ihn wie ein Schlag. Sie waren nicht laut, aber sie waren durchdringend, und sie riefen eine Welle von Emotionen in ihm hervor, die er kaum kontrollieren konnte. Da war Zorn. Da war Trauer. Aber vor allem war da Hoffnung – so winzig und schwach, dass sie fast nicht existierte, aber sie war dennoch da. „Warum sollte ich dir vertrauen?" fragte Jonas, seine Stimme brüchig. „Ich weiß nicht einmal, was du bist." Das Wesen lächelte – oder zumindest tat es etwas, das einem Lächeln ähnelte. „Ich bin ein Freund," sagte es. „Ein Verbündeter. "Ich kann dir das geben, was du dir immer gewünscht hast." Jonas starrte das Wesen an, seine Gedanken wirbelten. Liebe? Verständnis? Nein, das klang zu gut, um wahr zu sein. „Was willst du dafür?" fragte er schließlich, seine Augen schmal, der Rest von Misstrauen, der noch in ihm war, kämpfte gegen die aufkommende Versuchung. „Nichts, was du nicht bereit bist zu geben," erwiderte das Wesen. „Du musst nur zulassen, dass ich dir helfe."

*

Am nächsten Tag war Jonas wie betäubt. Er wachte auf, konnte sich kein bisschen daran erinnern, wie er in sein Bett gekommen ist, geschweige denn eingeschlafen war. Das Wesen hatte sich wieder zurückgezogen, aber seine Worte hatten sich wie ein giftiger Käfer in Jonas' Verstand eingenistet. „Ich sehe dich." „Ich kann dir helfen." Im Büro war alles wie immer. Der Lärm der Tastaturen, das monotone Summen der Klimaanlage, das gelegentliche Räuspern eines Kollegen. Jonas versuchte, sich auf seine Arbeit zu konzentrieren, doch seine Gedanken schweiften immer wieder ab. Jedes Mal, wenn er die Augen schloss, sah er die leuchtenden Augen des Wesens. Und jedes Mal, wenn er den Kopf hob, glaubte er, es irgendwo im Raum zu sehen – in den Schatten, in den Spiegelungen der Fensterscheiben. „Jonas?" Die Stimme seiner Kollegin riss ihn aus seinen Gedanken. Es war Claudia, eine junge Frau mit einem freundlichen Lächeln, die immer wieder versuchte, mit ihm ins Gespräch zu kommen. „Alles okay bei dir? "Du siehst blass aus." Jonas zuckte zusammen und nickte hastig. „Ja, alles gut. "Nur schlecht geschlafen." Claudia musterte ihn einen Moment, bevor sie ein wenig unsicher lächelte. „Okay. "Wenn du reden willst, ich bin da." Dann drehte sie sich um und ging zurück zu ihrem Schreibtisch. Jonas' Blick folgte ihr, und für einen Moment fühlte er ein seltsames Stechen in seiner Brust. Vielleicht hätte er mit ihr reden sollen. Vielleicht hätte sie ihn verstanden. Doch dann hörte er es wieder – das leise Wispern. Es war kaum wahrnehmbar, ein Hauch, der sich in sein Ohr schlich und ihn erzittern ließ. „Sie wird dich nie verstehen," flüsterte die Stimme des Wesens. „Sie alle werden dich verlassen, wie sie es immer tun." Jonas presste die Hände gegen seine Schläfen und schloss die Augen. „Verschwinde," rief er. „Lass mich in Ruhe." Ein paar Kollegen schauten auf und starrten Jonas an. Er blickte sich um, verkroch sich beschämt tiefer in seinem Bürostuhl. Doch die Stimme lachte nur. „Ich bin ein Teil von dir, Jonas. "Du kannst mich nicht einfach ignorieren." Wieso hatten sie ihn so angestarrt? Wieso hat niemand anderes dieses Wesen gesehen? Dann muss es sich ja doch nur um eine Einbildung... Am Abend, als Jonas nach Hause ging, war die wieder Luft schwer und feucht, und die Straßenlaternen warfen lange, verzerrte Schatten auf das Pflaster. Jonas' Schritte hallten in der Stille, und er fühlte sich beobachtet, verfolgt. Aber als er sich umdrehte, war niemand da. Plötzlich spürte er eine Bewegung hinter sich, ein kalter Hauch, der seinen Nacken streifte. Er drehte sich um, und da war es wieder – das Wesen, das ihn aus den Schatten anstarrte.„Bist du bereit?" fragte es, und seine

Stimme war weich und verführerisch. Jonas schüttelte den Kopf. „Bereit wofür? Ich... ich verstehe das alles nicht.“ Das Wesen trat näher, und Jonas konnte sehen, wie sich seine langen Finger wie Klauen um die Luft krümmten. „Bereit, die Kontrolle zu übernehmen. Bereit, all die Schmerzen hinter dir zu lassen.“ „Wie?“ Jonas' Stimme war kaum mehr als ein Flüstern. „Vertraue mir,“ sagte das Wesen. „Ich kann dich stark machen. "Ich kann dich unantastbar machen.“ Jonas' Herz raste, und für einen Moment glaubte er, alles wäre ein Traum. Doch dann spürte er die Kälte des Wesens, die ihn einhüllte, und er wusste, dass es real war. Die Versuchung war groß, so groß. Aber etwas in ihm hielt ihn zurück – ein Funke von Zweifel, ein Rest von Menschlichkeit. „Ich... ich weiß nicht,“ stammelte er. Das Wesen neigte den Kopf und musterte ihn. „Ich werde dir Zeit geben,“ sagte es schließlich. „Aber bedenke, Jonas: Die Welt wird dich nicht retten. Nur ich kann das.“ Und dann war es weg, so plötzlich, wie es gekommen war, und Jonas blieb allein in der Dunkelheit zurück, sein Atem schwer, sein Herz voller Verwirrung. Er blieb noch lange wach in seinem Bett liegen, starrte an die Decke. Sein Körper war steif, und die Matratze unter ihm fühlte sich an, als würde sie ihn nicht tragen können. Die Dunkelheit des Zimmers schien ihn zu erdrücken, und seine Gedanken wirbelten wie ein endloser Sturm, der keine Ruhe kannte. Warum hatte niemand im Büro das Wesen gesehen? Diese Frage wühlte ihn auf, nagte an seinem Verstand wie ein Tier, das sich durch morsches Holz fraß. Jonas starrte an die Decke, wo die Schatten der Straßenlaternen durch die dünnen Vorhänge tanzten. Sie wirkten anders heute Nacht – lebendig, pulsierend, fast drohend. Das Wesen, der Dämon oder was auch immer es war, hatte so real gewirkt. Jonas konnte sich an jedes Detail erinnern: die knochigen Hände, die sich in die Dunkelheit erstreckten, als suchten sie nach ihm; die Augen, groß und unmenschlich, die ihn durchbohrt hatten, als könnten sie direkt in seine Seele blicken. Und doch... niemand hatte es bemerkt. Niemand außer ihm. Melanie hatte gelächelt. Sie hatte ihn gefragt, ob er den Bericht schon fertig hätte, als das Ding hinter ihr in den Schatten lauerte. Simon hatte gescherzt, der Teamleiter sei noch unfähiger als die Kaffeemaschine, während das Wesen seine langen, unnatürlich verzerrten Glieder hinter seinem Stuhl ausstreckte. Es war da gewesen, Jonas wusste es. Aber für die anderen war es nicht mehr als Luft gewesen. “Wie ist das möglich?” flüsterte Jonas in die Dunkelheit seines Zimmers. Seine Stimme klang hohl, fast fremd in der Stille. War es eine Einbildung gewesen? Eine Halluzination, geboren aus seinen endlosen Nächten des Alleinseins und seiner erdrückenden Isolation? Vielleicht, dachte er. Aber selbst als er versuchte, sich davon zu überzeugen, wusste er, dass es nicht stimmte. Es war zu real gewesen – die Luft hatte sich verändert, schwer und feucht, wie die erste Vorahnung eines Sturms. Die Schatten hatten sich bewegt, die Dunkelheit hatte sich verdichtet, und diese Stimme... diese Stimme hatte sich direkt in seinen Verstand gegraben: "Ich sehe dich, Jonas". Ich kenne dich." Er wälzte sich zur Seite, zog die Decke noch enger um sich und versuchte, die Gedanken abzuschütteln. Doch es ging nicht. Die Frage brannte weiter in seinem Kopf: Warum ich? Was hat dieses Wesen dazu gebracht, sich gerade ihn auszusuchen? Er dachte an seine Kollegen. Sie waren doch alle genauso gut "geeignet" wie er. Simon mit seinem großen Mundwerk, Melanie mit ihrer Perfektion, die ihn so oft nervös machte. Warum hat das Wesen gerade ihn wahrgenommen? Vielleicht war er besonders. Der Gedanke erschreckte ihn, und doch löste er auch etwas anderes aus – etwas, dass Jonas sich nicht eingestehen wollte. Er schluckte, sein Hals war trocken, während die Worte in ihm widerhallten: "Ich sehe dich. Ich kenne dich." Es fühlte sich an, als hätte ihn jemand endlich bemerkt, als hätte jemand endlich erkannt, dass er existierte – und nicht nur das, sondern dass er etwas Besonderes war. Doch was bedeutet das? Was, wenn das Wesen nicht nur wegen ihm da war, sondern auch etwas von ihm wollte? Jonas' Brust hob und senkte sich schwer, während er versuchte, die Gedanken zu ordnen. Das Wesen hatte etwas Bedrohliches an sich, ja, aber gleichzeitig... war da auch etwas Verführerisches gewesen. Als ob er ein Versprechen in seinen Augen trug. Ein Versprechen, Jonas etwas zu geben, was er noch nie hatte. Sein Herz schlug schneller, und ein Schauer lief ihm über den Rücken. Jonas drehte sich wieder zur anderen Seite, zog die Decke über seinen Kopf und schloss die Augen. Doch der Schlaf wollte nicht kommen. Stattdessen sah er immer wieder die langen Glieder des Wesens, seine Augen, die ihn durchbohrten, und hörte diese Stimme – leise, aber klar: "Ich sehe dich." In dieser Nacht träumte Jonas wirr. Er stand inmitten einer riesigen, dunklen Halle, deren Wände sich ins Unendliche zu erstrecken schienen. Schatten bewegten sich um ihn herum, flüsternde Stimmen, die er nicht verstehen konnte, doch jede einzelne schien seinen Namen zu sagen. Die Luft war schwer, und eine unbestimmte Kälte kroch über seine Haut, die ihn lähmte. Dann sah er es: das Wesen, das in einer Ecke der Halle lauerte, größer und furchteinflößender als zuvor. Es kam näher, langsam, lautlos, und Jonas konnte nicht weglaufen. Seine Beine gehorchten ihm nicht. “Ich sehe dich,” sagte das Wesen wieder, doch diesmal klang es lauter, direkter, und die Worte hallten durch seinen Kopf. Jonas wollte schreien, wollte sich wehren, aber er konnte nichts tun. Die Dunkelheit schluckte ihn, und er wachte mit einem Keuchen auf, Schweißperlen auf der Stirn, die Bettdecke feucht vor Angst. Jonas setzte sich auf die Bettkante, fuhr sich mit den Händen durch die feuchten Haare und starrte in die Dunkelheit seines Zimmers. “Was willst du von mir?” flüsterte er schließlich, doch die Antwort blieb aus. Nur die Schatten tanzten stumm an den Wänden. Jonas saß nun kerzengerade in seinem Bett, die Dunkelheit seines Schlafzimmers schien dichter und schwerer als sie es je zuvor gewesen war. Der Traum war noch so klar in seinem Kopf, dass er den Geschmack des Nebels und die Kälte der Schatten spüren konnte. Er fuhr sich mit den Händen über das Gesicht, versuchte, den Schweiß wegzuwischen und sich zu beruhigen. Aber es war unmöglich. Sein Atem war flach, sein Herz pochte wie eine Trommel. Er blickte auf den Wecker. Es war 3:47 Uhr. Zu früh, um aufzustehen, zu spät, um auf eine erholsame Nacht zu hoffen. Mit zitternden Beinen schwang er sich aus dem Bett und schlurfte in die Küche. Der Boden unter seinen Füßen fühlte sich eiskalt an, obwohl die Heizung lief. War das die Kälte, die das Wesen hinterlassen hatte? Oder war es nur sein Verstand, der mit ihm spielte? Er setzte sich mit einer Tasse Tee an den kleinen Küchentisch, der schon bessere Tage gesehen hatte. Seine Gedanken kreisten unaufhörlich um das Angebot. “Die Welt wird dich nicht retten. Nur ich kann das.” „Warum ich?“ murmelte Jonas leise zu sich selbst. Die Tasse klapperte leise, als er sie absetzte. „Was will es von mir?“ Das Flüstern, das er zuvor gehört hatte, schien plötzlich wieder aufzutauchen. Es war nicht laut, es war kaum mehr als ein Hauch, aber es war da. „Weil du anders bist, Jonas. Weil du etwas hast, was die anderen nicht haben.“ Jonas zuckte zusammen und fuhr herum, doch da war nichts außer der Dunkelheit. Die Stimme war in seinem Kopf – oder? Er konnte es nicht mehr sagen. Es machte ihn verrückt, nicht zu wissen, was real war und was nicht. Er griff nach seinem Handy, in der Hoffnung, sich durch Nachrichten oder soziale Medien abzulenken. Aber der Bildschirm blieb dunkel. Kein Signal. Kein Netz. Sein Magen zog sich zusammen, und ein seltsames Gefühl der Isolation breitete sich in ihm aus. War er wirklich allein? Das Gefühl, beobachtet zu werden, hatte sich wieder eingeschlichen. Langsam stand er auf, sein Blick huschte durch die Küche. Seine Augen suchten nach einem Beweis dafür, dass er sich die Dinge nur einbildete. Aber alles war still. Kein Schatten bewegte sich, keine Gegenstände schienen fehl am Platz. Und doch... er spürte es. Etwas war hier. Am nächsten Tag war Jonas nur schwer in der Lage, sich wach zu halten. Er hatte nur noch wenige Stunden Schlaf gefunden und war noch müder als am Vorabend.

*

In der U-Bahn auf dem Weg zur Arbeit starrte er auf sein Spiegelbild im Fenster. Seine Augenringe waren dunkel, seine Haut fahl. Neben ihm stiegen Menschen ein und aus. Eine ältere Frau mit einer schweren Tasche versuchte, ihren Platz zu finden. Ein Junge mit Kopfhörern wippte zur Musik, die laut genug war, dass Jonas die Beats hören konnte. Das Leben um ihn herum lief weiter, aber für ihn schien alles wie in einem Schleier. „Entschuldigen Sie," sagte eine Stimme. Er blickte hoch und sah eine junge Frau, die ihn anlächelte. Sie hielt ein Buch in der Hand, dessen Titel er nicht sofort erkennen konnte. Ihr Lächeln wirkte freundlich, vielleicht sogar ein wenig besorgt. "Geht es Ihnen gut?" fragte sie, ihre Stimme leise, aber mit einem ehrlichen Ton. Jonas blinzelte und brauchte einen Moment, um zu realisieren, dass sie tatsächlich mit ihm sprach. Es war das erste Mal seit Wochen – vielleicht sogar Monaten – dass ihn jemand direkt angesprochen hatte, ohne dabei von ihm etwas zu wollen oder ihn zu meiden. Doch anstatt sich zu freuen, spürte er, wie die Worte ihm im Hals stecken blieben. „Ähm... ja, danke," murmelte er schließlich und wandte schnell den Blick ab. Er fühlte, wie ihm die Hitze ins Gesicht stieg. Seine Hände klammerten sich an die Metallstange neben seinem Sitzplatz, als müsste er sich festhalten, um nicht vor Verlegenheit zu vergehen. Die Frau sah ihn einen Moment länger an, als wollte sie mehr sagen, entschied sich dann aber, nicht weiter nachzufragen. Sie zuckte mit den Schultern, setzte sich auf einen freien Platz und vertiefte sich in ihr Buch. Jonas beobachtete sie heimlich durch das Fenster, ihr Spiegelbild erschien ihm angenehmer als der direkte Blickkontakt. Ihre Anwesenheit brachte ihn durcheinander – wie ein seltsamer Funke in seinem sonst so trostlosen Alltag. Doch der Gedanke, dass diese kleine Interaktion ihn mehr beschäftigte, als sie sollte, nagte an ihm. Warum hatte er nicht einfach normal geantwortet? Warum war er so unfähig, mit Menschen umzugehen? Wieder begann die endlose Schleife der Selbstkritik in seinem Kopf. Er spürte förmlich, wie sich das altbekannte Loch in seiner Brust weiter öffnete, ein klaffender Abgrund, der ihn verschlingen wollte. Im Büro war der Tag ebenso wie an jedem anderen Wochentag, aber Jonas konnte sich diesmal kaum konzentrieren. Der Vorfall in der U-Bahn – so klein und unbedeutend er für andere gewesen sein mochte – hatte ihn vollkommen aus der Bahn geworfen. Als er an seinem Schreibtisch saß und versuchte, Zahlen in eine Tabelle einzutragen, schien sein Blick immer wieder zu verschwimmen. Sein Kollege Simon, der wie jeden Tag viel zu laut telefonierte, machte die Sache nicht besser. „Jonas, alles okay bei dir?" fragte eine Stimme neben ihm. Es war Melanie, die einzige Kollegin, die manchmal mit ihm sprach. Sie hatte einen Stapel Akten in der Hand und musterte ihn mit hochgezogener Augenbraue. „Ja, ja. Alles gut," antwortete Jonas schnell, ohne sie anzusehen. Melanie blieb einen Moment stehen, als wollte sie etwas hinzufügen, aber sie schien es sich anders zu überlegen und ging weiter. Jonas fühlte sich erleichtert und gleichzeitig enttäuscht. Der Gedanke, dass sich jemand wirklich für ihn interessierte, war so fremd, dass er nicht wusste, wie er darauf reagieren sollte. Als sich sein Arbeitstag dem Ende neigte, verließ Jonas das Büro mit einem schweren Gefühl. Er wusste nicht, wohin er gehen sollte, wollte aber auch nicht direkt nach Hause. Der Gedanke an seine einsame Wohnung ließ ihn frösteln, obwohl die Luft draußen mild war. Er entschied sich, ein wenig durch die Straßen Berlins zu laufen. Die Stadt bei Nacht hatte etwas Eigenes, etwas, das Jonas gleichermaßen faszinierte und abschreckte. Die grellen Lichter der Reklametafeln, die Menschen, die sich lachend in den Bars drängten, und die Schatten in den dunklen Gassen – alles schien lebendig und gleichzeitig unnahbar. Er schlenderte durch eine Seitengasse, die von alten Backsteinhäusern gesäumt war. Hier war es ruhig, fast gespenstisch. „Jonas," flüsterte eine Stimme direkt in seinem Ohr. Er zuckte zusammen, fuhr herum, doch er war stetig allein. Die Gasse war genauso leer wie zuvor. Aber das Gefühl der Anwesenheit war erdrückend. Er konnte es nicht sehen, aber er spürte es. Etwas war da, und es wollte, dass er es wusste. „Du kannst mich nicht ignorieren," sagte die Stimme wieder, diesmal klarer. Es war tief, fast vibrierend, und sie schien direkt in seinem Kopf zu sein. „Ich sehe dich." Jonas taumelte rückwärts, sein Rücken stieß gegen die kalte Backsteinwand. Er suchte verzweifelt nach einer Erklärung, aber sein Verstand war wie gelähmt. „Was... was willst du von mir?" brachte er schließlich hervor, seine Stimme kaum mehr als ein Flüstern. Das Lachen, das folgte, war düster. „Ich will dir helfen, Jonas. Ich will dich stark machen." Und diesmal rannte Jonas los. Er wollte das alles nicht mehr. Er wollte, dass das ganze ein Ende nahm. Er wollte keine Stimmen mehr hören, er wollte dieses Wesen nicht mehr sehen. Spät in der Nacht erreichte Jonas seine Wohnung. Er wusste nicht, wie er es geschafft hatte, sich aus der Gasse zu entfernen. Alles, was er fühlte, war eine merkwürdige Mischung aus Furcht und Faszination. Was auch immer das war, es hatte ihn gefunden. Und er konnte sich nicht sicher sein, ob er das wollte – oder ob es bereits zu spät war.

*

Jonas erwachte aus einem unruhigen Schlaf, die Schatten der Nacht noch immer in seinen Gedanken verankert. Die Worte des Wesens ließen ihm einfach keine Ruhe."Ich sehe dich. Ich weiß, wer du bist." Sein Blick glitt zur Uhr. Es war kurz vor sieben, die frühe Dunkelheit des Winters lag noch drückend über Berlin. Jonas rieb sich die Augen und fragte sich erneut, ob alles, was er gesehen hatte, nur das Resultat seiner erschöpften Fantasie war. Aber da war mehr. Ein Gefühl der Beklemmung, als hätte die Dunkelheit selbst ihn berührt, ihn markiert. Warum hatte niemand sonst das Wesen gesehen? Nicht die Kollegen im Büro, nicht die Menschen im Bus – nur er. Das war der Gedanke, der ihn am meisten quälte, während er langsam aus dem Bett stieg. War er verrückt? Oder gab es Dinge, die nur ihm offenbart wurden? Er schüttelte den Kopf und zwang sich, diesen Gedanken für den Moment zu verdrängen. Sein Wecker hatte bereits drei mal gepiept, und er konnte es sich nicht leisten, zu spät zu kommen – nicht mit Kollegen wie Becker, die nur darauf warteten, ihn für den kleinsten Fehler lächerlich zu machen. Eine halbe Stunde später stand Jonas vor dem Spiegel in seinem winzigen Badezimmer. Er betrachtete sein blasses Gesicht, die dunklen Ringe unter seinen Augen, die eingefallenen Wangen. Sein Spiegelbild schien ihm fremd, wie ein Schatten seiner selbst. Er hielt inne, als ihm auffiel, dass der Raum still war. Unheimlich still. Nicht einmal der Wasserhahn tropfte. Jonas blinzelte. Für einen Moment glaubte er, hinter sich eine Bewegung zu sehen – etwas Dunkles, das sich von der Wand löste. Er drehte sich ruckartig um, doch da war nichts. Nur die altmodischen, schmutzig-gelben Fliesen. Mit einem tiefen Atemzug wandte er sich ab und machte sich auf den Weg zur Arbeit. Er wusste, dass er sich nicht in diesen Gedanken verlieren durfte. Im Büro angekommen, spürte Jonas sofort die kalte Atmosphäre. Das Neonlicht flackerte, als wolle es ihn ärgern, und die Gespräche der Kollegen klangen wie ein summender Bienenschwarm, von dem er ausgeschlossen war. Becker, ein bulliger Mann mit einem ständig herablassenden Grinsen, stand an der Kaffeemaschine und warf Jonas einen spöttischen Blick zu. „Na, Falk? Wieder verschlafen?“ Becker grinste breit, während er einen Schluck aus seiner Tasse nahm. Jonas nickte nur knapp und versuchte, an ihm vorbeizukommen. Doch Becker stellte sich in den Weg, seine massive Gestalt blockierte den schmalen Durchgang. „Du solltest dir echt mal Mühe geben. "Oder willst du ewig der Typ bleiben, der die Kaffeesorten verwechselt?“ Becker lachte laut, und einige der anderen Kollegen stimmten mit ein. Jonas' Hände ballten sich zu Fäusten, doch er sagte nichts. Er konnte nicht. Er hatte nie gelernt, sich zu wehren. Stattdessen senkte er den Kopf und setzte sich an seinen Schreibtisch, wo die Routine begann: Excel-Tabellen, E-Mails, endlose Zahlenreihen. Aber da war diese Stimme. Nicht die von Becker oder den Kollegen, sondern eine dunkle, samtene Stimme in seinem Hinterkopf. „Warum lässt du ihn so mit dir reden?“ Jonas zuckte zusammen und sah sich um. Niemand in seiner Nähe hatte gesprochen, doch die Worte klangen so klar, so nah. Er versuchte, sie zu ignorieren, doch sie kehrten zurück, stärker, eindringlicher. „Du bist besser als das. Warum lässt du dich erniedrigen?“ Sein Herz raste. Seine Wut stieg. Er presste die Hände auf seine Schläfen, als könne er die Stimme damit zum Schweigen bringen, doch sie lachte leise. Der restliche Tag zog sich wie zäher Sirup dahin. Jonas fühlte sich beobachtet. Immer wieder hatte er das Gefühl, dass der Schatten aus seinem Badezimmer ihm gefolgt war, doch jedes Mal, wenn er sich umsah, war da nur der graue Büroalltag. Becker schikanierte ihn bei jeder Gelegenheit, und mit jeder abfälligen Bemerkung wuchs die Stimme in Jonas' Kopf.

„Schwach.“

„Ein Niemand.“

„Lass es nicht zu.“

Als die Uhr endlich fünf schlug, konnte Jonas es kaum erwarten, das stickige Büro zu verlassen. Er zog seinen Mantel an und stürmte hinaus in die kalte Berliner Nacht. Das Wesen wartete bereits. Es tauchte auf, als Jonas eine Abkürzung durch eine verlassene Seitengasse nahm. Plötzlich schien die Luft schwerer zu werden, die Geräusche der Stadt verstummten. Und dann war es da: Die Silhouette, groß und bedrohlich, mit den langen Armen, den leuchtenden Augen, die wie brennende Kohlen, die in der Dunkelheit glühten. Jonas blieb stehen, unfähig, sich zu rühren. Sein Atem ging flach, seine Hände zitterten. „Was willst du von mir?" brachte er schließlich hervor, seine Stimme kaum mehr als ein Flüstern. Das Wesen trat näher, jede Bewegung schien zugleich fließend und unnatürlich. Die Augen fixierten Jonas mit einer Intensität, die durch Mark und Bein ging. „Ich will dir helfen," sagte es, und die Worte schienen nicht von seinen Lippen, sondern direkt in Jonas' Kopf zu kommen. Sie hallten dort, in einer düsteren, fast hypnotischen Melodie. „Helfen?" Jonas lachte bitter. „Du... was auch immer du bist. Du quälst mich. Du machst mich wahnsinnig." „Ich quäle dich nicht," erwiderte das Wesen ruhig. „Ich zeige dir die Wahrheit. Die Wahrheit über die Welt. "Über dich." Jonas schüttelte heftig den Kopf, als wollte er die Worte vertreiben, doch die Präsenz des Wesens drang tief in sein Bewusstsein ein. „Siehst du nicht, Jonas?" Die Stimme wurde sanfter, fast mitfühlend. „Diese Menschen, die dich jeden Tag herabsetzen, die dich ignorieren, dir Schaden zufügen – sie verdienen dich nicht. Du bist mehr, als sie je sein werden. Aber du musst es dir nehmen. Stärke. Respekt. Anerkennung." Jonas fühlte, wie eine seltsame Mischung aus Angst und Faszination in ihm aufstieg. Die Worte des Wesens fanden einen Anklang in ihm, wie eine dunkle Wahrheit, die er immer gewusst, aber nie ausgesprochen hatte. „Du redest Unsinn," murmelte er, mehr zu sich selbst als zu dem Wesen. „Ich will kein Machtspiel. "Ich will einfach nur meine Ruhe".„Ruhe?" Das Wesen lachte erneut, ein tiefes, kehliges Lachen, das die Wände der Gasse zu vibrieren schien. „Ruhe ist die Illusion der Schwachen. Die Welt wird dich immer angreifen, Jonas. "Es ist Zeit, dass du zurückschlägst." Jonas wollte protestieren, wollte wegsehen, doch seine Füße waren wie festgefroren, sein Blick in den leuchtenden Augen gefangen. Die Stimme des Wesens wurde leiser, eindringlicher. „Becker," flüsterte er. „Er verdient es nicht, über dir zu stehen. Du weißt das. Ich weiß das. Lass mich dir zeigen, wie du ihm entgegentritt. "Wie du dich erhebst."Jonas' Herz schlug schneller.Der Name seines Kollegen ließ seinen Magen zusammenziehen, und der Gedanke an die ständigen Demütigungen brachte eine Welle von Wut in ihm hervor. Doch genauso schnell folgte die Angst, die Unsicherheit. „Wie?“ fragte er schließlich. „Hör auf mich,“ antwortete es. „Lass mich dir den Weg zeigen. Ein einfacher Test. Zeig Stärke, und du wirst sehen, wie die Welt sich verändert.“ Die Kälte der Nacht schien plötzlich verschwunden, ersetzt durch eine seltsame Hitze, die von dem Wesen auszugehen schien. Jonas konnte kaum atmen, konnte kaum denken. Und dann war das Wesen verschwunden, so plötzlich, wie es aufgetaucht war. Am nächsten Tag saß Jonas an seinem Schreibtisch, die Worte des Wesens noch immer in seinem Kopf. Becker war wieder lautstark, machte dumme Kommentare, riss Witze auf Jonas' Kosten. Doch diesmal war etwas anders. Die Stimme des Wesens war da. Sie war ein leises Flüstern, eine ständige Präsenz in Jonas' Gedanken. „Lass es nicht zu. "Zeig Stärke.“ Becker schnappte sich einen Ordner von Jonas' Tisch, ohne zu fragen, und lachte über den chaotischen Zustand des Arbeitsplatzes. Die Kollegen um ihn herum kicherten leise. „Schau dir das an,“ sagte Becker spöttisch. „Wie kann man nur so unorganisiert sein? "Kein Wunder, dass du nie befördert wirst.“ Jonas' Hände ballten sich zu Fäusten. Die Stimme in seinem Kopf wurde lauter, eindringlicher. „Tu es. Du kannst es fühlen, nicht wahr? Diese Wut. Lass sie nicht verschwinden. "Nutze sie.“ Jonas stand plötzlich auf, schneller, als er es selbst erwartet hatte." Die Bewegung ließ Becker innehalten, überrascht von der Entschlossenheit in Jonas' Augen. „Hör auf,“ sagte Jonas, seine Stimme ruhig, aber mit einer Schärfe, die er selbst nicht kannte. Becker grinste, doch sein Lächeln war nicht mehr ganz so selbstsicher wie sonst. „Was soll das, Falk? "Du willst mir sagen, was ich zu tun habe?“ „Ich sage dir, dass du aufhören sollst,“ wiederholte Jonas, seine Stimme nun lauter. Die Kollegen im Raum schauten auf, neugierig, was passieren würde. Die Luft war plötzlich geladen, fast greifbar. Jonas spürte, wie alle Blicke auf ihm ruhten, aber es war ihm egal. Zum ersten Mal in seinem Leben war da kein Zittern, keine Unsicherheit. Nur die Stimme des Wesens, die ihn wie ein dunkler Strom durchflutete: „Mehr. Du bist stärker, als er denkt. Zeig es ihm.“ Becker trat einen Schritt auf Jonas zu, die alte Überheblichkeit kehrte in seinen Blick zurück. „Du machst dich lächerlich, Falk. Setz dich wieder hin, bevor du noch mehr Aufmerksamkeit auf dich ziehst.“ Die Worte prallten an Jonas ab wie Kieselsteine an einer Mauer. Er hatte genug. Genug von Beckers herablassendem Grinsen, genug von der ständigen Erniedrigung. Er machte einen Schritt nach vorne, und seine Stimme war diesmal schneidend wie ein Messer. „Hast du ein Problem, Becker?“ fragte er, leise, aber mit einem Ton, der jeden im Raum zum Schweigen brachte. Becker zögerte. Jonas’ Auftreten war so anders als sonst, so unerwartet, dass es ihn für einen Moment aus dem Konzept brachte. Doch der Moment verging schnell, und Becker versuchte, das Gleichgewicht wiederzuerlangen. „Du bist der, der hier ein Problem hat,“ sagte er und lachte gezwungen. „Ein kleines Licht, das sich plötzlich für wichtig hält. Glaubst du, ich nehme dich ernst?“ Jonas schüttelte den Kopf, ein bitteres Lächeln auf den Lippen. Die Stimme des Wesens war nun laut, triumphierend: „Er will dich provozieren, weil er Angst hat. Du hast die Macht, Jonas. Zeig ihm, dass du nicht mehr sein Fußabtreter bist.“ Die Wut kochte in Jonas hoch, wie ein Vulkan, der kurz vor dem Ausbruch stand. Aber inmitten dieser Wut war auch eine seltsame Klarheit. Er wusste, dass er jetzt die Kontrolle hatte, nicht Becker. „Du solltest mich ernst nehmen,“ sagte Jonas ruhig. „Sonst wirst du es bereuen.“ Die Worte ließen Becker für einen Moment die Fassung verlieren. Die anderen Kollegen schauten mit offenen Mündern zu, wie Jonas, der sonst so stille und zurückhaltende Jonas, plötzlich die Oberhand gewann. Becker öffnete den Mund, um etwas zu sagen, doch bevor er weitermachen konnte, drehte sich Jonas um und ging zurück zu seinem Schreibtisch. Sein Herz hämmerte in seiner Brust, die Adrenalinwelle ließ ihn zittern, doch er fühlte sich... gut. Zum ersten Mal fühlte er sich stark. Die Stimme des Wesens war zufrieden, fast sanft. „Das war der Anfang, Jonas. Jetzt siehst du, was du sein kannst. Es liegt alles in dir. Ich werde dir helfen, es zu entfesseln.“ Jonas atmete tief durch und sah, wie Becker ihn aus dem Augenwinkel beobachtete, unsicher, ob er die Konfrontation fortsetzen sollte. Doch Becker sagte nichts mehr. Der Tag ging weiter, doch Jonas wusste, dass etwas Entscheidendes geschehen war. Das Wesen hatte recht: Die Welt war voller Menschen wie Becker. Menschen, die glaubten, dass sie über ihm standen. Aber das würde nicht länger so bleiben. In der Stille seines Schreibtisches, während er die nächsten Zahlen in die Tabelle eingab, hörte er die Stimme ein letztes Mal an diesem Tag, ein Flüstern, das ihm einen kalten Schauer über den Rücken jagte: „Bald wirst du mehr tun als nur Worte benutzen.“

*

Der nächste Morgen begann wie jeder andere. Der Wecker summte leise, und der graue Lichtschein, der durch die Ritzen seiner Vorhänge fiel, ließ das Zimmer kühler wirken, als es tatsächlich war. Die Ereignisse der letzten Tage hatten ihn erschöpft, doch das merkte er erst, als er sich aus dem Bett quälte. Der Dämon – oder was auch immer dieses Wesen war – hatte sich in seine Gedanken eingenistet. Obwohl die Begegnungen mit ihm beunruhigend gewesen waren, spürte Jonas auch eine seltsame Vertrautheit, die sich in seinem Inneren breit machte. Es war, als ob das Wesen ihn verstand. In irgendeiner Weise. Er goss sich den noch von gestern übrig gebliebenen Kaffee ein und ließ den bitteren Geschmack langsam seine Zunge überfluten. Die Wohnung war still. Er hielt kurz inne und lauschte. Kein Flüstern, kein Schatten an den Wänden. War das Wesen heute verschwunden? Oder lauerte es nur, wartend auf den nächsten Moment, in dem Jonas seine Aufmerksamkeit suchen würde? Jonas zuckte mit den Schultern. „Du bist nicht real", murmelte er, mehr zu sich selbst als zu jemand anderem. Die Worte hallten in der leeren Küche wider, und für einen Moment spürte er sich wieder fest in der Realität verankert. Doch kaum hatte er die Tasse abgestellt, ertönte eine tiefe Stimme in seinem Kopf. „Bist du dir sicher, Jonas?" Er erschrak zutiefst. Die Tasse zitterte leicht in seiner Hand, bevor sie klirrend auf die Arbeitsplatte fiel. Sein Atem ging wieder so schnell, dass er in seinen Ohren dröhnte. „Lass mich in Ruhe", zischte er und rieb sich die Schläfen. „Warum solltest du das wollen? Du bist so einsam, Jonas. Ich bin der Einzige, der dich wirklich sieht." Die Stimme war ruhig, fast freundlich, und Jonas konnte nicht anders, als sich in ihren Klang einzulassen. Er fühlte, wie sein Widerstand nachließ, obwohl sein Verstand ihn dazu antrieb, standhaft zu bleiben. Doch da war auch ein anderer Teil von ihm – ein dunkler, hungriger Teil – der die Nähe des Wesens auf eine ungewöhnliche Weise genoss. Als er zur Uhr blickte und bemerkte, dass ihm nur noch wenige Minuten blieben ehe er aufbrechen musste, schlich eine seltsame Angst in ihm hoch. Er wusste nicht woher sie kam, in seinen Gedanken flog nur ein Satz hin und her: „Ich will nicht wieder ins Büro". Dabei konnte Jonas nicht einmal sagen, ob er den Weg zur Arbeit hasste oder einfach das Büro selbst. Aber eines war sicher: Er würde Becker wiedersehen, den Kollegen, der ihn seit Monaten schikanierte. Während er die Tür hinter sich zuzog und in die kühle Luft trat, hörte er sie wieder. Die Stimme. „Heute wird alles anders“, flüsterte sie. „Heute wirst du nicht zurückweichen.“ Jonas versuchte, sie zu ignorieren, doch er spürte, wie etwas in ihm darauf reagierte – eine Mischung aus Angst, Wut und einer seltsamen, neu entdeckten Entschlossenheit. Als er den Bus betrat und sich auf einen freien Sitz fallen ließ, konnte er die Blicke der anderen Fahrgäste nicht ertragen. Er fühlte sich, als ob sie in ihm lesen konnten, als ob sie wüssten, dass etwas in ihm nicht stimmte. Aber es war nicht die Welt, die sich gegen ihn stellte. Es war er selbst. Und die Stimme. „Du brauchst keine Angst zu haben“, erklang sie wieder, sanft und doch eindringlich. „Vertraue mir. "Ich bin nicht dein Feind, ich bin dein Freund.“ Jonas biss die Zähne zusammen und schloss die Augen. Es war nur noch eine Frage der Zeit, bis er Becker gegenüberstehen würde. Und diesmal würde er nicht einfach weglaufen. Auf dem Weg von sehr Bushaltestelle zum Büro war die Welt um ihn herum so vertraut und so fremd zugleich. Die grauen Straßen von Berlin schienen ihm unendlich leer, obwohl sie von Menschen überfüllt waren. Jonas spürte die Blicke der anderen Passanten, die ihn jedoch nie wirklich wahrnahmen. Sie gingen an ihm vorbei, in ihre eigenen Gedanken vertieft, während er selbst sich immer weiter in seine inneren Monologe verlor. Während er an der letzten Ampel wartete, tauchte das Wesen wieder auf. Diesmal war es kein Flüstern in seinem Kopf, sondern ein schemenhafter Schatten, der sich an der reflektierenden Glaswand eines großen Bankgebäudes neben ihm abzeichnete. Jonas zuckte nicht zusammen. Er war es gewohnt, ihn zu sehen, obwohl er wusste, dass niemand sonst ihn wahrnahm. „Schau sie dir an“, sagte die Stimme in seinem Kopf. „Sie ignorieren dich. Du bist unsichtbar für sie. Aber nicht für mich.“ Jonas verschränkte die Arme vor der Brust und wandte sich ab. Die Menschen, die an ihm vorbeigingen, sahen ihn tatsächlich nicht an, und er konnte nicht sagen, ob das beruhigend oder bedrückend war. Das Wesen hatte recht – er fühlte sich unsichtbar. Aber vielleicht war das ja auch besser so. Zumindest versuchte er sich das einzureden. „Was willst du eigentlich von mir?“, flüsterte Jonas in die Kälte des Morgens, kaum lauter als der Wind, der an den Bäumen der Straße rüttelte. „Ich will dir helfen, Jonas.“ Die Antwort kam prompt, fast fürsorglich. Jonas musste laut lachen. „Helfen? Was soll das überhaupt heißen? Du bist kein Freund. Du bist...“ Er stoppte. Er wusste nicht einmal, wie er das Wesen beschreiben sollte. Jonas stand nun auf der anderen Seite des Gehweg kurz vor dem Bürogebäude, die Hände in den Taschen seiner Jacke vergraben. Ein vorbeigehender Kollege hielt kurz inne, drehte sich zu Jonas um und runzelte die Stirn. „Alles in Ordnung, Jonas?" Jonas blinzelte verwirrt, als wäre er aus einem Traum erwacht, und nickte hastig. „Ja, ja... "Nur laut gedacht." Der Kollege zuckte mit den Schultern und ging weiter, doch sein Blick blieb misstrauisch. Jonas spürte den wachsenden Druck in seiner Brust und zwang sich, die Fassade zu bewahren. „Ich bin das, was du brauchst", kam die Antwort, leise und doch durchdringend. „Ein Freund, ein Ratgeber, ein Verbündeter. Ich bin das, was du schon immer gesucht hast. Und was du verdient hast." Jonas presste die Lippen aufeinander. Die letzten Worte hallten durch seinen Kopf, während er durch die schwere Bürotüre trat und ihm ein Schwall warmer Luft entgehen schwang. Im Büro verlief der Morgen zäh. Die Tastatur klickte monoton, und die Gespräche der Kollegen wirkten wie das Summen eines alten Kühlschranks – endlos und bedeutungslos. So, wie immer. Jonas bemerkte, wie sich seine Gedanken immer wieder von der Arbeit lösten. Die Stimme des Wesens war leise, fast so, als würde sie absichtlich in den Hintergrund treten, um ihn nicht zu stören. Doch irgendwann passierte es wieder. Der Kollege, Becker, der ihn regelmäßig schikanierte – der immer einen spitzen Kommentar auf den Lippen hatte, der ihn ignorierte oder demütigte –, tauchte hinter ihm auf. „Hey, Jonas, bist du heute wieder mit deinen Gedanken irgendwo anders?" Ein höhnisches Lachen folgte, und Jonas spürte, wie sich etwas in ihm zusammenzog. Er ignorierte ihn, starrte weiter auf den Bildschirm, doch das half nichts. Der Mann beugte sich zu ihm herunter und flüsterte: „Kein Wunder, dass dich hier keiner ernst nimmt." Jonas ballte die Fäuste unter dem Schreibtisch. Seine Atmung wurde schwerer. „Das ist es", flüsterte die Stimme in seinem Kopf. „Genau das, wovon ich gesprochen habe. Du lässt dir das gefallen, Jonas. Immer und immer wieder. Warum?" „Lass mich in Ruhe", murmelte Jonas, mehr zu sich selbst als zu Becker. Doch der Mann hörte ihn. „Was hast du gesagt?" Sein Ton war scharf und voller Spott. Jonas schüttelte den Kopf, versuchte, ruhig zu bleiben, aber die Stimme des Wesens wurde lauter. „Steh auf, Jonas. Schau ihm in die Augen. Lass ihn wissen, dass er das nicht mit dir machen kann." Sein Herz raste. Für einen Moment fühlte er sich, als ob die Realität um ihn herum verschwimmen würde. Das Wesen hatte recht. Warum ließ er das zu? Warum immer er?Jonas hob den Kopf, drehte sich um und sah Becker an. Der Mann stutzte kurz, als er Jonas' Blick sah – es war kein Blick voller Furcht mehr, sondern etwas anderes, Dunkleres. „Ich habe gesagt, lass mich in Ruhe", wiederholte Jonas. Seine

Stimme war fest, härter, als er es von sich gewohnt war. Becker grinste, doch es war ein unsicheres Grinsen. Er zuckte mit den Schultern und ging weg, aber Jonas spürte, dass er etwas gewonnen hatte. „Siehst du?", sagte das Wesen triumphierend. „Du hast mehr Macht, als du denkst. Du musst sie nur nutzen." Jonas atmete tief. Als Jonas später am Tag an seinem Schreibtisch saß, spürte er die Blicke der Kollegen auf sich ruhen. Es war, als würde jeder seine Unsicherheit und die leisen Risse in seiner Fassade sehen. Die Worte, die er draußen ausgesprochen hatte, hallten in seinem Kopf. „Du bist kein Freund..."Er rieb sich über die Schläfen, doch die Präsenz ließ ihn nicht los. Es war, als würde sie leise in ihm kichern, ein Schatten, der sich in jede noch so kleine Lücke seiner Gedanken schob. Die Zeit zog sich dahin, doch Jonas wusste, dass dies nicht das Ende war. Es war der Anfang von etwas Größerem, etwas, das er weder kontrollieren noch ignorieren konnte. Das Wesen war da – und mit ihm eine gefährliche Nähe, die ihn gleichermaßen verunsicherte wie faszinierte.

*

Die Uhr an der Wand seines Apartments tickte bedrohlich laut, während Jonas gedankenlos auf seinen zerkratzten Couchtisch starrte. Der Morgen war vorübergezogen wie ein Geist, unfassbar und ohne Substanz. Die wiederholte Begegnung mit Becker schwirrte ihm noch immer durch den Kopf, und ein Flüstern begleitete seine Gedanken wie ein Echo. Er verstand nicht, wieso Becker ihm selbst noch diesem Vorfall noch immer nicht in Ruhe ließ „Er hat dich nie respektiert", sagte die Stimme, während Jonas mechanisch in sein Hemd schlüpfte. „Was hält dich davon ab, dich zu wehren?" „Hör auf", murmelte Jonas in die Stille, wobei seine Stimme sich selbst wie ein Fremdkörper anhörte. Er griff nach seiner Kaffeetasse, die auf der Anrichte stand, und bemerkte erst, dass sie leer war, als er sie zum Mund führte. „Aufhören? Warum? Ich will dir nur helfen. Du weißt, dass ich recht habe." Jonas presste die Zähne zusammen. „Es ist nichts. Er ist nichts. Ich werde einfach arbeiten gehen, wie jeden Tag." Ein ungläubiges Lachen hallte durch seinem Kopf. „So wie gestern? Wie all die Tage davor? Wo hat dich das hingebracht?" Er schüttelte den Kopf und griff nach seiner Tasche. „Ich muss los. Ich bin spät dran." Als er aus der Wohnung trat, traf ihn die Kälte der winterlichen Morgenluft wie ein Schlag. Der Himmel war grau, die Welt um ihn herum schien stillzustehen. Doch das Flüstern ließ nicht nach. Auf dem Weg zur U-Bahn-Station ging Jonas durch einen kleinen Park, wo ein Obdachloser auf einer Bank saß und ein altes Buch las. Die Seiten waren vergilbt, der Einband beschädigt, aber der Mann schien vollkommen in die Lektüre vertieft. „Schau ihn dir an", begann die Stimme erneut. „Er lebt in der Hölle, und dennoch wirkt er zufriedener als du. Warum?" Jonas blieb stehen, die Frage bohrte sich tiefer, als er zugeben wollte. „Vielleicht, weil er einfach akzeptiert hat, wer er ist", flüsterte er. „Oder weil er keine Wahl hat." Jonas riss den Blick von dem Mann los und ging weiter. „Ich habe eine Wahl", sagte er laut, ohne zu merken, dass eine Frau, die ihm entgegenkam, ihn irritiert anstarrte. „Oh, wirklich?", höhnte die Stimme. „Zeig mir deine Wahl. Zeig mir, dass du kein Feigling bist." Als Jonas das Bürogebäude betrat, war ihm, als hätte er all seine Energie auf dem Weg verloren. Die Stimme verstummte, doch der Druck auf seiner Brust blieb. Seine Schritte hallten auf dem kalten Marmorboden, während er sich seinem Arbeitsplatz näherte. Becker stand bereits an seinem Schreibtisch und unterhielt sich lautstark mit einem anderen Kollegen. Sein Lachen war dröhnend, überheblich – wie ein Keil, der sich in Jonas' Ohren bohrte. „Da bist du ja", sagte Becker, als er Jonas bemerkte. „Ich dachte schon, du hättest verschlafen. Wäre ja nicht das erste Mal." Jonas atmete tief ein und setzte ein gezwungenes Lächeln auf. „Guten Morgen", murmelte er, während er sich an Becker vorbei drückte. „Ach, Jonas„Ach, Jonas", rief Becker hinter ihm her, seine Stimme triefte vor Spott. „Wie läuft's denn so? Immer noch der unauffällige Bürofleck, der nicht mal einen Drucker richtig bedienen kann?" Die Kollegen ringsum begannen zu kichern, einige warfen Jonas flüchtige Blicke zu, bevor sie sich hastig ihren Bildschirmen zuwandten, um nicht in die Schusslinie zu geraten. Jonas hielt in der Bewegung inne, die Hand auf der Lehne seines Stuhls. Seine Finger krallten sich so fest in das Kunstleder, dass die Knöchel weiß hervortraten. „Ich ignoriere das", murmelte er, halb zu sich selbst. Doch die Stimme in seinem Kopf war unerbittlich. „Warum tust du das? Warum stehst du hier und lässt dich demütigen? Du könntest ihn zum Schweigen bringen." „Lass mich einfach in Ruhe", flüsterte Jonas, kaum hörbar, während er sich auf seinen Stuhl setzte. „Was hast du da gesagt?" Becker lehnte sich über die Trennwand und spähte zu ihm hinüber, sein Grinsen breiter als je zuvor. „Hast du was gesagt, Jonas? Ist die Maus doch in der Lage, zu piepen?" Jonas starrte auf seine Tastatur, versuchte die Worte zu verdrängen, die sich wie eine Flutwelle in seinem Kopf aufbauten. „Du bist kein Feigling, Jonas", zischte die Stimme. „Zeig es ihm. Zeig ihnen allen, dass sie dich nicht mehr herumschubsen können." „Lass es einfach", murmelte Jonas, dieses Mal lauter, bevor er es merkte. Becker hob eine Augenbraue. „Was hast du gesagt?" Seine Stimme war nun tiefer, herausfordernder. Die anderen im Büro schauten gespannt auf, wie Zuschauer, die auf die nächste Szene in einem schlechten Drama warteten. „Ich habe gesagt, du sollst es lassen!", schrie Jonas plötzlich, seine Stimme warf ein Echo durch den Raum. Es war, als hätte er einen Schleier zerrissen – für einen Moment war alles still. Becker blinzelte überrascht, dann formte sich wieder dieses selbstgefällige Grinsen auf seinen Lippen. „Oh, sieh mal einer an! Jonas hat Zähne", spottete er und trat einen Schritt näher. „Aber weißt du was? Große Worte ändern nichts. Du bist immer noch der gleiche Versager wie gestern." Die Worte schnitten tief, doch Jonas spürte eine unerwartete Hitze in sich aufsteigen – eine Mischung aus Wut und etwas anderem, das er nicht benennen konnte. „Lass ihn reden", drängte die Stimme. „Er wird sich selbst zerstören. Oder... hilf ihm dabei." Jonas atmete schwer und merkte, dass er zitterte. Seine Hand ballte sich zur Faust, während er aufstand. Die Kollegen hielten den Atem an, einige schoben sich vorsichtig von ihren Tischen weg, als wäre eine Explosion unvermeidbar. „Was willst du tun, Jonas?", höhnte Becker. „Willst du mich etwa schlagen? Na los, ich bin gespannt." Jonas' Verstand schien kurz auszusetzen. Die Welt um ihn herum verschwamm, als die Stimme in seinem Kopf triumphierend flüsterte: „Jetzt. Zeig ihm, wer du bist." Doch anstatt Becker zu schlagen, griff Jonas nach seinem eigenen Stuhl und schob ihn mit einem Krachen zurück an seinen Schreibtisch. „Weißt du was, Becker?", sagte er mit gefährlich leiser Stimme. „Du bist es nicht wert." Becker schien überrascht, sogar enttäuscht, als Jonas sich umdrehte und aus dem Großraumbüro marschierte. Das Flüstern in seinem Kopf war jedoch nicht verstummt. „Das war erst der Anfang", Jonas warf die Tür des Büros hinter sich zu, als wäre sie eine Schwelle zwischen ihm und der erdrückenden Stille des Raumes. Sein Herz hämmerte, und die Luft fühlte sich schwer an, fast als hätte sie Substanz. Die kalte Flurbeleuchtung blendete ihn für einen Moment, und die Stimmen in seinem Kopf überschatteten jede Möglichkeit, klar zu denken. „Das war armselig", kam es leise und zischend. „Wirklich armselig, Jonas. Du hattest ihn. Er war schwach. Und du..." Die Stimme stockte, wie um eine

Wirkung zu erzielen. „Du hast nachgegeben." Jonas lehnte sich gegen die kühle Wand des Korridors, schloss die Augen und versuchte, seinen Atem zu beruhigen. Doch es war, als würde ihn die Stimme von innen aushöhlen. „Ich will keinen Ärger", flüsterte er, als würde das Gespräch im Raum fortgesetzt, obwohl niemand mehr da war. Seine Hände zitterten, als er sie in die Taschen seiner Hose steckte, um die Nervosität zu verbergen. „Keinen Ärger?", wiederholte die Stimme höhnisch. „Was nützt es, keinen Ärger zu wollen, wenn die Welt dich immer wieder wie Dreck behandelt? Siehst du das nicht? Sie trampeln auf dir herum, Jonas! Sie lachen über dich!" Jonas öffnete die Augen und sah sein Spiegelbild in der glänzenden Glasscheibe eines Fensters am Ende des Flurs. Sein Gesicht war blass, seine Augen schienen tiefer in den Schädel gesunken zu sein, und ein Zittern zog sich über seine Lippen. Für einen Moment dachte er, er würde jemanden hinter seinem Spiegelbild sehen – eine vage Silhouette, ein Schatten, der sich bewegte. Er schüttelte den Kopf und wandte sich ab. „Ich habe ihn nicht geschlagen. Ich habe das Richtige getan", sagte er laut, ohne darauf zu achten, dass seine Stimme den Flur hallend erfüllte. Die Stimme lachte dunkel und kalt. „Das Richtige? Du meinst das Schwache. Und das weißt du. Jeder in diesem Büro hat gesehen, was gerade passiert ist. Sie haben gesehen, wie du davongelaufen bist. Glaubst du, Becker wird jetzt aufhören? Glaubst du, sie werden dich respektieren? Nein. Du hast sie enttäuscht – und dich selbst." Die Worte schnitten tief. Jonas spürte, wie seine Hände sich wieder zu Fäusten ballten. Er wollte etwas entgegnen, wollte die Stimme zum Schweigen bringen, doch er wusste, dass er nichts sagen konnte, dass die Leere in ihm ausfüllen würde. Er drückte die Schultern durch, versuchte sich zu sammeln. Schritte hallten auf dem Flur, und Jonas hob den Kopf, als zwei Kollegen aus dem Büro traten. Sie wechselten einen Blick, als sie ihn bemerkten, und warfen ihm ein unbehagliches Lächeln zu, bevor sie hastig weitergingen. „Hast du das gesehen?", flüsterte die Stimme. „Selbst sie halten dich für verrückt." „Das reicht!", rief Jonas plötzlich, sein Schrei durchschnitt die Stille wie ein Messer. Die beiden Kollegen blieben stehen, erstarrten für einen Moment und drehten sich dann langsam um. Jonas sah, wie ihre Gesichter sich verzogen – eine Mischung aus Besorgnis und Misstrauen. „Alles in Ordnung, Jonas?", fragte einer von ihnen vorsichtig. Jonas blinzelte. Sein Herz raste, und für einen Moment wusste er nicht, was er sagen sollte. „Ja... ja, alles gut", murmelte er schließlich und schob sich an ihnen vorbei. Ihr Blick folgte ihm, schwer und unangenehm, wie eine Last auf seinen Schultern. Als er in den Pausenraum trat, ließ er sich auf einen der harten Plastikstühle fallen und vergrub das Gesicht in den Händen. Er wollte nur einen Moment der Ruhe, wollte der Unruhe in seinem Kopf entkommen. Doch die Stimme ließ ihm keine Pause. „Das ist es, was du jetzt bist, Jonas. Ein Witz. Ein Feigling. Selbst die Kleinen, die Schwachen – sie sehen es. Du bist ein Opfer." „Ich bin kein Opfer", flüsterte Jonas und hob langsam den Kopf. Seine Augen waren glasig, der Blick leer. Die Stimme lachte. „Das wirst du mir beweisen müssen." Eine kalte Wut kroch in Jonas hoch, schleichend wie ein Schatten, der die letzten Lichtstrahlen eines Tages verschlingt. Er spürte, wie sie sich in ihm festsetzte, seine Brust enger machte, sein Herz schneller schlagen ließ. Die Worte der Stimme hallten in seinem Inneren, unausweichlich und doch verlockend. Jonas stand auf und starrte in das trübe Licht der Neonröhren. Ein Teil von ihm wollte es heraus brüllen, wollte die Welt dazu zwingen, zuzuhören. Doch ein anderer Teil, der tief in ihm verborgen lag, flüsterte nur leise: Was, wenn sie recht hat?

*

Jonas hatte die Stimme stundenlang in seinem Kopf gehört. Sie sprach mal leise und sarkastisch, dann wieder laut und aufpeitschend, als würde sie ihn hin und her schleudern wie eine Marionette. Und je länger er ihr lauschte, desto mehr verschmolz sie mit seinen eigenen Gedanken. Als er den Weg nach Hause einschlug, bemerkte er kaum die kühle Abendluft, die ihm ins Gesicht schlug. Die Straßen waren halb leer, von wenigen Fußgängern belebt, die in Eile wirkten, um noch irgendwo rechtzeitig anzukommen. Doch Jonas ging langsam, als würde jede Bewegung schwerer werden. „Du kannst dich nicht verstecken, weißt du?", begann die Stimme wieder. „Es gibt immer einen Becker. Es gibt immer jemanden, der auf dir herumtrampelt. Solange du dich nicht wehrst, wird sich nichts ändern." Jonas blieb stehen, blinzelte gegen die Lichter eines Ladens auf der anderen Straßenseite. Die Helligkeit blendete ihn, und für einen Moment fühlte er sich wie ein Fremder in seiner eigenen Stadt. „Ich wehre mich ja", sagte er leise, beinahe flehend. „Nein, Jonas. Das tust du nicht. Nicht wirklich." Seine Schritte wurden langsamer. Die Welt um ihn herum schien sich zu verzerren, als würde sie sich mit jedem Schritt weiter von ihm entfernen. Ein alter Mann mit einer Einkaufstüte schob sich an ihm vorbei, und Jonas spürte, wie seine Schultern aneinander streiften. Er zuckte zusammen, als hätte ihn der Kontakt getroffen wie ein Schlag. „Siehst du? Er hat dich nicht einmal beachtet. Du bist unsichtbar. Bedeutungslos." „Das stimmt nicht", murmelte Jonas, seine Stimme kaum hörbar. Doch die Stimme ignorierte seinen Widerspruch. „Du bist unsichtbar, weil du dich so klein machst. Weil du dich in dir selbst verkriechst. Hör auf, die Dinge geschehen zu lassen. Du musst etwas tun." Jonas blieb stehen. Seine Hände ballten sich zu Fäusten, und er atmete tief durch. Die Stadt um ihn herum war leise geworden – oder vielleicht war es nur sein Kopf, der die Geräusche ausgeblendet hatte. Ein Mann stand ein Stück vor ihm an der Ecke, der Rücken zu ihm gewandt. Er trug eine abgetragene Jacke und eine Zigarette hing zwischen seinen Fingern. „Schau ihn dir an", sagte die Stimme mit einem Hauch von Verachtung. „Er ist genauso wie Becker. Dasselbe selbstgerechte Grinsen. Dieselbe Haltung, die sagt: ‚Ich bin besser als du.'" „Ich kenne ihn nicht", entgegnete Jonas laut. Er bemerkte, wie seine Stimme in der stillen Straße widerhallte, und einige Passanten drehten sich nach ihm um. „Das spielt keine Rolle", zischte die Stimme zurück. „Es geht nicht um ihn. Es geht darum, dass du dir Respekt verschaffst. Dass du aufhörst, dich selbst zu bemitleiden." Jonas spürte, wie sein Herz schneller schlug. Er sah den Mann an – die Art, wie er lässig gegen die Laterne lehnte, als gehöre ihm die Straße. Es war, als würde die Stimme Recht haben, als würde dieser Fremde ihn auslachen, ohne auch nur einen Blick in seine Richtung zu werfen. „Er lacht dich aus, Jonas", flüsterte die Stimme. „Er hält dich für schwach. Und du bist es... solange du nichts tust."„Hör auf!" presste Jonas hervor und schüttelte den Kopf, als wollte er die Worte aus seinem Kopf vertreiben. Doch die Stimme wurde drängender. „Du willst stark sein, oder? Du willst Respekt? Dann zeig es. Es gibt keinen Ausweg". Die vorerst gedämpfte Stimme wurde ein Dröhnen in Jonas' Kopf. Es war kein Gedanke mehr, keine innere Überlegung – es war ein Befehl. Die Welt um ihn herum verschwamm, die Bewegungen der wenigen Menschen auf der Straße wirkten träge, wie in Zeitlupe. Aber der Mann vor ihm, der an der Laterne lehnte, blieb klar. Zu klar. Jonas fühlte seine Finger zittern, als er einen Schritt nach vorn machte. Seine Atmung war flach, seine Brust zog sich zusammen, aber er konnte nicht stehen bleiben. Die Stimme in seinem Kopf schien seine Beine zu bewegen, sein Körper handelte, während sein

Verstand sich wehrte. „Nein…“ flüsterte er, aber seine Füße gingen weiter. „Doch, Jonas“, kam die Antwort, voller Autorität. „Zeig ihm, dass du nicht der bist, für den er dich hält. Zeig der Welt, dass du nicht länger unsichtbar bist.“ Jonas war jetzt nah genug, um die Rauchwolken der Zigarette zu sehen, die langsam in der kalten Luft verschwanden. Der Mann war vielleicht Mitte fünfzig, seine Haltung entspannt, fast schon gleichgültig. Er hatte Jonas nicht einmal bemerkt. „Hör auf, dich zu rechtfertigen“, sagte die Stimme schneidend. „Warum sollte er dich sehen? Du bist für ihn Luft. Du bist immer nur Luft gewesen.“ „Ich will das nicht…“, murmelte Jonas, seine Stimme heiser. „Doch, Jonas, du willst es. Es steckt tief in dir. Dieser Zorn, diese Frustration… Ich helfe dir nur, sie zu entfesseln.“ Jonas' Hände ballten sich zu Fäusten, und er spürte, wie sich etwas Dunkles in ihm regte – eine Welle, die über ihm zusammenschlagen wollte. Der Mann drehte sich ein Stück zur Seite, vielleicht weil er spürte, dass jemand näher kam, vielleicht aus reiner Langeweile. Doch in Jonas' Augen war es eine Geste der Verachtung, ein stummes Urteil, das all seine Unsicherheiten bestätigte. „Hör auf, dich selbst zu bremsen“, drängte die Stimme. „Gib dir die Erlaubnis. Befreie dich!“ Etwas in Jonas riss. Ein plötzlicher Ruck durchfuhr ihn, und bevor er wusste, was er tat, griff er nach der Schulter des Mannes und drehte ihn mit einer Härte um, die ihn selbst überraschte. Die Zigarette fiel aus der Hand des Fremden und landete zischend auf dem Boden. „Was… Was soll das?“, stammelte der Mann und wich einen Schritt zurück, die Augen weit vor Schreck. Doch Jonas hörte die Worte kaum. Sein Herz raste, seine Atmung war schwer, und in seinem Kopf war nur noch die Stimme, laut und fordernd: „Weiter. Zeig ihm, wer du bist!“ Seine Hand schnellte nach vorn, packte den Kragen der abgetragenen Jacke und zog den Mann zu sich heran. „Du denkst, du kannst einfach… einfach über mich hinwegsehen?“, knurrte Jonas, seine Stimme tief und fremd in seinen eigenen Ohren. Der Mann hob die Hände in einer beschwichtigenden Geste. „Hey, beruhig dich! Ich weiß nicht, was dein Problem ist, aber—“ „Mein Problem?“ Jonas' Stimme überschlug sich fast. „Mein Problem bist du! Ihr alle! Ihr behandelt mich wie… wie nichts! Aber ich bin nicht nichts!“ Die Wut übernahm die Kontrolle. Es war, als hätte er zugesehen, wie jemand anderes handelte – ein entfesseltes Tier, das durch ihn sprach, durch ihn handelte. Jonas schubste den Mann gegen die Laterne, hart genug, dass ein dumpfer Klang die Straße erfüllte. Der Fremde keuchte vor Schmerz und hielt sich die Schulter. „Hör auf, verdammt!“, rief der Mann, die Panik deutlich in seiner Stimme. Aber Jonas konnte nicht mehr hören. Der Druck in seinem Kopf, das Dröhnen in seinen Ohren – es übertönte alles. Er wollte, dass es aufhörte. Er wollte, dass die Stimme verschwand, dass die Welt ihn endlich sah. „Genug!“ Die Worte hallten durch die Straße, und Jonas' eigene Stimme brachte ihn zurück in die Realität. Seine Hände zitterten, während er den Kragen des Mannes losließ. Der Fremde sackte zu Boden, keuchend, die Augen starr auf Jonas gerichtet, voller Angst und Unverständnis. „Was...“, begann Jonas, doch seine Worte versagten. Er trat einen Schritt zurück, dann noch einen, bis er stolperte und fast fiel. Die Welt drehte sich um ihn, und das Dröhnen in seinem Kopf wurde leiser, schien sich zurückzuziehen, aber nicht ohne einen letzten Satz zu hinterlassen: „Das war erst der Anfang.“ Jonas wirbelte herum und rannte, ohne zu wissen, wohin. Seine Beine fühlten sich schwer an, seine Brust brannte, aber er lief, bis die Straßen verschwammen und der Vorfall hinter ihm zurückblieb – zumindest körperlich. In seinem Kopf jedoch hallte die Stimme nach, begleitet von einem Gefühl, das ihn fast überwältigte: Schuld. Jonas rannte, bis seine Beine nachgaben. Er fiel schwer auf die Knie, spürte das Brennen des Asphalts an seiner Haut durch die dünne Hose. Sein Atem kam stoßweise, seine Lunge zog schmerzhaft die kalte Luft ein, aber er konnte nicht stillstehen. Die Bilder in seinem Kopf liefen wie ein endloser Film ab – der Mann, der zu Boden sackte, das Geräusch seines Aufpralls, das Flackern in seinen Augen, als Panik und Schmerz Besitz von ihm ergriffen. Jonas presste die Hände an seine Schläfen, als könnte er die Erinnerung einfach aus seinem Kopf herausdrücken. „Nein... Nein, nein, nein... "Was habe ich getan?“, murmelte er, kaum hörbar. Seine eigene Stimme klang fremd, als gehöre sie zu jemand anderem. Er hob den Blick und sah sich um. Er hatte keine Ahnung, wo er war. Die Straßen wirkten grau und verlassen, als ob die Welt selbst ihn ausgestoßen hätte. Überall waren Fenster, doch keine Augen hinter den Scheiben. Niemand, der ihn sah, niemand, der ihm helfen konnte. Er zog die Knie an seinen Körper, presste die Stirn dagegen und ließ seinen Kopf ruhen. Der Druck in seiner Brust wurde bedrückend, und als er versuchte, tiefer zu atmen, brach es aus ihm heraus – erst ein leises Schluchzen, dann ein Keuchen, bis er schließlich laut weinte. Es war nicht das erste Mal, dass er geweint hatte, aber es fühlte sich an wie das erste Mal seit Jahren, dass er sich so klein fühlte. „Was ist nur los mit mir?“, flüsterte er, mehr zu sich selbst als zu der leeren Straße. Seine Hände zitterten, und er starrte auf die feinen Risse in seinen Handflächen, die sich von der Kälte gerötet hatten. Die Hände, die vor wenigen Minuten noch auf jemand anderen eingeschlagen hatten. Er erinnerte sich an den Ausdruck in den Augen des Mannes. Die Angst. Die Bitte um Gnade. Jonas hatte sie ignoriert, hatte seinen Schmerz auf jemanden entladen, der ihn nicht einmal kannte. Und jetzt? Jetzt fühlte er nichts als Scham. „Er hätte sterben können", murmelte Jonas und schüttelte ungläubig den Kopf. „Was... was, wenn ich ihn ernsthaft verletzt habe?" Der Gedanke ließ ihn aufstöhnen. Sein Magen krampfte sich zusammen, und für einen Moment glaubte er, er würde sich übergeben. Doch es kam nichts, außer mehr Schuld. Jonas wischte sich mit zitternden Händen über das Gesicht. Seine Tränen waren eiskalt auf seinen Wangen, aber das kümmerte ihn nicht. Er spürte nichts mehr außer den Stichen in seiner Brust. Er fühlte sich, als ob ein Teil von ihm zerbrochen wäre – nicht nur wegen des Mannes, sondern wegen allem, was er war, wegen dem, was er nicht mehr kontrollieren konnte. Plötzlich kam ihm ein anderer Gedanke. Was, wenn die Polizei ihn finden würde? Was, wenn der Mann ihn angezeigte? Bilder von sich selbst in einer Zelle tauchten vor seinem inneren Auge auf, von Verhören, von Gerichten. „Ich kann nicht... Ich kann nicht ins Gefängnis", flüsterte er, während neue Panikwellen durch ihn hindurchrollten. Er versuchte aufzustehen, doch seine Beine gaben nach. Es war, als hätte sein Körper beschlossen, den Dienst zu verweigern. Er blieb auf dem Boden sitzen, schaukelte leicht vor und zurück, wie ein Kind, das sich selbst zu trösten versucht. Ein Gedanke schob sich plötzlich in den Vordergrund: Er musste zurück. Zurück zu seiner Wohnung. Vielleicht war das alles ein Fehler gewesen. Vielleicht konnte er sich irgendwo verstecken, einfach abtauchen, bis sich alles beruhigt hatte. Doch ein leiser Teil in ihm wusste, dass es nicht so einfach war. „Das war nicht ich", flüsterte Jonas mit zittriger Stimme. „Ich bin nicht so. Ich bin kein gewalttätiger Mensch." Doch die Bilder widersprachen ihm. Der Mann, der auf dem Boden saß, sein verzweifeltes „Hör auf!" – das war kein Trugbild. Das war die Realität. Jonas hatte es getan. Und nichts, was er jetzt sagte, konnte das ungeschehen machen. Nach einer gefühlten Ewigkeit schaffte er es, sich aufzurichten. Seine Beine waren wackelig, und er hielt sich an einer Laterne fest, um nicht wieder zu fallen. Er fühlte sich wie ein Geist, der durch die Straßen schlich, halb unsichtbar, halb nicht mehr Teil dieser Welt. Als er schließlich seine Wohnung erreichte, war sein Körper wie betäubt. Er schloss die Tür hinter sich, ließ seinen Mantel fallen und sank auf das Sofa. Dort saß er einfach nur da, ohne Licht, ohne Geräusche, ohne Bewegung. Die Stille um ihn herum war ohrenbetäubend, und doch war sie angenehmer als der Sturm in seinem Inneren. Sein Blick fiel auf seine Hände, und ein Schauer lief ihm über den Rücken. Er konnte die Wärme des Mannes unter seinen Fingern noch immer spüren, die rohe Gewalt, die er entfesselt hatte. Er wollte schreien, wollte sich selbst bestrafen, wollte etwas tun, irgendetwas, um die Schuld zu tilgen, die ihn zu erdrücken drohte. Aber er tat nichts. Stattdessen saß er einfach da, starrte in die Dunkelheit und fragte sich, ob er jemals wieder Frieden finden würde.

*

Jonas stand vor dem Spiegel in seinem Badezimmer, das Licht flackerte schwach, als würde es seinen inneren Zustand widerspiegeln. Seine Hände ruhten auf dem Waschbecken, die Finger zitterten. Er starrte sich selbst an – oder vielmehr, er versuchte es. Doch in seinen Augen war nichts mehr von dem Menschen zu erkennen, der er einst gewesen war. Die Szene mit dem Fremden lief in seinem Kopf wie ein Film ab, wieder und wieder, ohne Pause. Die Schreie. Die Wut. Das Knirschen von Zähnen und das dumpfe Geräusch, als der Fremde gegen die Wand schlug. „Was habe ich getan?" flüsterte Jonas heiser und starrte auf die roten Flecken, die noch immer auf seinen Handknöcheln zu sehen waren. Er versuchte, sie unter fließendem Wasser abzuwaschen, doch es fühlte sich an, als hätten sie sich in seine Haut gebrannt. Jede Bewegung seiner Hände erinnerte ihn daran, wie sie sich in dem Moment angefühlt hatten: fest, kraftvoll – und vollkommen außer Kontrolle. Sein Atem ging schneller. Er fühlte, wie sich eine unsichtbare Last auf seine Brust legte. Die Bilder wollten nicht verblassen, aber darunter – verborgen unter der Schuld und der Angst – lag etwas anderes. Etwas Dunkles. Etwas, das ihm Angst machte, weil es sich so... gut angefühlt hatte. Diese Macht. Dieses Gefühl, endlich nicht mehr ohnmächtig zu sein. Er warf sich zurück, weg vom Waschbecken, als würde das Wasser ihn verbrennen. Er sackte auf den Boden, sein Rücken prallte gegen die kalten Fliesen. Der Raum schien enger zu werden. Sein Puls raste. Er wollte weinen, aber keine Tränen kamen. Alles in ihm war ein Sturm, der sich nicht entladen konnte. Die Wut, die in ihm aufgestaut war – sie hatte sich entladen, aber der Preis dafür war zu hoch. „Das war nicht ich“, flüsterte er, die Hände an seinen Kopf gepresst, als würde das den Schmerz und die Schuld vertreiben. „Das... war nicht ich. "Ich bin kein Monster.“ Doch tief in seinem Inneren zweifelte er an seinen eigenen Worten. Denn ein Teil von ihm, der Teil, den er nicht verstehen konnte, genoss die Erinnerung an die rohe Gewalt, an die Kontrolle, die er über den Moment gehabt hatte. Langsam hob er den Kopf und sah aus dem Fenster. Die Welt draußen wirkte friedlich, fast spöttisch in ihrer Ruhe. Menschen gingen vorbei, ahnungslos, wie er sich fühlte. Es schien unmöglich, dass ihr Alltag unberührt blieb, während sein Inneres in Trümmern lag. Jonas holte zitternd Luft und zwang sich, aufzustehen. Er taumelte ins Wohnzimmer, wo noch immer eine Flasche Bier auf dem Tisch stand. Er griff danach, öffnete sie mit einem Ruck und nahm einen tiefen Schluck. Es half nicht. Der Geschmack war bitter, genau wie die Erinnerung. Er stellte die Flasche mit einem Knall ab und sank auf das Sofa. Sein Blick wanderte durch den Raum, blieb an der leeren Wand hängen. Dort war kein Spiegel, kein Fenster, nichts, das ihn dazu zwingen könnte, sich selbst zu sehen. „Ich bin kein schlechter Mensch“ murmelte er wieder, diesmal lauter, als wollte er die Worte wahr machen, indem er sie sprach. Aber sie fühlten sich leer an. Die Nacht war kalt und still, doch in Jonas tobte ein Feuer, das er nicht löschen konnte. Er wusste, dass es nicht einfach vergehen würde. Die Schuld würde bleiben – und auch die Frage, ob er je wieder derselbe sein könnte. Oder ob er es überhaupt wollte.

Jonas saß unverändert auf dem Sofa, starrte auf den schwarzen Bildschirm des ausgeschalteten Fernsehers. Sein Bein wippte unaufhörlich, ein nervöser Reflex, den er nicht unterdrücken konnte. In seinem Kopf war es nie still, nicht mehr. Das Wesen war immer da, lauerte in den Ecken seiner Gedanken, bereit, sich in jeden einzelnen Moment seiner Schwäche zu graben. „Was willst du jetzt schon wieder?“ knurrte Jonas, ohne sich zu bewegen. Seine Stimme war leise, aber voller gereizter Schärfe. Er sprach in den Raum hinein, doch er wusste genau, dass die Worte nicht ins Leere gingen. „Du weißt genau, was ich will,“ erklang die tiefe, durchdringende Stimme in seinem Kopf. Es war keine Überraschung mehr, kein Schock. Aber es war immer noch wie ein Schlag in den Magen, jedes einzelne Mal. „Du sitzt hier wie ein geprügelter Hund, während da draußen eine Welt wartet, die sich über dich lustig macht.“ Jonas’ Kiefer mahlte. „Halt die Klappe.“ „Warum? Weil ich recht habe?“ Die Stimme war jetzt süffisant, fast spöttisch.„Becker? Der Fremde auf der Straße? Sie haben dich behandelt, als wärst du nichts. Und was hast du getan? Du hast geschwiegen. Dich zusammengerissen. "Wie lange willst du noch alles in dich hineinfressen, Jonas?“ „Ich hab genug gehört!“ Jonas sprang auf, die Wut kochte in ihm hoch wie Lava, und er schleuderte die Fernbedienung quer durch den Raum. Sie prallte an die Wand und fiel klappernd zu Boden. Sein Atem ging stoßweise, seine Hände ballten sich zu Fäusten. „Das reicht doch nicht, oder?“ Das Wesen lachte leise, ein dunkler, vibrierender Ton, der Jonas’ Schädel wie ein Trommelschlag erfüllte. „Schrei ruhig. Zerbrich die Möbel. Aber du weißt, dass das nicht ausreicht. Das wird deine Wut nicht stillen.“ Jonas fuhr sich mit beiden Händen durchs Gesicht, zog an seinen Haaren und begann im Zimmer auf und ab zu gehen. „Ich bin nicht wie du. Ich lasse mich nicht von dir kontrollieren.“ „Das ist das Lustige, Jonas,“ erwiderte die Stimme mit honigsüßer Boshaftigkeit. „Du bist genau wie ich. Tief in dir drin weißt du, dass sie es verdient haben. Alle. Becker. Der Typ auf der Straße. Jeder, der dich wie Dreck behandelt hat. Du willst es ihnen zeigen. Du willst, dass sie dich fürchten.“ Jonas’ Schritte wurden schneller, seine Schultern zuckten bei jedem Atemzug. Die Worte des Wesens bohrten sich in seinen Kopf, vermischten sich mit den Erinnerungen an die Gesichter, die ihn verspottet hatten, die kalten Blicke, die abwertenden Kommentare. „Ich... Ich werde nicht zulassen, dass du mich zerstörst,“ presste er hervor, mehr zu sich selbst als zu dem Wesen. „Zerstören?“ Die Stimme lachte wieder, dieses Mal lauter, fast triumphierend. „Ich helfe dir, Jonas. Ich zeige dir, wie du endlich stark sein kannst. Wie du sie alle zum Schweigen bringst.“ Jonas blieb stehen, sein Blick fiel auf seine zitternden Hände. Er biss die Zähne zusammen, so fest, dass sein Kiefer zu schmerzen begann. „Du bringst mich dazu, Dinge zu tun... Dinge, die ich nicht tun will.“ „Lüg nicht, Jonas,“ flüsterte die Stimme. „Du willst es. Du willst sie leiden sehen. Ich mache nur das, was du tief in dir schon immer tun wolltest.“ Jonas schwieg, seine Brust hob und senkte sich heftig. Die Bilder in seinem Kopf waren klar, unerbittlich: Becker, wie er lachte und ihn verspottete. Der Fremde, wie er Jonas beiseite geschubst hatte, als wäre er nichts weiter als Luft. Sein Herz raste, seine Hände zuckten vor unterdrückter Gewalt. Jonas fing wieder an, zu laufen. Nur für einen kurzen Moment, dann verlangsamten sich seine Schritte wieder, bis er abrupt in der Mitte des Zimmers stehen blieb. Sein Blick war auf den

Boden gerichtet, seine Schultern hingen schlaff herab. Die Stimme in seinem Kopf schwieg, ließ ihn allein mit dem Echo seiner Gedanken. Es war ein stilles Tauziehen, ein innerer Krieg, der keinen klaren Sieger kannte. Er griff nach seiner Jacke, die über der Stuhllehne hing, und zog sie langsam über. Sein Atem war schwer, doch er fühlte eine seltsame Ruhe in sich aufsteigen. Nicht die Art von Ruhe, die beruhigend war – es war eine Stille, die ihn beunruhigte. Eine Stille, die bedeutete, dass etwas in ihm aufgegeben hatte. Er hatte seinen eigenen Widerstand aufgegeben. „Gut," sagte die Stimme, jetzt fast leise, schwebend, wie ein dunkler Gedanke, der sich unter die Oberfläche schlich. „Gehen wir!" Ohne dass das Wesen jemals erwähnt hatte, was es vorhatte, verließ Jonas seine Wohnung, schlug die Türe hinter sich zu. Immer schwerer wiegte die Wut in ihm. Gegen sich, gegen das Wesen und vor allem gegen alle anderen. Jonas trat in die kalte Nacht hinaus. Der Mond war nur ein blasser Fleck hinter den Wolken, und die Straßen waren menschenleer. Der schwache Wind trug die Geräusche der Stadt zu ihm – entferntes Hupen, ein Hund der bellte, Schritte auf dem Pflaster. Doch in Jonas' Ohren klang alles gedämpft, als wäre er hinter einer unsichtbaren Wand gefangen, abgeschnitten von der Welt. Er wusste nicht genau, wohin er ging. Seine Füße trugen ihn, während sein Kopf leer war, taub von den immer wiederkehrenden Bildern und Gedanken, die ihn sonst quälten. Nach einigen Minuten fand er sich an einer Straßenecke wieder, an der er oft vorbeikam. Ein kleiner Kiosk, der um diese Uhrzeit noch geöffnet war, stand beleuchtet vor ihm. Ein Mann, vielleicht Mitte dreißig, stand davor und tippte etwas auf seinem Handy. Der Fremde blickte auf, als Jonas näher kam. Seine Augen streiften Jonas nur kurz, als wäre er nichts weiter als ein Schatten, der vorbeizog. Doch diese flüchtige Gleichgültigkeit reichte aus, um etwas in Jonas zum Bersten zu bringen. „Da ist er," flüsterte die Stimme in seinem Kopf. „Ein Niemand. Ein Fremder. Perfekt." Jonas blieb ruckartig stehen. Seine Hände ballten sich, die Nägel gruben sich in seine Handflächen. Der Mann nahm ihn nicht wirklich wahr, tippte weiter auf sein Handy, während er sich mit dem Rücken zu Jonas drehte. „Tu es," sagte die Stimme. „Zeig mir, dass du die Macht hast. Zeig es dir selbst." Jonas spürte, wie die Hitze der Wut in ihm aufstieg, wie eine Welle, die nicht mehr zu stoppen war. Sein Atem wurde schwerer, schneller. In seinem Kopf war es plötzlich nicht mehr still – die Stimme drängte, hetzte, schrie ihn an, während sein Herz wie ein Trommelwirbel in seiner Brust hämmerte. Er machte einen Schritt auf den Mann zu.

Der Fremde bemerkte ihn erst, als Jonas fast direkt hinter ihm stand. Er drehte sich überrascht um, die Stirn gerunzelt. „Kann ich Ihnen helfen?“ fragte er, seine Stimme klang irritiert, aber höflich. Das war der Moment. Ein Funken, der ein Feuer entfachte. Jonas sah in die Augen des Mannes, sah darin die gleiche Gleichgültigkeit, die er bei Becker und bei so vielen anderen gesehen hatte. Eine Wut, die er nicht mehr kontrollieren konnte, brach aus ihm heraus. „Was glaubst du, wer du bist?“ zischte Jonas, seine Stimme bebte vor unterdrückter Aggression. Der Mann wich einen Schritt zurück, sah sich verwirrt um. „Ich... Entschuldigung, ich glaube, Sie verwechseln mich...“ Jonas hörte nicht zu. Die Stimme in seinem Kopf übernahm das Kommando, verschmolz mit seiner eigenen, bis er nicht mehr wusste, wer sprach und wer schwieg. Seine Faust traf den Mann mit einer Wucht, die Jonas selbst überraschte. Der Fremde stolperte zurück, ließ sein Handy fallen, das klirrend auf den Boden prallte. Jonas stand zitternd da, seine Brust hob und senkte sich heftig, während der Fremde benommen am Boden lag. „Noch einmal,“ flüsterte die Stimme. „Er hat es verdient. Alle verdienen es.“ Jonas trat einen Schritt nach vorne, hob die Faust erneut, doch etwas hielt ihn zurück. Ein leises Flackern von Vernunft, ein kleiner Funken inmitten des tobenden Feuers in ihm. Er blieb stehen, starrte auf den Mann hinab, der sich langsam aufrappelte, seine Hand schützend vor sich hebend. „Bitte...“ sagte der Fremde leise, seine Stimme zitterte. Jonas' Blick war leer, sein Atem ging nur noch stoßweise. Für einen Moment schien die Zeit stillzustehen. Dann drehte er sich ruckartig um und rannte. Jonas rannte, so schnell er konnte. Er wusste nicht, wohin er lief, aber es war egal. Seine Beine brannten, sein Herz raste, doch er rannte weiter, bis seine Lungen nach Luft schrien und er schließlich in einer dunklen Gasse zum Stehen kam. Er ließ sich gegen die Wand sinken, seine Hände zitterten unkontrolliert. Er fühlte den kalten Schweiß, der ihm den Rücken hinunterlief, die dröhnenden Schläge seines Herzens in seinen Ohren. Die Stimme war still. Zum ersten Mal seit Wochen war da nur Stille, und sie war erschreckend. Jonas zog die Knie an die Brust und vergrub das Gesicht in den Händen. Die Bilder des Angriffs spielten sich in seinem Kopf ab wie ein Film, der immer wieder von vorne begann. Der Schock, die Wut, die plötzliche Gewalt – und dann das Gesicht des Mannes, wie er am Boden lag, verwirrt, verängstigt, wehrlos. „Was habe ich getan?“ flüsterte Jonas, seine Stimme kaum hörbar. Seine Hände ballten sich in sein Haar, zogen daran, während er verzweifelt versuchte, die Bilder aus seinem Kopf zu vertreiben. Die Stille blieb. Keine Stimme, keine Worte – nur er und seine Schuld. Jonas saß noch viele Minuten in der dunklen Gasse, die Knie an die Brust gezogen und er spürte, wie sich die Kälte der Nacht langsam in seine Glieder fraß. Sein Atem hatte sich beruhigt, doch sein Herz pochte unregelmäßig, wie ein kaputter Taktgeber. Die Bilder des Angriffs flackerten noch immer durch seinen Kopf, doch sie wurden zunehmend überlagert von einer anderen, beunruhigenden Erkenntnis. Es war nicht nur die Gewalt, die ihn erschütterte – es war, wie sie zustande gekommen war. Wie ein unsichtbarer Faden, der an ihm gezogen hatte, ohne dass er es bemerkt hatte. Das Wesen hatte ihn gelenkt. Es war nicht nur seine Wut gewesen, nicht seine Entscheidung, die Faust zu heben. Nein, das war... etwas anderes gewesen. Etwas Fremdes. „Ich war es nicht", flüsterte er, als wollte er sich selbst überzeugen. Doch tief in seinem Inneren wusste er, dass es eine Lüge war. Es war eine halbe Wahrheit – und das machte es noch schlimmer. Denn es hatte sich wie seine eigene Wut angefühlt, seine eigene Entscheidung, auch wenn er wusste, dass er angestachelt wurde. Das Wesen hatte seine Gefühle benutzt, hatte sie aufgestachelt, bis sie ihn überwältigten. Jonas schlug mit der Faust auf den Boden, seine Hand schmerzte, doch er ignorierte es. „Wie konnte ich das zulassen?" murmelte er. Seine Gedanken wirbelten wild umher, suchten verzweifelt nach einer Antwort, nach einer Erklärung, die ihn irgendwie entlasten konnte. Aber da war nichts. Nur ein Abgrund aus Scham und Verwirrung. Doch dann, ganz leise, kroch ein anderer Gedanke in sein Bewusstsein. Ein Gedanke, der ihm Übelkeit bereitete, aber nicht mehr weggeschoben werden konnte. Vielleicht, wenn ich ihm gebe, was es will, wird es verschwinden. Vielleicht lässt er mich dann in Ruhe. Der Gedanke traf ihn wie ein Schlag. Es war ein gefährliches Zugeständnis, eine dunkle Abmachung, die er da mit sich selbst traf. Aber was, wenn es funktionierte? Wenn er einfach nachgab, wenn er die Kontrolle abgab – könnte er dann wieder frei sein? Der Gedanke war wie ein Gift, das langsam in ihn eindrang. Jonas wusste, dass es falsch war, dass er die Kontrolle über sein eigenes Leben nicht aufgeben durfte. Aber die Angst vor dem, was kommen würde, wenn er weiterhin Widerstand leistete, war zu groß. „Nur noch einmal", flüsterte er. „Vielleicht... Vielleicht reicht das aus."

*

Am nächsten Morgen fühlte sich Jonas so leer wie noch nie. Seine Augen waren von dunklen Ringen unterlaufen, sein Gesicht blass. Er hatte kaum geschlafen, lag die halbe Nacht wach und hatte den fremden Mann vor Augen, dessen Handy auf den Boden gefallen war, dessen Gesicht von Schmerz und Verwirrung gezeichnet war. Dennoch zwang er sich zum Aufstehen und machte sich bereit für einen weiteren Tag. Es war ein Versuch, in die Normalität zurückzukehren, auch wenn er wusste, dass die Normalität für ihn schon lange verloren war. Er verließ die Wohnung und ging zur Arbeit, doch die Geräusche und Bewegungen der Stadt um ihn herum fühlten sich gedämpft an, als würde er durch einen Nebel wandern. Im Büro starrte Jonas auf seinen Computerbildschirm, unfähig, sich auf die Arbeit zu konzentrieren. Die Worte und Zahlen verschwammen vor seinen Augen, und er fühlte sich, als würde ihn jede Bewegung seiner Kollegen aufschrecken. Immer wieder hörte er das Klirren von Tassen, das Geräusch von Tastaturen, das Lachen, das aus einem anderen Raum drang. „Alles in Ordnung, Jonas?“ fragte eine Kollegin, die an seinem Schreibtisch stehen blieb. Ihr Gesicht war freundlich, doch ihre Augen wirkten skeptisch. Jonas zwang sich zu einem Lächeln. „Ja, alles gut. Nur müde.“ Sie nickte langsam, doch ihr Blick blieb noch einen Moment auf ihm haften, bevor sie weiterging. Jonas lehnte sich zurück und schloss kurz die Augen. Wie lange kann ich das noch durchziehen, dachte er. Der Druck in seiner Brust wurde immer größer, und er fühlte, wie ihm die Luft wegblieb. Nach der Arbeit ging er wie immer in den kleinen Laden an der Ecke, um ein paar Sachen einzukaufen. Die Kassiererin grüßte ihn mit einem müden Lächeln und Jonas nickte nur stumm. Seine Schritte hallten dumpf auf dem kalten Linoleumboden des Ladens, während er wie ein Geist durch die Regale schlich. Seine Hände griffen mechanisch nach den Dingen, die er brauchte: eine Packung Nudeln, ein Glas Tomatensoße, Brot. Er fühlte sich wie ein Zuschauer seines eigenen Lebens, als würde er jemand anderem dabei zusehen, wie er den Alltag bewältigte. Er war gerade dabei, eine Dose Kaffee in den Korb zu legen, als eine Stimme aus dem Gang neben ihm seine Aufmerksamkeit erregte. „Nein, Jonas, das kannst du nicht haben“, sagte eine Frau und Jonas erstarrte. Sein Herz setzte einen Schlag aus. Er richtete sich langsam auf und blickte in den nächsten Gang. Dort stand eine Mutter mit einem kleinen Jungen, vielleicht fünf Jahre alt. Der

Junge hielt ein leuchtend blaues Spielzeugauto in den Händen und schaute seine Mutter mit großen, flehenden Augen an. „Aber Mama, ich will das haben!" sagte der Junge, seine Stimme hell und ungeduldig. Jonas' Hände zitterten, als er seinen Einkaufswagen festhielt. Für einen Moment fühlte es sich so an, als wäre er aus der Zeit gerissen worden. Der Klang seines Namens – Jonas – hallte in seinem Kopf nach, nicht nur als Ruf des Jungen, sondern wie ein Echo, das sich mit seinen eigenen Erinnerungen vermischte. Sein Atem wurde schneller, und die Szenerie vor ihm schien zu verschwimmen. Der kleine Junge, der verzweifelt das Auto umklammerte, wurde plötzlich zu einer vagen Erinnerung – einem Schatten aus seiner eigenen Kindheit. Jonas sah sich selbst als Kind, wie er an der Hand seiner Mutter zog, mit der gleichen flehenden Miene, das gleiche Gefühl von Unschuld und Hoffnung in sich tragend. „Bitte, Mama, nur dieses eine Mal!" hörte er den Jungen rufen, und Jonas' Brust zog sich zusammen. Es war, als würde er in einen Spiegel sehen, der ihm zeigte, was er längst verloren hatte. Doch die Mutter schüttelte den Kopf. „Nein, Jonas. Wir können nicht jedes Mal, wenn du etwas willst, nachgeben." Ihre Stimme war streng, aber sanft. Jonas blinzelte. Etwas in ihm brach auf, ein Gefühl, das er nicht in Worte fassen konnte. Der Blick des Jungen, die Enttäuschung, die sich auf dessen Gesicht abzeichnete, rührte etwas in ihm, dass er seit Jahren tief begraben hatte. Dieses Gefühl von Sehnsucht, das Bedürfnis, gesehen und gehört zu werden, das Bedürfnis nach einem Zeichen, dass man wichtig ist, dass man zählt. Seine Kehle war wie zugeschnürt, als er die Szene weiter beobachtete. Die Mutter kniete sich vor den Jungen und legte ihm eine Hand auf die Schulter. „Ich weiß, dass du das Auto willst, Jonas. Aber du hast doch schon so viele Spielzeuge zu Hause, oder? Vielleicht können wir es beim nächsten Mal holen." Der Junge nickte widerwillig, seine Unterlippe zitterte. Er ließ das Auto langsam auf das Regal zurückgleiten, und Jonas spürte einen Stich, als hätte ihm jemand direkt ins Herz gestochen. Wie oft hatte er solche Momente erlebt? Wie oft hatte er Dinge zurücklassen müssen, Dinge, die ihm so unendlich wichtig erschienen, nur um zu lernen, dass das Leben ihn nie fragte, was er wollte? Jonas wandte sich ab, unfähig, länger hinzusehen. Er ging ein paar Schritte weiter, aber die Szene ließ ihn nicht los. Sein Kopf fühlte sich schwer an, seine Gedanken waren wie ein Wirbelsturm. Er konnte den Schmerz in der Stimme des Kindes hören, das zarte Zittern, das von der Enttäuschung sprach, die in diesem Moment die Welt des Jungen zu überwältigen schien. Etwas regte sich in Jonas. Etwas, das er nicht mehr oft fühlte – ein Bedürfnis, zu helfen. Sein Blick wanderte zu dem Auto, das so unschuldig in den kleinen Händen lag. Es war nichts Großes, nichts Weltbewegendes, aber für das Kind schien es alles zu sein. Jonas konnte sich selbst in diesem Jungen sehen, in dessen Augen, die voller Hoffnung und Wünschen waren, bis die Realität sie trübte. Er spürte, wie seine Hand sich löste, fast von selbst in die Tasche griff und nach seinem Geldbeutel suchte. Sein Herz klopfte schneller, während er den Entschluss fasste. Ich könnte ihm das Auto kaufen. Es war ein einfacher Gedanke, aber einer, der ihn plötzlich mit Wärme erfüllte. Es wäre so leicht, so unendlich leicht, diesem kleinen Kind ein Lächeln zu schenken, ihm die Freude zu geben, die ihm selbst so oft verwehrt worden war. Mit einem leisen Räuspern trat Jonas einen Schritt vor. „Entschuldigen Sie", begann er, seine Stimme rau und tiefer als er wollte. Die Mutter drehte sich zu ihm um, und für einen Moment hielt Jonas inne. Ihr Blick fiel auf ihn – zuerst überrascht, dann abschätzend. Ihre Augen glitten über sein Gesicht, seine schmalen, blassen Wangen, die dunklen Schatten unter seinen Augen, die Müdigkeit, die von ihm ausging wie ein unsichtbarer Nebel. Jonas konnte fühlen, wie sich etwas in ihr veränderte, wie sich ihr Körper leicht versteifte, als hätte sie plötzlich einen schlechten Geruch wahrgenommen. „Was wollen Sie?" Ihre Stimme war kühl, fast abweisend, und Jonas spürte, wie die Wärme in ihm zu schwinden begann. „Ich wollte nur…" Er hob den Geldschein in seiner Hand und zeigte auf das Spielzeugauto. „Ich könnte es für ihn kaufen." Der kleine Junge blickte ihn an, seine Augen groß und neugierig, aber die Mutter schüttelte hastig den Kopf. „Nein, das ist nicht nötig", sagte sie schnell, ihre Worte scharf wie ein Messer. „Aber… Es ist wirklich kein Problem", versuchte Jonas noch einmal. Er sah auf den Jungen hinab, der ihn mit einer Mischung aus Neugier und Unsicherheit ansah, und in Jonas' Brust regte sich erneut dieses Gefühl – dieser Drang, zu helfen. Die Mutter trat einen Schritt zurück, ihr Griff um die Hand ihres Sohnes wurde fester. „Ich sagte, nein. Wir brauchen nichts von Ihnen." Jonas spürte, wie etwas in ihm zerbrach. Ihre Worte hallten in seinem Kopf nach, und er sah nicht nur ihre Ablehnung, sondern auch den Ekel, der sich in ihrem Gesicht abzeichnete. Sie musterte ihn erneut, als wäre er etwas, das nicht in ihre Welt gehörte, etwas Unreines. „Ich wollte doch nur… helfen" murmelte er, aber die Frau schüttelte nur den Kopf und wandte sich ab. „Komm, Jonas", sagte sie zu ihrem Sohn, der das Auto mit hängenden Schultern wieder ins Regal stellte. Jonas starrte ihnen nach, wie sie sich entfernten, ihre Schritte eilig, fast als wollten sie so schnell wie möglich Abstand zwischen sich und ihm bringen. Etwas Dunkles stieg in ihm auf. Eine Wut, die er nicht kontrollieren konnte, die sich wie ein Sturm in ihm zusammenbraute. Er fühlte sich klein, gedemütigt, als hätte sie ihm mehr genommen als nur die Möglichkeit, zu helfen. Sie hatte ihm seine Würde genommen, ihn auf eine Weise abgewiesen, die ihn tief traf. Seine Hände ballten sich zu Fäusten, und sein Atem ging schneller. Warum? dachte er, während er starr auf das Regal blickte, wo das Auto zurückgelassen worden war. Warum müssen Menschen so sein? Warum sehen sie mich so an? Die Gedanken in seinem Kopf wirbelten, chaotisch und laut. Für einen Moment fragte er sich, ob er etwas hätte anders machen können, ob er anders hätte sprechen sollen, aber dann wurde seine Wut stärker. Es war nicht meine Schuld. Sie hat mich so angesehen, als wäre ich nichts wert. Als hätte ich kein Recht, da zu sein. Die Welt um ihn herum schien stillzustehen, während er noch immer auf das Auto starrte. Ein kleiner Teil von ihm wollte es immer noch kaufen, es dem Jungen nachtragen, ihm zeigen, dass es Menschen gibt, die sich kümmern. Aber ein größerer Teil, ein dunklerer Teil, wollte es einfach zerschmettern, es vom Regal reißen und auf den Boden schleudern. Doch Jonas tat nichts davon. Stattdessen griff er langsam nach seinem Einkaufswagen und schob ihn zur Kasse, seine Bewegungen mechanisch, sein Kopf gesenkt. Die Szene hatte sich tief in ihn eingebrannt, und er wusste, dass er sie nicht so schnell vergessen würde. Als er aus dem Laden trat und die kalte Luft ihn begrüßte, fühlte sich Jonas schwer. Nicht nur von der Ablehnung, sondern von dem, was in ihm wuchs. Etwas, das er wieder nicht kontrollieren konnte. „Das warst du", flüsterte eine Stimme in ihm, aber es war nicht die Stimme des Wesens, sondern seine eigene. „Das warst du einmal. Du warst genau so. So voller Hoffnung. So voller Leben." Jonas stützte sich an einer Laterne ab, während ein schweres Gefühl von Trauer ihn überkam. Nicht nur über das Kind, das er einst war, sondern über das, was aus ihm geworden war. Er hatte die Hoffnung verloren. Er hatte die Leichtigkeit verloren. Alles, was geblieben war, war die Dunkelheit. Doch etwas anderes regte sich in ihm, ein dunkler, unwillkommener Gedanke. Erinnerst du dich, warum du so geworden bist? flüsterte es in ihm. Weil du immer zurückstecken musstest. Weil du immer nachgegeben hast. Weil niemand dir jemals gegeben hat, was du wolltest. Vielleicht hättest du kämpfen sollen. Vielleicht warst du einfach nicht stark genug. Jonas biss die Zähne zusammen und schüttelte den Kopf, als wollte er die Gedanken vertreiben. Doch sie blieben, nisteten sich in ihm ein wie ein Gift. Das Kind im Laden... Jonas... Er wird genauso enden wie du, wenn er nicht lernt, sich zu nehmen, was er will. Er spürte, wie ihm die Tränen in die Augen traten, und blinzelte sie hastig weg, bevor jemand es bemerken konnte. Doch sein Herz war schwer, und die Szene spielte sich immer wieder in seinem Kopf ab, selbst als er den Laden verließ und die frische Luft der Straße ihn empfing. „Vielleicht bin ich schon verloren", murmelte er, während er sich auf den Weg nach Hause machte. „Aber vielleicht... vielleicht muss ich das nicht bleiben." Doch in seinem Inneren wusste Jonas, dass diese Gedanken nur der Anfang waren. Der Anfang von etwas, das er nicht kontrollieren konnte, das immer tiefer in ihm wuchs. In seiner Wohnung setzte er sich auf die Couch und starrte auf die Wand. Er fühlte sich, als würde er in zwei Hälften geteilt – die eine wollte kämpfen, wollte Widerstand leisten und sich selbst wiederfinden. Die andere war müde, ausgelaugt, bereit, alles aufzugeben. Das Wesen meldete sich den ganzen Tag über nicht, aber Jonas wusste, dass es nicht verschwunden war. Es wartete, lauerte, bereit wieder zuzuschlagen, wenn der Moment günstig war. Doch Jonas hatte eine Entscheidung getroffen. Wenn ich ihm nachgebe, wird er vielleicht verschwinden. Und dann... vielleicht kann ich wieder frei sein. Mit diesem Gedanken schloss er für kurze Zeit die Augen, doch statt Erleichterung spürte er nur eine kalte Leere in sich aufsteigen.

*

Jonas wachte mit einem dumpfen Schmerz im Kopf auf. Sein Schädel fühlte sich an, als hätte ihn jemand über Nacht in einen Schraubstock gespannt. Die kleine Wohnung wirkte noch bedrückender als sonst. Ein scharfer Geruch von abgestandenem Kaffee hing in der Luft, und die muffige Stille schien ihn fast zu ersticken. Die Uhr auf dem Küchentisch zeigte 7:30, aber Jonas hatte weder die Kraft noch die Motivation, sich zu beeilen. Im Büro war die Atmosphäre wie immer: eintönig, leer und schwer auszuhalten. Der Drucker ratterte ununterbrochen, während seine Kollegen an ihren Schreibtischen saßen, die Köpfe über Berichte gebeugt. Jonas fühlte sich von ihnen abgeschnitten, wie ein Geist, der in einer Welt wandelte, die ihn längst vergessen hatte. Die Blicke der anderen schienen ihm auszuweichen. Besonders Becker, der sich seit der letzten Konfrontation auffällig ruhig verhielt, ließ keine Gelegenheit aus, Jonas wie ein Störgeräusch zu behandeln. Doch an diesem Tag nahm Jonas es kaum wahr. Etwas anderes nagte an ihm – ein Gefühl, das er nicht benennen konnte. Es war kein Zorn, keine Wut, sondern eine Mischung aus Ohnmacht und...Hunger. Während Jonas an seinem Schreibtisch saß, spürte er, wie das Wesen in seinem Kopf zu flüstern begann. Keine lauten Worte, nur ein leises, fast beruhigendes Murmeln, das ihn durch den Tag zog. Es war ein unerwartet angenehmer Kontrast zu den üblichen, harschen Stimmen, die ihn oft verfolgten. "Sie sehen dich nicht",flüsterte es. "Du bist unsichtbar. Aber du könntest es ändern ... Du könntest es ihnen zeigen." Jonas ignorierte es einfach. Oder zumindest versuchte er es. Er starrte weiter auf den Bildschirm vor sich, die Finger mechanisch auf der Tastatur. Doch die Worte des Wesens ließen sich nicht so einfach ausblenden. Nach Feierabend beschloss Jonas, den kleinen Supermarkt aufzusuchen, den er seit der Begegnung mit der Frau und ihrem Sohn mied. Er hatte sich vorgenommen, zumindest den Versuch zu starten, sein Leben wieder in geregelte Bahnen zu lenken. Vielleicht würde ein frisch gekochtes Essen ihm helfen, sich besser zu fühlen. Im Laden war es laut und chaotisch. Kinder liefen durch die Gänge, während ihre Eltern hektisch Ware in ihren Einkaufswägen stapelten. Jonas fühlte sich fehl am Platz. Er schob seinen Einkaufswagen durch die breiten Gänge des Supermarkts, ohne einen wirklichen Plan von dem, was er sich kaufen wollte. Er hatte gehofft, dass ihn die Helligkeit der Neonröhren und die geschäftige Betriebsamkeit um ihn herum ein Stück weit ablenken würden. Aber so geschah es nicht. Die Regale wirkten plötzlich höher, schienen über ihm zu thronen, als wollten sie ihn erdrücken. Die Produkte darauf – Cornflakes-Packungen, Dosenravioli, Waschmittel – flüsterten, schienen miteinander zu sprechen. „Schau ihn dir an“, hörte er sie zischen, leise und doch unüberhörbar. „Was macht der hier? "Was sucht er?“ Jonas schluckte schwer, fuhr sich mit einer Hand durch das Gesicht und zwang sich, die Stimmen zu ignorieren. Es war nicht das erste Mal, dass so etwas passierte, und er wusste, dass es schlimmer wurde, wenn er sich darauf einließ. Trotzdem – es fiel ihm schwer, sich zu konzentrieren, die scharfen Kanten der Realität zu greifen. Er bog in den nächsten Gang ein, wo ein kleines Kind mit seiner Mutter vor einem Regal stand. Die Frau streckte die Hand aus, um eine Packung Kekse zu greifen, während das Kind quengelte. „Ich will die Schokokekse!“ „Nein, Max, diese hier reichen.“ Die Worte hallten in Jonas’ Kopf wider, als wären sie in einem leeren Raum gesprochen worden. Er blieb stehen, starrte auf die Szene vor sich und spürte, wie die Realität immer weiter verrutschte. Ein unwohles Gefühl eines Deja vu. Ein gedämpftes Lachen ertönte – es war das Lachen des Kindes, aber irgendwie ... war es das nicht. Es klang verzerrt, höhnisch, und Jonas hatte das Gefühl, dass es direkt auf ihn abzielte. „Was ist los mit dir?“ Eine andere Stimme, tief und vertraut. Das Wesen. „Sieh dir diese Frau an. Sie verachtet dich. Du kannst es in ihren Augen sehen.“ Jonas starrte auf die Frau, die sich umdrehte und ihn plötzlich direkt ansah. Es war nur ein flüchtiger Blick, aber in Jonas’ verzerrter Wahrnehmung schien es, als würde sie angewidert die Nase rümpfen. Die Luft um ihn wurde dünner, sein Herzschlag beschleunigte sich. „Das hast du dir verdient“, raunte die Stimme weiter. „Du bist nichts. Nur ein Schatten. Sieh, wie sie dich ansieht.“ Jonas schüttelte den Kopf, schloss kurz die Augen, um den Gedanken loszuwerden. Doch als er sie wieder öffnete, stand die Frau immer noch da, das Kind an ihrer Seite, und flüsterte leise etwas, dass Jonas nicht verstehen konnte. Die Worte formten sich jedoch in seinem Kopf zu einer bitteren Wahrheit: Du bist ekelhaft. Du gehörst nicht hierher. „Ich ...“ Jonas spürte, wie sich seine Kehle zuschnürte, als er einen Schritt zurücktrat. Seine Hände klammerten sich so fest an den Griff des Einkaufswagens, dass die Knöchel weiß hervortraten. „Das ist nicht ... "Das ist nicht real.“ Die Neonlichter über ihm schienen zu flackern, der Supermarkt um ihn herum verschwamm zu einem kaleidoskopartigen Chaos. Geräusche – Stimmen, Schritte, das Piepen der Kassen – wurden lauter und lauter, bis sie zu einem einzigen schrillen Ton verschmolzen. Jonas fühlte, wie seine Beine nachgaben, und er ließ den Einkaufswagen los, der klappernd gegen ein Regal prallte. „Los, geh!", zischte die Stimme. „Renn! Du gehörst hier nicht hin.“ Jonas stolperte rückwärts, während die Frau und ihr Kind ihn weiterhin anstarrten – oder bildete er sich das nur ein? Er konnte nicht mehr sagen, was real war und was nicht. Alles, was er wusste, war, dass er hier raus musste. Sofort. Er drehte sich um und stürmte in Richtung Ausgang. Die automatischen Türen glitten lautlos auf, und die kalte Abendluft schlug ihm ins Gesicht. Er blieb keuchend stehen, die Hände auf die Knie gestützt und spürte, wie ihm Tränen über die Wangen liefen. „Das war knapp“, murmelte die Stimme mit einem Hauch von Belustigung. „Du bist wirklich ein armseliger Anblick.“ Jonas richtete sich langsam auf, wischte sich mit dem Ärmel übers Gesicht und zwang sich, wieder klar zu denken. Doch der Scham und die Wut auf sich selbst brannten tief in ihm, und er wusste, dass er sich diesem Zustand nicht mehr lange entziehen konnte. Jonas schlenderte nun ziellos durch die kalte Nacht, nachdem er den Supermarkt verlassen hatte. Der Wind strich ihm durchs Haar, brachte aber keine Klarheit. Stattdessen schien er nur die Unruhe in seinem Inneren weiter zu schüren. Die Straßen waren leer, und die wenigen Laternen warfen flackernde Schatten auf den Gehweg. Jeder seiner Schritte hallte hohl in der Stille wider, als ob die Welt ihn für seinen Zusammenbruch im Supermarkt verhöhnte. Seine Gedanken waren ein einziges Durcheinander. Die Szene im Supermarkt hatte ihn tief erschüttert, aber nicht so, wie es vielleicht bei anderen der Fall gewesen wäre. Es war nicht der Ekel der Frau oder die halluzinatorischen Stimmen, die ihn quälten – es war die Tatsache, dass er sich selbst immer weniger verstand. Er blieb stehen und blickte in das Fenster eines geschlossenen Cafés, in dessen Scheibe sich sein eigenes blasses, müdes Gesicht spiegelte. „Was ist aus mir geworden?" flüsterte er, als wäre die Reflexion eine fremde Person, die ihm antworten könnte. Doch die Stimme, die sich stattdessen meldete, war die des Wesens. „Aus dir wird endlich das, was du schon immer sein solltest", sagte es triumphierend, fast zärtlich. Jonas kniff die Augen zusammen. „Halt die Klappe", murmelte er. Doch er wusste, dass das nichts brachte. Das Wesen war wie eine Krankheit, die sich immer tiefer in sein Denken fraß, ihn Stück für Stück übernahm. „Du hast gesehen, wie einfach es ist, die Wahrheit zu erkennen", fuhr das Wesen fort. „Die Leute verachten dich. Sie sehen dich nicht an wie einen Menschen. Warum also solltest du sie wie Menschen behandeln?" Jonas schlug mit der Faust gegen die Fensterscheibe, nicht fest genug, um sie zu zerbrechen, aber laut genug, dass das Geräusch durch die leere Straße hallte. „Es reicht!" rief er. Doch die einzige Antwort war das scharfe Echo seiner eigenen Stimme. Er taumelte weiter durch die Straßen, bis er schließlich an einem kleinen Park landete, den er von früher kannte. Die Bänke waren leer, die Spielgeräte in der Dunkelheit nur noch Silhouetten. Jonas setzte sich schwer auf eine Bank, den Kopf in den Händen vergraben. „Ich will das nicht", flüsterte er. „Ich will nicht so sein." Doch das Wesen war unerbittlich. „Natürlich willst du das. Du willst Macht, Jonas. Und ich kann dir genau das geben. Du hast es schon gespürt – in jener Nacht, als du den Mann geschlagen hast. Die Kraft, die Kontrolle ... Es ist der Anfang von etwas Großem." Jonas schüttelte den

Kopf, doch tief in seinem Inneren wusste er, dass da eine Wahrheit in den Worten des Wesens lag, die er nicht leugnen konnte. Der Schlag hatte sich gut angefühlt. Nicht, weil er dem Mann wehgetan hatte, sondern weil er sich in diesem Moment mächtig gefühlt hatte– als wäre er nicht mehr das Opfer der Welt, sondern ihr Herr. „Hör auf damit",sagte er. Seine Stimme war brüchig, kaum mehr als ein Flüstern. Das Wesen lachte leise. „Ich höre nicht auf, Jonas. Nicht, solange du nicht verstehst, dass wir beide eins sind." Jonas spürte, wie sich die Wut in ihm wieder aufbaute, doch er wusste nicht, wohin damit. Es war, als hätte das Wesen die Kontrolle über seine Emotionen übernommen, sie angestachelt und zu einem Feuer gemacht, das er nicht löschen konnte

*

Am nächsten Morgen wachte Jonas auf und fühlte sich, als hätte er die ganze Nacht kein Auge zugemacht. Sein Körper war schwer, seine Gedanken wirr. Er zwang sich trotzdem, aufzustehen und sich fertig zu machen. Vielleicht, dachte er, würde ein wenig Normalität ihn wieder ins Gleichgewicht bringen. Er zog sich an, goss sich hastig einen Kaffee ein und verließ die Wohnung. Auf dem Weg zur Arbeit spürte er die Blicke der Menschen auf sich, obwohl er wusste, dass das nur Einbildung war. Niemand achtete wirklich auf ihn – doch in seinem Kopf war jede zufällige Berührung, jedes leise Flüstern ein Angriff auf seine Person. Im Büro angekommen, begrüßte er seine Kollegen mit einem angedeuteten Nicken und verschwand schnell hinter seinem Schreibtisch. Die alltägliche Routine half ihm, seine Gedanken für eine Weile zu ordnen, doch das Gefühl, beobachtet zu werden, blieb. Mittags setzte er sich in die kleine Küche des Büros und starrte auf sein mitgebrachtes Sandwich, ohne wirklich Hunger zu haben. Die Stimmen seiner Kollegen im Hintergrund waren wie ein ferner Lärm, der ihn nicht erreichte. „Jonas, alles okay?" Die Stimme seiner Kollegin Julia riss ihn aus seinen Gedanken. Sie stand in der Tür, die Stirn in Sorge gerunzelt. „Ja", log er und bemühte sich um ein schwaches Lächeln. „Alles gut." Doch als sie ihn ansah, spürte er wieder dieses nagende Gefühl. Was, wenn sie es wusste? Was, wenn sie sehen konnte, was mit ihm los war? Der Gedanke machte ihn unruhig, und er wandte den Blick ab, bevor Julia noch etwas sagen konnte. Der Rest des Tages verging in einem dumpfen Nebel. Jonas funktionierte nur noch, tat, was von ihm erwartet wurde, ohne wirklich da zu sein. Doch tief in ihm brodelte es weiter, und er wusste, dass er sich dem nicht mehr lange entziehen konnte. Als er am Abend dann schließlich wieder nach Hause ging, hörte er die Stimme des Wesens wieder – diesmal deutlicher und eindringlicher als je zuvor. „Bald, Jonas. Bald wirst du verstehen, was zu tun ist." Jonas ballte die Fäuste und biss die Zähne zusammen. Er wollte es nicht hören. Er wollte es ignorieren. Doch wie ignoriert man etwas, das ein Teil von einem selbst ist? Die Tür zu Jonas' Wohnung fiel hinter ihm ins Schloss, und mit ihr schien sich die Stille des Gebäudes wie eine Last auf ihn zu legen. Er warf seine Tasche in eine Ecke und ließ sich schwer auf das Sofa fallen. Der Tag hatte ihn ausgelaugt, doch das war nicht das Schlimmste. Es war die Stimme, die ihm nicht mehr aus dem Kopf ging. „Du kannst versuchen, dich abzulenken, Jonas, aber du weißt, dass es nichts bringt", sagte das Wesen, seine Worte in einem singenden Tonfall. Jonas presste die Hände auf seine Ohren, als ob er die Stimme so ausblenden könnte, doch sie hallte durch seinen Kopf, unbeeindruckt von seinen Versuchen, sie zu ignorieren. „Was willst du?" fragte er schließlich laut, die Verzweiflung in seiner Stimme nicht mehr verbergend. „Willst du das wirklich wissen?" Die Stimme klang fast belustigt. „Ich will, dass du aufhörst, dich selbst zu belügen. Du willst es doch auch. Du spürst es, nicht wahr? Macht, Kontrolle. Die Freiheit." „Das ist keine Freiheit", flüsterte Jonas, mehr zu sich selbst. „Das ist Wahnsinn." „Vielleicht", erwiderte die Stimme. „Aber Wahnsinn ist nur eine andere Form der Klarheit." Jonas sprang vom Sofa auf und begann, in seiner Wohnung auf und ab zu gehen. Er fühlte sich wie ein Gefangener in seinem eigenen Kopf. Sein Blick fiel auf den Spiegel im Flur und für einen Moment glaubte er, etwas hinter seinem eigenen Spiegelbild zu sehen – einen Schatten, der sich bewegte, obwohl er stillstand. „Hör auf, dich zu wehren", flüsterte die Stimme, diesmal näher, vertrauter. Jonas schüttelte den Kopf, wandte sich ab und suchte verzweifelt nach etwas, das ihn ablenken konnte. Er griff nach seinem Handy, scrollte ziellos durch Nachrichten und soziale Medien, doch die Bilder und Worte vor ihm schienen bedeutungslos. Alles fühlte sich unwirklich an, wie eine Welt, zu der er nicht mehr gehörte. Später am Abend beschloss Jonas, nach draußen zu gehen. Die Enge der Wohnung war unerträglich geworden, und die kalte Nachtluft schien ihm die einzige Möglichkeit, wieder einen klaren Kopf zu bekommen. Er zog seine Jacke über und trat auf die Straße hinaus, wo die Dunkelheit von den orangefarbenen Straßenlaternen durchbrochen wurde. Er wusste nicht, wohin er gehen sollte, also ließ er seine Füße einfach entscheiden. Irgendwann fand er sich in einem kleinen Viertel wieder, das ihm vertraut vorkam. Es war ruhig hier, fast zu ruhig, aber die Stille fühlte sich anders an als die bedrückende Einsamkeit seiner Wohnung. Er setzte sich auf eine Bank und starrte in den Himmel. Die Sterne waren kaum zu sehen, doch die wenigen, die durch die Lichtverschmutzung hindurchschimmerten, gaben ihm einen seltsamen Trost. Für einen Moment dachte er, dass alles vielleicht doch noch gut werden könnte. Doch dann spürte er es wieder – dieses Kribbeln im Nacken, das Gefühl, beobachtet zu werden. Er drehte sich um, doch da war niemand. „Siehst du, Jonas? Du bist nie allein", flüsterte die Stimme in seinem Kopf und sein Moment des Friedens zerbrach wie Glas. Jonas wollte nicht länger dort sitzen blieben. Immer und immer wieder versuchte er der Stimme zu entfliehen. Er lief nach Hause, nur noch mit einem Gedanken: Ich will endlich wieder allein sein, oh, bitte erlöse mich doch jemand! Als Jonas schließlich zurück in seine Wohnung kam, fühlte er sich schwerer denn je zuvor. Sein Kopf war ein Chaos aus widersprüchlichen Gedanken und Gefühlen. Die Stimme des Wesens wurde immer fordernder, immer präsenter. „Du bist bereit, Jonas", sagte es. „Bereit, den nächsten Schritt zu machen." „Ich bin bereit für gar nichts", erwiderte Jonas scharf, doch seine Worte hatten keine Überzeugung. „Oh, doch, das bist du. Denk an den Mann, den du geschlagen hast. Denk daran, wie es sich angefühlt hat. Das war erst der Anfang." Jonas schloss die Augen, doch die Bilder aus seinem Kopf ließen sich nicht vertreiben. Er sah das Gesicht des Mannes vor sich, die Angst in seinen Augen, die Wut in seinen eigenen Bewegungen. Es war, als ob das Wesen die Erinnerungen immer wieder abspielte, um ihn zu brechen. „Ich will das nicht", flüsterte er, doch die Worte klangen hohl. „Du willst es mehr, als du dir eingestehen willst", erwiderte die Stimme, und Jonas spürte, wie seine Hände zu Fäusten wurden. Er wollte widersprechen, wollte das Wesen zum Schweigen bringen, doch tief in seinem Inneren wusste er, dass es recht hatte. Ein Teil von ihm wollte es. Ein Teil von ihm sehnte sich nach dieser Macht, nach der Kontrolle, die ihm sonst immer verwehrt geblieben war. Die Stimme des Wesens war nun kaum mehr als ein Flüstern, aber sie durchdrang jeden Winkel seines Geistes. „Es gibt jemanden, Jonas. Jemanden, der es verdient hat. Du weißt, wen ich meine." Ein Bild tauchte in seinem

Kopf auf, klarer als alle anderen Gedanken. Es war Becker, der ihn in den letzten paar Tagen so schief angesehen hatte. Der Mann, der sich nicht die Mühe machte, ihn zu grüßen, der ihn immer ignorierte, als wäre er unsichtbar. „Nein“, sagte Jonas, doch das Bild blieb. Es wurde schärfer, lebendiger. Er konnte den Becker förmlich vor sich sehen, konnte den Ausdruck auf dessen Gesicht erahnen, wenn er ... „Du weißt, was zu tun ist“, flüsterte das Wesen, und Jonas spürte, wie seine Kontrolle schwand.

*

Die kalte Nachtluft legte sich wie ein feuchter Schleier über Jonas' Haut, als er das Bürogebäude erreichte. Sein Atem bildete kleine, nebelhafte Wolken vor seinem Gesicht, während er gedankenverloren auf den Asphalt starrte. Die Straßen waren fast leer, nur vereinzelt zogen Autos vorbei und warfen für einen Moment grelles Licht auf den Bürgersteig. Seine Hände steckten tief in den Jackentaschen, die Finger umklammerten nervös den Stoff. Sein Kopf dröhnte. Die Geräusche des Tages hallten noch immer in seinen Gedanken nach, allen voran Beckers Stimme – dieser verächtliche Tonfall, dieses herablassende Lachen, das sich tief in Jonas' Schädel gebohrt hatte. „Er ist immer noch da, Jonas. Immer noch. Und er wird weitermachen, wenn du ihn nicht aufhältst.“ Das Wesen sprach mit ihm, flüsterte sanft, fast beruhigend. Jonas schluckte. Er wollte nicht antworten, wollte es nicht hören – aber es war da. Immer. Er schritt langsam voran, den Blick auf den Boden gerichtet. Seine Gedanken waren ein wirres Durcheinander aus Wut, Scham und dieser bohrenden Stimme in seinem Kopf. Dann hörte er Schritte hinter sich. Er wusste schon, bevor er sich umdrehte, wer es war.„Na, Jonas? Wohin so eilig?“ Beckers Stimme war genau das Letzte, was er jetzt ertragen konnte. Jonas' Kiefer spannte sich an. Er drehte sich langsam um und sah seinen Kollegen wenige Meter hinter sich. Becker hatte die Hände in die Taschen seiner Jacke geschoben, ein selbstzufriedenes Lächeln lag auf seinen Lippen. „Du bist heute Nachmittag früh rausgegangen. Kein Bock mehr auf Overtime? Dabei dachte ich, du würdest dich reinhängen, um vielleicht irgendwann mal ansatzweise kompetent zu werden.“ Jonas spürte, wie sich sein Magen verkrampfte. „Er lacht über dich. Immer. Er hält dich für einen Witz, Jonas." Das Flüstern des Wesens war sanft, fast süßlich. Jonas schloss für einen Moment die Augen, versuchte es zu ignorieren. Doch Beckers Stimme schnitt durch seine Gedanken wie ein heißes Messer durch Butter. „Weißt du, Jonas, ich frag mich manchmal echt, was du hier eigentlich machst. Leute wie du..." Becker schüttelte leicht den Kopf, als würde er sich selbst belustigen. „Ich meine, du passt einfach nicht rein. Keiner von uns möchte, dass du bei uns arbeitest. Du schränkst uns ein." Jonas Fingernägel gruben sich in das Innenfutter seiner Jacke. Seine Atmung wurde flacher, sein Herz pochte dumm in seiner Brust. Beckers Worte waren nichts Neues, sie waren nur eine Fortsetzung der täglichen Demütigung. Aber heute fühlte sich alles anders an, schwerer und so viel unerträglicher. „Warum lässt du es zu?" flüsterte das Wesen. „Warum lässt du ihn so mit dir reden? Warum duldest du das?" Jonas Mund war trocken. Er wollte gehen, wollte einfach nur weiterlaufen, ihn ignorieren und diesen Tag hinter sich lassen. Doch seine Beine blieben wie angewurzelt stehen. „Weißt du, ich habe neulich mit ein paar anderen gesprochen." Becker trat näher. Seine Stimme hatte diesen gönnerhaften Ton, den Jonas so sehr hasste. „Und wir haben uns gefragt, was mir dir los ist, was du hier zu suchen hast. Ich meine mal ehrlich, du bist ziemlich langweilig. Du bist wirklich schlecht in deinem Job und du sieht aus wie jemand, der irgendwann mal Amok läuft. Er lachte ein kühles, fieses Lachen, das Jonas durch Mark und Bein ging. „Sieh ihn dir an" hörte er das Wesen spöttlich lachen. „Er denkt, er ist besser als du. Er lacht über dich, und er wird nicht aufhören, Jonas. Er wird niemals aufhören." Jonas spürte, wie seine Hände zitterten. Seine Atmung wurde schneller, seine Fingergelenke knirschten, als er sie anspannte. Die Welt um ihn herum wurde leise verschwamm, als würde nur noch diese Konfrontation zählen. „Ich meine es nur gut, echt." Becker zuckte verspielt mit den Schultern. Jonas bekam ein seltsames Rauschen in seinen Ohren. Die Stadt, die Straßen, die entfernten Autogeräusche, alles trat in den Hintergrund. „Jonas?" Jonas wusste nicht, wann er seine Hände aus den Jackentaschen gezogen hatte. Er wusste nicht, wann er den ersten Schritt nach vorne gemacht hatte. Alles geschah wie in Trance, als ob jemand anders seinen Körper steuerte. Becker wollte noch etwas sagen, doch Jonas' Faust traf ihn mitten ins Gesicht. Es war nicht geplant gewesen, nicht wirklich, doch jetzt lag Becker auf dem Boden. Blut tropfte, seine Augen waren weit aufgerissen. Jonas atmete schwer, seine Brust hob und senkte sich stoßweise. Becker blinzelte, als wollte er nicht glauben, was gerade passiert war. Dann verzog er sein Gesicht zu einer Mischung aus Wut und Unglauben. „Du... Du verdammter Freak", keuchte er, während er sich langsam wieder auf rappelte. Aber Jonas ließ es nicht zu. Er packte Becker am Kragen und schlug erneut zu. Beckers Schädel knallte auf den Asphalt. Das Geräusch, das dabei eintrat, war stumpf und unspektakulär, aber in Jonas' Kopf war es das lauteste Geräusch, das er je gehört hatte. Becker stöhnte, versuchte, sich zu wehren, doch Jonas saß auf ihm, seine Hände um seinen Hals gelegt. Jetzt ist es zu spät. Das Wesen stand irgendwo in seinem Blickfeld, beobachtete die ganze Situation von außerhalb. Jonas' Finger schlossen sich noch fester um Beckers Hals, er spürte den Puls unter seiner Haut, das verzweifelte Zucken seines Körpers, das wimmernde Röcheln, als ihm die Luft ausging. Jonas eigene Atmung war unregelmäßig, sein Herz raste und ein dumpfes Dröhnen in seinem Kopf übertönte alles andere. Becker strampelte seine Hände krallten sich an Jonas' Arme, versuchten ihn wegzudrücken, aber es war zwecklos. Jonas war stärker. Nicht körperlich, nie körperlich, aber in diesem Moment hatte er die Kontrolle. Zum ersten Mal in seinem Leben. Das Wesen stand jetzt direkt hinter ihm. Es sagte noch immer nichts. Es beobachtete nur. Beckers Augen weiteten sich panisch, seine Lippen formten stumme Worte, dann wurden seine Bewegungen schwächer. Sein Körper zuckt noch einmal unter Jonas' Griff. Dann wurde er schlaff. Ein letztes, heiserer Keuchen entwich seiner Kehle, dann war es vorbei. Stille. Jonas ließ los. Beckers Kopf fiel schwer auf den kalten Asphalt. Sein leerer Blick war gegen den Himmel gerichtet. Die Straßenlaternen warfen ein fahles Licht auf sein Gesicht, in dem noch immer die letzten Spuren von Angst und Unglauben eingefroren waren. Jonas atmete tief ein. Seine Hände zitterten, seine Brust hob und senkte sich in schnellen Stößen. Er hatte es getan. Er hatte ihn umgebracht. Ein seltsames Gefühl überkam ihn –keine Panik, keine Reue, nur eine dumpfe Leere, als ob sein Kopf sich für einen Moment abgeschaltet hatte. „Gut gemacht Jonas". Die Stimme des Wesens war warm, fast stolz. Jonas schloss die Augen. „Nein...." flüsterte er. „Doch. Du hast es gespürt, nicht wahr? Die Erleichterung? Die Befreiung?" Jonas rieb sich über das Gesicht, seine Finger streifte das Blut, das an seinen Ärmeln klebte. „Er... er hatte es verdient", murmelte er mehr zu sich selbst als zu dem Wesen. „Natürlich hat er das". Die Straßen waren noch immer leer. Niemand hatte es gesehen. Jonas blickte auf den leblosen Körper zu seinen Füßen, ein Teil von ihm erwartete, dass Becker gleich tief Luft holte, dass er hustend und keuchend aufstand, als wäre alles nur ein schlechter Traum gewesen, aber das tat er nicht. Er war tot. Wirklich tot. Jonas zwang sich, aufzustehen, sein Kopf fühlte sich benommen an. Seine Beine waren wackelig, sein Herz pochte noch immer rasend schnell. , Du musst verschwinden!" Ja, das musste er. Er stolperte zurück. Sein Blick blieb für eine Sekunde auf Beckers reglosen Körper liegen, dann drehte er sich um und lief. Er wusste nicht, wohin. Er wusste, nur, dass er hier weg musste

*

Der Tatort war in gespenstisches Blaulicht getaucht. Mehrere Streifenwagen standen mit offenen Türen auf der Straße, ihre Motoren summten leise, während Polizisten sich zwischen ihnen bewegten, gedämpfte Stimmen in Funkgeräte murmelten und Absperrband gespannt wurde. Der Geruch von nassem Asphalt und kaltem Metall lag in der Luft. Hauptkommissar Paul Reinhardt stand mit verschränkten Armen vor der Leiche. Becker lag noch immer da, genau wie er gefunden worden war – auf dem Rücken, seine Augen weit offen, die Lippen leicht gespreizt, als hätte er in seinen letzten Momenten noch etwas sagen wollen. Die dunkle Lache unter seinem Kopf hatte sich in die Ritzen des Pflasters gesogen, ein dunkler Schatten, der nicht so schnell verschwinden würde. „Erdrosselt", murmelte jemand neben ihm. Es war Kriminaltechnikerin Miriam Berger, die mit Handschuhen über Beckers Hals fuhr, ihre Stirn gerunzelt. „Kein Messer, keine Schussverletzung. Nur diese Druckspuren. Das war jemand, der nah an ihm dran war." Reinhardt nickte langsam. „Kein Raubüberfall also." Berger schüttelte den Kopf. „Nichts deutet darauf hin. Geldbörse, Handy – alles noch da." Ein gezielter Mord. Persönlich. Wütend. Reinhardt blickte sich um. Sie befanden sich in einer Seitenstraße nahe der Hauptstraße, kaum überwacht, wenig frequentiert zu dieser späten Stunde. Perfekt für eine Tat wie diese. „Irgendwelche Zeugen?" Ein junger Beamter trat zu ihm, sah noch etwas blass aus. Wahrscheinlich sein erster Mordfall. „Bisher nicht viel. Eine ältere Dame hat angeblich Geräusche gehört, konnte aber nichts Konkretes sagen. Sonst keine Kameraaufnahmen, keine weiteren Sichtungen." Reinhardt rieb sich die

Stirn. Das bedeutete, sie mussten anders vorgehen. „Wer ist das Opfer genau?" „Benjamin Becker, 32 Jahre alt. Angestellter in einer Versicherung. Keine Vorstrafen. Lebte allein." Ein Versicherungsangestellter. Kein Junkie, kein Kleinkrimineller. Wer hatte also ein Motiv gehabt, ihn auf diese Weise zu töten? Berger richtete sich auf. „Der Mörder muss ihn gekannt haben. So etwas passiert nicht zufällig. Jemand, der ihn kannte, hat ihn hierher gelockt oder ist ihm gefolgt. Und dann..." Sie machte eine Bewegung mit der Hand um ihren Hals. „Sowas erfordert Kraft. Entweder der Täter ist stark – oder er war voller Adrenalin." Reinhardt nickte nachdenklich. Dann wandte er sich an einen seiner Kollegen. „Wir brauchen eine Liste aller Arbeitskollegen. Leute, mit denen er sich verstanden hat. Und vor allem: Leute, mit denen er sich nicht verstanden hat." Der junge Polizist nickte und machte sich sofort auf den Weg. Während Reinhardt auf den leblosen Körper sah, konnte er sich eines Gedankens nicht erwehren. Dies hier war ein Mord aus Emotionen heraus. Kein Profi, kein überlegter Auftragskiller. Jemand hatte hier die Kontrolle verloren. Und solche Täter machten oft Fehler. Die Büros der Versicherungsgesellschaft waren kalt und steril. Neonlicht flackerte über den grauen Tischen, und die Mitarbeiter saßen in einer Mischung aus Schock und Anspannung in ihren Stühlen. Reinhardt ließ seinen Blick schweifen. Es gab immer eine Dynamik in solchen Gruppen. Es gab die, die sich wirklich betroffen fühlten – und die, die nur betroffen wirken wollten. Und dann gab es diejenigen, die sich unruhig verhielten. Er suchte nach dieser Unruhe. Die erste Befragung war wenig ergiebig. Becker war laut seinen Kollegen „manchmal ein Arschloch", aber niemand schien ihn wirklich gehasst zu haben. Bis ein Name fiel. „Er hat sich oft mit Jonas Falk angelegt." Reinhardt hob eine Augenbraue. „Jonas Falk?" Die Frau, die das gesagt hatte – eine Mittvierzigerin mit ernster Miene – nickte. „Ja. Ein stiller Typ. Becker hat ihn manchmal aufgezogen. Sie wissen schon... auf diese gemeine Art." Reinhardt machte sich eine Notiz. „War das... nur harmloses Ärgern?" Die Frau zögerte. „Ich weiß nicht. Ich meine, Falk hat nie was gesagt. Aber... ich hatte immer das Gefühl, es ging ihm nahe." Reinhardt nickte. Jetzt hatten sie einen Namen. Und er würde sich diesen Jonas Falk genauer ansehen.

*

Jonas saß in seiner kleinen Wohnung auf dem Sofa. Die Rollläden waren halb heruntergelassen, das Licht des Nachmittags sickerte nur schemenhaft durch die schmalen Öffnungen. Die Luft war stickig, die Heizung zu hoch aufgedreht, aber Jonas hatte nicht die Energie, aufzustehen und etwas daran zu ändern. Seine Hände ruhten auf den Oberschenkeln, die Finger leicht verkrampft, während sein Blick ins Leere ging. Die Erinnerungen an Beckers Tod kamen in Wellen. Der Moment, als er die Hände um Beckers Hals gelegt hatte – der Widerstand, der langsam nachließ, die Stille, die danach folgte. Es war ein Bild, das sich in seine Gedanken eingebrannt hatte, ein Standbild, das immer wieder auftauchte, egal wie sehr er versuchte, es zu verdrängen. Und doch... da war etwas anderes. Eine tiefe, dunkle Befriedigung, die ihn erschreckte. Becker war weg. Sein Spott, seine herablassenden Blicke – alles Geschichte. Jonas spürte, wie sein Atem schneller ging, seine Brust sich hob und senkte, während er diese beiden widersprüchlichen Gefühle in sich spürte: Scham und Genugtuung. „Du hast es getan", flüsterte die vertraute Stimme des Wesens in seinem Kopf. „Und es war richtig." Jonas schüttelte heftig den Kopf. „Halt den Mund", murmelte er, seine Stimme kaum hörbar. Doch das Wesen lachte nur leise, ein kehliges, unmenschliches Lachen, das ihm die Nackenhaare aufstellte. Der Anruf kam am nächsten Tag. Die Polizei wollte mit ihm sprechen – nur eine Routinebefragung, wurde ihm versichert. Jonas hatte am Telefon ruhig gewirkt, doch sobald er aufgelegt hatte, begann die Angst in ihm zu keimen. Sein Magen krampfte sich zusammen, und sein Kopf fühlte sich plötzlich schwer an. „Bleib ruhig", sagte die Stimme in seinem Kopf. „Das ist nichts. Du hast keine Spuren hinterlassen. Niemand hat etwas gesehen." Jonas atmete tief durch, versuchte, die Panik zu unterdrücken. Er zog sich an, einfache, unauffällige Kleidung und machte sich auf den Weg zur Polizeistation. Die Befragung fand in einem kleinen, nüchternen Raum statt. Hauptkommissar Reinhardt saß ihm gegenüber, ein Notizblock vor sich, während Jonas nervös die Hände auf seinem Schoß faltete. „Herr Falk, Sie arbeiten also mit Herrn Becker zusammen, richtig?" Reinhardt war ruhig, seine Stimme war ohne jegliche Emotion. Jonas nickte. „Ja. Wir waren Kollegen." „Wie war Ihr Verhältnis zu ihm?" Jonas schluckte. „Normal, denke ich. Wir haben... wir haben nicht viel miteinander zu tun gehabt." Reinhardt hob eine

Augenbraue. „Einige Ihrer Kollegen haben erwähnt, dass es hin und wieder Spannungen zwischen Ihnen beiden gab. Können Sie dazu etwas sagen?“ Jonas spürte, wie sein Herz raste. Sein Mund war trocken, und er hatte Mühe, die Worte zu finden. „Das waren... das war nichts Ernstes. Nur... Arbeitskonflikte. Nichts Persönliches.“ Reinhardt ließ den Blick nicht von ihm ab. „Konflikte können manchmal eskalieren. Gerade, wenn es um Machtverhältnisse am Arbeitsplatz geht. Glauben Sie, dass jemand Becker gehasst hat?“ Jonas zuckte die Schultern. „Ich... ich weiß es nicht. Er konnte... manchmal schwierig sein, aber... ich glaube nicht, dass jemand ihn...“ Seine Stimme brach ab, und Reinhardt notierte sich etwas. Jonas fühlte den Druck auf seiner Brust wachsen, das Kribbeln in seinen Händen, das Zittern, das er unterdrücken musste. „Wo waren Sie am Abend seines Todes?“ Jonas war vorbereitet. „Ich war zu Hause. Allein. Ich habe gelesen.“ Reinhardt sah ihn noch einen Moment lang an, bevor er nickte. „In Ordnung. Das wäre es erst mal.“ Jonas stand auf, seine Beine fühlten sich schwer an. Er bedankte sich mechanisch, bevor er den Raum verließ. Als er auf die Straße trat, fühlte er die kalte Luft auf seinem Gesicht und atmete tief durch. Zu Hause ließ sich Jonas auf das Sofa fallen, sein Herz hämmerte immer noch gegen seine Brust. Er wusste, dass er nicht auffallen durfte. Kein Kontakt zur Polizei, kein auffälliges Verhalten. „Sie glauben dir“, sagte die Stimme in seinem Kopf, sanft, fast triumphierend. „Ich wollte das nicht“, murmelte Jonas, seine Hände vergruben sich in seinen Haaren. „Ich wollte das alles nicht.“ „Doch, das wolltest du“, flüsterte das Wesen. „Und du hast es getan. Du bist jetzt frei. Niemand wird dir jemals wieder etwas antun.“ Doch trotz der Worte, die das Wesen ihm zuflüsterte, fühlte Jonas sich nicht frei. Er fühlte sich gefangen – in seinen Gedanken, seinen Gefühlen, in dem dunklen Abgrund, der sich vor ihm auftat. Und während er auf das Flimmern des Fernsehers starrte, begann er sich zu fragen, ob er diesem Abgrund jemals entkommen konnte.

*

Die Welt, so schien es Jonas, hatte sich in eine fremde, düstere Version ihrer selbst verwandelt. Die Farben waren blass geworden, als hätte jemand einen grauen Schleier über alles gelegt. Selbst das Licht der Straßenlaternen schien schwächer, mühsam kämpfte es sich durch die Dunkelheit der Nacht. Die Menschen wirkten anders. Ihre Gesichter waren maskenhaft, mit ausdruckslosen Augen, die ihn manchmal kurz streiften, nur um sich sofort wieder abzuwenden. Jonas ging durch die Straßen, seine Hände tief in die Taschen seiner Jacke vergraben. Er hatte das Gefühl, beobachtet zu werden, auch wenn niemand ihn direkt ansah. Die Geräusche der Stadt waren gedämpft. Das entfernte Brummen von Autos, das Klirren von Flaschen in der Nähe eines Altkleidercontainers – alles war da, aber irgendwie verzerrt, wie in einem Traum. Jonas betrat das Büro mit einem flauen Gefühl im Magen. Die neon beleuchteten Flure schienen greller als sonst und jeder Schritt, den er auf den grauen Teppich setzte, durchdrang seine Ohren wie ein Donnerschlag. Ihm wurde plötzlich warm. Er konnte spüren, wie das Blut durch seine Adern rauschte, wie es in seinen Schläfen zu pochen begann. Er zog seine Jacke aus, legte sie über seinen Arm, seinen Rucksack locker an der Seite, doch sein Gang war schwerfällig, als trüge er die ganze Last der letzten Tage auf seinen Schultern. Die Tür zur Großraumbürofläche war bereits offen, und als er hindurch trat, wurde es für einen Moment still. Gespräche, das rhythmische Tippen von Tastaturen und das gelegentliche Klicken von Mäusen – all das verstummte, als die Köpfe der Kollegen sich nacheinander zu ihm drehten. Jonas konnte ihre Blicke spüren, wie Pfeile, die sich in seine Haut bohrten. Einige musterten ihn unverhohlen, andere schauten schnell weg, als würden sie sich ertappt fühlen. Aber ihre Gedanken konnte er spüren, als wären sie laut ausgesprochen worden.

„Was macht er hier?"

„Wie kann er so tun, als sei alles normal?"

„Hast du gesehen, wie er aussieht? Was stimmt nicht mit ihm?"

Er wusste, dass sie redeten. Vielleicht nicht laut, aber in ihren Köpfen. Und einige von ihnen, da war er sich sicher, hatten sich bereits am Kaffeeautomaten zusammengefunden, um über ihn zu tuscheln. Er setzte sich an seinen Schreibtisch, der wie immer am Rand des Raumes stand, etwas abseits vom Rest. Sein Computer fuhr hoch, und das vertraute Summen und Blinken des Bildschirms lenkte ihn für einen Moment ab. Doch es dauerte nicht lange, bis er wieder merkte, wie die Blicke ihn durchbohrten. Becker war nicht da. Natürlich war er nicht da. Niemand sprach über ihn, zumindest nicht direkt. Aber Becker war immer ein lautes Element im Büro gewesen – seine Stimme hatte stets den Raum gefüllt, seine Präsenz war spürbar gewesen. Jetzt war da nur ein Loch, ein unübersehbarer leerer Platz in der Atmosphäre. „Guten Morgen, Jonas." Die Stimme riss ihn aus seinen Gedanken. Es war Martina, die Assistentin des Abteilungsleiters. Sie stand an seinem Schreibtisch, eine Kaffeetasse in der Hand, ihr Blick jedoch zögerlich, fast scheu. „Morgen", murmelte Jonas, ohne sie anzusehen. „Ähm… ich wollte nur fragen, ob bei dir alles in Ordnung ist", setzte sie leise hinzu, während sie auf ihre Unterlippe biss. Jonas spürte, wie Wut in ihm aufstieg. Die Frage war nicht echt. Sie wollte nicht wirklich wissen, wie es ihm ging. Es war nur eine höfliche Floskel, ein Versuch, etwas Normalität in eine Situation zu bringen, die alles andere als normal war. „Alles bestens", sagte er scharf, die Worte wie ein Messer geschnitten. Martina wich leicht zurück, ihre Augen weiteten sich kurz, bevor sie sich hastig entschuldigte und den Rückzug antrat. Jonas atmete tief durch und fuhr sich mit den Händen durchs Gesicht. Er konnte spüren, wie sich die Atmosphäre im Raum veränderte. Die Gespräche wurden wieder aufgenommen, aber sie klangen anders – gedämpfter, gezwungener. Und dann, mitten in diesem Chaos aus Stimmen und Blicken, hörte er es wieder. „Sie wissen es, Jonas. Sie alle wissen es." Das Wesen. Es war wieder da, sein Flüstern so vertraut wie eine dunkle Melodie, die ihn durchdrang. Jonas schloss die Augen und presste seine Hände zu Fäusten. „Halt die Klappe", murmelte er leise zu sich selbst, doch das Flüstern wurde nur lauter, triefend vor Hohn. „Sieh sie dir an. Ihre Augen verraten alles. Sie lachen dich aus. Sie denken, du bist ein Monster." Er öffnete die Augen und sah sich um. Einige seiner Kollegen hatten sich wieder an die Arbeit gemacht, doch er konnte die verstohlenen Seitenblicke nicht ignorieren. Andere hatten sich in kleinen Gruppen versammelt, ihre Stimmen nur ein Flüstern, aber Jonas wusste, dass er das Thema war. Seine Hände zitterten, als er versuchte, seine Gedanken zu ordnen. Er musste hier raus. Der Druck, die Blicke, das Flüstern – es wurde zu viel. Doch gleichzeitig spürte er, wie etwas Dunkles in ihm aufstieg, ein Teil von ihm, der sich an ihrer Angst und Unsicherheit labte. „Lass sie doch sehen, wer du wirklich bist", flüsterte das Wesen. „Zeig ihnen, Jonas." Auf dem Weg nach Hause nahm Jonas die U-Bahn. Der Wagen war spärlich besetzt, doch er fühlte die Blicke auf sich, auch wenn niemand ihn ansah. Eine ältere Frau saß zwei Plätze entfernt, starrte in ihre Handtasche und nestelte nervös daran herum. Ein junger Mann in der Ecke drehte unruhig einen Schlüsselbund in seiner Hand. Jonas setzte sich, ließ den Blick durch den Wagen schweifen, doch das Gefühl des Unbehagens blieb. Er spürte, wie sich sein Nacken verspannte, sein Herzschlag schneller wurde. Dann trafen sich plötzlich seine Augen mit denen eines Mannes am anderen Ende des Wagens. Der Fremde hatte ein kantiges Gesicht, das von Schatten gezeichnet war, die nicht von den Lichtverhältnissen im Wagen herrührten. Sein Blick war stechend, fast bohrend, und Jonas spürte, wie eine Welle von Kälte durch seinen Körper lief. „Warum starrt er so?“ Die Stimme des Wesens flüsterte plötzlich in seinem Kopf, mit einer Mischung aus Spott und Neugier. „Er weiß es, Jonas. Er sieht, was du getan hast.“ Jonas riss den Blick hastig weg, seine Hände verkrampften sich um den Rand seines Sitzes. Doch als er erneut hinsah, war der Platz des Mannes leer. In seiner Wohnung angekommen, ließ Jonas die Tür hinter sich ins Schloss fallen und stand eine Weile einfach nur im Flur. Es war still, abgesehen vom leisen Tropfen des Wasserhahns in der Küche. Er bewegte sich durch die Räume, jeder Schritt fühlte sich schwer an. Die Möbel, die sonst so vertraut wirkten, schienen plötzlich bedrohlich. Der Schatten der Stehlampe in der Ecke erinnerte ihn an die Silhouette von Becker, die letzten Momente seines Lebens, die Hände um seinen Hals. „Die Welt hat dich verändert, Jonas.“ Die Stimme war wieder da, sanft und doch eindringlich. „Du sie Die Isolation in den eigenen vier Wänden“. Jonas ließ sich auf die Couch fallen, die Stille seiner Wohnung drückte schwer auf ihn. Er hatte alle Lichter ausgelassen, das schwache Mondlicht, das durch die Vorhänge fiel, war alles, was die Dunkelheit milderte. Seine Hände zitterten, als er sie betrachtete. Es fühlte sich an, als würde das Blut, das einst an ihnen geklebt hatte, immer noch dort sein, unsichtbar und doch allgegenwärtig. Er wollte die Stille. Doch die Stille war nie vollkommen. „Sie wissen es nicht, Jonas.“ Die Stimme des Wesens war wieder da, diesmal ruhiger, fast beruhigend. „Aber sie ahnen es. Die Blicke, die du spürst – sie sind echt. Sie spüren deine Schuld, dein wahres Gesicht. Du bist nicht wie sie.“ Jonas schüttelte den Kopf, als wollte er die Stimme aus seinem Schädel vertreiben. „Ich wollte das nicht“, flüsterte er. „Ich wollte das nie.“ Das Lachen des Wesens hallte durch seinen Verstand, leise und bitter. „Natürlich wolltest du es. Tief in dir hast du es genossen. Die Macht. Die Kontrolle. Und jetzt bist du frei, Jonas. Frei von den Ketten, die sie dir angelegt haben.“ Er sprang auf, schrie in die Leere der Wohnung:

„Hör auf! Hör einfach auf!" Seine Stimme hallte zurück, verebbte schließlich und ließ nur die Stille zurück. Doch in dieser Stille hörte er noch immer das Echo des Wesens, das nicht aufzuhören schien. Am nächsten Morgen wagte sich Jonas, wenn auch nur verängstigt, wieder einmal ohne triftigen Grund, nach draußen. Die Luft war kalt, der Himmel wolkenverhangen. Menschen strömten durch die Straßen, wie Ameisen, die einem unsichtbaren Pfad folgten. Doch Jonas sah sie anders. Ein Mann, der an ihm vorbeiging, hatte eine Fratze, die aussah, als wäre sie aus Wut gemeißelt worden. Eine Frau, die an einer Ampel wartete, drehte sich kurz zu ihm um, und in ihren Augen meinte Jonas, eine Art Hohn zu sehen. Selbst die Kinder, die an ihren Eltern zogen, wirkten in seinen Augen wie kleine Raubtiere, die nur darauf warteten, dass ihre Zähne scharf genug waren, um zuzubeißen. Er wusste, dass es nicht real war. Nicht ganz. Doch die Grenze zwischen dem, was echt war, und dem, was seine Fantasie ihm vorgaukelte, wurde immer dünner.

*

Jonas betrat eine kleine Bäckerei in der Hoffnung, sich durch den Alltag abzulenken. Die Glocke über der Tür bimmelte, als er eintrat. Der Duft von frisch gebackenem Brot und süßem Gebäck schlug ihm entgegen, doch anstatt ihn zu beruhigen, brachte es seine Nerven zum Flattern. Es fühlte sich an, als sei dieser Ort eine Bühne, und er der Protagonist in einem Stück, das jeder im Raum aufmerksam verfolgte. Hinter der Theke stand eine junge Frau mit blonden Haaren, die in einem engen Zopf nach hinten gebunden waren. Sie lächelte den Kunden vor ihm freundlich an, nahm dessen Bestellung entgegen, wechselte das Geld und wünschte ihm einen schönen Tag. Doch als Jonas an der Reihe war, änderte sich ihr Ausdruck. „Was darf es sein?" fragte sie, doch in ihrer Stimme lag etwas – ein Hauch von Zurückhaltung, vielleicht sogar Abneigung. Jonas' Blick glitt zu den Spiegeln an den Wänden der Bäckerei. Sein eigenes Spiegelbild warf ihm tiefe Augenringe und eine fahle Gesichtsfarbe entgegen. Sein Haar war unordentlich, die Jacke wirkte zu groß für seinen Körper, der zunehmend magerer wurde. „Ein... ein Croissant und einen Kaffee", murmelte er, den Blick abgewandt. Die Frau nickte knapp und wandte sich ab, um seine Bestellung vorzubereiten. Doch Jonas fühlte ihren Blick in seinem Rücken, als sie sich bewegte, als könne sie spüren, dass mit ihm etwas nicht stimmte. „Du bist ein Tier in einem Käfig“, flüsterte die Stimme in seinem Kopf. „Sie sieht es. Sie weiß es.“ Als sie ihm die Tüte mit dem Croissant und den dampfenden Kaffee reichte, hielt Jonas für einen Moment inne. Ihre Finger zitterten leicht, oder bildete er sich das ein? „Zwei Euro fünfzig“, sagte sie kurz angebunden. Jonas zog das Geld aus seiner Tasche und legte es auf den Tresen, doch der Gedanke ließ ihn nicht los. Die Art, wie sie ihn ansah, wie ihre Bewegungen stockten, wenn sie in seiner Nähe war. Es war keine Einbildung. Sie wusste es. Auf dem Weg nach draußen stolperte Jonas leicht und verschüttete einen Teil des Kaffees auf den Boden. Er fluchte leise, doch der Klang seines eigenen Ausrufs hallte in seinem Kopf nach, wie eine Explosion in einem leeren Raum. Die Verkäuferin warf ihm einen Blick zu, und in ihren Augen lag nicht nur Mitleid, sondern etwas anderes – Ekel. Jonas spürte, wie seine Wut aufstieg, unkontrollierbar, wie Lava, die aus einem brodelnden Vulkan quoll. „Sie denkt, du bist ein Monster“, flüsterte die Stimme des Wesens. „Zeig ihr, dass sie recht hat.“ Er ballte die Hände zu Fäusten, seine Finger schlossen sich um die warme Papiertüte, bis sie beinahe zerdrückt wurde. Die Welt um ihn herum verschwamm für einen Moment. Doch er biss die Zähne zusammen, zwang sich, die Tür der Bäckerei zu öffnen und hinauszutreten. Die kalte Luft schlug ihm ins Gesicht, und mit ihr kam ein Hauch von Klarheit zurück. Doch das Gefühl blieb: Die Welt hatte sich gegen ihn verschworen. „Sie alle gegen dich“, flüsterte das Wesen, leise lachend. „Aber wir beide, Jonas. Wir können das ändern.“ Jonas schlenderte durch die Straßen, die nun enger und dunkler erschienen. Die Schatten schienen sich zu bewegen, sich zu dehnen, als würden sie ihn umschließen wollen. Die Häuser, die an ihm vorbeizogen, hatten Fenster, die wie tote Augen auf ihn herabstarrten. Er wusste, dass er nach Hause zurückkehren sollte. Doch ein Teil von ihm wollte nicht. Zuhause wartete nur die Stille, und mit ihr die unausweichliche Konfrontation mit dem Wesen. Er blieb an einer Straßenecke stehen, die Hände tief in den Jackentaschen. Vor ihm war eine kleine Gruppe von Menschen, die miteinander lachten und redeten. Jonas starrte sie an, versuchte zu verstehen, was so anders an ihnen war. Sie wirkten lebendig, frei von der Dunkelheit, die ihn umgab. Doch je länger er sie ansah, desto mehr verzerrten sich ihre Gesichter in seiner Wahrnehmung. Das Lachen wurde zu einem höhnischen Gackern, die Stimmen klangen wie

Flüstern, das seinen Namen rief. Er wandte sich ab, ging schnellen Schrittes weiter, als wollte er vor der Illusion fliehen, die ihn verfolgte. Doch er wusste, dass er ihr nicht entkommen konnte. Die Welt war anders geworden. Und er war kein Teil mehr davon.

*

Der Konferenzraum des örtlichen Polizeireviers war stickig und überfüllt. Auf dem großen Tisch in der Mitte lagen mehrere Ordner, Fotos und Notizen durcheinander, doch sie alle erzählten die gleiche Geschichte: ein Mord, der keine Richtung hatte. Keine Spur, kein Motiv, kein Täter. Kommissar Weber ließ seinen Blick über die anwesenden Beamten schweifen. Alle wirkten müde, genervt, frustriert – genau wie er selbst. Becker war tot, brutal erdrosseltes und die Ermittlungen schienen in einer Sackgasse festzustecken. „Gut", begann Weber mit einem Seufzen, während er sich an seinen Platz am Kopf des Tisches setzte. „Was haben wir bisher?" Ein junger Ermittler, Richter, räusperte sich und nahm das Wort: „Die Spurensicherung hat alle möglichen Fingerabdrücke und DNA-Proben vom Tatort ausgewertet, aber nichts führt uns weiter. Die Abdrücke gehören entweder Becker selbst oder sind von Personen, die plausibel erklärt werden können. Keine unbekannten Spuren." „Die Überwachungskameras in der Nähe?", fragte Weber. Richter schüttelte den Kopf. „Die nächste Kamera war fast hundert Meter entfernt. Der Täter hat sich gut verborgen gehalten." Ein anderer Beamter, Schrader, meldete sich zu Wort. „Wir haben alle Kollegen von Becker befragt, auch den direkten Kreis im Büro. Viele hatten eine eher... angespannte Meinung über ihn. Er war nicht gerade beliebt." „Was heißt das genau?", fragte Weber und lehnte sich vor, seine Hände vor seinem Gesicht gefaltet. „Becker war laut, rechthaberisch, manchmal herablassend. Es gibt einige Kollegen, die sich nicht gerade positiv über ihn geäußert haben. Aber das gibt uns keinen Grund zu glauben, dass einer von ihnen fähig wäre, so etwas zu tun." Weber runzelte die Stirn. „Niemand hatte einen Streit mit ihm oder eine offensichtliche Feindschaft?" „Nein, Sir. Die Aussagen waren alle vage. ‚Er war anstrengend', ‚Er hatte seine Macken', nichts, was auf einen offenen Konflikt hindeutet." Weber ließ ein leises Knurren hören und fuhr sich mit der Hand über das Gesicht. Es war, als hätte der Täter jeden möglichen Fehler vermieden, als hätte er sich absichtlich unsichtbar gemacht. „Und dieser Jonas?", fragte Weber nach einer Pause. „Der Kollege, der Becker zuletzt gesehen hat? Was ist mit ihm?" Schrader blätterte durch seine Notizen. „Jonas... Falk, glaube ich. Er war mit Becker an diesem Tag noch zusammen im Büro, hat aber ausgesagt, dass er am Abend alleine zuhause war. Er hatte nichts Auffälliges an sich – etwas müde vielleicht, aber wer ist das heutzutage nicht? Seine Alibi-Angaben sind klar: Er war zu Hause und hat keine Familie oder Freunde, die etwas Gegenteiliges sagen würden." „Keine Vorstrafen oder Auffälligkeiten?", fragte Weber und fixierte Schrader mit einem intensiven Blick. „Nichts, Sir. Sein Führungszeugnis ist sauber. Ein ruhiger, unauffälliger Typ." „Vielleicht zu unauffällig", murmelte Weber, mehr zu sich selbst als zu den anderen. Doch er wusste, dass er keine Handhabe hatte. Jonas hatte alles richtig gemacht, zumindest auf den ersten Blick. Ohne Beweise war es unmöglich, ihn stärker unter Druck zu setzen. „Okay", sagte Weber schließlich, sichtlich frustriert. „Das heißt, wir haben keinen Verdächtigen, kein Motiv und keine weiteren Spuren. Großartig." Die Stimmung im Raum wurde noch schwerer, als alle in bedrücktes Schweigen verfielen. Die Luft war erfüllt von der leisen Anspannung, die aus Hilflosigkeit und Erschöpfung geboren wird. Nach einer Weile meldete sich Richter wieder zu Wort. „Vielleicht sollten wir die Ermittlungen vorerst zurückfahren, Sir. Uns auf andere Fälle konzentrieren, bis wir neue Hinweise haben. Es macht keinen Sinn, unsere Ressourcen weiterhin hier zu bündeln, wenn wir keine Fortschritte erzielen." Weber schnaubte verächtlich. „Zurückfahren? Sie wollen aufgeben?" „Nicht aufgeben", sagte Richter ruhig. „Nur... priorisieren. Wir stehen unter Druck, die Zahlen stimmen zu lassen. Wenn wir hier keine Ergebnisse liefern können..." Weber lehnte sich zurück und rieb sich die Schläfen. Er wusste, dass Richter recht hatte. Der Druck von oben war unnachgiebig. Es gab andere Fälle, die schneller zu lösen waren und die bessere Schlagzeilen für die Abteilung liefern würden. Trotzdem widerstrebte es ihm, diesen Fall einfach ruhen zu lassen. „Also gut", sagte er schließlich, mit schwerem Herzen. „Wir stellen die aktiven Ermittlungen ein. Aber ich will, dass der Fall regelmäßig überprüft wird. Wenn etwas Neues auftaucht, sind wir sofort wieder drin. Klar?" Ein gemurmeltes „Ja, Sir" ging durch den Raum, und die Beamten begannen, ihre Sachen zu packen. Nur Schrader blieb noch einen

Moment sitzen und starrte auf die Fotos von Becker. „Manchmal", sagte er leise, „haben Täter mehr Geduld als wir." Weber warf ihm einen nachdenklichen Blick zu, sagte aber nichts. Er hatte das Gefühl, dass dieser Fall ihn noch lange verfolgen würde. Währenddessen saß Jonas in seiner kleinen Wohnung und starrte auf die Uhr. Jede Minute fühlte sich wie eine Ewigkeit an. Er wusste, dass die Polizei ihn im Auge hatte, selbst wenn sie es nicht direkt sagten. Es war ein schleichendes, unangenehmes Gefühl – die Gewissheit, dass sie ihn beobachteten, ohne dass sie ihm etwas nachweisen konnten. „Sie haben keine Ahnung", flüsterte das Wesen in seinem Kopf, mit einem Ton, der fast wie ein Lachen klang. „Sie sind blind, Jonas. Und genau das macht es so aufregend." Jonas schloss die Augen und versuchte, das Flüstern zu ignorieren. Aber die Worte des Wesens brannten sich in seinen Verstand, und tief in seinem Inneren spürte er etwas, das sich an diesem Gedanken labte: die Macht, unsichtbar zu sein.

*

Wochen vergingen und Jonas saß noch immer allein in seiner Wohnung, ein dumpfes Pochen hinter seinen Schläfen, das weder von der Stille noch von der Zeit vertrieben wurde. Die Luft war stickig, als hätten die letzten Wochen alle Räume seines Lebens ausgefüllt. Seit Beckers Tod – seit seiner Tat – fühlte sich die Welt anders an. Nicht nur dunkler oder kälter, sondern auch... klarer. Zum ersten Mal seit Langem hatte Jonas das Gefühl, dass er in einem Moment vollständiger Kontrolle war – und doch vollständig besessen. „Siehst du es jetzt?" Die Stimme des Wesens kam, leise und doch durchdringend, direkt in sein Innerstes. Es klang triumphierend, fast sanft. „Das warst du. Nicht sie, nicht die Welt. Du hast die Regeln verändert." Jonas schloss die Augen und lehnte sich zurück. Sein Körper fühlte sich schwer an, wie nach einem langen Kampf, und doch durchströmte ihn eine seltsame Energie, etwas, das er nicht benennen konnte. Er dachte an den Moment mit Becker zurück. Die Schreie, die Hilflosigkeit in dessen Augen – und dann die Stille. Es war wie ein Bruch, ein Punkt ohne Wiederkehr, und doch verspürte Jonas kein Mitleid. Was ihn stattdessen durchzog, war eine seltsame Mischung aus Stolz und Erleichterung. Becker war nie nett zu ihm gewesen. Immer der Spott, die Witze hinter seinem Rücken. Becker war der Lauteste im Büro gewesen, doch in dieser Nacht hatte Jonas gezeigt, dass er die Macht hatte, ihn für immer zum Schweigen zu bringen. „Ich... bin nicht so jemand", flüsterte Jonas zu sich selbst, aber seine Worte fühlten sich hohl an. Sein Herz widersprach, aber tief in seinem Innersten wusste er, dass er lügen würde, wenn er diesen Moment bereute. „Nicht jemand wie was?" Das Wesen schien zu schmunzeln. „Jemand, der sich nicht mehr herumschubsen lässt? Jemand, der den Spieß umdreht? Schau in den Spiegel, Jonas. Das bist du. Und du liebst es, nicht wahr?" Jonas wollte protestieren, aber seine Gedanken schweiften ab. War das wirklich so falsch gewesen? Becker war ein schlechter Mensch gewesen, ein Tyrann. Die Welt war ohne ihn ein besserer Ort. Zumindest konnte Jonas sich das einreden. Aber es war mehr als nur Becker – es war das Gefühl, endlich gehört zu werden, endlich Macht über etwas zu haben, das ihn so lange unterdrückt hatte. Die Gewalt hatte ihn befreit, hatte ihm eine Stimme gegeben, die er nicht einmal wusste, dass er hatte. Am nächsten Tag, als er ins Büro zurückkehrte, spürte er es sofort. Die Blicke seiner Kollegen. Die unausgesprochenen Worte. Doch diesmal waren es keine verächtlichen oder spöttischen Blicke – es war Misstrauen, Furcht, vielleicht sogar Respekt. Jonas betrat das Büro mit einem seltsamen Gefühl der Überlegenheit. Er konnte die nervöse Energie in der Luft spüren, wie ein Raubtier, das die Unsicherheit seiner Beute riecht. Kollegen, die ihn sonst ignoriert hatten, nickten ihm zu, wenn auch widerwillig. Keiner wagte es, ihm in die Augen zu sehen. Das war neu. Er setzte sich an seinen Schreibtisch und begann, seine Arbeit zu erledigen. Der Monitor leuchtete, aber seine Gedanken schweiften immer wieder ab. Die Erinnerungen an den Mord, die Befragung, die Worte des Kommissars. Die Polizei war ratlos – und das machte ihn fast... Stolz. „Sie können dich nicht kriegen", raunte das Wesen in seinem Kopf. „Sie sind zu schwach, zu blind. Sie sind keine Gegner für uns." „Für... uns?", murmelte Jonas leise und blickte um sich. Sein Herz raste plötzlich, als ihm bewusst wurde, wie natürlich sich dieser Gedanke angefühlt hatte. Es war, als wäre er nicht mehr allein in seinem Kopf. Als wäre da jetzt jemand, ein Teil von ihm, der stärker und sicherer war, als er es je gewesen war. „Jonas?" Die Stimme seiner Kollegin riss ihn aus seinen Gedanken. Sie stand vor seinem Schreibtisch, ein Stapel Akten in der Hand. Sie sah müde aus, aber es war das Zögern in ihrem Blick, das ihn irritierte. „Ja?", fragte Jonas, vielleicht ein wenig zu scharf. Sie zuckte leicht zusammen, bevor sie die Akten auf seinen Tisch legte. „Ich… ich brauche deine Unterschrift auf diesen Berichten.“ Ihre Stimme war leise, fast entschuldigend. Jonas nickte langsam, nahm den Stift und kritzelte seinen Namen auf die Dokumente. Dabei beobachtete er, wie sie ihn musterte, fast so, als würde sie versuchen, ihn zu durchschauen. Doch dann wandte sie sich schnell ab und ging. „Sieh sie dir an“, zischte die Stimme des Wesens. „So schwach. Sie alle sind schwach. Aber nicht du, Jonas. Du bist stärker als sie. Und sie wissen es.“ Er starrte Lisa nach, fühlte, wie eine seltsame Zufriedenheit in ihm aufstieg. Vielleicht hatte das Wesen recht. Vielleicht war er anders als sie. Vielleicht war er endlich jemand, den man nicht mehr ignorieren konnte. Als Jonas an diesem Abend seine Wohnung betrat, war die Dunkelheit nicht mehr bedrohlich. Sie war beruhigend, fast vertraut. Das Flüstern des Wesens war noch immer da, aber es fühlte sich nicht mehr wie ein Eindringling an. Es war ein Teil von ihm geworden, etwas, das er nicht mehr verdrängen konnte – oder wollte. Er stand vor dem Spiegel und betrachtete sein Gesicht. Es war dasselbe Gesicht wie immer, und doch… nicht dasselbe. Seine Augen wirkten härter, entschlossener. Sein Mund zuckte leicht, als er ein leises Lachen ausstieß. „Ich bin stark“, flüsterte er. Und zum ersten Mal glaubte er es auch. Die Nacht war lau, die Straßen erleuchtet von den bunten Lichtern einer nahen Bar. Musik dröhnte aus den Fenstern, ein pulsierender Beat, der in Jonas’ Brust widerhallte. Zum ersten Mal seit Langem fühlte er sich nicht von der Dunkelheit verschluckt. Nein, sie fühlte sich lebendig an, aufregend. Es war, als ob das Leben ihm plötzlich einladend zulächelte. „Was hast du zu verlieren?“ Die Stimme des Wesens war an diesem Abend kaum mehr als ein Flüstern, das Jonas’ Euphorie noch verstärkte. Sie war nicht bedrohlich, nicht aufdringlich – sie war ein Anstifter, ein Freund, der ihn dazu drängte, sich fallen zu lassen. Jonas schob die Tür zur Bar auf, und ein Schwall aus Wärme, Lachen und Musik schlug ihm entgegen. Die Luft war schwer von Rauch und dem süßlichen Duft von Alkohol. Menschen tanzten eng aneinander gedrängt, ihre Körper zuckten im Rhythmus der Musik. Überall hörte man Lachen, Rufe und das Klirren von Gläsern. Er schob sich an die Bar, bestellte ein Bier und ließ seinen Blick über die Menge schweifen. Die bunte Beleuchtung ließ alles wie eine andere Welt erscheinen. Niemand kannte ihn hier. Niemand beurteilte ihn. Für diese Nacht war er frei, jemand anderes zu sein. „Hey, du siehst aus, als könntest du einen richtigen Drink gebrauchen!“ Eine Frauenstimme riss ihn aus seinen Gedanken. Jonas drehte sich um und sah eine junge

Frau mit roten Haaren, die ihm ein Glas in die Hand drückte. Ihre Augen funkelten im Licht, und ihr Lächeln war ansteckend. „Was ist das?“ fragte er, nahm aber dennoch einen Schluck. Der Geschmack war süß und scharf zugleich, und ein warmes Gefühl breitete sich in seiner Brust aus. „Keine Ahnung“, lachte sie, „aber es wird deinen Abend retten.“ Jonas lachte – ein ehrliches, ungezwungenes Lachen, das ihn selbst überraschte. Er hatte vergessen, wie sich das anfühlte. Die Frau zog ihn ohne ein weiteres Wort auf die Tanzfläche, und bevor er es sich anders überlegen konnte, bewegte er sich im Takt der Musik. Zuerst waren seine Bewegungen steif, zögerlich, doch je länger er tanzte, desto freier fühlte er sich. Der Alkohol machte ihn leicht, die Musik trug ihn wie Wellen, und die Menge um ihn herum schien ihn in einen Rausch der Lebendigkeit zu hüllen. Jonas lachte, schrie, sprang. Sein Hemd klebte bald an seinem Körper, doch es war ihm egal. Es war, als würde er all die Lasten, die ihn monatelang niederdrückten, in den Boden stampfen. „Das bist du, Jonas“, flüsterte die Stimme des Wesens. „So frei, so mächtig. Sieh, was du bist, wenn du dich nicht zurückhältst.“ Er wusste nicht, wie viele Stunden er auf der Tanzfläche verbrachte, aber irgendwann fand er sich wieder an der Bar, das Gesicht rot, der Atem schwer. Die rote Frau – er hatte ihren Namen längst vergessen – lachte laut und stieß mit ihm an. Die Nacht war ein verschwommener Traum aus Lichtern, Gesichtern und Momenten, die keine Bedeutung hatten außer der, dass sie existierten. Er fühlte sich... glücklich. Nicht das oberflächliche Glück, das mit einem Lächeln einherging, sondern etwas Tieferes. Ein Gefühl, dass er lebte, dass er wirklich da war.

*

Die Tage nach der Party schwebte Jonas in einer seltsamen Mischung aus Euphorie und Unsicherheit. Zum ersten Mal seit Jahren hatte er sich lebendig gefühlt, fast so, als hätte er einen Ort gefunden, an dem er nicht fehl am Platz war. Doch was ihm am meisten im Kopf blieb, war sie: die Frau mit den roten Haaren, dem Lachen, das wie ein warmer Sommerregen über ihn hinweggegangen war. Sie hatte ihn nicht nur zum Tanzen gebracht, sondern auch zum Träumen – etwas, das er längst verlernt hatte. Er dachte an ihre Berührungen, flüchtig, spielerisch, aber bedeutungsvoll genug, dass sie etwas in ihm ausgelöst hatten. Jonas war sich sicher, dass diese Verbindung real gewesen war. Dass sie ihn wirklich mochte. Oder zumindest neugierig auf ihn war. Ein paar Tage später fasste er sich ein Herz und kehrte zurück in die Bar, in der sie sich kennengelernt hatten. Jonas fühlte sich wie ein Schüler vor einer Prüfung. Er war nervös, doch die Möglichkeit, sie wiederzusehen, gab ihm Mut. Als er die Tür öffnete, durchströmte ihn sofort die Erinnerung an den letzten Abend: der Duft nach Bier und Parfüm, das warme Licht und die leise Musik im Hintergrund. Sein Blick wanderte durch den Raum, und da war sie. Sie saß an einem Tisch in der Ecke, eine Hand um ein Weinglas gelegt, während sie mit einer Freundin sprach. Jonas zögerte, doch die Stimme in seinem Kopf drängte ihn vorwärts. „Hey…" sagte er, als er ihren Tisch erreichte. Sie blickte auf, und für einen Moment war er sich nicht sicher, ob sie sich an ihn erinnerte. Doch dann breitete sich ein Lächeln auf ihrem Gesicht aus. „Der Tänzer! Jonas, oder?" Er nickte und spürte, wie sein Herz schneller schlug. „Ja, genau. Und… ich wollte mich bedanken. Für den Abend neulich. Es hat echt gut getan." „Mir auch", sagte sie und bedeutete ihm, sich zu setzen. Ihre Freundin entschuldigte sich kurz darauf und ließ die beiden allein. Von da an ging alles schnell. Jonas und Mia begannen, sich regelmäßig zu sehen. Es waren keine aufwendigen Verabredungen, sondern kleine, alltägliche Momente, die Jonas mehr bedeuteten, als er jemals zugeben würde. Sie holten sich einen Kaffee, schlenderten durch den Park, redeten stundenlang über Filme, Bücher und das Leben. Jonas konnte es selbst kaum glauben, aber Mia schien ihn tatsächlich zu mögen. Einmal verbrachten sie einen Nachmittag in einem Buchladen. Mia liebte Bücher, und Jonas ließ sich von ihrer Begeisterung mitreißen, während sie ihm ihre Lieblingsautoren erklärte. Sie lachte, als er zugab, dass er seit der Schule nichts mehr gelesen hatte, und suchte ihm einen Roman aus, den er unbedingt lesen müsse. „Vertrau mir", sagte sie mit einem Augenzwinkern, „du wirst es nicht bereuen." Ein anderes Mal fuhren sie mit ihren Fahrrädern an den Stadtrand und picknickten in einem kleinen Park. Sie brachte Wein und Käse mit, und Jonas fühlte sich, als würde er in einem Film mitspielen. „Das ist mein Lieblingsplatz", erklärte sie, während sie auf das Tal vor ihnen deutete. „Hierher komme ich, wenn ich nachdenken muss." „Worüber denkst du nach?" fragte Jonas. „Über alles. Über das Leben, die Arbeit, die Liebe…" Sie hielt kurz inne und sah ihn an. „Und du?" Jonas wich ihrem Blick aus. „Ich versuche, nicht zu viel nachzudenken." Mia schmunzelte, sagte aber nichts. Eines weiteren Abends lud Jonas sie zu sich nach Hause ein. Es war das erste Mal, dass er jemanden in seiner kleinen Wohnung empfing, und er hatte sich Mühe gegeben, alles aufzuräumen. Er kochte für sie – nichts Besonderes, nur Pasta –, und sie brachte eine Flasche Wein mit. Der Abend verlief besser, als Jonas es sich erhofft hatte. Sie lachten, redeten über ihre Kindheit und tauschten Geschichten aus, die Jonas sich niemals getraut hätte, jemand anderem zu erzählen. Mia schien keine Vorurteile zu haben, keine Berührungsängste. Als die Nacht sich dem Ende zuneigte, saßen sie auf dem Sofa, dicht nebeneinander, während ein leiser Jazz Song im Hintergrund lief. Jonas spürte, wie seine Hände feucht wurden, und die Stimme in seinem Kopf begann wieder zu flüstern: „Das ist es, Jonas. Du hast es verdient. Sie ist hier, weil sie dich mag." Doch diesmal war die Stimme nicht dunkel oder bedrohlich. Sie fühlte sich fast wie eine Ermutigung an, ein Flüstern, das ihn stärker machte. „Mia, ich... ich glaube, ich mag dich wirklich sehr", sagte er schließlich, seine Stimme zitternd. Sie sah ihn an, und für einen Moment schien es, als würde die Welt stillstehen. Dann lächelte sie und legte ihre Hand auf seine. „Ich mag dich auch, Jonas." Die Worte trafen ihn wie ein Blitz, ein unbeschreibliches Glück durchströmte ihn. Zum ersten Mal fühlte er sich, als hätte er etwas richtig gemacht. Er war nicht allein – nicht mehr. Die Nacht endete mit einem Abschied an der Tür, aber sie war warm und voller Versprechen. Als Mia sich zu ihm vorbeugte und ihn sanft auf die Wange küsste, wusste Jonas, dass sein Leben sich verändert hatte. „Wir sehen uns bald", flüsterte sie, bevor sie in die Dunkelheit verschwand. Und Jonas, der sonst immer nur die Dunkelheit gespürt hatte, sah plötzlich Licht – hell und unwiderstehlich. Die Tage nach ihrem letzten Treffen waren für Jonas wie ein Traum. Zum ersten Mal seit einer gefühlten Ewigkeit hatte er etwas, das ihn aus dem monotonen Grau seines Alltags riss. Er hatte begonnen, mit einem leisen Lächeln aufzuwachen, Gedanken an Mia wie einen Schutzmantel um sich gelegt, der ihn vor dem Dunkel seiner inneren Dämonen bewahrte. Die Welt schien freundlicher, heller. Seine Kollegen im Büro bemerkten die Veränderung. Becker war tot, und die meisten Kollegen gingen stillschweigend über die Lücke hinweg, die sein Fehlen hinterlassen hatte. Doch Jonas war es egal. Er kümmerte sich nicht mehr darum, was andere dachten oder flüsterten – die Last ihrer Blicke, die ihn sonst zermürbt hatten, war plötzlich irrelevant. Alles, was für ihn zählte, war die Aussicht, Mia wiederzusehen. Als er sie an einem Samstagnachmittag in einem kleinen Café traf, fühlte er sich nervöser als sonst. Doch Mia strahlte wie immer eine beruhigende Wärme aus. Sie trug ein rotes Kleid, das sie noch lebendiger erscheinen ließ, und als sie ihn begrüßte, schien es, als würden alle Geräusche des belebten Cafés in den Hintergrund treten. „Du siehst glücklich aus", sagte sie, nachdem sie sich gesetzt hatten. Jonas nickte schüchtern. „Ich glaube… ich habe das dir zu verdanken." Mia hob eine Augenbraue, leicht amüsiert, aber sie sagte nichts dazu. Stattdessen begann sie von ihrer Woche zu erzählen, von ihrer Arbeit in der Galerie, von einem Künstler, der sie mit seinen Skulpturen beeindruckt hatte. Jonas hörte ihr aufmerksam zu, saugte jedes Wort auf, als sei es ein Beweis dafür, dass er hier richtig war. „Ich habe da etwas entdeckt", sagte sie schließlich und zog eine kleine Schachtel aus ihrer Tasche. Sie öffnete sie, und Jonas sah eine filigrane, silberne Kette mit einem Anhänger in Form eines kleinen Baumes. „Das hat mich an dich erinnert", erklärte sie. „Warum?" fragte Jonas, überwältigt. „Na ja", sagte Mia nachdenklich, „Es hat etwas Beruhigendes. Aber auch etwas Starkes. So wie du. Auch wenn du es vielleicht nicht immer siehst." Jonas war sprachlos. Es war das erste Mal, dass jemand ihn so gesehen hatte – nicht als eine gebrochene, verlorene Seele, sondern als jemand, der Stärke in sich trug. Sie beschlossen, den Tag gemeinsam zu verbringen. Sie gingen durch den Park, setzten sich auf eine Bank und beobachteten die Leute, die vorbeigingen. Jonas fühlte sich wohl. Frei. Als die Sonne begann, hinter den Baumwipfeln zu verschwinden, schlug Mia vor, zu Abend zu essen. Sie gingen in ein kleines, italienisches Restaurant, das Jonas nicht kannte. Der Kellner führte sie an einen Tisch am Fenster, und das warme Licht der Laternen draußen verlieh der Szene etwas Intimes. Sie lachten, tranken Wein und redeten weiter – über alles und nichts. Jonas erzählte ihr von seiner Kindheit, von seinen Träumen, die irgendwann im Alltag verblasst waren, und Mia hörte ihm aufmerksam zu, ohne ihn zu unterbrechen. „Du solltest wieder träumen", sagte sie irgendwann. „Du hast es verdient." Jonas wusste nicht, was er darauf sagen sollte. Er war es nicht gewohnt, so gesehen zu werden, und ihre Worte waren wie Balsam für seine zerrissene Seele. Nach dem Essen schlug Mia vor, noch einen Spaziergang zu machen. Sie schlenderten durch die Straßen, die jetzt stiller waren, die Lichter der Stadt wie Sterne über ihnen. Irgendwann blieb sie stehen und zeigte auf einen kleinen Platz, auf dem Musiker spielten. „Komm, lass uns tanzen", sagte sie und zog ihn mit sich. Jonas zögerte. „Hier? Vor all den Leuten?" Mia lachte.

„Natürlich. Was gibt es denn zu verlieren?“ Und bevor er etwas sagen konnte, legte sie ihre Arme um ihn und begann, sich im Rhythmus der Musik zu wiegen. Jonas spürte, wie sein Herz schneller schlug. Anfangs waren seine Bewegungen steif, fast unbeholfen, doch Mia ließ sich davon nicht beirren. Ihre Hände, die sich sicher um seine Schultern legten, und das sanfte Lächeln, das sie ihm schenkte, schienen ihn zu ermutigen. Es war, als würde sie ihn in eine Welt ziehen, in der er sich für einen Moment von allem befreien konnte. Die Musiker spielten eine ruhige Melodie, eine, die sich wie ein unsichtbares Band durch die Luft zog und sie miteinander verband. Jonas entspannte sich allmählich. Seine Schritte wurden fließender, sein Körper fand in den Rhythmus, und zum ersten Mal seit Jahren fühlte er sich wie jemand, der dazugehörte. Mia sah ihn an, ihre Augen leuchteten. „Du machst das großartig.“ Jonas lachte leise. „Das sagst du nur, weil ich so schlecht bin, dass du mich aufmuntern willst.“ „Nein, wirklich“, sagte sie und drückte seine Schulter sanft. „Es geht nicht darum, perfekt zu sein. Es geht darum, dass du dich traust.“ Ihre Worte trafen ihn tief. Es war, als würde sie eine Seite von ihm sehen, die er selbst schon lange aufgegeben hatte. Sie sah nicht den Mann, der von inneren Dämonen geplagt war, sondern jemanden, der trotz all seiner Kämpfe noch etwas Gutes in sich trug. Nach dem Tanz setzten sie sich auf eine Bank am Rande des Platzes, wo sie den Blick auf die Musiker und die langsam ausklingende Menge hatten. Mia zog die Schuhe aus und massierte sich lächelnd die Füße. „Das war lange her“, sagte sie. „Ich weiß gar nicht, wann ich das letzte Mal so getanzt habe.“ „Ich auch nicht“, gestand Jonas und merkte, dass er sich immer noch wie betäubt fühlte – von der Musik, von ihrem Lächeln, von der Wärme ihrer Gegenwart. „Ich glaube, das ist es, was die Leute vergessen“, sagte Mia, während sie den Blick über den Platz schweifen ließ. „Man muss sich manchmal einfach treiben lassen. Alles andere vergessen. Du warst gut darin heute.“ Jonas spürte, wie seine Wangen heiß wurden. „Das war nur wegen dir. Ohne dich hätte ich nie getanzt.“ Mia sah ihn an und legte leicht ihren Kopf schief. „Vielleicht brauchst du einfach nur jemanden, der dir zeigt, dass die Welt nicht so grau ist, wie du glaubst.“ Für einen Moment war die Stille zwischen ihnen keine Lücke, sondern etwas Verbindendes. Jonas dachte daran, wie sehr er diesen Moment festhalten wollte, wie sehr er wollte, dass er nie endete. Sie beschlossen, den Abend zu beenden, doch Jonas fühlte sich hin- und hergerissen. Er wollte nicht, dass sie ging, wollte noch mehr von dieser Wärme, die sie ausstrahlte, und auch Mia schien keine

Eile zu haben. Sie gingen nebeneinander her, durch die ruhigen Straßen der Stadt, sprachen über Kindheitserinnerungen und belanglose Dinge. Als sie schließlich vor ihrer Wohnung standen, blieb Mia stehen und drehte sich zu ihm um. „Danke für heute. Es war wirklich schön." Jonas nickte, fühlte jedoch einen leisen Stich in seiner Brust. „Es war... mehr als schön." Sie lächelte. „Das war es wirklich." Für einen Moment war es, als würde sich die Welt um sie herum auflösen. Jonas wollte etwas sagen, doch seine Worte blieben ihm im Hals stecken. Er wusste nicht, ob er sie umarmen oder einfach nur stehen bleiben sollte. Doch Mia schien seine Unsicherheit zu spüren und drückte sanft seinen Arm. „Wir sehen uns bald wieder, okay?" Jonas nickte. „Ja... bald."Mia verschwand in ihrer Wohnung, und Jonas blieb noch einen Moment.

*

Die folgenden Tage nach ihrem Abend waren für Jonas wie ein schwebender Traum. Sein Leben hatte an Farbe gewonnen, an Bedeutung. Er war überzeugt, dass Mia ihn aus seiner Dunkelheit gezogen hatte, dass sie seine Rettung war. Sie hatten weiter Nachrichten ausgetauscht, sich über Belanglosigkeiten unterhalten, und Jonas spürte, dass er immer mehr für sie empfand. Doch irgendetwas begann sich zu verändern – eine subtile Verschiebung, die Jonas zunächst nicht wahrnahm. Mia antwortete nicht mehr so schnell wie zuvor. Ihre Nachrichten waren kürzer, knapper. Sie schlug keine neuen Treffen vor, und wenn Jonas etwas vorschlug, wich sie aus. „Vielleicht hat sie einfach viel zu tun", redete er sich ein, als er eine weitere unbeantwortete Nachricht auf seinem Handy betrachtete. Er versuchte, die aufsteigende Unruhe zu unterdrücken, doch die Zweifel nagten an ihm. Als sie sich schließlich nach einer Woche Funkstille trafen, war Jonas erleichtert, sie wiederzusehen. Doch etwas an Mia war anders. Sie war distanziert, höflich, aber nicht mehr so herzlich wie zuvor. „Tut mir leid, dass ich so lange gebraucht habe, um dir zu antworten", sagte sie, als sie sich an einen Tisch in einem belebten Café setzten. „Es war einfach viel los in der Galerie." Jonas lächelte verkrampft. „Das ist okay. Ich dachte nur, vielleicht...", „Vielleicht was?" fragte Mia, ein wenig zu schnell, und ihre Stimme klang defensiv. „Nichts." Er schüttelte den Kopf und senkte den Blick. „Ich habe dich einfach vermisst." Mia lächelte flüchtig, aber es erreichte nicht ihre Augen. „Ich dich auch." Doch Jonas spürte, dass sie log. Die Wahrheit traf Jonas, als er sie eines Abends zufällig auf der Straße sah. Er war auf dem Weg zurück in seine Wohnung, als er Mia entdeckte – sie stand vor einem Restaurant, ihr Gesicht von den Lichtern des Eingangs beleuchtet, und sie lachte. Neben ihr stand ein Mann, groß, selbstbewusst, der sie mit einem Lächeln ansah, das Jonas sofort hasste. Er blieb wie angewurzelt stehen, sein Herz hämmerte in seiner Brust. Der Mann legte eine Hand auf Mias Rücken, führte sie ins Restaurant, und Jonas sah, wie Mia sich nicht dagegen wehrte. Sie schien sogar... glücklich. Die Szene brannte sich in sein Gedächtnis. Jede Geste, jeder Blick zwischen ihnen war wie ein Messerstich. Jonas ging nach Hause, unfähig, einen klaren Gedanken zu fassen. Er versuchte, sich einzureden, dass es nichts bedeutete, dass er ein Kollege oder ein alter Freund sein könnte. Doch tief in sich wusste er, dass es mehr war. Am nächsten Tag schrieb Jonas Mia eine Nachricht:

„Hey, hast du heute Abend Zeit? Ich würde dich gern sehen." Die Antwort ließ lange auf sich warten, und als sie schließlich kam, war sie kurz und ausweichend. „Tut mir leid, Jonas. Diese Woche ist bei mir alles ein bisschen chaotisch. Vielleicht später?" Das Wort vielleicht, nagte an ihm wie ein Gift. Es war die Art von Antwort, die keine echte Bedeutung hatte, die ihn in der Luft hängen ließ. Jonas starrte auf sein Handy, die Worte schienen sich auf dem Bildschirm zu verhöhnen. Sein Puls beschleunigte sich. Er dachte an den Mann, den er mit Mia gesehen hatte, an das vertraute Lachen, das sie ihm geschenkt hatte – das Lachen, das er für sich allein geglaubt hatte. In seinem Inneren begann eine Welle aus Wut und Verzweiflung aufzusteigen, die er kaum unter Kontrolle halten konnte. Er rief sie an, unfähig, die Ungewissheit länger zu ertragen. Mia nahm nach ein paar Klingeltönen ab, ihre Stimme klang freundlich, aber distanziert. „Hey Jonas, alles okay?" „Ich wollte nur..." Er brach kurz ab, rang nach Worten. „Ich wollte dich sehen. Ich habe das Gefühl, dass etwas nicht stimmt." Mia seufzte leise. „Jonas, ich weiß, dass du dir Sorgen machst, aber du musst mir vertrauen. Es ist nichts los. Ich brauche nur ein bisschen Zeit für mich." Zeit für sich? Jonas spürte, wie seine Hände zitterten. Doch er zwang sich, ruhig zu bleiben. „Ist es wegen mir? Habe ich etwas falsch gemacht?" „Nein, überhaupt nicht!" sagte

Mia schnell, aber ihre Stimme klang gehetzt, als wolle sie das Gespräch so bald wie möglich beenden. „Es liegt wirklich nicht an dir. Es liegt einfach… an mir. Ich muss ein paar Dinge klären." Die Worte trafen Jonas wie ein Schlag. Er wusste, dass dies oft das Ende bedeutete, ein Vorwand, um sich zu distanzieren. Aber er wollte es nicht akzeptieren. „Okay", sagte er schließlich, obwohl er wusste, dass er damit nur Zeit schindete. „Aber… können wir uns bald sehen? Nur kurz?" „Vielleicht", sagte Mia, und erneut war das Wort wie ein Stich ins Herz. In den darauffolgenden Tagen konnte Jonas keinen klaren mehr Gedanken fassen. Er fühlte sich wie ein Tier, das in die Ecke gedrängt wurde, unfähig, aus seiner eigenen Verzweiflung zu entkommen. Er wollte verstehen, was passiert war. Warum sich Mia plötzlich so verändert hatte. Warum sie ihn mied. Er begann, ihre Aktivitäten zu verfolgen. Nicht, weil er wollte, sondern weil er musste. Es war wie ein Drang. Jonas' Gedanken kreisten unaufhörlich um Mia. Ihr Verhalten hatte sich verändert – das war offensichtlich. Doch er konnte nicht akzeptieren, dass er ihr einfach egal geworden sein sollte. Es musste einen Grund geben. Einen echten Grund. Und er würde ihn finden. Er wusste, dass es falsch war, doch er konnte nicht anders. In den folgenden Tagen begann er, Mia zu beobachten. Nicht auffällig, nicht bedrängend – er redete sich ein, dass er nur zufällig in ihrer Nähe war. Dass er sich nur vergewissern wollte, dass alles in Ordnung war. Aber es war nicht in Ordnung. Am dritten Abend, an dem er ihr folgte, sah er sie wieder mit dem Mann aus dem Restaurant. Sie gingen die Straße entlang, eng beieinander, ihre Schultern berührten sich hin und wieder. Der Mann sagte etwas, und Mia lachte – das gleiche Lachen, das sie einst für Jonas gehabt hatte. Ein kalter Schauer lief ihm über den Rücken. Sie betrügt mich. Der Gedanke nagelte sich in seinem Kopf fest. Es spielte keine Rolle, dass sie nie offiziell zusammen gewesen waren. Für Jonas war sie sein Licht gewesen, seine einzige Rettung vor der Dunkelheit. Und nun war sie dabei, ihn auszutauschen, ihn wie ein nutzloses Stück Papier wegzuwerfen. Er folgte ihnen, blieb immer in den Schatten. Der Mann – wer auch immer er war – schien sich sicher zu fühlen, ahnte nichts von Jonas' Anwesenheit. Sie betraten ein Apartmenthaus in einem besseren Viertel der Stadt. Jonas blieb in einer dunklen Ecke stehen und sah, wie sie gemeinsam im Fahrstuhl verschwanden. Sein Atem ging schwer. Mia war zu ihm hochgegangen. In seine Wohnung. Vielleicht sogar in sein Bett. Jonas fühlte, wie sich etwas in ihm veränderte. Am nächsten Tag rang er mit sich selbst. Sollte er sie zur Rede stellen?

Sollte er so tun, als wüsste er nichts? Vielleicht hatte er sich geirrt. Vielleicht war es harmlos. Doch tief in seinem Inneren wusste er, dass es nicht harmlos war. Er schrieb ihr eine Nachricht.

„Mia, ich muss dich sehen. Bitte. Nur für einen Moment." Es dauerte Stunden, bis sie antwortete. „Jonas... ich weiß nicht, ob das eine gute Idee ist." Sein Herz raste. „Warum?" Stille. Dann: „Ich glaube, es ist besser, wenn wir Abstand halten." Jonas starrte auf sein Handy, die Worte brannten sich in sein Bewusstsein. Abstand halten. Die endgültige Absage. Er sah rot. Er wartete. Wartete, bis es dunkel war. Wartete, bis Mia Feierabend hatte. Als sie die Galerie verließ, folgte er ihr. Diesmal machte er sich keine Mühe mehr, vorsichtig zu sein. Sie schien es ohnehin nicht zu bemerken. Vielleicht hatte sie ein schlechtes Gewissen. Vielleicht wusste sie, dass sie ihn verletzt hatte, und wollte ihm nicht mehr in die Augen sehen. Sie bog in eine kleine Gasse ein – eine Abkürzung auf dem Weg nach Hause. Jonas kannte den Weg gut. Das war seine Chance. Er beschleunigte seine Schritte. „Mia." Sie drehte sich erschrocken um. „Jonas? Was machst du hier?" Er trat näher, seine Hände zu Fäusten geballt. „Ich wollte mit dir reden." „Jonas, nicht jetzt, bitte." Sie machte einen Schritt zurück, suchte nach einem Ausweg, aber die Gasse war eng. „Warum?" Seine Stimme zitterte. „Warum hast du mir das angetan?" „Jonas, ich... ich habe dir nichts angetan." Er lachte bitter. „Lüg mich nicht an! Ich habe dich gesehen! Ich weiß, dass du bei ihm warst!" Mias Augen weiteten sich. „Hast du mich etwa verfolgt?" Jonas trat noch näher. „Warum, Mia? Ich dachte, du fühlst genauso." Sie schüttelte den Kopf, ihre Stimme war leise. „Jonas, ich mochte dich. Wirklich. Aber... es war nie das, was du dachtest. Es tut mir leid, wenn ich dir falsche Hoffnungen gemacht habe." Falsche Hoffnungen. Die Worte hallten in ihm nach. Sie waren wie Gift, das sich durch seine Adern fraß. „Also war ich nur eine Ablenkung für dich?" Seine Stimme war kaum mehr als ein Flüstern. Mia sah ihn voller Mitleid an – und das war der letzte Tropfen, der das Fass zum Überlaufen brachte. Er wollte kein Mitleid. Er wollte sie. Und wenn er sie nicht haben konnte, sollte es niemand können. Mia sah den Ausdruck in seinen Augen und verstand in diesem Moment, dass sie einen Fehler gemacht hatte. Sie wollte sich umdrehen, weglaufen, aber Jonas war schneller. Seine Hände umfassten ihren Hals, drückten zu, während ihre Finger hilflos nach ihm griffen. Ihr Körper wandte sich unter seinem Griff, ihre Augen weiteten sich in Panik. Jonas hörte das

Rauschen des Bluts in seinen Ohren. Mia rang nach Luft. Ihre Hände krallten sich in Jonas' Unterarme, ihre Augen weit aufgerissen, voller Panik. Ihr Körper zuckte, strampelte, suchte verzweifelt nach einem Ausweg, während Jonas' Griff fester wurde. Er spürte die Wärme ihrer Haut unter seinen Fingern, das Zittern ihres Körpers, den letzten Funken Leben, der noch in ihr glomm. „Lass mich..." hauchte sie, ihre Stimme kaum mehr als ein Windhauch. Etwas in ihm schrie ihn an, sie loszulassen. Ein letzter, schwacher Funke Vernunft flackerte in seinem Kopf auf. Aber dann war da auch die andere Stimme. Die dunkle, tiefe, allwissende Stimme, die sich in seinen Gedanken ausbreitete wie ein unaufhaltsames Gift. „Sie hat dich benutzt." Seine Finger blieben fest um ihren Hals geschlossen. „Sie hat dich nur mitgenommen, um sich lustig zu machen." Sein Herz hämmerte, sein Atem ging schnell. Mias Bewegungen wurden schwächer. „Sie wollte nie bei dir sein." Ihr Griff löste sich langsam von seinen Armen. „Du bist allein, Jonas und du bist es immer gewesen. Aber ich... ich bin hier." Sein Brustkorb hob und senkte sich in schweren, unregelmäßigen Atemzügen. Die Stille der Gasse drückte auf ihn ein, umhüllte ihn, verschluckte das Letzte, das noch von Mia übrig war. Dann – plötzlich – realisierte er es. Seine Hände zuckten zurück. Mias Körper sackte kraftlos zu Boden. Ihr Kopf schlug dumpf auf das feuchte Pflaster. Ihre Haare fielen ihr wirr ins Gesicht, ihr Mund war leicht geöffnet, als wollte sie noch etwas sagen – doch es kam kein Laut mehr. Jonas stolperte rückwärts, seine Beine fühlten sich an, als wären sie aus Gummi. Seine Hände zitterten. Kalter Schweiß brach aus seiner Haut, sein Brustkorb zog sich zusammen, als würde eine unsichtbare Hand sein Herz quetschen. „Nein... nein, nein, nein..." Seine Stimme klang hohl, fremd, als wäre es gar nicht er, der sprach. Er hatte sie...

*

Sein Blick flackerte hektisch von Mias reglosem Körper zu seinen eigenen Händen. Sie fühlten sich fremd an, als gehörten sie nicht zu ihm. Sie hatten etwas getan, was er nie gewollt hatte. Oder doch? Sein Magen zog sich zusammen. Er konnte nicht hierbleiben. Nicht hier, neben ihr, neben dem, was er getan hatte. Seine Schritte waren taumelnd, als er sich aus der Gasse schleppte, sein Atem ging stoßweise. Die Straßen waren still. Niemand hatte etwas gehört. Niemand hatte ihn gesehen. Aber er wusste, dass er nicht allein war. Ein leises, kehliges Kichern hallte in seinem Kopf wider. Jonas taumelte aus der Gasse, als würde der Boden unter ihm schwanken. Seine Beine fühlten sich schwer an, als hätte jemand Blei daran befestigt. Er wollte rennen, doch sein Körper gehorchte ihm nicht. Es war, als würde er durch zähen Nebel gehen, als wäre die Welt um ihn herum nur noch ein dumpfes Rauschen. Seine Hände... Er starrte auf seine Finger, die noch immer leicht gekrümmt waren, als könnten sie die Form von Mias Hals nicht loslassen. Er sah kein Blut. Keine Spuren von Gewalt. Nur die Erinnerung an die Wärme ihrer Haut unter seinen Fingern. Ein Zittern kroch seine Wirbelsäule hinauf, als er sich umsah. Die Straße lag dunkel und verlassen vor ihm. In der Ferne hörte man das gelegentliche Heulen einer Sirene, das Rattern einer U-Bahn, irgendwo eine betrunkene Stimme, die in die Nacht lallte. Es war eine Stadt voller Leben – und doch fühlte sich alles tot an. "Was habe ich getan?" Er presste die Hand gegen seine Stirn. Sein Kopf dröhnte, als würde etwas darin pulsieren, wachsen, sich ausbreiten. "Du hast getan, was notwendig war." Die Stimme war wieder da. Dunkel, schmeichelnd. Fast... stolz. Jonas schüttelte den Kopf. „Nein... nein, das war nicht... ich wollte das nicht..." "Natürlich wolltest du das." Sein Atem stockte. "Du hast es genossen." Seine Knie gaben nach, und er stützte sich mit der Hand an der kühlen Backsteinwand eines Hauses ab. Die Welt drehte sich. Sein Magen zog sich zusammen, und für einen Moment dachte er, er müsste sich übergeben. Er drehte sich zurück zur Gasse. Sollte er zurückgehen? Nachsehen? Vielleicht war sie nicht tot. Vielleicht... Aber dann hörte er Schritte. Sofort erstarrte er. Die Geräusche kamen von irgendwo in der Nähe. Ein Paar High Heels klackerte über den Asphalt. Jemand lachte leise, eine weibliche Stimme. Jonas' Herz setzte für einen Moment aus. Reflexartig trat er einen Schritt zurück, presste sich enger gegen die kalte Hauswand. Die Welt um ihn herum schien sich zu verlangsamen, jeder Laut wurde verstärkt. Das Klicken der Absätze, das entfernte Summen eines Autos, das leise Rauschen des Windes in einer Pfütze. Er wagte es nicht zu atmen. Die Schritte kamen näher. Jonas presste die Zähne zusammen, sein Blick huschte zurück zur Gasse. War Mia noch zu sehen? War ihr Körper im Schatten verborgen oder lag sie direkt im Lichtschein der Straßenlaterne? Er wusste es nicht. Er konnte nicht hinsehen. Das Lachen verstummte. Dann eine Stimme. „Hey, alles okay?“ Jonas’ Magen zog sich zusammen. Er sah hoch. Eine junge Frau stand ein paar Meter entfernt. Dunkle Locken umrahmten ihr Gesicht, ihre Augen waren leicht zusammengezogen, als versuche sie, ihn im schummrigen Licht zu erkennen. Sie hatte ein Handy in der Hand, die andere steckte locker in der Tasche ihres Mantels. Jonas riss sich zusammen. Er musste ruhig bleiben. „Ja…“ Seine Stimme klang belegt, fremd. „Alles… alles gut.“ Die Frau musterte ihn einen Moment. Dann zuckte sie die Schultern. „Okay… sah nur so aus, als ginge es dir nicht gut.“ Er zwang sich zu einem Nicken. Sie blieb noch einen Moment stehen, als überlegte sie, ob sie gehen oder weiter nachfragen sollte. Dann aber drehte sie sich um und ging weiter, ihr Gang locker, unbeschwert. Jonas beobachtete sie, bis sie um eine Ecke verschwunden war. Erst dann ließ er den Atem aus seinen Lungen entweichen. Sein Herz hämmerte gegen seine Rippen. Er musste weg. Sofort. Mit wackligen Schritten wandte er sich ab und ging die Straße entlang, weg von der Gasse, weg von Mias leblosem Körper. Sein Kopf pochte. Es fühlte sich an, als würde er durch dichten Nebel waten, als sei er in Watte gepackt. Die Stadt wirkte plötzlich irreal, als wäre er nicht mehr wirklich hier. „Ich bin hier“ Die Stimme in seinem Kopf wirkte ruhig und selbstsicher. Jonas biss die Zähne zusammen. Er wollte sie nicht hören. Nicht jetzt. Nicht nach dem, was passiert war. Er bewegte sich weiter, die Hände tief in die Taschen seiner Jacke vergraben. Jeder Schritt fühlte sich falsch an, als hätte er die Kontrolle über seinen eigenen Körper verloren. Die Straßen verschwammen um ihn herum, die Gesichter der wenigen Passanten waren blass und konturlos. Mia war tot. Er hatte es getan. Ein Zittern kroch seine Wirbelsäule hinauf. Hatte ihn jemand gesehen? War die Frau, die ihn angesprochen hatte, misstrauisch geworden? Hatte sie sein Gesicht erkannt? Würde sie sich erinnern? Jonas zwang sich, tiefer durchzuatmen. Panik half ihm jetzt nicht. Er musste klar denken. Logisch. Rational. “Es war notwendig.” Seine Finger verkrampften sich um den Stoff in seinen Taschen. Die Stimme ließ nicht nach. Sie war da, immer da. Flüsternd. Manipulierend. Er schüttelte den Kopf. Nicht jetzt. Er durfte den Verstand nicht verlieren. Plötzlich fiel ihm auf, dass seine Beine ihn ganz automatisch in Richtung seiner Wohnung getragen hatten. Sein Herzschlag beschleunigte sich. Nein. Er konnte nicht nach Hause. Nicht jetzt. Dort wäre er allein mit seinen Gedanken. Dort würde er… Er musste unter Menschen. Er brauchte Lärm. Ablenkung. Ohne weiter nachzudenken, drehte er abrupt ab und steuerte auf eine Bar zu, die er in der Ferne erkannte. Neonlichter flackerten über dem Eingang,

Musik dröhnte durch die dicken Wände. Perfekt. Die Tür öffnete sich, warme, schwüle Luft schlug ihm entgegen. Stimmengewirr, Gelächter, das Klirren von Gläsern. Jonas trat ein, blinzelte in das Halbdunkel. Er bewegte sich automatisch zur Theke, setzte sich auf einen der Hocker und bestellte einen Drink. Irgendetwas Starkes. Egal was. Die Flüssigkeit brannte in seiner Kehle. Gut. Er brauchte das Brennen. Die Schärfe. Etwas, das ihn wieder ins Hier und Jetzt riss. Seine Augen glitten durch den Raum. Paare saßen zusammen, Gruppen von Freunden lachten, Menschen tanzten im Takt der Musik. Es war, als gehörten sie alle zu einer anderen Welt. Einer, die ihm nicht mehr offenstand. „Hey." Die Stimme riss ihn aus seinen Gedanken. Er drehte den Kopf. Eine Frau stand neben ihm. Große, dunkle Augen, volle Lippen, ein leises Lächeln. „Du siehst aus, als könntest du Gesellschaft gebrauchen." Jonas' Blick haftete an ihren Zügen. Sie war hübsch. Und sie redete mit ihm. Er zwang sich zu einem Lächeln, so normal wie möglich. „Ist es so offensichtlich?" Die Frau schmunzelte und schob sich auf den Barhocker neben ihm. „Du hast diesen Blick. So, als wärst du irgendwo anders mit deinen Gedanken." Jonas umklammerte sein Glas. Woanders. Ja, das konnte man so sagen. Sein Kopf war noch immer in der dunklen Gasse, bei Mias erstarrtem Gesicht, bei den Geräuschen ihrer letzten Atemzüge. Aber das durfte er nicht zeigen. „Langer Tag", murmelte er und nahm einen weiteren Schluck. Die Frau musterte ihn, ihr Blick war neugierig, fast forschend. „Langer Tag oder schlimme Nacht?" Jonas' Magen zog sich kurz zusammen. War das eine harmlose Frage? Oder wusste sie mehr? War das Misstrauen in ihren Augen oder einfach nur Interesse? Er atmete langsam aus und zwang sich zur Gelassenheit. „Beides." „Dann solltest du nicht alleine trinken." Sie hob eine Hand und bestellte sich ebenfalls einen Drink. Jonas beobachtete sie aus den Augenwinkeln. Ihre langen Finger umklammerten das Glas, während sie es an die Lippen hob. Ihr Blick war auf ihn gerichtet, herausfordernd, spielerisch. „Ich bin übrigens Lea." Er zögerte einen Moment. Dann erwiderte er: „Jonas." „Freut mich, Jonas." Sie lächelte leicht. Er nickte, schwieg. Lea ließ ihm die Stille. Sie wirkte nicht wie jemand, der sich davon verunsichern ließ. Stattdessen nahm sie einen weiteren Schluck, sah ihn weiterhin aufmerksam an. „Manchmal", sagte sie schließlich, „muss man einfach abschalten. Sich fallen lassen. Dinge hinter sich lassen." Jonas' Finger zuckten leicht um sein Glas. Dinge hinter sich lassen. Irgendetwas an Leas Blick, an ihrer Art, wie sie ihn ansah, war falsch. Es war nicht ihre Schuld – er wusste, dass es nur in seinem Kopf war –, aber trotzdem spürte er, wie sein ganzer Körper sich verspannte. Er räusperte sich, setzte das Glas ab. „Danke, aber... ich bin nicht in der Stimmung." Lea zog eine Augenbraue hoch. „Okay." Sie klang nicht beleidigt, eher neugierig. Vielleicht wunderte sie sich über seine plötzliche Distanziertheit. Vielleicht war sie es gewohnt, dass Männer anders auf sie reagierten. Doch Jonas konnte nicht mehr hier sitzen. Er spürte es. Es begann in seinem Nacken – ein unangenehmes Prickeln, als würde jemand hinter ihm stehen, als würde ihn ein unsichtbarer Blick durchbohren. Die Geräusche der Bar verzerrten sich, wurden dumpfer, als kämen sie von weit her. Sein Herz begann schneller zu schlagen. Er stand abrupt auf. Sein Barhocker kippte fast, als er ihn nach hinten stieß. Lea blinzelte überrascht. „Alles okay?" „Ich... muss gehen." Seine Stimme klang rau. Er ließ sein halbvolles Glas stehen und wandte sich zum Ausgang. Der Boden unter ihm fühlte sich merkwürdig weich an, als würde er über Watte laufen. Er hörte noch, wie Lea etwas sagte, doch ihre Worte kamen nicht mehr richtig bei ihm an. Draußen empfing ihn die kalte Nachtluft. Er sog sie gierig ein, als hätte er zu lange den Atem angehalten. Aber es half nichts. Denn als er nach vorne sah, stand sie da. Mia. Jonas erstarrte. Sie stand auf der anderen Straßenseite, nur im fahlen Licht einer Straßenlaterne erkennbar. Ihr Gesicht war blass, ihre Augen weit, genauso wie in dem Moment, als er die Finger um ihren Hals gelegt hatte. Ihr Haar klebte an ihren Wangen, ihre Lippen bewegten sich lautlos. Jonas stolperte rückwärts. Das konnte nicht sein. Das war unmöglich. „Nein..." Er flüsterte es kaum hörbar, doch in seinem Kopf war es ein Schrei. Mia machte einen Schritt auf ihn zu. Ihr Körper bewegte sich unnatürlich, als würde sie nicht richtig in diese Welt gehören. Ihre Knie knickten seltsam ein, ihre Arme hingen schlaff an den Seiten, und doch kam sie näher. „Warum, Jonas?" Ihre Stimme. Sie klang hohl, wie aus weiter Ferne, als käme sie direkt aus seinem Schädel. Jonas schüttelte heftig den Kopf. „Du bist nicht echt..." Aber sie war noch immer da. Und jetzt kam sie schneller auf ihn zu. Jonas' Atem ging flach. Er drehte sich um und rannte. Seine Schuhe klatschten auf das Pflaster, das Adrenalin schoss durch seine Adern. Er rannte, ohne zu wissen, wohin, ohne nachzudenken. Die Stadt verschwamm um ihn herum, wurde zu einem Kaleidoskop aus Lichtern, Schatten und geisterhaften Gesichtern. Autos rauschten vorbei, das entfernte Hupen dröhnte wie ein verzerrter Schrei in seinen Ohren. Aber es war nicht der Lärm der Stadt, der ihn verfolgte. Es war sie. Jedes Mal, wenn er über seine Schulter blickte, war Mia da.

Sie bewegte sich nicht normal, nicht wie ein Mensch. Ihre Beine schienen nicht richtig aufzusetzen, ihr Kopf zuckte leicht zur Seite, als sei ihr Genick gebrochen. Ihr Blick war leer, aber direkt auf ihn gerichtet. „Du kannst nicht weglaufen, Jonas.“ Seine Schritte stolperten, er rammte beinahe einen Passanten, der wütend etwas nach ihm rief. Jonas hörte es nicht. Er keuchte, die Lunge brannte, doch er zwang sich weiter. Er rannte durch dunkle Seitengassen, versuchte, sie abzuschütteln, versuchte, sie aus seinem Kopf zu vertreiben. Aber es funktionierte nicht. In einer engen Gasse kam er abrupt zum Stehen. Seine Hände krallten sich in sein Haar, sein Kopf dröhnte. „Du bist nicht echt! Verschwinde!“ Seine eigene Stimme hallte zwischen den Wänden wider. Seine Brust hob und senkte sich heftig. Aber Mia war noch immer da. Sie stand nur wenige Schritte entfernt, so nah, dass er die blassen Schatten ihrer Finger um ihren Hals sehen konnte. Ihre Lippen bebten, als wollte sie etwas sagen, doch kein Laut kam über sie. Jonas presste die Hände auf seine Ohren. „Nein... nein, nein, nein...“ „Du kannst mich nicht verdrängen, Jonas.“ Die Stimme war jetzt überall. Sie vibrierte in seinem Schädel, pulsierte durch seine Adern. „Lass mich in Ruhe!“ schrie er. Und dann—Stille. Jonas keuchte. Ganz langsam nahm er die Hände von seinen Ohren. Die Gasse war leer. Keine Mia. Er schwankte leicht, musste sich an der Backsteinwand abstützen. Sein Kopf fühlte sich an, als würde er gleich explodieren. Hatte er sich das eingebildet? War das alles... in seinem Kopf gewesen? Sein Körper war klatschnass vor Schweiß, sein Herz hämmerte so laut, dass er das Blut in seinen Ohren rauschen hörte. Er musste nach Hause. Sofort. Bevor jemand merkte, was mit ihm los war. Jonas stolperte aus der Gasse, sein Körper fühlte sich fremd an, als würde er von außen auf sich selbst blicken. Die Straßen waren noch immer belebt, aber niemand schenkte ihm Beachtung. Niemand sah, dass er gerade dabei war, den Verstand zu verlieren. Er zwang sich, tiefer zu atmen, langsamer zu gehen. Er durfte nicht auffallen. Mit jedem Schritt pochte sein Schädel stärker. Seine Gedanken überschlugen sich, drehten sich in einer endlosen Spirale. War sie echt gewesen? Oder nur eine Halluzination? Seine Wohnung war nicht weit. Er musste nur noch ein paar Straßen überqueren. Als er schließlich die Tür aufschloss und ins Halbdunkel trat, fühlte er sich kurz sicher. Aber nur für einen Moment. Denn kaum hatte er die Tür hinter sich geschlossen, fiel sein Blick auf den Spiegel im Flur. Und da war sie wieder. Mia. Sie stand direkt hinter ihm. Jonas' Atem stockte. Kalter Schweiß brach auf seiner Haut aus. Seine Finger zitterten, als er sich mit aller Kraft zwingen musste, sich nicht umzudrehen. Doch im Spiegel konnte er sehen, wie sie sich näherte. Ihre Lippen bewegten sich lautlos, ihre Augen waren dunkle, tiefe Löcher. Ihre Hände hoben sich, langsam, fast zärtlich, als wollte sie ihn berühren. „Warum, Jonas?“ Ein Würgereflex stieg in ihm auf. Er stolperte zurück, sein Rücken krachte gegen die Wand. „Du bist tot... du kannst nicht hier sein...“ Seine Stimme klang brüchig, kaum mehr als ein Flüstern. Aber Mia bewegte sich weiter. Ihre Finger streiften beinahe seine Schulter im Spiegelbild. Jonas riss den Blick los, drehte sich abrupt um— Nichts. Nur die dunkle, stille Wohnung. Sein Brustkorb hob und senkte sich in hektischen Stößen. Sein Magen fühlte sich an, als hätte er Steine verschluckt. Langsam drehte er sich zurück zum Spiegel. Mia war verschwunden. Er blinzelte. Die Reflexion zeigte nur ihn selbst – blass, mit weit aufgerissenen Augen, die dunklen Haarsträhnen feucht vom Schweiß. Sein Hemd klebte an seiner Haut, sein Puls raste. “Es war nicht echt.” Er versuchte sich das einzureden, aber es klang nicht überzeugend. Sein Körper zitterte noch immer, und irgendwo in seinem Hinterkopf lauerte eine dunkle Ahnung. Er rieb sich mit zitternden Fingern über das Gesicht und stolperte in Richtung Badezimmer. Kaltes Wasser. Er brauchte kaltes Wasser. Er drehte den Wasserhahn auf, ließ das eiskalte Wasser über seine Handflächen laufen und spritzte es sich ins Gesicht. Das Brennen in seinen Schläfen ließ kurz nach, seine Gedanken wurden für einen Moment klarer. Doch dann— Ein leises Geräusch hinter ihm. Er erstarrte. Ein Kratzen. Jonas’ Blick huschte hoch zum Spiegel. Mia stand wieder da. Doch diesmal war es anders. Sie war näher. Ihre Haut war noch blasser, fast grau, ihre Augen unnatürlich weit aufgerissen. Ihre Lippen waren gesprungen, rissig, blutleer. Und dann bewegten sie sich. „Ich bin noch hier.“ Jonas stolperte zurück, riss dabei beinahe den Handtuchhalter mit sich.„Nein, nein, NEIN!“ Er schlug mit der Faust gegen den Spiegel. Das Glas splitterte, Risse zogen sich wie Spinnweben über die Oberfläche. Doch Mia war noch immer da, verzerrt zwischen den Bruchstellen. „Du hast mich getötet, Jonas.“ Atemlos starrte Jonas in den gesplitterten Spiegel. Mia bewegte die Lippen erneut, doch diesmal kam kein Laut über sie. Ihr Blick war leer, doch irgendetwas in ihm fraß sich in seinen Schädel, grub sich tief in seine Gedanken. „Ich bin noch hier.“ Jonas stolperte rückwärts, sein Atem ging keuchend. Sein Rücken krachte gegen die kühle Kachelwand, aber er spürte es kaum. Die Welt um ihn herum war nicht mehr real – nur sie. Er presste die Hände auf seine Ohren, versuchte, die

Stimme aus seinem Kopf zu verbannen. Doch es war sinnlos. Sie war in ihm, in jeder Zelle seines Körpers, in jeder Falte seines Gehirns. Sein Blick flackerte zum Spiegel. Die Risse hatten sich verändert. Sie bildeten ein Netz, ein verzerrtes Spinnennetz – und in der Mitte war Mias Gesicht. Es sah jetzt anders aus. Ihr Hals war bläulich verfärbt, dunkle Flecken zogen sich über ihre Haut, als ob der Tod sich langsam über sie ausbreiten würde. Jonas' Kehle zog sich zu. „Du kannst mich nicht loswerden." Sein eigener Schrei hallte durch das kleine Badezimmer, als er sich herumriss und aus dem Raum stolperte. Sein Körper fühlte sich fremd an, seine Beine waren schwer. Er wankte in Richtung Wohnzimmer, suchte nach Halt, nach einem Anker in der Realität. Seine Gedanken kreisten, ein Wirbel aus Schuld, Angst und Wahnsinn. War sie wirklich tot? War sie überhaupt je real gewesen? Ein Schwindel überkam ihn, dunkle Schatten tanzten am Rand seines Blickfelds. Jonas taumelte, verlor den Halt— Dann wurde alles schwarz.

*

Die Lichter der Polizeiwagen warfen flackernde Reflexionen auf das Kopfsteinpflaster. Die Gasse war schmal, dunkel, ein Ort, den man eher mit Drogenhandel oder Obdachlosen in Verbindung bringen würde – nicht mit dem brutalen Mord an einer jungen Frau. Doch hier lag Mia Winters, ihr lebloser Körper verkrampft, das Gesicht zu einer Fratze der Angst verzogen. Die Spuren an ihrem Hals ließen keinen Zweifel daran, wie sie gestorben war. Hauptkommissarin Sarah Keller stand mit verschränkten Armen am Rand der Absperrung, während die Gerichtsmediziner sich über die Leiche beugten. Ihr Kollege, Kriminalhauptkommissar Paul Reinhardt, kaute nervös auf einem Kaugummi und tippte mit seinem Stift ungeduldig gegen sein Notizbuch. „Das ist der zweite Fall in wenigen Wochen", sagte er schließlich und ließ seinen Blick durch die enge Gasse schweifen. „Erst Becker, jetzt sie. Keine Waffe, keine Zeugen, kein klar erkennbares Motiv." Sarah nickte langsam. „Aber beide Taten wurden mit roher Gewalt ausgeführt. Kein Raub, keine Spuren eines sexuellen Übergriffs. Nur purer Zorn." Miriam Berger, die junge Kriminaltechnikerin, richtete sich auf und streifte ihre

Latexhandschuhe ab. „Die Würgemale sind eindeutig“, sagte sie. „Sie wurde mit bloßen Händen getötet. Der Täter hat lange zugedrückt, bis nichts mehr ging.“ Paul seufzte und rieb sich übers Gesicht. „Das war kein unkontrollierter Wutausbruch. Jemand hat sich die Zeit genommen, ihr die Luft aus den Lungen zu pressen, bis ihr Körper aufgegeben hat.“ Sarah warf einen Blick auf die nahegelegene Bar. „Hat irgendjemand irgendetwas gesehen?“ Paul blätterte in seinen Notizen. „Wir haben eine Zeugenaussage von einer Barkeeperin. Sie erinnert sich, dass Mia mit einem Mann zusammen war. Groß, schlank, dunkle Haare. Sah ziemlich glücklich aus, als hätte er den besten Abend seines Lebens.“ Sarah hob eine Augenbraue. „Und dann endet er damit, dass er sie erwürgt?“ Paul zuckte mit den Schultern. „Vielleicht eskalierte es. Vielleicht ist es ihm entglitten.“ „Oder er hat genau das geplant.“ Sarah starrte auf die Leiche. „Wir müssen wissen, mit wem sie unterwegs war. Sarah Keller saß einige Stunden später an ihrem Schreibtisch und blätterte durch die Fallakten. Die Parallelen zwischen den Morden an Becker und Mia Winters waren beunruhigend – vor allem, weil es keine offensichtliche Verbindung zwischen den Opfern gab. Paul Reinhardt betrat den Raum, einen Stapel Ausdrucke in der Hand. „Ich hab mir die Kamerabilder aus der Bar angesehen.“ Er legte ihr die Fotos auf den Tisch. „Hier, das ist Mia mit einem Mann. Leider ist sein Gesicht auf keinem der Bilder wirklich erkennbar.“ Sarah betrachtete die Bilder genau. Der Unbekannte stand nah bei Mia, seine Körpersprache entspannt. Sie wirkte nicht ängstlich, eher vertraut mit ihm. „Hast du ihren Nachrichtenverlauf gecheckt?“ fragte Sarah. Paul nickte. „Ihr Handy wurde gefunden. Sie hatte kurz vor ihrem Tod mit jemandem geschrieben, aber die Nummer ist anonym.“ Sarah tippte nachdenklich mit dem Finger auf den Tisch. „Wir müssen herausfinden, wer dieser Mann ist.“ Miriam Berger tauchte in der Tür auf. „Ich habe die ersten toxikologischen Ergebnisse von Mia Winters“, sagte sie. „In ihrem Blut wurde Alkohol gefunden.“ Sarahs Magen zog sich zusammen. Sarah atmete tief durch. „Zwei Opfer in so kurzer Zeit. Und wenn wir nichts finden, wird es nicht dabei bleiben.“

*

Ein dumpfes Pochen. Langsam. Schwer. Wie das entfernte Schlagen einer Kirchturmglocke. Dann ein Ziehen in seinem Kopf, tief, nagend, als würde etwas in ihm reißen. Jonas öffnete die Augen. Die Dunkelheit lag über ihm wie ein schweres Tuch. Sein Körper fühlte sich taub an, seine Gedanken waren wirr. Wo war er? Er versuchte, sich aufzurichten, aber seine Glieder waren träge, als würde er durch eine zähe Masse treiben. Sein Kopf fiel zur Seite, sein Blick irrte durch den Raum. Schatten tanzten an der Wand, verzerrte Formen, die in der Düsternis verschwammen. Sein Herz setzte einen Schlag aus. Etwas war anders. Die Luft war stickig, schwer von einem Geruch, den er nicht zuordnen konnte – metallisch, süßlich, vertraut. Er blinzelte. Erinnerungen schossen durch seinen Kopf. Die Gasse. Mia. Ihre Augen. Ihr erstickter Schrei. Ein Zittern durchlief seinen Körper. Nein. Nicht jetzt. Nicht nachdenken. Er zwang sich, sich aufzusetzen. Sein Körper protestierte, doch schließlich gelang es ihm, sich aufzurichten. Der Raum um ihn herum kam langsam in den Fokus. Er war in seiner Wohnung. Wie war er hierhergekommen? Sein Blick fiel auf seine Hände. Sauber. Kein Blut. Aber das Bild in seinem Kopf war da. Das Bild von ihr, mit weit aufgerissenen Augen, mit panischem Ausdruck ... Jonas schüttelte den Kopf, rieb sich das Gesicht. Er musste hier raus. Musste ... endlich mit jemandem darüber reden. Er konnte nicht mehr allein sein. Langsam erhob er sich, torkelte zum Couchtisch, griff nach seinem Handy. Die Helligkeit des Bildschirms schmerzte in seinen Augen, aber er ignorierte es. Seine Finger flogen über die Tastatur. „Hey, hast du heute Abend Zeit?" Er tippte die Nachricht an Markus, einen alten Freund aus der Firma. Sie hatten früher des Öfteren zusammen getrunken. Vielleicht konnten sie das heute wieder tun. Sekunden verstrichen. Dann Minuten. Schließlich erschien eine Antwort. „Hey, sorry, bin total fertig. Vielleicht ein andermal?" Ein andermal. Sein Kiefer verspannte sich. Er konnte kein andermal ertragen. Er versuchte es bei Isabelle, einer alten Bekannten aus dem Studium. Vielleicht erinnerte sie sich noch an die Abende, an denen sie gemeinsam über sinnlose Dinge gelacht hatten. „Isabelle, Lust auf ein Bier? Ich könnte gute Gesellschaft gebrauchen." Gelesen. Keine Antwort. Warum antwortet sie nicht? Jonas' Herzschlag beschleunigte sich. Sein Magen zog sich zusammen, als eine eiskalte Welle durch ihn hindurch fuhr. Er spürte es wieder. Diese Präsenz. Er hob langsam den Blick. Die Wohnung war still. Zu still. Doch aus den Ecken des Raumes, aus den dunklen Stellen, wo das Licht nicht hinreichte, schien etwas zu lauern. „Siehst du? Sie wollen dich nicht.“ Jonas sog scharf die Luft ein. Die Stimme war da. Nah. Fast zu nah. Er drehte sich langsam, seine Augen huschten über die Wände, über die Schatten. „Du wirst niemals dazugehören.“ Das Flüstern war sanft, fast tröstend. Nicht real. Nicht real. Nicht real. Seine Hände zitterten, als er sich über die Stirn fuhr. Er musste hier raus. Seine Beine bewegten sich automatisch. Er schnappte sich seine Jacke, das Handy noch immer in der Hand. Seine Finger tanzten erneut über den Bildschirm. „Hey, alles klar, vielleicht ein anderes Mal? Oder kennst du jemanden, der Lust hätte? Ich brauche einfach Gesellschaft.“ Die Nachricht war verzweifelter als beabsichtigt, aber es war ihm egal. Er musste mit jemandem reden. Doch als er auf Senden drückte, passierte nichts. Kein Empfang. Jonas blinzelte. Wieso kein Empfang? Er aktivierte und deaktivierte den Flugmodus. Nichts. Keine Balken. Kein Netz. „Niemand wird dir antworten.“ Das Wesen, es hatte Jonas eingesperrt, hatte ihm das Netz genommen. War das überhaupt möglich?! Er konnte es sich nicht anders erklären. Das Flüstern kroch in seinen Nacken, eiskalt. Jonas fuhr herum. Nichts. Doch sein Atem wurde flacher, seine Brust zog sich zusammen. Er hatte das Gefühl, als würde der Raum enger werden. Er rieb sich die Schläfen, versuchte, die Gedanken zu ordnen. Vielleicht war das nur in seinem Kopf. Vielleicht war es nur Erschöpfung. Aber dann – Eine Bewegung. Er drehte sich langsam um. Und in der dunklen Spiegelung des Fensters sah er sie. Mia. Stehend. Stumm. Ihre Augen blickten ihn an. Leer. Jonas riss die Luft ein, stolperte zurück, sein Handy fiel zu Boden. Das Bild im Glas flackerte – dann war es weg. Doch der kalte Griff um sein Herz blieb. Er konnte niemanden erreichen. Konnte nicht entkommen. Das Ding – es ließ ihn nicht los. Jonas' Brust hob und senkte sich rasch, seine Kehle war trocken. Er starrte auf das Fenster, in dem gerade sie gerade noch gestanden hatte. Aber es war niemand da. Oder? Langsam, zögernd, trat er näher. Sein Atem beschlug das Glas, als er sich vorbeugte. Sein eigenes Gesicht starrte ihm entgegen—blass, gehetzt, die Augen weit aufgerissen. Nichts. Doch tief in seinem Inneren wusste er: Es war noch hier. „Du kannst mir nicht entkommen. Das Flüstern war jetzt näher. Fast so, als wäre es in seinem Kopf. Jonas schloss die Augen, presste die Hände gegen seine Schläfen. Nicht real. Nicht real. Nicht real. „Oh doch, Jonas. Ich bin realer als alles andere.“ Etwas Kaltes strich über seinen Nacken. Ein eisiger Atem, der sich anfühlte, als würde jemand direkt hinter ihm stehen. Jonas' Kehle wurde eng. Er konnte sich nicht umdrehen. Er durfte sich nicht umdrehen. Sein Körper begann zu zittern. „Warum sträubst du dich?“ Die Stimme war leise, weich, fast sanft. „Du hast es doch bereits akzeptiert. Ich bin ein Teil von dir.“ „Nein ...“ Seine eigene Stimme klang rau, brüchig. „Doch. Und du wirst mich nie wieder loswerden.“ Jonas’ Hände krallten sich in seinen Oberarmen. „Sie haben dich alle verlassen, nicht wahr?“ Das Flüstern war jetzt an seinem Ohr, so nah, dass es sich wie eine Berührung anfühlte. „Markus, Isabelle, Mia ... sie wollten dich nie wirklich.“ Er schüttelte den Kopf, als könnte er die Worte damit vertreiben. „Du hast es doch gesehen. Geh weg von ihnen, und du bist wieder frei.“ Jonas schnappte nach Luft. Er fühlte sich gefangen, eingesperrt in seinem eigenen Kopf.„Ich ...Ich will das nicht ...“ „Oh, aber du brauchst es.“ Etwas Dunkles glitt an den Rand seines Bewusstseins. Eine Präsenz, schwer, hungrig. Und dann—eine Berührung. Eiskalte Finger, die über seinen Arm strichen. Jonas zuckte zurück, sein Blick schnellte hoch. Sein Spiegelbild hatte sich nicht mitbewegt. Für einen Moment sah er zwei Versionen von sich selbst: Der eine war Jonas. Der andere ... lächelte. Breit, unnatürlich, mit schwarzen, toten Augen. Jonas stolperte rückwärts, sein Herz raste. Das Spiegelbild sprach. Mit seiner Stimme. „Du kannst nicht ohne mich leben.“ Dann begann es zu lachen. Ein ersticktes, verzerrtes Geräusch, das sich in Jonas’ Kopf fraß wie eine Krankheit. Er drehte sich abrupt um, rannte aus dem Zimmer. Seine Schritte hallten durch die Wohnung, doch das Lachen folgte ihm. Immer lauter. Immer näher. Er packte seine Jacke, wollte zur Tür—doch sein Handy klingelte plötzlich auf dem Boden. Ein Name leuchtete auf dem Display. Kriminalkommissar Paul Reinhardt. Jonas erstarrte. Dann—Stille. Das Lachen verstummte. Die Luft um ihn wurde schwer. Er hob das Handy langsam auf, seine Finger zitterten. Er sollte nicht drangehen. Und doch ... Seine Daumen glitten über den Bildschirm. Er nahm ab. „Herr Falk?“ Die Stimme von Reinhardt klang sachlich, aber auch müde. „Wir würden Sie bitten, noch einmal für eine kurze Befragung ins Präsidium zu kommen.“ Jonas’ Kehle war trocken. „Wieso?“ „Es geht um Mia Winters.“ Jonas’ Herz setzte einen Schlag aus. Hinter ihm, in den Schatten, flüsterte die Stimme wieder. „Sie sind hinter dir her.“ Jonas schluckte schwer. „Herr Falk? Sind Sie noch dran?“ Er atmete flach aus, zwang sich zur Ruhe. „Ja.“ Seine Stimme war kaum mehr als ein Krächzen. „Wann soll ich kommen?“ Jonas’ Finger krampften sich um das Handy. Er hörte Paul Reinhardts Stimme, hörte die Bedeutung hinter den Worten. Jonas schloss kurz die Augen. Die Stimme war noch immer da. “Sie wissen es.” Sein

Nacken prickelte. Sein Blick huschte zur dunklen Ecke seines Zimmers. Dort, wo etwas stand. Ein Schatten, kaum mehr als eine Verzerrung der Dunkelheit, doch seine Augen ... Jonas riss den Blick los. Reinhardt zögerte. „Morgen früh um neun im Präsidium. Wäre das möglich?" Sein Mund war trocken. „Ja." „Gut." Ein kurzer Moment der Stille, dann: „Danke, Herr Falk" Das Gespräch endete. Das Display wurde schwarz. Und für einen Sekundenbruchteil spiegelte es etwas hinter ihm. Etwas, das sich bewegte. Seine Finger öffneten sich ruckartig, das Handy fiel auf den Boden. Jonas keuchte. Nicht real. Nicht real. Nicht real. Aber der Schatten war noch immer da. Das Wesen lächelte. „Sie fangen an, an dir zu zweifeln", flüsterte es. „Und du weißt, was das bedeutet." Jonas' Blick war starr. „Halt den Mund." Das Ding trat aus der Dunkelheit hervor, lautlos, wie ein Geschwür, das sich durch die Realität fraß. „Sie werden dich hinter Gitter stecken, Jonas. Und dort bist du alleine." „Halt den Mund!" Sein eigener Schrei hallte durch die Wohnung. Stille. Das Wesen war weg. Oder vielleicht ... Vielleicht wartete es nur. Jonas schnappte sich sein Handy vom Boden. Seine Finger waren taub. Er brauchte Ablenkung. Irgendwas, irgendwen. Nicht wieder in den Abgrund starren. Er öffnete seine Kontakte. Der Name sprang ihm sofort wieder ins Auge. Isabelle. Sein Daumen schwebte über der Nummer. Er hatte sie ewig nicht gesehen. Früher waren sie enge Freunde gewesen, bevor das Leben dazwischengekommen war. Sie war die Einzige, die ihn vielleicht noch verstand. Er drückte auf "Anrufen". Das Freizeichen erklang. Einmal. Zweimal. Dann: „Jonas?" Ihre Stimme klang überrascht. Seine Brust zog sich zusammen. „Hey", brachte er hervor. „Ich ... ich weiß, es ist lange her und du hast heute keine Zeit dich zu treffen, aber ich wollte einfach mal wieder mit dir reden". Eine kurze Pause. Dann ein leises Lachen. „Und jetzt rufst du mich einfach so an?" „Ja." Er leckte sich über die trockenen Lippen. „Ich wollte hören, wie es dir geht." Ein sanftes Seufzen. „Mir geht's gut. Und dir?" Jonas spürte den Schatten in der Ecke. Den Atem in seinem Nacken. „Ich ... Ich komme klar." Eine weitere Pause. „Jonas ... was ist los?" Er ballte die freie Hand zur Faust. Sag es nicht. Erzähl es ihr nicht. Sie wird dich für verrückt halten. „Nichts", log er. „Ich wollte dich einfach sehen. Vielleicht mal treffen?" Isabelle zögerte. „Ich ... Jonas, ich weiß nicht ..." „Bitte." Es war kaum mehr als ein Flüstern. Sie schwieg. Dann ein leises Lachen. „Okay. Morgen Abend?" Ein Kloß löste sich in seiner Kehle. „Ja. Perfekt." „Gut. Ich schreib dir den Ort später, okay?" „Okay." Sie verabschiedeten sich. Das Gespräch endete. Und für einen

Moment war da nichts als Stille. Doch dann – Das Lachen begann wieder. Langsam. Dunkel. Jonas' Körper fror ein. „Du glaubst doch nicht wirklich, dass sie bleibt, oder?“ Etwas Kaltes strich über seine Schultern. „Genau wie die anderen.“ Jonas schloss die Augen. Er würde das nicht zulassen. Nicht dieses Mal.

*

Jonas saß um Punkt 9:00 Uhr am nächsten morgen auf der harten Holzbank im Wartebereich des Polizeipräsidiums. Die Luft roch nach abgestandenem Kaffee, Papiertoner und einer schwachen Spur kalten Zigarettenrauchs, der von den Beamten hereingetragen wurde. Durch das große Fenster vor ihm konnte er die Straßen der Stadt beobachten, Menschen, die ihrem Alltag nachgingen, Autos, die hupend durch den dichten Verkehr rollten. So normal. So fern. Seine Finger spielten unbewusst mit dem Saum seines Ärmels. Er hatte sich für dieses Gespräch neutral gekleidet: dunkle Jeans, ein schlichtes graues Hemd, eine schwarze Jacke darüber. Unauffällig. Harmlos. So wollte er wirken. Aber tief in ihm drin ... Etwas brodelte. “Sie wissen es.” Er versuchte, den Gedanken abzuschütteln. Nein. Sie hatten nichts. Sie suchten nur. „Herr Falk?“ Jonas zuckte zusammen. Er hatte die Frau nicht kommen hören. Sarah Keller stand vor ihm, ihr Blick scharf, aber nicht unfreundlich. Neben ihr, Paul Reinhardt, etwas mürrischer als sonst. Vielleicht, weil er seinen Kaffee noch nicht hatte. „Danke, dass Sie gekommen sind“, sagte Sarah sachlich. „Natürlich“, antwortete Jonas so gelassen wie möglich. Sie deutete mit dem Kopf in Richtung eines schmalen Ganges. „Bitte folgen Sie uns.“ Jonas stand auf. Seine Knie fühlten sich merkwürdig an, als würden sie nicht ganz zu seinem Körper gehören. Aber er ließ sich nichts anmerken und ging hinter den beiden Beamten her. Der Gang war lang und schlecht beleuchtet. Jonas spürte einen leichten Schweißfilm in seinem Nacken. Das Verhörzimmer. Sie schoben die Tür auf. Der Raum war klein. Eine kahle Glühbirne summte an der Decke. Ein massiver Tisch in der Mitte, zwei Stühle auf einer Seite, einer auf der anderen. An der Wand ein großer Spiegel. Ein Einwegspiegel. Dahinter saßen vermutlich weitere Beamte, die ihn beobachteten. Jonas trat ein. Die Luft hier war schwerer. Oder bildete er sich das ein? „Nehmen Sie

Platz", sagte Sarah ruhig. Er tat es. Sie und Reinhardt setzten sich ihm gegenüber. Sarah legte eine dünne Akte auf den Tisch. Reinhardt nahm einen Schluck Kaffee aus einem Becher, den er irgendwo aufgetrieben hatte. Dann Stille. Nur das Summen der Lampe. Ein unangenehmes Ziehen in Jonas' Magen. Er wartete darauf, dass jemand das Schweigen brach. Schließlich tat es Sarah. „Herr Falk. Danke, dass Sie sich Zeit für uns nehmen." Er nickte langsam. „Worum geht es genau?" Er kannte die Antwort. Aber es war besser, den Unwissenden zu spielen. Miriam musterte ihn. „Um Mia Winters." Er ließ sich nichts anmerken. Nur ein langsames Kopfnicken. „Ja. Sie ... sie wurde ermordet, richtig?" Paul Reinhardt verengte die Augen leicht. „Woher wissen Sie das?" Jonas sah ihn an. „Es stand in der Zeitung." Ein kurzer Blickwechsel zwischen den beiden Beamten. Dann öffnete Sarah die Akte. „Wann haben Sie Mia Winters denn zuletzt gesehen?" Jonas atmete tief durch. Das war der Moment. Er musste vorsichtig sein. „Vor etwa einer Woche", sagte er. „Wir hatten uns ein paar Mal getroffen." „In welcher Beziehung standen Sie zueinander?" Jonas zuckte die Schultern. „Wir haben uns gut verstanden. Mehr nicht." Sarah lehnte sich leicht vor. „Waren Sie an dem Abend mit ihr zusammen?" „Nein." Ruhig bleiben. Kein Zögern. Kein Stirnrunzeln. Reinhardt nahm einen weiteren Schluck Kaffee. „Wo waren Sie in der Nacht ihres Todes?" Jonas tat so, als würde er nachdenken. Er wusste genau, was er sagen musste. „Ich war zu Hause. Ich hatte Kopfschmerzen und bin früh schlafen gegangen." „Kann das jemand bestätigen?" Jonas schüttelte langsam den Kopf. „Nein. Ich wohne alleine." Wieder ein Blick zwischen den beiden. Sie suchten nach Lücken. Irgendeinem Fehler. „Wann haben Sie von ihrem Tod erfahren?" fragte Sarah weiter. „Am nächsten Tag." „Wie haben Sie sich gefühlt?" Jonas ließ die Schultern sinken. „Schockiert. Traurig. Sie war eine tolle Frau." Lüge. Er spürte den Blick von Reinhardt, durchdringend, bohrend. „Und doch haben Sie sich nicht bei der Polizei gemeldet."

Jonas hob eine Braue. „Warum hätte ich das tun sollen? Ich wusste nicht, dass es relevant ist." „Sie waren ihr nah." Er zuckte wieder die Schultern. „Wir kannten uns nicht lange." Stille. Dann lehnte sich Reinhardt vor. „Herr Falk ..." Jonas atmete langsam aus. „Ja?" „Hatten Sie Streit mit Mia?" Er blinzelte. „Nein." „Wirklich nicht?" „Nein." Sarah legte ein Foto auf den Tisch. Ein Bild von Mia. Lachend. Lebendig. „Sie wurde erdrosselt." Ein eiskalter Schauer lief über Jonas' Rücken. Sein

Blick blieb auf dem Foto. Er zwang sich, den Kopf zu schütteln. „Das ist schrecklich." „Wissen Sie, was seltsam ist, Herr Falk?" Reinhardts Stimme war jetzt tiefer. Jonas sah ihn an. „Nein." „Sie ist die zweite Person, mit der Sie engeren Kontakt hatten ... und die dann stirbt." Jonas erstarrte innerlich. „Zufall?" Er hob eine Braue. „Wollen Sie andeuten, dass ich etwas damit zu tun habe?" Sarah beobachtete ihn genau. „Wir stellen nur Fragen." „Und ich beantworte sie." Stille. Dann: „Herr Falk, würden Sie einer freiwilligen DNA-Probe zustimmen?" Der Moment, auf den sie gewartet hatten. Jonas legte den Kopf schief. „Habe ich denn eine Wahl?" Reinhardt sah ihn lange an. „Natürlich. Aber es würde helfen, Sie auszuschließen." Jonas ließ sich Zeit mit seiner Antwort. Dann lehnte er sich zurück und schüttelte den Kopf. „Nicht ohne meinen Anwalt." Blickwechsel. „Verstehen Sie das nicht als Schuldeingeständnis?" fragte Sarah leise. Jonas lächelte kühl. „Verstehen Sie es als Vorsichtsmaßnahme." Lange Stille. Dann nickte Sarah langsam. „Das Gespräch ist hiermit beendet", sagte sie ruhig. Jonas stand langsam auf. „Darf ich gehen?" „Ja." Er sah beiden in die Augen. Dann verließ er den Raum. Er hörte, wie Reinhardt leise fluchte, als die Tür hinter ihm zufiel. Sie hatten nichts. Aber sie würden weitersuchen.

*

Das Verhörzimmer war leer. Der Stuhl, auf dem Jonas Falk gesessen hatte, war noch leicht nach hinten geschoben, als hätte er sich im letzten Moment dagegen entschieden, länger zu bleiben. Paul Reinhardt starrte auf die Tischplatte, seine Finger trommelten ungeduldig auf dem Holz. Sarah Keller lehnte mit verschränkten Armen an der Wand, ihr Blick auf den Einwegspiegel gerichtet, hinter dem vor wenigen Minuten noch ihre Kollegen das Verhör mitverfolgt hatten. „Verdammt", murmelte Reinhardt schließlich. „Er ist uns entwischt." Sarah seufzte leise. „Hatten wir überhaupt eine echte Chance? Er hat keine Fehler gemacht." Reinhardt schnaubte. „Genau das ist das Problem. Das war zu sauber." Er trank den letzten Schluck seines mittlerweile kalten Kaffees und knallte den Becher auf den Tisch. „Glaubst du, er war's?" fragte Sarah schließlich. „Glauben? Sarah, das ist keine verdammte Religion hier. Ich will Beweise." „Ja, aber dein Bauchgefühl?" Reinhardt lachte trocken. „Mein Bauchgefühl? Mein Bauchgefühl sagt mir, dass dieser Jonas Falk nicht der Typ ist, der sich einfach mit 'ner netten Frau trifft, dann nach Hause geht und am nächsten Morgen erschüttert die Todesanzeige liest." Sarah trat vom Spiegel weg und setzte sich auf den Stuhl gegenüber von ihm. „Also denkst du, dass er sie umgebracht hat?" Reinhardt rieb sich die Schläfen. „Ich sag mal so: Die Geschichte, die er uns aufgetischt hat, ist aalglatt. Kein Alibi, keine Emotionen, keine verdammte Regung. Aber ohne Beweise können wir ihn nicht festhalten." Sarah nickte langsam. Sie war sich selbst unsicher. Jonas Falk hatte auf den ersten Blick wie ein durchschnittlicher Mann gewirkt – ruhig, kontrolliert, vielleicht etwas verschlossen. Aber es gab Momente, in denen ihr Instinkt Alarm geschlagen hatte. „Das ist das zweite Mal", sagte sie nachdenklich. „Was?" „Das zweite Mal, dass eine Person stirbt, mit der er kurz zuvor Kontakt hatte." Reinhardt nickte. „Und beide wurden erwürgt." „Zufall?" Er schnaubte. „Ich glaube nicht an solche Zufälle." Stille. Nur das Summen der Lampe über ihnen. „Aber wir haben nichts", stellte Sarah schließlich fest. „Nein." „Kein Beweis, keine Zeugen, keine DNA ..." „Noch nicht." Sarah runzelte die Stirn. „Willst du ihn weiter beobachten lassen?" Reinhardt lehnte sich zurück und verschränkte die Arme. „Wir haben keine offizielle Grundlage für eine Überwachung. Aber ich werde ihm auf den Zahn fühlen." „Wie?" Ein Grinsen huschte über sein Gesicht. „Falk ist clever. Aber kein Mensch ist perfekt. Irgendwo muss er einen Fehler gemacht haben. Vielleicht nicht direkt, aber indirekt. Es gibt immer einen losen Faden." Sarah nickte nachdenklich. „Und wenn er doch unschuldig ist?" Reinhardt stieß ein trockenes Lachen aus. „Dann ist er der unglücklichste Kerl auf diesem Planeten." Sarah seufzte und blätterte durch die Akte. „Wir haben seinen Arbeitsplatz überprüft, seine Nachbarn befragt. Nichts Auffälliges. Keine Vorstrafen, keine psychischen Diagnosen. Er zahlt seine Rechnungen, er hat einen festen Job ..." „Und trotzdem fühlt es sich falsch an."

Sarah sah auf. „Was meinst du?" Reinhardt tippte mit dem Finger auf die Akte. „Es ist zu perfekt. Zu glatt. Kein Mensch ist so sauber." Sarah schmunzelte leicht. „Vielleicht ist er einfach ein sehr langweiliger Mann." „Oder ein verdammt guter Lügner." Sarah lehnte sich nachdenklich zurück. „Falls er es war ... wo ist die Verbindung zwischen ihm und Mia?" Reinhardt hob eine Braue. „Na ja, sie haben sich getroffen. Das hat er selbst zugegeben.“ „Ja, aber es gibt keine Hinweise auf ein Motiv.“ „Vielleicht hat sie ihn abgewiesen.“ „Und deshalb ermordet er sie?“ Reinhardt zuckte mit den Schultern. „Wir haben schon Männer für weniger töten sehen.“ Sarah schwieg. Dann blätterte sie weiter durch die Akte. „Es gibt etwas, das mich stört.“ „Was denn?“ „Bei Mia gab es keine Anzeichen für einen Kampf. Keine Kratzer, keine Spuren unter den Fingernägeln.“ Reinhardt überlegte. „Also hat sie ihn gekannt. Oder sie war überrascht.“ Sarah nickte. „Wenn er es war, dann hat er sie in einem Moment erwischt, in dem sie sich sicher fühlte.“ „Oder er hat es irgendwie geschafft, sie so zu manipulieren, dass sie ihm vertraut hat.“ Reinhardt stand auf und begann, im Raum auf und ab zu gehen. „Er ist ruhig. Kontrolliert. Vielleicht ist er ein Narzisst. Vielleicht hat er eine dissoziative Störung. Oder vielleicht ist er einfach ein eiskalter Psychopath.“ Sarah rieb sich die Stirn. „Aber ohne Beweise bringt uns das nichts.“ Sie verließen das Verhörzimmer. Im Schatten des Einwegspiegels blieb nur noch das Echo ihres Gesprächs zurück.

*

Isabelle blätterte gedankenverloren in der Zeitung, während ihr Cappuccino langsam abkühlte. Das Café war gemütlich, in warmes Licht getaucht, mit leiser Jazzmusik im Hintergrund. Die meisten Tische waren besetzt, aber die Gespräche um sie herum klangen wie ein entferntes Summen. Sie sah auf die Uhr. Jonas war noch nicht da. Sie hatten sich seit vielen Jahren nicht getroffen, aber irgendetwas hatte ihre Neugierde geweckt. Er war charmant, keine Frage. Ruhig, bedacht – vielleicht ein wenig zurückhaltend. Sie nahm einen Schluck von ihrem Cappuccino und ließ ihre Augen über die Zeitung wandern, bis sie an einer Schlagzeile hängen blieb: “Erneuter Mord schockiert die Stadt – Polizei weiterhin ohne Spur”

„Mia Winters, 24, wurde vor wenigen Tagen tot in einer Gasse aufgefunden. Der Täter ging mit extremer Brutalität vor, ähnlich dem Mord an Benjamin Becker, 32 vor einigen Wochen. Die Polizei steht vor einem Rätsel. Mia Winters Isabelle kannte den Namen. Zumindest kam er ihr bekannt vor. Ein kurzer Schauer lief ihr über den

Rücken. Benjamin Becker war das erste Opfer gewesen. Seinen Fall hatte sie damals schon erschüttert. Jetzt ein zweiter Mord – und beide Personen waren noch relativ jung, hübsch, lebten in der Stadt. Zwei Morde in so kurzer Zeit. Sie laß weiter. „Polizei veröffentlicht erste Täterbeschreibung“ Nach dem brutalen Mord an Mia Winters sucht die Polizei weiterhin nach Hinweisen. Laut neuesten Ermittlungen gibt es nun eine vage Täterbeschreibung, die auf Aussagen von Zeugen basiert, die sich in der Nacht des Verbrechens in der Nähe des Tatorts aufgehalten haben. Der Verdächtige wird als männlich, etwa 20 bis 25 Jahre alt, von durchschnittlicher Statur und mit dunklen Haaren beschrieben. Zeugen berichteten von einer schlanken, aber nicht auffallend schmächtigen Figur. Er trug dunkle Kleidung und schien sich unauffällig in die Menge einfügen zu können. Besonders auffällig sei jedoch sein Verhalten gewesen: Eine Zeugin sagte aus, dass er „unruhig gewirkt“ habe, als würde er jemanden beobachten oder auf den richtigen Moment warten. Eine andere Person erinnerte sich an „einen intensiven Blick“, konnte aber keine genaueren Angaben zu seinem Gesicht machen. Die Polizei geht davon aus, dass der Täter sich in der Umgebung gut auskennt und möglicherweise gezielt agiert. Ob eine tatsächliche Verbindung zum Mord an Benjamin Becker besteht, wird weiterhin geprüft. Hinweise nimmt die Kriminalpolizei unter der angegebenen Telefonnummer entgegen. Sie nahm einen weiteren Schluck von ihrem Cappuccino und sah sich im Café um. Jonas ließ sich Zeit. Draußen begann es zu nieseln. Der Verkehr floss träge vorbei, die Lichter spiegelten sich in den regennassen Straßen. Isabelle lehnte sich in ihrem Stuhl zurück und fragte sich, ob es Zufall war, dass Jonas so plötzlich in ihr Leben getreten war. Und warum sie das Gefühl hatte, dass mit ihm etwas nicht stimmte.

*

Das Café war warm, der Duft von frisch gebrühtem Kaffee und süßem Gebäck hing in der Luft. Isabelle saß an einem kleinen Tisch in der Ecke, ihr Blick wanderte immer wieder zur Tür. Sie nippte an ihrem Cappuccino, rührte gedankenverloren mit dem Löffel im Schaum und strich sich eine lose Haarsträhne hinters Ohr. Jonas hatte sich verspätet. Nur ein paar Minuten, aber lange genug, dass ihre Gedanken abschweifen konnten. Vor ihr lag eine Zeitung, aufgeschlagen auf einem Artikel über den Mordfall Mia Winters. „Verdammt gruselig“, murmelte sie und schüttelte den Kopf. Gerade als sie das Blatt umdrehen wollte, bewegte sich die Eingangstür des Cafés. Ein Schwall kalter Luft wehte hinein, als Jonas eintrat. Isabelle hob den Blick, ein Lächeln huschte über ihr Gesicht. Jonas sah auf den ersten Blick entspannt aus. Dunkle Jeans, schwarzer Mantel, ein Hauch von Nässe in seinen Haaren von dem feinen Nieselregen draußen. Aber als er näher kam, bemerkte Isabelle etwas in seinem Blick. Ein Schatten vielleicht. Etwas Unruhiges, Rastloses. „Hey“, sagte er mit einem schiefen Lächeln und setzte sich ihr gegenüber. „Sorry, bin ein bisschen zu spät.“ „Kein Problem“, erwiderte sie und schob ihm die Getränkekarte zu. „Kaffee?“ „Ja, gern.“ Er bestellte einen Espresso und lehnte sich dann leicht nach vorne. „Schön, dich zu sehen.“ Isabelle erwiderte sein Lächeln, aber ein Gedanke ließ sie nicht los. Irgendetwas an ihm wirkte... verändert. Naja, immerhin hatten sich die beiden auch schon seit einer geräumigen Zeit nicht mehr gesehen. Während Jonas die Bestellung aufgab, lag die Zeitung noch immer offen auf dem Tisch. Die fettgedruckte Schlagzeile stach ins Auge: „Täter weiterhin auf freiem Fuß – Polizei sucht nach Hinweisen“ Sie merkte, wie Jonas' Blick für einen Moment auf die Zeitung fiel. Seine Miene veränderte sich nur kaum merklich, aber Isabelle hatte das Gefühl, dass ein Hauch von Anspannung durch seinen Körper lief. „Schreckliche Sache, oder?“ fragte sie beiläufig und tippte auf den Artikel. „Ich meine... jemand, der so etwas tut, läuft noch frei herum.“ Jonas hob die Augenbrauen, zwang sich zu einem neutralen Ausdruck. „Ja. Echt übel.“ Isabelle seufzte und lehnte sich zurück. „Ich hoffe, sie schnappen ihn bald. Ich meine, stell dir vor, du triffst diesen Typen irgendwo, ohne es zu wissen.“ Jonas' Finger krampften sich für eine Sekunde um seinen Löffel. Dann entspannte er sich wieder und lächelte. „Ja... das wäre echt seltsam.“ Isabelle rührte in ihrem Cappuccino, musterte ihn einen Moment, dann wechselte sie das Thema. Sie wollte sich nicht die Laune verderben lassen. „Also, genug von so düsteren Sachen. Erzähl mir was über dich. Was machst du, wenn du nicht durch den Regen hetzt, um Kaffee zu trinken?“ Jonas entspannte sich sichtbar. „Oh, du weißt schon... arbeiten, lesen, ein bisschen Musik hören. Nichts wirklich Spannendes.“ Sie grinste. „Klingt nach einem ziemlich ruhigen Leben.“ Jonas lachte leise. „Ja, könnte man so sagen.“ Doch tief in seinem Inneren bewegte sich etwas. Eine leise Stimme, ein Schatten, der sich regte. “Sie ahnt etwas”. Aber das durfte er sich nicht anmerken lassen. Nicht jetzt. Isabelle wirkte entspannt, doch Jonas konnte sich nicht von dem Gedanken lösen, dass die Zeitung zwischen ihnen wie eine unsichtbare Barriere lag. Das Wesen in seinem Kopf hatte sich geregt, auch wenn es nur in leisen, kaum wahrnehmbaren Flüstertönen sprach. “Sie liest über dich. Sie denkt über dich nach. Ihre Augen huschen über die Zeilen, und tief in ihrem Inneren weiß sie es. Sie ist nicht dumm, Jonas. Keiner von ihnen ist dumm.” Jonas rieb sich unauffällig die Schläfen, als wolle er einen aufkommenden Kopfschmerz vertreiben. „Alles in Ordnung?“ Isabelle legte den Kopf leicht schief. Er zwang sich zu einem Lächeln. „Ja, klar. Nur ein bisschen müde.“ Sie musterte ihn mit einem durchdringenden Blick, als würde sie seine Worte auf ihre Echtheit prüfen. Dann zuckte sie die Schultern. „Versteh ich. Ich bin in letzter Zeit auch oft erschöpft.“ Sie nahm einen Schluck von ihrem Cappuccino und ließ ihren Blick durchs Café schweifen. „Irgendwie fühlt sich die Stadt in letzter Zeit... bedrückender an. Geht es dir auch so?“ “Lass dich nicht darauf ein,” zischte das Wesen. “Sie testet dich.” „Hm, vielleicht ein bisschen. Aber vielleicht liegt das auch nur am Wetter.“ Jonas griff nach seiner Tasse, nippte an seinem Espresso. „Und an den Nachrichten.“ Isabelle seufzte. „Ja. Diese Fälle... sie gehen mir einfach nicht aus dem Kopf. Die Polizei hat ja kaum Spuren, oder? Ich hab gehört, die wissen nicht mal genau, wie der Typ aussieht.“ Jonas setzte seine Tasse langsam ab. Ruhe bewahren. Natürlich redet sie darüber. Jeder redet darüber. „Ja, scheint so“, murmelte er. „Keine brauchbaren Zeugen, keine klaren Hinweise.“ Sie nickte gedankenverloren und ließ ihre Finger über den Rand der Zeitung gleiten. Dann runzelte sie die Stirn. „Ich frage mich, was für ein Mensch zu so etwas fähig ist. Ich meine, das sind brutale Morde. Das ist nicht einfach irgendein impulsiver Überfall oder so. Der Typ... er muss komplett gestört sein.“ “Sie wird zu einem Problem.” Jonas’ Herz schlug schneller. Er musste das Gespräch in eine andere Richtung lenken, bevor das Wesen mehr Macht gewann. „Ja, vermutlich. Aber ich denke nicht, dass es uns weiterbringt, darüber zu spekulieren. Am Ende machen wir uns nur unnötig verrückt.“ Isabelle seufzte und lehnte sich zurück. „Vielleicht hast du recht. Ich will mir den Abend eigentlich nicht mit solchen Gedanken verderben.“ Sie lächelte ihn an. „Also, erzähl mir lieber was über dich. Gibt es irgendwas, das dich momentan beschäftigt? Du wolltest so dringend mit mir reden, da habe ich mit beinah schon sorgen gemacht.“ “Sag ihr nichts. Halt es oberflächlich.” Jonas zwang sich, die Stimme zu ignorieren. „Nicht viel. Arbeit eben. Manchmal hab ich das Gefühl, dass ich mehr unter Leute gehen sollte.“ „Dann ist es ja gut, dass du heute hier bist.“ Sie zwinkerte ihm zu. “Sie manipuliert dich. Sie will dich durchschauen.” Jonas’ Magen zog sich zusammen. Er lächelte, aber innerlich fühlte er, wie sich etwas in ihm zusammenbraute. Dieses Wesen – es wurde immer lauter. Und Isabelle... sie begann, ihn nervös zu machen. Er wusste nicht, ob es wirklich nur sein Verstand war, der ihm Streiche spielte – oder ob das Wesen diesmal recht hatte. Die Minuten verstrichen, und Jonas spürte, wie sich eine merkwürdige Spannung zwischen ihnen aufbaute. Isabelle wirkte völlig entspannt, doch für ihn fühlte es sich an, als würde ein unsichtbarer Faden immer straffer gezogen werden. Das Wesen hatte sich in seinem Kopf festgesetzt, und mit jedem Blick, den Isabelle ihm zuwarf, wurde sein Einfluss stärker. “Sie beobachtet dich. Ihre Augen scannen dein Gesicht, nehmen jedes Zucken, jedes Zögern wahr. Sie ist gefährlich, Jonas. Sie stellt Fragen, sie forscht nach. Weißt du, was das bedeutet?” Jonas schluckte schwer. „Du bist wirklich ein bisschen nervös heute, oder?“ Isabelle lächelte ihn an, aber ihre Augen musterten ihn weiterhin aufmerksam. „Bist du sicher, dass alles okay ist?“ Er räusperte sich und zwang sich, locker zu bleiben. „Ja, sicher. Ich... bin es nur nicht gewohnt, so lange in Gesellschaft zu sein. Klingt vielleicht seltsam, aber ich bin eher jemand, der viel für sich ist.“ Isabelle schien kurz über seine Worte nachzudenken, dann nickte sie langsam. „Das kann ich verstehen. Manchmal ist es anstrengend, sich mit anderen auseinanderzusetzen.“ “Sie belügt dich. Sie weiß es längst. Sie testet dich, Jonas. Genau wie Mia es getan hat.” Ein eiskalter Schauer lief ihm den Rücken hinunter. Die Erinnerung an Mia – ihre Augen, ihr enttäuschter Blick, das Zittern ihrer Finger, als sie sich vor ihm auf den Boden gekrümmt hatte – flammte vor seinem inneren Auge auf. Sein Atem wurde flacher, und für einen Moment fühlte es sich an, als würde die Realität sich verschieben. Er blinzelte schnell und griff nach seiner Tasse, um sich abzulenken. Der heiße Espresso brannte auf seiner Zunge, aber das half ihm, sich wieder zu sammeln. „Also, erzähl mir doch mal, wie dein Tag war“, sagte er schnell, um das Gespräch in eine andere Richtung zu lenken. Isabelle zuckte die Schultern. „Nichts Besonderes. Arbeit war okay. Und danach dachte ich mir, dass ich endlich mal wieder eine Zeitung lesen statt nur Berichte dafür schreiben sollte. Also bin ich ins Café gekommen... und hab dann den Artikel hier gelesen.“ Sie tippte mit ihrem Finger auf die Zeitung zwischen ihnen. Jonas’ Blick folgte ihrer Bewegung automatisch. „Es ist einfach so krass“, fuhr sie fort. „Dass jemand mitten in der Stadt so etwas tun kann und niemand etwas bemerkt.“ “Falsch. Sie hat etwas bemerkt. Sie will es nicht sagen, aber sie fühlt es. Das Unbehagen in ihrer Stimme, das Zögern in ihrem Blick – sie weiß, dass etwas nicht stimmt.” Jonas presste die Lippen zusammen. „Vielleicht liegt es daran, dass wir uns sicher fühlen wollen“, sagte er nach einer kurzen Pause. „Selbst wenn etwas direkt vor unseren Augen passiert, reden wir uns ein, dass es nicht real sein kann.“ Isabelle hob eine Augenbraue. „Du meinst, Leute ignorieren solche Dinge absichtlich?“ Er zuckte die Schultern. „Vielleicht. Oder sie können einfach nicht glauben, dass es jemand tun würde, den sie kennen.“ Sie runzelte die Stirn, als sie über seine Worte nachdachte. Jonas sah, wie ihre Finger unbewusst über den Rand ihrer Tasse strichen. “Du lenkst sie in die falsche Richtung. Aber sie gibt nicht auf. Sie ist zu schlau, Jonas. Was wirst du tun?” Ein dumpfes Pochen breitete sich in seinem Kopf aus. Er musste das Gespräch beenden, bevor das Wesen ihn völlig übermannte. „Wie auch immer“, sagte er und zwang sich zu einem Lächeln. „Ich will deinen Abend nicht mit düsteren Theorien ruinieren. Vielleicht sollten wir über etwas anderes reden.“ Isabelle blinzelte kurz, dann lächelte sie ebenfalls. „Stimmt. Ich bin mir sicher, du hast spannendere Geschichten auf Lager.“ “Oh, das hat er. Viel spannendere.” Jonas ignorierte die Stimme und versuchte, sich auf das Gespräch zu konzentrieren. Doch in seinem Inneren wusste er: Isabelle war noch nicht fertig mit ihm

*

Die Unterhaltung nahm eine leichtere Wendung. Isabelle erzählte von ihrer Arbeit, von stressigen Meetings und Kollegen, die sich über belanglose Dinge stritten. Sie lachte über absurde Situationen im Büro, und für einen Moment schien es fast, als könnte Jonas sich wirklich entspannen. Aber das Wesen ließ ihn nicht los. “Sie spielt nur, Jonas. Sie gibt sich locker, aber in ihrem Kopf arbeitet es. Die Zeitung. Der Fall. Du hast gesehen, wie ihre Augen über die Zeilen gewandert sind. Sie hat die Täterbeschreibung gelesen.” Jonas versuchte, den Gedanken zu verdrängen, aber sein Blick fiel immer wieder auf die Zeitung zwischen ihnen. Die Ecke des Blattes war leicht geknickt, als hätte Isabelle es fester gepackt, als sie den Artikel gelesen hatte. „Was ist?", fragte sie plötzlich. Er zuckte leicht zusammen. „Nichts. Ich war nur... in Gedanken." Isabelle musterte ihn einen Moment, dann lehnte sie sich ein Stück vor. „Sag mal, hast du das eigentlich auch mitbekommen? Ich meine, die Morde? Man kann ja kaum an etwas anderes denken, wenn man durch die Stadt läuft." Jonas zwang sich zur Ruhe. Er nahm einen Schluck seines Espressos, ließ die heiße Flüssigkeit durch seine Kehle rinnen. Wieso hört sie bloß nicht auf darüber zu reden? „Ja, klar", antwortete er mit gespielter Gleichgültigkeit. „Ich denke, jeder hat davon gehört."„Und?" Isabelle beobachtete ihn genau. „Hast du Angst?" Ein kalter, dunkler Schatten huschte durch seine Gedanken. Angst? Wovor? Dass jemand ihn erwischt? Oder dass das Wesen ihn weiter in die Dunkelheit ziehen würde? Er setzte sein charmantestes Lächeln auf. „Nein. Ich meine, es ist schrecklich, aber... warum sollte ich Angst haben?" Isabelle ließ ihren Finger über den Rand ihrer Tasse gleiten. „Naja... man weiß ja nie. Der Täter läuft noch frei herum. Und ehrlich gesagt... die Beschreibung in der Zeitung..." Jonas' Magen zog sich zusammen. „Die Beschreibung?" Seine Stimme klang ruhig, doch sein Herz raste. „Ja." Isabelle deutete auf das Blatt. „Dunkle Haare, Anfang bis Mitte 20, schlank. Jemand, der nicht weiter auffällt. Irgendwie unauffällig, aber gleichzeitig... auffällig normal, wenn du verstehst, was ich meine." "Das bist du, Jonas. Sie beschreibt dich. Sie weiß es. Schau sie dir an." Isabelle wirkte entspannt, aber ihre Augen waren hellwach. Es war, als ob sie auf eine Reaktion von ihm wartete. Er lehnte sich zurück und lachte leise. „Also, wenn das die Beschreibung ist, dann gibt es wahrscheinlich hunderte Leute in der Stadt, die infrage kommen. Vielleicht sitzt er ja sogar gerade in diesem Café." Sie lächelte, aber ihr Blick verengte sich leicht. "Du kannst nicht ewig ausweichen. Sie verdächtigt dich, Jonas. Und was macht man mit Leuten, die zu viel wissen?" Jonas spürte, wie sich seine Fingernägel in die Innenseite seiner Handfläche gruben. Er musste das Gespräch beenden. Jetzt. Jonas zwang sich, das Lächeln beizubehalten, auch wenn seine Gedanken ihn in tausend Richtungen zerrten. Isabelle hatte ihn nicht direkt verdächtigt. Noch nicht. Aber es lag in ihrer Stimme, in der Art, wie sie ihn ansah. Zu lange, zu prüfend. Sie hatte schon im Studium immer den Drang dazu empfunden, Leuten hinterher zu spionieren, alles zu wissen und nicht locker zu lassen, bis sie die Informationen hatte, die sie wollte. "Sie durchschaut dich. Sie sucht nach etwas. Und wenn du nicht aufpasst, wird sie es finden." Er nahm einen tiefen

Atemzug, zwang sich zur Ruhe. „Du scheinst dich ja wirklich intensiv mit dem Fall zu beschäftigen“, sagte er und deutete auf die Zeitung. Isabelle zuckte mit den Schultern. „Ich weiß nicht, es ist einfach beunruhigend. Weißt du, früher hab ich sowas immer nur aus der Ferne mitbekommen. Irgendwo in einer anderen Stadt, in einem anderen Land. Aber jetzt... jetzt passiert es direkt hier. Direkt vor unserer Haustür.“ Jonas nickte langsam, während das Wesen in seinem Kopf lachte. “Direkt vor ihrer Haustür... und sie hat keine Ahnung, dass sie mit dem Teufel am Tisch sitzt.” Er spürte, wie sein Magen sich zusammenzog. Ein Teil von ihm wollte aufspringen, einfach gehen, bevor sich das Gespräch noch weiter zuspitzte. Aber das wäre verdächtig. Also setzte er sein charmantes Lächeln auf, lehnte sich ein wenig vor. „Hast du Angst?“ Isabelle sah ihn überrascht an, dann lachte sie leise. „Ich weiß nicht... ein bisschen, vielleicht. Aber ich bin vorsichtig. Ich gehe abends nicht mehr allein nach Hause, und ich passe auf, wem ich vertraue.“„Schau, Jonas. Sie wird misstrauisch. Sie ist nicht dumm. Und du weißt, was du mit Menschen tun musst, die zu viel wissen.” Er schluckte schwer und unterdrückte den Drang, sich über die Schläfen zu reiben. „Klingt vernünftig“, sagte er stattdessen und nahm einen Schluck von seinem inzwischen kalten Espresso. Für einen Moment war es still zwischen ihnen. Nur das leise Klirren von Besteck und das gedämpfte Gemurmel der anderen Gäste erfüllten den Raum. Dann beugte sich Isabelle leicht vor. „Ich hoffe, ich überrumple dich jetzt nicht, aber... wie geht's dir eigentlich? Ich meine, wirklich?“ Jonas erstarrte für den Bruchteil einer Sekunde. „Wie meinst du das?“ Sie zuckte leicht mit den Schultern, wirkte aber weiterhin aufmerksam. „Na ja, wir haben uns ewig nicht gesehen. Und ich meine... du hast dich verändert.“„Sie merkt es. Sie merkt, dass du nicht mehr der Jonas bist, den sie kannte.” Er zwang sich zu einem Lächeln. „Jeder verändert sich mit der Zeit.“„Ja, schon. Aber...“ Sie hielt inne, als würde sie nach den richtigen Worten suchen. „Ich weiß nicht. Du wirkst... anders. Vielleicht ein bisschen... angespannt?“ Seine Fingernägel gruben sich tiefer in seine Handfläche. “Sie sieht es. Sie riecht es. Die Angst, die Schuld, die Dunkelheit in dir.”

„Ich hatte einfach viel um die Ohren“, sagte er so beiläufig wie möglich. „Die Arbeit, der Alltag. Du weißt ja, wie es ist.“ Isabelle musterte ihn für einen Moment, dann nickte sie langsam. „Ja, klar. Ich versteh das.“ Aber sie klang nicht überzeugt. “Sie glaubt dir nicht, Jonas.” Er atmete tief durch. Er musste das Ruder wieder in die

Hand nehmen. Das Gespräch in eine andere Richtung lenken. „Und was ist mit dir?“, fragte er schließlich. „Du scheinst ja ganz gut durchs Leben zu kommen.“ Isabelle lächelte leicht, aber irgendetwas in ihrem Blick blieb wachsam. „Ja, ich kann mich nicht beklagen. Aber… na ja, wenn man so Geschichten wie die in der Zeitung liest, fragt man sich halt manchmal, wie sicher man wirklich ist.“„Sie fürchtet sich. Und das ist gut. Angst macht Menschen schwach.” Jonas unterdrückte ein Zittern. Er musste hier raus. Jetzt. Jonas zwang sich, ruhig zu bleiben. Jeder Muskel in seinem Körper war angespannt, als würde sein eigenes Fleisch gegen ihn arbeiten. Isabelle ließ ihn nicht aus den Augen, und das Wesen in seinem Kopf war lauter als je zuvor.„Sie weiß es, Jonas. Sie traut dir nicht. Und du weißt, was du tun musst.” Er schluckte schwer. „Ich verstehe, was du meinst“, sagte er schließlich mit einer Ruhe, die ihn selbst überraschte. „Es ist beängstigend, wenn man realisiert, dass solche Dinge nicht nur in den Nachrichten passieren, sondern direkt um einen herum.“ Isabelle nickte langsam, ihre Finger spielten mit dem Löffel neben ihrer Kaffeetasse. „Ich frage mich…“, begann sie, zögerte aber dann. Jonas hob eine Augenbraue. „Was?“ Sie schüttelte leicht den Kopf und lachte leise. „Ach, es ist wahrscheinlich dumm.“ „Sag's trotzdem.“ Sie biss sich auf die Lippe, als würde sie abwägen, ob sie wirklich weitersprechen sollte. “Das ist der Moment. Sie wird etwas sagen, das du nicht hören willst.” „Na ja…“ Sie legte die Zeitung beiseite und sah ihn direkt an. „Es ist nur… Ich habe neulich ein bisschen über den Fall Becker nachgedacht. Und jetzt das mit Mia. Die Polizei sagt ja, dass es vielleicht einen Zusammenhang gibt.“ Jonas zuckte innerlich zusammen, behielt aber seine Fassade aufrecht. „Ja?“ Isabelle lehnte sich zurück, musterte ihn. „Weißt du, was das Merkwürdigste ist? Die Beschreibung des Täters. Sie ist so vage… aber irgendwie auch nicht.“ “Oh, sie kommt näher, Jonas. Sie schnüffelt in der Dunkelheit, die du so sorgfältig verborgen hast.” „Was meinst du?“ fragte er, und seine Stimme klang für ihn selbst fremd. „Na ja…“ Sie nahm die Zeitung wieder in die Hand, schlug die Seite auf, wo die Täterbeschreibung abgedruckt war. „Die Polizei hat eine vage Beschreibung veröffentlicht. Groß, schlank, dunkle Haare. Jemand, der unauffällig wirkt, aber irgendwie…“ Sie schüttelte den Kopf. „Ich weiß nicht. Ich hab nur dieses komische Gefühl, dass—“ Sie hielt plötzlich inne, als hätte sie etwas realisiert. Jonas‘ Herz begann zu rasen. „Jetzt hat sie es begriffen. Jetzt hat sie es gesehen.” „Was ist?“ fragte er, bemüht um Gelassenheit. Isabelle musterte ihn für einen Moment, bevor sie abrupt lachte und den Kopf schüttelte. „Ach, nichts. Es ist nur... für einen Sekundenbruchteil dachte ich, das könnte... aber das ist Quatsch." „Sie hat dich erkannt. Sie weiß es. Jonas, du musst sie aufhalten." „Könnte was?" fragte er und versuchte, seine Stimme nicht zittern zu lassen. Isabelle winkte ab. „Nein, nein, vergiss es. Es war nur... für einen Moment erinnerte mich die Beschreibung an jemanden. Aber das ist Blödsinn." „Sie spricht von dir. Sie denkt an dich. Sie wird es früher oder später verstehen." Jonas zwang sich zu einem Lächeln. „Na, dann bin ich ja beruhigt." Isabelle grinste, aber etwas in ihrem Blick hatte sich verändert. Sie wusste es nicht. Noch nicht. Aber sie war misstrauisch. Und das bedeutete Gefahr.

*

Jonas spürte, wie sich eine eiskalte Welle durch seinen Körper zog. Isabelle mochte es als dummen Gedanken abgetan haben, doch der Schatten des Zweifels war da. Und Zweifel konnten wachsen. "Sie ist klug, Jonas. Viel zu klug." Er zwang sich, sein Bein stillzuhalten, das unter dem Tisch nervös zuckte. Das Letzte, was er jetzt brauchte, war, sich auffällig zu verhalten. Also lehnte er sich zurück, nahm einen Schluck von seinem Espresso – bitter, fast leer und mittlerweile kalt – und tat so, als wäre alles normal. „Also, hast du schon Pläne für den Rest des Abends?" fragte er beiläufig. Isabelle blinzelte, als hätte sie vergessen, dass sie sich in einem normalen Gespräch befand. Sie schüttelte den Kopf. „Nein, eigentlich nicht. Ich wollte vielleicht noch ein bisschen spazieren gehen. Es ist eine schöne Nacht.",,Perfekt. Eine perfekte Gelegenheit, Jonas. Wenn du es jetzt tust, wird sie keine Chance haben, Verdacht zu schöpfen." Seine Hände krampften sich um die Tasse. Er zwang sich, zu lächeln. „Das klingt gut. Vielleicht sollten wir zusammen gehen?" Isabelle zögerte. Nur einen Moment. Aber dieser Moment war genug. "Sie will nicht, Jonas. Sie spürt, dass etwas nicht stimmt. Sie denkt nach."„Hm... vielleicht", sagte sie schließlich. Sie spielte mit der Zeitung, faltete sie langsam zusammen. „Aber ich weiß noch nicht. Vielleicht bin ich einfach zu müde." „Müde?" Jonas lachte leise. „Das sagt die Frau, die immer behauptet, sie könne mit fünf Stunden Schlaf auskommen?" Isabelle lachte mit, aber ihr Blick war wachsam. „Tja, vielleicht werde ich ja alt.",,Lüge. Sie will Abstand." Die

Atmosphäre im Café hatte sich verändert. Das Gespräch war nicht mehr entspannt, nicht mehr harmlos. Jonas konnte es spüren. Sie war vorsichtiger. Beobachtender. Und das machte sie zu einer Bedrohung. Er wollte sich nicht bewegen. Wollte nicht zugeben, dass das Wesen in seinem Kopf Recht hatte. Aber er wusste es. Er musste aufpassen. Er durfte sie nicht weiter verdächtig machen. „Weißt du was?“ sagte er und zwang sich zu einem Lächeln. „Vielleicht hast du recht. Nach dem langen Tag ist es besser, sich auszuruhen. Ich will dich nicht überreden.“ Isabelle wirkte überrascht. Wahrscheinlich hatte sie erwartet, dass er mehr Druck machte. „Oh... ja, vielleicht ein andermal.“„Dummes Mädchen. Sie denkt, sie hätte die Kontrolle.” Jonas zwang sich, tief durchzuatmen. Er durfte sich nicht verraten. Nicht jetzt. Isabelle war vorsichtig. Nicht misstrauisch genug, um sofort auf Abstand zu gehen, aber vorsichtig genug, um ihn im Auge zu behalten. Jonas spürte es in jeder ihrer Bewegungen – wie sie ihre Tasche ein Stück näher an sich heranzog, wie sie ihn unauffällig musterte, während sie versuchte, entspannt zu wirken. „Sie fühlt es, Jonas. Sie spürt, dass mit dir etwas nicht stimmt.” Das Wesen war ihm so nah, dass er fast glaubte, seinen fauligen Atem in seinem Nacken zu spüren. Er senkte den Blick auf seinen Kaffee. Sein Puls raste, aber nach außen hin musste er ruhig bleiben. Die Kontrolle behalten. „Ich sollte dann auch mal los“, sagte Isabelle schließlich und griff nach ihrer Jacke. Ihre Stimme klang leicht, doch ihr Blick war berechnend. „War schön, dich wiederzusehen.“ Jonas nickte langsam. „Ja. Wir sollten das bald wiederholen.“ Sie lächelte. „Ja, vielleicht.“„Lüge. Sie wird nicht wiederkommen.” Jonas sah ihr nach, als sie aufstand und das Café verließ. Ihr Gang war zügig, fast so, als wollte sie sichergehen, dass sie schnell genug draußen war. Er ballte die Hände zu Fäusten. Sein Blick wanderte zur Zeitung, die sie zurückgelassen hatte. Die Täterbeschreibung stand dort in dicken Buchstaben. „Mörder noch auf freiem Fuß – Polizei bittet um Hinweise.“ Seine Kehle wurde trocken. Er zwang sich, die Zeilen zu überfliegen. Seine Finger krampften sich um den Rand der Zeitung. Das war viel zu nah dran. Und Isabelle hatte es gelesen. „Sie hat es gelesen, Jonas. Und sie hat dich angesehen. Sie hat den Vergleich gezogen.” Jonas spurte, wie sich eine kalte Welle durch ihn zog. Er musste sie im Auge behalten. Denn wenn sie tatsächlich Verdacht schöpfte... dann konnte er es sich nicht leisten, sie am Leben zu lassen. Jonas starrte auf die Zeitung, während sein Puls hämmerte. Der Artikel schien ihn anzusehen, ihn auszulachen. Seine eigene Beschreibung stand dort, für jeden sichtbar, schwarz auf weiß. Und Isabelle hatte es gelesen. “Sie weiß es, Jonas. Sie hat dich durchschaut.” Die Stimme des Wesens klang triumphierend, fast genüsslich. Er zwang sich, tief durchzuatmen. Vielleicht war es nur eine Einbildung. Isabelle hatte ihn nicht konfrontiert, nicht mit Schrecken im Blick auf ihn gezeigt und ihn der Polizei gemeldet. Vielleicht hatte sie den Text gelesen und den Gedanken sofort verworfen. Oder sie wartete nur auf den richtigen Moment. Er musste es herausfinden. Langsam stand er auf, ließ ein paar Münzen auf den Tisch fallen und verließ das Café. Draußen war es bereits dämmrig, und Isabelle war nirgends mehr zu sehen. „Du musst ihr folgen, Jonas. Du musst sicherstellen, dass sie dich nicht verrät.” Seine Hand krampfte sich um die Zeitung, während er ziellos durch die Straßen lief. Nein, er konnte nicht einfach hinter ihr herlaufen, das wäre verdächtig. Er brauchte eine andere Lösung. Er zog sein Handy aus der Tasche, öffnete ihre letzte Nachricht. „War schön, dich wiederzusehen. Lass uns bald mal wieder quatschen :)“ Ein Smiley. Eine Floskel. Aber war es ernst gemeint? Oder war es nur eine Tarnung, um ihn in Sicherheit zu wiegen? Er biss sich auf die Lippe. “Du bist zu nachlässig. Zu langsam. Du musst handeln, bevor sie es tut.” Jonas schüttelte den Kopf. Nein. Er konnte sich nicht von der Angst treiben lassen. Nicht jetzt. Er musste herausfinden, was Isabelle dachte. Ob sie wirklich Verdacht schöpfte – oder ob das alles nur in seinem Kopf war. Ein Treffen. Noch eins. Er musste sie noch einmal sehen. Ihre Reaktion testen. Wenn sie ihn wirklich für den Täter hielt... Dann würde sie nicht ungestraft davonkommen.

*

Jonas spürte, wie sich seine Gedanken ineinander verhakten, wie Zahnräder, die nicht richtig ineinandergreifen wollten. Die Zeitung war jetzt nur noch ein zerknülltes Bündel in seiner Hand, die Buchstaben verschwommen vor seinen Augen. Isabelle wusste es. Oder doch nicht? Vielleicht hatte sie den Artikel gelesen, ihre Stirn in Falten gelegt, und dann den Gedanken an ihn genauso schnell wieder verworfen. Vielleicht war er für sie nur Jonas, der alte Freund, mit dem sie sich heute auf einen Kaffee getroffen hatte. Aber wenn nicht? Wenn sie nur so getan hatte, als sei alles normal? Wenn sie ihm dieses Lächeln geschenkt, diesen lockeren

Abschiedsgruß getippt hatte – während ihr Herz in Wahrheit raste und ihre Gedanken bereits um die Polizei kreisten? Er war sich sicher: Sie wusste es. Oder er war sich nicht sicher genug. “Du kannst das nicht riskieren.” Die Stimme des Wesens war lauter als zuvor, dunkler, durchdringender. Jonas presste die Finger gegen seine Schläfen. Er durfte sich nicht von der Angst treiben lassen. Aber was, wenn die Angst Recht hatte? Er musste es herausfinden. Mit fahrigen Fingern zog er sein Handy aus der Jackentasche. Die Nachricht von Isabelle war immer noch geöffnet. “War schön, dich wiederzusehen. Lass uns bald mal wieder quatschen :)” Er starrte den Smiley an, als könne er ihm eine Antwort liefern. War das eine ehrliche Einladung? Oder nur eine Falle? “Antworte ihr.” Er schluckte. Dann tippte er: “Ja, fand ich auch. Vielleicht schon morgen Abend?” Er wartete. Sekunden verstrichen, dann Minuten. Sein Herz klopfte zu laut, als dass er noch klar denken konnte. Und dann kam die Antwort. “Klar, warum nicht? :)” Jonas starrte auf den Bildschirm. War das Erleichterung, die er fühlte? Oder noch mehr Unsicherheit? “Sie kommt. Aber warum? Ist sie nur neugierig? Will sie dich aushorchen? Oder vielleicht… mag sie dich wirklich?” Er schloss kurz die Augen, atmete tief durch. Nein. Er konnte sich nicht von Illusionen täuschen lassen. Er würde sie treffen. Würde sehen, wie sie sich verhielt. Würde herausfinden, ob sie Verdacht geschöpft hatte. Und wenn sie es wusste – wenn sie ihn durchschaut hatte – dann würde er es spüren. Dann würde er wissen, was zu tun war. Der nächste Abend kam schneller, als ihm lieb war. Jonas stand vor dem kleinen Bistro, in dem sie sich verabredet hatten. Die Neonlichter tauchten die Straße in ein blasses Gelb, und durch die großen Fenster konnte er Isabelle schon sehen. Sie saß an einem Tisch in der Ecke, ein Glas Wein vor sich, die Haare offen, das Gesicht vom Licht weich umspielt. Sie sah… normal aus. Kein Zeichen von Angst. Kein Zeichen von Misstrauen. Aber war das nicht genau das, was ihn misstrauisch machen sollte? “Geh rein.” Jonas zog die Schultern hoch, atmete einmal tief durch und trat ein. Isabelle sah auf, als die Türglocke erklang. Ein breites Lächeln huschte über ihr Gesicht. „Jonas! Da bist du ja.“ Sie klang völlig entspannt.

Jonas setzte sich ihr gegenüber und zwang sich zu einem Lächeln. „Hey.“ Sie musterte ihn kurz, legte dann den Kopf schief. „Du wirkst angespannt. Ist alles okay?“ Seine Finger krallten sich unbewusst in den Stoff seiner Jeans. „Ja, alles gut. Langer Tag.“ Deja Vu „Oh, das kenne ich. Ich habe heute auf der Arbeit auch nur

Chaos gehabt." Sie verzog spielerisch das Gesicht. „Manchmal wünschte ich, ich könnte einfach eine Woche Urlaub nehmen und ans Meer fahren." Sie sprach weiter, locker, unbeschwert. Doch Jonas hörte nur halb zu. Er beobachtete jede ihrer Regungen. Suchte nach Anzeichen. Wusste sie es? War das hier nur ein Test? Dann, plötzlich, wechselte sie das Thema. „Hast du eigentlich den neuen Artikel in der Zeitung gesehen? Über die Mordfälle?" Jonas' Magen zog sich zusammen. „Welchen?" „Den über Mia. Das ist doch verrückt, oder? Einfach in einer Gasse erwürgt. So krank." Jonas versuchte, sich nicht zu verkrampfen. „Ja... krank." „Und dann gab's doch diesen anderen Mord, vor ein paar Wochen. Irgendein Typ wurde umgebracht, auch auf offener Straße. Ich meine, was geht nur in den Köpfen solcher Leute vor?" Jonas leckte sich unbewusst über die trockenen Lippen. Er spürte wie eine unaufhaltsam Wut über ihn kam. Was soll das? Warum musste sie nur bei jedem Treffen immer und immer wieder darauf zurückkommen? Es kann doch nicht sein, dass sie sich mit ihm treffen wollte, nur um dann immer wieder über diese Artikel zu sprechen. Da muss doch einfach mehr dahinterstecken. „Vielleicht... hatten sie ihre Gründe." Isabelle sah ihn kurz an, dann lachte sie leise. „Jonas, was soll das denn heißen? Es gibt keine guten Gründe für Mord." Er zwang sich, mitzulachen. „Natürlich nicht. War nur so dahergesagt." Aber er sah, wie ihre Augen für einen Moment an ihm haften blieben. Wie sie ihn musterte. Ob sie es wusste? "Sie verdächtigt dich." Die Stimme des Wesens war jetzt ein dunkles Grollen in seinem Kopf. "Sie wird dich verraten." Jonas blinzelte. Nein. Noch nicht. Er musste es herausfinden. Aber nicht hier. Nicht jetzt. Er lehnte sich zurück, zwang sich zur Ruhe. „Weißt du was? Lass uns über was anderes reden. Mordfälle sind kein Thema für ein schönes Abendessen." Isabelle schmunzelte. „Stimmt. Dann erzähl mir lieber, was du so die letzten Jahre getrieben hast." Er nickte langsam. Ja. Er würde ihr erzählen, was sie hören wollte. Und dabei beobachten, ob sie eine Lügnerin war – oder ein potenzielles Opfer. Jonas zwang sich zu einem Lächeln und nahm einen tiefen Schluck von seinem Wein. Isabelle schien zufrieden mit seiner Antwort, aber in ihrem Blick lag etwas Nachdenkliches.

„Wie läuft's eigentlich auf der Arbeit?", fragte sie und wirbelte beiläufig mit ihrem Finger über den Rand ihres Glases. Jonas zuckte die Schultern. „Wie immer. Stressig. Die Leute... verhalten sich anders." „Anders?" Er hätte das nicht sagen sollen. Aber es war die Wahrheit. Seit Beckers Tod hatte sich die Atmosphäre im Büro verändert. Gespräche verstummten, wenn er einen Raum betrat. Blicke folgten ihm, manche verstohlen, andere offen misstrauisch. „Ach, es ist nichts. Vielleicht bilde ich mir das nur ein." "Lüge." Die Stimme des Wesens war so präsent, dass er fast zusammen zuckte. "Du weißt genau, warum sie dich beobachten." Jonas atmete flach ein. „Und bei dir?", fragte er hastig, um das Thema zu wechseln. Isabelle rührte in ihrem Kaffee, obwohl er längst leer war. „Viel los. In der Redaktion schreiben wir gerade über diesen Mordfall..." Jonas' Magen zog sich zusammen Er konnte nichts erwidern. Seine Kehle war wie zugeschnürt. „Es ist schrecklich, oder?", fuhr Isabelle fort. „Sie war so jung. Und das Komische ist, sie war nicht das erste Opfer. Die Polizei denkt, dass es zusammenhängen könnte." Jonas nickte mechanisch. Es ging wieder von vorne los. Lange würde er das sicherlich nicht mehr aushalten. Er zwang sich, ruhig zu bleiben, aber sein Herz raste. „Ich hab's... in der Zeitung gesehen." „Was denkst du darüber?" Er hob den Blick. Ihre Augen waren auf ihn gerichtet, forschend, aber nicht verdächtig. Sie wusste es nicht. Sie konnte es nicht wissen. „Ich denke... dass es krank ist. Wer tut so etwas?" Seine Stimme war fester, als er erwartet hatte. Isabelle nickte. „Ja... genau das frage ich mich auch." Sie musterte ihn, als wollte sie mehr sagen, entschied sich aber dagegen. "Sie ahnt etwas." Jonas presste die Lippen aufeinander. "Töte sie." Er zuckte innerlich zusammen. "Nein." "Du wirst es tun." "Nein!" Er stand abrupt auf. „Ich muss kurz raus. Frische Luft." Isabelle wirkte überrascht, aber sie nickte. „Klar. Ich warte hier." Jonas verließ das Café, trat auf den Gehweg und atmete tief ein. Das Wesen lachte in seinem Kopf. "Es beginnt, Jonas." Jonas stützte sich mit beiden Händen auf einer niedrigen Mauer ab und beugte sich vor, als würde er sich übergeben müssen. Die Nachtluft war kalt und bissig, aber er spürte sie kaum. Sein Herz schlug viel zu schnell, und das Wesen in seinem Kopf ließ nicht nach. "Du wirst es tun." "Halt den Mund." "Sie hat es in ihren Augen, Jonas. Sie weiß es. Vielleicht nicht bewusst. Aber tief in ihr drin... sie spürt, dass du nicht wie die anderen bist." "Ich sagte, halt den Mund!" Er presste die Hände an seine Schläfen, versuchte, das Flüstern wegzudrücken, aber es war nutzlos. "Du hast es doch selbst gesehen. Wie sie dich ansah, als du über den Mord gesprochen hast. Wie ihre Finger am Glas gezittert haben. Denkst du wirklich, du kannst normal sein?" Jonas schnappte nach Luft. Er musste sich beruhigen. Isabelle wartete auf ihn. Er durfte sich nicht anmerken lassen, dass er— „Jonas?" Er riss den Kopf hoch. Isabelle stand in der Tür des Cafés und blickte ihn besorgt an. „Geht's dir gut?" Jonas zwang sich zu einem Lächeln. „Ja... mir war nur kurz schwindelig." Sie kam näher, ihre Stirn gerunzelt. „Bist du sicher? Du bist ganz blass." Er richtete sich auf. „Wirklich. Es war nur ein Moment." Sie musterte ihn noch einmal, dann seufzte sie. „Vielleicht war der Wein keine so gute Idee auf leeren Magen." Er lachte angespannt. „Vielleicht." Isabelle trat näher, griff nach seiner Hand und zog ihn sanft mit sich. „Komm, lass uns eine Runde laufen. Frische Luft wird dir guttun." Er wollte widersprechen, aber ihre Berührung fühlte sich... beruhigend an. Das Wesen schwieg für einen Moment. Sie gingen langsam durch die Straßen, ihre Schritte hallten auf dem Kopfsteinpflaster wider. „Weißt du...", begann Isabelle leise. „Manchmal frage ich mich, was in den Köpfen solcher Menschen vorgeht. Die, die solche Taten begehen." Jonas' Hände wurden eiskalt. „Ich meine, sind sie von Anfang an so? Oder passiert irgendetwas, das sie verändert?" Er schluckte schwer. „Vielleicht... ist es beides." Isabelle sah ihn an. „Glaubst du, sie bereuen es?" "Lüg' sie an." „Ich denke... nein." Sie schien überrascht. „Echt? Warum nicht?" Jonas sah auf den Boden. „Weil... jemand, der das tut, anders fühlt. Anders denkt. Vielleicht fühlt es sich für ihn richtig an." Isabelle schwieg. Dann: „Das ist ein ziemlich beängstigender Gedanke." Jonas sah auf. Ihr Blick war auf ihn gerichtet. Er konnte nicht sagen, was in ihm vorging. Dann lächelte sie plötzlich. „Aber zum Glück sind nicht alle Menschen so." Das Wesen lachte leise. "Du bist es." Jonas schloss für einen Moment die Augen. Er wollte einfach nur diesen Abend genießen. Aber er wusste, dass es nicht so bleiben würde.

*

Die Nacht war still, nur ihre Schritte hallten auf dem leeren Gehweg wider. Isabelle ging dicht neben ihm, ihre Hände tief in den Taschen ihres Mantels vergraben. Jonas versuchte, sich auf das Hier und Jetzt zu konzentrieren, auf die Kälte, die gegen seine Haut biss, auf den schwachen Geruch von frisch gefallenem Laub in der Luft. Doch das Flüstern in seinem Kopf ließ nicht nach. "Sie misstraut dir." "Sie hat es in deinen Augen gesehen." "Du kannst dich nicht verstecken, Jonas." Er biss die Zähne zusammen, zwang sich zu einem Lächeln. Isabelle sollte nichts merken. „Hast du eigentlich Familie hier in der Stadt?“ fragte sie plötzlich und sah ihn mit ehrlichem Interesse an. Jonas schüttelte den Kopf. „Nein. Ich bin allein hier.“ „Oh.“ Sie wirkte überrascht, aber nicht unangenehm berührt. „Und... hast du viele Freunde?“ Ein kurzes Zögern. “Sag es ihr. Sag ihr, dass du niemanden hast. Dass du allein bist, immer gewesen bist. Dann wird sie dich bemitleiden. Und Mitleid ist eine Schwäche.” Jonas schluckte. „Nicht wirklich. Ich... naja, ich verbringe viel Zeit mit mir selbst.“ Isabelle lachte leise. „Das kann ich verstehen. Ich bin auch gerne allein. Aber manchmal... vermisst man doch jemanden, oder?“ Er drehte den Kopf zu ihr. „Jemanden, mit dem man einfach sein kann. Ohne sich verstellen zu müssen.“ Jonas‘ Finger zuckten. “Sie spielt mit dir.” “Sie weiß, dass du ein Monster bist.” Er blinzelte. „Ja... das wäre schön.“ Isabelle sah ihn an, und für einen Moment glaubte er, in ihren Augen etwas Sanftes, vielleicht sogar Vertrautes zu sehen. Isabelle zögerte. „Es ist beängstigend, oder? Dass jemand da draußen herumlaufen könnte, der zum Morden fähig ist.“ Jonas schwieg. Jetzt reichte es ihm. Er war sich sicher, sie wusste mehr aus sie zugab. „Ich frage mich... was, wenn es jemand ist, den man kennt? Jemand, den man niemals verdächtigen würde?“ Seine Hände ballten sich zu Fäusten. “Sie weiß es.” “Sie will dich testen.” Jonas holte tief Luft. „Denkst du, dass man so jemanden erkennen könnte?“ Isabelle schüttelte den Kopf. „Ich glaube nicht. Das ist ja das Schlimmste daran. Manche Menschen... sie tragen Masken. Und wenn sie sie abnehmen, ist es zu spät.“ Ihre Worte trafen ihn tief. War das nicht genau das, was er tat? War er nicht auch jemand, der eine Maske trug? Isabelle blieb plötzlich stehen. „Jonas?“ Er zuckte zusammen. „Ja?“ „Ist alles okay?“ Er blinzelte. Sie sah ihn mit einem seltsamen Ausdruck an. “Zu viel Emotion. Zu viel Anspannung. Sie merkt es.” „Ja... ich war nur in Gedanken.“ Sie musterte ihn noch einen Moment, dann lächelte sie wieder. „Dann lass uns weitergehen. Ich mag die Stille der Nacht.“ Jonas atmete langsam aus. “Noch einmal davongekommen.” Aber wie lange noch? Es passierte in einer dieser Nächte, in denen die Luft schwer war und die Schatten tiefer schienen als sonst. Jonas ging neben Isabelle her, ihre Schritte hallten auf dem Pflasterstein, vermischt mit dem fernen Rauschen der Stadt. Die Straßen waren fast leer, nur vereinzelt passierten sie andere Nachtschwärmer, Paare, die lachend an ihnen vorbeigingen, oder einsame Gestalten, die gedankenverloren auf ihr Handy starrten. Jonas hatte keinen festen Plan. Nicht wirklich. Aber er spürte es, das Flüstern, das Drängen, das leise, aber stetige Ticken tief in seinem Kopf. “Sie folgt dir, ohne zu zögern." "Gib ihr einen Grund, es zu bereuen."Er schüttelte unmerklich den Kopf, als könnte er die Stimme vertreiben. Isabelle bemerkte es nicht. Sie schien sich wohlzufühlen, vielleicht sogar ein wenig beschwipst von dem Wein, den sie getrunken hatte. „Hier ist es so ruhig“, sagte sie leise, als sie eine dunklere Seitenstraße betraten. Jonas lächelte. „Magst du das?“ Sie nickte. „Ja. Es ist angenehm, einfach mal aus dem Trubel herauszukommen.“ "Perfekt." "Hier wird dich niemand hören." "Hier gehört sie nur dir." Sein Magen zog sich zusammen. Er wollte das nicht. Nicht wirklich. Oder doch? „Isabelle...“ Sie drehte sich zu ihm um, ihr Blick neugierig. „Hm?“ Es war ein Moment der Stille. Ein Moment, in dem er alles hätte anders machen können. Aber dann war da das Flüstern. Lauter als zuvor. "Tu es." "JETZT." Seine Hand schoss vor, packte ihr Handgelenk mit einer Kraft, die sie überraschte. Ihre Augen weiteten sich. „Jonas?“ Er zog sie tiefer in die dunkle Gasse, abseits der Laternen, abseits der Welt. „Jonas, was machst du?“ Sie lachte unsicher, versuchte, ihre Hand zu lösen. Er sagte nichts. Sein Herz schlug zu laut. Seine Finger schlossen sich fester um ihr Gelenk. Dann sah er es in ihren Augen – das erste Flackern von Angst. „Lass mich los“, sagte sie, diesmal fester. "Zu spät." "Jetzt gehört sie dir." Er packte sie mit beiden Händen, stieß sie gegen die kalte Steinwand. Ihr Atem ging stoßweise. „Was... was soll das?!“ „Ich...“ "Nicht zögern!" Er spürte, wie sein Griff fester wurde. Isabelle rang nach Luft. Ihre Hände kratzten über seine Arme, versuchten, ihn wegzudrücken. „Jonas... hör auf...“ Sein Kopf schrie. "Hör nicht hin." "Beende es." Ihr Keuchen wurde schwächer. Ihre Bewegungen kraftloser. Aber dann – ein Geräusch. Schritte in der Ferne. Jonas riss sich los. Isabelle sackte zu Boden, keuchend, nach Luft ringend. Er starrte auf seine Hände. "Warum hast du aufgehört? Sie wird dich verraten. Du wirst alles verlieren." Sie sah zu ihm auf, ihre Augen voller Angst. „Jonas...?“ Er taumelte zurück. Dann drehte er sich um und rannte. Die Straßen waren verschwommen, die Lichter der Laternen zogen sich zu grellen Streifen in seinem Blickfeld. Sein Atem ging keuchend, seine Brust zog sich zusammen, als wäre eine unsichtbare Hand darum gelegt. Kalter Schweiß klebte an seinem Nacken, während seine Füße den nassen Asphalt unter sich schlugen. "Feigling.Du hast es nicht zu Ende gebracht.Sie wird dich verraten." Jonas stolperte, fing sich an einer Hauswand, rutschte daran herunter. Sein Körper bebte. Seine Finger zitterten, als er sie betrachtete. Hände, die sich um Isabelles Hals geschlossen hatten. Hände, die das Leben aus ihr hätten pressen können. Er sog die Luft hektisch ein. Der Würgereiz kam so plötzlich, dass er sich kaum aufrichten konnte, bevor er sich übergab. Der bittere Geschmack von Angst und Verzweiflung brannte in seiner Kehle. Er saß auf dem kalten Boden der Gasse, umgeben von Dunkelheit. Nur sein eigener Schatten wackelte unruhig im flackernden Licht einer entfernten Laterne. "Niemand kann dich retten.Du gehörst mir." Sein Kopf sank gegen die Wand. Er wusste nicht, wie lange er dort saß. Minuten? Stunden? Zeit war bedeutungslos. Doch eine Erkenntnis kroch langsam in sein Bewusstsein. Er war allein. Er hatte niemanden mehr. Und es gab keinen Ausweg.

*

Jonas fühlte sich, als wäre er in einen bodenlosen Abgrund gestürzt. Seit jener Nacht, in der er Isabelle hatte entkommen lassen, war nichts mehr wie zuvor. Etwas hatte sich verändert. Oder nein – etwas in ihm hatte sich verändert. Er war schwach gewesen. Er hatte gezögert. Und dafür hasste ihn das Wesen mit einer neuen, gnadenlosen Intensität. "Du enttäuschst mich, Jonas." Die Stimme in seinem Kopf war nicht mehr nur ein Flüstern, nicht mehr nur ein boshafter Schatten, der an seinen Gedanken nagte. Jetzt war sie überall. Laut. Schneidend. Sie donnerte in seinem Schädel wie ein Echo aus der Hölle, ließ ihn zusammenzucken, ließ ihn verzweifelt die Hände auf die Ohren pressen – aber es half nichts. "Glaubst du, sie wird dich verschonen? Glaubst du, sie schweigt? Dummkopf! Sie weiß es, Jonas. Sie weiß, was du bist." Jonas stolperte durch seine Wohnung. Sie war dunkel und stickig. Die Jalousien waren heruntergelassen, die Luft abgestanden. Er konnte sich nicht erinnern, wann er zuletzt gelüftet hatte. Oder wann er zuletzt geschlafen hatte. Überall lagen Spuren seines Verfalls: zerknüllte Kleidungsstücke, halb volle Gläser mit altem Wasser, aufgerissene Papierfetzen, in die er bedeutungslose Worte gekritzelt hatte. Er stand vor dem Badezimmerspiegel. Sein Gesicht war eingefallen, die Augen gerötet, tiefe Schatten lagen unter seinen Lidern. Der Mann, der ihn ansah, war ein Fremder. "Schau dich an." Eine eiskalte Hand schien über seinen Nacken zu gleiten. Er schüttelte sich. "Armselig. Unfähig. Hast du etwa Mitleid mit ihr gehabt? Wie rührend... und dumm. Dumm, dumm, dumm, Jonas!" Sein Kopf zuckte zur Seite, als würde ihn jemand unsichtbar ohrfeigen. Ein stechender Schmerz brannte in seiner Schläfe. „Hör auf...“, murmelte er heiser, rieb sich über die Stirn. “Du hast es verbockt, aber du kannst es wiedergutmachen. Sie ist noch da draußen. Und sie redet. Glaub mir, Jonas, sie redet. Vielleicht nicht heute, vielleicht nicht morgen. Aber eines Tages wird die Polizei vor deiner Tür stehen.” Jonas taumelte rückwärts. Sein Atem ging stoßweise. „Sie... sie weiß nichts.“ “Ach nein? Und was hat sie in der Zeitung gelesen, hm? Was denkst du wohl, was in ihrem hübschen kleinen Kopf vorgeht?” Sein Magen zog sich zusammen. Er erinnerte sich an das Treffen im Café. Isabelle hatte die Zeitung in der Hand gehalten. Ihre Augen waren über die Zeilen geflogen, während sie ihren Kaffee beinahe unbewusst zum Mund geführt hatte. Sie hatte es gelesen. Den Artikel über Mia. Über den Täter. Sie hatte gefragt. Und Jonas hatte gelogen. Doch hatte sie ihm geglaubt? Er presste die Fingernägel in seine Handflächen, spürte, wie sich kleine Halbmonde in seine Haut gruben. “Du musst es beenden, Jonas.” Das Wesen war jetzt direkt hinter ihm. Er spürte es. Eine bedrohliche Präsenz, ein kalter Atem, der über seinen Nacken strich. “Sie lebt noch. Das ist das Problem.” Jonas riss seine Augen auf, als hätte ihn ein Elektroschock getroffen. Seine Brust hob und senkte sich hektisch, während sein Herz gegen seine Rippen schlug. Er rieb sich mit zitternden Fingern über das Gesicht, als könne er die Worte des Wesens von seiner Haut kratzen. Doch sie waren nicht nur Worte. Sie waren Befehle. Er drehte sich langsam um. Natürlich war da niemand. Nur die dunklen Schatten, die sich in den Ecken seiner Wohnung drängten. Doch er wusste es besser. Das Wesen war immer da. Es sah ihn, es flüsterte, es wartete. “Du kannst es dir nicht leisten, noch einmal schwach zu sein.” Jonas' Kehle war trocken. „Ich... ich kann nicht.“ “Kannst du nicht? Oder willst du nicht?” Das Wesen lachte. Ein kehliges, unmenschliches Lachen, das in seinem Schädel dröhnte, als würde eine rostige Klinge gegen blanken Stahl gezogen. “Willst du warten, bis sie es der Polizei sagt? Bis sie dein Gesicht in jeder Zeitung abdrucken? Bis sie dich holen, Jonas? Wirst du dann auch noch sagen: 'Ich kann nicht'?” Jonas schüttelte den Kopf. „Sie weiß es nicht sicher. Sie hat nur den Artikel gelesen. Sie ahnt vielleicht etwas, aber sie hat keine Beweise.“ “Ah, aber sie wird sie finden. Und wenn nicht sie, dann jemand anderes. Sie hat es gesehen. Erinnerst du dich? Hast du ihre Augen gesehen, Jonas? Das war Angst. Sie wusste, dass du es warst. Und du hast sie trotzdem gehen lassen.” Er rieb sich mit beiden Händen über den Kopf. „Hör auf...“ “ Isabelle ist noch am

Leben. Wie lange willst du noch riskieren, dass sie dich verraten? Siehst du nicht, dass du das Problem bist? Dein Mitleid ist das Problem. Dein armseliger Wunsch, einer von ihnen zu sein, obwohl du es nicht bist." Jonas taumelte rückwärts, stieß gegen die Kommode. Eine leere Flasche fiel klirrend zu Boden..„Was willst du, dass ich tue?" "Oh, Jonas... du weißt es bereits." Sein Magen zog sich schmerzhaft zusammen. Er wusste es wirklich. Und genau das machte ihm Angst. Die Stadt schlief, doch Jonas konnte es nicht. Er saß auf seinem Bett, die Augen auf das dunkle Fenster gerichtet. Draußen flackerte das gelbliche Licht der Straßenlaternen. Die Stille war erdrückend. In seiner Hand hielt er sein Handy. Das schwache, kalte Licht des Displays tauchte sein Gesicht in eine blasse, kränkliche Farbe. Die Uhrzeit schien ihn zu verhöhnen. 02:47 Uhr. Seine Finger schwebten über Isabelles Nummer. "Ruf sie an." Die Stimme des Wesens war sanft, fast fürsorglich. Doch Jonas kannte diese Täuschung längst. „Ich weiß nicht, ob sie überhaupt noch mit mir reden will." "Natürlich will sie das. Du bist ihr Freund, nicht wahr?" Ein bitteres Lächeln zuckte über sein Gesicht. Freund. Er war sich nicht sicher, ob er das Wort noch kannte. Er atmete tief durch und ließ seinen Daumen schließlich auf das Display sinken. Das Tuten in der Leitung schnitt durch die bedrückende Stille seiner Wohnung. Einmal. Zweimal. Dreimal. Dann klickte es. „Hallo?" Isabelles Stimme klang müde, aber auch... angespannt. Jonas schluckte. „Hey. Ich hoffe, ich wecke dich nicht." Eine Pause. „Schon okay..." Sie klang vorsichtig. „Ist alles in Ordnung?" „Ich... weiß nicht." Seine Stimme war rauer als erwartet. Er konnte förmlich spüren, wie sie sich aufrichtete. Ein leises Rascheln – ihre Bettdecke. „Jonas... was ist los?" Er wusste es nicht einmal genau. Oder vielleicht wusste er es zu gut. „Ich kann nicht schlafen", murmelte er. „Mein Kopf ist voller Gedanken. Über unser Gespräch. Über... den Artikel." Am anderen Ende der Leitung war es still. Dann hörte er ein leises Seufzen. „Es ist wirklich beängstigend, oder? Dieser Fall... und dann auch noch der mit Becker. Irgendwie fühlt sich das alles so..." Sie beendete den Satz nicht. Jonas' Fingergelenke knackten, so fest umklammerte er das Handy. „Ich glaube, ich brauche einfach jemanden, der mir zuhört." Eine lange Pause. Zu lang. „Jonas..." Ihre Stimme war kaum mehr als ein Flüstern. „Ich glaube, ich kann das nicht."

Sein Magen zog sich zusammen. „Was meinst du damit?" „Ich..." Sie stockte. „Irgendwas fühlt sich nicht richtig an. Deine Reaktion heute... die Art, wie du mich ansiehst, wenn wir über diese Dinge reden. Wie du mich im den Gasse gepackt hast. Ich weiß nicht. Ich habe ein komisches Gefühl.“ Eisige Kälte kroch Jonas die Wirbelsäule hinauf. “Sieht du? Sie fängt an zu zweifeln.” „Isabelle“, setzte er an, doch sie unterbrach ihn. „Ich… ich glaube, wir sollten eine Weile Abstand halten.“ Das war es. Diese Worte schnitten tiefer als er erwartet hatte. Es fühlte sich an, als würde der Boden unter ihm wegbrechen. „Ich muss jetzt schlafen“, sagte sie leise. „Gute Nacht, Jonas.“ Dann war die Leitung tot. Jonas starrte auf das Display, als könnte er sie mit purem Willen zurückholen. “Siehst du es jetzt?” Die Stimme des Wesens war schneidend süß. “Sie trauen dir nicht. Niemand tut das. Sie wissen es.” Er ließ das Handy sinken. Seine Brust fühlte sich eng an. Er war allein. Er war wirklich allein. Und das Schlimmste war – ein Teil von ihm wusste, dass es seine eigene Schuld war. Er ließ sich rücklings auf das Bett fallen, starrte an die Decke. Der Schatten in der Ecke seiner Wohnung schien sich zu bewegen. “Du wirst nie dazugehören.” Die Dunkelheit drängte sich näher.

*

Die Tage verschwammen zu einem dumpfen Grau. Jonas wusste nicht mehr genau, wann er zuletzt geschlafen hatte – richtig geschlafen, nicht diese flackernden, gehetzten Minuten des Dösens, in denen sich sein Körper aus Erschöpfung selbst ausschaltete. Das Tageslicht, das durch die Jalousien in seine Wohnung fiel, war fahl und bedeutungslos. Sein Handy lag ausgeschaltet auf dem Küchentisch. Keine Nachrichten. Keine Anrufe. Keine Besuche. Isabelle hatte sich nicht mehr gemeldet. Und er konnte es ihr nicht einmal verübeln. Er verließ die Wohnung kaum noch. Nur das Nötigste – ein schneller Gang zum Supermarkt, in dem er sich von den Blicken anderer Menschen verfolgt fühlte. Jeder Schritt auf der Straße war schwer, als würde der Asphalt ihn nach unten ziehen wollen. “Sie sehen dich.”Das Flüstern war sein ständiger Begleiter. Mal sanft, mal schneidend, mal kaum hörbar – aber nie fort. “Sie reden über dich. Hinter deinem Rücken. Sie wissen, was du getan hast.” Sein Herz raste, als er an einer Gruppe junger Männer vorbeiging, die sich lachend unterhielten. Sie lachten über ihn. Er konnte es spüren. In seinem Spiegelbild sah er jemanden, den er kaum wiedererkannte. Blasse Haut, dunkle Augenringe, ein leerer Blick. Aber das war nicht das Schlimmste. Das Schlimmste war das andere Gesicht, das im Schatten hinter ihm lauerte. Das Wesen war immer da. Jede Nacht. Jede Sekunde. Es brauchte keine Worte mehr, um ihn zu brechen. Seine bloße Präsenz reichte. Doch dann – am fünften oder sechsten Tag seiner Isolation – passierte es. Ein Geräusch riss ihn aus seiner dumpfen Trance. Ein Klopfen. Nicht an der Tür. An seinem Fenster. Er drehte sich langsam um. Draußen, auf der dunklen Straße, war niemand. Und doch wusste er, dass er nicht allein war. Etwas hatte sich verändert. Etwas hatte ihn gefunden. Jonas blieb reglos stehen. Sein Atem war flach, sein Körper angespannt wie eine zu fest gespannte Saite. Das Klopfen war verklungen, doch die Stille danach war schlimmer. Sein Blick wanderte langsam zum Fenster. Das Glas spiegelte den dunklen Raum hinter ihm wider – und darin etwas, das nicht dort sein sollte. Ein Schatten, der nicht von ihm stammte. Sein Herz setzte einen Schlag aus. Er wollte sich umdrehen. Musste sich umdrehen. Doch er konnte nicht. Sein Körper war wie eingefroren, als würde etwas Unsichtbares ihn festhalten, ihn zwingen, in den Abgrund der Reflexion zu starren. Dann – ein leises Lachen. Nicht menschlich. Nicht tierisch. Etwas dazwischen. Etwas ... Falsches. Jonas riss sich los, stolperte rückwärts, sein Rücken prallte gegen die Wand. Sein Atem ging schnell und stoßweise, während er das Fenster anstarrte. Das Spiegelbild war normal. Keine Gestalt. Keine Bewegung. Nichts. Und doch wusste er, dass es da war. "Du kannst mich nicht ignorieren." Die Stimme war in seinem Kopf, tiefer und rauer als je zuvor. Er schüttelte den Kopf, presste die Hände gegen seine Ohren. „Verschwinde!“, murmelte er. „Verschwinde endlich.“ Das Lachen wurde lauter. "Ich bin du, Jonas. Ich kann nicht verschwinden." Sein Magen krampfte sich zusammen. Er war am Ende. Einsamkeit, Angst und Schuld fraßen ihn auf. Doch es gab einen Ausweg. Das wusste das Wesen genau. "Lass mich dich führen. Ich kann dir helfen." Jonas' Kopf dröhnte. Er konnte es nicht mehr aushalten. Er musste raus. Egal wohin – Hauptsache weg von hier. Jonas rang mit sich. Seit seiner letzten Nacht draußen – dieser Nacht, in der Isabelle sich von ihm losgerissen hatte, in der er sich erneut von dem Wesen hatte steuern lassen – war er nicht mehr vor die Tür gegangen. Doch jetzt war da dieses nagende Gefühl, dass er es tun musste.

Vielleicht, weil er sich erstickt fühlte. Vielleicht, weil das Wesen lachte und sagte: "Du kannst dich nicht für immer verstecken." Vielleicht, weil es recht hatte. Langsam stand er auf. Seine Beine fühlten sich schwer an. Unsicher bewegte er sich zur Tür, legte die Hand auf die Klinke – und zögerte. War da nicht ein Geräusch? Er hielt den Atem an. Lauschte. Schritte. Ganz nah. Doch als er durch den Spion blickte, war da nichts. Nur das dunkle Treppenhaus. Er schüttelte den Kopf. Reiß dich zusammen, verdammt. Er drehte den Schlüssel und trat hinaus. Draußen. Die Luft fühlte sich seltsam an. Nicht kühl, nicht warm. Nur... falsch. Er atmete tief durch, versuchte, sich an das Rauschen der Stadt zu gewöhnen, doch irgendetwas war nicht richtig. Die Geräusche klangen verzerrt, wie durch Wasser gehört. Fußgänger bewegten sich in verlangsamtem Tempo, oder kam es ihm nur so vor? Er zwang sich vorwärts. Seine Schritte waren viel zu laut. Jonas mied den Blick der anderen Menschen. Menschen. Oder nicht? Sein Magen zog sich zusammen, als er es bemerkte. Zuerst war es nur ein flüchtiger Eindruck. Ein Schatten im Augenwinkel. Ein Gesicht, das einen Moment zu lange zu ihm hinüber sah. Ein Mund, der sich bewegte, aber keine Worte formte. Er ging schneller. Doch dann – Die erste Veränderung. Die Silhouette eines Mannes, der auf ihn zukam, begann zu flimmern, als wäre sie nicht fest in dieser Realität verankert. Sein Gesicht... war falsch. Nicht menschlich. Zu glatt. Keine Poren, keine Details. Nur ein leerer, ausdrucksloser Abdruck eines Gesichts. Jonas' Atem stockte. Er blinzelte. Der Mann war normal. War das gerade...? "Oh, Jonas," säuselte die Stimme des Wesens. "Siehst du es jetzt?" Jonas zwang sich, nicht zu reagieren. Er lief weiter, spürte seinen Herzschlag in den Ohren. Doch mit jedem weiteren Schritt wurde es schlimmer. Die Menschen um ihn herum begannen sich zu verändern. Ihre Körper... bewegten sich unnatürlich. Gliedmaßen waren zu lang, zu steif oder zu schlaff. Manche Gesichter hatten keine Augen, nur schwarze Höhlen. Manche Münder grinsten zu breit, als würden sie sich bis zu den Ohren aufreißen. Jonas drehte sich ruckartig um. Die Stadt war voller dieser... Dinger. Alle starrten ihn an. Und dann – Sie bewegten sich gleichzeitig einen Schritt auf ihn zu. Jonas riss keuchend die Augen auf. Nein. Nein, das war nicht real. Sein Verstand musste ihm Streiche spielen. "Jonas," flüsterte das Wesen. "Sie beobachten dich." Er stolperte zurück. Sein Atem ging schnell. Nicht echt. Nicht echt. Nicht echt. Ein Mann mit verzerrtem Gesicht grinste ihm entgegen. Ein altes Ehepaar stand da wie eingefroren, ihre Lippen bewegten sich – aber sie sagten nichts.

Eine Frau mit blutigen Händen zeigte auf ihn. Ein kleines Kind saß mitten auf dem Gehweg und schüttelte langsam den Kopf. "Mörder." Das Wort schoss durch seinen Kopf wie eine Kugel. Und dann bewegten sie sich. Gleichzeitig. Auf ihn zu. Jonas drehte sich um und rannte. Er wusste nicht, wohin. Er wusste nur, dass er weg musste. Die Stadt verschwamm, die Straßen waren fremd, als hätte sich die Architektur selbst verändert, um ihn zu verwirren. Gebäude ragten über ihn wie drohende Gesichter, Laternen bogen sich in unnatürlichen Winkeln. Er rannte, rannte, bis er in eine dunkle Gasse stolperte und mit einem Aufschrei hinfiel. Er lag auf dem Boden, sein Herz raste, sein ganzer Körper bebte. Stille. Er wagte es nicht, sich umzudrehen. Doch er spürte sie. Hinter ihm. Ganz nah. Atem an seinem Nacken. Und dann – "Bist du bereit, mich endlich zu akzeptieren?" Eine kalte Hand legte sich auf seine Schulter. Und die Welt versank in Dunkelheit. Jonas konnte nicht atmen. Die Dunkelheit war nicht nur um ihn herum – sie war in ihm. Sie erstickte ihn, kroch durch seine Kehle, drückte auf seine Brust. Seine Muskeln waren eingefroren, sein Herz hämmerte schmerzhaft gegen seine Rippen. Er wagte es nicht, sich umzusehen. Die Hand auf seiner Schulter war eiskalt. Nicht menschlich. Ihre Finger gruben sich langsam in sein Fleisch, als wollten sie sich durch seine Haut arbeiten, bis zu den Knochen. "Du kannst nicht entkommen." Die Stimme war direkt neben seinem Ohr. Rau, süßlich, beinahe zärtlich. Jonas presste die Augen zusammen. Nicht echt. Nicht echt. Nicht echt. Doch es fühlte sich echt an. Zu echt. Sein Körper wollte fliehen, doch er konnte sich nicht bewegen. Das Wesen schob sich näher an ihn heran. Jonas konnte es nicht sehen, aber er konnte es fühlen. Die kalte Präsenz, die seinen Nacken streifte. Den abscheulichen Geruch von verbranntem Fleisch und altem, ranzigem Blut. Den Laut eines Mundes, der sich langsam öffnete. "Du gehörst mir." Jonas würgte. Er versuchte, sich loszureißen, doch der Griff verstärkte sich. Kalte Finger fuhren über seine Haut, als wollten sie ihn markieren. "Du kannst nicht weglaufen, Jonas. Niemand wird dich retten." Er schnappte nach Luft, riss die Augen auf – und dann ließ es los. Er kippte nach vorne, keuchend, würgend, rieb sich die Schulter, als könnte er die Berührung abschütteln. Aber er wusste, dass sie noch da war. Immer da. Er kroch rückwärts, bis sein Rücken gegen eine kalte Steinmauer stieß. Er war allein in der Gasse. Oder? Langsam hob er den Blick. Da standen sie. In den Schatten. Bewegungslos. Kein Atmen, kein Blinzeln. Eine Reihe von Silhouetten, versteckt im Zwielicht der engen Gasse.

Augen, die nicht existierten, aber ihn dennoch ansahen. Jonas biss sich auf die Lippe, bis er Blut schmeckte. Sie waren überall. Die Stadt war nicht mehr seine Stadt. Sie gehörte ihnen. "Geh nach Hause, Jonas." Die Stimme des Wesens war sanft, fast fürsorglich. "Du kannst nicht kämpfen. Hör auf, dich zu wehren." Jonas wollte schreien. Doch seine Stimme war verschwunden. Also stand er auf. Langsam. Er wusste, dass sie ihm folgen würden. Aber er hatte keine Wahl. Er stolperte aus der Gasse, zurück auf die Straßen, die sich nicht mehr wie Straßen anfühlten. Die Stadt war tot. Und er war allein. Jonas ging weiter. Schritt für Schritt, obwohl seine Beine zitterten. Die Luft war schwer, als würde sie sich gegen ihn stemmen, als wollte die Stadt ihn verschlingen. Die Menschen – wenn es überhaupt noch Menschen waren – beobachteten ihn. Ihre Gesichter schmolzen im Licht der Laternen, ihre Augen waren schwarz, leer, tiefe Löcher, die ihn verschlingen wollten. Jeder einzelne von ihnen war eine Verzerrung der Realität, als hätte jemand ihre Körper genommen und sie in etwas Falsches verwandelt. Sie flüsterten. Nicht mit ihren Mündern. Nicht hörbar – und doch dröhnten die Stimmen in seinem Kopf. "Er gehört nicht hierher." "Er ist ein Fremdkörper." "Er muss verschwinden." Jonas taumelte, schüttelte den Kopf, aber die Stimmen wurden lauter. Sie hallten in ihm wider, hämmerten gegen seinen Schädel. Er rannte. Seine Beine waren schwach, sein Atem flach, aber er rannte. Die Stadt veränderte sich mit jedem Schritt. Straßen, die er kannte, wurden zu engen, verwinkelten Gassen. Häuser wuchsen in die Höhe, ihre Fenster pechschwarze Abgründe. Lichter flackerten und erloschen, als wollte die Dunkelheit ihn verschlingen. Die Schatten folgten ihm. Sie bewegten sich mit ihm, huschten über Mauern, krochen über den Boden. Dann, plötzlich – Stille. Jonas hielt an. Sein Körper bebte, sein Herz pochte schmerzhaft in seiner Brust. Die Stadt war leer. Keine Geräusche. Kein Wind. Nur er. Und dann – "Warum rennst du, Jonas?" Die Stimme war überall. Sie war nicht laut, aber sie hallte in ihm wider, kroch durch seine Adern, grub sich in seine Gedanken. Jonas drehte sich langsam um. Da stand es. Das Wesen. Nicht in den Schatten versteckt. Nicht nur eine Stimme in seinem Kopf. Es war da. So nah, dass er seinen Atem sehen konnte – wenn es denn geatmet hätte. Seine Gestalt war unmöglich zu erfassen. Schwarz, pulsierend, sich ständig verändernd, als wäre es aus der Dunkelheit selbst geformt. Und es lächelte. Ein breites, unmögliches. "Du bist allein, Jonas. Niemand wird dich retten." Jonas stolperte rückwärts, doch seine Beine versagten ihm den Dienst. Er fiel auf die Knie.

Das Wesen kam näher. Sein Atem war kalt auf seiner Haut. "Ich bin alles, was du noch hast." Jonas' Hände verkrampften sich zu Fäusten. Er wollte schreien. Doch es gab keinen Laut mehr in dieser Welt. Nur das Lächeln. Nur die Dunkelheit. Und dann – Schwärze.

*

Jonas lag auf dem Bett und starrte an die Decke. Die Dunkelheit des Raumes war dicht, beinahe greifbar. Das einzige Licht kam von der Straßenlaterne vor seinem Fenster, das in unregelmäßigen Abständen durch die Jalousien fiel und gespenstische Muster an die Wand warf. Sein Atem ging flach, seine Hände waren kalt. Er wusste nicht mehr, wie lange er schon so da lag. Minuten? Stunden? Tage? In seinem Kopf war nur eine Stimme. "Du bist schwach." Jonas zuckte leicht zusammen, drehte den Kopf, als könnte er die Quelle ausfindig machen. Aber da war nichts. Nur die Schatten, die sich bewegten, als hätten sie ein Eigenleben. "Niemand braucht dich. Niemand liebt dich. Warum wehrst du dich noch?" Das Wesen war an diese, Tag sehr viel lauter als sonst. Aggressiver. Spott klang in seiner Stimme, eine kalte, schneidende Überlegenheit. Jonas schluckte. Seine Kehle fühlte sich trocken an, als hätte er tagelang nichts getrunken. „Lass mich in Ruhe“, flüsterte er, aber seine Worte waren kaum mehr als ein Hauch. "Lass mich in Ruhe", wiederholte die Stimme höhnisch. "Armer kleiner Jonas. Glaubst du wirklich, du kannst mich loswerden? Nach allem, was wir zusammen durchgemacht haben?" Jonas presste die Hände gegen seine Schläfen. Er konnte das nicht mehr. Er wollte das nicht mehr. "Weißt du, was dein Problem ist?" fuhr die Stimme fort. "Du denkst immer noch, du hättest eine Wahl. Aber die hast du nicht. Du gehörst mir. Deine Gedanken sind meine Gedanken. Dein Wille ist mein Wille." Ein leises Lachen vibrierte in seinem Kopf, begleitet von einem Kratzen, als würde etwas mit langen Nägeln über Glas fahren. Jonas' Körper spannte sich an. „Ich... ich will nicht...“ "Du willst nicht?" Wieder dieses Lachen. "Du hast längst den Punkt überschritten, an dem du noch etwas wolltest, Jonas. Schau dich doch an. Einsam. Verloren. Niemand glaubt dir. Niemand wird dir je helfen." Jonas' Brust hob und senkte sich ungleichmäßig. Er fühlte sich, als würde etwas Unsichtbares auf ihm lasten, ihn in die Matratze drücken. "Aber ich helfe dir." Die Stimme war jetzt sanfter, schmeichelnder. Eine kalte Hand, die sich an seine Wange schmiegte. "Ich kann dich stark machen. Ich kann dir zeigen, wer du wirklich bist. Und all diese... Menschen... die dich belächeln, die dich vergessen haben? Sie werden dich fürchten. Respektieren. Du musst nur aufhören, dich zu wehren." Jonas' Fingernägel krallten sich in die Bettdecke. Er spürte einen Druck in seinem Kopf, als würde etwas von innen gegen seinen Schädel hämmern. „Nein", hauchte er. „Nein, ich werde nicht..."„Oh, Jonas." Die Stimme klang beinahe bedauernd.„Du verstehst immer noch nicht. Du hast längst keine Wahl mehr." Nach diesem Satz trat eine eigenartige Dunkelheit über Jonas. Als er die Augen wieder öffnete, wusste er nicht, wie viel Zeit vergangen war. Sein Zimmer war noch immer unverändert dunkel, doch es fühlte sich... ganz anders an. Die Luft war schwerer, dichter, als hätte sich etwas Unsichtbares darin eingenistet. Sein Körper war kalt, aber seine Stirn war feucht. Er setzte sich langsam auf. Sein Kopf pochte. „Siehst du? Das fühlt sich doch gut an, nicht wahr?" Jonas' Magen zog sich zusammen. Die Stimme war nicht mehr nur in seinem Kopf – sie war überall. In den Wänden, im Boden, in der Luft. „Du fühlst dich leichter. Befreiter. Weil du endlich aufhörst, dich zu wehren." „Nein", flüsterte Jonas heiser. „Ich... ich will das nicht." "Oh, du willst es. Tief in dir drin weißt du, dass du es willst. Warum lügst du dich selbst an?" Etwas bewegte sich durch den Raum. Ein Schatten, kaum greifbar, als würde er nur in den Randbereichen seines Blickfeldes existieren. Jonas' Herz raste. Er stand auf, wankte. Seine Beine fühlten sich an, als hätte er seit Wochen nicht mehr richtig gestanden. Ein Blick auf den Wecker ließ ihn erstarren. Die roten Ziffern zeigten 03:13. Das Problem war: Er konnte sich nicht erinnern, wann er eingeschlafen war. Und noch weniger, wann er aufgewacht war. Sein Magen verkrampfte sich, ein tief sitzendes Gefühl von Unheil kroch durch seine Glieder. Er tappte zum Fenster und schob langsam die Jalousie ein Stück nach oben. Draußen war es totenstill. Keine Autos, keine Menschen. Aber da war etwas. Eine Gestalt, mitten auf der Straße. Es war unmöglich zu erkennen, ob es ein Mann oder eine Frau war – oder etwas ganz anderes. Der Körper war von einem Mantel umhüllt, das Gesicht im Schatten verborgen. Aber da war etwas an der Haltung, an der Art, wie es vollkommen still stand... „Er wartet auf dich." Jonas' Kehle wurde trocken. „Wer?" hauchte er. "Na, wer wohl?" Die Gestalt rührte sich nicht. Aber Jonas hatte das unheimliche Gefühl, dass sie ihn ansah. Direkt in seine Augen. Dann, ohne Vorwarnung, bewegte sie sich. Nicht langsam oder natürlich – sondern ruckartig, als würde ein unsichtbarer Faden sie in seine Richtung ziehen. Jonas stolperte rückwärts und ließ die Jalousie nach unten schnellen. Sein Atem ging keuchend.",,Du kannst dich nicht verstecken." Er packte sich an die Stirn. „Nein... nein, das ist nicht echt. Ich bilde mir das ein. Ich–" "Öffne die Tür." „Was?" "Öffne. Die. Tür." Jonas schüttelte den Kopf. Er presste die Hände gegen seine Ohren. „Nein! Ich höre dir nicht zu!" "Öffne die Tür, Jonas. Lass ihn rein." Ein Klopfen. Jonas riss die Augen auf. Da war ein Klopfen an seiner Wohnungstür. Sanft. Ruhig. Drei Mal. Sein Herz schlug so schnell, dass er glaubte, es würde in seiner Brust explodieren. Er starrte auf die Tür, unfähig, sich zu bewegen. "Geh hin." „Nein." "Geh. Hin." „Nein!" Das Klopfen wurde lauter. Drängender. Jonas stolperte rückwärts, rutschte aus, fiel hart auf den Boden. Er wollte schreien, aber seine Kehle war wie zugeschnürt. Das Klopfen hörte nicht auf. Es wurde stärker, lauter, wütender. Und dann – Stille. Totale, absolute Stille. Jonas rang nach Atem. Sein Körper bebte. Langsam, sehr langsam, schob er sich auf allen Vieren zur Tür und presste ein Ohr dagegen. Nichts. Er wartete. Minuten verstrichen. Dann – ein Flüstern. Direkt auf der anderen Seite der Tür. "Lass mich rein." Jonas riss sich von der Tür los, kroch rückwärts, bis er mit dem Rücken gegen die Wand prallte. Sein Herz donnerte gegen seine Rippen. "Du kannst nicht weglaufen." Er presste die Hände gegen seine Ohren. „Verschwinde! Lass mich in Ruhe!" Aber die Stimme lachte nur. "Ich bin du, Jonas. Und du bist ich." Jonas schlug sich gegen den Kopf. Einmal. Zweimal. „Nein... nein... nein..." "Und bald wirst du tun, was du tun musst." Jonas rang nach Atem. Sein Blick huschte zur Tür. Das Wesen wartete. Und Jonas wusste, dass es ihn niemals verlassen würde. Jonas kauerte in der Ecke seines Zimmers, sein Körper in sich zusammengerollt wie ein verängstigtes Tier. Der Raum war stickig, als wäre die Luft abgestanden, voller unausgesprochener Worte, die in der Dunkelheit lauerten. Er wagte es nicht, sich zu bewegen, wagte es nicht einmal zu blinzeln. Die Stille war das Schlimmste. Nicht, weil sie ihm Frieden brachte. Sondern weil er wusste, dass es gleich wieder anfangen würde. "Hast du wirklich geglaubt, dass du mich ignorieren kannst?" Die Stimme war nicht laut, nicht aggressiv – aber sie vibrierte durch seinen Schädel, ließ seine Zähne aufeinanderknirschen. „Hör auf... bitte..." "Bitte? Jonas,

Jonas… so redet doch keiner mit mir. Wo ist dein Respekt? Wo ist deine Einsicht?" Er schüttelte den Kopf. „Nein… nein, du bist nicht real. Du bist nur in meinem Kopf."

"Oh? Und hat das die letzten Male funktioniert, als du es dir eingeredet hast?" Jonas presste die Hände gegen seine Schläfen. Sein ganzer Körper zitterte. Er spürte das Wesen überall. In der Luft, in den Schatten, unter seiner Haut. "Du hast dich verändert, Jonas. Ich bin stolz auf dich. Erinnerst du dich noch an die Angst, die du früher hattest? Daran, wie du dich gewunden hast, wie du gezweifelt hast?" Das Wesen lachte leise. "Jetzt bist du so viel stärker." Jonas wollte protestieren. Wollte schreien, wollte wimmern, wollte betteln, dass es endlich aufhörte – aber die Worte steckten ihm im Hals. Denn ein winziger, widerlicher Teil in ihm wusste, dass das Wesen recht hatte. Er hatte sich verändert. Die Angst war nicht mehr so lähmend wie am Anfang. Sie war da, ja – aber sie war… anders. Tiefer. Keine Panik mehr. Mehr wie ein Begleiter, ein Schatten in seinem Nacken, der flüsterte, ihm Dinge zeigte. Und schlimmer noch: Er hörte zu. "Ich bin stolz auf dich." Er wollte das nicht hören. Er wollte nicht, dass es stolz auf ihn war. Das Wesen kicherte, als hätte es seine Gedanken gelesen. "Oh, Jonas. Du wirst bald verstehen. Bald wirst du wirklich sehen." Ein kaltes Schaudern rann ihm den Rücken hinunter. Er wusste nicht, was das Wesen meinte – aber er wusste, dass es nichts Gutes war. Dann wurde alles still. Die Präsenz war nicht mehr da. Jonas hob langsam den Kopf. Seine Kehle fühlte sich ausgetrocknet an. War es… vorbei? Er wartete. Minuten verstrichen. Dann: Ein dumpfes Geräusch. Jonas' Magen zog sich zusammen. Es kam von draußen. Von der Straße. Zögernd erhob er sich, seine Beine wackelig, als hätte er tagelang nicht gestanden. Vorsichtig tappte er zum Fenster, schob die Jalousie einen Spalt nach oben. Und erstarrte. Draußen, direkt unter seinem Fenster, stand jemand. Nein. Nicht jemand. Es waren alle. Die Straße war voll mit Menschen – regungslos, still. Sie standen Schulter an Schulter, in Reihen, die sich bis ins Dunkel der Nacht erstreckten. Ihre Gesichter waren maskenhaft leer. Keine Regung, kein Ausdruck. Aber das war nicht das Schlimmste. Das Schlimmste war, dass er sie kannte. Jeder Einzelne von ihnen. Isabelle war da. Ihr blasses Gesicht, ihre leeren Augen, ihre Lippen, die sich nicht bewegten. Becker war da. Der Mann, den er gesehen hatte. Und Mia. Mia, die er berührt hatte. Mia, die er… Jonas keuchte. „Nein… nein, das ist nicht…" Dann bewegten sie sich. Gleichzeitig, synchron. Sie hoben ihre Arme – und zeigten mit ausgestreckten Fingern auf ihn. Ein ohrenbetäubender Schrei durchbohrte die Nacht. Nicht seiner. Sondern ihrer. Jonas stolperte rückwärts. Sein Kopf dröhnte. “Siehst du, Jonas?”

Die Stimme des Wesens war nun sanft, fast liebevoll. „Sie wissen es. Sie alle wissen es.” Jonas schüttelte verzweifelt den Kopf. „Nein! Das ist nicht echt! Das ist nicht echt!“ Aber tief in seinem inneren wusste er es. Er wusste, dass er keine Kontrolle mehr hatte. Und das Wesen wusste es auch. Jonas taumelte rückwärts, sein Rücken prallte gegen die kalte Wand seines Zimmers. Draußen schrie die Menge weiter – ein entsetzliches, einstimmiges Kreischen, das durch Mark und Bein ging. Er presste die Hände auf seine Ohren, aber es half nichts. Der Lärm war nicht nur in der Luft. Er war in ihm. „Warum wehrst du dich, Jonas?” Die Stimme des Wesens war so ruhig, so sanft – ein absurder Kontrast zu dem Chaos, das draußen tobte. „Sie wollen dich nur sehen.“ Jonas‘ Atem ging stoßweise. Die Wände seines kleinen, dunklen Zimmers schienen näher zu kommen, sich langsam auf ihn zuzubewegen, während das Kreischen und Flüstern in seinem Kopf lauter wurde. Draußen war es still, aber in ihm herrschte ein Tumult, der ihn an den Rand des Wahnsinns trieb. „Warum versteckst du dich?” flüsterte das Wesen. Seine Stimme war weich, fast liebevoll, und doch war darin diese kalte Boshaftigkeit, die Jonas erschaudern ließ. „Lass mich in Ruhe!“, schrie Jonas, doch seine eigene Stimme klang hohl und fremd. „Ich will dir doch nur helfen.” Die Schatten im Raum begannen zu flackern, verzerrte Gestalten bildeten sich an den Wänden – Gesichter, die ihn anstarrten. Bekannte Gesichter. Mia. Becker. Isabelle. Ihre Augen waren leer, ihre Münder bewegten sich lautlos, als wollten sie etwas sagen, aber Jonas konnte sie nicht verstehen. Er presste die Hände auf seine Ohren, kniff die Augen zu, doch die Bilder verschwanden nicht. „Siehst du nicht, wie sie dich ansehen?” flüsterte das Wesen, jetzt direkt an seinem Ohr. “Sie wissen es. Sie wissen, was du getan hast.” „Ich... ich habe nichts getan...“ Jonas‘ Stimme war kaum noch mehr als ein Wimmern. Plötzlich war es still. Die Schatten zogen sich zurück, das Flüstern verklang. Jonas öffnete langsam die Augen. Doch die Ruhe war trügerisch. Das Wesen lachte – ein leises, bitteres Geräusch. “Komm, Jonas. Lass uns spazieren gehen.”

*

Der graue Morgen war kühl und still, als Jonas den Schritt aus der Tür machte. Die Straßen waren fast leer, die Stadt schien noch in den letzten Zügen des Schlafes zu liegen. Der Nebel hing schwer in der Luft und ließ die Welt wie einen unscharfen Traum erscheinen. Eine sanfte Kälte kroch an seinen Wangen hoch, als er die ersten Schritte tat, aber es war nicht die Kälte, die ihn aus der Tür getrieben hatte. „Geh raus, Jonas. Du musst raus", drängte eine leise Stimme in seinem Kopf. Sie war wie ein Flüstern, fast so, als ob jemand direkt hinter ihm stünde, ein Atem, den er an seinem Nacken spürte. Er wusste genau, was es war. Das Wesen. Es war immer da. Eine Stimme, die sich in seinen Kopf bohrte und sich wie ein Schatten in jede seiner Bewegungen schlich. Er wollte es ignorieren, wollte einfach nur einen Moment für sich sein, aber das Wesen drängte ihn weiter. „Warum bleibst du hier?", fragte die Stimme jetzt schärfer. „Du musst gehen. Du wirst nicht ruhen, wenn du bleibst. Dein Kopf wird explodieren." Jonas zog die Jacke enger um sich und schritt zügig vorwärts, als ob die Bewegung ihn von der Stimme befreien könnte. Doch das Wesen ließ ihn nicht los. Es folgte ihm, schlich sich in jede Ecke seiner Gedanken und trieb ihn vor sich her. „Du bist immer in deinem Kopf gefangen. Es wird nicht besser, wenn du hier bleibst. Geh!", sagte es eindringlicher, als ob es seine Worte in Jonas' Körper hineinfließen lassen könnte. Es klang fast wie ein Befehl. Er versuchte zu widerstehen. Warum sollte er sich von dieser Stimme leiten lassen? Doch es war wie ein Zwang, der ihn mit einer Kraft ergriff, der er nicht entkommen konnte. So viele Male hatte er versucht, es zu ignorieren, aber es war wie eine unsichtbare Hand, die an seinem Hals zog und ihn zu einem bestimmten Ziel führte, zu einer bestimmten Handlung. Jonas ging schneller, seine Schritte wurden hastiger, als er eine Kreuzung erreichte und in eine ruhigere, wenig belebte Straße abbog. Der Nebel war hier dichter, die Welt um ihn herum schien immer ferner zu werden. „Ich will nicht", murmelte er. „Lass mich einfach in Ruhe." Doch das Wesen antwortete nicht. Es reagierte nicht mit Worten, sondern nur mit einem Gefühl, das sich durch ihn hindurch fraß, wie ein ständiger, nagender Druck. „Du wirst es nicht bereuen", flüsterte es schließlich, fast sanft, wie ein Versprechen, aber auch wie eine Drohung. Er konnte sich nicht mehr wehren, er hatte keine Wahl. Also ging er weiter. Mit jedem Schritt wurde der Druck in ihm stärker. Die Stimmen in seinem Kopf mischten sich zu einem ständigen Rauschen, das ihn fast zum Wahnsinn trieb. Er konnte sich nicht erinnern, wann er zuletzt einen klaren Gedanken gefasst hatte, ohne dass die Stimme des Wesens sofort darauf reagierte. In letzter Zeit war es, als ob alles, was er tat, nur in Bezug auf dieses Wesen existierte. Wenn er aufwachte, war es da. Wenn er sprach, war es da. Und jetzt, da er draußen war, war es mehr denn je da, in jeder Ecke seines Blickfeldes, in jedem Atemzug. „Du weißt, dass du nichts erreichst, oder?“, sagte das Wesen plötzlich. „Warum versuchst du es überhaupt? Sie haben dich alle vergessen. Sie werden dich immer vergessen.“ Jonas' Brust zog sich zusammen. Die Worte trafen ihn, wie eine Faust. Seine Wut, die er so oft zurückgehalten hatte, kochte wieder hoch. Er versuchte, sich dagegen zu wehren, doch die Worte des Wesens hallten weiter in ihm nach, als ob sie sich in jede Zelle seines Körpers eingruben. „Ich habe nie etwas von ihnen erwartet“, flüsterte er, obwohl er wusste, dass das nicht stimmte. Er hatte immer gehofft, immer geglaubt, dass er irgendwann dazugehört. Doch er wusste auch, dass er dieser Welt nie gerecht geworden war. Dass er nie der gewesen war, den sie hätten akzeptieren können. „Es ist nicht meine Schuld.“ „Natürlich nicht“, lachte das Wesen. „Es ist nie deine Schuld. Immer sind sie es, die dich nicht verstehen. Aber was hast du davon, Jonas? Was hast du davon, wenn du dich in der Hoffnung vergräbst, dass sie dich sehen?“ Jonas lief jetzt schneller und schneller. Der Boden unter seinen Füßen schien sich zu verändern, als ob er auf dünnem Eis ging. Jede Faser seines Körpers war angespannt, wie ein Bogen, der zu sehr gespannt war. Er wollte weglaufen, doch wohin? Es gab keinen Ort, an den er sich flüchten konnte. Und die Stimme in seinem Kopf trieb ihn weiter, immer weiter. Er bog in eine Straße ein, die er nicht kannte. Die Läden waren verwaist, der Beton schmutzig und verwittert. Ein Laden fiel ihm ins Auge – ein kleiner Geschäftsladen, der genauso leer und trostlos wirkte wie der Rest der Stadt. „Geh hinein“, sagte das Wesen. Jonas blieb stehen und starrte die Tür an. Etwas in ihm sträubte sich. Doch das Wesen ließ nicht locker, es war überall, in jedem Winkel seines Verstandes, wie ein leises, aber stetiges Pochen, dass ihn weiter vorantreibt. „Mach es“, flüsterte es. „Du musst es jetzt tun.“ Langsam öffnete Jonas die Tür und trat ein. Der Laden war spärlich beleuchtet, der Boden knarrte unter seinen Schritten. Der Verkäufer, ein älterer Mann mit einem grauen Bart, blickte von hinter der Kasse auf. Doch Jonas sah ihn nicht wirklich. Er sah nur den Raum um ihn, die Regale, die leeren Produkte, die traurigen, vergilbten Waren. „Kann ich Ihnen helfen?“, fragte der Verkäufer. Jonas blinzelte, als er die Frage hörte. Aber es war zu spät. Die Wut war wieder da, schlich sich in seine Brust und lähmte seine Gedanken. Er fühlte sich wie ein Fremder in seinem eigenen Körper. Die Worte, die er sagen wollte, schienen sich in seiner Kehle zu verfangen. „Helfen?“, flüsterte er, doch der Klang der Worte schien in der kargen Stille des Ladens zu verhallen. Jonas stand da, die Hände zu Fäusten geballt, die Luft um ihn herum war schwer, als würde die Atmosphäre selbst ihn erdrücken. Der Verkäufer starrte ihn einen Moment an, dann zuckte er mit den Schultern. „Es tut mir leid, aber wenn Sie nichts kaufen wollen...“ Jonas’ Blick verengte sich. Er hörte die Worte des Verkäufers, aber sie gingen an ihm vorbei, als wären sie nur ein entferntes Rauschen. Es war nicht der Mann, der ihn interessierte – es war der Raum, das Gefühl der Abweisung, das ihm die Kehle zuschnürte. Die Kälte in diesem Raum war wie ein Spiegelbild dessen, was in ihm vor sich ging. „Was hast du erwartet?“, flüsterte die Stimme des Wesens wieder, wie ein Spott, der aus den Tiefen seiner eigenen Gedanken kam. „Hast du wirklich geglaubt, dass sie dich jemals akzeptieren würden?“ Jonas blinzelte und dann wurde ihm bewusst, dass er das Gefühl hatte, in diesem Laden in einem Käfig zu stehen. Jeder Gegenstand, jedes Regal um ihn herum war eine Wand, die ihn einengte. Ein unbewusster Drang, diese Wände niederzureißen, wuchs in ihm. Warum war er hier? Was sucht er hier? Anerkennung? Verständnis? Etwas, das ihn aus diesem Zustand der Leere befreite? Der Verkäufer, der inzwischen an seine Kasse zurückgekehrt war, bemerkte Jonas’ erstarrte Haltung nicht. Er schien nichts anderes zu tun, als sich wieder auf die Papiere vor ihm zu konzentrieren. Doch für Jonas war es, als wäre der ganze Laden gegen ihn. Als würde dieser unauffällige Mann und all die verstaubten Produkte ihn mit einem unsichtbaren Urteil verurteilen. „Du wirst nie dazugehören, Jonas“, hörte er das Wesen erneut. „Sie sehen dich nicht. Sie sehen nicht, wie du dich quälst. Du bist unsichtbar. Und du wirst immer unsichtbar bleiben.“ Die Worte stachen in ihm wie Nadeln, bohrten sich tief in sein Innerstes. Ein Wutausbruch stieg in ihm hoch, unkontrollierbar, und plötzlich hatte er das Gefühl, dass die Wände des Ladens immer enger wurden. Die Luft schnürte sich zusammen, seine Brust zog sich zusammen. Er wollte schreien, wollte etwas zerbrechen, irgendetwas, das ihn von dieser erstickenden Stille befreien konnte. „Ich habe genug!“, schrie er plötzlich. Die Worte brachen sich aus ihm heraus, lauter, als er es beabsichtigt hatte. Die Erschütterung, die sein Körper durchlief, war wie ein elektrischer Schlag. Der Verkäufer sprang erschrocken auf, aber Jonas nahm ihn kaum wahr. Alles, was er sah, waren die Regale vor ihm – die leeren, staubigen Regale, die nichts für ihn bereithielten. „Was haben Sie von mir erwartet?!", brüllte er und griff nach einem der Regale. „Denkst du, ich bin einfach nur hier, um dein verdammtes Zeug zu kaufen? Denkst du, ich bin hier, um eure verdammte Welt zu akzeptieren?!" Der Verkäufer zog sich ängstlich zurück, stammelte etwas Unverständliches, doch Jonas hörte nicht mehr hin. Seine Hand riss ein Regal aus der Wand. Ein Metallregal, das laut klirrte, als es zu Boden fiel. Die Scherben der Scheibe und zerbrochenen Teile flogen über den Boden, doch Jonas fühlte nichts außer einer rasenden, lodernden Wut, die ihn verbrennen ließ. „Sie haben mich nie verstanden!", schrie er. „Keiner von euch!" Das Wesen lachte. Es war kein Hohn, es war ein triumphales, kühles Lachen, das sich durch seine Adern zog. „Sie werden dich nicht verstehen. Sie sind nur Figuren in einer Welt, die du nie beherrschen wirst. Warum versuchst du es immer wieder?" „Ich will...", murmelte Jonas und riss dann ein weiteres Wandregal zu sich, das Glas krachte zu Boden. Der alte Mann hinter der Kasse duckte sich, als die Scherben durch die Luft flogen. Jonas' Finger zitterten, aber er konnte den Drang nicht unterdrücken. Die Wut, die ihn antrieb, war alles, was er noch hatte. „Warum immer wieder diese Enttäuschung, Jonas?", drang das Wesen weiter in seinen Verstand. „Du bist der Nichts, der Unsichtbare. Es gibt keinen Platz für dich. Niemand wird dir je helfen." Jonas stand da, umgeben von dem Chaos, das er entfesselt hatte. Ein wilder, fast manischer Blick lag in seinen Augen, als er auf den zerstörten Raum starrte. Die Luft war drückend, erfüllt mit dem Geräusch seines eigenen, schnellen Atems, und der dumpfe Klang des Herzschlags in seiner Brust. „Ich...", flüsterte er, und plötzlich sackte er zusammen. Es war, als ob die Welt um ihn herum erlosch. Was hatte er getan? Warum hatte er das zugelassen? Warum war er wieder hier? Warum hatte er zugelassen, dass die Stimme dieses Wesens ihn zu diesem Punkt getrieben hatte? „Sie werden dich nie akzeptieren", flüsterte das Wesen erneut, diesmal leiser, aber noch durchdringender. „Es ist zu spät. Du bist der Verlierer. Und du wirst immer verlieren." Jonas sank auf den Boden, der Zorn in ihm wurde zu einer leeren Hülle. Der Raum um ihn herum schien jetzt in einem wirbelnden Nebel zu verschwimmen. Nichts machte mehr Sinn. Der Verkäufer, der zitternd hinter der Kasse stand, schien für ihn weit entfernt zu sein, so weit entfernt, dass er ihn nicht einmal mehr als Person wahrnahm. Der Laden, der Kassierer – alles war nur noch ein Nebel von Enttäuschung und Verzweiflung. „Ich bin nichts...", flüsterte Jonas. Doch das Wesen antwortete nicht mehr. Es war nicht mehr nötig. Denn Jonas wusste, dass er zu diesem Punkt gekommen war, weil er es zugelassen hatte. Weil er sich von dieser Stimme hatte leiten lassen, bis er keinen Ausweg mehr sah. Es war vorbei.

*

Jonas kniete zwischen den Trümmern, die er angerichtet hatte. Sein Herz raste so heftig, dass es in seinen Ohren dröhnte. Die Welt um ihn herum verschwamm zu einem einzigen dumpfen, verzerrten Bild. Der Laden war nicht mehr nur ein Laden – er war ein Schlachtfeld. Seine Gedanken wirbelten und das Chaos, das er geschaffen hatte, fühlte sich wie eine Spiegelung des Sturms in seinem Inneren an. Die Luft war schwer und stickig, und jedes Geräusch schien lauter als es sollte. Die Glasscherben unter seinen Schuhen knackten, die Waren, die auf dem Boden verstreut lagen, raschelten, wenn er sich bewegte. In diesem Lärm war dennoch eine Stille, die viel bedrohlicher war – eine Stille voller Erwartung, voller Angst. Vor ihm, an die Wand gepresst, stand der alte Verkäufer. Seine Hände zitterten, sein Gesicht war bleich, und seine Augen – diese Augen waren weit aufgerissen, voller Panik. Jonas konnte sehen, wie der Mann nach Luft rang, als ob er in dem kleinen Raum zu ersticken drohte. „Schau ihn dir an", flüsterte das Wesen in Jonas' Kopf. Die Stimme war samtweich, schmeichelnd. „Er hat Angst. Endlich sieht dich jemand. Endlich bist du nicht mehr unsichtbar." Jonas' Atem ging stoßweise. Die Worte des Wesens sickerte wie Gift in ihn hinein, aber sie fühlten sich auch wahr an. Wie oft hatte er sich nach Aufmerksamkeit gesehnt? Danach, dass ihn jemand bemerkte – dass irgendjemand ihn sah? Und jetzt sah ihn der Verkäufer. Aber es war nicht Bewunderung oder Verständnis in dessen Blick. Es war Furcht. „Du hast es wieder getan", sagte das Wesen süßlich. „Sieh nur, was du angerichtet hast. Und doch... fühlt es sich nicht gut an? Spürst du nicht diese Macht?" Jonas schloss die Augen. Nein. Es fühlte sich nicht gut an. Es fühlte sich schrecklich an. Und gleichzeitig – ja, irgendwo tief in ihm war ein Teil, der genau das wollte. Der gesehen werden wollte. Der genug hatte von Ablehnung und Ignoranz. „Bitte…“, krächzte der alte Mann. Seine Stimme war kaum mehr als ein Flüstern, heiser und brüchig. „Bitte beruhigen Sie sich… Ich… ich rufe die Polizei.“ Das Wort riss Jonas’ Augen auf. Polizei. „Nein!“ Der Schrei des Wesens hallte in Jonas’ Kopf wie ein Donnerschlag. Heiß und schrill zerriss er seine Gedanken und ließ jeden anderen Laut verstummen. Jonas krümmte sich, als ob der Schmerz physisch wäre, seine Hände griffen an seine Schläfen, während das Chaos in ihm anschwoll. „Lass nicht zu, dass er sie ruft!“, zischte das Wesen. Seine Stimme war jetzt drängend, fast panisch. „Wenn sie kommen, ist es vorbei. Sie werden dich festnehmen. Sie werden dich einsperren! Hörst du mich, Jonas?! Sie werden dich wieder wegsperren – und sie lassen dich nicht mehr raus!“ Jonas’ Atem wurde schneller. Kalter Schweiß stand ihm auf der Stirn. Die Worte des Wesens jagten ihm Angst ein, mehr Angst als alles andere. Die Polizei. Handschellen. Zellen. Kliniken. Er wusste, was das bedeutete. Er wusste, was dann auf ihn wartete – weggeschlossen, vergessen. Niemand hörte dann mehr zu. Niemand fragte, warum. „Nein…“, murmelte Jonas. „Nein, das darf nicht passieren…“ Seine Augen schnellten zu dem Verkäufer, der jetzt mit einer zitternden Hand ein altes Telefon unter der Theke hervor zog. Jonas sah das schwarze Gerät, sah die Finger des Mannes, die sich mühsam darum schlossen. Das Geräusch des Plastikgehäuses war so laut in Jonas’ Ohren, als ob jemand direkt neben ihm einen Schuss abfeuerte. „STOPP IHN!“, brüllte das Wesen. Und Jonas gehorchte. Mit einem animalischen Laut sprang er auf. In drei schnellen, taumelnden Schritten war er an der Theke, riss den Arm des Verkäufers brutal nach hinten, sodass das Telefon aus dessen Hand glitt und krachend auf den Boden fiel. Der alte Mann keuchte auf, sein Gesicht verzog sich vor Schmerz und Angst. „Du wirst sie nicht rufen!“, schrie Jonas, seine Stimme überschlug sich fast. Sein Gesicht war so nah am des Verkäufers, dass er den sauren Atem des Mannes riechen konnte. „Du wirst niemanden rufen! Verstehst du?! Niemanden!“ „Jonas…“, flüsterte das Wesen nun sanfter, zufrieden. „Gut so. Du tust, was notwendig ist.“ Der Verkäufer schüttelte hektisch den Kopf, Tränen standen ihm in den Augen. „Bitte“, flehte er. „Ich… ich will Ihnen nichts tun… ich will nur…“ Aber Jonas hörte nicht mehr zu. Er konnte nicht mehr zuhören. Seine Gedanken waren ein Sturm aus Stimmen und Schreien, aus Angst und Wut. Das Wesen sprach unaufhörlich auf ihn ein, Worte wie scharfe Klingen, die sich immer tiefer in seine Seele schnitten. „Sie werden dich verraten!", zischte es. „So wie alle anderen! Sie haben dich immer verraten! Deine Familie! Deine sogenannten Freunde! Alle, Jonas! Und jetzt will dieser Mann dasselbe tun. Du kannst das nicht zulassen!" „NEIN!", schrie Jonas, und seine Faust krachte auf die Theke. Das Holz splitterte, und der alte Mann zuckte zusammen, presste sich noch fester gegen die Wand. „Du hast keine Wahl mehr, Jonas", sagte das Wesen mit süßer Gewissheit. „Du hast nie eine Wahl gehabt." Jonas taumelte zurück, sein Blick irrte durch den zerstörten Laden. Alles fühlte sich unwirklich an. Seine Hände zitterten, seine Brust zog sich zusammen, als ob er nicht genug Luft bekam. „Sie werden dich jagen", flüsterte das Wesen. „Sie werden kommen, Jonas. Und wenn sie kommen, gibt es kein Zurück mehr." Die Worte setzten sich fest, und Jonas spürte, wie Panik ihn ergriff. Bilder schossen durch seinen Kopf – Blaulicht, Sirenen, Hände, die ihn packten und zu Boden rissen. Schreie. Dunkelheit. „Lauf...", sagte das Wesen. Aber Jonas konnte nicht mehr laufen. Er sah den Verkäufer an, und in den weit aufgerissenen Augen des alten Mannes erkannte er all die Ablehnung, die ihn sein ganzes Leben begleitet hatte. All die Angst, all den Ekel, all das Unverständnis. „Sie hassen dich", flüsterte das Wesen. „Und jetzt werden sie dich vernichten." Etwas in Jonas riss. Die Welt wurde rot.

*

Ein Schleier senkte sich über Jonas' Blick, ein dunkler, blutgetränkter Nebel, der alles verzerrte. Die Konturen des kleinen Ladens verschwammen, lösten sich auf. Die Regale, die Trümmer, der alte Mann – alles wurde Teil eines surrealen Gemäldes aus Angst und Wut. Seine Brust zog sich so eng zusammen, dass er kaum noch atmen konnte, und sein Herz pochte wie ein wilder Trommelschlag in seinen Ohren. Das Wesen war jetzt so nah, dass Jonas es fast spüren konnte – warm und schwer, wie ein Schatten, der sich an seinen Rücken drängte und ihm ins Ohr flüsterte. „Du weißt, was zu tun ist", säuselte es. „Du hast es immer gewusst. Sie lassen dir keine Wahl, Jonas. Sie haben dir nie eine gelassen." „Ich... ich wollte das nicht...", flüsterte Jonas heiser, seine Kehle brannte. „Doch, das wolltest du", sagte das Wesen sanft, wie eine

Mutter, die ihr Kind beruhigt. „Und es ist in Ordnung. Du bist nicht schuld daran. Sie haben dich in diese Ecke getrieben. Sie haben dich hierher gebracht." Jonas wankte zurück, seine Beine fühlten sich schwach an, als ob sie ihn kaum noch tragen konnten. Sein Blick flackerte zu dem Verkäufer, der sich immer noch gegen die Wand presste. Der Mann keuchte, sein Gesicht war eine Maske aus Panik, seine Hände zitterten, als er sie beschwichtigend hob. „Bitte...", stammelte er. „Ich... ich tu Ihnen nichts... ich will nur helfen..." Lüge. Das Wort hallte wie ein Gong in Jonas' Kopf. „Er lügt!", zischte das Wesen. „Sie haben alle gelogen. Sie haben dir versprochen, dich zu verstehen. Sie haben gesagt, sie helfen dir – und dann haben sie dich allein gelassen. Wieder und wieder und wieder." Jonas schlug die Hände an seine Schläfen. „Hör auf... hör auf... bitte hör auf..." Aber das Wesen hörte nicht auf. Es wurde lauter. Drängender. „Er wird die Polizei rufen, Jonas. Und wenn sie kommen, nehmen sie dich mit. Sie sperren dich ein, und dieses Mal lassen sie dich nicht mehr gehen. Dieses Mal bist du verloren." „Nein..." „Willst du das zulassen?" „Ich... ich weiß nicht..." „Willst du das zulassen?!" „NEIN!" Jonas' Schrei durchbrach die Luft, ließ den alten Mann zusammenzucken. Glas knirschte unter seinen Schuhen, als Jonas einen Schritt nach vorn machte. Der Verkäufer hob abwehrend die Hände. „Bitte! Ich rufe niemanden! Ich verspreche es!" „LÜGE!", brüllte das Wesen. Jonas' Blick zuckte zu dem Telefon auf dem Boden. Es lag in Splittern, aber was, wenn der Mann ein Handy hatte? Was, wenn er schon jemanden alarmiert hatte? Die Sirenen könnten jeden Moment kommen, und dann wäre alles vorbei. „Du musst es beenden", flüsterte das Wesen. „Es gibt keinen anderen Weg." Jonas schüttelte den Kopf, Tränen brannten in seinen Augen. „Ich will das nicht... ich will das nicht tun..." „Doch, du willst es. Und das ist in Ordnung. Du verdienst es, dich zu wehren. Du verdienst es, endlich gehört zu werden." Der alte Mann machte einen vorsichtigen Schritt zur Seite, als wollte er zur Tür fliehen. „Er rennt weg, Jonas. Sieh nur! Er wird dich verraten! Er wird sie rufen!" „Bleib stehen!", schrie Jonas, seine Stimme bebte. „Er hört nicht auf dich. Sie hören nie auf dich." Etwas brach in Jonas. Ein Riss, der schon so lange in ihm war, klaffte endgültig auf. Die Wut, die Verzweiflung, die jahrelange Ablehnung – all das floss in einem einzigen, überwältigenden Strom durch ihn hindurch. Und dann ließ er los. Die Sirenen kamen. Der Laden lag in Trümmern, die Stille danach war schwer und unheilvoll. Jonas stand mitten im Chaos, sein Atem ging stoßweise. Das Wesen war still geworden, doch seine Anwesenheit war immer noch da – ein dunkler Schatten an Jonas' Rand, zufrieden und ruhig. Die blauen Lichter der Polizeiwagen tanzten an den Wänden, und mit jedem grellen Aufblitzen wusste Jonas, dass es keinen Weg zurück mehr gab. Die Sirenen schnitten durch die Luft wie kreischende Klingen, immer näher, immer lauter. Blaulicht zuckte über die Wände, warf zersplitterte Schatten in das Chaos des kleinen Ladens. Jonas stand mitten im Trümmerfeld, das er angerichtet hatte — Scherben knirschten unter seinen Schuhen, Regale lagen umgestürzt, Waren waren wie nach einer Explosion über den Boden verstreut. Sein Atem ging stoßweise, seine Brust hob und senkte sich in rasender Panik. „Sie kommen", flüsterte das Wesen in seinem Kopf, aber diesmal klang es nicht triumphierend. Diesmal klang es aufgeregt, fast... ängstlich. Jonas' Herz schlug so schnell, dass es wehtat. Die Tür des Ladens stand noch offen, und draußen, hinter der verzerrten Welt aus Blaulicht und Dunkelheit, hörte er Motoren aufheulen und das Knallen von Autotüren. Stimmen – harte, befehlende Stimmen. „Jonas", flüsterte das Wesen. „Du musst rennen." Seine Beine reagierten, bevor sein Verstand es tat. Er wirbelte herum, stolperte über ein umgestürztes Regal und fing sich im letzten Moment. Der Schmerz in seinem Fuß schoss wie ein Blitz durch seinen Körper, aber er ignorierte ihn. Draußen kamen Schritte. Viele Schritte. Stiefel auf Asphalt, schnell und entschlossen. „Sie werden dich holen!", schrie das Wesen jetzt. „Lauf! LAUF!" Jonas stürmte zur Hintertür des Ladens, riss sie auf, und die kalte Nachtluft schlug ihm entgegen wie eine Welle. Hinter dem Laden erstreckte sich eine schmale Gasse, ein langer Schlauch aus Dunkelheit und Mülltonnen. Ohne nachzudenken setzte er sich in Bewegung, rannte mit einer Geschwindigkeit, von der er nicht wusste, dass er sie hatte. Sein Atem kam in scharfen Stößen, seine Beine brannten, aber er hörte nicht auf. Hinter ihm schlugen Türen auf, und Stimmen riefen ihm etwas hinterher – Aufforderungen, Befehle. „Stehen bleiben! Polizei!" – aber Jonas hörte nicht hin. Er konnte nicht. Die Gasse endete an einem Zaun, hoch und aus rostigem Metall. Jonas' Schritte verlangsamten sich nicht. Er sprang, krallte sich an das kalte Metall und zog sich mit einer Kraft hoch, die er nicht für möglich gehalten hätte. Seine Finger rutschten ab, aber er biss die Zähne zusammen, zog sich weiter. Unter ihm hörte er das Klappern von Stiefeln auf Asphalt – sie kamen näher. „Schneller!", keuchte das Wesen. „Sie sind direkt hinter dir!" Mit einem letzten verzweifelten Ruck schwang Jonas sich über den Zaun und ließ sich auf der anderen

Seite fallen. Der Aufprall war hart – seine Knie knickten weg, und er stürzte, aber er rollte sich ab und war in einer einzigen fließenden Bewegung wieder auf den Beinen. Vor ihm lag ein Labyrinth aus dunklen Hinterhöfen und schmalen Gassen. Ohne nachzudenken rannte er weiter, bog blindlings ab, sprang über Müllsäcke und weichte zerbrochenem Glas aus. Sein Körper war ein einziger Schmerz, aber die Panik hielt ihn in Bewegung. Hinter ihm hörte er, wie jemand den Zaun erklomm. Die Polizei war ihm dicht auf den Fersen. „Sie werden dich kriegen, Jonas!", zischte das Wesen. „Wenn sie dich kriegen, ist alles vorbei!" Er rannte schneller. Ein Scheinwerferkegel zuckte plötzlich durch die Dunkelheit, und Jonas warf sich instinktiv zur Seite, presste sich an die Wand eines alten Lagerhauses. Das Licht glitt an ihm vorbei, und er hörte, wie Stimmen näher kamen. „Verdammt", zischte eine Stimme. „Er ist hier irgendwo!" Jonas' Brust schmerzte vom Atmen, aber er wagte es nicht, sich zu bewegen. Sein Herz hämmerte so laut, dass er fürchtete, sie könnten es hören. „Links lang!", rief eine Stimme. Schritte entfernten sich, und für einen Moment war es still. „Jetzt!", zischte das Wesen. Jonas schoss aus seinem Versteck, raste weiter. Die Gassen wurden breiter und dann – endlich – sah er eine Straße. Autos fuhren vorbei, ahnungslos. Fußgänger gingen über den Bürgersteig, vertieft in ihre Handys oder Gespräche. Er stolperte auf den Gehweg, riss sich die Kapuze seines Pullovers über den Kopf und zwang sich, langsamer zu gehen, auch wenn jeder Instinkt in ihm schrie, weiterzurennen. „Bleib ruhig", flüsterte das Wesen. „Sie suchen einen Mann, der rennt. Sei klug, Jonas. Sei unsichtbar." Er zwang seine Schritte in einen normalen Rhythmus, auch wenn sein ganzer Körper bebte. Die Straßenlaternen warfen zuckende Schatten auf den Asphalt, und jedes vorbeifahrende Polizeiauto ließ ihn zusammenzucken. Dann hörte er es. „Da! Ich habe ihn gesehen!" Die Stimmen kamen von der anderen Straßenseite. Jonas' Kopf schnellte herum – zwei Beamte sprinteten auf ihn zu, ihre Gesichter entschlossen. „Lauf!", brüllte das Wesen. Er rannte. Die Straße vor ihm war ein Chaos aus Lichtern und Geräuschen. Autos hupten, als er zwischen ihnen hindurchrannte, Reifen quietschten, und ein Fahrer schrie ihn an. Er hörte es nicht. Alles, was er hörte, war das Blut, das in seinen Ohren rauschte, und die Schritte der Polizisten hinter ihm. Er sprintete in eine Seitenstraße, sprang über eine niedrige Mauer und fand sich in einem Hinterhof wieder. Mülltonnen standen in Reihen, und ein schmaler Durchgang führte zu einem weiteren Zaun. „Sie holen auf!", warnte das Wesen.

Jonas rannte weiter. Seine Lunge brannte, seine Beine fühlten sich an, als würden sie jeden Moment versagen, aber er konnte nicht aufhören. Nicht jetzt. Nicht hier. Ein Schuss hallte durch die Nacht. Jonas warf sich zur Seite, prallte gegen eine Wand und rutschte zu Boden. Sein Herz raste so schnell, dass ihm schwarz vor Augen wurde. Der Schuss hatte ihn nicht getroffen – aber er war nah gewesen. „Sie werden dich töten, Jonas!“, schrie das Wesen. „Sie werden dich nicht am Leben lassen!“ Die Angst gab ihm neue Kraft. Er sprang auf, rannte weiter, bis er eine Leiter sah, die an einer Hauswand befestigt war. Ohne nachzudenken packte er sie und kletterte, ignorierte den Schmerz in seinen Händen, ignorierte die Schreie hinter sich. Er erreichte das Dach und stolperte vorwärts, seine Schritte klangen dumpf auf dem Kiesbelag. „Spring!“, rief das Wesen, und Jonas' Blick fiel auf das nächste Gebäude – es war nur ein paar Meter entfernt. „Ich kann nicht—“ „Spring!“ Er rannte. Seine Füße verließen den Boden, und für einen endlosen Moment hing er in der Luft. Dann krachte er auf das andere Dach, rollte sich ab und kam wieder auf die Beine. Die Polizisten waren noch auf der Straße. Sie hatten ihn nicht gesehen. „Gut“, flüsterte das Wesen zufrieden. „Sehr gut, Jonas. Aber es ist noch nicht vorbei.“ Mit brennenden Lungen und zitternden Gliedern rannte Jonas weiter – durch die Dunkelheit, durch den Schmerz, immer weiter.

*

Jonas spürte das Brennen in seinen Lungen mit jeder keuchenden Atembewegung. Der kalte Wind schlug ihm ins Gesicht, während er über die Dächer der Stadt raste — eine geisterhafte Gestalt im Flackern der Straßenlaternen. Unter ihm hallten Sirenen, das Echo ihrer schrillen Schreie zog sich durch die Häuserschluchten, jagte ihm nach. Seine Beine zitterten vor Erschöpfung, aber er konnte nicht aufhören. Nicht jetzt. Nicht, solange sie hinter ihm waren. „Du kannst nicht stehenbleiben!“, zischte das Wesen. „Wenn sie dich erwischen, Jonas, ist es vorbei! Verstehst du das? Vorbei!“ „Ich... kann nicht mehr...“, keuchte er. Jeder Muskel in seinem Körper schrie nach Ruhe, aber er wusste, dass es keine geben würde. „Doch, du kannst! Du musst! Lauf weiter!“ Die Stimme des Wesens war unerbittlich. Jonas sprang über eine niedrige Mauer, landete unsauber, sein Knie schlug hart auf den Kies auf. Schmerz explodierte in seinem Bein, aber er biss die Zähne zusammen und rappelte sich auf. Hinter ihm knallte eine Tür auf. Stimmen hallten über den Hof. „Er ist da oben! Wir haben ihn gesehen!" Jonas' Herz stolperte, setzte einen Schlag aus. „Sie kommen", flüsterte das Wesen mit einer Mischung aus Angst und Aufregung. „Du darfst nicht aufhören, Jonas. Niemals." Er rannte weiter. Das nächste Dach war weiter entfernt als das vorherige. Jonas blieb einen Sekundenbruchteil stehen, seine Augen maßen den Abstand. „Spring, Jonas. Tu es." „Ich schaffe das nicht—" „Spring!" Jonas stieß sich ab. Für einen schrecklichen Moment hing er in der Luft, fühlte die Leere unter sich — und dann krachten seine Füße auf den Rand des Daches. Er rutschte, sein Körper fiel nach vorne, und mit einem verzweifelten Griff packte er den Vorsprung. Seine Finger verkrampften sich im kalten Beton, während er mit letzter Kraft seinen Körper hochzog. „Schneller, Jonas! Sie sind direkt hinter dir!" Kaum hatte er sich hochgezogen, tauchte auf dem Dach, von dem er gesprungen war, eine Gestalt auf. Ein Polizist, die Waffe gezogen, rief etwas — aber Jonas hörte die Worte nicht mehr. Er rannte. Der nächste Abstieg war eine rostige Feuertreppe. Jonas sprang darauf zu, seine Füße rutschten auf dem Metall aus, aber er klammerte sich an das Geländer und stolperte die Stufen hinunter. Das Klappern seiner Schritte hallte viel zu laut in der Nacht. Unten angekommen rannte er in eine enge Seitengasse — und prallte fast in einen hohen Maschendrahtzaun. Seine Hände krallten sich in das kalte Metall, während Panik ihn überwältigte. „Verdammt!", keuchte er. „Schneller, Jonas!", drängte das Wesen. Hinter ihm hörte er Stimmen. Näher. Er sprang. Die Maschen des Zauns schnitten sich in seine Hände, aber er zog sich nach oben, ignorierte den Schmerz. Dann war er oben — und ließ sich fallen. Er landete hart, der Aufprall schickte einen stechenden Schmerz durch seine Knöchel, aber er konnte sich nicht einmal erlauben, zusammenzubrechen. Er rannte weiter. Die Gasse öffnete sich zu einer breiten Straße. Menschen. Autos. Licht. „Verlier dich in der Menge, Jonas! Sie werden dich nicht sehen!" Er zwang sich zur Ruhe, auch wenn Panik in ihm tobte. Er zog sich die Kapuze tiefer ins Gesicht und tauchte in den Strom der Fußgänger ein. Jeder Schritt fühlte sich wie ein Sieg an — aber auch wie ein Verrat an seinem Instinkt, weiterzurennen. „Sie suchen jemanden, der Angst hat", flüsterte das Wesen. „Zeig ihnen nicht, dass du es bist." Die Sirenen wurden lauter. Jonas' Hände ballten sich zu Fäusten. Er konnte nicht hierbleiben. „Der U-Bahnhof!", drängte das Wesen.

„Geh da rein! Jetzt!“ Die Treppe zur U-Bahn lag direkt vor ihm, und ohne zu zögern tauchte Jonas in die Tiefe ab. Die Kälte der Nacht wich stickiger, warmer Luft. Die Geräusche der Straße verblassten, ersetzt durch das gedämpfte Murmeln von Menschen und das entfernte Kreischen von einfahrenden Zügen. Er kaufte kein Ticket — er sprang einfach über die Schranke, ignorierte die Rufe des Wachmanns. „Weiter, weiter, weiter!“, flehte das Wesen. Der Zug stand schon am Gleis, Türen piepten warnend. Jonas sprintete, warf sich in den Wagen, gerade als sich die Türen schlossen. Die Bahn setzte sich ruckartig in Bewegung. Jonas fiel auf einen Sitz und ließ den Kopf in die Hände sinken, während das Rattern der Schienen seinen schnellen Atem begleitete. „Du hast es geschafft“, flüsterte das Wesen. Aber Jonas wusste, dass das keine Lüge war. Es war noch lange nicht vorbei. Die Bahn raste durch den Untergrund und Jonas fühlte sich, als ob er den Atem der Stadt hören konnte — ein dumpfes, metallisches Röhren, das seinen eigenen schnellen Puls begleitete. Der Wagen war nicht voll, aber genug Menschen saßen verteilt auf den Sitzen, vertieft in ihre Telefone oder starrten müde vor sich hin. Niemand beachtete ihn. Noch nicht. „Bleib ruhig“, flüsterte das Wesen. Seine Stimme war jetzt sanft, fast beruhigend. „Du bist sicher. Für den Moment.“ Aber Jonas fühlte sich alles andere als sicher. Seine Finger zitterten noch immer, und Schweiß rann ihm kalt den Rücken hinunter. Er warf einen verstohlenen Blick auf die anderen Fahrgäste, suchte nach Uniformen, nach aufmerksamen Blicken. Nichts. Doch der Druck in seiner Brust ließ nicht nach. Die Bahn hielt. Türen öffneten sich mit einem Zischen, Menschen strömten ein und aus. Jonas zuckte zusammen, als zwei Männer in dunklen Jacken einstiegen und sich in der Nähe der Tür aufstellten. Einer von ihnen sah sich um. Jonas’ Herz stolperte. Waren sie Polizisten in Zivil? „Sie wissen nichts“, raunte das Wesen. „Aber sie werden es wissen, wenn du so weitermachst. Atme.“ Jonas zwang sich, langsam Luft zu holen, auch wenn sein Körper nach Flucht schrie. „Was jetzt?“, flüsterte er, seine Stimme kaum hörbar. „Wir finden einen Ort, an dem sie dich nicht finden“, sagte das Wesen mit einer fast liebevollen Ruhe. „Aber du musst mir vertrauen. Und du darfst keine Fehler mehr machen.“ Die Bahn setzte sich wieder in Bewegung. Jonas zählte die Stationen. Fünf, sechs, sieben. Bei der achten sprang er auf. „Jetzt raus.“ Er folgte dem Befehl. Die Türen öffneten sich, und er glitt mit dem Strom der Passanten hinaus auf den Bahnsteig. Der Luftzug eines einfahrenden Zuges wirbelte seine Kapuze nach hinten, und für einen Moment fühlte er sich nackt und entblößt. Die Rolltreppe führte nach oben. Jonas' Blick zuckte zu den Kameras an der Decke. Sie wissen, dass du hier bist, schoss es ihm durch den Kopf. „Schneller", drängte das Wesen. Er nahm zwei Stufen auf einmal, schob sich an einer alten Frau vorbei, die empört schnaubte. Dann war er oben — und die kalte Nachtluft schlug ihm ins Gesicht. Der Platz war belebt. Menschen strömten in alle Richtungen, Autos hupten, und Lichter flackerten von Reklametafeln. Jonas wollte sich in der Menge verlieren, wollte verschwinden. Aber dann — ein kurzer Funkspruch. Er zuckte zusammen, drehte sich um. Zwei Polizisten standen an der Ecke, ihre Augen wanderten über die Menschenmenge. Jonas duckte den Kopf, bewegte sich in die entgegengesetzte Richtung. „Ruhig bleiben", flüsterte das Wesen. Seine Füße trugen ihn weiter, weg von den Uniformen, hinein in die Schatten. Eine Seitengasse, dunkel und eng, öffnete sich zwischen zwei Gebäuden. Jonas schlüpfte hinein, blieb kurz stehen, um zu horchen. Stimmen. Schritte. Sie waren zu nah. „Lauf nicht", sagte das Wesen. „Versteck dich." Sein Blick fiel auf eine offene Tür an der Rückseite eines Restaurants. Ohne nachzudenken glitt er hinein, fand sich in einem dunklen Lagerraum wieder. Der Geruch von altem Öl und Gewürzen stieg ihm in die Nase. Hinter ihm hörte er die Schritte näher kommen. Sie waren direkt draußen. Jonas schloss die Tür vorsichtig, lehnte sich dagegen und hielt den Atem an. „Du musst hier weg", flüsterte das Wesen. „Aber leise." Er bewegte sich durch den Lagerraum, schob sich an Kisten vorbei. Irgendwo tropfte Wasser, und die Geräusche der Küche drangen gedämpft durch eine weitere Tür. Jonas öffnete sie einen Spalt. Die Küche war hektisch. Köche riefen sich Anweisungen zu, Pfannen klapperten. Niemand achtete auf ihn. „Jetzt, Jonas. Geh." Er glitt durch den Raum, mied die hell beleuchteten Bereiche, hielt sich an den Schatten. Dann war er draußen — in einer weiteren Gasse. Er rannte. Sein Herz schlug so laut, dass er kaum hören konnte, ob jemand ihm folgte. Die Dunkelheit verschluckte ihn, aber die Angst trieb ihn weiter. Er wusste nicht, wohin er lief — nur, dass er nicht stehen bleiben durfte. „Links", wies das Wesen ihn an. Jonas bog ab. Vor ihm öffnete sich die Gasse zu einer stillen Straße. Kaum ein Auto fuhr hier vorbei, und die Lichter waren spärlich. Am Ende der Straße lag ein alter Parkplatz, halb verlassen, von Unkraut überwuchert. „Dort." Jonas gehorchte. Er fand Zuflucht hinter einem verrosteten Lieferwagen. Keuchend ließ er sich gegen das kalte Metall sinken. Seine Beine wollten nicht mehr. Seine Hände zitterten. „Sie werden dich nicht finden“, flüsterte das Wesen. Aber Jonas glaubte dem nicht mehr.

Er kann sich nicht genau daran erinnern, wie er sich in diese Situation begeben hatte. Doch mit einem Mal fand sich Jonas regungslos auf einem abgewetzten Sitz eines Zugabteils wieder. Er starrte auf seine Hände, sie zitterten noch immer leicht. Die Nägel waren abgekaut, die Haut an einigen Stellen eingerissen und blutig. Er drehte sie, betrachtete die Handflächen – riss sie dann abrupt an sich, als könnte allein der Anblick davon ihn verraten. Sein Atem ging flach, und sein Herz hämmerte so laut in seiner Brust, dass es ihm vorkam, als könnte jeder im Abteil es hören. Die Neonlichter über ihm summten leise, das Rattern der Schienen war ein monotoner, dumpfer Rhythmus, der sich mit seinem Puls vereinte. Und doch fühlte sich nichts davon real an. Er sah aus dem Fenster. Die Landschaft zog an ihm vorbei – ein endloser Streifen von Dunkelheit und vereinzelten, verschwommenen Lichtern. Ein leerer Bahnhof. Ein abgelegenes Feld. Dann wieder Bäume, schwarze Silhouetten gegen den bleigrauen Himmel. Wie war er hierhergekommen? Er versuchte, sich zu erinnern. Da war das Gassenlabyrinth, das kalte Brennen in seinen Lungen, die Sirenen in der Ferne. Der Bahnhof, voller Lichter und Stimmen. Dann Gleis 12... und jetzt saß er hier. Aber alles dazwischen war verschwommen, wie durch dichten Nebel gezeichnet. Jonas griff in seine Jackentasche und zog das Zugticket hervor. Das Papier knisterte in seinen Fingern, als er den Zielort las. Duisburg. Sein Magen zog sich schmerzhaft zusammen. „Warum?“, flüsterte er, kaum hörbar. „Weil es Zeit ist“, antwortete das Wesen leise. Seine Stimme war sanft, fast zärtlich – und genau das machte sie umso bedrohlicher. „Du kannst nicht ewig davonlaufen, Jonas.“ „Ich bin nicht bereit.“ „Du wirst es nie sein.“ Jonas schloss die Augen und lehnte den Kopf gegen die kalte Fensterscheibe. Die Müdigkeit war überwältigend, aber der Schlaf würde nicht kommen. Zu viele Gedanken schwirrten durch seinen Kopf, zu viele Bilder. Er versuchte sie zu verdrängen, aber sie kamen dennoch. Wenn er an seine Kindheit dachte, wenn er an seine alte Heimat dachte, dann kam ihm nur eines immer wieder in den Kopf. Das Lachen seines Vaters, rau und bitter, das so oft in Wut umschlug. Die kalte Stimme seiner Mutter, die ihn nie verteidigte. Die Schläge. Der Schmerz. Die Nächte, in denen er sich unter seiner Decke versteckte, weil das der einzige Ort war, an dem er sich sicher fühlte. Duisburg war kein Neuanfang.

Duisburg war ein Abgrund. Und dennoch fuhr er direkt darauf zu. Warum? „Weil es dein Zuhause ist“, flüsterte das Wesen. „Es war nie mein Zuhause.“ „Aber es hat dich geformt. Und jetzt kehrst du zurück. Du weißt, dass es so sein muss.“ Jonas öffnete die Augen und sah sich im Waggon um. Die wenigen Menschen, die mit ihm reisten, waren in ihre eigenen Welten vertieft. Eine ältere Frau las ein Taschenbuch, ihr Gesichtsausdruck entspannt. Ein Mann im Anzug tippte hastig auf seinem Smartphone. Am anderen Ende des Waggons schlief jemand, den Kopf an die Scheibe gelehnt. Sie waren so ruhig. So normal. Jonas beneidete sie. Er spürte, wie Panik in ihm aufstieg. Seine Finger krallten sich in die Kante des Sitzes. „Ich kann das nicht“, flüsterte er. „Du kannst“, sagte das Wesen. „Und du wirst.“ „Ich will nicht zurück.“ „Aber du bist schon auf dem Weg.“ Er fühlte, wie ihm die Tränen in die Augen stiegen. Verzweiflung breitete sich in ihm aus wie Gift. Er wollte aufstehen, wollte aussteigen, egal an welchem Bahnhof, egal wo der Zug gerade war – aber seine Beine gehorchten ihm nicht. „Was, wenn sie mich erkennen?“, fragte er leise. „Niemand erkennt dich“, antwortete das Wesen mit einem Hauch von Spott. „Niemand hat dich je wirklich gesehen, Jonas. Erinnerst du dich nicht? Sie haben dich immer übersehen. Sie werden es wieder tun.“ Jonas biss die Zähne zusammen, um das Zittern in seiner Kiefermuskulatur zu unterdrücken. Er sah wieder nach draußen. Der Zug raste durch die Dunkelheit, und die Scheiben spiegelten sein blasses Gesicht wider. In der Reflexion hinter ihm glaubte er, für einen Moment eine Gestalt zu sehen – ein vages, schemenhaftes Etwas mit dunklen Umrissen und einem schiefen, spöttischen Lächeln. Er drehte sich um. Der Waggon war leer. „Hör auf damit“, flüsterte er. „Ich tue gar nichts“, erwiderte das Wesen. Jonas presste die Handballen gegen seine Augen. Die Erschöpfung zermürbte ihn, aber der Schlaf wollte nicht kommen. Also blieb er mit den Stimmen und den Erinnerungen allein. Stunden verstrichen. Irgendwann kam ein Zugbegleiter, kontrollierte sein Ticket. Jonas hatte keine Erinnerung daran, es gekauft zu haben, aber da war es – ordentlich gelocht. Der Mann schenkte ihm keinen zweiten Blick. Die Landschaft draußen veränderte sich langsam. Die leeren Felder wichen Städten, beleuchteten Straßen und Silhouetten von Fabriken. Duisburg kam näher. Jonas fühlte es. In seinem Körper, in seinen Gedanken. Die Anspannung, die sich immer weiter aufbaute, als würde sich eine unsichtbare Schlinge langsam zuziehen. „Was erhoffst du dir?“, fragte das Wesen plötzlich. Er antwortete nicht. „Ein Neuanfang?“, fuhr es fort. „Ich weiß gar nichts, du hast mich doch in diesen Zug gesetzt." „Oh doch, Jonas. Du weißt, warum du zurückkommst. Du weißt, was dich erwartet." „Ich muss nicht dorthin." „Aber du tust es. Und du weißt, dass du nicht wieder gehen wirst." Die Worte sickerten in ihn ein wie kaltes Wasser. Er spürte ihre Wahrheit, so sehr er sich auch dagegen wehren wollte. Nach 4 Stunden Fahrt begann der Lautsprecher zu knacken. „Nächster Halt: Duisburg Hauptbahnhof." Jonas' Hände waren eiskalt. Als der Zug langsamer wurde, begann sein Herz schneller zu schlagen. Er spürte den Drang zu fliehen – jetzt, sofort, bevor die Türen aufgingen. Aber seine Beine blieben schwer. Die Bremsen quietschten, und der Zug kam zum Stillstand. Die Türen öffneten sich und Jonas stieg aus.

*

Die kalte Luft, die Jonas' Haut streifte, als er den Zug verließ, traf ihn wie ein Schlag ins Gesicht. Duisburg. Der Bahnhof war ungewöhnlich belebt für diese Uhrzeit, Menschen strömten an ihm vorbei, Stimmen vermischten sich zu einem Wirrwarr aus Eile und Gleichgültigkeit. Das Rattern von Koffern auf den Steinplatten, die dumpfen Lautsprecherdurchsagen, das schrille Pfeifen eines abfahrenden Zuges – all das war ein Teil dieser Stadt. Und doch fühlte sich Jonas wie ein Fremder. Er blieb einen Moment am Rand des Bahnsteigs stehen und versuchte, seinen Atem zu beruhigen. Doch es half nichts. Sein Herz raste weiter und mit jeder Sekunde, die verstrich, wurde das Gefühl stärker, dass er hier nicht sein sollte. „Beweg dich", flüsterte das Wesen in seinem Kopf und Jonas gehorchte. Er folgte der Menschenmenge in die Haupthalle. Die Decke war hoch, die Lichter grell. Auf den Anzeigetafeln flimmerten Zielorte, doch Jonas sah sie nicht wirklich. Seine Füße trugen ihn weiter, vorbei an Kiosken und Imbissen, ohne dass er wusste, wohin er wollte. Duisburg. Er war wirklich wieder hier. Die Erinnerungen setzten sofort ein, scharf und schmerzhaft wie Glassplitter. Er sah sich selbst als Kind, wie er an der Hand seiner Mutter durch diese Halle lief – sie immer einen Schritt zu schnell, er immer kurz davor, den Halt zu verlieren. Er hörte das abfällige Murmeln seines Vaters, sah den wütenden Blick, den er so gut kannte. Jonas blinzelte, versuchte, die

Bilder zu vertreiben. Doch sie waren stärker. Er verließ den Bahnhof, und die kalte, feuchte Luft schlug ihm entgegen. Die Stadt lag vor ihm, groß und grau, von einem Himmel überspannt, der in dunklem, tristem Grau hing. Autos rauschten vorbei, Fußgänger hasteten mit gesenkten Köpfen über die Straßen. Alles war in Bewegung – und doch schien nichts lebendig zu sein. Er begann zu gehen. Die Straßen kamen ihm bekannt und fremd zugleich vor. Hier hatte er seine Kindheit verbracht, doch nichts fühlte sich nach Zuhause an. Die Gebäude hatten sich verändert, und doch erkannte er sie. Das Kaufhaus an der Ecke, das es schon immer gegeben hatte – nur dass die Farbe jetzt abblätterte. Der Park, in dem er als Kind gespielt hatte, jetzt trostlos und leer. Jonas lief weiter, ohne ein Ziel, getrieben von etwas, das er nicht benennen konnte. Seine Gedanken kreisten unablässig. Warum war er hier? „Weil du nie wirklich weggegangen bist", flüsterte das Wesen. Er ignorierte es. Doch je weiter er ging, desto lauter wurden die Stimmen in seinem Kopf. Erinnerungen stiegen in ihm auf, ungebeten und gnadenlos. Die Schreie seines Vaters, wenn er wieder getrunken hatte. Das Gefühl, sich unsichtbar zu machen, um den Schlägen zu entgehen. Die kalten Blicke seiner Mutter, die immer wegsah, immer schwieg. Die Einsamkeit. Die ständige Ablehnung. Jonas blieb stehen. Seine Brust zog sich zusammen, als würde sie von einem unsichtbaren Band langsam zerquetscht werden. Die Stadt um ihn herum verschwamm, wurde zu einer Kulisse aus Lichtern und Schatten. „Du kannst dem nicht entkommen", sagte das Wesen. „Du hast es nie gekonnt." „Hör auf", flüsterte Jonas. „Warum? Ich sage doch nur die Wahrheit." Er spürte, wie ihm Tränen in die Augen stiegen. Hastig wandte er sich ab, suchte einen ruhigeren Ort. Er fand sich in einer kleinen Seitenstraße wieder, weit entfernt vom Lärm der Hauptstraße. Hier war es stiller – aber nicht weniger bedrückend. Die Häuser, an denen er vorbeiging, waren alt und heruntergekommen. Die Fassaden grau, die Fenster dunkel. Überall lag eine Schwere in der Luft, ein Gefühl von Verfall und Hoffnungslosigkeit. „Erkennst du es?", fragte das Wesen. Jonas nickte. Er erkannte es. Hier war er aufgewachsen. Jonas stand vor dem leeren Grundstück, auf dem einst der „Weiße Riese" emporragte. Das Hochhaus, in dem er seine Kindheit verbracht hatte, war nicht mehr da; es war bereits 2019 gesprengt worden, um Platz für einen Park zu schaffen. Die Leere vor ihm fühlte sich an wie ein Loch in seiner eigenen Geschichte. Er konnte immer noch die langen Flure des Gebäudes vor sich sehen, die kargen Wände, die kühle Atmosphäre. Jeder Schritt, den er damals als

Kind gemacht hatte, hallte nun in seinem Gedächtnis wider. Er erinnerte sich an die Abende, an denen er am Fenster stand und auf die Lichter der Stadt blickte, in der Hoffnung, dem Chaos in seiner Wohnung zu entkommen. Die Schreie seines Vaters, das Schweigen seiner Mutter – all das war in diesen Wänden gefangen gewesen. Jetzt war da nur noch Leere. Doch die Erinnerungen blieben, unauslöschlich, wie Narben auf seiner Seele. Jonas fühlte, wie die Traurigkeit ihn überwältigte. Die Hoffnung, dass die Zerstörung des Gebäudes auch die Geister seiner Vergangenheit vertreiben könnte, war vergebens gewesen. Sie waren immer noch da, lebendig und schmerzhaft. Er sank auf die Knie, die Hände im feuchten Gras vergraben, und ließ den Tränen freien Lauf. Es war, als ob der „Weiße Riese" immer noch über ihm thronte, ein ständiger Schatten in seinem Leben. In diesem Moment erkannte Jonas, dass er sich seinen Dämonen stellen musste. Nicht durch das Verdrängen der Vergangenheit, sondern durch das Akzeptieren und Verarbeiten. Nur so konnte er hoffen, eines Tages Frieden zu finden. Er stand auf, wischte sich die Tränen aus dem Gesicht und blickte ein letztes Mal auf die leere Fläche, die einst sein Zuhause war. Mit schweren Schritten wandte er sich ab und ging in die Stadt zurück, bereit, sich seiner Vergangenheit zu stellen und einen Weg in die Zukunft zu finden. Jonas' Schritte hallten auf dem Asphalt, als er weiter durch die Straßen von Duisburg streifte. Es war ein mechanisches Gehen, als würde sein Körper den Weg kennen, während sein Geist irgendwo anders war, verlorengegangen in den vielen Gedanken, die ihn nicht losließen. Die Stadt hatte ihn nie ganz losgelassen, und vielleicht suchte er in den vertrauten Ecken etwas, das er längst nicht mehr finden konnte – das Gefühl von Heimat, Geborgenheit, etwas, das ihn noch irgendwie hielt.

Er passierte eine Straßenecke, an der früher oft ein Kiosk gestanden hatte. Der Kiosk war längst weg, aber die Erinnerung daran war noch präsent, wie ein verblasstes Bild. Jonas hielt kurz inne, blickte auf den Ort, der für ihn einmal so viel bedeutet hatte. Als Kind war er oft dort vorbeigekommen, auf dem Weg von der Schule nach Hause. Die Süßigkeiten in den Regalen, das Kaugummi, das er sich immer heimlich genommen hatte, die bunte Werbung an der Wand. All das war nun nur noch eine leere Fläche, nichts als ein Loch im Pflaster. Er zog den Blick von der leeren Stelle ab und ging weiter. Vielleicht war es das, was er suchte – ein Gefühl von Vergangenheit, das ihm Sicherheit gab. Doch je mehr er umherging, desto mehr merkte er, dass all diese Orte ihn nicht mehr ansahen wie früher. Sie schienen leer, unverändert, während er sich selbst in ihnen völlig verändert fühlte. Ein paar Straßen weiter kam er an einem kleinen Park vorbei. Die Bäume standen in einer Reihe, ihre Zweige hingen schwer und knochig, als hätten sie nie die Sonne gesehen. Die Bank, auf der er als Teenager oft gesessen hatte, stand immer noch an ihrem Platz. Dort hatte er stundenlang gesessen und auf den Himmel gestarrt, hatte sich mit den Gedanken an eine bessere Zukunft abgelenkt, als die Welt in seinem Leben noch ein wenig größer und weniger bedrückend erschien. Er ging auf die Bank zu, setzte sich langsam hin und legte die Hände in den Schoß. Der Park war ruhig, der Boden feucht vom Regen der letzten Nacht. Ein paar Blätter tanzten im Wind und wirbelten auf, wie lose Gedanken, die nie ihren Platz fanden. „Es fühlt sich an, als ob du zurückgekehrt bist, um zu sterben", sagte die Stimme in seinem Kopf. Jonas schloss die Augen, als wollte er die Stimme vertreiben. Doch sie war immer da, immer präsent. Und in diesen Momenten der Stille konnte er sie nicht ignorieren. „Du suchst nach etwas, das nicht existiert", flüsterte die Stimme weiter. „Was wird dieser Ort dir schon geben? Du bist längst nicht mehr derselbe." Er atmete tief durch, versuchte, die Gedanken zu ordnen. Vielleicht hatte das Wesen recht. Vielleicht gab es hier nichts, das ihn retten konnte. Vielleicht war er hierher zurückgekehrt, um zu sehen, wie die Erinnerungen zu Staub zerfallen, weil er selbst längst nicht mehr derselbe war. Doch noch immer blieb er sitzen, als suche er nach einem letzten Rest von Frieden. Ein Teil von ihm klammerte sich an die Vorstellung, dass diese alten Plätze ihm eine Antwort geben könnten. Doch je länger er saß, desto mehr spürte er die Leere, die sich um ihn legte. Nichts hier konnte ihm das Gefühl von Sicherheit geben. Stattdessen fühlte er sich wie ein Fremder, der in einer Welt wandelte, die ihn längst vergessen hatte. Langsam stand er auf. Der kalte Wind blies ihm ins Gesicht, als wollte er ihn forttreiben, weg von den Erinnerungen, die er sich nicht einmal mehr zu eigen machen konnte. Aber er ging weiter, die Schritte wieder mechanisch, der Blick nach unten gerichtet. Es war, als würde die Stadt ihn verschlucken. Die vertrauten Orte, die Gesichter, die er aus seiner Kindheit kannte, waren zu leeren Kulissen geworden. Die Straßen führten ihn irgendwo hin, aber er wusste nicht wohin. Vielleicht dachte er, dass es einen Punkt geben würde, an dem er sich wieder zu Hause fühlen würde. Doch dieser Punkt war längst nicht mehr da. Er passierte das alte Krankenhaus, in dem er früher oft als Kind gewesen war. Er erinnerte sich an die Besuche, die er mit seiner Mutter gemacht hatte, als er wieder einmal einen dieser nervenaufreibenden Streit mit seinem Vater hinter sich hatte. Diese Erinnerungen waren wie ein stechender Schmerz, der ihn durchzog, jedes Mal, wenn er daran dachte. Die Wände dieses Ortes hatten ihn gesehen, als er in den Fluren gelaufen war, als er hoffte, irgendwo, irgendwie ein wenig Trost zu finden. Doch auch hier war keine Geborgenheit mehr. Der Platz war leer, die Fenster verschlossen. Das Gebäude war noch da, aber alles, was es beherbergte, war jetzt nur noch ein Schatten der Vergangenheit. Jonas fühlte sich müde. Die Tränen, die er nicht mehr zu zeigen vermochte, brannten in seinen Augen. Die Sonne, die schwach durch den grauen Himmel brach, vermochte nicht, ihm das Gefühl von Licht zu geben. Stattdessen fühlte es sich an, als würde er in einen Raum eintreten, in dem es nur noch Dunkelheit gab. Die Straße, die er entlang ging, war jetzt kaum noch belebt. Die Menschen, die an ihm vorbeigingen, schienen ihn zu durchdringen, als wären sie nicht mehr da. Kein Blick, kein Wort, keine Geste. Alle starrten nach vorne, ohne ihn wahrzunehmen. Jonas fühlte sich wie ein Geist. Niemand kümmerte sich um ihn. Niemand fragte, wo er war, was er tat. Und irgendwie war das in diesem Moment genau das, was er wollte. Denn die Vorstellung, dass jemand ihn ansprach, schien fast wie ein Fremdkörper. Er ging weiter. Die Häuser, die er betrachtete, waren verblasst, die Fassaden verwittert. Sie sahen aus wie Kulissen, die irgendwann zusammenbrechen würden, wie alles, was er je gekannt hatte.

*

Er wusste, dass er sich beruhigen musste. Er musste einen klaren Gedanken fassen. „Ein Hotel“, murmelte er leise. Das klang vernünftig. Ein Ort, an dem er allein sein konnte, an dem er nachdenken konnte. Vielleicht würde ein bisschen Ruhe ihm helfen, sich zu sammeln. Er stand auf und ging weiter. Seine Schritte wurden etwas sicherer, als er das Ziel vor Augen hatte. Doch in seinem Inneren blieb alles in Aufruhr. Nach einer Weile fand er ein kleines Hotel am Rand der Innenstadt. Es war unscheinbar, mit einer altmodischen Leuchtreklame, die schwach flackerte. Genau der richtige Ort, um nicht aufzufallen. Er betrat die Lobby und wurde von warmem

Licht und dem leisen Summen einer Klimaanlage empfangen, die warme Luft durch den Raum wirbelte. Am Tresen saß eine junge Frau, die Jonas freundlich anlächelte. „Guten Abend. Haben Sie ein Zimmer frei?“ Seine Stimme klang fremd in seinen Ohren, rau und erschöpft. Die Frau tippte auf ihrem Computer. „Für wie viele Nächte?“ Jonas zögerte. „Ich... ich weiß nicht. Fürs Erste nur eine.“ Sie nickte und gab ihm die Formalitäten zu erledigen. Jonas unterschrieb, zahlte und nahm schließlich den Schlüssel entgegen. „Zimmer 204, im zweiten Stock. Der Aufzug ist gleich dort drüben.“ Er dankte ihr leise und machte sich auf den Weg. Der Aufzug war alt und knarrte leise, als er sich in Bewegung setzte. Jonas lehnte sich gegen die Wand und schloss die Augen, während er nach oben fuhr. Die Tür des Hotelzimmers fiel leise ins Schloss. Er blieb einen Moment reglos stehen, den Rücken an das Holz gelehnt, die Augen geschlossen. Der dumpfe Druck in seiner Brust hatte sich nicht gelöst. Ganz im Gegenteil — mit jedem Atemzug schien er stärker zu werden, als würde sich ein unsichtbares Band immer enger um seinen Brustkorb ziehen. Langsam öffnete er die Augen und ließ den Blick durch das Zimmer schweifen. Es war schlicht, funktional — ein Bett mit weißem Laken, ein kleiner Schreibtisch, ein Fernseher an der Wand. Der Teppich war beige und fleckig, der Geruch nach Reinigungsmittel und abgestandener Luft hing schwer im Raum. Aber es war ruhig. Zum ersten Mal seit Stunden spürte Jonas, wie sehr ihn die Stille erschreckte. Draußen, auf den Straßen, war er wenigstens von Geräuschen umgeben gewesen, von Bewegung, von Leben. Hier war nur diese bedrückende Stille, die ihn zwang, seinen Gedanken zuzuhören. Und diese Gedanken waren kein guter Ort. Er ließ seine Jacke auf den Boden sinken und setzte sich auf die Bettkante. Das Bett gab unter seinem Gewicht nach, und er spürte, wie die Erschöpfung in seinen Knochen langsam Besitz von ihm ergriff. Er schloss die Augen und atmete tief durch. Sein Kopf pochte. Der Druck in seiner Brust ließ nicht nach. Vielleicht würde eine Dusche helfen. Langsam stand er auf und schlurfte ins Badezimmer. Der Spiegel über dem Waschbecken zeigte ihm ein Gesicht, das er kaum wiedererkannte — eingefallen, blass, mit dunklen Schatten unter den Augen. Seine Haare standen wirr ab, und sein Drei-Tage-Bart war ein ungleichmäßiger Schatten auf seiner Haut. Er sah aus wie ein Mann, der kurz davor war, auseinanderzufallen. Er drehte das Wasser auf und ließ es erst heiß, dann kälter werden, bis der Dampf den kleinen Raum füllte. Dann trat er unter den Strahl und ließ das Wasser über seinen Körper rinnen.

Es fühlte sich an, als würde es einen Teil des Schmutzes und der Erschöpfung wegwaschen — aber nicht genug. Für einen Moment war da nichts außer der beständigen Bewegung des Wassers, das Rauschen, das alle anderen Geräusche ausblendete. Die Wärme lockerte die Anspannung in seinen Schultern und er merkte erst jetzt, wie sehr sein Körper unter Spannung gestanden hatte. Er stützte sich mit den Händen an den kühlen Fliesen ab und atmete tief durch. Der Druck in seiner Brust ließ langsam nach, wenn auch nur ein wenig. Der heiße Dampf erfüllte das kleine Badezimmer, und Jonas schloss die Augen, ließ den Kopf nach vorne sinken und versuchte, seine Gedanken abzuschalten. Nur ein paar Minuten Ruhe. Das war alles, was er wollte. Als er schließlich das Wasser abdrehte, fühlte er sich ein wenig leichter. Das Geräusch des tropfenden Duschkopfs war beruhigend, und die Stille, die danach eintrat, war nicht mehr ganz so drückend wie zuvor. Er trocknete sich ab, wickelte das Handtuch um seine Hüften und trat wieder ins Zimmer. Die kühle Luft ließ ihn leicht frösteln, aber es war ein angenehmes Gefühl — ein Zeichen, dass er hier war, in diesem Moment und nicht irgendwo in den dunklen Ecken seiner Gedanken. Am Fenster zog er den Vorhang ein Stück zur Seite und sah hinaus. Duisburg lag unter ihm, die Straßen erleuchtet von Laternen, Autoscheinwerfern und den Leuchtreklamen der Geschäfte. Menschen bewegten sich in kleinen Gruppen oder allein, gingen ihrem Tag nach, ohne zu wissen, dass er sie beobachtete. Es war ein merkwürdiges Gefühl — hier oben in diesem Hotelzimmer zu stehen, getrennt vom Leben da draußen, und gleichzeitig so nah. Er zog sich seine alte, vollgeschwitzte und schmutzige Kleidung an und setzte sich an den kleinen Schreibtisch. Er war sich nicht sicher, was er jetzt tun sollte. Essen? Schlafen? Fernsehen? Nichts davon fühlte sich richtig an. Stattdessen griff er nach einem Notizbuch, das er immer bei sich trug, und schlug es auf. Er hatte seit Ewigkeiten keinen Blick mehr hineingeworfen, geschweige denn etwas eingetragen. Er hatte sich gewehrt, seine Gedanken aufzuschreiben, er wollte sich nicht noch mehr mit ihnen beschäftigen. Doch diesmal verspürte er einen Drang dazu. Die Seiten waren gefüllt mit Gedanken, Beobachtungen, Erinnerungen — Dinge, die er niemandem erzählen konnte. Schreiben war oft der einzige Weg gewesen, seinen Kopf zu ordnen, und vielleicht würde es auch jetzt helfen. Er nahm den Stift in die Hand und begann zu schreiben.

Duisburg fühlt sich an wie ein Geist. Vertraut und doch fremd. Ich dachte, ich könnte hier etwas finden — vielleicht ein Stück von mir selbst, das ich verloren habe. Aber alles, was ich spüre, ist Leere.

Er hielt inne, ließ den Stift über dem Papier schweben. Dann schrieb er weiter, diesmal ohne nachzudenken, ließ die Worte einfach fließen.

Ich weiß nicht, wohin ich gehen soll. Aber vielleicht muss ich nicht gleich wissen, wohin. Vielleicht reicht es, wenn ich einfach weitergehe. Einen Schritt nach dem anderen.

Er legte den Stift beiseite und betrachtete die Worte. Sie waren nicht schön, nicht besonders klug — aber sie waren ehrlich. Und im Moment war das genug. Sein Magen knurrte, und Jonas bemerkte, dass er seit Tagen nichts richtiges mehr gegessen hatte. Er stand auf und griff nach seiner Jacke. Vielleicht würde ihm ein kleiner Spaziergang und etwas zu essen helfen, den Kopf freizubekommen. Der Flur des Hotels war schmal und dämmrig beleuchtet. Jonas hörte das leise Summen der Neonlichter, ein Geräusch, das in der Stille fast zu laut klang. Er zog seine Jacke enger um sich und ging den Gang entlang zum Aufzug. Der Knopf leuchtete schwach auf, als er ihn drückte, und einen Moment später öffneten sich die Türen mit einem gedämpften Klingeln. Im Spiegel der Aufzugwand sah er sich selbst — frisch geduscht, mit feuchten Haaren, die dunklen Schatten unter seinen Augen noch immer deutlich sichtbar. Aber da war auch etwas anderes: ein Hauch von Klarheit, vielleicht sogar Erleichterung. Die heiße Dusche hatte etwas von der Anspannung weggespült, und jetzt fühlte er sich... nicht gut, aber stabiler. Als die Aufzugtüren sich öffneten, trat er in die Lobby hinaus. Der Raum war fast leer; nur die junge Frau an der Rezeption blickte kurz von ihrem Bildschirm auf und schenkte ihm ein höfliches Lächeln. Jonas erwiderte es schwach und trat hinaus auf die Straße. Die kühle Nachtluft traf ihn sofort, aber diesmal war es angenehm. Die Geräusche der Stadt waren lebendig — Autoreifen auf nassem Asphalt, das entfernte Klirren von Geschirr aus einem Restaurant, Lachen und Gesprächsfetzen, die der Wind mit sich trug. Duisburg war vielleicht nicht seine Heimat, nicht mehr, aber es lebte. Er ließ sich treiben. Seine Schritte führten ihn ohne Ziel durch die Straßen, und mit jedem Block, den er hinter sich ließ, spürte er, wie sich die Starre in seinem Kopf langsam löste. Es war seltsam beruhigend, anonym zu sein, einfach nur ein weiterer Mann, der durch die Nacht lief, ohne dass jemand wusste, wer er war oder was er mit sich herumtrug. Nach einer Weile fand er sich vor einem kleinen Imbiss wieder. Der Duft von Frittierfett und Gewürzen hing in der Luft, und sein Magen erinnerte ihn mit einem lauten Knurren daran, warum er überhaupt losgezogen war. Er trat ein. Der Laden war fast leer, bis auf einen Mann in der Ecke, der in sein Handy vertieft war, und einen Teenager hinter der Theke, der ihn mit gelangweilter Miene musterte. „Ein Döner, bitte. Mit allem." Jonas' Stimme klang rau, als hätte er den ganzen Tag nicht gesprochen — was vermutlich auch stimmte. Der Junge nickte, begann wortlos, seinen Döner zu bauen, und Jonas ließ den Blick durch den Laden schweifen. Es war nichts Besonderes — einfache Tische, ein Fernseher, der leise türkische Musikvideos abspielte — aber es war warm, und es roch nach Essen, und das reichte ihm. Als er seinen Döner bekam, setzte er sich an einen Tisch am Fenster und biss hungrig hinein. Die würzige Schärfe, das warme Brot, der kühle Joghurt — es war das erste, was er seit Stunden zu sich nahm.

*

Jonas aß langsam, ließ sich Zeit, während er durch das Fenster auf die vorbeiziehenden Menschen schaute. Der Döner war warm und sättigend, und obwohl er nicht wirklich Hunger verspürte, merkte er doch, wie sein Körper die Nahrung dankbar annahm. Draußen war die Stadt in Bewegung. Paare, die Hand in Hand gingen, Gruppen von Jugendlichen, die lachten und sich gegenseitig anstießen. Autos fuhren vorbei, und in der Ferne hörte man das Brummen der Straßenbahnen. Jonas beobachtete das alles, ohne wirklich Teil davon zu sein — als säße er hinter einer unsichtbaren Glasscheibe. Der Imbiss füllte sich langsam, Stimmen wurden lauter, das Klirren von Geschirr und das Surren der Fritteuse drängten sich in seinen Kopf. Jonas nahm den letzten Bissen, trank einen Schluck von seiner Cola und stand dann auf. Der kurze Moment der Ruhe, den er hier gefunden hatte, begann zu schwinden — es war Zeit, zu gehen. Er zahlte, nickte dem Jungen hinter der Theke kurz zu und trat wieder hinaus in die Nacht. Die Luft war kühler geworden, und ein feiner Nieselregen legte sich auf seine Haut. Jonas zog die

Jacke enger um sich und machte sich auf den Weg zurück zum Hotel. Die Straßen waren vertraut und fremd zugleich. Hier und da erkannte er Ecken aus seiner Kindheit — ein Kiosk, an dem er früher Süßigkeiten gekauft hatte, ein kleiner Platz, auf dem er mit anderen Kindern Fußball gespielt hatte. Doch alles war anders. Die Gebäude schienen kleiner, die Wege kürzer. Oder vielleicht war es er, der sich verändert hatte. Der Gedanke ließ ihn schneller gehen. Als er das Hotel erreichte, wirkte die Lobby noch leerer als zuvor. Die junge Frau an der Rezeption war verschwunden, und die Stille im Gebäude schlug ihm entgegen, als er den Aufzug betrat und den Knopf für den zweiten Stock drückte. Im Zimmer angekommen, ließ Jonas die Jacke auf den Stuhl fallen und setzte sich auf das Bett. Er fühlte sich erschöpft, aber nicht auf die ruhelose, angespannte Weise, die ihn den ganzen Tag begleitet hatte. Dies war eine angenehme Müdigkeit — die Art, die einen einlud, einfach loszulassen. Er schaltete die Nachttischlampe ein und zog das Notizbuch wieder zu sich. Die Seiten fühlten sich vertraut an, und er schrieb, ohne groß nachzudenken:

Ich habe gegessen. Das sollte keine große Sache sein, aber es fühlt sich an wie ein kleiner Sieg. Die Stadt ist laut und fremd, aber ich bin noch hier. Ich weiß nicht, was morgen bringt, aber heute habe ich durchgehalten.

Er legte den Stift weg und schaltete die Lampe aus. Im Dunkeln lauschte er dem leisen Rauschen der Klimaanlage und dem fernen Geräusch der Stadt. Und irgendwann, zwischen den Gedanken, fand ihn der Schlaf. Der Schlaf war tief, hielt aber nicht lange an. Jonas wurde von dem lauten klingeln seines Handys geweckt. Er hatte das Gefühl, dass sein Herz in seiner Brust vor Schreck explodieren würde, als das Handy auf dem Nachttisch vibrierte. Die Nummer war unbekannt und für einen Moment zögerte er. Ein winziger Teil von ihm wollte das Gespräch einfach ignorieren. Vielleicht war es besser, sich nicht mit der Realität auseinanderzusetzen. Doch etwas trieb ihn, den Anruf anzunehmen. Er atmete tief durch, bevor er das Display berührte und das Gespräch entgegen nahm. „Falk?", kam eine stechende, ungeduldige Stimme am anderen Ende der Leitung. Es war die Stimme von Herrn Weber, seinem Vorgesetzten. Jonas erinnerte sich nur vage an den Mann, als wäre er eine Figur aus einer anderen Zeit. Ein Teil von ihm wollte diese Verbindung sofort kappen, sich wieder in den Strudel seiner Gedanken zurückziehen. Aber er blieb still, lauschte. „Ja?“ Seine Stimme war schwach und brüchig, als ob er sich selbst nicht glauben konnte, dass er das Wort „Ja“ überhaupt ausgesprochen hatte. „Wo sind Sie?“, fragte Weber, mit einem Unterton von Ärger, der sofort in Jonas' Brust drang. „Wir haben Sie seit Tagen nicht erreicht. Keine Nachricht, nichts. Wo sind Sie, Falk?“ Jonas wollte antworten, doch die Worte blieben in seinem Hals stecken. Er versuchte, sich zu sammeln, aber sein Kopf war wie ein düsterer Nebel, der ihn verschluckte. Er konnte die Konturen der Realität nicht mehr scharf erkennen. „Ich… Ich bin unterwegs“, stotterte er schließlich, als hätte er sich selbst überlistet, die Antwort zu finden. „Ich komme bald zurück. Tut mir leid… Ich weiß, dass es lange gedauert hat.“ „Lange?“ Weber lachte schneidend. „Lange? Falk, Sie sind seit über drei Tagen weg. Drei Tage, und wir haben keine Ahnung, wo Sie sind. Was läuft hier eigentlich?“ Jonas' Magen zog sich zusammen. „Ich… ich habe einfach etwas Zeit gebraucht. Ich brauche… ich muss nachdenken.“ Die Worte fühlten sich leer an, als könnte er sie einfach aussprechen, um die Stille zu füllen. Doch sie hatten keine Bedeutung mehr. In diesem Moment wusste er, dass es nichts gab, was er sagen konnte, das diesen Moment zurückdrehen würde. „Wir haben schon alles versucht, Falk. Sie haben Ihre Arbeit nicht abgeschlossen, Sie haben sich nicht gemeldet, auf niemanden reagiert. Ihre Kollegen wissen nicht, was mit Ihnen los ist. Ich weiß nicht mal, wie ich das erklären soll. Die Firma hat das Recht, auf Ihr Fehlen zu reagieren. Sie sind schließlich kein Kind mehr.“ Jonas schloss die Augen und ließ die Worte auf sich wirken. Der Schmerz in seiner Brust schien immer tiefer zu werden. Die Stimme seines Vorgesetzten, so kalt und fordernd, schnitt wie ein Messer. „Was soll ich jetzt tun?“, fragte er sich in einem Atemzug, doch niemand konnte diese Frage für ihn beantworten. Niemand außer ihm selbst. „Falk, was zum Teufel ist los mit dir?“, hörte er Weber sagen, die Stimme nun weniger geduldig, mehr wie ein Vorwurf. „Wo waren Sie die ganze Zeit? Was haben Sie gemacht? Wir haben Ihnen eine Nachricht geschickt, aber Sie haben nie geantwortet!“ Jonas spürte, wie sich die Welt um ihn zusammenzogen. Sie schien sich ihm nur noch weiter zu entziehen. Er hatte keine Antworten mehr. Keine Worte. Er fühlte sich, als wäre er in einem Raum eingesperrt, der ihn immer enger umschloss. „Es tut mir leid“, sagte er, obwohl er selbst nicht wusste, warum er sich entschuldigte. Diese Worte schienen automatisch über seine Lippen zu kommen, ohne dass er einen Sinn dahinter fand. „Ich… ich weiß nicht, was passiert ist. Ich wollte es nicht so weit kommen lassen.“ „Und was genau wollten Sie dann?“, fragte Weber mit scharfem Tonfall, als ob er die Antwort nicht einmal hören wollte. „Was für eine Ausrede haben Sie jetzt für uns?“ Jonas konnte kaum einen klaren Gedanken fassen. Die Worte seines Vorgesetzten gingen an ihm vorbei, während seine Gedanken in einem Wirbel aus Chaos versanken. Warum war er eigentlich hier? Warum hatte er nicht früher aufgegeben, alles hinter sich gelassen? Diese unaufhörlichen Fragen durchbohrten seinen Geist. „Ich...“ Jonas starrte auf den Boden. Er konnte sich nicht selbst erklären. Was hatte er gemacht? Warum hatte er alles so weit kommen lassen? „Weißt du was, Falk?“ Weber seufzte laut, als ob er das Gespräch endlich beenden wollte. „Wir haben genug versucht, uns um dich zu kümmern. Es tut mir leid, aber du bist gekündigt. Ab sofort gibt es keine Position mehr für dich. Wir können nicht mehr weiter so tun, als wäre alles in Ordnung.“ Jonas' Herz setzte einen Schlag aus, als er diese Worte hörte. Die Leere in ihm, die schon so lange gewachsen war, schien jetzt über ihn hinwegzubrechen wie eine gewaltige Welle. Kein Rückhalt. Keine Hand, die ihn noch auffangen konnte. Alles war weg. Alles, wofür er noch gekämpft hatte, war jetzt mit einem Schlag verschwunden. „Du bist gekündigt“, wiederholte Weber, diesmal langsamer, als wolle er sicherstellen, dass Jonas es auch verstand. „Wir konnten dich nicht erreichen, du bist einfach verschwunden. Das tut mir leid, aber es gibt keine Entschuldigung für das, was passiert ist.“ Die Worte hallten durch Jonas' Kopf, immer und immer wieder. Und mit jedem Mal, dass sie zurückkamen, wurde das Gefühl der Verzweiflung größer, fast erdrückend. „Falk?“ Weber klang jetzt beinahe genervt, als er keine Antwort bekam. „Hörst du mir überhaupt zu?“ Doch Jonas konnte nicht mehr antworten. Alles in ihm war wie erstarrt. Er hatte das Gefühl, als würde der Boden unter ihm zusammenbrechen. Seine Hände zitterten, und er stützte sich gegen die Bettkante, als ob er befürchtete, er würde zusammenbrechen, wenn er sich nicht festhielt. „Falk?“, fragte Weber erneut, doch diesmal war die Stimme weniger autoritär, eher besorgt. „Bist du noch da?“ Jonas ließ das Handy aus seiner Hand fallen. Die Worte des Vorgesetzten hallten nach, als wäre die Welt um ihn herum völlig still, alles andere unwichtig. In diesem Moment wusste er, dass alles, was er getan hatte, alles, was er aufgebaut hatte, nichts mehr bedeutete. Der Anruf, die Kündigung, es fühlte sich an wie eine entfernte Erinnerung, die ihn in einem Moment der absoluten Isolation erreichte. „Es tut mir leid“, flüsterte er noch einmal, doch keiner war mehr da, um ihm zuzuhören. Er drehte sich um, nahm sein Handy wieder in die Hand und stand langsam aus dem Bett auf, die Beine fühlten sich schwer an. Hinter ihm blieb das Echo der Worte, die die Verbindung mit seiner letzten Hoffnung durchtrennten: „Du bist gekündigt." Er wusste nicht, was er nun tun sollte. Aber er wusste, dass nichts mehr war, wie es einmal gewesen war.

*

Die Tür des Hotelzimmers fiel leise ins Schloss, und mit dem Klicken des Schlossriegels legte sich eine fast greifbare Stille über den Hotelflur. Jonas stand einen Moment lang regungslos da, den Rücken an die kühle Holzfläche der Tür gelehnt. Sein Atem ging flach, die Worte, die er gerade am Telefon gehört hatte, hallten immer noch durch seinen Kopf — dumpf, eindringlich, als kämen sie aus einem Tunnel, den er nicht verlassen konnte.

„Ab sofort gibt es keine Position mehr für dich."

„Sie waren nicht erreichbar."

„Sie sind gekündigt."

Der letzte Satz war wie ein Schlag. Kündigung. Wieder abgelehnt, wieder hinausgestoßen. Wieder allein. Langsam löste er sich von der Tür, als wäre es ein Kraftakt. Jeder Schritt fühlte sich schwer an, als hätte jemand unsichtbare Gewichte an seinen Körper gebunden. Er ließ die Jacke wie in Trance über seine Schultern streifen, schaute aus dem Fenster am Ende des Flures. Duisburg lag vor ihm, flirrend vor Lichtern, voller Bewegung. Autos zogen glitzernde Spuren auf dem nassen Asphalt, Menschen eilten unter Regenschirmen vorbei, und irgendwo lachte jemand laut. Es war, als würde er das alles durch einen Käfig beobachten — nah genug, um es zu sehen, aber zu weit entfernt, um es zu berühren. Jonas atmete langsam aus und rieb sich die Schläfen. Ein dumpfes Pochen hatte sich in seinem Kopf festgesetzt. Er spürte die Kälte der Enttäuschung, den brennenden Knoten der Wut, die Traurigkeit, die sich wie eine Schlinge zuzog. Er wusste, was er jetzt tun würde.

Schon bevor er sich umdrehte, wusste er es. Der Aufzug kam langsam, und Jonas starrte sein Spiegelbild in der glänzenden Metalltür an. Er sah müde aus. Müde und leer. Als der Aufzug im Erdgeschoss ankam, betrat er die Lobby, ohne den Kopf zu heben. Die junge Frau an der Rezeption warf ihm einen flüchtigen Blick zu, aber Jonas bemerkte es nicht. Die automatische Tür schob sich auf, und die kalte Nachtluft traf ihn wie ein Schlag. Der Regen war abgeklungen, aber die Straßen glänzten noch immer vor Nässe. Die Stadt schien anders zu atmen als zuvor — schneller, lauter. Jonas ließ sich treiben, ohne Ziel, nur mit einem brennenden Bedürfnis im Bauch: den Schmerz zu betäuben. Seine Schritte führten ihn durch enge Gassen, vorbei an geschlossenen Geschäften und beleuchteten Schaufenstern, bis er schließlich vor einer kleinen, heruntergekommenen Bar stehen blieb. Das Schild über der Tür flackerte, und aus dem Inneren drangen dumpfe Stimmen und das leise Klirren von Gläsern. „Zum alten Hafen.“ Der Name war ihm nicht vertraut, aber das war egal. Die Tür quietschte, als er eintrat. Drinnen war es warm und stickig. Der Geruch von Rauch, Alkohol und fettigem Essen hing schwer in der Luft. Die Beleuchtung war gedämpft, warf lange Schatten an die Wände. Ein paar Männer saßen an den Tischen, sprachen in gedämpften Tönen, während der Barkeeper Gläser polierte. Jonas ging langsam zur Theke und setzte sich auf einen der wackeligen Barhocker. „Whisky“, sagte er. Seine Stimme klang fremd in seinen Ohren — rau und erschöpft. Der Barkeeper musterte ihn kurz, dann schenkte er wortlos ein. Jonas griff nach dem Glas und betrachtete den goldenen Inhalt einen Moment lang. Das Licht brach sich darin, warf flackernde Reflexe auf die dunkle Holzfläche der Theke. Er nahm den ersten Schluck. Der Alkohol brannte in seiner Kehle, scharf und warm, und für einen kurzen Moment war da nichts außer diesem Feuer. Kein Schmerz, keine Gedanken, keine Stimmen. Nur Hitze und Leere. „Noch einen“, sagte er, noch bevor das Glas leer war. Der Barkeeper füllte nach, und Jonas trank weiter. Der zweite Schluck ging leichter hinunter, der dritte noch leichter. Mit jedem Glas wurde die Welt ein Stück weiter weggeschoben, wurden die Stimmen in seinem Kopf leiser. Er bestellte noch einen. Dann noch einen. Die Zeit begann zu verschwimmen. Irgendwann warf jemand Münzen in eine Jukebox, und ein altes Lied begann zu spielen — ein kratziger, melancholischer Blues, der Jonas’ Stimmung nur noch tiefer zog. Er wusste nicht, wie viele Gläser es waren, wusste nur, dass seine Hände irgendwann nicht mehr zitterten und seine Brust sich nicht mehr so eng anfühlte. Er begann zu schwanken, als er vom Hocker rutschte, stolperte auf dem Weg zur Toilette und lachte leise über sich selbst. Der Spiegel über dem Waschbecken zeigte ein verschwommenes Bild — ein Mann mit glasigen Augen und einem schiefen Grinsen, das nicht zu ihm passte. Zurück an der Theke bestellte er weiter. Die Stimmen um ihn herum wurden lauter, die Lichter heller, die Bewegungen langsamer. Jonas fühlte sich schwer und leicht zugleich, als würde er schweben und gleichzeitig im Boden versinken. Jemand sprach ihn an, aber er verstand die Worte nicht. Er lachte, obwohl er nicht wusste, warum. Er trank, bis das Feuer in seiner Kehle zum einzigen wurde, das er noch fühlen konnte. Und irgendwann — irgendwann begann die Dunkelheit an den Rändern seines Blickfelds zu kriechen. Jonas starrte in sein leeres Glas. Das Licht der Bar brach sich in den winzigen Tropfen, die am Boden klebten, und er fragte sich, warum der Anblick ihn so sehr an sein eigenes Leben erinnerte — fast leer, nur noch ein paar Reste, die niemand mehr haben wollte. Er hob die Hand. Der Barkeeper, ein stämmiger Mann mit grauem Haar und einem Gesicht, das aussah, als hätte es zu viele Nächte ohne Schlaf gesehen, kam ohne Eile herüber. „Noch einen", murmelte Jonas, seine Zunge schwer vom Alkohol. Der Barkeeper zögerte einen Moment, musterte ihn mit diesem Blick, den Jonas kannte — diesem abwägenden Blick, der fragte, ob es nicht vielleicht genug war. Aber dann zuckte er mit den Schultern und goss nach. „Läuft wohl nicht so, hm?", sagte der Barkeeper, während er die Flasche wieder weg stellte. Jonas schnaubte leise, ein bitteres Lachen, das eher wie ein Husten klang. „Läuft? Wenn das Leben ein Rennen ist, bin ich schon längst aus der Bahn gefallen." Der Barkeeper brummte etwas, das vielleicht Zustimmung war, vielleicht auch nur Gleichgültigkeit. Jonas nahm einen Schluck. Der Whisky war scharf und warm, und er fühlte, wie er sich wie ein glühender Pfad in seinem Körper ausbreitete. Für einen Moment schloss er die Augen, ließ sich treiben. Als er sie wieder öffnete, setzte sich jemand auf den Hocker neben ihn. Eine Frau, vielleicht Ende dreißig, mit dunklen, lockigen Haaren und müden Augen. Sie bestellte ein Bier, warf Jonas einen flüchtigen Blick zu und sah dann wieder nach vorn. „Schwerer Tag?", fragte sie nach einer Weile, ohne ihn direkt anzusehen. Jonas lachte leise — ein raues, heiseres Geräusch. „Schweres Leben." Sie nickte, nahm einen Schluck aus ihrer Flasche. „Kommt mir bekannt vor." Eine Weile saßen sie schweigend nebeneinander, und das Summen der Bar legte sich wie ein Hintergrundrauschen über sie. Jonas nahm noch einen Schluck, spürte, wie der Alkohol seine Gedanken aufweichte, sie träge und verschwommen machte. „Was machst du hier?“, fragte er schließlich, die Worte ein wenig undeutlich. „Dasselbe wie du, schätze ich.“ Sie zuckte mit den Schultern. „Vergessen.“ Jonas starrte auf sein Glas. „Funktioniert das bei dir?“ „Manchmal.“ Sie drehte die Flasche langsam in ihren Händen. „Und bei dir?“ Er schüttelte den Kopf. „Noch nicht genug getrunken.“ Das brachte sie zum Lächeln, ein müdes, trauriges Lächeln, das ihm irgendwie vertraut vorkam. „Dann trinken wir weiter“, sagte sie. Und das taten sie. Glas um Glas verging, und mit jedem Schluck wurde die Welt weicher, die Stimmen leiser, der Schmerz dumpfer. Alles verschwamm in einem warmen, alkoholgetränkten Nebel. Und trotzdem — oder vielleicht gerade deswegen — fühlte er sich zum ersten Mal seit Langem nicht mehr ganz so allein.

*

Das Glas in Jonas’ Hand war leer. Wann das passiert war, wusste er nicht genau. Die Gespräche waren irgendwann in ein verschwommenes Gemurmel übergegangen, und das warme Gefühl des Alkohols hatte ihn eingelullt, hatte ihn für ein paar Stunden in eine andere Welt gezogen. Er fühlte sich... leicht. Nicht glücklich, aber auch nicht erdrückt. Einfach nur... leichter als sonst. Die Frau – ihr Name war Hanna, oder vielleicht Anna? – sprach immer noch, aber ihre Worte erreichten ihn nur noch gedämpft, als kämen sie von weit her. Er nickte mechanisch, trank weiter, verlor sich im Brummen der Bar, im trügerischen Trost des betäubenden Rausches. Aber irgendwann passierte es dann doch. Irgendwann begann das Gefühl zu kippen. Es fing leise an. Ein schleichendes, kaum spürbares Flüstern in seinem Hinterkopf, das mit jeder Sekunde ein bisschen lauter wurde. Das hier ist nicht echt. Jonas blinzelte, versuchte, das unangenehme Gefühl abzuschütteln. Aber es blieb. Hanna (oder Anna?) lachte über etwas, das er nicht verstanden hatte, und für einen Moment versuchte er, sich daran festzuhalten, an diesem kurzen Funken von Normalität.

Aber dann hörte er sein eigenes Lachen – und erkannte, wie hohl es klang. Er spürte, wie sich eine Kälte in seine Brust schlich, sich langsam, aber gnadenlos ausbreitete, und plötzlich schmeckte der Alkohol nicht mehr nach Wärme, sondern nach Bitterkeit. Er setzte das Glas ab. Seine Hand war schwer, als würde sie nicht mehr zu ihm gehören. „Ich… ich glaube, ich gehe mal an die frische Luft", murmelte er und stand auf. Hanna/Anna hob eine Braue. „Schon? Es ist doch noch früh." Er zwang sich zu einem Lächeln. „Ich brauch' nur kurz Luft." Sie sagte etwas, aber er hörte es nicht mehr. Seine Beine fühlten sich unsicher an, als er sich durch die Bar bewegte. Stimmen flackerten an ihm vorbei, Farben verschwammen, und irgendwo in seinem Kopf lachte eine Stimme leise. „Du weißt es doch besser, Jonas. Du weißt, dass das nicht echt ist". Die Tür quietschte, als er sie aufstieß, und dann war er draußen. Die Nacht empfing ihn mit Kälte. Die Luft war feucht, und die Straßen glänzten immer noch von dem vergangenen Regen. Die Lichter der Stadt zogen sich in die Ferne, verschwammen leicht in seinem Blickfeld. Jonas taumelte ein Stück vorwärts, lehnte sich mit einer Hand an die kühle Backsteinwand der Bar. Sein Kopf drehte sich. Der Alkohol hatte ihn schwer gemacht, aber nicht schwer genug, um den Absturz zu verhindern, der sich jetzt in seinem Inneren anbahnte. Er starrte in die Dunkelheit. Und dann war es da. Das Gefühl. Das Ziehen in seiner Brust, das Drücken im Magen, das Kribbeln in den Fingerspitzen, das allmählich in ein Zittern überging. Die Welt um ihn herum hatte sich verändert. Drinnen, in der Bar hatte er es noch nicht gespürt. Drinnen war alles warm gewesen, laut, voller Stimmen. Dort hatte er sich für einen Moment lang nicht ganz so verloren gefühlt. Aber jetzt? Jetzt war da nichts. Nur Stille. Nur Dunkelheit. Nur er selbst. Sein Blick wanderte nach oben, zu den flackernden Neonbuchstaben des Barschilds. Das Licht warf ein blasses, ungesundes Glimmen auf den nassen Asphalt. Ein paar Stunden lang hatte er geglaubt, er hätte… etwas gefunden. Eine Art Zuflucht. Eine Art Pause vom endlosen Fall. Aber jetzt stand er hier, und die Erkenntnis traf ihn wie ein Schlag: Es war nie echt gewesen. Nie wirklich. Nie für ihn bestimmt. Die Frau drinnen – sie kannte ihn nicht. Sie hatte mit ihm gelacht, aber morgen würde sie ihn vergessen haben. Der Barkeeper, die anderen Gäste – sie waren nur Schatten, die sich für eine Nacht zufällig an derselben Stelle wie er befunden hatten. Niemand wartete auf ihn. Niemand würde sich fragen, wohin er ging. Niemand würde ihn vermissen. Jonas atmete aus, langsam, bebend. Seine Hände ballten sich zu Fäusten, und er biss die

Zähne zusammen, während das Zittern in seinem Körper stärker wurde. Warum? Warum hatte er auch nur für eine Sekunde geglaubt, es könnte anders sein? Warum hatte er zugelassen, dass dieser dumme Funke Hoffnung in ihm aufflammte – nur um jetzt, draußen in der Kälte, von der Realität erstickt zu werden? Seine Kehle schnürte sich zu, und er presste eine Hand gegen seine Stirn. Ein tiefer, tauber Schmerz breitete sich in ihm aus. Und er wusste: Der Alkohol konnte ihn nicht lange genug betäuben. Die Wirkung ließ nach. Und mit jedem Moment, in dem die Welt wieder klarer wurde, wurde auch die Schwere in ihm unerträglicher. Seine Knie fühlten sich weich an. Er wollte weitergehen, aber er wusste nicht, wohin. Die Straßen erstreckten sich vor ihm, leere Adern einer Stadt, die ihn nie gekannt hatte. Er war wieder allein. So, wie er es immer gewesen war. Und diesmal gab es kein Entkommen.

*

Jonas ließ sich schwer auf eine kalte, nasse Mauer sinken. Sein Körper fühlte sich schwer an, aber gleichzeitig leer, als würde er aus Rauch bestehen, als könnte er sich jeden Moment auflösen und mit dem Wind verschwinden. Der Alkohol rauschte heiß durch seine Adern, doch er brachte keine Wärme, kein Vergessen. Er starrte auf die Straße vor sich. Die Lichter der Laternen warfen blasse Reflexionen in die Pfützen, ließen die Welt verzerrt und unwirklich wirken. Er atmete aus. Langsam. Zittrig. Dann kamen die Gedanken. Was hast du getan, Jonas? Er schloss die Augen. Aber das brachte nichts. Denn die Bilder waren in ihm eingebrannt. Tränen strömten unaufhörlich über sein Gesicht und zum ersten Mal seit langer Zeit begann er richtig zu weinen. Er schluchzte, versuchte all seinen Schmerz loszuwerden den er nun so lange mit sich herumtrug Das Wesen Das Wesen hatte ihn hierher gebracht. Es hatte ihn angetrieben, ihn gelenkt, ihn manipuliert. Oder? War es nicht seine eigene Entscheidung gewesen, diesem Flüstern in seinem Kopf nachzugeben? War es nicht sein eigener Wahnsinn gewesen, der ihn auf diesen Weg geführt hatte? Es hatte mit den Spaziergängen angefangen. Diese Spaziergänge, die nicht seine eigenen waren. Die Schritte, die nicht aus seinem freien Willen heraus kamen. Das Wesen war da gewesen, in seinem Kopf, in seinem Schatten, in seiner Haut. Es hatte ihn getrieben, ihm Worte ins Ohr geflüstert, seine Einsamkeit genutzt, um sich in ihn zu graben. Aber... war es überhaupt real? Oder war es nur ein Teil von ihm? Er schluckte hart, seine Finger ballten sich in den Stoff seiner Hose. Es spielte keine Rolle mehr. Denn egal, ob es real war oder nur eine Manifestation seines kranken Verstandes – es hatte ihn zerstört. Die Menschen Sein Herz zog sich schmerzhaft zusammen. Er wusste, dass er nicht zurück konnte. Nicht nach dem, was er getan hatte. Die Gesichter waren noch da, jedes einzelne von ihnen. Die bis an den Rand mit Angst gefüllten Augen. Das Chaos. Die roten Flecken an den Hälsen, die sich langsam überall ausgebreitet hatten. Er hatte immer geglaubt, dass er nur Opfer war. Dass er derjenige war, der litt. Aber jetzt? Jetzt war er derjenige, vor dem andere Angst hatten. Er war der Täter geworden. Er war das Monster. Sein Magen krampfte sich zusammen, und er musste sich nach vorne beugen, als würde ihn die Schwere seiner eigenen Schuld körperlich erdrücken. „Was habe ich getan?", flüsterte er in die Dunkelheit, aber niemand hörte ihn. Niemand würde ihm antworten. Niemand würde ihm vergeben. Der Job Er lachte bitter auf, doch das Geräusch klang mehr wie ein Schluchzen. Der Job war das Letzte gewesen, was ihn noch irgendwie gehalten hatte. Es war keine Erfüllung gewesen, es hatte ihn nicht glücklich gemacht, aber es hatte ihm Struktur gegeben, einen Sinn. Aber selbst das hatte er verloren. Sein Vorgesetzer hatte ihn entlassen, weil er einfach verschwunden war. Weil er sich aufgelöst hatte, wie ein Geist, den niemand vermisst. Es war nur eine Frage der Zeit gewesen, oder? Sein Leben war ein Kartenhaus gewesen, das längst zu wackelig stand. Ein Windstoß hatte gereicht, um alles zum Einsturz zu bringen. Und jetzt saß er hier. Nass, betrunken, allein. Mit der Erkenntnis, dass es keinen Weg zurück gab. Es gab keine Zukunft mehr für ihn. Nicht in dieser Stadt. Nicht in dieser Welt. Und egal, wie oft er versuchte, den Alkohol als Betäubung zu nutzen – die Wahrheit würde ihn immer wieder einholen. Es gab keine Erlösung für jemanden wie ihn. Langsam hob er den Blick, starrte auf das verschwommene Licht der Laternen. Es war Zeit, eine Entscheidung zu treffen. Denn egal, in welche Richtung er sah – es gab nur einen Weg, der noch übrig war. Und er war sich nicht sicher, ob er ihn gehen wollte. Oder ob er ihn gehen musste. Jonas' Atem kam schwer, ungleichmäßig. Seine Brust hob und senkte sich ruckartig, als würde sie unter der Last seiner eigenen Gedanken zusammenbrechen. Die Kälte kroch in seine Haut, aber er spürte sie kaum. Die

Wärme des Alkohols war verflogen, und zurück blieb nur die Leere. Die Straße vor ihm war still. Keine Autos, keine Menschen. Nur das entfernte Summen einer Straßenlaterne, das Zischen eines vorbeiziehenden Windstoßes. Er war allein. Richtig allein. Ein plötzlicher Anflug von Panik durchzuckte ihn.Nicht wegen der Kälte. Nicht wegen der Schuld. Sondern weil er es nicht mehr spürte. Das Wesen. Er riss den Kopf hoch, seine Augen suchten die Dunkelheit ab. Schatten tanzten in den Ecken der Gassen, verwandelten sich für einen Moment in Umrisse – nur um sich sofort wieder aufzulösen. Seine Hände verkrampften sich. „Bist du da?“ Seine Stimme klang rau, zerbrochen. Sie verhallte zwischen den Gebäuden, prallte an den Mauern ab und kehrte ohne Antwort zu ihm zurück. Stille. Sein Herz schlug schneller. „Bitte...“, hauchte er. Sein Blick wanderte suchend umher, als könnte er es irgendwo sehen – als könnte es jeden Moment aus dem Schatten treten, ihn mit dieser tiefen, vertrauten Stimme beruhigen. Aber da war nichts. Nur die Nacht. Nur die Leere. Jonas schluckte schwer. Er versuchte sich einzureden, dass es einfach nicht antwortete. Dass es sich versteckte. Dass es ihn beobachtete und nur wartete. Aber tief in seinem Inneren wusste er es. Es war weg. Es hatte ihn verlassen. Er schüttelte verzweifelt den Kopf, rieb sich mit den Händen über das Gesicht, als könnte er sich selbst aus diesem Albtraum herausreißen. „Ich brauche dich“, flüsterte er. Er wusste nicht, ob das wahr war. Er wusste nicht, ob das Wesen ihn je wirklich gebraucht hatte oder ob es ihn nur benutzt hatte. Aber es war immer da gewesen. Und jetzt nicht mehr. Seine Kehle zog sich zusammen, Tränen brannten hinter seinen Augen, aber er blinzelte sie weg. Sogar das hat dich verlassen. Der Gedanke traf ihn wie ein Schlag in den Magen. Er war wirklich allein. Er hatte nichts mehr. Nicht mal mehr den Wahnsinn, der ihn all die Monate begleitet hatte. Seine Hände sackten kraftlos in seinen Schoß. Für einen Moment fühlte es sich an, als würde er aufhören zu existieren. Als wäre er nur noch ein Schatten in dieser Stadt, verloren in der Dunkelheit, ohne Vergangenheit, ohne Zukunft. Und ohne einen einzigen Menschen, der ihn suchte. Die Straßen blieben still. Das Wesen kehrte nicht zurück. Und mit jeder vergehenden Sekunde wurde Jonas klar, dass es das niemals tun würde.

*

Jonas' Körper begann zu zittern. Erst nur leicht, ein unkontrollierbares Beben in seinen Fingern, das sich dann langsam auf seine Arme ausbreitete. Dann seine Schultern. Dann seine Beine. Es war nicht nur die Kälte. Es war die Erkenntnis. Langsam, quälend, bohrte sie sich in sein Fleisch, ließ ihn innerlich zerreißen, Stück für Stück. Er schnappte nach Luft, aber es half nichts. Sein Brustkorb fühlte sich eng an, als würde ein unsichtbares Gewicht auf ihm lasten, ihn langsam zerquetschen. Es gibt nichts mehr. Sein Job war weg. Sein letzter Halt, seine letzte Struktur – einfach weg. Ich war nie wichtig. Ich war nie genug. Das Wesen war weg. Das Einzige, das ihm das Gefühl gegeben hatte, dass er nicht allein war. Ob es real war oder nicht, spielte keine Rolle mehr. Es hatte ihn begleitet, es hatte ihn gelenkt, es hatte mit ihm gesprochen. Und jetzt? Nicht einmal mein Wahnsinn bleibt bei mir. Seine Hände verkrampften sich in seinem Schoß. Er wollte sie zur Ruhe zwingen, wollte sich selbst unter Kontrolle bringen, aber es ging nicht. Sein ganzer Körper war außer Kontrolle. Das Zittern wurde stärker. Sein Atem wurde flacher. Er blinzelte gegen die Tränen an, aber sie brannten trotzdem in seinen Augen. Ich bin alleine. Ich werde immer alleine sein. Der Gedanke war wie ein Dolch, der sich tief in seine Brust bohrte. Er hörte es jetzt nicht mehr nur – er fühlte es. Er wusste es. Es war die Wahrheit, vor der er so lange weggelaufen war. Niemand suchte ihn. Niemand fragte nach ihm. Niemand würde ihn vermissen. Ich existiere nicht wirklich. Und wenn er jetzt einfach aufstehen und gehen würde? Nicht in sein Hotel. Nicht in eine Bar. Sondern einfach... gehen. Weiter. Immer weiter. Bis es nicht mehr weiterging. Es wäre so einfach. Niemand würde ihn aufhalten. Niemand würde ihn vermissen. Er schluckte schwer, schloss die Augen. Sein Herz hämmerte gegen seine Rippen, sein Atem ging in schnellen Stößen. Ein kalter Windstoß fuhr durch die Straße, ließ ihn zusammenzucken. Er konnte sich selbst nicht mehr spüren. Nur das Zittern. Nur die Kälte. Nur den Schmerz. Sein Blick verschwamm. Ein einziger Schritt. Ein winziger Moment.Und dann wäre es vorbei.Wäre das nicht besser? Er wusste es nicht. Aber er wusste, dass er keine Kraft mehr hatte, um es noch länger auszuhalten. Das Zittern wollte nicht mehr aufhören. Jonas' Hände verkrampften sich so fest, dass seine Fingernägel sich schmerzhaft in seine Handflächen gruben. Seine Beine fühlten sich an, als würden sie unter ihm nachgeben. Sein Atem ging flach und unkontrolliert, als würde sein Körper selbst nicht mehr wissen, ob er überhaupt noch weiterleben wollte. Er konnte nicht mehr. Er wollte nicht mehr. Jede Entscheidung, die er getroffen hatte, hatte ihn an diesen Punkt gebracht. Jeder Fehler, jede falsche Richtung, jede falsche Hoffnung. Sein Job war weg. Sein einziger Anker. Die einzige Struktur, die ihn noch irgendwie im Leben gehalten hatte. Das Wesen war weg. Selbst es hatte ihn verlassen. Er war allein. Zum ersten Mal in seinem Leben wirklich, absolut allein. Sein Blick verschwamm. Was bleibt dann noch? Er erinnerte sich nicht mehr, wann er das letzte Mal wirklich glücklich war. Vielleicht als Kind, bevor er verstand, was für eine Welt ihn umgab. Aber selbst da hatte die Dunkelheit schon auf ihn gewartet. Sie hatte ihn immer begleitet. Hatte ihn geformt. Ihn zerbrochen. Er war nie für ein normales Leben gemacht gewesen. Die Welt wollte ihn nicht. Kein Job, kein Zuhause, keine Liebe, keine Zukunft. Warum also weitermachen? Jonas' Blick wanderte zur Straße. Autos fuhren hier kaum noch. Es war zu spät, die Straßen waren wie ausgestorben. Aber es gab andere Möglichkeiten. Er könnte weitergehen. Über die Brücke. An den Rhein. Er müsste nicht lange nachdenken. Ein Schritt – nur ein einziger – und alles wäre vorbei. Die Schuld. Die Angst. Die Stimmen in seinem Kopf, die leeren Straßen, die dunklen Gedanken, das Gefühl, überall unerwünscht zu sein. Ein Schritt, und er müsste sich nie wieder fragen, warum ihn niemand wollte. Ein Schritt, und er müsste nie wieder gegen diese unaufhörliche, erdrückende Einsamkeit kämpfen. Seine Lippen bebten. Würde ihn irgendjemand vermissen? Nein. Sein Vorgesetzter hatte ihn schon abgehakt. Er hatte keine Freunde. Keine Familie, die sich kümmerte. Es würde nicht einmal jemand merken. Die Stadt würde einfach weitermachen. Er wäre nur eine Randnotiz, ein Name in irgendeinem Polizeibericht, vielleicht eine Kurzmeldung in der Zeitung. Ein „Vorfall". Ein „bedauerlicher Fall". Ein „Mann ohne festen Wohnsitz". Aber kein Mensch. Nicht Jonas. Seine Kehle zog sich zusammen, Tränen brannten in seinen Augen. War das der einzige Weg? War das alles, was von ihm übrig blieb? Er wollte schreien. Er wollte, dass irgendjemand ihn hörte, dass irgendjemand ihm sagte, dass es nicht so war. Aber da war niemand. Da war nur die Nacht. Und der Gedanke, dass es in wenigen Minuten vorbei sein könnte. Jonas kramte mit zitternden Fingern in seiner Jackentasche, bis er das zerknitterte Notizbuch ertastete. Es war alt, die Ecken abgestoßen, die Seiten an manchen Stellen gewellt von Feuchtigkeit. Er hatte es seit Jahren, hatte es immer wieder benutzt, dann wieder vergessen. Aber jetzt... Jetzt war es alles, was ihm noch blieb. Er schlug eine leere Seite auf. Die Linien schienen vor seinen Augen zu verschwimmen, als hätte das Papier Mitleid mit ihm, als wollte es ihn davor bewahren, seine Gedanken in sich einzugraben. Aber er würde schreiben. Denn was blieb ihm sonst? Er atmete tief durch, setzte den Stift an – und ließ die Worte fließen.

Ich weiß nicht mehr, wer ich bin. Ich weiß nicht, ob ich es jemals wusste. Ich habe immer gehofft, dass es irgendwann besser wird, dass ich irgendwann irgendwo hin gehöre, aber das war eine Lüge. Ich bin nirgendwo zu Hause. Ich bin nirgendwo willkommen. Mein ganzes Leben lang habe ich versucht, mich anzupassen. Ich habe mich verbogen, habe mich kleiner gemacht, habe meine Wut, meine Traurigkeit, meine Angst in mich hineingefressen, nur um am Ende doch genau hier zu landen. Ich habe alles verloren. Ich weiß nicht, wann genau der Moment kam, in dem ich endgültig abgerutscht bin. War es, als mein Vater mir zum ersten Mal gezeigt hat, dass ich nichts wert bin? War es, als ich merkte, dass mich niemand lieben kann? War es, als ich den Job verloren habe? Als das Wesen mich verlassen hat? Oder war es noch früher? War es schon immer so? War es unausweichlich? Ich weiß nur, dass ich nicht mehr kann. Ich bin müde. So unfassbar müde. Ich habe es versucht, wirklich. Ich habe mich zusammengesetzt, habe mich wieder und wieder aufgerafft, habe versucht, mir einzureden, dass es besser wird. Aber das tut es nicht. Es wird nie besser. Ich bin es leid, durch Straßen zu laufen, ohne Ziel, ohne Hoffnung. Ich bin es leid, in die Gesichter von Menschen zu sehen, die mich nicht kennen und mich nicht kennen wollen. Ich bin es leid, eine Existenz zu führen, die keinen Sinn hat. Ich habe keine Familie. Keine Freunde. Keine Liebe. Ich habe nicht einmal mehr mich selbst. Was bleibt dann noch? Es gibt nur einen Ausweg. Und vielleicht ist das okay. Vielleicht sollte es so sein. Vielleicht ist das der Moment, an dem ich endlich gehen darf. Vielleicht wartet auf der anderen Seite nichts. Aber selbst das ist besser als dieses Gefühl. Besser als… das hier.

Jonas starrte auf die Worte, während sein Körper immer noch zitterte. Er wusste nicht, wie lange er einfach nur dasaß und auf die Seite blickte. Minuten? Stunden? Es war egal. Alles war egal. Er schlug eine neue Seite auf, eine, die er nur dem Wesen widmen wollte. Sein Atem zitterte, als er den Stift erneut ansetzte.

Ich weiß nicht mehr genau, wann es das erste Mal zu mir kam. Ich war noch ein Kind, das ist sicher. Damals waren es nur Stimmen, doch heute bin ich mir sicher, dass es damals schon das Wesen war. Ich war ein Junge, der nie willkommen war. Ein Junge, der in den Schatten aufwuchs, der zwischen den Scherben von zu Hause nach etwas suchte, das sich wie Sicherheit anfühlte. Aber Sicherheit gab es nicht. Nicht in den Augen meines Vaters. Nicht in den Worten meiner Mutter. Aber es war da. Ich habe es nicht gerufen. Ich habe nicht darum gebeten. Es war einfach da, wie ein Schatten, der sich in mein Leben geschlichen hat. Anfangs war es nur eine Stimme. Ein Flüstern, kaum mehr als ein Echo in meinem Kopf. Aber es wurde lauter. Klarer. Und irgendwann sah ich es. Seine Gestalt war nie ganz greifbar. Mal war es groß, mal klein. Mal hatte es Arme, mal war es nur ein Umriss, eine schwarze, vibrierende Masse, die sich immer genau dort aufhielt, wo ich hinsah. Seine Augen – wenn es sie denn hatte – waren tief, endlos, als würden sie direkt in mich hineinblicken und alles sehen, was ich war. Alles, was ich nie sein konnte. Es sprach mit mir. Nicht wie andere. Nicht mit leeren Worten oder falschen Versprechen. Es verstand mich. Es wusste, was in mir vorging, es wusste, wie sehr ich mich in dieser Welt fremd fühlte. Und es wusste, was ich tun musste. Es hat mich gelenkt. Hat mir gesagt, wohin ich gehen soll, was ich tun soll, wann ich mich wehren soll. Es hat mir die Wahrheit gezeigt. Die Wahrheit, dass die Welt mich nie wollte. Die Wahrheit, dass ich nicht dazu gehöre. Es hat mir geholfen, als ich allein war. Es hat mir Kraft gegeben, als ich am Boden lag. Es hat mir gesagt, dass ich nicht aufhören darf, dass ich kämpfen muss. Doch irgendwann… wurde es dunkler. Irgendwann war es nicht mehr nur eine Stimme in meinem Kopf. Irgendwann war es eine Präsenz, die immer da war. Die mich nicht schlafen ließ. Die mich anstachelte, die mich drängte. Es war nicht mehr nur ein Schatten. Es war ein Sturm in mir. Und ich habe getan, was es wollte. Ich habe Dinge getan, die mich verändert haben. Ich habe Dinge getan, die ich nicht rückgängig machen kann. Und jetzt? Jetzt, wo ich ganz unten bin? Jetzt, wo alles zerbricht? Jetzt schweigt es. Jetzt, wo ich es am meisten brauche, ist es weg. Und ich weiß nicht, ob das gut oder schlecht ist. Ich weiß nur eins: Es hat mich nie wirklich verlassen.

Selbst wenn ich es nicht mehr spüre. Selbst wenn es nicht mehr mit mir spricht. Es ist da. Irgendwo. Vielleicht hat es mich nicht verlassen. Vielleicht hat es endlich gewonnen.

Jonas legte den Stift zur Seite. Er spürte, wie sein Herz raste, als hätte er sich gerade die letzte Wahrheit seines Lebens eingestanden. Er wusste nicht, ob das Wesen ihn gerettet oder zerstört hatte. Aber er wusste, dass es für immer ein Teil von ihm war.

*

Jonas' Atem war flach, als er sich langsam vom Bordstein abstieß und sich aufrichtete. Seine Knie fühlten sich schwach an, als hätte er den ganzen Tag gestanden, obwohl er die letzten Minuten einfach nur gesessen hatte – zusammengesunken, mit dem Notizbuch auf seinen Oberschenkeln, seine Finger noch leicht verkrampft vom Schreiben. Er schob das Buch zurück in seine Jackentasche. Es passte nur knapp hinein, die Ecken ragten hervor, aber das war ihm egal. Er würde es nicht mehr brauchen. Mit einem tiefen Atemzug richtete er den Blick auf die Straße vor sich. Die Nacht war dunkel, aber nicht still. In der Ferne hörte man das Rauschen der Stadt – vorbeifahrende Autos, das dumpfe Wummern von Musik aus einer Bar, vereinzelt Stimmen, die irgendwo aus den Seitengassen zu ihm drangen. Es war spät, doch Duisburg schlief nie ganz. Jonas ging los. Seine Schritte hallten auf dem Gehweg wider. Nicht viele Menschen waren noch unterwegs – nur ein paar Gestalten, die er aus den Augenwinkeln sah. Eine Gruppe junger Männer auf der anderen Straßenseite, laut lachend. Ein Mann mit Kapuze, der an einer Bushaltestelle rauchte. Eine Frau, die schnellen Schrittes in die andere Richtung eilte, die Tasche fest unter den Arm geklemmt. Niemand beachtete ihn. Sein Blick flog über die Schilder, die Lichter, die Gebäude. Er suchte nach etwas Bestimmtem. Er wusste, dass irgendwo hier ein Kiosk sein musste. Die Art von Laden, die immer offen hatte, egal ob es Tag oder Nacht war. Er brauchte nicht lange, um ihn zu finden. Ein flackerndes Leuchtschild, das schief an der Hauswand hing. Die Buchstaben teilweise verblasst, aber noch lesbar. Ein kleines Fenster, dahinter Regale voll mit Snacks, Zigarettenpackungen und Kühltruhen mit Getränken. Jonas blieb kurz stehen, ließ seinen Blick über den Eingang wandern. Der Türrahmen war alt, das Holz an den Rändern abgesplittert. Eine Glocke hing über der Tür, aber sie war mit Klebeband fixiert, als hätte der Besitzer keine Lust mehr auf das ständige Klingeln. Er atmete noch einmal tief durch, bevor er die Tür aufstieß. Das Summen der Neonröhren empfing ihn als Erstes. Ein leises, beständiges Geräusch, das den Raum mit einem kühlen, fast sterilen Licht füllte. Die Luft roch nach altem Tabak, nach aufgerissenen Chipstüten und abgestandenem Bier. Hinter dem Tresen saß ein Mann mittleren Alters. Sein Gesicht war müde, sein Blick leer, als wäre er längst daran gewöhnt, in den frühen Morgenstunden Gestalten wie Jonas in den Laden kommen zu sehen. Jonas sagte nichts. Er ließ den Blick durch den Laden gleiten, bewegte sich langsam zwischen den engen Gängen hindurch. Die Regale waren chaotisch bestückt – Süßigkeiten, Dosen, kleine Plastikverpackungen mit Backwaren. Daneben Zeitschriften, einige schon vergilbt, halb umgeknickt. Aber das war nicht, was er suchte. Seine Füße trugen ihn weiter nach hinten, dorthin, wo die Kühlschränke standen. Das Glas war leicht beschlagen, die Luft ringsherum fühlte sich kühler an. Die Geräusche der kleinen Kühlmotoren brummten monoton. Jonas streckte die Hand aus und öffnete die Tür eines der Kühlschränke. Ein leiser Hauch kalter Luft schlug ihm entgegen. Seine Finger fuhren über die Flaschenhälse. Er suchte nicht nach Geschmack. Nicht nach Marke. Nicht nach Qualität. Er suchte nach dem Gewicht in seiner Hand. Er nahm eine der Glasflaschen heraus, spürte das kalte, glatte Glas gegen seine Haut. Schwerer als eine Dose. Robuster. Besser. Für einen Moment hielt er die Flasche einfach nur fest. Betrachtete die Kondenswassertropfen, die langsam an der Oberfläche hinabrannen. Dann drückte er die Tür des Kühlschranks wieder zu. Das leise Klacken des Magnetschlosses hallte in seinen Ohren nach. Langsam drehte er sich um und ging zum Tresen. Langsam drehte er sich um und ging zum Tresen. Der Verkäufer nahm kaum Notiz von ihm. Sein Blick war träge, sein Gesicht ausdruckslos, als Jonas die Flasche auf den Tresen stellte. Die Neonröhren über ihm warfen harte Schatten auf die Falten in seinem Gesicht, auf die fettige Stirn, die müden Augen. Jonas' Finger ruhten immer noch auf dem Glas. Kalt. Feucht. Ein dünner Film aus Wasser blieb an seinen Fingerspitzen haften, als er die Hand zurückzog. Der Mann hinter dem Tresen griff nach der Flasche, scannte sie mit einer langsamen Bewegung über den Barcode-Leser. Ein kurzes Piepen durchbrach die Stille.

„Sonst noch was?" Seine Stimme klang rau, brüchig von zu vielen Zigaretten. Jonas schüttelte den Kopf. „Drei Euro fünfzig." Er tastete in seine Tasche, zog ein paar

Münzen hervor. Seine Hände zitterten leicht, als er sie auf den Tresen legte. Der Mann zählte sie nicht einmal richtig, schob sie nur mit einer abgenutzten Hand zur Kasse und ließ sie darin verschwinden. Dann griff er unter den Tresen, zog einen Flaschenöffner hervor, setzte ihn an den Kronkorken an. Ein leises Plopp. Er schob die offene Flasche über die Theke zu Jonas. „Tüte?" Jonas schüttelte wieder den Kopf. Er nahm die Flasche, fühlte das leichte Gewicht in seiner Hand. Die Oberfläche war kühl, angenehm. Seine Finger umschlossen den Hals der Flasche fester, als er sich umdrehte und den Laden verließ. Draußen schlug ihm sofort die kühle Nachtluft entgegen. Der Geruch von Beton, Regen, Abgasen. Irgendwo in der Ferne das leise Brummen einer Straßenbahn. Er setzte die Flasche an die Lippen und nahm den ersten Schluck. Das Bier war kalt, bitter. Der Geschmack breitete sich auf seiner Zunge aus, ein vertrautes Gefühl. Er schluckte. Spürte die Flüssigkeit in sich hinabfließen. Es war nicht genug. Ein zweiter Schluck. Tiefer. Länger. Die Welt um ihn herum war immer noch dieselbe. Dunkel. Grau. Einsam. Aber für einen Moment fühlte es sich an, als könnte er alles ein bisschen langsamer spüren. Er begann zu gehen. Langsam, ziellos. Sein Blick wanderte über die Straßen, die dunklen Fenster der Häuser, die flackernden Laternen. Die Stadt schlief nicht. Aber sie kümmerte sich auch nicht um ihn. Noch ein Schluck. Der Wind war kühler geworden. Jonas spürte, wie er über seine Haut strich, als er die Flasche langsam senkte und sich von der Bank erhob. Sein Gleichgewicht war nicht mehr ganz stabil, seine Schritte ein wenig weicher, ein wenig nachgiebiger als zuvor. Das Bier rauschte durch seine Adern, legte sich wie ein schwerer Vorhang über seine Gedanken. Aber es half nicht genug. Es war nie genug. Der Geschmack von Bitterkeit lag immer noch auf seiner Zunge, doch er wusste, dass es nicht das Bier war. Er zog den Reißverschluss seiner Jacke höher und setzte sich in Bewegung. Seine Füße fanden den Weg, ohne dass er wirklich darüber nachdachte. Duisburg war groß, doch in dieser Nacht fühlte sich die Stadt leer an. Die Straßenlaternen warfen müde, gelbliche Lichtflecken auf den rissigen Asphalt. Die Häuserfassaden wirkten leblos, ihre Fenster dunkel und stumm. In der Ferne blinkten die roten Rücklichter eines letzten Busses, der in die Dunkelheit verschwand. Jonas ging weiter. Jeder Schritt war mechanisch. Er wusste nicht genau, wann der Gedanke in ihm gewachsen war – der Gedanke, der jetzt so selbstverständlich in seinem Kopf saß wie ein alter Freund. Vielleicht war er schon seit Tagen da. Vielleicht schon seit Wochen. Aber jetzt, in dieser Nacht, fühlte es sich richtig an. Der Rhein. Das Wasser. Still und tief. Das Ende. Seine Finger umklammerten den Hals der Bierflasche fester, als er eine Seitenstraße betrat. Hier war das Licht noch spärlicher. Die Schatten krochen näher. Ein paar dunkle Gestalten saßen auf den Stufen eines Hauseingangs. Ihre Stimmen hallten gedämpft durch die enge Gasse, ein leises Lachen, ein leises Zischen, als einer von ihnen eine Zigarette anzündete. Jonas hielt den Kopf gesenkt und ging einfach weiter. Sein Atem war flach. Die Stadt wurde kälter. Er wusste, dass er jetzt in einer Gegend war, in der er nichts zu suchen hatte. Ein Brennpunkt. Ein Ort, an dem das Leben sich anders anfühlte – härter, schneller, gefährlicher. Aber was sollte schon passieren? Was konnte ihm noch passieren? Nichts hier konnte ihm mehr Angst machen. Denn er hatte bereits beschlossen, dass es keinen Morgen für ihn geben würde.

*

Jonas setzte einen Fuß vor den anderen. Langsam. Bedächtig. Die Luft war kalt, und doch spürte er die Hitze des Alkohols in seinem Körper. Es war eine unangenehme Mischung – der frostige Wind, der seine Haut streifte, während das Bier ihm das Gefühl gab, als würde er von innen heraus brennen. Aber das war gut. So spürte er wenigstens noch etwas. Die Straßen um ihn herum waren ruhiger geworden. Kaum Autos, kaum Stimmen. Nur das dumpfe Summen der Straßenlaternen, die vereinzelt flackerten, als wären sie kurz davor, ihr letztes bisschen Energie aufzugeben. Jonas spürte den Asphalt unter seinen Füßen. Die Unebenheiten. Die Risse. Sein Körper bewegte sich wie von selbst. Seine Gedanken waren nicht mehr klar, aber sein Ziel stand fest. Der Rhein. Das Wasser. Endlich Ruhe. Er atmete langsam aus, spürte die kalte Nachtluft in seinen Lungen. Er wollte nicht denken. Aber dann, gerade als sein Kopf wieder in das wohlige Nichts abtauchen wollte, hörte er es. Ein Geräusch. Kein lautes. Kein offensichtliches. Doch für ihn, mitten in dieser toten Straße, klang es wie ein Donnerschlag. Ein ersticktes Keuchen.

Dann eine Stimme – leise, aber angespannt. „Mach schon, Alter. Ich hab keine Zeit.“ Jonas blieb abrupt stehen. Sein Atem stockte. Langsam drehte er den Kopf in die Richtung, aus der die Stimme kam. Er stand am Rand einer schmalen Gasse, dunkel und von den Straßenlaternen nur schwach erleuchtet. Sie verlief zwischen zwei alten Backsteingebäuden, die Wände übersät mit Graffiti, die teilweise bereits verblasst waren. Ein zerborstener Mülleimer kippte gegen eine Wand, daneben stapelten sich schwarze Plastiksäcke, aus denen ein beißender Geruch von Verwesung aufstieg. Jonas sog die Luft ein. Verbrannter Rauch lag in der Luft. Gummi. Alkohol. Und Angst. Er erkannte es sofort. Angst hatte einen eigenen Geruch. Langsam trat er einen Schritt näher, blieb dabei im Schatten verborgen. Er konnte sie jetzt sehen. Zwei Gestalten. Die erste war groß, vielleicht so alt wie er, schlaksig mit einer tief ins Gesicht gezogenen Kapuze. Doch seine Haltung war nervös, als wäre er sich nicht sicher, was er hier tat. Der andere war kleiner. Jünger. Höchstens sechzehn. Er wirkte, als würde er am liebsten im Boden versinken. Jonas brauchte eine Sekunde, um zu erkennen, was zwischen ihnen geschah. Dann sah er es. Die Waffe. Eine Pistole, gehalten von der Kapuzengestalt. Der Junge stand stocksteif da, seine Schultern hochgezogen, als wollte er sich unsichtbar machen. Seine Finger zitterten, als er langsam etwas aus seiner Jackentasche zog. Geld. Ein altes Handy. Der Kapuzenträger ruckte kurz mit der Pistole, als wollte er ihm signalisieren, dass es schneller gehen sollte. „Das ist alles, was ich hab...“, stotterte der Jüngere. Seine Stimme war dünn. Gebrochen. Der Bewaffnete zuckte mit den Schultern. „Gib her.“ Jonas‘ Herz begann schneller zu schlagen. Er spürte, wie sich ein kalter Schauer durch seinen Körper zog, während der Alkohol ihn zugleich warm hielt. Er kannte dieses Gefühl. Gefahr. Aber etwas anderes machte ihm mehr Angst als die Waffe. Er erkannte dieses Zittern in der Hand des Täters. Die Unsicherheit in seiner Stimme. Das hier war kein Profi. Das war kein eiskalter Verbrecher. Das war jemand, der sich selbst nicht sicher war, ob er wirklich dazu bereit war, zu schießen. Und das machte ihn umso gefährlicher.Ein einziger falscher Moment – und der Junge vor ihm konnte sterben. Jonas schluckte. Seine Finger schlossen sich fester um die Bierflasche in seiner Hand. Langsam. Leise. Er trat einen Schritt näher. Dann noch einen. Seine Atmung war flach. Sein Herz hämmerte. Aber sein Körper bewegte sich wie von selbst. Der Kapuzenträger sah ihn nicht. Er war zu sehr damit beschäftigt, die Waffe auf sein Opfer gerichtet zu halten. Jonas war jetzt nur noch ein paar Meter entfernt.

Er konnte hören, wie das Opfer flach atmete, wie sein Brustkorb sich hektisch hob und senkte. Dann geschah es. Ein Zucken. Ein plötzlicher Ruck der Pistole. Der Finger zuckte am Abzug. Keine Sekunde zu verlieren. Jonas hob die Flasche. Und dann schlug er zu. Mit aller Kraft ließ er sie auf den Hinterkopf des Kapuzenträgers niedersausen. Das Geräusch war dumpf, aber gleichzeitig zerbrechlich. Glas splitterte. Ein gurgelndes Keuchen. Der Körper des Täters versteifte sich – nur für einen Moment – dann sackte er langsam in sich zusammen. Die Pistole rutschte aus seinen Fingern, klirrte auf den Boden. Jonas blieb keuchend stehen, die zerbrochene Bierflasche noch immer in der Hand. Glassplitter drangen in seine Haut. Warm. Feucht. Blut. Aber er spürte nichts. Nur den Moment. Nur das Keuchen des Jungen, der gerade noch beraubt werden sollte. Stille. Nur für einen Sekundenbruchteil. Dann, ganz langsam, hob das Opfer den Kopf. Seine Augen waren weit aufgerissen. Furcht. Misstrauen. Und etwas anderes. Etwas, das Jonas nicht deuten konnte. Aber es war egal. Denn in diesem Moment wusste er nur eines: Er hatte es wieder getan.

*

Jonas stand noch immer reglos da. Die Scherben der zerbrochenen Bierflasche klebten an seiner blutigen Hand, feine Schnitte durchzogen seine Haut, aber der Schmerz drang nicht zu ihm durch. Er sah auf den Bewusstlosen zu seinen Füßen. Der Junge lag auf der Seite, seine Kapuze war verrutscht, ein blasses, pickliges Gesicht kam darunter zum Vorschein. Keine zwanzig Jahre alt. Jonas hatte ihn mit einer einzigen Bewegung ausgeschaltet. Sein Blick wanderte langsam zur Pistole, die ein paar Zentimeter von der schlaffen Hand des Jungen entfernt auf dem Boden lag. Eine alte, rostige Waffe. Er kannte sich nicht aus, aber selbst er erkannte, dass sie schon bessere Tage gesehen hatte. Und doch – sie war real. Tödlich. Er schluckte. In seinem Kopf war es still. Kein einziger Gedanke drang zu ihm durch. Dann, ganz langsam, bückte er sich. Er streckte die Hand aus, seine Finger umschlossen den kalten Griff der Pistole. Sie war schwerer, als er erwartet hatte. Fremd und doch irgendwie... vertraut. Ein seltsames Kribbeln breitete sich in seinem Arm aus, als er die Waffe aufhob und an sich drückte. Sein Herz schlug schneller.

Ein unwohles Gefühl breitete sich in seinem Magen aus. Er musste weg. Jetzt sofort. Der andere Junge – das Opfer – stand noch immer wie erstarrt da. Seine Schultern zuckten leicht, sein Atem ging stoßweise. Er bewegte sich keinen Zentimeter, sagte nichts. Jonas wollte etwas sagen. Irgendetwas. Aber da war nichts, was Sinn ergab. Also drehte er sich einfach um und ging. Er hörte, wie der Junge hinter ihm ein leises, zittriges Geräusch von sich gab, als würde er nach Luft schnappen. Jonas kümmerte es nicht. Er spürte die Waffe schwer in seiner Jackentasche, während er sich schnellen Schrittes von der Szene entfernte. Jeder Muskel in seinem Körper war angespannt, sein Kopf raste. Was hatte er getan? Warum hatte er die Waffe mitgenommen? Er wusste es nicht. Aber da war dieses Gefühl... Dieses leise, dunkle Gefühl, das sich in ihm regte, wie ein schlafendes Tier, das langsam erwachte. Und dann hörte er es. Diese Stimme. Zuerst war sie nur ein Flüstern. Sanft. Fast liebevoll. Ein Kribbeln, das sich an den Rand seines Bewusstseins schob. Sein Atem stockte. „Das war gut, Jonas." Er blieb abrupt stehen. Sein Kopf fuhr herum, seine Augen huschten hektisch über die dunklen Straßen. Nichts. Niemand. Doch die Stimme war da. Tiefer. Näher. „So ist es richtig. So hast du es verdient. Endlich. Endlich bist du nicht mehr derjenige, der leidet." Jonas presste die Lippen aufeinander. Sein Körper begann zu zittern. „Danke", flüsterte er heiser. Das Wesen ließ ein leises, aber zufriedenes Lachen von sich hören. Ein leises, dunkles Lachen, das sich durch seine Gedanken zog, sich in jede Ecke seines Bewusstseins fraß. „Ich habe dich nie verlassen, Jonas. Nie. Ich habe auf dich gewartet. Und du hast mich gefunden. Du hast mich gebraucht – und ich bin hier." Ein warmes, kribbelndes Gefühl breitete sich in seinem Nacken aus. „Und jetzt wirst du dorthin zurückgehen, wo du hingehörst." Jonas schluckte. Seine Beine fühlten sich schwer an. Müde. Und doch... bewegten sie sich. Nicht weil er es wollte. Sondern weil etwas anderes ihn lenkte. Er taumelte. Jeder Schritt fühlte sich unwirklich an, als würde er nicht selbst laufen, sondern einfach nur beobachten, wie sein Körper sich bewegte. „Komm zurück ins Hotel, Jonas. Ruh dich aus. Ich bin da. Ich war immer da." Sein Atem ging flach, sein Herz schlug gegen seine Rippen. Er wusste nicht, wohin er lief. Aber seine Füße trugen ihn voran. Er sah die Lichter der Stadt, das neonfarbene Flackern in den Pfützen auf dem Asphalt. Autos fuhren an ihm vorbei, ihre Scheinwerfer tauchten sein Gesicht in grelles Licht. Doch er fühlte sich nicht mehr real. Er war nur noch ein Schatten, der durch die Nacht zog. Und irgendwo tief in seinem Verstand spürte er das Wesen. Spürte es lächeln. Spürte, wie es ihn nach Hause führte. Die Tür zum Hotelzimmer fiel mit einem dumpfen Knall hinter ihm ins Schloss. Jonas schwankte leicht, sein Körper fühlte sich bleischwer an. Er sagte nichts. Tat nichts. Für einen Moment stand er einfach nur da, ließ seinen Blick durch den schummrig beleuchteten Raum gleiten. Dasselbe Bett wie zuvor. Dieselben kahlen Wände. Dieselbe erdrückende Stille. Und doch war alles anders. Sein Kopf fühlte sich an, als wäre er in Watte gepackt. Die Geräusche um ihn herum klangen seltsam verzerrt, als kämen sie durch eine dicke Glasscheibe. Er bewegte sich langsam. Seine Finger griffen nach dem Reißverschluss seiner Jacke. Langsam zog er sie von den Schultern, spürte das Gewicht in der Innentasche. Die Waffe. Ein Kribbeln breitete sich in seinen Fingern aus, als er sie mitsamt der Jacke achtlos aufs Bett warf. Das dumpfe Geräusch, als sie auf die Matratze fiel, ließ ihn kurz zusammenzucken. Aber er drehte sich nicht um. Schnelle Schritte. Die Minibar. Seine Hände rissen die kleine Tür auf, griffen nach den winzigen Flaschen, die ordentlich in einer Reihe standen. Er wählte irgendetwas. Irgendeinen billigen Whisky. Schraubte den Verschluss auf. Setzte die Flasche an die Lippen. Der erste Schluck brannte. Er sog scharf die Luft ein, fühlte, wie das Feuer seine Kehle hinunterbrannte und sich in seinem Magen ausbreitete. Aber das war gut. Er wollte es so. Mehr. Noch ein Schluck. Und noch einer. Sein Atem wurde schwerer, sein Körper begann sich zu entspannen. Der Schmerz in seinen Händen, in seinem Kopf – er wurde dumpfer. Seine Finger kribbelten. Er taumelte zurück zum Bett, ließ sich auf die Matratze sinken, ohne die Jacke mit der Waffe auch nur eines Blickes zu würdigen. Seine Gedanken waren verschwommen. Die Welt drehte sich langsam. Sein Blick fiel auf die Decke. Die Flecken auf der Tapete wirkten plötzlich lebendig, bewegten sich vor seinen Augen. Sein Kopf sank auf das Kissen. Der Alkohol zog ihn in die Tiefe. Langsam. Sanft. Er hatte nicht einmal mehr die Kraft, gegen die Dunkelheit anzukämpfen. Seine Lider wurden schwer. Sein Atem verlangsamte sich. Und bevor der letzte klare Gedanke in seinem Kopf verblassen konnte, hörte er noch einmal die Stimme. Leise. Flüsternd. „Schlaf gut, Jonas. Morgen fängt alles erst richtig an." Und er schloss die Augen

*

Ein tiefes, dumpfes Pochen hämmerte gegen Jonas' Schädel, ein schmerzhaftes Echo, das sich mit jedem Atemzug durch seinen Körper zog. Seine Augenlider fühlten sich schwer an, als wären sie mit Blei beschwert, und jeder Versuch, sie zu öffnen, brachte ein grelles, stechendes Licht mit sich, das sich schmerzhaft in seinen Kopf fraß. Er stöhnte leise und drehte sich auf die Seite. Die Matratze unter ihm fühlte sich fremd an, als wäre sie zu weich, zu warm. Sein Körper lag schwer auf dem Laken, und ein unangenehmer Schweißfilm klebte an seiner Haut. Sein Mund war trocken, seine Zunge fühlte sich pelzig an, als wäre sie mit einer dicken, staubigen Schicht überzogen. Langsam öffnete er die Augen. Das Licht, das durch die Vorhänge sickerte, war viel zu hell. Es brannte in seinen Pupillen, zwang ihn, sie sofort wieder zusammenzukneifen. Doch für den Bruchteil einer Sekunde hatte er die Umrisse des Hotelzimmers gesehen – die kahlen Wände, den Nachttisch mit der umgekippten Wasserflasche, die Minibar, die noch offen stand. Er blinzelte. Seine Gedanken waren zäh, klebrig, als würden sie sich durch einen dichten Nebel wühlen müssen, um auch nur den Hauch einer klaren Erinnerung zu greifen. Er wusste, dass er getrunken hatte. Die Bilder flackerten langsam in seinem Kopf auf. Die kleine Whiskyflasche in seiner Hand. Der bittere Geschmack auf seiner Zunge. Das brennende Gefühl, als der Alkohol seine Kehle hinabfloss. Doch alles danach war verschwommen. Er rieb sich mit einer zitternden Hand über das Gesicht, versuchte, den Druck in seiner Stirn loszuwerden, doch das Hämmern in seinem Schädel wurde nur schlimmer. Er musste aufstehen. Irgendwie. Er brauchte Wasser. Und vielleicht eine Dusche, um diesen ekelhaften Alkoholgeruch von seiner Haut zu waschen. Mit einem leisen Stöhnen stützte er sich auf die Arme und zog sich langsam in eine sitzende Position.Sein Magen krampfte sich zusammen, und ihm wurde kurz schwindelig. Er blieb einen Moment regungslos sitzen, ließ seinen Kopf hängen und konzentrierte sich darauf, nicht sofort wieder umzukippen. Nach ein paar Sekunden atmete er tief durch. Dann griff er nach der schweren Bettdecke und schob sie zur Seite. In diesem Moment hörte er es. Ein dumpfes, gedämpftes Geräusch, als etwas von der Matratze fiel und auf dem Teppichboden landete. Jonas erstarrte. Sein Blick wanderte langsam nach unten. Sein Herzschlag setzte für einen Moment aus. Direkt vor seinen Füßen lag eine Pistole. Schwarz. Matt. Schrecklich real. Jonas blinzelte.

Sein Verstand weigerte sich, das zu begreifen, was er da sah. Warum lag da eine Waffe? Seine Finger krallten sich in das zerknitterte Bettlaken, während sein Herz wieder einsetzte – diesmal jedoch viel zu schnell. Ein schmerzhafter Druck breitete sich in seiner Brust aus, und seine Atmung wurde unregelmäßig. Sein Blick war auf das Metallstück gerichtet, das reglos auf dem Boden lag. Es wirkte fehl am Platz. Falsch. Unwirklich. Und doch war es da. Seine Gedanken rasten. Wie kam sie hierher? Hatte er sie gekauft? Nein. Das ergab keinen Sinn. Aber sie war hier. Mit ihm im Zimmer. Ganz langsam streckte er eine zitternde Hand aus, ließ seine Finger vorsichtig über den kalten Stahl gleiten. Die Waffe fühlte sich schwer an. Eiskalt. Tödlich. In dem Moment durchzuckte ihn ein Bild. Der Platz. Die flackernde Straßenlaterne. Ein Junge mit einer Kapuze. Die Angst in dessen Augen.Die Bierflasche in Jonas' Hand. Das dumpfe Geräusch, als sie auf einen Kopf traf. Und dann... Eine Stimme. Eine tiefe, flüsternde Stimme. „So ist es richtig." Jonas keuchte. Sein Magen zog sich krampfhaft zusammen, und plötzlich war da eine unerträgliche Übelkeit. Hastig sprang er auf, stolperte ins Badezimmer und stützte sich mit beiden Händen über die Toilette. Dann übergab er sich heftig. Sein Körper zuckte, während er sich den bitteren Alkohol und die Angst aus dem Leib würgte. Seine Finger krallten sich in das kühle Porzellan, während er schwer atmend in die Schüssel starrte. Seine Kehle brannte, und seine Augen waren feucht. Das Wasser rauschte, als er den Wasserhahn aufdrehte und sich eine Handvoll kaltes Wasser ins Gesicht warf. Er hob den Kopf. Im Spiegel sah er sich selbst. Blasses Gesicht. Rote, verquollene Augen. Lippen, die unmerklich bebten. Er sah aus wie ein Geist. Und vielleicht war er das auch. Sein Atem ging unregelmäßig. Er presste die Hände gegen das kühle Porzellan des Waschbeckens, versuchte, seine Gedanken zu ordnen. Doch dann war da wieder diese Stimme. Leise. Flüsternd. „Jetzt gehörst du mir, Jonas." Seine Augen weiteten sich. Er riss den Kopf herum, sein Blick flog hektisch durch das Badezimmer. Er riss den Duschvorhang zur Seite. Sah in jede Ecke. Aber da war nichts. Niemand. Nur sein eigenes keuchendes Atmen, das in der kalten Stille des Badezimmers widerhallte. Jonas schwankte leicht, als er aus dem Badezimmer trat. Seine Glieder fühlten sich schwer an, als hätte er jegliche Kraft verloren. Sein Magen war noch immer flau, und in seiner Kehle brannte der bittere Nachgeschmack von Alkohol und Erbrochenem. Jeder Atemzug fiel ihm schwer, als würde er durch dichten Nebel atmen. Langsam setzte er einen Fuß vor den anderen, während er in das spärlich beleuchtete

Hotelzimmer zurückkehrte. Der muffige Geruch abgestandener Luft hing in der Stille, während das fahle Licht der Straßenlaterne durch den schmalen Fensterspalt fiel. Ohne nachzudenken, ließ sich Jonas auf das Bett sinken. Sein Körper fühlte sich an, als wäre er nur eine leere Hülle, eine Marionette ohne eigenen Willen. Seine Hände ruhten auf seinen Knien, während sein Blick langsam über den Boden glitt. Dort lag sie. Die Pistole, die er in der vergangenen Nacht mitgenommen hatte, lag achtlos auf dem Teppich. Ihr dunkles Metall reflektierte das Licht in einem stumpfen Glanz, während sie wie ein Fremdkörper in der sterilen Umgebung des Hotelzimmers wirkte. Zögerlich streckte er die Hand aus. Seine Finger zitterten leicht, als sie über den kühlen Griff der Waffe glitten. Sie fühlte sich schwer an. Viel schwerer, als er es erwartet hatte. Das Metall war kalt, beinahe abweisend, als würde es sich seiner Berührung entziehen wollen. Langsam hob er die Pistole an und drehte sie in seinen Händen. Seine Augen folgten den klaren Konturen des Laufs, des Abzugs, des Magazins. Jedes Detail schien in diesem Moment übermäßig deutlich zu sein. Er spürte das Gewicht, das nicht nur physisch, sondern auch psychisch auf ihm lastete. Sein Herz schlug schneller, während seine Gedanken rasten. Wie war es überhaupt so weit gekommen? Seine Erinnerungen waren bruchstückhaft und verzerrt. Er versuchte, sich die letzten Stunden in Erinnerung zu rufen, aber alles war von einem dichten Schleier aus Alkohol und Erschöpfung überzogen. Trotzdem blitzten einzelne Bilder in seinem Kopf auf. Er hatte die Pistole mitgenommen. Ohne zu zögern. Ohne nachzudenken. Und jetzt saß er hier, in diesem kalten, anonymen Hotelzimmer, mit genau dieser Waffe in den Händen. Sein Atem wurde unregelmäßig, während sein Blick auf den dunklen Lauf der Pistole fiel. Er wusste genau, was er jetzt tun konnte. Es wäre so einfach. Eine einzige Bewegung. Ein einziger Moment. Dann wäre alles vorbei. Kein Schmerz mehr. Keine Schuld mehr. Keine Angst mehr. Seine Finger schlossen sich fester um den Griff. Langsam hob er die Waffe an. Sein Herz schlug schneller, als er den Lauf an seine Schläfe führte. Das kalte Metall brannte auf seiner Haut, während ein Schauder durch seinen Körper lief. Er schluckte schwer, als sein Atem flacher wurde. Sein Finger legte sich vorsichtig auf den Abzug. Er spürte den Widerstand unter der Berührung, die Spannung, die in diesem winzigen Mechanismus lag. Noch ein kleiner Druck. Dann wäre es vorbei. Die Gedanken in seinem Kopf überschlugen sich. Er dachte an seine Kindheit.

Er erinnerte sich an die Schläge seines Vaters, an die kalten, gleichgültigen Augen seiner Mutter. Er sah die einsamen Nächte vor sich, in denen er sich fragte, warum ihn niemand lieben konnte. Er dachte an die Enttäuschung in den Gesichtern der Menschen, die ihn einst gekannt hatten. Er dachte an all die Türen, die sich vor ihm verschlossen hatten. Er dachte an die Morde, die er begangen hatte. An die Angst. An das Wesen. Wo war es? Warum sprach es nicht mehr wirklich zu ihm? Hatte es ihn auch verlassen? Ein Zittern durchlief seinen Körper, als sich ein tiefer Schmerz in seiner Brust ausbreitete. Seine Finger zuckten, während seine Gedanken lauter wurden. Die Stille des Raumes war bedrückend, während die Waffe in seiner Hand immer schwerer wurde. Seine Augen füllten sich mit Tränen, während sein Körper sich anspannte. Es gab keinen Ausweg mehr. Keine Hoffnung. Er war allein. Ganz allein. Die Stimme in seinem Kopf flüsterte leise. Seine Lippen bebten, als er einen tiefen Atemzug nahm. Er spürte, wie der Abzug nachgab, als er den Druck leicht erhöhte. Sein Herz raste, während sein ganzer Körper sich auf diesen einen Moment konzentrierte. Dann— Ein Geräusch durchbrach die Stille. Leise. Kaum wahrnehmbar. Nicht aus seinem Kopf. Nicht von der Stimme. Sondern aus dem Raum. Jonas öffnete die Augen. Blinzelnd starrte er in die Dunkelheit. Sein Atem blieb flach, während sich sein Blick langsam an das schwache Licht gewöhnte. Für den Bruchteil einer Sekunde meinte er, eine Bewegung im Schatten zu sehen. Etwas war da. Etwas beobachtete ihn. Seine Finger lösten sich langsam. Die Waffe sank aus seinem Griff, bis sie auf die Bettdecke fiel. Seine Atmung war unruhig, sein Körper schien zu zittern.

*

Seine Finger zuckten leicht. Sein Körper fühlte sich an wie in Trance, während seine Gedanken sich im Kreis drehten. Es war seltsam beruhigend, diesen finalen Ausweg zu haben. Diese Entscheidung, die ihm niemand mehr nehmen konnte. Doch genau in dem Moment, in dem er den letzten Funken Mut sammelte, passierte es. Mit einer unnatürlichen Wucht riss etwas die Pistole aus seiner Hand. Jonas keuchte erschrocken auf, als das Metall sich plötzlich aus seinem Griff löste, als hätte es ein eigenes Bewusstsein. Seine Finger krallten sich ins Leere, doch die Waffe war bereits fort. Sie flog durch die Luft, schneller, als es möglich sein sollte. Sie wirbelte in wilden Kreisen, als würde eine unsichtbare Hand sie durch den Raum peitschen. Jonas riss die Augen auf, sein Blick folgte der Pistole, während sich seine Kehle zusammenzog. Das war nicht real. Das konnte nicht real sein. Die Waffe krachte mit voller Wucht gegen die Wand. Ein dumpfer Knall hallte durch das Zimmer, gefolgt von einem schrillen Klirren, als sie sich wieder in Bewegung setzte. Sie drehte sich, schoss in eine andere Richtung, als wäre sie ein Spielball in den Fängen eines unsichtbaren Riesen. Jonas taumelte zurück. Sein Verstand schrie nach einer Erklärung, doch nichts davon ergab Sinn. Erst gegen die Zimmerdecke. Dann gegen die Kommode. Mit einem wütenden Krachen splitterte der Spiegel, als die Pistole mit unaufhaltsamer Kraft dagegen prallte. Der Riss zog sich über das gesamte Glas, als wäre das Zimmer selbst unter Spannung gesetzt worden. Jonas spürte sein Herz heftig gegen seine Rippen schlagen. Das war nicht normal. Das war unmöglich. Die Pistole flog weiter, prallte von einer Ecke zur anderen, als würde eine unsichtbare Kraft sie mit brutaler Präzision lenken. Sein Atem wurde schneller. Seine Finger bebten. Was geschah hier? Dann, mit einem finalen, donnernden Aufprall, krachte die Waffe gegen die Tür des Hotelzimmers. Ein dumpfer, erschütternder Ton hallte nach, als wäre die Luft selbst für einen Moment erstarrt. Stille. Jonas blieb regungslos stehen. Sein Blick klebte an der Waffe, die nun reglos am Boden lag. Der metallene Glanz schimmerte bedrohlich im fahlen Licht der Straßenlaterne, die durch den Fensterspalt fiel. Seine Brust hob und senkte sich heftig. Kalter Schweiß tropfte ihm über die Schläfen. Er war nicht allein. Das spürte er mit jeder Faser seines Körpers. Die Luft im Zimmer hatte sich verändert. Sie war kälter geworden, schwerer, als würde sie von einer unsichtbaren Präsenz verdrängt. Ein leises Summen lag in seinen Ohren, ein kaum hörbares Flüstern, das tief in seinem Schädel nachhallte. Seine Muskeln waren wie gelähmt. Dann spürte er es. Etwas war hinter ihm. Nicht zu sehen, nicht zu hören – aber da. Ein eiskalter Hauch strich über seinen Nacken, ließ seine Haut sich augenblicklich zusammenziehen. Sein Magen verkrampfte sich, als er spürte, wie sich eine dunkle Präsenz direkt hinter ihm aufbaute. Langsam drehte er den Kopf. Sein Herzschlag dröhnte in seinen Ohren. Er wagte kaum zu atmen, als sein Blick suchend durch das halbdunkle Zimmer wanderte. Nichts. Nur die zerbrochenen Spiegelstücke, die den Boden bedeckten. Die zerwühlte Bettdecke. Die reglose Waffe auf dem Boden. Doch dann— Ein Schatten im Spiegel. Jonas' Augen weiteten sich. Dort, zwischen den Rissen des gesplitterten Glases, stand es. Eine Gestalt, groß und verzerrt. Die Umrisse verschwammen, als wäre sie nicht aus Fleisch und Blut, sondern aus der Dunkelheit selbst geformt. Und sie beobachtete ihn. Jonas spürte, wie sein Magen sich zusammenzog. Sein Atem stockte, während sein ganzer Körper in alarmierter Starre verharrte. Seine Lippen bebten, als er einen Namen flüsterte. „Bist du es?" Die Antwort kam nicht in Worten. Aber sie kam. Die Dunkelheit bewegte sich. Ein Rauschen füllte den Raum. Ein dumpfer Druck breitete sich in seinem Schädel aus, während die Schatten im Spiegel sich verdichteten. Jonas stolperte einen Schritt zurück. Sein Brustkorb zog sich zusammen, als ein tiefes, vibrierendes Geräusch die Stille durchbrach. Ein Flüstern. Nicht von einer einzelnen Stimme. Von vielen. Verworrene, verzerrte Worte, die sich ineinander verschlangen, die seinen Geist durchdrangen, ohne dass er sie wirklich verstand. Er konnte nichts tun. Er konnte nur zusehen. Das Wesen hatte ihn gefunden. Es hatte ihn doch nie wirklich verlassen. Die Luft im Raum war erstarrt. Ein unnatürliches Schweigen lag über allem, als wäre die Realität selbst für einen Moment eingefroren. Jonas stand mit klopfendem Herzen da, sein Blick weiterhin auf den Spiegel gerichtet, in dem sich die Dunkelheit formte. Dann begann es. Die Schatten im Glas bewegten sich, verzerrten sich wie Tinte, die sich in Wasser auflöst. Jonas sah, wie die Konturen schärfer wurden, wie die Schwärze sich verdichtete und eine Form annahm. Es war nicht länger nur eine bloße Erscheinung. Es wurde zu etwas Echtem. Etwas Greifbarem. Ein Rauschen erfüllte den Raum, dumpf und vibrierend, als würde die Luft selbst beben. Jonas wagte kaum zu atmen, als aus dem wirbelnden Schwarz langsam eine Gestalt hervortrat. Zuerst erkannte er die Umrisse. Groß. Schlank, aber nicht zerbrechlich. Die Proportionen waren menschlich, doch irgendetwas daran war falsch, als wäre der Körper nicht an die Regeln dieser Welt gebunden. Die Glieder wirkten zu lang, der Hals ein wenig zu schmal, die Schultern zu eckig. Dann die Haut. Oder das, was man als Haut bezeichnen konnte. Sie war nicht glatt, nicht lebendig, sondern schimmerte in einem tiefen, matten Schwarz, das Licht nicht reflektierte, sondern es zu verschlingen schien. Wie ein Riss in der Realität selbst, eine Leere, die keine Tiefe hatte und doch unendlich wirkte. Jonas konnte seine Augen nicht abwenden. Die Brust des Wesens hob und senkte sich langsam, als würde es atmen, obwohl es keinen Mund besaß. Die Arme hingen regungslos herab, und doch hatte Jonas das Gefühl, als könnten sie sich jeden Moment ruckartig bewegen, schneller als er reagieren konnte. Dann sah er das Gesicht. Oder das, was dort sein sollte. Wo ein menschliches Gesicht hätte sein müssen, war nur eine glatte, ausdruckslose Fläche. Keine Augen, keine Nase, kein Mund – nur Leere. Doch er fühlte sich beobachtet, als würden unsichtbare Augen tief in ihn hineinblicken, jede seiner Ängste und Gedanken durchdringen. Ein Schauer lief über seinen Rücken. Jonas hatte es so lange gespürt, hatte so oft seine Stimme in seinem Kopf gehört. Doch jetzt, in diesem Moment, stand es zum ersten Mal wirklich vor ihm. Es war real. Er wusste nicht, ob er sich fürchten oder erleichtert sein sollte. Langsam hob das Wesen den Kopf. Die Luft wurde schwerer, als wäre der Raum zu klein, um diese Präsenz zu fassen. Jonas spürte, wie sich seine Brust zusammenzog, als eine Welle aus Kälte ihn durchflutete. Dann, ohne dass sich eine Stimme formte, hallte eine Botschaft in seinem Kopf wider. „Ich bin hier." Jonas' Atem stockte. Es waren keine gesprochenen Worte, keine Laute – es war eine reine Präsenz in seinem Geist, ein Wissen, das sich direkt in seine Gedanken brannte. Seine Lippen bebten. „Du..." Er rang nach Worten, sein Hals fühlte sich wie zugeschnürt an. „Du bist echt?" Das Wesen bewegte sich. Nur ein winziges, kaum merkliches Neigen des Kopfes. Aber es war genug. Jonas' Magen zog sich zusammen. All die Stimmen, die ihn quälten, all die Schatten am Rande seines Verstandes. Es hatte ihn nie verlassen. Und jetzt stand es direkt vor ihm

*

Die Luft im Zimmer war dick und schwer, als hätte sie sich in eine unsichtbare Wand verwandelt, die Jonas' Brust zusammendrückte. Sein Atem ging flach, stockend, jeder Zug war eine Anstrengung. Schweiß lief in dünnen Spuren seine Schläfen hinab, sein Hemd klebte ihm am Rücken. Die Waffe lag vor ihm auf dem Boden, nur eine Armlänge entfernt. Das Metall wirkte fast unscheinbar im dämmrigen Licht, aber für Jonas war es das Zentrum seiner Welt. Sein Blick war darauf fixiert, sein Geist umkreiste den einen Gedanken, der sich in ihm eingenistet hatte: Ich muss das beenden. Doch er war nicht mehr alleine. Das Wesen stand vor ihm. Sein Schatten reichte bis zu Jonas, eine pulsierende Masse aus Dunkelheit, die sich mit der Bewegung eines lebenden Organismus zu verformen schien. Es hatte keine feste Gestalt, keine definierbaren Umrisse – nur einen verzerrten, flimmernden Riss in der Realität, der unmöglich zu greifen war. Aber es war da. Und es beobachtete ihn. Jonas konnte keine Augen erkennen, keine Gesichtszüge, keine Regung – doch er wusste, dass es ihn ansah. Dass es alles in ihm erkannte. Seine Verzweiflung. Seine Wut. Seine Hoffnungslosigkeit. Seine Absicht. Langsam, fast mechanisch, bewegte er seine Hand nach vorne. Seine Finger streckten sich, zitternd, als wollten sie den Kontakt mit dem Metall hinauszögern. Doch es gab kein Zurück. Seine Finger schlossen sich um den Griff der Pistole. Ein Schauer durchlief ihn, als er die Kälte des Metalls auf seiner Haut spürte. Sie lag schwer in seiner Hand, als würde sie ihn nach unten ziehen, als hätte sie eine eigene Schwerkraft. Jonas hob die Waffe. Er richtete sie nun auf das Wesen. Sein ganzer Körper bebte, sein Brustkorb hob und senkte sich hektisch. Er presste die Kiefer aufeinander, sodass seine Zähne schmerzten. „Warum?" Seine Stimme war kaum mehr als ein Keuchen, ein raues Krächzen, das aus der Tiefe seiner Kehle kam. Das Wesen antwortete ihm nicht. Jonas' Finger zuckte am Abzug. Seine Muskeln spannten sich an. Er wollte schießen. Er wollte es auslöschen. Er wollte endlich die Kontrolle zurückgewinnen. Doch er konnte nicht. Seine Brust zog sich zusammen, ein dumpfer Schmerz breitete sich in ihm aus, kroch von seinem Magen nach oben, grub sich in seine Kehle. Dann brach es aus ihm heraus. Er weinte. Nicht still. Nicht leise. Ein wütendes, verzweifeltes, gebrochenes Schluchzen, das sich durch seine Kehle riss wie rostige Klingen. Seine Schultern zuckten, seine Finger klammerten sich um die Waffe, als könnte sie ihm Halt geben, doch sie tat es nicht. Er konnte nicht mehr. Er hatte nichts mehr. Er war nichts mehr. Und dieses Ding – dieses Wesen – es hatte ihn hierhergebracht. Es hatte ihn immer weiter in diesen Abgrund gezogen, bis nichts mehr übrig war außer dieser Moment, dieses dunkle Hotelzimmer, diese Pistole in seiner Hand und diese unendliche, bodenlose Leere in seiner Brust. Sein Atem wurde zu einem Stakkato, seine Sicht verschwamm durch die Tränen. „LASS MICH IN RUHE!" schrie er, seine Stimme überschlug sich, wurde heiser, bis sie ihm selbst in den Ohren wehtat. Doch das Wesen bewegte sich nicht. Es wich nicht zurück. Es antwortete nicht. Es war da. Nur da. Und dann— Langsam, kaum merklich, streckte es sich aus. Keine Hand. Keine Arme. Nur eine Verzerrung der Dunkelheit, die sich Jonas näherte, ohne dass er es verhindern konnte. Und bevor er reagieren konnte, spürte er es. Eine Berührung – eiskalt, nicht körperlich, sondern direkt in seinem Inneren.Ein dumpfer Druck, eine Kraft, die sanft, aber unaufhaltsam war. Sein Finger, der auf dem Abzug lag, zuckte. Und dann— Er ließ die Waffe fallen. Sie rutschte ihm aus der Hand, fiel klirrend auf den Boden, drehte sich einmal um die eigene Achse, bevor sie reglos liegen blieb. Jonas starrte auf seine Hände, die leer waren, als hätte er gerade die letzte Hoffnung, den letzten Ausweg verloren. Er keuchte, rang nach Luft, als hätte ihn jemand unter Wasser gedrückt. Und dann spürte er es. Das Wesen war näher als zuvor. Es war direkt vor ihm. Und zum ersten Mal – zum allerersten Mal – hörte er es sprechen. Nicht in seinem Kopf. Nicht als flüchtiger Gedanke. Sondern als tiefe, raue, unmögliche Stimme, die direkt in die Realität schnitt: „Ich werde dich nicht verlassen." Jonas' Atem ging unregelmäßig, sein Körper zitterte unkontrolliert. Mittlerweile saß er auf dem Boden, die Knie angezogen, die Hände schlaff in seinem Schoß. Die Pistole lag in einiger Entfernung auf dem Boden, das kalte Metall schimmerte im schwachen Licht. Er konnte seinen Blick nicht davon lösen, als würde sie ihn rufen, als wäre sie noch immer der einzige Ausweg. Doch er hatte den Abzug nicht betätigt. Warum? Er wusste es nicht. Oder vielleicht wusste er es doch, tief in sich drin, aber wollte es nicht wahrhaben. Sein Blick wanderte langsam nach oben, richtete sich auf das Wesen, das direkt vor ihm stand. Es war eine Präsenz, die den gesamten Raum ausfüllte, eine dunkle Masse, die sich kaum greifen ließ. Doch es war mehr als nur eine verschwommene Erscheinung, mehr als nur ein Trugbild seines geschundenen Verstandes. Es war real. Und es hatte sich nie abgewandt. Das Wesen stand vollkommen still, doch es wirkte nicht leblos. Im Gegenteil – es pulsierte, als würde es atmen, als hätte es einen Herzschlag, der sich mit Jonas' eigenem synchronisierte. Sein Körper vibrierte leicht, als würde er auf einer unsichtbaren Frequenz mitschwingen, die nur er und das Wesen hören konnten. Langsam, ganz langsam, begann sich seine Gestalt zu verändern. Die Dunkelheit, die es umhüllte, begann zu flimmern, als würde sie sich neu ordnen. Die vage Silhouette, die bislang so formlos gewesen war, nahm langsam Struktur an. Jonas' Augen folgten jeder noch so kleinen Bewegung, unfähig, sich abzuwenden. Er wusste nicht, was er erwartete. Etwas Monströses? Etwas Unmenschliches? Doch das war nicht, was er sah. Stattdessen nahm das Wesen eine Gestalt an, die... beruhigend war. Es war nicht direkt menschlich, aber es hatte etwas Vertrautes, etwas, das Jonas nicht mit Angst erfüllte, sondern mit einer tiefen, unerwarteten Ruhe. Die vage geformten Züge waren weich, fast sanft. Die Augen – wenn man sie denn so nennen konnte – strahlten keine Bedrohung aus. Sie wirkten... wissend. Fast gütig. Jonas schluckte. Etwas in ihm wollte sich dagegen wehren. Es war falsch, oder? Es konnte nicht sein, dass dieses Wesen, das ihn all die Jahre begleitet hatte, ihn auf diesen dunklen Pfad geführt hatte – und trotzdem hier stand, mit einem Ausdruck, der nichts anderes als Verständnis ausstrahlte. Jonas öffnete den Mund, doch kein Wort kam heraus. Seine Kehle war wie zugeschnürt. Er wusste nicht, was er sagen sollte. Und dann— Dann sprach das Wesen zuerst. „Du brauchst mich." Die Stimme war tief, ruhig und voller Gewicht. Sie war nicht eindringlich, nicht drohend. Sie war einfach da – so wie das Wesen immer da gewesen war. Jonas' Brust hob und senkte sich schwer. Er wollte widersprechen. Wollte sagen, dass es nicht stimmte. Dass er es nie gebraucht hatte. Dass sein Leben vielleicht besser gewesen wäre, wenn es nie existiert hätte. Doch die Worte kamen nicht über seine Lippen. Weil sie nicht wahr waren. Er wusste es. So sehr er es auch hasste – es war die Wahrheit. Er hatte es gebraucht. Schon von Anfang an. Als Kind, wenn sein Vater ihn angeschrien und geschlagen hatte, wenn seine Mutter ihn ignoriert hatte, wenn er abends alleine im Bett lag und nicht wusste, warum ihn niemand liebte. Als Jugendlicher, wenn er in der Schule gehänselt wurde, wenn er keine Freunde hatte, wenn er sich von der Welt isoliert fühlte. Als Erwachsener, wenn das Leben ihm immer wieder gezeigt hatte, dass es keinen Platz für Menschen wie ihn gab. Es war die einzige Konstante in seinem Leben gewesen, auch wenn es damals noch kein Wesen, sondern bloße Stimmen waren. „Warum?" flüsterte Jonas schließlich. Seine Stimme war brüchig, kaum mehr als ein Hauch. Das Wesen bewegte sich nicht, doch es fühlte sich an, als wäre es näher gekommen.„Weil du mehr bist, als du denkst." Jonas schluckte. Seine Finger krallten sich in den Stoff seiner Hose, als müsste er sich irgendwo festhalten. „Ich bin nichts." Seine Stimme war rau, voller Bitterkeit. „Ich habe alles verloren. Ich habe nichts erreicht. Ich bin..." Er hielt inne. Es gab so viele Worte, mit denen er sich selbst beschreiben konnte. Verloren. Kaputt. Wertlos. Aber keines davon war stark genug, um das Loch in seiner Brust zu füllen. Das Wesen sah ihn an – oder zumindest fühlte es sich so an. „Du bist nicht verloren." Jonas lachte bitter. Es war kein fröhliches Lachen, kein echtes Lachen. Es war rau, leer, ein bloßes Echo eines echten Gefühls. „Ach nein? Er schüttelte den Kopf. „Ich habe meinen Job verloren. Meine Wohnung verlassen.

Meine Zukunft aufs Spiel gesetzt. Ich habe Menschen getötet. Ich bin auf der Flucht. Ich wollte mich gerade erschießen." Seine Stimme bebte. „Wenn das nicht verloren ist, dann sag mir, was es ist." Das Wesen schwieg für einen Moment. Dann trat es näher an ihn heran. Die Dunkelheit, aus der es bestand, wirkte fast beruhigend, als würde sie ihn einhüllen. „Du bist genau da, wo du sein musst." Jonas' Stirn legte sich in Falten. Sein Herz hämmerte in seiner Brust. „Was?" Das Wesen bewegte sich weiter, und plötzlich spürte er eine Berührung. Nicht körperlich. Nicht wie eine Hand auf seiner Haut. Aber tief in ihm drin. Als hätte sich eine fremde Präsenz um sein Herz gelegt, um es sanft zusammenzuhalten, bevor es endgültig in Stücke zerbrechen konnte. „Du hast noch eine Aufgabe." Jonas wollte schreien, wollte fragen, was das bedeutete. Doch stattdessen schloss er langsam die Augen. Die Anspannung in seinen Schultern ließ ein wenig nach. Sein Atem wurde ruhiger. Zum ersten Mal seit so langer Zeit fühlte er sich... nicht mehr allein. Er wusste nicht, was das Wesen von ihm wollte. Er wusste nicht, ob er ihm trauen konnte. Aber in diesem Moment spielte das keine Rolle. Denn es war da. Und das war genug.

*

Jonas saß immer noch auf dem Boden, das Zimmer um ihn herum schien sich zu drehen. Die Gedanken rasten wie ein unaufhörlicher Strom, und er konnte sie nicht aufhalten. Es war, als würde sein Verstand sich gegen ihn wenden, als würde er an den tiefsten Abgrund seiner Existenz schauen und feststellen, dass dieser Abgrund nicht nur ein Ziel war – er war seine Realität. Seine Augen brannten, als er den Blick auf die Pistole richtete, die noch immer regungslos auf dem Boden lag. Sie schimmerte im schwachen Licht der Dämmerung und schien ihn zu rufen, ihm zu versichern, dass sie der einzige Weg wäre, der ihm noch verblieb. Doch etwas hielt ihn zurück. Etwas, das er selbst nicht benennen konnte, aber das er immer wieder spürte. Ein Gefühl, das er nicht verstand, aber das stärker war als seine Verzweiflung. Etwas, das nicht sichtbar war, aber er wusste, dass es da war. Etwas, das die Stille des Raumes durchbrach, als würde es seinen Namen rufen, leise und unaufdringlich. Das Wesen.

Er konnte es fühlen, auch wenn er es nicht sehen konnte. Es war wie ein Hauch in der Luft, ein kaltes Schaudern, das sich über seinen Rücken zog.„Jonas“, flüsterte es, „du bist nicht allein. Du hast nie wirklich allein gewesen.“Sein Herz begann schneller zu schlagen.„Du hast mich immer gebraucht. Immer.“ Die Worte hallten durch seinen Kopf, als wären sie nicht nur eine Erinnerung, sondern ein Verlangen. Ein Drang. Ein Befehl. „Du bist nicht schwach, Jonas. Du hast die Kraft in dir. Du musst nur erkennen, dass du sie nie verloren hast.“ Die Worte drangen in ihn ein, drängten sich in seine Gedanken, ließen ihn zittern. Die Pistole war nicht mehr nur ein kaltes Stück Metall auf dem Boden – sie war ein Symbol. Ein Symbol für all das, was er verloren hatte. Er hatte sich oft gefragt, was dieses Wesen wirklich war. Ein Produkt seiner Psyche? Ein unsichtbarer Begleiter, der ihn in dunklen Zeiten in den Wahnsinn trieb? Oder war es mehr als das?„Ich habe dir geholfen, Jonas. Immer, wenn du dich verloren hast. Ich habe dich geführt, wenn du am Rande des Abgrunds standest. Ich habe dir den Weg gezeigt, wenn du keinen Ausweg gesehen hast. Du bist nie allein gewesen. Du weißt das.“ Die Worte klangen nicht mehr wie einfache Gedanken. Sie fühlten sich an wie eine Erinnerung, die immer wieder in seinem Geist aufgerufen wurde. Ein ewiger Zyklus von Abhängigkeit und Unterstützung. Aber war das wirklich Hilfe? Oder war es Manipulation? Er wollte es nicht hören. Wollte es nicht glauben. Aber es war zu spät. Die Gedanken hatten sich tief in seinem Verstand eingenistet, und er konnte nicht mehr entkommen. „Du hast mich gebraucht, Jonas. Immer. Und du wirst es immer wieder tun.“ Jonas’ Hände begannen zu zittern. „Was ist es, was du willst?“ murmelte er, seine Stimme kratzig. „Warum bleibst du bei mir?“„Weil du mich rufst“, antwortete das Wesen, „Jeder Moment deines Lebens ist ein Ruf nach mir. Du weißt es. Du bist nie ohne mich. Du kannst es nicht. Und ich bin hier, weil du mich brauchst.“ Ein Gefühl von Drang, von tiefer Traurigkeit und Verzweiflung durchzog Jonas’ Körper. Die Worte des Wesens drangen weiter in ihn ein, schichteten sich aufeinander, bauten sich auf, bis sie zu einem brüllenden Sturm in seinem Kopf wurden. Er konnte es nicht abstreiten. Was das Wesen sagte, war die Wahrheit. Alles, was er getan hatte, war unter seiner Führung geschehen. Alles, was er durchgemacht hatte, war in seiner Obhut gewesen. Es hatte ihn nicht verraten, hatte ihn nie verlassen. Er hatte es gebraucht. Hatte es gewollt. Aber... war es Liebe? Oder war es nur die schleichende Abhängigkeit, die ihn immer weiter in den Wahnsinn trieb?

„Du bist stark, Jonas“, flüsterte das Wesen, „Weil du mich hast.“ Jonas' Hände krallten sich in das weiche Material seines T-Shirts. Sein Brustkorb zog sich zusammen, als würde er ersticken. Er wollte sich von diesem Gefühl befreien, wollte sich losreißen, aber er konnte nicht. Es war, als würde das Wesen in ihm leben, als wäre es ein Teil von ihm – tief in seiner Seele verankert, so dass er sich nicht mehr ohne es vorstellen konnte. „Du hast nie einen Ausweg gebraucht“, sagte das Wesen mit einer Stimme, die gleichzeitig beruhigend und verstörend war. „Die einzige Lösung war immer, mich anzunehmen. Den Schmerz, die Angst, die Traurigkeit – sie sind alle ein Teil von dir, weil du dich selbst nicht gesehen hast. Du hast den Weg verloren. Aber ich habe dich nie verlassen.“ Jonas‘ Finger tasteten nach der Pistole. Der kalte Griff fühlte sich vertraut an. „Ich habe dich vor mir selbst geschützt“, flüsterte das Wesen, „Ich habe dich vor deinem eigenen Zorn bewahrt. Und jetzt wirst du mir wieder vertrauen, Jonas. Du wirst wissen, dass ich immer nur das Beste für dich wollte.“ Er griff nach der Waffe. Sie war schwer in seiner Hand, doch der vertraute Widerstand fühlte sich wie eine Beruhigung an. Ein letzter Ausweg. Eine letzte Möglichkeit, den Schmerz zu beenden. „Du bist mein Wille, Jonas“, sagte das Wesen jetzt mit einem nahezu triumphalen Ton. „Du wirst den Tod nicht finden, du wirst die Flucht nicht finden, du wirst dich nicht befreien. Aber du wirst mich akzeptieren. Du wirst endlich verstehen, dass alles, was du tust, im Einklang mit mir steht.“ Jonas' Gedanken waren ein wirbelnder Sturm. Die Pistole fühlte sich plötzlich schwer an, als würde sie ihn niederdrücken. Sein Herz raste, seine Gedanken überschlugen sich, und dennoch – inmitten all des Chaos – war da diese seltsame, unheimliche Ruhe. Er wollte die Pistole in seine Schläfen drücken und abdrücken. Wollte endlich das Ende finden. Wollte alles hinter sich lassen. Doch etwas hielt ihn zurück. Ein Flüstern. Ein Drängen. Ein Verlangen, das aus den tiefsten Ecken seines Verstandes kam. „Vertrau mir, Jonas.“ Er starrte auf die Waffe. Sie war der einzige Gegenstand in der ganzen Welt, der noch von Bedeutung war. Sie hatte ihn in der Vergangenheit erlöst, oder zumindest das Gefühl von Erlösung gegeben. Doch jetzt, in diesem Moment, als er das Wesen spüren konnte, als es ihn so tief berührte, dass er es beinahe körperlich fühlte, war es anders.„Du bist nicht allein“, wiederholte das Wesen. „Ich bin nicht allein“, flüsterte Jonas, als er die Pistole senkte. Ein Hauch von Klarheit blitzte in seinen Gedanken auf. Es war eine Art von Erkenntnis, die nicht sofort verständlich war. Aber er wusste, dass er das Wesen brauchte, vielleicht sogar mehr als je zuvor. „Ich habe dich immer gebraucht", murmelte er. „Du hast mich nie im Stich gelassen." Der Raum war still. Der Druck in seiner Brust löste sich langsam, als er die Waffe beiseite legte. Ein letzter Hauch von Verzweiflung blieb, aber es war nicht mehr so erdrückend. Ein Funke von Hoffnung, so winzig er auch war, begann in seinem Inneren zu glimmen. Jonas fühlte, wie sich der Druck in seiner Brust langsam löste, doch die Erleichterung war nicht das, was er erwartet hatte. Stattdessen spürte er eine tiefe Leere, die noch stärker war als zuvor. Es war keine reine Freiheit, die er empfand, sondern vielmehr eine lähmende Erkenntnis, dass er nie wirklich frei war. Er hatte sich selbst in einem Käfig aus Ängsten und Abhängigkeiten eingeschlossen, und das Wesen hatte diesen Käfig zu seiner Heimat gemacht. „Warum... warum fühlst du dich so?" fragte er sich selbst, seine Stimme war kaum mehr als ein Hauch, als er die Waffe vorsichtig auf den Boden legte. „Warum kann ich nicht einfach loslassen?" Das Wesen schien zu antworten, als es in seinem Kopf auftauchte, als wäre es mehr als ein Gedanke. Es war fast, als würde es sich in jede Faser seines Körpers einfräsen, ihn durchdringen und leiten. „Weil du es nie versucht hast, Jonas", flüsterte es. „Weil du immer noch glaubst, dass du es allein tun musst. Aber du bist nie allein. Du warst nie allein. Ich bin immer hier, immer bei dir. Du kannst nicht von mir weg, weil du mich brauchst. Ich habe dir gezeigt, was zu tun ist. Ich habe dich geführt, als du verloren warst." Seine Gedanken wurden durch diese Stimme vernebelt. Sie war so ruhig, so zwingend, dass er sich für einen Moment fragte, ob er sich je wirklich gegen sie gewehrt hatte. Vielleicht hatte er nie wirklich einen freien Willen gehabt. Vielleicht war er immer nur ein Werkzeug, das das Wesen geführt hatte. „Ich habe dich immer beschützt", fuhr die Stimme fort, „Ich habe dich vor dir selbst geschützt. Die Welt ist grausam, Jonas. Und du bist zu schwach, um ihr zu entkommen. Aber ich bin da, um dir zu helfen. Ich werde dich nie im Stich lassen." Jonas schloss die Augen und versuchte, einen klaren Gedanken zu fassen, doch die Dunkelheit in ihm, die das Wesen so geschickt genährt hatte, ließ ihn keinen klaren Raum mehr finden. Es war, als wäre jeder Gedanke von diesem Wesen verwoben, als wären all seine Ängste und Zweifel nur ein Teil des Plans, den es für ihn entworfen hatte. Er starrte auf die Waffe, die jetzt regungslos auf dem Boden lag. Die Vorstellung, die Pistole in die Hand zu nehmen und das alles zu beenden, schien ihm plötzlich nicht mehr so greifbar zu sein. Etwas hielt ihn zurück – und doch wusste er, dass das, was ihn zurückhielt, nicht seine eigene Stärke war. Es war das Wesen, das in ihm lebte, das in seinen Gedanken wuchs, das sich in den dunkelsten Ecken seines Verstandes festsetzte. „Du wirst niemals frei sein, Jonas“, sagte das Wesen, seine Stimme wurde sanfter, fast liebevoll. „Du hast es selbst nie gewollt. Du hast immer nach mir gesucht, auch wenn du es nicht wusstest. Und jetzt wirst du verstehen, dass du nicht entkommen kannst, weil du mich brauchst. Du bist nicht wie die anderen. Du bist anders. Und das ist okay.“ „Aber... ich will nicht so sein“, flüsterte Jonas, die Worte kaum hörbar. „Ich will nicht immer schwach sein...“ „Du bist nicht schwach“, antwortete das Wesen mit einem fast mütterlichen Ton. „Du bist stark. Du hast in all diesen Jahren nie wirklich gesehen, wie stark du bist. Aber jetzt wirst du es verstehen. Ich bin nicht dein Feind, Jonas. Ich bin der einzige, der dich wirklich versteht.“ Er fühlte, wie sich die Dunkelheit in ihm weiter ausbreitete, und die Kälte, die von der Pistole ausging, schien ihn zu durchdringen. Die Gedanken wirbelten in ihm, doch sie alle führten zu einem einzigen Punkt: er war zu schwach, um sich dem Wesen zu entziehen. Zu schwach, um sich von der Umklammerung seiner eigenen Verzweiflung zu befreien. „Ich habe dir geholfen, als niemand anderes es getan hat“, flüsterte das Wesen. „Ich habe dir den Weg gezeigt, als du dich verloren hast. Und jetzt wirst du wissen, dass du nie wieder alleine sein musst. Ich werde dich führen, Jonas. Ich werde dir zeigen, wie du weitermachen kannst.“ Jonas konnte nicht mehr sagen, ob es die Stimme des Wesens war oder seine eigenen Gedanken, die ihn quälten. Doch irgendetwas in ihm begann zu erblühen – ein letzter, verzweifelter Funken von Widerstand. Er wollte nicht aufgeben. Er wollte nicht glauben, dass das Wesen das Einzige war, was ihm blieb. „Ich werde nicht...“ flüsterte er schwach. Doch das Wesen antwortete nicht, es ließ ihm nur die Stille. Und in dieser Stille fühlte Jonas, wie die Dunkelheit in ihm Platz für etwas anderes machte. Ein winziger Funke von Hoffnung, von Entschlossenheit, die sich gegen die Erdrückung seiner eigenen Gedanken stellte. Vielleicht gab es einen Weg hinaus, einen Weg, sich zu befreien – nicht von dem Wesen, sondern von sich selbst. „Ich werde nicht aufgeben“, murmelte er noch einmal, diesmal klarer. Ein kleiner Schritt, ein kleiner Widerstand, aber er spürte ihn. Es war eine Entscheidung, die gegen alles sprach, was das Wesen ihm beigebracht hatte. Doch vielleicht war es der einzige Schritt, den er machen konnte. Langsam stand er auf, die Pistole immer noch auf dem Boden vor ihm. „Ich werde nicht aufgeben“, wiederholte er, und dieses Mal war es kein Flüstern. Es war eine feste Entscheidung, eine Entscheidung, die gegen den Willen des Wesens ging, gegen die Dunkelheit, die es in ihm genährt hatte. Es war der erste Schritt in eine Richtung, die er nicht kannte. Aber es war ein Schritt. Ein Schritt in die Freiheit, den er sich nicht hatte nehmen können – bis jetzt. Und in diesem Moment wusste Jonas, dass er noch nicht verloren war. Noch nicht.

*

Jonas trat hinaus in den kühlen November Vormittag. Die Tür des Hotels fiel mit einem dumpfen Geräusch hinter ihm ins Schloss und für einen Moment blieb er stehen, um sich zu orientieren. Die Sonne tauchte den Bürgersteig in ein mattes, graues Licht. Ein leichter Wind strich durch die schmalen Gassen und ließ die feuchten Pflastersteine schimmern. Neben ihm stand es. Das Wesen war nicht mehr nur eine flüchtige Erscheinung in seinem Kopf. Es war da, mit einer physischen Präsenz, die Jonas nicht ignorieren konnte. Es bewegte sich mit einer Selbstverständlichkeit, als gehöre es hierher, als wäre es schon immer Teil dieser Welt gewesen. Seine langen, unnatürlich glatten Gliedmaßen schienen fast zu fließen, während es sich neben Jonas hielt, als wäre es sein Schatten. „Lass uns gehen", sagte das Wesen, seine Stimme war tief und rau, aber nicht unangenehm. Jonas nickte mechanisch. Sie setzten sich in Bewegung. Die Straßen waren schon um diese Zeit nur noch spärlich belebt. Die meisten Menschen verbrachten solche regnerischen Tage eingekuschelt in ihren Wohnungen. Ein paar vereinzelte Passanten schritten eilig durch die Stadt, in Mäntel gehüllt, die Köpfe gesenkt, als wollten sie so schnell wie möglich ihr Ziel erreichen. Niemand schenkte Jonas oder dem Wesen Beachtung – als wäre es für andere nicht sichtbar. Sie bogen in eine breitere Straße ein. Auf der rechten Seite flackerte das Licht eines Imbisses. Durch das große Fenster konnte Jonas den Besitzer sehen, wie er hinter der Theke stand und mit gelangweiltem Blick auf sein Handy starrte. Der Duft von gebratenem Fleisch und frittierten Kartoffeln lag schwer in der Luft. Das Wesen schien sich nicht für die Umgebung zu interessieren. Es schritt neben Jonas her, geräuschlos, beinahe schwebend. Sein Körper bewegte sich so geschmeidig, dass es wirkte, als sei es nicht an die Regeln dieser Welt gebunden. „Wohin gehen wir?“ fragte Jonas schließlich. „Du wirst es sehen.“ Seine Stimme ließ keinen Widerspruch zu. Sie gingen weiter. An einer Kreuzung blieb Jonas kurz stehen, als ein Auto langsam an ihnen vorbeifuhr. Die Scheinwerfer warfen lange Schatten auf die Hauswände. Das Wesen blieb unbeeindruckt. Sie überquerten die Straße und betraten einen kleinen Park. Die Bäume standen dicht beieinander, ihre Äste bewegten sich kaum im Wind. Die Wege waren mit nassem Laub bedeckt, das unter Jonas' Schritten leise raschelte. Sie gingen tiefer in den Park hinein, weg von den Straßen, hinein in die Dunkelheit der nah beieinander stehenden Bäume. Jonas spürte die Kälte deutlicher. Sein Atem bildete kleine Wolken in der Luft. Das Wesen schritt weiter, zielstrebig, ohne Zögern. „Kennst du diesen Ort?“ fragte es plötzlich. Jonas blickte sich um. Irgendetwas kam ihm bekannt vor, aber er konnte es nicht genau einordnen. „Nein“, murmelte er. Das Wesen schwieg. Ein paar Schritte weiter blieb es plötzlich stehen. Vor ihnen erstreckte sich eine alte Bank aus Holz und Metall, umgeben von hohen, dichten Büschen. Das Licht der Sonne reichte nicht wirklich bis hierher, und die Schatten schienen sich über den Ort zu legen wie eine lebendige Masse. „Setz dich“, sagte das Wesen. Jonas zögerte, doch dann ließ er sich langsam auf die Bank sinken. Das Holz war feucht und kühl. Das Wesen blieb stehen, seine Körperhaltung aufrecht, seine Präsenz fordernd. Jonas rieb sich über das Gesicht. Seine Hände waren kalt. Das Wesen beobachtete ihn.„Warum bist du wirklich hier?“ fragte es. Jonas antwortete nicht sofort. Er starrte auf den Boden, auf die feuchten Blätter, die sich in kleinen Häufchen sammelten. „Ich weiß es nicht“, sagte er schließlich leise. „Du bist hier, weil du geführt wurdest“, erwiderte das Wesen. „Weil du dort, wo du warst, nichts mehr hattest.“ Jonas hob langsam den Blick. „Und was jetzt?“ Das Wesen bewegte sich zum ersten Mal seit Minuten. Es trat einen Schritt näher an ihn heran. „Jetzt gehen wir weiter.“ Es drehte sich um und schritt durch den Park. Jonas folgte ihm. Die Geräusche der Stadt wurden leiser, je weiter sie in den Park vordrangen. Das Rauschen der fernen Autos verklang, nur noch das leise Knirschen von Steinen unter seinen Schuhen war zu hören. Irgendwo in der Ferne bellte ein Hund. Sie erreichten eine kleine Brücke, die über einen schmalen Bach führte. Das Wasser darunter war kaum zu erkennen, nur das leise Plätschern verriet seine Anwesenheit. Das Wesen blieb wieder stehen. Jonas tat es ihm gleich. „Was siehst du?“ fragte das Wesen. Jonas runzelte die Stirn. „Was meinst du?“ „Hier, an diesem Ort. Was fühlst du?“

Jonas blickte über das Geländer der Brücke. „Nichts“, sagte er nach einer Weile. Das Wesen schwieg. Dann setzte es sich langsam in Bewegung, überquerte die Brücke mit lautlosen Schritten. Jonas folgte ihm. Der Weg wurde schmaler, verwinkelter. Links und rechts tauchten alte Gebäude auf, ihre Fassaden von der Zeit gezeichnet. Die Fenster waren dunkel, die Türen verschlossen. Das Wesen bewegte sich mit derselben Ruhe wie zuvor. Jonas bemerkte, dass er immer weniger auf seine Umgebung achtete und sich stattdessen fast automatisch bewegte. Das Wesen führte ihn durch ein Netz aus Gassen und Wegen, bis sie schließlich eine breite Straße erreichten. Hier war es belebter. Menschen schlenderten über die Gehwege, Lichter blinkten in den Schaufenstern, Stimmen vermischten sich zu einem undefinierbaren Summen. Jonas blinzelte. „Wo sind wir?“ fragte er. „Spielt das eine Rolle?“ Das Wesen trat auf die Straße hinaus. Jonas zögerte kurz, dann folgte er. Autos fuhren an ihnen vorbei, Scheinwerfer warfen lange Schatten auf das Pflaster. Das Wesen ging zielstrebig weiter, ohne einen Moment innezuhalten. Jonas spürte eine seltsame Unruhe in sich aufsteigen. Sie bogen in eine kleine Nebenstraße ein, wo die Geräusche der Stadt gedämpfter klangen. „Warum führen wir diesen Spaziergang?“ fragte Jonas plötzlich. Das Wesen blieb stehen. Es drehte sich langsam zu ihm um. Seine Augen – oder das, was an ihrer Stelle war – schienen zu leuchten. „Weil es an der Zeit ist, dass du verstehst.“ „Verstehen... was?“ Das Wesen trat näher an ihn heran. „Alles.“

*

Der kalte Wind zerrte an Jonas' Jacke, als er sich der großen, grauen Schule näherte. Das Gebäude stand still, wie immer, mit seinem unnachgiebigen Mauerwerk und den hohen Fenstern, die die Welt draußen nur in verzerrtem Licht reflektierten. Hier, an diesem Ort, war so vieles passiert. Vieles, das er nie hatte verstehen können. Er blieb am Zaun stehen, seine Augen auf das verschlossene Gebäude gerichtet. Die Schule war zu – keine Geräusche, kein Lachen, kein Rufen von Kindern. Nur Stille. Und diese Stille war noch lauter als der Lärm der Kinder, der unter der Woche das Gelände erfüllt hatte. „Sieh es dir an“, flüsterte das Wesen hinter ihm, und Jonas zuckte zusammen. Es war jetzt mehr als eine bloße Stimme in seinem Kopf. Es hatte eine Gestalt angenommen, die so real war wie alles andere um ihn herum. Er konnte den Schatten in seinem Augenwinkel sehen, die Bewegung, die ihn verfolgte. „Hier bist du groß geworden, Jonas. Hier hast du überlebt.“ Die Worte hallten in ihm nach. „Überlebt“ – als ob die Schulzeit etwas war, das man überleben musste. Und doch fühlte es sich in diesem Moment wie eine schreckliche Wahrheit an. Langsam trat er näher an den Zaun heran. Er streckte die Hand aus und berührte das kalte Metall. Die Berührung ließ ihn erschauern. Erinnerungen drängten sich in seinen Kopf, Erinnerungen, die er für immer verschlossen hatte. Die tauben Blicke der Lehrer, die hilflose Stille, wenn er wieder einmal verspottet worden war, die spitzen Bemerkungen seiner Mitschüler, die ihm tief ins Herz schnitten. „Ich war immer der Außenseiter“, murmelte Jonas, mehr zu sich selbst als zu dem Wesen. „Nie gut genug, nie wichtig. Nur ein Ziel.“ „Ein Ziel für ihre Freude“, sagte das Wesen. Jonas’ Herz zog sich zusammen, als er sich an das Mobbing erinnerte, das jeden Tag Teil seiner Realität war. Die schrecklichen Tage, an denen er sich in den Ecken der Klassenzimmer versteckte, wo niemand ihn sah. Wo niemand ihm half. Die Wände, die sein ständiger Begleiter waren – die er so oft als einen Schutzraum missverstand, als die einzige Möglichkeit, sich von den Angriffen abzuschirmen, die er nie hatte verhindern können. „Und trotzdem bist du hier“, sagte das Wesen. „Du hast es überlebt. Du bist stark.“ Jonas schüttelte den Kopf. „Stark?“ Er lachte bitter. „Ich habe alles ertragen. Aber ich war nie stark. Ich habe nie etwas geschafft. Und jetzt... jetzt bin ich genau wie damals, oder?“ Er nahm einen Schritt vorwärts. Der Schulhof war leer, so still, dass die Geräusche seiner Schritte wie Schläge auf dem Asphalt hallten. Der Wind fuhr durch das hohe Gras, das längst unkontrolliert gewachsen war. Der Ort, der einst von Leben erfüllt war, war jetzt ein Ort der Erinnerung – ein Ort des Schmerzes. „Die alten Gesichter sind verschwunden“, sagte er. „Aber ihre Worte verfolgen mich immer noch.“ Das Wesen trat näher an ihn heran, als ob es seine Gedanken verstand. Es sprach ruhig, mit einer Stimme, die dennoch ein unheimliches Gewicht trug: „Aber du hast nie zugelassen, dass sie dich ganz brechen. Die Narben, die du trägst, sie erzählen von deiner Kraft. Sie sind Beweise dafür, dass du überlebt hast. Sie sind nicht dein Versagen, Jonas. Sie sind deine Stärke.“ Jonas hielt inne und ließ seine Hand erneut über den Zaun gleiten. Der kalte Stahl drückte gegen seine Haut. „Kraft“, wiederholte er, als ob er die Bedeutung des Wortes zum ersten Mal hörte. „Kraft... in den Schwächen.“

Er sah auf. Der Schultor stand offen, obwohl der Rest des Geländes verlassen war. Ein paar vereinzelte Blätter wehten über den Boden, und der Wind zerrte an ihnen, als wollten sie sich selbst davonschleichen. Doch Jonas wusste, dass sie nicht entkommen konnten. Sie waren Teil dieses verfluchten Ortes, wie er selbst. „Willst du wirklich zurückkehren, Jonas?“ fragte das Wesen. Es klang fast wie eine Herausforderung. Er dachte an die alten Tage. An die vielen Male, als er sich nach einer Flucht sehnte, nach einem Weg, all das hinter sich zu lassen. Aber was war geblieben? Was hatte er wirklich überlebt? War es der Schmerz, der ihn stark gemacht hatte? Oder war er immer nur eine Marionette in einem Spiel, das er nie verstehen konnte? „Was soll ich hier noch tun?“ fragte er. „Es gibt nichts mehr, was mir hier geblieben ist.“ „Du siehst es nicht, Jonas“, sagte das Wesen mit einem leichten, kaum merkbaren Lächeln in der Stimme. „Du siehst nicht, was du wirklich erreicht hast. Du hast überlebt. Du bist nicht zerbrochen. Was ist das für ein Mensch, der aufgibt? Wer bleibt stehen, wenn alles gegen ihn ist? Du, Jonas, du bist der, der nie aufgegeben hat.“ Jonas starrte auf den Boden, seine Gedanken wirbelten. Die Stimme des Wesens war wie ein Rauschen in seinen Ohren. Es versuchte ihm zu sagen, dass er stark war, doch in seinem Inneren fühlte er sich immer noch wie der junge Jonas, der sich auf dem Schulhof vor den anderen versteckte. „Ich war nie stark“, murmelte er. „Ich war nur... allein. Immer allein.“ Das Wesen trat näher. Es war fast so, als würde es seinen Kopf gegen Jonas‘ Schulter lehnen, als wolle es ihm Trost spenden. Doch Jonas konnte keine Wärme spüren – nur Kälte. Die Kälte der Erinnerungen, die ihm immer noch das Herz zerrissen. „Allein...“ sagte das Wesen, als ob es das Wort für sich selbst ergriff. „Aber du hast es überlebt. Allein, ja, aber du bist gegangen, du bist weitergegangen, auch als du dachtest, du könntest nicht mehr. Und genau das ist es, was dich hierhergebracht hat.“ Jonas schloss die Augen, und für einen Moment glaubte er, die Kinder noch lachen zu hören, als sie ihn verspotteten. Er sah die vertrauten Gesichter der Mitschüler vor sich, die ihn auslachten, die ihn von der Seite ansahen. Der kalte Wind wehte durch die Bäume und ließ die Äste knarren. Der Schmerz war nie wirklich verschwunden, er war immer noch da, tief in ihm verwurzelt. „Du musst lernen, es zu akzeptieren“, sagte das Wesen. „Lerne, dass der Schmerz, den du durchlebt hast, dich geformt hat. Du bist nicht der Junge, der du früher warst. Du bist nicht der, der in den Ecken saß und sich klein machte.“

„Und doch fühle ich mich immer noch wie dieser Junge", sagte Jonas, seine Stimme war jetzt leiser, fast ein Flüstern. „Weil du dich immer noch danach sehnst, dich zu verbergen", antwortete das Wesen. „Aber du bist mehr als das, Jonas. Du hast immer mehr in dir gehabt. Und genau deshalb stehst du hier." Der Wind blies stärker, und Jonas spürte einen Kloß im Hals. Die Erinnerungen quälten ihn weiter. Er hatte nie die richtigen Worte gefunden, um all das zu beschreiben, was er durchgemacht hatte. Nie die richtigen Worte, um den Schmerz auszudrücken, der in seinem Inneren brannte. Und jetzt, als er wieder hier stand, mit dem Wesen an seiner Seite, fühlte er sich – wenigstens für einen Moment – nicht mehr ganz so allein. Das Wesen neben ihm war nun so real, greifbar, wenn auch nicht mehr so beängstigend. Doch das für Jonas immer noch am Schrecklichste war sein Gesicht. Keine feste Form, als ob es immer wieder aus verschiedenen Masken bestehen würde. Mal ein zerrissenes Grinsen, mal ein leerer Ausdruck, mal die Züge eines Fremden, mal die seines Vaters. Aber Jonas war nicht überrascht. Nicht mehr. Er hatte längst akzeptiert, dass das Wesen ein Teil von ihm war. „Du hast es überlebt, Jonas", flüsterte das Wesen, erneut, während es langsam über den Schulhof schritt. „Doch hast du es wirklich verarbeitet?" Jonas' Blick wanderte über das leere Gelände. Der Betonhof war rissig, an manchen Stellen wuchs Unkraut aus den Fugen. Die Turnhalle stand wie ein stiller Zeuge vergangener Jahre da, manche der Fenster mit Graffiti beschmiert. Das Hauptgebäude wirkte trostlos,seine Fassade von der Zeit gezeichnet. Die Schule war zwar nicht komplett geschlossen, aber es war offensichtlich, dass sie ihre besten Tage hinter sich hatte. Seine Finger ballten sich zu Fäusten. Hier hatte alles begonnen. Ein kalter Schauer lief ihm den Rücken hinunter, als sich seine Gedanken in die Vergangenheit schoben, unaufhaltsam, wie eine Welle, die ihn fortspülte...

Die Stimmen hallten durch den Hof. „Hey, Opfer!" Jonas spürte, wie sich sein Körper versteifte. Er war zwölf Jahre alt, saß allein auf einer Bank und hielt ein Pausenbrot in der Hand. Der Hunger war ihm vergangen. Drei Jungs standen vor ihm. Kevin, Paul und Finn. Die Anführer der Klasse. Ihre Blicke voller Verachtung. „Was isst du da?" fragte Kevin, grinste breit und riss Jonas das Brot aus der Hand. Jonas protestierte nicht. Er hatte längst gelernt, dass Widerstand zwecklos war. „Schmeckt scheiße", lachte Finn und warf das Brot auf den Boden. „Warum bist du überhaupt hier? Dich will eh keiner."

Sie schubsten ihn. Erst sanft, dann härter. Sein Rücken prallte gegen die harte Holzbande des Fußballplatzes. „Sag was, du Freak!" Pauls Stimme war schrill vor Aufregung. Jonas sagte nichts. Was hätte er auch sagen sollen? Ein Schlag traf ihn gegen die Schulter. Nicht fest, mehr spielerisch. Ein Test. Wie viel würde er sich gefallen lassen? Er sah zu Boden. Wartete, bis es vorbei war. „Gott, du bist so ein Wurm", knurrte Kevin und spuckte auf den Boden neben ihm. „Kein Wunder, dass dein Vater dich schlägt." Jonas zuckte zusammen. Ein Kloß bildete sich in seiner Kehle. Kevin grinste. „Oh, hab ich was Falsches gesagt?" Jonas spürte Tränen in sich aufsteigen, aber er weigerte sich, ihnen nachzugeben. Stattdessen starrte er einfach weiter auf den Boden. „Los, lass uns abhauen. Der ist langweilig." Und dann waren sie weg. Einfach so. Zurück blieb nur Jonas, der sich fragte, warum er überhaupt existierte. Die Gegenwart schlug ein wie ein Blitz. Jonas stand mitten auf dem Schulhof, sein Atem ging schwer. Seine Hände zitterten. Die Erinnerungen waren so real gewesen, als hätte er sie gerade erst durchlebt. „Sieh, wie weit du gekommen bist", flüsterte das Wesen hinter ihm.Jonas schüttelte den Kopf. „Ich bin kein bisschen weitergekommen." Das Wesen lachte leise. „Oh doch, Jonas. Du hast gelernt, dich zu wehren." Am Ende war er immer der Außenseiter geblieben. „Sieh mich an, Jonas", flüsterte das Wesen.Er drehte sich langsam um. Die Fratze des Wesens verzog sich zu einem Lächeln. „Du hast gelernt zu kämpfen. Und doch hast du verloren." Jonas atmete schwer. „Warum hast du mich hierhergebracht?" fragte er heiser. „Weil du verstehen musst", sagte das Wesen. „Du musst alles noch einmal durchleben, um endlich zu erkennen, was du wirklich bist." Jonas' Blick wanderte über den Schulhof. Er sah sein jüngeres Ich dort sitzen. Er sah die Demütigungen, die Einsamkeit, die Angst. Und er wusste: Es war nie wirklich vorbei gewesen.

*

Jonas' Schritte waren schwer, als er langsam über den verlassenen Schulhof ging. Der graue Himmel hing tief über ihm, die Wolken schienen fast greifbar, als würden sie die Erde erdrücken. Es war so still, dass er das Rauschen des Windes in den Bäumen hören konnte, das Gefühl der Zeit, die stillstand, und das Gewicht der Erinnerungen, die ihn zu erdrücken drohten. Er wollte einfach nur hier sein. Einfach nur diese verfluchte Schule hinter sich lassen. Doch der Schulhof... der fiel ihm schwerer, als er dachte. Jeder Schritt brachte ihn tiefer in die dunklen Ecken seines Gedächtnisses, in die Zeit, die er so sehr zu vergessen versuchte. Der weite, leer wirkende Schulhof war vom Alter gezeichnet. Die Wände der Gebäude bröckelten an den Ecken, der Asphalt war durchzogen von Rissen, die wie Narben in der Haut einer alten, vergessenen Erinnerung aussahen. Hier war er aufgewachsen, hier war er geformt worden, und es war hier, wo er das erste Mal das Gefühl bekam, nicht genug zu sein. Nicht genug für diese Welt. Das Wesen, das ihn die ganze Zeit begleitete, war jetzt ebenfalls still. Doch Jonas spürte es – wie eine Präsenz, die ihn weiterhin beobachtete. Es war immer da, wie der Schatten, der immer hinter ihm war. Es hatte ihm bis jetzt immer beigebracht, die Kontrolle zu behalten, ihm Kraft gegeben, als er sie am meisten brauchte. Doch auch heute, an diesem Ort, wo die Vergangenheit wie ein dunkler Nebel über ihm schwebte, fühlte sich diese Kraft an wie ein Hohn. Er sah über den Schulhof. Ein paar alte Bänke standen noch herum, mit Graffiti überzogen und vom Wetter gezeichnet. Nichts erinnerte mehr an die Zeit, als er hier war. Es hatte sich verändert. Doch da, in der hintersten Ecke, sah er sie. Drei Gestalten. Drei Jungen. Ihre Rücken waren zu ihm gewandt. Sie standen dort, wie sie es früher immer getan hatten. So viele Jahre waren vergangen, doch diese drei standen immer noch da, als wären sie fest in der Zeit eingefroren. Ihr Verhalten war das gleiche, ihre Bewegungen starr und gleichgültig – als hätten sie nie etwas anderes getan, als hier zu stehen, in dieser Ecke, auf diesem Ort. Er erkannte sie sofort. Kevin. Paul. Finn. Ein stechender Schmerz schoss ihm durch den Körper. Sein Magen zog sich zusammen, sein Herz setzte einen Schlag aus. Diese Jungen – sie hatten ihn über Jahre hinweg gequält, gejagt, verspottet. Sie hatten ihm das Leben zur Hölle gemacht. Und jetzt standen sie da, als wäre nichts geschehen. Er konnte sich nicht bewegen. Er war wie gelähmt. Seine Hand griff reflexartig nach dem Taschentuch in seiner Tasche, als er versuchte, seine zitternde Hand zu beruhigen. Doch die Gedanken, die in seinem Kopf wirbelten, ließen sich nicht so einfach zurückdrängen. Er wollte nicht in die Vergangenheit zurückkehren, wollte sich nicht wieder an all das erinnern müssen. Doch er hatte keine Wahl. Die Erinnerung war wie ein Magnet, der ihn an diesen Ort zog. Die Jungs redeten, lachten, ohne sich der Welt um sie herum bewusst zu sein. Jonas stand still, nicht sicher, ob er sich bewegen oder einfach weitergehen sollte.

Doch es war zu spät. Es war, als hätte sich die Zeit zurückgedreht, als er dort stand und sie betrachtete. Kevin, der immer der Anführer gewesen war, Paul, der immer die Drecksarbeit gemacht hatte, und Finn, der mit seinem schelmischen Lächeln immer die Person gewesen war, die am meisten genoss, wenn Jonas litt. Jonas' Blick war auf sie gerichtet, und während er dort stand, überkamen ihn die Erinnerungen – die schmerzhaften Erinnerungen, die er so lange versucht hatte, zu verdrängen. Kevin. Er war derjenige, der Jonas am meisten gequält hatte. In der Schulzeit war er immer der, der die besten Sprüche auf Lager hatte, der, der wusste, wie man Menschen in die Enge trieb. Kevin hatte Jonas immer mit seinen spöttischen Bemerkungen attackiert, ihm das Gefühl gegeben, nicht genug zu sein. „Schau dich mal an, Jonas", hatte Kevin immer gesagt. „Du bist nichts. Du bist niemand. Wer interessiert sich schon für dich?"Jonas erinnerte sich daran, wie Kevin ihn immer wieder in die Mangel nahm. In der Pause, vor der Klasse, bei den Projekten. Egal, wo Jonas war, Kevin war immer da, um ihn zu quälen. Die Worte, die er sagte, schienen wie Messer in Jonas' Herz. Der ständige Spott, das ständige Lachen, das Gefühl, immer der Außenseiter zu sein, das Gefühl, nie genug zu sein. Paul war derjenige, der oft einfach mitmachte. Er hatte nie wirklich eine eigene Meinung, aber er hatte nie gezögert, sich an den Witzen über Jonas zu beteiligen. Der spöttische Blick, den er immer wieder auf Jonas warf, der Hohn in seiner Stimme, wenn er lachte – das alles war für Jonas genauso schlimm wie die Worte von Kevin. Und dann war da Finn. Finn war der schüchterne, doch immer wieder aufkommende Sadist. Jonas konnte sich genau an den Moment erinnern, als er einmal nach dem Sportunterricht auf dem Boden lag, erschöpft und schwitzend, und Finn ihm einfach den Ball ins Gesicht geworfen hatte, nur um ihn lachen zu hören. „Schau ihn dir mal an, der hat keine Ahnung von gar nichts", hatte Finn gesagt, während er die anderen anstachelte. Diese Erinnerungen waren schmerzhaft. Sie hatten Jonas' Selbstwertgefühl zerbrochen, Stück für Stück. Jede Verletzung, jeder Spott, jede Demütigung war ein weiterer Nagel in seinem Sarg. Jonas' Leben hatte nie in irgendeiner Form einen Wert zu haben schienen, zumindest nicht in den Augen dieser Jungs. Seine Gedanken rasten, als er dort stand, während sich die Gesichter der Jungen immer deutlicher vor ihm abzeichneten. Seine Hand ballte sich zu einer Faust, und plötzlich spürte er eine unerklärliche Wut in sich aufsteigen. Es war, als würde alles auf einmal wieder hochkochen, als würde die Zeit zurückgedreht, um ihm zu zeigen, was er durchgemacht hatte. Sein Blick glitt über die drei Jungs. Sie standen noch immer da, redeten, lachten, ohne sich auch nur einen Moment lang seiner Anwesenheit bewusst zu sein. Jonas' Herz schlug schneller, als er einen weiteren Schritt auf sie zuging. Doch bevor er etwas tun konnte, verharrte er wieder. Es war, als wäre er in der Zeit gefangen. Plötzlich tauchte das Wesen wieder auf. Es war wie ein kalter Hauch, der ihm durch den Rücken fuhr. Es flüsterte ihm in seinem Inneren zu. „Du musst nicht zurück in diese Dunkelheit. Du musst nicht mehr leiden, Jonas." Doch seine Hand, die er immer noch ballte, konnte nicht aufhören zu zittern. Es war, als wollte sie die Wut, den Schmerz, die Demütigung, die er jahrelang ertragen hatte, in eine physische Form umwandeln. Jonas wusste, dass er sich nicht wieder in diese Hölle begeben durfte. Dass er nicht wieder diesen Jungen begegnen durfte. Aber irgendwie konnte er den Blick von den drei nicht abwenden. Die Geister aus seiner Vergangenheit standen direkt vor ihm. Und sie erinnerten ihn daran, dass er nie entkommen konnte.

*

„Das sind sie", flüsterte Jonas. Der Gedanke an sie ließ einen Zorn in ihm aufsteigen, der die Luft um ihn herum zu verdicken schien. Seine Hände begannen zu zittern, nicht nur vor Angst, sondern vor einem Gefühl, das er nicht kannte – einem Gefühl der Macht. Als er die drei Jungen in der Ecke des Schulhofs sah, nahm er unbewusst einen Schritt näher, als ob ihn etwas zwang, sich ihnen zu nähern. Und dann, mitten in diesem Moment der Anspannung, kam ihm etwas in den Sinn. „Die Pistole...", murmelte er leise. Es war, als ob eine kalte Hand ihm die Erinnerung in den Kopf pflanzte. Die Pistole. Er hatte sie in der Tasche seiner Jacke, wie er es vor Tagen in der schon gehabt hatte. Der Gedanke an die Waffe schickte einen neuen Schub von Adrenalin durch seinen Körper. Er hatte fast vergessen, dass er sie überhaupt bei sich trug. Er konnte die Kälte des Metalls in seiner Hand förmlich spüren. Ein Stück Stahl, das ihm in diesem Moment Macht verlieh. Ein Gedanke, der so plötzlich, so unmittelbar war, dass es Jonas fast den Atem raubte. Die Waffe, die damals in seiner Hand gewesen war, hatte ihm noch nie so viel Sicherheit gegeben. Sie war seine

Chance. „Gott, wie konnte ich sie vergessen?“, dachte er. Die Erinnerung, dass er diese Waffe in seiner Jacke trug, ließ ihn stocken. Ein Moment der Klarheit durchbrach ihn, aber er war immer noch in der Hand des Wesens – die Kontrolle war nie wirklich bei ihm. „Du solltest sie benutzen, Jonas“, sagte das Wesen. Es war ein leises Flüstern, doch es klang so mächtig, so zwingend. „Die Macht, die du jetzt hast, ist unbegrenzt. Hol dir, was du verdienst.“ Jonas' Blick war fest auf die drei Jungen gerichtet. Es war, als ob die Zeit langsamer wurde, der Wind verstummte, und die Geräusche um ihn herum verschwanden. Die Jungen hatten ihn bemerkt. Sie drehten sich um, langsam, als ob sie die Gefahr noch nicht erkannten. Doch Jonas wusste, dass sie es in den nächsten Momenten tun würden. „Erinnert ihr euch an mich?“ Seine Stimme brach aus ihm heraus, obwohl er sich kaum daran erinnerte, wie er sie aussprach. „Erinnert ihr euch an all das, was ihr mir angetan habt?“ Die Jungen standen jetzt regungslos da, ihre Gesichter eine Mischung aus Überraschung und Zögern. Einer von ihnen, der größte der drei, begann, ein kleines spöttisches Lächeln auf den Lippen zu formen. Doch der Blick in Jonas' Augen sagte ihm alles, was er wissen musste. „Du hast nie wieder das Recht, mich auszulachen“, flüsterte Jonas und zog die Waffe aus seiner Jacke. Der Metallgriff glitt zwischen seinen Fingern, und er hielt die Waffe fest, als würde sie ihn stabilisieren. Jonas' Hände zitterten, als er die Waffe aus der Jacke zog, den kühlen Metallgriff zwischen den Fingern spürte. Der Moment, in dem das kalte Stahl seine Hand umfasste, war wie eine Explosion in seinem Inneren. Ein Ruck ging durch ihn, als würde ihm jemand die letzten Reste von Kontrolle entreißen. Die Waffe fühlte sich schwer an, als trüge sie das Gewicht all seiner Schmerzen und seines Zorns. Seine Augen brannten vor Wut, als er die drei Jungen vor sich betrachtete, die ihn damals mit ihren bösartigen Worten und Taten zerstört hatten. Er konnte es immer noch nicht fassen, dass sie hier waren, dass sie einfach immer noch da waren, unberührt von der Zeit, während er in einem Meer aus Erinnerungen und Verletzungen ertrank. „Ihr... ihr habt mir mein Leben zur Hölle gemacht“, brüllte er, die Waffe noch immer in der Hand, aber diesmal nicht in einem Zustand der Kontrolle. Es war als ob ein Rausch von Emotionen in ihm hochstieg, der ihn zu überwältigen drohte. „Ihr habt mich zerstört! Ihr habt mich gebrochen!“ Seine Stimme war heiser, laut, fast wie ein Tier, das im Käfig eingesperrt war. Es war eine rohe, unkontrollierte Wut, die sich durch seinen Körper schlich. Die Jungen blickten sich nervös an, ihr Lächeln begann zu verschwinden, als sie den Wahn in Jonas' Augen erkannten. Doch Jonas konnte nicht mehr zurück. „Warum... warum habt ihr das getan? Was habe ich euch getan?" Seine Worte waren nicht mehr klar, sie kamen hervor wie ein schmerzhaftes Aufbäumen gegen die Dunkelheit, die sich in ihm ausbreitete. „Ihr habt mich... ihr habt mich kaputtgemacht!" Die Waffe war jetzt fest in seiner Hand, der Lauf zeigte auf die drei Jungen, doch er konnte nicht schießen. Nicht jetzt. Vielleicht nie. Es war nicht die Waffe, die ihn stoppen würde. Es war er selbst. Der Teil in ihm, der immer noch wusste, dass er besser war als das. Der Teil, der ihn an das Leben erinnerte, das er sich wünschte, aber nie hatte. „Hört mir zu! Ihr habt mir das genommen, was ich hatte! Ihr habt meine Kindheit zerstört!", schrie er, der Schweiß lief ihm von der Stirn, seine Atemzüge schneller und flacher werdend. „Ich wollte einfach nur in Ruhe gelassen werden. Aber ihr habt nie damit aufgehört!" Das Wesen in ihm flüsterte wieder. Es war sanft, aber wie eine Ermutigung, wie eine Stimme, die ihn in seiner Entscheidung bestärkte: „Du hast die Macht, Jonas. Du kannst es beenden. Du kannst diese Erniedrigung ein für alle Mal stoppen. Sie haben es verdient, sie müssen bezahlen." Jonas hörte die Stimme, doch etwas in ihm sträubte sich dagegen. Die Waffe fühlte sich immer schwerer an. Seine Finger begannen, schwächer zu werden. Doch der Zorn, die Wut und die allumfassende Verzweiflung, dass er jahrelang für all das gelitten hatte, schoben ihn weiter.„Ich werde es euch zeigen!", schrie er, jetzt mit einer noch nie dagewesenen Wut in seiner Stimme. „Ihr habt mich geschlagen, mich verspottet! Ihr habt mich bis zum Abgrund getrieben!" Seine Hände zitterten, als er den Abzug der Waffe fühlte. Aber er konnte nicht. Er konnte nicht abdrücken. Etwas hielt ihn zurück. „Ich werde euch alles zurückzahlen!", brüllte er jetzt, die Worte hallten auf dem leeren Schulhof wider. Die drei Jungen standen regungslos da,ihre Gesichter eine Mischung aus Überraschung und Angst. Sie wussten, dass sie in Gefahr waren, aber sie konnten sich nicht bewegen. „Ihr dachtet, ihr könntet mich einfach so quälen, mich wie Dreck behandeln! Aber ihr habt euch geirrt!", schrie Jonas, seine Stimme brach fast. „Ich bin nicht der Junge von damals. Ich bin jetzt jemand anderes!" Der Druck in seiner Brust war unerträglich, seine Lungen atmeten nur schwer, als er die Waffe auf die Jungen richtete. Doch ein Teil von ihm hielt inne. Etwas, das er nicht ganz begreifen konnte, warf ihm plötzlich einen Schatten des Zweifels auf. Etwas hielt ihn zurück. Der Moment war wie eingefroren, und doch wurde die Wut in ihm größer. Es war, als würde der Zorn sich in ihm zu einem

Sturm zusammenbrauen. „Was habt ihr zu sagen?", schrie er, seine Augen glänzten vor aufgestautem Schmerz. „Was habt ihr zu sagen, jetzt, wo ich hier bin? Was habt ihr zu sagen, jetzt, wo ihr in meiner Hand seid?" Die Jungen schwiegen, ihre Blicke ausweichend. Sie wussten, dass es nicht mehr um ein Spiel ging. Jonas war nicht mehr der Junge, den sie früher quälen konnten. Er war etwas anderes. Und doch... Jonas konnte nicht weiter. Etwas, das in ihm noch immer lebte, verhinderte, dass er die Waffe abdrückte. „Ihr habt mich zu dem gemacht, was ich heute bin", murmelte er, die Waffe immer noch in der Hand. Die Gesichter der Jungen wurden immer blasser. Angst zeichnete sich in ihren Blicken aus. Einer von Ihnen, wahrscheinlich der jüngste, drückte sich langsam von der Wand ab und versuchte, einige Schritte nach hinten zu gehen, versuchte verzweifelt, dieser ganzen Szene zu entkommen. Jonas umfasste die Waffe wieder fester und richtete sie auf den Jungen. „Wo willst du hin, du Feigling? Auf einmal bist du nicht mehr so vorlaut wie damals". Der Junge blieb stehen, er traute sich keinen Schritt mehr weiter. Er erhob langsam die Hände, und Jonas konnte sehen, wie er am ganzen Leibe zitterte. Jonas fühlte sich mächtig. Er fühlte, dass er in diesem Moment vollkommen die Kontrolle hatte. Doch als der zweite Junge sich langsam erhob, um sich schützend vor den Jüngeren zu stellen, da platzte bei Jonas die ganze Wut heraus. Er richtete die Waffe auf den Jungen, schob die Finger an den Abzug und drückte ab. Drei Schüsse durchdrangen die Körper der Jungen und sie sackten alle nacheinander auf den Boden. Doch Jonas Wut hatte sich nicht abgebaut. Im Gegenteil, sie hatte sich nur noch weiter aufgebraut. Er lief zu auf sie zu, richtete die Pistole auf den Boden und schoss jedem noch einige Male in die Brust, während er schrie. „Ihr verdammten Idioten, ihr habt mir mein ganzes Leben zerstört. Ihr habt meine ganze Kindheit kaputt gemacht, ihr habt es verdient. Ihr habt es verdient!!". Erst nachdem er sah, wie das Wesen aus seinem Blickwinkel direkt vor ihn lief, ließ er die Waffe langsam sinken. Das Wesen sagte nichts, es blieb einfach still.

*

Das Wesen trat zur Seite, seine Präsenz wie eine Wand aus Schatten und Unbehagen. Es verharrte in dieser Position, als ob es sich von dem Geschehen zurückzog, als ob es Jonas die Bühne alleine überlassen wollte. Jonas' Herz schlug wie wild, der Zorn, der die ganze Zeit in ihm geglüht hatte, war immer noch stark in ihm, doch jetzt begann eine tiefe Unruhe in ihm aufzusteigen. Er konnte kaum atmen, als er auf die drei Körper auf dem Boden blickte, die sich regungslos in den Dreck schleppten. Die Gesichter der drei Jungen, die er geglaubt hatte, wiederzuerkennen, verwandelten sich in unscharfe, gesichtslose Schatten. Er war noch zu wütend, um die Realität richtig zu begreifen, um den Schmerz in seiner Brust zu sehen, den er gerade verursachte. Alles, was er wusste, war, dass er diese Jungen hasste – diese verdammten Verursacher seiner Qualen. Doch jetzt, als er auf sie zuging, als er näher kam, um sicherzugehen, was er angerichtet hatte, überkam ihn eine schreckliche Kälte. Diese Jungen... diese Gesichter... sie sahen plötzlich nicht mehr aus wie die Gesichter seiner Peiniger von damals. Es war ein Moment der Klarheit, der wie ein Schlag gegen sein Schädeldach traf. Er blieb abrupt stehen, der Schweiß lief ihm in dicken Strömen den Rücken hinab. Ein Gefühl der Leere breitete sich in seiner Brust aus, als er die Jungen von näherem betrachtete. Sie sahen gar nicht aus wie die, die ihn damals quälten. Der Junge, der in seiner Erinnerung immer mit hämischem Grinsen und bösen Worten da gewesen war, hatte nun einen blassen, völlig erschöpften Ausdruck im Gesicht. Die anderen, ebenfalls mit unschuldigeren Zügen, lagen regungslos im Dreck. Es war der gleiche Schock, den er damals erfahren hatte, als er plötzlich merkte, dass seine Realität eine Lüge war, dass er die Erinnerung auf eine Weise gefärbt hatte, die seine Vorstellungskraft übernahm. Seine Hand zitterte immer noch, die Waffe fühlte sich plötzlich schwer und unpassend in seiner Hand an. Es war wie ein Albtraum, der sich langsam und quälend entfaltete. Er hatte sich von dem Bild, das er in seinem Kopf gezeichnet hatte, so weit entfernt, dass er jetzt nicht mehr wusste, was wirklich war. Die wütenden Erinnerungen, die ihn über die Jahre hinweg geplagt hatten, vermischten sich mit der gegenwärtigen Realität und machten alles verschwommen. „Was... was habe ich getan?", flüsterte er, seine Stimme kaum mehr als ein heiseres Krächzen. Der Boden unter seinen Füßen schien sich zu verflüssigen, als die Tränen in seinen Augen aufstiegen. Er konnte es nicht fassen, konnte nicht glauben, was gerade passiert war. Er sah auf die leblosen Körper, die er geglaubt hatte, für seine Peiniger zu erkennen. Und jetzt sah er nur noch das, was er gefürchtet hatte – seine Wut und seine jahrelange Angst hatten ihn in eine verzerrte Welt geführt, in der er nichts mehr kontrollieren konnte. „Es... es waren nicht die richtigen...“, murmelte er. „Was habe ich nur getan?“ Die Jungen, die auf dem Boden lagen, waren nicht nur überhaupt nicht die, für die Jonas sie gehalten hatte, sie waren auch noch viel jünger. Zwölf, vielleicht Dreizehn. Er hatte Kinder umgebracht. Er fiel auf die Knie. Die Waffe klirrte auf den Boden und rollte davon, als er sich die Hände vor das Gesicht schlug. Es war ein Moment des völligen Zerbruchs. Ein Moment, in dem alles, was er geglaubt hatte, zusammenbrach. Es war, als ob die Scherben seiner eigenen Identität durch die Luft flogen und er keine Ahnung mehr hatte, wie er sie wieder zusammenfügen konnte. Langsam hob er den Kopf, der Blick von den drei Körpern zu der Schattenfigur des Wesens, das neben ihm stand. Es hatte sich zurückgezogen, als ob es ihn jetzt alleine lassen wollte. Doch der Blick des Wesens bohrte sich in Jonas' Seele, eine stille, unauffällige Präsenz, die ihn dazu drängte, mehr zu sehen, mehr zu begreifen. „Es war ein Fehler...“, sagte Jonas, seine Stimme jetzt brüchig und verzweifelt. „Ich dachte... ich dachte, sie wären es. Ich dachte, sie wären die, die mich gequält haben, aber...“ „Du hast immer noch nicht verstanden, was wirklich geschah, oder?“, sagte das Wesen, seine Stimme jetzt fast freundlich. „Deine Vergangenheit ist nicht das, was du in deinem Kopf festgehalten hast, Jonas. Du hast dich selbst gequält, während du versuchst, der Realität zu entkommen.“ Jonas sah es an, seine Augen weit geöffnet, als die Worte des Wesens in seinen Kopf eindrangen. Es war ein leiser, fast unsichtbarer Schmerz, der ihn überkam. Er hatte in der Vergangenheit nach etwas gesucht, was ihm das Gefühl von Kontrolle gab, aber jetzt stand er hier, mit einem Haufen gebrochener Illusionen, und hatte keine Ahnung, wie er sich selbst wieder zusammenfügen sollte. „Was tue ich jetzt?“, flüsterte er. Das Wesen trat einen Schritt zurück, als wolle es ihm Raum geben, aber die ständige Präsenz des Wesens blieb. „Du hast noch nicht die ganze Wahrheit gesehen. Du musst lernen, dich selbst zu erkennen, Jonas.“ Er senkte den Blick, der Wind spielte mit seinen Haaren, während er immer noch auf den Boden starrte. Ein Moment völliger Stille, in dem der Schmerz und die Erkenntnis wie ein schwerer Nebel auf ihm lasteten. Und in diesem Moment wusste er – es war nicht vorbei. Aber es gab noch einen Weg, die Wahrheit zu sehen, bevor er sich endgültig in die Dunkelheit stürzte. Jonas stolperte durch die dunklen Straßen, sein Atem ging schwer, und sein Puls hämmerte in seinen Ohren. Die Geräusche der Stadt schienen gedämpft, als wäre er in einer Blase gefangen, abgeschirmt von der Realität. Seine Gedanken wirbelten durcheinander, zu schnell, um sie zu fassen. Das Wesen war verschwunden. Einfach so. Keine Stimme, kein Flüstern, keine Befehle. Nur eine erdrückende Stille in seinem Kopf. Das Hotel erschien vor ihm wie eine trügerische Zuflucht. Er zwang sich durch die Türe, nickte dem gelangweilten Portier kurz zu und nahm die Treppen, anstatt den Fahrstuhl zu benutzen. Jede Stufe fühlte sich an wie ein Schritt weiter in einen Abgrund, aus dem er nicht mehr herauskam. In seinem Zimmer ließ er die Tür ins Schloss fallen und taumelte ins Bad. Kaltes Wasser spritzte auf sein Gesicht, tropfte auf das Waschbecken, während er sein Spiegelbild anstarrte. Die Augen eines Mannes, den er kaum noch erkannte. Schatten unter den Lidern, eingefallene Wangen, eine ständige Anspannung in den Zügen. Hier gab es zwischen den Aufenthalten keinen Reinigungsdienst und somit war der kaputte Spiegel auch niemandem aufgefallen. Er starrte einige Sekunden auf die Scherben, versuchte die Gedanken zu ordnen. Ohne sich weiter umzusehen, zog er sich die Jacke aus und warf sie auf das Bett. Ein dumpfes Geräusch. Ein metallisches Klirren. Die Pistole. Sein Atem stockte, als er das kalte Stück Realität aus der Stofffalte hervorragen sah. Doch anstatt es weiter zu beachten, wandte er sich ab, ließ sich schwer auf die Matratze fallen und spürte, wie die Erschöpfung ihn übermannte. Die Dunkelheit zog ihn gnadenlos mit sich.

*

Die Tage nach jener verhängnisvollen Nacht verstrichen in einem unwirklichen Nebel. Jonas hatte das Hotel kaum verlassen. Er lag meist auf dem Bett, starrte die Decke an oder verfolgte mit leeren Augen die Nachrichten auf dem Fernseher, während das Wesen an seiner Seite blieb, lauernd, beobachtend. Es sprach nicht oft, aber wenn es sprach, dann mit einer bedrückenden Ruhe, die Jonas kaum ertrug. Draußen in der Stadt begann sich etwas zu verändern. Die Straßen wirkten auf ihn anders als zuvor. Überall sah er Polizisten – Streifenwagen, die in langsamem Tempo durch die Viertel rollten, Beamte, die sich an Straßenecken unterhielten. War das normal? Oder bildete er sich das ein?

Er versuchte, nicht daran zu denken. Doch die Nachrichten halfen ihm nicht dabei.

"In den frühen Morgenstunden des Dienstagmorgens wurden drei Jugendliche tot auf dem Schulhof einer Duisburger Schule gefunden. Die Polizei geht von einem Gewaltverbrechen aus. Erste Ermittlungen laufen bereits."

Jonas hatte die Fernbedienung auf den Boden fallen lassen, als er das sah. Es war wie ein kalter Schlag ins Gesicht. Die Polizei wusste es. Natürlich wussten sie es. Noch hatten sie keinen Verdächtigen genannt. Aber das bedeutete nichts. Sie waren aufmerksam geworden. Und sie würden ihn finden. Jonas' Hände verkrampften sich um die Bettdecke. Er konnte nicht atmen. Es war, als hätte jemand einen schweren Stein auf seine Brust gelegt. Sein Blick blieb auf dem flackernden Bildschirm hängen, auf den roten Schlagzeilen, die über den unteren Rand des Bildes liefen.

"Die Polizei bittet um Hinweise aus der Bevölkerung. Zeugen werden gebeten, sich zu melden."

Zeugen.Irgendjemand musste etwas gesehen haben. Ein Fenster, das nicht ganz verdunkelt gewesen war. Eine Kamera an einem Gebäude, die in der Nacht aufnahm. Oder vielleicht war es einfach nur das Gefühl der Beamten – dieses untrügliche Gespür, das sie immer hatten, wenn etwas nicht stimmte. Sein Atem ging flach. „Sie kommen", murmelte er. Das Wesen stand am Fenster, seine Gestalt verzerrt im schwachen Licht der Straßenlaternen. Es drehte sich langsam zu ihm um, als hätte es seine Worte erst mit einer Verzögerung vernommen. „Noch nicht." Seine Stimme war tief, beruhigend. Fast so, als wollte es ihm Trost spenden. Jonas schüttelte den Kopf. „Doch. Sie werden mich finden." „Nur, wenn du es zulässt." Das Wesen trat näher. Es bewegte sich lautlos, wie ein Schatten, der über den Boden glitt. „Sie wissen noch nichts. Noch suchen sie nur. Du hast Zeit." Zeit. Jonas wusste nicht, ob er daran glauben konnte. Aber er wollte es. Er wollte daran glauben, dass er noch einen Moment hatte, um nachzudenken, um zu entscheiden, was er tun sollte. Er stand auf, rieb sich über das Gesicht und ging zum Fenster. Unten auf der Straße standen zwei Polizisten. Sie sprachen mit einem älteren Mann, der auf ein Gebäude deutete. Jonas konnte nicht hören, was sie sagten, aber allein ihr Anblick reichte aus, um ihm einen Schauer über den Rücken zu jagen. Er zog die Vorhänge zu. „Ich muss hier raus", sagte er leise. Das Wesen lächelte. „Dann geh." Jonas zögerte. Wohin?

Wohin konnte er gehen? Er konnte nicht einfach verschwinden. Das war nicht so leicht. Jeder Ort, an den er sich wenden würde, könnte ihn verraten. Er hatte kein Zuhause mehr, keine Freunde, die ihn verstecken würden.Er drehte sich um und sah das Wesen an. „Hast du eine Idee?“ Es lachte leise. „Ich habe immer eine Idee.“

*

Jonas stand regungslos im Halbdunkel seines Hotelzimmers. Sein Herz schlug unregelmäßig, als würde es nicht wissen, ob es rasen oder stillstehen sollte. Der Fernseher lief weiter, doch er konnte den Nachrichtenmoderator kaum noch wahrnehmen. Sein Blick blieb auf die Vorhänge geheftet, als könnten sie ihn schützen. Draußen waren die Polizisten inzwischen weitergegangen, aber das bedeutete nichts. Die Stadt war voll von ihnen. Streifenwagen, Ermittler, Fragen, neugierige Blicke – all das könnte überall lauern. Das Wesen lehnte sich an die Wand. Es wirkte entspannt, fast amüsiert über Jonas’ innere Unruhe. „Du machst dir zu viele Sorgen“, sagte es sanft. Jonas fuhr sich mit den Händen durchs Gesicht. „Wie kannst du so ruhig sein?“ „Weil du noch keinen Grund hast, in Panik zu geraten.“ „Ich habe Menschen erschossen!“ Jonas’ Stimme war ein Flüstern, ein verzweifeltes, heiseres Zischen. Das Wesen neigte den Kopf zur Seite. „Und doch bist du immer noch hier. Niemand hat dich festgenommen. Niemand ist hier reingeplatzt. Du hast Zeit, Jonas. Nutze sie.“ Jonas presste die Zähne zusammen. Zeit. Ja, er hatte noch Zeit – aber wie viel? Er konnte nicht ewig in diesem Zimmer bleiben. Früher oder später würde das Hotelpersonal misstrauisch werden. Und wenn die Polizei erst einmal ein Phantombild hatte – wenn es Zeugen gab –, dann würden sie vielleicht bald an seiner Tür klopfen. Er musste einen Plan haben. Langsam drehte er sich um und musterte seine wenigen Habseligkeiten. Die Pistole lag in seiner Jackentasche auf dem Bett. Allein ihr Anblick ließ Übelkeit in ihm aufsteigen. „Ich kann hier nicht bleiben“, murmelte er. „Dann geh“, wiederholte das Wesen. „Wohin?“ Das Wesen schwieg einen Moment. Dann zuckte es mit den Schultern. „Geh raus. Finde heraus, wie nah sie dir sind. Vielleicht musst du noch gar nicht fliehen. Vielleicht gibt es eine Möglichkeit, unsichtbar zu bleiben.“

Jonas schluckte. Das klang vernünftig – irgendwie. Er nahm seine Jacke, steckte die Pistole tiefer in die Innentasche und öffnete vorsichtig die Tür. Sein Herz pochte, als er den Flur betrat. Er musste herausfinden, was die Polizei wusste. Und er durfte keine Fehler machen. Jonas schloss die Tür seines Hotelzimmers leise hinter sich und blieb kurz im Flur stehen. Der Geruch von altem Teppich und abgestandener Luft lag in der Luft, aber er nahm ihn kaum wahr. Seine Gedanken kreisten nur um eine Sache: Wie nah war die Polizei ihm bereits? Er musste sich Gewissheit verschaffen. Mit einem tiefen Atemzug setzte er sich in Bewegung. Seine Schritte waren langsam, kontrolliert – als wollte er sich selbst davon überzeugen, dass er nicht nervös war. Aber er war nervös. Sein Herz schlug schwer in seiner Brust, sein Nacken fühlte sich verspannt an, als würde er jeden Moment einen Schlag erwarten. Er erreichte die Treppe. Den Fahrstuhl wollte er vermeiden – zu eng, zu lange Wartezeit. Also nahm er die Stufen nach unten, wobei er versuchte, sich normal zu bewegen, obwohl sein Körper sich wie unter Strom anfühlte. Im Erdgeschoss angekommen, ließ er seinen Blick durch die Hotellobby gleiten. Der Mann an der Rezeption würdigte ihn keines Blickes, was Jonas als gutes Zeichen wertete. Zwei Gäste unterhielten sich leise in einer Ecke, ihre Koffer standen neben ihnen. Ansonsten war niemand hier. Er verließ das Gebäude mit bedachten Schritten und trat auf die Straße. Draußen war es kühl, der Himmel war von grauen Wolken verhangen. Die Stadt wirkte lebendig, doch in Jonas' Augen lag eine seltsame Beklommenheit über allem. Er zog sich die Kapuze seines Hoodies über den Kopf und lief los. Sein erstes Ziel war ein Zeitungskiosk, der etwa zwei Straßen weiter lag. Wenn die Polizei bereits nach ihm suchte, dann würde es in der Presse stehen. Jeder Schritt fühlte sich schwer an, als würde die Stadt ihn zurückhalten wollen. Als er den Kiosk erreichte, blieb er ein paar Meter davor stehen. Dort, direkt unter der Schlagzeile über die Finanzmärkte, prangte eine Überschrift, die ihm das Blut in den Adern gefrieren ließ:

„Dreifacher Mord auf altem Schulhof – Polizei ermittelt unter Hochdruck."

Sein Magen zog sich zusammen. Er zwang sich, näher zu treten, griff nach einer Zeitung und blätterte mit zitternden Fingern zu dem Artikel.

„Die Polizei steht vor einem Rätsel. Drei Jugendliche wurden in den frühen Morgenstunden erschossen auf einem Schulhof aufgefunden. Die Ermittler gehen von einer gezielten Tat aus. Eine Fahndung wurde eingeleitet."

Sein Blick sprang über die Worte. Keine Beschreibung des Täters. Kein Phantombild. Keine Kameraaufnahmen. Noch war er sicher. Aber wie lange noch? Das Wesen tauchte neben ihm auf, unsichtbar für die anderen Passanten. „Sie wissen nichts", flüsterte es. Jonas schluckte. „Noch nicht." Er musste vorsichtig sein. Ab jetzt durfte er keinen einzigen falschen Schritt mehr machen. Jonas ließ die Zeitung langsam sinken, während sich ein taubes Gefühl in seiner Brust ausbreitete. Der Kioskbesitzer musterte ihn kurz, aber sein Blick war gelangweilt – für ihn war Jonas nur ein weiterer Kunde, der sich für die Schlagzeilen interessierte. Er legte das Blatt zurück ins Regal, drehte sich um und ging mit festen Schritten los, auch wenn sich seine Beine anfühlten, als würden sie jeden Moment nachgeben. Die Worte in der Zeitung hallten in seinem Kopf wider. Eine Fahndung wurde eingeleitet. Sein Magen verkrampfte sich. Noch wussten sie nichts. Kein Täterprofil, kein Verdächtiger. Aber das würde nicht lange so bleiben. Er zog die Kapuze noch tiefer ins Gesicht und ließ seinen Blick unauffällig durch die Straßen schweifen. Die Menschen um ihn herum gingen ihrem Alltag nach. Eine Frau schob einen Kinderwagen, ein Mann telefonierte gestikulierend, zwei Teenager lachten über einen gemeinsamen Witz. Niemand ahnte, was in seinem Kopf vorging. Niemand wusste, dass er ein Mörder war. Das Wesen schlich lautlos neben ihm her, sein Blick spürbar auf Jonas gerichtet. „Du hast sie getötet, weil es nötig war", sagte es mit einer Ruhe, die Jonas erschreckte. Er schüttelte kaum merklich den Kopf. „Ich dachte, es wären... andere." „Aber sie waren trotzdem Schuldige, nicht wahr?" Jonas presste die Lippen aufeinander. Nein. Nein, das konnte er nicht denken. Er bog um eine Ecke, die Straßen wurden enger, gedrängter. Der belebte Teil der Stadt wich schmaleren Gassen, in denen weniger Menschen unterwegs waren. Sein Ziel war nicht klar – er musste einfach nur weg, irgendwo hin, wo er sich sammeln konnte. Aber dann hörte er es. Das Dröhnen eines Polizeiwagens. Sein Atem stockte. Langsam hob er den Blick. Am Ende der Straße fuhr ein Streifenwagen vorbei. Nicht schnell, nicht hektisch – nur eine gewöhnliche Patrouille. Und doch fühlte es sich an, als würde sich eine unsichtbare Schlinge um seinen Hals legen.

Seine Finger krallten sich in den Stoff seiner Jacke. „Ruhig", murmelte das Wesen. Ruhig? Wie sollte er ruhig bleiben? Sein Herz pochte so laut, dass es in seinen Ohren dröhnte. Er zwang sich, weiterzugehen. Bloß nicht stehenbleiben, bloß nicht auffällig sein. Jeder Schritt fühlte sich an, als würde er über dünnes Eis laufen, das jeden Moment unter ihm brechen konnte. Die Gedanken überschlugen sich in seinem Kopf. Was, wenn sie ihn doch schon im Visier hatten? Was, wenn eine Überwachungskamera ihn erwischt hatte? Was, wenn jemand ihn gesehen hatte? Seine Finger zuckten in den Taschen seiner Jacke. Die Waffe war noch immer da und das Wissen, dass er sie verwendet hatte, lastete schwer auf ihm. Er musste nachdenken. Er musste überlegen, was sein nächster Schritt war. Er musste... „Jonas." Die Stimme des Wesens schnitt durch seine wirren Gedanken. Er blinzelte und merkte, dass er an einer kleinen Parkbank neben einem Spielplatz zum Stehen gekommen war. Unbewusst hatte er sich hierhin bewegt, fort von den Hauptstraßen, fort von den neugierigen Blicken der Stadt. Er atmete tief durch. Doch die Beklemmung blieb. Er setzte sich langsam, strich sich mit einer fahrigen Bewegung durchs Haar. „Sie werden dich nicht finden", sagte das Wesen ruhig. „Woher willst du das wissen?" Jonas' Stimme war leise, heiser. „Weil du nicht gefunden werden willst." Jonas ließ seinen Kopf nach hinten sinken und starrte in den wolkenverhangenen Himmel. Er wollte nicht gefunden werden. Aber wie lange konnte er wirklich davonlaufen?

*

Jonas' Gedanken begannen, sich im Kreis zu drehen. Zuerst waren es nur Fetzen – Wortfetzen, Bilder, Erinnerungen. Polizei. Streifenwagen. Ermittlungen. Kameraaufnahmen. Dann kamen die Fragen. Was, wenn sie mich schon längst verdächtigen? Was, wenn sie wissen, dass ich in der Nähe war? Sein Blick huschte über den kleinen Spielplatz vor ihm. Ein Kind lachte, rannte mit einem roten Ball über den Sand. Die Mutter saß auf einer Bank, das Handy in der Hand. Was, wenn mich jemand gesehen hat? Seine Finger gruben sich in die Stofffalten seiner Hose. Ich habe alles falsch gemacht. Ich hätte weggehen sollen. Ich hätte nicht in dieser

Stadt bleiben dürfen. Sein Atem wurde flacher. Er konnte ihn nicht mehr kontrollieren. Sein Brustkorb fühlte sich an, als würde er zusammengepresst, als würde eine unsichtbare Faust ihn zerquetschen. Die Geräusche um ihn herum – die spielenden Kinder, das Rauschen des Windes, das ferne Hupen eines Autos – wurden lauter, zu einem dumpfen Dröhnen, das seine Schläfen pochen ließ. Sein Herz raste. Viel zu schnell. Viel zu laut. Er griff sich an die Brust, als könnte er es damit beruhigen, als könnte er verhindern, dass es ihm aus dem Körper springt. Luft. Ich brauche Luft. Aber jede Lunge füllte sich nur halb, als wäre nicht genug Sauerstoff da. Schweiß perlte auf seiner Stirn. Die Welt begann, sich zu drehen. Er stand auf, taumelte einige Schritte. Seine Knie fühlten sich weich an, als könnten sie ihn nicht mehr tragen. Ein schrilles Piepen dröhnte in seinen Ohren. Die Panik war wie eine Klammer um seinen Hals. „Jonas." Die Stimme des Wesens war sanft. Viel zu sanft. Es gefiel ihm nicht. Nicht jetzt. Er versuchte, sich darauf zu konzentrieren, doch die Panik hatte bereits seine Kontrolle übernommen. Ich kann nicht atmen. Ich werde sterben. Hier. Jetzt. Er stolperte nach vorn, griff nach der kühlen Metalllehne einer Bank, um sich zu stützen. Seine Finger zitterten. Sein Blick flackerte zwischen der Welt vor ihm und dem Chaos in seinem Kopf. Ruhig. Ich muss ruhig bleiben. Aber es funktionierte nicht. Er wollte schreien. Er wollte einfach nur verschwinden. Seine Hände pressten sich gegen seine Schläfen. Die Welt war zu laut. Seine Gedanken waren zu laut. Seine eigene Angst erstickte ihn. Jonas' Atem kam stoßweise, flach und unregelmäßig, als würde seine Lunge ihm nicht mehr gehorchen. Seine Brust hob und senkte sich hektisch, doch es fühlte sich an, als bliebe nicht genug Luft in seinem Körper.Ich ersticke. Ich ersticke. Ich ersticke. Der Gedanke jagte durch seinen Kopf, verstärkte das panische Flattern seines Herzens. Seine Finger krallten sich so fest um die Metalllehne der Bank, dass die Knöchel weiß hervortraten. Das dumpfe Rauschen in seinen Ohren war nun ohrenbetäubend. Es überlagerte jedes Geräusch um ihn herum – das entfernte Murmeln von Stimmen, das Knirschen der Kiesel unter seinen Schuhen, das sanfte Rascheln der Blätter im Wind. Sein Blick flackerte unruhig umher, suchte einen Fixpunkt, irgendetwas, das ihn aus diesem Strudel der Angst herausreißen konnte. Doch alles um ihn herum schien zu verschwimmen, als hätte jemand einen Film über seine Augen gelegt, der viel zu schnell ablief. Die Schatten unter den Bäumen wurden dunkler. Die Gebäude am Rand des Parks schienen sich zu biegen, als würden sie auf ihn einstürzen. Das

Spielplatzgerüst aus Holz und Metall flimmerte in seinem Blickfeld, verzerrte sich, wurde zu einer bedrohlichen, grotesken Silhouette. Sein Herz raste immer schneller, ein hämmerndes Trommeln gegen seine Rippen. Das ist es. Mein Körper gibt auf. Ich werde sterben. Hier. Jetzt. Ein dumpfes Zittern begann in seinen Fingerspitzen, breitete sich aus, griff nach seinen Armen, seinen Beinen, kroch seinen Nacken hinauf. Seine Knie fühlten sich an, als würden sie jeden Moment nachgeben. Seine Brust zog sich so fest zusammen, dass er glaubte, sie würde brechen. Er keuchte, suchte nach einem tiefen Atemzug – doch es war, als wäre die Luft um ihn herum zu dünn. Seine Augen brannten. Er blinzelte schnell, versuchte, die verschwommene Welt um ihn herum wieder zu ordnen.Doch es gelang ihm nicht. Stimmen in seinem Kopf schrien durcheinander. Sie wissen es. Sie wissen, was du getan hast. Sie werden dich holen. Du hast einen Fehler gemacht. Du hast sie erschossen. Warum bist du noch hier? Warum bist du nicht einfach gegangen? Jonas presste die Hand auf seine Stirn, als könnte er die Gedanken damit herausdrücken, sie ersticken, so wie die Panik ihn erstickte. Sein Magen zog sich schmerzhaft zusammen, als würde sich sein ganzer Körper gegen ihn wenden. Seine Beine gaben nach. Er taumelte, sackte auf die Bank. Kalt. Das Metall fühlte sich eiskalt unter seinen Fingerspitzen an. Sein ganzer Körper zitterte, als hätte ihn ein plötzlicher Fieberanfall erwischt. Er versuchte, seine Hände zu beruhigen, sie flach auf seine Oberschenkel zu legen – doch es half nichts. Er konnte die Angst nicht abschütteln. Er konnte nicht fliehen. Ein Schwindel erfasste ihn, ließ ihn schwanken, obwohl er saß. Seine Umgebung war ein Strudel aus Farben, Geräuschen, Erinnerungen – alles auf einmal, alles zu viel. Dann – „Jonas." Die Stimme. Tief. Ruhig. Glatt wie dunkles Wasser. Jonas zuckte zusammen. Sein Blick zuckte hin und her, suchte nach einer Gestalt. Immer dann, wenn die Dunkelheit in seinem Kopf am stärksten wurde, tauchte es auf. „Atme." Jonas schüttelte den Kopf, presste die Hände über seine Ohren. Doch die Stimme war nicht in seinen Ohren. Sie war in ihm. Tief. Beruhigend. Fast sanft. „Du erstickst nicht." Sein Brustkorb bebte, als er versuchte, tiefer zu atmen. Es gelang ihm nicht. „Dein Kopf spielt dir einen Streich." Jonas schüttelte den Kopf erneut, presste die Lippen aufeinander. Sein Körper fühlte sich nicht an wie sein eigener. Seine Finger – fremd. Seine Beine – schwach. „Atme." Die Stimme des Wesens ließ keinen Raum für Widerstand. Jonas keuchte, zwang sich, einen tiefen Atemzug zu nehmen. Und noch einen. Langsam. Seine Finger lockerten sich.

Das Zittern in seinen Beinen ließ nach. Die Welt um ihn herum wurde wieder klarer. Das dumpfe Rauschen in seinen Ohren wich allmählich den echten Geräuschen um ihn herum. Die Stimme in seinem Kopf wurde leiser. „Gut so." Jonas schluckte schwer. Sein Magen zog sich noch immer unangenehm zusammen, doch die schlimmste Welle der Panik war abgeebbt. Er rieb sich über das Gesicht, spürte den kalten Schweiß auf seiner Stirn. Langsam hob er den Kopf. Der Spielplatz lag immer noch vor ihm. Der Wind bewegte sanft die Äste der Bäume. Alles war genauso wie zuvor. Nur er nicht.Er war nicht mehr derselbe wie vor wenigen Minuten. Sein Herz schlug immer noch zu schnell. Sein Körper fühlte sich ausgelaugt an, als hätte ihn die Angst von innen heraus verbrannt. Er griff sich an die Brust, spürte seinen eigenen Herzschlag. Er war noch hier. Noch am Leben. Doch er wusste – die Angst würde zurückkommen.

*

Jonas taumelte durch die Nacht. Seine Schritte waren unsicher, torkelnd, als würde ihn etwas in alle Richtungen zerren. Die kalte Luft biss in sein Gesicht, doch er spürte sie kaum. Sein Kopf war ein einziges Durcheinander, kreisende Gedanken, flackernde Bilder, ein endloser Strudel aus Erinnerungen und Stimmen. Er wusste nicht, wohin er ging. Er wusste nur, dass er weg musste. Weg aus diesem Viertel. Weg aus dieser Stadt. Weg aus seinem eigenen Kopf. Sein Blick irrte umher, bis er den alten Spielplatz erst wiedererkannte. Der rostige Kletterturm, die Schaukel mit der fehlenden Kette, die zerbrochene Rutsche – alles lag still und verlassen unter dem fahlen Licht der Straßenlaternen. Hier hatte er als Kind gespielt. Hier hatte er sich versteckt, wenn er vor den Schreien zu Hause geflohen war.Jonas blieb stehen. Sein Atem ging flach. „Ich gehe", murmelte er, als wollte er sich selbst überzeugen. „Nein, du gehst nicht". Die Stimme war da. Sie war immer da. Seine Finger ballten sich zu Fäusten. „Ich gehe. Ich verlasse diese Stadt. Ich verlasse dich." „Du kannst nicht gehen". Jonas drehte sich ruckartig um. „Ich muss hier raus", flüsterte er. Sein Blick fiel auf die dunkle Straße, die aus dem Viertel hinausführte. „Geh nur. Versuch es. Sieh, wohin es dich bringt". Seine Beine bewegten sich, aber sein Körper fühlte sich schwer an. Jeder Schritt war ein Kampf gegen etwas Unsichtbares. Seine Knie zitterten. Ein kalter Schweiß brach auf seiner Stirn aus. Dann – ein Schatten, kaum sichtbar im Dunkeln, aber er wusste, dass es da war. Das Wesen. Jonas schluckte. Sein Herz raste. „Lass mich gehen.“ „Du willst gehen?“ Es trat langsam näher, seine Umrisse verzerrt, als wäre es nicht ganz von dieser Welt. „Du denkst, du kannst mich hinter dir lassen? Du denkst, ein anderer Ort wird es besser machen?“ Jonas atmete scharf ein. Er wollte antworten, wollte schreien, wollte rennen. Aber seine Beine blieben stehen. „Sag es. Sag mir, dass du mich nicht brauchst. Sag mir, dass du ohne mich sein kannst“. Seine Lippen bebten. Seine Hände zitterten. Er öffnete den Mund – doch kein Laut kam heraus. Das Wesen lachte leise. „Du wirst nicht gehen.“ Jonas sackte auf die Knie. Die Stadt drehte sich um ihn.Er war gefangen.Jonas kniete im Sand des Spielplatzes. Seine Hände gruben sich in den kalten Boden, während sein Atem schwer ging. Alles in ihm wollte sich auflehnen, schreien, aufspringen und weglaufen – aber es war, als hätten ihn unsichtbare Ketten festgehalten.Das Wesen stand über ihm. Es war nicht greifbar, nicht richtig sichtbar, aber er wusste, dass es da war. Dass es ihn beobachtete. Dass es ihn kannte, besser als jeder andere.„Du wirst nicht gehen.“ Die Stimme klang ruhig, beinahe sanft, doch sie ließ keinen Zweifel daran, dass es eine Tatsache war. Jonas schüttelte verzweifelt den Kopf. „Ich muss... ich muss weg. Ich kann hier nicht bleiben.“ „Und was dann?“ Das Wesen trat näher. „Wohin willst du? Was erwartest du da draußen zu finden?“ Jonas' Brust hob und senkte sich unkontrolliert. Seine Gedanken überschlugen sich. Er wusste es nicht. Er hatte keinen Plan, keinen Ort, an den er gehörte. Nur diesen alles zerfressenden Drang, zu fliehen. „Irgendwohin“, flüsterte er. „Irgendwohin, wo du nicht bist.“ Das Wesen schwieg einen Moment. Dann lachte es leise. „Du dummer Junge. Ich bin überall.“ Jonas schloss die Augen, kämpfte gegen die aufsteigende Panik an. Seine Finger krallten sich fester in den Sand. „Ich kann das nicht mehr...“ „Oh, aber du kannst. Du hast es immer gekonnt.“ Er schüttelte den Kopf, Tränen brannten in seinen Augen. „Ich will nicht mehr kämpfen.“ „Dann kämpf nicht.“ Das ließ ihn innehalten. Vorsichtig hob er den Blick. „Was?“ Das Wesen neigte den Kopf. „Lass es einfach zu. Hör auf, dich zu wehren. Hör auf, vor mir wegzurennen. Du weißt doch längst, dass wir zusammengehören.“ Jonas‘ Magen zog sich zusammen. „Du hast mich erschaffen. Ich bin dein Schatten. Deine Wahrheit. Und ohne mich wärst du längst tot.“ Seine Kehle schnürte sich zu. Bilder blitzten in seinem Kopf auf – all die

Situationen, in denen das Wesen ihm geholfen hatte. Ihn beschützt hatte. Ihn gerettet hatte. War es wirklich sein Feind?Oder war es das Einzige, das je auf seiner Seite gestanden hatte? Seine Atmung wurde flacher. Das Wesen kam noch näher, bis es direkt vor ihm war. „Also... steh auf, Jonas." Seine Beine fühlten sich schwer an, aber er kam wackelig auf die Füße. „Du wirst nicht gehen. Und das weißt du." Er zitterte, sein Blick huschte über den dunklen Spielplatz, über die leeren Straßen, über die Stadt, die ihn verschlungen hatte. Das Wesen hatte recht. Er würde nicht gehen.Er konnte nicht gehen. Jonas' Atem ging unregelmäßig, seine Brust hob und senkte sich viel zu schnell. Die Welt um ihn herum verschwamm für einen Moment, und doch war das Wesen vor ihm in beängstigender Klarheit zu sehen. Sein Kopf dröhnte, als hätte jemand von innen gegen seinen Schädel geschlagen. „Du bist noch nicht fertig hier." Die Worte hallten in seinem Kopf nach wie ein endloses Echo. Jonas blinzelte, als würde das irgendetwas daran ändern, als würde es ihn zurück in die Realität holen, zurück in eine Welt, die nicht von diesem Wahnsinn durchzogen war. „Was soll das heißen?" Seine Stimme klang fremd. Er räusperte sich, doch das half nichts. Sie blieb brüchig, unsicher, voller Angst. Das Wesen bewegte sich nicht, aber es war, als würde die Luft um es herum flimmern, als wäre es nicht ganz greifbar – und doch realer als alles, was Jonas je gesehen hatte. „Du hast noch etwas zu erledigen." Jonas schüttelte sofort den Kopf, als würde die reine Geste ihn von dieser Idee befreien. „Nein. Nein, das ist nicht wahr." „Oh doch." „Nein!" Jonas trat einen Schritt zurück, seine Fersen gruben sich in den Sand unter ihm. Die Schaukeln hinter ihm quietschten leise im Wind, ein Geräusch, das normalerweise belanglos wäre, das aber jetzt, in diesem Moment, wie ein drohendes Zeichen wirkte. „Ich habe nichts mehr hier. Ich bin fertig mit dieser Stadt. Ich bin fertig mit allem." Das Wesen neigte den Kopf leicht zur Seite. In seinen dunklen Augen lag eine unheimliche Ruhe, als wäre es sich seiner Sache vollkommen sicher, während Jonas sich in sich selbst verlor. „Jonas. Du weißt es. Tief in dir drin." „Hör auf, mit mir zu reden, als würdest du mich verstehen!" Jonas' Stimme wurde lauter, fast schrill. „Du bist nichts. Du bist nur... nur..." Er wusste nicht, was er sagen sollte. Das Wesen wartete geduldig, ließ ihn in seinem eigenen Zorn vergehen, ließ ihn sich in seiner Verzweiflung selbst verlieren. Und dann kam der Schmerz. Jonas zuckte zusammen, als ein stechender Druck in seinen Kopf hämmerte. Sein Körper zuckte, seine Hände verkrampften sich. Bilder tauchten vor ihm auf – Bilder, die er nicht sehen wollte. Der weiße Riese.

Die dunklen Flure. Die lauten Stimmen.Seine eigenen Schritte, klein und hastig, als er damals durch die Korridore gelaufen war. Er hatte sich immer verstecken müssen. Immer darauf achten müssen, keinen Fehler zu machen. Keine falsche Bewegung, kein falsches Wort. Sein Vater war immer irgendwo. Immer. „Nein." Jonas schüttelte heftig den Kopf, die Erinnerungen verdrängend. „Lauf nicht weg." Die Stimme des Wesens war ruhig, zu ruhig. Jonas drehte sich abrupt um, machte ein paar unsichere Schritte, stolperte beinahe. „Lass mich in Ruhe!" Seine Worte wurden vom Wind getragen, verschwanden irgendwo in der Nacht. „Warum wehrst du dich so?" Jonas blieb stehen, seine Fäuste waren geballt. Sein gesamter Körper war angespannt, als würde er gleich explodieren. „Weil ich nicht will!" Er holte tief Luft. „Ich will nichts damit zu tun haben! Es ist vorbei! VERSTANDEN?!" Das Wesen sagte nichts. Es beobachtete ihn nur. Dann lächelte es. Nicht höhnisch. Nicht gemein. Ein wissendes Lächeln. „Nein, Jonas. Nichts ist vorbei. Nicht für dich." Jonas schnappte nach Luft, als wäre ihm gerade erst bewusst geworden, dass er überhaupt atmete. Sein Kopf pochte, seine Finger kribbelten, sein Herz raste. Er musste hier weg. Er musste weg. Seine Gedanken überschlugen sich. Sein Blick flog hektisch umher, suchte nach einer Richtung, nach einem Ausweg. „Ich... ich muss weg. Ich muss hier raus. Ich darf nicht hier sein." Seine Stimme war jetzt leise, ein Flüstern, das nur für ihn bestimmt war. Er musste die Stadt verlassen..Nein. Er musste das Land verlassen. „Ich kann nicht hierbleiben." Seine Lippen bewegten sich weiter, Worte murmelnd, die keinen Sinn ergaben. Das Wesen trat einen Schritt näher. „Jonas." Jonas wich zurück. Seine Atmung war zu flach, zu hektisch. „Ich... ich muss einen Zug nehmen. Nein, ein Auto. Vielleicht ein Flugzeug. Nein, ich habe kein Geld... Ich kann laufen. Ich muss laufen." „Jonas." „Es darf mich keiner sehen. Ich kann nicht gesehen werden. Ich muss... ich muss einfach gehen. Es ist besser so. Es ist sicherer so. Ich bin nicht sicher. Ich kann nicht hierbleiben." Sein Kopf pochte. Seine Brust zog sich zusammen. Die Welt wurde enger. Das Wesen stand direkt vor ihm. „Jonas, schau mich an." Er weigerte sich. Sein Blick war wild, suchte nach einer Flucht, nach einer Richtung. Doch es gab keinen Ausweg..Keine Richtung. Nur die Dunkelheit und das Wesen. „Du wirst nicht gehen." „Ich muss.".„Nein." Jonas' Schultern bebten. Sein Körper war erschöpft, sein Kopf schwer. „Ich kann nicht hierbleiben." „Doch, das kannst du. Und du wirst es." Jonas schloss die Augen. Er wollte nicht mehr kämpfen. Er wollte einfach nur, dass es aufhörte.

Das Wesen trat noch näher. Es war jetzt direkt bei ihm. „Du hast hier noch etwas zu tun." Jonas' Augen brannten, als er sie wieder öffnete. „Was... was soll das heißen?" Das Wesen neigte den Kopf. Und dann flüsterte es:.„Du weißt es."Jonas schnappte nach Luft, als hätte ihn jemand mit einem Schlag zurück in die Realität gerissen.Er wusste es. Er wusste genau, was das Wesen meinte. Aber er wollte es nicht wissen. Er wollte es nicht hören. Nicht verstehen. Nicht akzeptieren.Seine Hände verkrampften sich. Sein Körper zitterte. Das Wesen schwieg. Es wartete. Und tief in sich wusste Jonas, dass er verloren war.

*

Jonas stand mit angespannten Schultern auf dem verlassenen Spielplatz, während der kalte Wind durch die Metallgerüste pfiff. Seine Finger waren zu Fäusten geballt, seine Nägel gruben sich tief in seine Handflächen. Das Wesen stand einige Schritte entfernt, regungslos, mit seinem dunklen, formlosen Körper, der sich kaum von den Schatten der Nacht abhob. „Ich werde nicht tun, was du verlangst", stieß Jonas hervor. Seine Stimme war heiser vom Schreien, von den endlosen Diskussionen, die er mit sich selbst – oder besser gesagt mit ihm – geführt hatte. Das Wesen neigte den Kopf leicht zur Seite. „Du hast keine Wahl." Jonas lachte bitter auf. „Ich habe immer eine Wahl. Und ich wähle, nicht länger auf dich zu hören!" Er machte einen Schritt zurück, sein Herz hämmerte gegen seine Rippen. Er spürte, wie sich seine Beine anspannten, bereit, einfach loszurennen. Weg von diesem Ding. Weg von der Stadt. Weg von allem. Doch das Wesen ließ ihn nicht gehen. Es tat nichts – kein sichtbares Hindernis, keine physische Kraft –, aber Jonas spürte den unsichtbaren Griff, der ihn festhielt. „Du hast noch etwas zu erledigen", sagte es ruhig. Jonas' Atem stockte. Seine Hände zitterten, seine Knie wurden weich. Das Wesen schwieg einen Moment, „Nein", flüsterte er und schüttelte den Kopf. „Nein, verdammt! Ich will nichts mit ihnen zu tun haben!" „Aber sie mit dir." Seine Wut explodierte. „Was redest du da?! Sie interessieren sich einen Dreck für mich! „Nein, Jonas." Die Stimme des Wesens klang sanft, fast... verständnisvoll. „Du bist es, der nicht vergessen hat." Jonas atmete schwer. Sein Kopf dröhnte. Sein Blick schweifte über die leeren Schaukeln, die sich langsam im Wind bewegten. Bilder flackerten in seinem Geist auf. Schreie. Strenge Blicke. Gefühlskälte. Die eisige Leere in ihren Augen. „Ich will das nicht", flüsterte er. „Lass mich einfach gehen." Das Wesen blieb still. Es bewegte sich nicht, doch seine Präsenz wurde überwältigend, erdrückend. Jonas presste die Hände gegen die Schläfen, als würde das den Druck lindern. „Du kannst nicht gehen", sagte das Wesen schließlich. „Nicht bevor du ihnen gegenüberstehst." Jonas' Brust hob und senkte sich schnell. Sein ganzer Körper bebte. „Ich hasse dich", stieß er hervor. Das Wesen lächelte. Ein dunkles, leeres Lächeln. „Nein, Jonas", sagte es sanft. „Du hasst dich selbst." Jonas' Knie gaben nach. Er fiel auf den Boden, seine Hände krallten sich in den kalten Sand. Sein Herz raste, sein Kopf dröhnte. Er konnte nicht entkommen. Jonas kniete immer noch auf dem kalten Boden des Spielplatzes, als die Luft um ihn herum plötzlich schwerer wurde. Es war, als würde der Sauerstoff aus der Atmosphäre gesogen. Sein Brustkorb zog sich zusammen, sein Atem kam stoßweise. „Du denkst, du hast die Kontrolle?" Die Stimme des Wesens klang sanft, beinahe zärtlich. Doch es war eine falsche Sanftheit – eine, die in ihrem Kern nur Grausamkeit trug. Jonas' Finger vergruben sich im Sand. „Lass mich in Ruhe..." „Du gehörst mir, Jonas." Er spürte plötzlich ein Kribbeln in seinem Nacken. Kalte Schauer rannen über seinen Rücken, während sein Sichtfeld verschwamm. Die Welt um ihn herum begann zu flackern. Wie eine alte Filmrolle, die zu schnell abgespielt wurde. Dann – Stimmen. Zunächst leise, kaum hörbar. Ein Wispern, das durch seine Gedanken kroch, sich in jede Ritze seines Verstandes setzte. Dann lauter. Gellend. Schreiend. „VERSAGER!" Jonas riss die Augen auf. Vor ihm standen sie – seine Peiniger aus der Schulzeit. Doch sie waren nicht normal. Ihre Gesichter waren verzerrt, ihre Augen schwarze, bodenlose Löcher. Ihre Münder zu weiten Fratzen des Hohns verzerrt. „Du bist nichts!" keifte einer von ihnen. „Niemand wird dich jemals lieben!" schrie ein anderer. „Hör auf!" Jonas schlug sich die Hände auf die Ohren, doch die Stimmen bohrten sich unaufhaltsam in sein Gehirn. Das Wesen stand regungslos da. „Siehst du es jetzt?" Die Bilder wechselten abrupt. Er war nicht mehr auf dem Spielplatz. Er stand in seinem Elternhaus. Der muffige Geruch von Zigaretten und abgestandenem Alkohol füllte seine Lungen. Die alte, braune Couch mit den Brandlöchern. Der flimmernde Fernseher, der in Endlosschleife Nachrichten sendete, die niemand hörte. Und dann – „Bist du schon wieder hier?" Seine Mutter.

Sie saß mit leerem Blick auf der Couch, eine halbvolle Flasche in der Hand. Ihr Gesicht war blass, eingefallen. „Ich... ich wollte nur..." Jonas' Stimme brach. „DU BIST EIN NICHTS!" Die Stimme kam nicht von ihr. Sie kam von überall. Er stolperte rückwärts. Sein Kopf dröhnte. Er wusste nicht mehr, wo er war. Das Wesen trat an seine Seite. Seine Stimme war fast ein Flüstern. „Du siehst es, nicht wahr? Du hattest nie eine Wahl. Nie Kontrolle." Jonas keuchte. Sein Blick irrte durch den Raum, doch er wusste nicht mehr, was real war. „Lass mich gehen..." flehte er. Das Wesen lächelte. „Sag mir, Jonas... gibt es noch einen Unterschied zwischen dir und mir?" Die Welt um ihn herum explodierte in Dunkelheit. Jonas blinzelte, doch die Welt um ihn herum verzerrte sich weiter, als wäre sie aus flüssigem Glas. Die Laternen auf der Straße warfen zuckende Schatten, die sich in unmöglichen Winkeln verbogen. Das Wesen stand reglos vor ihm, doch seine Form veränderte sich mit jeder Sekunde – mal schien es menschlich, dann wieder grotesk verzerrt, als wäre es eine Skulptur, die jemand mit roher Gewalt zurechtgebogen hatte. "Du denkst, du hast noch die Kontrolle?" Die Stimme des Wesens war überall, in seinem Kopf, in der Luft, unter seiner Haut. Jonas wollte den Blick abwenden, aber seine Augen gehorchten ihm nicht mehr. Vor ihm flackerte ein Bild auf – ein Spiegelbild von ihm selbst, aber nicht so, wie er war. Das Gesicht seines Doppelgängers war gezeichnet von Wunden, seine Augen blutunterlaufen, die Haut fahl und eingefallen. Die Lippen bewegten sich, aber kein Laut kam heraus. Dann öffnete sich der Mund des Spiegelbildes weiter ... und weiter ... bis das Gesicht grotesk aufklaffte, als würde es jeden Moment in sich selbst zusammenbrechen. Jonas stolperte zurück, sein Atem stockte. "Nein ... nein ..." Das Wesen trat langsam auf ihn zu. "Du hast nie verstanden, was du bist. Aber ich kann es dir zeigen." Mit einem Ruck veränderte sich die Szenerie. Die Straßenlaternen erloschen und plötzlich stand Jonas nicht mehr dort, wo er gewesen war. Er stand in einem Raum, den er nicht kannte, aber der sich erschreckend vertraut anfühlte. Die Wände waren eng, aus rohem Beton, und überall waren Kratzspuren, als hätte jemand verzweifelt versucht, hier herauszukommen. Und dann hörte er es. Ein Wispern, das aus den Wänden selbst zu kommen schien. Ein Wispern, das seinen eigenen Namen formte. "Jonas ... Jonas ..." Sein Herz raste. Das war nicht real. Das konnte nicht real sein. Doch der Geruch von feuchtem Stein und altem Blut war zu stark, zu greifbar. Er drehte sich um, wollte rennen – doch dann sah er sie. Gestalten, die er kannte, aber auf eine abscheuliche

Art verändert. Ihre Gesichter waren vertraut, doch ihre Augen ... ihre Augen waren schwarz, leer, wie endlose Löcher in ihre Seelen. Und sie lächelten. Jonas schrie. Er taumelte rückwärts, sein Rücken prallte gegen die kalte Betonwand. Das Lächeln der Gestalten vor ihm wurde breiter, als hätten sie seine Angst gerochen. Ihre Körper zuckten unnatürlich, als ob sie nur marionettenhafte Hüllen wären, von unsichtbaren Fäden geführt. "Warum läufst du?" flüsterte eine der Gestalten mit einer Stimme, die Jonas viel zu bekannt vorkam. Es war seine eigene. Sein Atem ging keuchend. "Nein ... das ist nicht echt ..." Doch dann begann der Raum zu atmen. Die Wände dehnten sich, zogen sich zusammen, als wären sie lebendig. Jonas konnte das pulsierende Geräusch in seinem Kopf spüren, ein dumpfes, rhythmisches Pochen, das in seinem eigenen Herzschlag widerhallte. Die Kratzspuren an den Wänden schienen sich vor seinen Augen zu verändern, wurden tiefer, frischer, als hätte jemand – oder etwas – gerade erst versucht, sich hier herauszukratzen. "Du hast es immer gewusst", sagte das Wesen, das nun direkt neben ihm stand. Jonas konnte es nicht mehr klar erkennen, sein Körper schien aus Schatten zu bestehen, die ineinander flossen. "Tief in dir hast du es gespürt. Du gehörst hierher." Die Gestalten traten näher, ihre Gesichter entstellten sich in Fratzen der Verzweiflung. Ihre Münder öffneten sich – und diesmal kamen Geräusche heraus. Ein unnatürliches Summen, ein Wirrwarr aus Stimmen, die durcheinander flüsterten, schrien, weinten. Jonas erkannte einzelne Worte. "Warum hast du es getan?" "Du kannst nicht weglaufen." "Du bist wie wir." Er presste die Hände gegen seine Ohren, doch die Stimmen waren in seinem Kopf. Das Wesen lehnte sich vor, seine Präsenz lastete schwer auf Jonas' Brust. "Ich will nur, dass du verstehst. Du kämpfst gegen das Unvermeidliche. Hör auf, dich zu wehren." Jonas schüttelte den Kopf. Er wollte schreien, wollte fliehen, aber seine Beine gehorchten ihm nicht mehr. Dann sah er es. Mitten im Raum lag etwas auf dem Boden. Etwas, das vorher nicht da gewesen war. Eine Gestalt, zusammengekauert, die Hände über den Kopf geschlagen. Jonas erkannte sofort, wer es war. Es war er selbst. Sein eigenes Ich, am Boden, zitternd, wimmernd. Die Kleidung zerrissen, die Haut bleich, die Augen leer. Es war, als hätte man ihm den letzten Funken Leben geraubt. Jonas wollte wegsehen, doch das Wesen packte sein Gesicht und zwang ihn hinzusehen. "Das ist dein wahres Selbst." Sein Herz hämmerte. "Nein ... das bin nicht ... ich ..." Das Wesen flüsterte. "Du kannst dich nicht vor dir selbst verstecken, Jonas."

Sein eigenes, zerschlagendes Ich hob langsam den Kopf – und lächelte. Ein widerlicher Laut drang aus seiner Kehle, eine Mischung aus Schluchzen und Lachen. Und dann sprach es. "Du wirst nie wieder die Kontrolle haben."

*

Plötzlich war es weg. Ohne Vorwarnung, ohne ein letztes Wort, ohne ein Geräusch. Jonas schnappte nach Luft, als wäre er gerade aus tiefem Wasser aufgetaucht. Sein Körper schwankte, sein Magen zog sich schmerzhaft zusammen, und für einen Moment dachte er, er würde fallen. Doch er stand noch. Irgendwie. Die Wände existierten nicht mehr. Der Boden unter seinen Füßen war wieder fest, kalt und leblos. Keine Stimmen, keine Fratzen, kein Echo von verzweifeltem Lachen. Nur Stille. Eine Stille, die so tief schnitt, dass sie fast wehtat. Sein Herzschlag war das Einzige, das er hören konnte. Es donnerte in seinen Ohren, viel zu laut in dieser unnatürlichen Leere. Jonas blinzelte. Langsam hob er den Blick. Der Spielplatz war derselbe, und doch fühlte er sich anders an. Unwirklich. Hatte er das alles nur halluziniert? War das Wesen wirklich hier gewesen – oder hatte sein Verstand ihm wieder einen Streich gespielt? Seine Finger zuckten. Zögerlich streckte er die Hand aus, als wollte er prüfen, ob die Luft noch dicker war, schwerer, ob noch etwas von dieser bedrückenden Präsenz übrig geblieben war. Doch nichts. Er stand einfach nur da. Allein. Sein Atem ging flach. War es das? War es vorbei? Oder wartete es nur darauf, im nächsten Moment wieder zuzuschlagen? Jonas' Körper war starr vor Schock. Eben noch war die Präsenz des Wesens überwältigend gewesen, ein dunkler Schatten in seinem Kopf, eine Stimme, die seine Gedanken durchbohrte. Doch jetzt... Stille. Nicht die Art von Stille, die beruhigend wirkte. Nein. Das hier war eine beklemmende, unnatürliche Leere. Seine Knie gaben fast nach, als er sich umsah. Der Spielplatz lag da wie eine verlassene Kulisse. Die rostigen Schaukeln bewegten sich kaum merklich im Wind, ein einsames Klettergerüst warf lange, verzerrte Schatten über den Boden. Alles wirkte plötzlich so ... normal. Zu normal. Jonas' Herz raste. War es wirklich vorbei? War das Wesen fort? Sein Blick irrte ruhelos über den Platz. Er erwartete, dass es sich aus dem Schatten schälte, dass seine Stimme erneut in seinem Kopf explodierte, dass es ihm erneut die Kontrolle entriss – doch nichts geschah. Er blinzelte. Sein Atem ging flach. Seine Hände … sie zitterten nicht mehr. Langsam ließ er die Arme sinken. In seinem Kopf hallte noch immer das letzte Echo der Wahnbilder nach, doch es wurde schwächer. Der Nebel in seinem Geist verzog sich. Jonas sog scharf die Luft ein. Ein kaum wahrnehmbares Geräusch durchbrach die bedrückende Stille. Zuerst war es so leise, dass Jonas es fast für eine Einbildung hielt – ein gleichmäßiges, sanftes Klacken. Wie ein loser Ast, der von einer leichten Brise gegen Metall geschlagen wurde. Er drehte den Kopf langsam zur Seite. Die alte Schaukel. Ein einzelner Sitz, vom Rost gezeichnet, bewegte sich kaum merklich vor und zurück. Das Quietschen der Ketten war so zart, dass es sich fast in den Hintergrund verlor. Doch jetzt, wo er darauf achtete, kam es ihm unnatürlich laut vor. Jonas schluckte. Der Wind war fast nicht existent, und doch schwang die Schaukel – nicht ruckartig, nicht stürmisch, sondern in einem ruhigen, fast nachdenklichen Rhythmus. Sein Magen zog sich zusammen. Seine Finger krallten sich in den Stoff seiner Jacke. War es wirklich nur der Wind? Oder hatte … etwas dort gesessen? Er wagte nicht, sich zu nähern. Stattdessen stand er nur da, die Füße schwer wie Blei, und beobachtete, wie die Schaukel immer langsamer wurde. Das Quietschen verstummte. Schließlich kam der Sitz ganz zum Stillstand. Und mit ihm – so schien es – hielt die Welt für einen Moment den Atem an. Die Luft war schwer. Kein Windhauch regte sich mehr, als hätte die Welt aufgehört zu atmen. Der Spielplatz lag still und verlassen da, nur schwach beleuchtet von den fahlen Laternen, die ihr kaltes Licht auf den feuchten Asphalt warfen. Die Schatten der Klettergerüste und Rutschen zogen sich lang über den Boden, verzerrt und unnatürlich, als würden sie sich aus der Dunkelheit herauswinden. Ein feiner Nebel hatte sich über den Sand gelegt, kaum sichtbar, aber spürbar in der Kälte, die nun von ihm auszugehen schien. Jonas konnte den leichten Geruch von nasser Erde wahrnehmen, gemischt mit einer abgestandenen, fast modrigen Note. Das Quietschen der Schaukel war verstummt, doch in seinen Ohren hallte es noch nach, als wäre der Klang in der Luft gefangen. Kein anderes Geräusch war zu hören. Keine Autos in der Ferne, keine Stimmen, nicht einmal das leise Rascheln von Blättern. Es war die Art von Stille, die nicht beruhigte, sondern eine seltsame Anspannung erzeugte. Die Art von Stille, in der man das Gefühl bekam, beobachtet zu werden – auch wenn weit und breit niemand zu sehen war. Jonas ließ sich langsam auf die kalte Sitzfläche einer alten Bank sinken, die an den Rand des Spielplatzes gedrängt stand. Die Dunkelheit fühlte sich dichter an als sonst, als würde sie ihn erdrücken. Er lehnte sich vor, stützte die Ellenbogen auf die Knie und vergrub das Gesicht in den Händen. Sein Atem ging langsam, aber flach. Die Stille, die ihn umgab, war fast unerträglich. Keine Stimme, kein Flüstern in seinem Kopf. Das Wesen war verschwunden. Und jetzt war er allein – wirklich allein. „Was zum Teufel mache ich hier?" Die Frage kam ihm so plötzlich, dass er selbst kurz innehielt. Nicht laut ausgesprochen, sondern tief in seinen Gedanken verankert, als wäre sie schon lange da gewesen und hätte nur auf diesen Moment gewartet, um sich endlich Gehör zu verschaffen. Er schloss die Augen und ließ die letzten Wochen an sich vorbeiziehen. Das Zurückkommen. Die Straßen von Duisburg, die er kaum noch erkannte. Der Geruch der Stadt, den er einst so vertraut fand. Die Gesichter der Menschen, die ihn nicht mehr interessierten. Alles verschwamm ineinander, wie alte Filmaufnahmen, die überbelichtet und zu schnell abgespielt wurden. Und dann kam der Punkt, an dem alles aus dem Ruder lief. Die Pistole in seiner Hand. Der Druck auf seine Brust. Die Wut, die so lange geschlummert hatte und dann wie eine Explosion nach außen drang. Er hatte sie angebrüllt. All die Worte, die er in seiner Jugend nicht hatte aussprechen können, waren aus ihm herausgesprudelt, roh und voller Hass. Und dann … hatte er abgedrückt. „Ich habe wirklich geschossen." Seine Hände zitterten leicht, als er sich an den Moment erinnerte, in dem sein Finger den Abzug durchgezogen hatte. Das Echo des Schusses, das sich in seinen Knochen festgesetzt hatte. Er wusste nicht einmal genau, warum. War es nur Wut? War es der jahrelange Schmerz? Oder war es doch das Wesen, das ihn in eine Richtung gelenkt hatte, die er nicht selbst gewählt hatte? Sein Blick schweifte zu seinen Händen. Sie waren leer. Kein Blut, keine Schrammen. Und doch fühlten sie sich schwer an, als würde die Last seiner Taten sich physisch in seine Haut brennen. „Und vorher? Was war davor?" Er dachte zurück an das Leben, das er geführt hatte, bevor er hierhergekommen war. Die Arbeit. Die endlosen Schichten. Das Gefühl, nie wirklich anwesend zu sein, immer nur ein Schatten seiner selbst. Er hatte sich in Ablenkungen geflüchtet – in Routinen, in Gleichgültigkeit. Und dann war das Wesen gekommen. Es hatte ihn aufgerichtet, ihm einen Zweck gegeben, ihn vorangebracht. Es hatte ihm eine Richtung gezeigt, als er selbst keine mehr gesehen hatte. War das gut gewesen? Oder war es nur eine Illusion gewesen, um ihn in eine Abhängigkeit zu ziehen, aus der er sich nicht mehr befreien konnte?

Sein Atem wurde etwas schneller. „War es jemals meine Entscheidung? Oder war ich nur eine Marionette?“ Der Gedanke nagte an ihm. Denn tief in seinem Inneren wusste er, dass er das Wesen gebraucht hatte. Ohne es hätte er nicht hier gesessen. Ohne es wäre er vielleicht nie zurückgekommen. Aber es war wieder fort. Und jetzt wusste er nicht, wer er war.

*

Jonas' Gedanken sprangen hin und her, gefangen zwischen Schuld und Rationalität. Sein Magen zog sich zusammen, als er die Bilder erneut vor sich sah. Der Schuss. Die Körper, die fielen. Das Geräusch des Aufpralls auf den harten Boden. Und er – mit der Waffe in der Hand, der Blick starr auf das gerichtet, was er gerade getan hatte. „Ich habe es getan. Schon wieder.“ Es war keine Halluzination. Kein Fiebertraum. Kein Wahnsinn. Es war Realität. Und doch hatte es sich in dem Moment, als er den Abzug betätigte, nicht falsch angefühlt. Kein Zittern, keine Panik, keine überwältigende Angst, wie man sie in Filmen oft sah. Nur ein klares, beinahe mechanisches Handeln. Seine Finger hatten sich um den Griff der Waffe geschlossen, seine Muskeln hatten sich angespannt, sein Kopf war leer gewesen – bis zum Knall. Warum? War es Wut gewesen? Oder hatte er es getan, weil es sich in diesem Moment als die einzig logische Konsequenz angefühlt hatte? Die drei hatten vor ihm gestanden. Die Fratzen der Vergangenheit. Jahre des Schmerzes, der Demütigung, der unzähligen stillen Nächte, in denen er sich gefragt hatte, ob er je eine Bedeutung haben würde. Und jetzt – in diesem Moment – hatte er die Kontrolle. Die Möglichkeit, das Gleichgewicht wiederherzustellen. „Es war nicht impulsiv.“ Der Gedanke ließ ihn schaudern. Er hatte keinen wirklichen plötzlichen Ausraster gehabt. Nein, es war eine Entscheidung gewesen. Rational. Kalt. Geplant? Er wusste nicht, ob er das zugeben wollte. Aber es war kein unkontrollierter Wahnsinn gewesen. Kein willkürliches Töten aus reiner Raserei. Er hatte nachgedacht. Er hatte es gewollt. Und doch ... Jetzt, mit der Dunkelheit um ihn herum, mit der Kälte in seinen Knochen und dem Gewicht seiner eigenen Erinnerungen auf seinen Schultern, fühlte sich alles anders an. Das Wesen hatte ihn dorthin geführt. Es hatte die Fäden gezogen, ihn angestachelt, ihn zur Konfrontation getrieben. Und als der Moment gekommen war, hatte es ihn an seine Waffe erinnert. Aber es war nicht seine Hand gewesen, die den Abzug durchgezogen hatte – es waren seine Finger. Seine Muskeln. Sein Wille. Also, wessen Schuld war es? Das Wesen mochte ihn beeinflusst haben. Vielleicht hatte es ihn manipuliert. Vielleicht hatte es seine dunkelsten Gedanken genährt, bis sie so groß geworden waren, dass sie keinen anderen Ausweg mehr sahen. Aber es hatte ihn nicht gezwungen. „Ich hätte es nicht tun müssen." Er schloss die Augen. Diese Erkenntnis war der schlimmste Teil von allem. Es war nicht das Wesen. Nicht seine Vergangenheit. Nicht seine Wut. Es war er selbst gewesen. Jonas' Brust hob und senkte sich schwer. Sein Kopf pochte, als würde etwas von innen gegen seinen Schädel hämmern, als würden die Gedanken, die er so lange unterdrückt hatte, jetzt mit aller Gewalt nach draußen drängen. Die Stille um ihn herum wurde lauter, drückender. Der Spielplatz wirkte fremd, verzerrt – als wäre er gar nicht wirklich hier. Und vielleicht war er das auch nicht. Vielleicht war er immer noch in dieser einen Nacht gefangen, der Nacht, in der alles eskaliert war. Die Nacht, in der er Mia getötet hatte. Mia. Jonas schluckte hart, aber der Kloß in seinem Hals blieb. Ihr Name hallte durch seinen Kopf, durch seine Brust, durch seine Hände, die sich zu Fäusten ballten. Er hatte sie gemocht. Vielleicht sogar mehr als das. Und trotzdem hatte er zugelassen, dass das Wesen ihn dazu trieb, ihr das Leben zu nehmen. "Nein." Sein eigener Protest klang schwach. Das Wesen hatte ihn nicht gezwungen. Es hatte nicht ihre Kehle zugedrückt. Das hatte er getan. Jonas' Fingernägel gruben sich in seine Handflächen. Seine Gedanken rasten zurück zu dem Moment, als ihr Körper unter ihm nach Luft gerungen hatte, als ihre Augen ihn panisch angeblickt hatten. Sie hatte ihn angesehen, als könnte er sie noch retten. Als könnte er in letzter Sekunde begreifen, was er da tat. Aber er hatte nicht aufgehört. Er hatte nicht aufgehört, weil tief in ihm etwas war, das es wollte. Die Wahrheit schnitt durch ihn wie eine Klinge. Er hatte geglaubt, dass das Wesen ihn gelenkt hatte. Aber jetzt, in dieser grausamen Klarheit, erkannte er, dass es immer sein eigener Wille gewesen war. Genauso wie bei Becker. Jonas biss die Zähne zusammen, aber das Bild kam trotzdem. Becker, mit weit aufgerissenen Augen, Blut, das sich auf dem Boden sammelte. Becker, der ihm so oft schikaniert hatte. Der nicht damit gerechnet hatte, dass Jonas ihm etwas antun würde. Er hatte ihm Unrecht getan. Er hatte ihn verraten. Und er hatte sich selbst verraten. Jonas' Atem wurde schneller.

Sein Blick verschwamm. Das Zittern in seinen Händen breitete sich über seinen ganzen Körper aus. "Ich bin ein Mörder." Das Wort brannte in seinem Kopf. Er hatte all diese Monate damit verbracht, Ausreden zu suchen. Er hatte das Wesen für alles verantwortlich gemacht, hatte sich selbst als Opfer gesehen. Aber das war er nicht. Er hatte es gewollt. Er hatte es getan. Und jetzt gab es kein Zurück mehr. Der kalte Metallrahmen der Schaukel neben ihm quietschte leise im Wind. Ein Geräusch, das er früher nie wahrgenommen hätte, jetzt aber klang es fast ohrenbetäubend. Ein leises Rascheln ließ ihn den Blick senken – ein Blatt, das über den Kies huschte, als würde es von unsichtbaren Fingern bewegt. Selbst sein eigener Atem erschien ihm zu laut, als würde jeder einzelne Zug seine Schuld hinausschreien. Die Welt hatte sich nicht verändert, aber sie fühlte sich anders an. Der Spielplatz war immer noch der gleiche – das Klettergerüst aus verblichenem Holz, die Rutsche mit den abgesplitterten Kanten, der Sand unter seinen Schuhen, der bei jeder Bewegung nachgab. Doch all diese Kleinigkeiten wirkten nun riesig, als hätten sie an Bedeutung gewonnen, während er selbst schrumpfte. Sein Blick fiel auf seine Hände. Hände, die Leben genommen hatten. Mia. Becker. Die Jungen auf dem Schulhof. Sein eigener Atem stockte, als er daran dachte, wie leicht der Abzug sich bewegt hatte. Wie selbstverständlich der Schuss erklungen war, als wäre er nur eine weitere alltägliche Handlung gewesen, so einfach wie das Öffnen einer Tür. Ein schrilles Geräusch zerriss die Stille. Jonas fuhr erschrocken zusammen, sein Herz setzte für einen Moment aus. Ein metallisches Klappern, gefolgt von einem dumpfen Aufprall. Irgendwo hinter ihm. Er riss den Kopf herum. Sein Blick huschte über den dunklen Spielplatz, den sandbedeckten Boden, die rostigen Ketten der Schaukel, die träge im Wind schwankte. Nichts. Aber sein Körper war in Alarmbereitschaft – Adrenalin schoss durch seine Adern, seine Hände zitterten. Dann sah er es. Eine leere Bierdose rollte langsam über den Boden, wurde von einer leichten Brise weitergeschoben. Sie schlug gegen das Metallgerüst der Kletterstange, prallte ab und kam schließlich zur Ruhe. Jonas starrte die Dose an, als hätte sie ihn angegriffen. Sein Atem war schwer, sein Brustkorb hob und senkte sich in hastigen Zügen. Es war nur eine verdammte Dose. Und doch hatte dieses kleine, unbedeutende Geräusch ihn aus seinem Kopf gerissen, hatte die albtraumhaften Bilder für einen Moment beiseite geschoben. Die Wucht dieser plötzlichen Rückkehr in die Realität war beinahe schmerzhaft. Alles wirkte auf einmal zu real. Der kalte Wind, der über seine Haut strich. Der Geruch von feuchtem Laub. Das ferne Rauschen einer Straße. Er presste die Hände gegen sein Gesicht, versuchte seine Gedanken zu ordnen. Doch die Erkenntnis, die ihn eben noch in einen dunklen Strudel gezogen hatte, war nicht verschwunden. Sie lauerte in ihm, bereit, wieder zuzuschlagen.

*

Jonas' Körper fühlte sich taub an. Ein dumpfes Zittern, das tief in seinen Knochen saß, während er auf der kalten Bank des verlassenen Spielplatzes hockte. Seine Hände ruhten auf seinen Oberschenkeln, verkrampft, die Knöchel weiß vor Anspannung. Seine Gedanken jagten sich, kollidierten, zerbrachen in immer kleinere Splitter. Er versuchte, einen klaren Gedanken zu fassen, aber jeder logische Faden zerfaserte, kaum dass er ihn berühren konnte. Es konnte nicht sein. Das hier war ein Fehler. Er war nicht so jemand. Und doch. Er konnte die Bilder nicht aus seinem Kopf löschen. Die Körper, die am Boden lagen. Die leeren Augen. Die Stille, die nach einem Schuss einsetzt. Seine Brust zog sich zusammen, als würde eine unsichtbare Hand sie zudrücken. Sein Atem wurde flach, unregelmäßig. Er schüttelte den Kopf, versuchte sich selbst einzureden, dass das alles nicht so gewesen war. Dass es eine andere Erklärung gab. Dass es das Wesen gewesen war, nicht er. Aber er erinnerte sich an die Waffe in seiner Hand. An seinen eigenen Finger, der am Abzug lag. An das Zittern, das er gespürt hatte, bevor der Schuss sich löste. Seine eigene Tat. Jonas spürte Übelkeit in seiner Kehle aufsteigen. Er beugte sich nach vorne, legte den Kopf in seine zitternden Hände. Der Schweiß auf seiner Stirn fühlte sich eiskalt an. Ich bin nicht krank. Die Worte klangen hohl. Ein verzweifelter Versuch, sich selbst zu beruhigen. Aber was, wenn er es doch war? Er dachte an all die Momente, in denen er geglaubt hatte, das Wesen zu sehen. Zu hören. Er erinnerte sich daran, wie es ihn gelenkt hatte, wie es ihm Dinge gesagt hatte, die er sonst nie gedacht hätte. Aber jetzt, wo es verschwunden war, wo er hier allein auf diesem Spielplatz saß – was, wenn es nie wirklich da gewesen war? Was, wenn alles nur in seinem Kopf existiert hatte? Was, wenn er all die Dinge nicht getan hatte, weil das Wesen ihn dazu brachte, sondern weil er es wollte?

Sein Atem kam nun keuchend, seine Finger gruben sich in seine Haare. Nein. Es musste echt gewesen sein. Es musste. Denn die Alternative war unerträglich. Er war nicht geisteskrank. Oder doch? Die Gedanken rasten. Er versuchte, sich zu erinnern, wann genau es begonnen hatte. Wann er das Wesen zum ersten Mal gehört hatte. War es nach Beckers kuranzen? Oder schon davor? Hatte es ihn in Momenten der Verzweiflung aufgesucht? Oder war es immer da gewesen, lauernd im Hintergrund, wartend darauf, dass er endlich brach? Seine Hände waren schweißnass, sein Herz raste. Wenn es nur eine Einbildung gewesen war, dann war er allein verantwortlich. Dann gab es niemanden, dem er die Schuld geben konnte. Dann war er wirklich ein Mörder. Die Wahrheit traf ihn wie ein physischer Schlag. Sein Körper zuckte, seine Brust zog sich so heftig zusammen, dass er für einen Moment dachte, er würde ersticken. Er sprang auf. Seine Beine fühlten sich wackelig an, sein Kopf schwindelte. Er taumelte ein paar Schritte vorwärts, stützte sich an der kalten Metallstange des Klettergerüsts ab. Die Welt schwankte. Er atmete hektisch, schnappte nach Luft, die ihm nicht zu genügen schien. Er konnte das nicht ertragen. Diese Gedanken, diese Möglichkeit. „Ich bin nicht krank", wiederholte er, diesmal lauter. Er klammerte sich an die Worte, als könnten sie ihn vor dem Abgrund retten, der sich in seinem Inneren auftat. Doch die Stille um ihn herum blieb unbarmherzig. Das Wesen war nicht da, um ihn zu trösten. Keine Stimme in seinem Kopf, die ihm sagte, dass es eine andere Wahrheit gab. Er war allein. Und vielleicht war er es die ganze Zeit über gewesen.
Jonas spürte, wie sein Herz schneller schlug, als er sich von der Bank erhob. Seine Beine fühlten sich schwer an, als wären sie aus Blei gegossen. Die Kälte des Spielplatzes hatte sich in seine Haut gefressen, aber er nahm sie kaum wahr. Seine Gedanken waren nur bei einem: Er musste testen, ob er noch... normal war. Er ließ seinen Blick schweifen. Der Spielplatz war fast leer, nur eine einzelne Gestalt saß auf einer Schaukel, die in der Dunkelheit leicht hin und her schwang. Es war ein Mann, vielleicht Mitte vierzig, in einer abgetragenen Jacke, mit einer Mütze tief ins Gesicht gezogen. Eine Zigarette glühte in seiner Hand auf, tauchte sein Gesicht für einen Moment in rötliches Licht. Jonas atmete flach. Er wusste nicht, warum er ausgerechnet diesen Mann ansprechen wollte. Vielleicht, weil er allein war. Vielleicht, weil er nicht zu neugierig aussah. Vielleicht auch, weil es ihm einfach egal war. Langsam ging er auf ihn zu. Seine Schritte knirschten auf dem Kies des Spielplatzes. Der Mann auf der Schaukel schien ihn erst nicht zu bemerken, oder er ignorierte ihn

bewusst. Jonas blieb einen Meter entfernt stehen. „Hey." Der Mann drehte sich träge um, blies Rauch aus. Sein Blick war trübe, aber nicht unfreundlich. „Hm?" Jonas schluckte. Er hatte nicht überlegt, was er sagen wollte. Er wollte nur... reden. Irgendetwas Echtes hören. „Ist es okay, wenn ich mich setze?" fragte er und deutete auf die Schaukel neben dem Mann. Der Fremde musterte ihn kurz, dann zuckte er mit den Schultern. „Ist ein freies Land, oder?" Jonas setzte sich. Die Kälte des Metalls biss durch seine Jeans. Für einen Moment schwieg er, lauschte dem leichten Quietschen der Schaukelketten. Dann sagte er: „Kennen Sie das Gefühl, wenn man... nicht sicher ist, ob man wach ist?" Der Mann nahm einen langen Zug von seiner Zigarette, dann drehte er den Kopf leicht zur Seite. „Wie meinst du das?" Jonas wog den Kopf hin und her. Er suchte nach den richtigen Worten. „Manchmal fühlt es sich an, als würde alles... nicht echt sein. Oder als wäre ich nicht echt. Als würde ich einfach nur... zuschauen." Der Mann schnaubte leise. „Klingt nach 'nem verdammten Albtraum." Jonas starrte auf seine Hände. „Ja." Eine Pause entstand zwischen ihnen. Der Fremde ließ die Asche seiner Zigarette auf den Boden fallen, trat sie mit der Schuhspitze aus. „Du hast nicht zufällig was genommen, oder?" fragte er dann beiläufig. Jonas schüttelte langsam den Kopf. „Nein." Der Mann musterte ihn von der Seite. „Hm. Dann hast du wohl einfach einen verdammt schlechten Tag." Jonas lachte leise, ohne wirklich zu lachen. „Kann man so sagen." Wieder Stille. Der Fremde schien nachzudenken, als wäge er ab, ob er weiterreden wollte. Dann nahm er noch einen Zug und sagte: „Weißt du, manchmal hilft es, einfach einen Moment durchzuatmen. Sich auf etwas zu konzentrieren, das wirklich da ist. Das Gewicht der Schaukel, die Kälte in der Luft, der Geruch von Rauch. So kann man sich verankern." Jonas hob den Kopf. „Und wenn das nicht reicht?" Der Mann ließ den Rauch langsam aus seiner Nase steigen. „Dann weiß ich auch nicht. Dann hast du wohl 'n größeres Problem." Jonas schluckte. Ein größeres Problem. Er starrte auf den Boden. Seine Finger gruben sich in die kalten Eisenketten der Schaukel. „Und... was, wenn man nicht mehr weiß, ob man ein guter Mensch ist?" Der Fremde verzog leicht das Gesicht, als hätte er mit dieser Frage nicht gerechnet. Dann ließ er die Zigarette zwischen seinen Fingern rotieren. „Gute Menschen stellen sich diese Frage überhaupt nicht." Jonas' Magen zog sich zusammen. Er wusste nicht, ob ihn diese Antwort beruhigte oder noch tiefer in seine Angst stieß. Jonas starrte auf den Boden. Die Worte des Fremden hallten in seinem Kopf nach. „Gute Menschen stellen sich diese Frage überhaupt nicht." Es fühlte sich an, als hätte jemand einen unsichtbaren Faden um seine Kehle gelegt und langsam zugezogen. Sein Atem ging flacher. „Was... was, wenn ich es nicht mehr weiß?" fragte er leise, fast nur für sich selbst. Der Fremde schnaubte, klopfte sich die Asche von der Zigarette und warf ihm einen kurzen Blick zu. „Dann hast du vielleicht schon deine Antwort." Jonas' Kiefermuskeln verkrampften sich. Er wollte das nicht hören. Er spürte, wie sich seine Fingernägel in die Handflächen gruben. Er wollte widersprechen, wollte dem Mann sagen, dass es nicht so einfach war. Dass er nicht immer so gewesen war. Dass er doch nur... dass er doch nur... Er wusste nicht einmal mehr, wie er diesen Satz zu Ende bringen sollte. Sein Blick verschwamm leicht, als er auf die Kieselsteine unter seinen Füßen starrte. Sie waren real. Der kalte Wind, der ihm in den Nacken biss, war real. Der Rauch, der aus der Zigarette des Fremden stieg, war real. Und trotzdem fühlte er sich nicht real. Er hörte den Mann neben sich schmatzend nachdenken, dann sagte dieser: „Hör mal, Junge... Ich weiß nicht, was du angestellt hast. Und ganz ehrlich? Ist auch nicht mein Problem. Aber wenn du wirklich Schiss hast, dass du 'n schlechter Mensch bist, dann... warum bist du dann überhaupt hier? Warum hängst du dann nicht einfach irgendwo in der Dunkelheit rum und machst weiter mit dem, was auch immer dich so fertig macht?" Jonas blinzelte. „Was?" Der Fremde schnaufte genervt. „Du hast mich doch angesprochen, oder? Warum?" Jonas öffnete den Mund, schloss ihn wieder. Warum hatte er ihn angesprochen? Er hatte doch einfach nur...testen wollen, ob er noch normal war. Oder? War es das gewesen? Oder war es etwas anderes gewesen? War es ein letzter, verzweifelter Versuch, sich festzuhalten? Sein Brustkorb zog sich enger zusammen. „Keine Ahnung." murmelte er. Der Fremde sah ihn eine Weile an, dann drückte er seine Zigarette mit einem leichten Knacken auf der Metallkette der Schaukel aus. „Tja. Dann solltest du dir vielleicht darüber erstmal klarwerden." Jonas' Atem ging schneller. Sein Blick zuckte umher. Die Dunkelheit hatte sich über den Spielplatz gelegt wie ein feuchtes Tuch. Es war still. Zu still. Das Wesen war weg. Er war allein. Wirklich allein. Die Luft um ihn herum fühlte sich plötzlich viel schwerer an. Seine Gedanken rasten, kreisten um sich selbst. Wenn das Wesen weg war... war er dann noch er selbst? War er... frei? Oder war er einfach nur... verloren? Jonas wollte etwas sagen, irgendetwas, aber seine Kehle war wie zugeschnürt. Der Fremde stand auf, schob sich die Mütze tiefer ins Gesicht. „Pass auf dich auf, Junge."

Dann drehte er sich um und verschwand in der Dunkelheit. Jonas saß noch immer auf der Schaukel, sein Körper spannte sich an, sein Atem ging flach. Er wusste nicht, ob dieses Gespräch ihn beruhigt oder noch tiefer in den Abgrund gestoßen hatte.

*

Jonas stand auf, lief einige Meter und blieb kurz darauf auf einem Gehweg stehen. Menschen strömten an ihm vorbei, ihre Gesichter verschwommen in der flackernden Straßenbeleuchtung. Er blinzelte, versuchte, sich zu konzentrieren, doch alles fühlte sich seltsam entrückt an – als ob die Welt um ihn herum ein schlecht fokussiertes Foto wäre. Ein junges Paar lachte, als es an ihm vorbeiging. Ihr Lachen klang schrill in seinen Ohren, als würde jemand eine Glasscherbe an Metall reiben. Ein Hund zog an der Leine, sein Besitzer telefonierte und bemerkte kaum, dass Jonas ihm für einen Moment nachsah. Der Hund bellte einmal, und Jonas zuckte zusammen. Er bewegte sich weiter, langsam, mit vorsichtigen Schritten, als müsste er das Gehen neu erlernen. Seine eigenen Bewegungen kamen ihm fremd vor. Die Art, wie sich seine Füße hoben und senkten, wie seine Arme an seinem Körper hingen – es fühlte sich an, als wäre er eine Marionette, an unsichtbaren Fäden geführt. In einer Fensterscheibe spiegelte er sich, aber er erkannte sich kaum. Sein Gesicht war blass, die Augen tiefliegender als sonst, dunkle Ringe darunter. Seine Haare wirkten wirr, der Kragen seiner Jacke stand leicht ab. Das war doch nicht er. Oder doch? Er hob die Hand und berührte sein Gesicht. Warm. Echt. Aber was hieß das schon? Sein Blick glitt weiter über die Straße. Die Lichter der Laternen zogen Lichtstreifen auf das nasse Pflaster, als hätte jemand die Realität mit einem Pinsel verschmiert. Jedes Geräusch schien einen Sekundenbruchteil zu spät zu kommen, als wäre die Welt eine schlecht synchronisierte Filmaufnahme. Er musste es noch einmal testen. Er musste wissen, ob er wirklich normal war. Mit trockenem Mund trat er auf einen Mann zu, der in einiger Entfernung an einer Bushaltestelle stand. Der Fremde trug einen langen grauen Mantel, sein Gesicht war von einer Kapuze halb verdeckt. Er hatte eine Zigarette in der Hand, der Rauch stieg in langsamen, dicken Spiralen nach oben. Jonas' Schritte fühlten sich schwer an, als er auf ihn zuging.

„Entschuldigung", brachte er schließlich hervor. Der Mann drehte sich um, runzelte die Stirn. „Ja?" Jonas schluckte. Was sollte er sagen? Wie testete man, ob man noch in der Wirklichkeit existierte? „Ähm …" Sein Blick fiel auf die Zigarette. „Haben Sie Feuer?" Der Fremde musterte ihn kurz, zog dann ein silbernes Feuerzeug aus seiner Manteltasche und reichte es ihm. Jonas nahm es entgegen, spürte das kalte Metall zwischen seinen Fingern. Es war echt. Greifbar. Er klappte es auf, ließ den Funken überspringen. Die Flamme züngelte auf, tauchte seine Hand in warmes, orangefarbenes Licht. Jonas starrte sie an, als hätte er noch nie zuvor Feuer gesehen. „Geht's dir gut?", fragte der Mann misstrauisch. Jonas blinzelte. Die Frage hallte in ihm nach, als hätte sie mehrere Schichten durchdringen müssen, bevor sie ihn erreichte. „Ich …" Er stockte. Was sollte er antworten? Dass er sich nicht sicher war, ob die Welt echt war? Dass er sich selbst nicht mehr wiedererkannte? Dass er Angst hatte, in einer verzerrten Version der Realität festzustecken? Er schluckte und zwang sich zu einem Nicken. „Ja. Danke." Er gab das Feuerzeug zurück und trat einen Schritt zurück. Der Mann musterte ihn noch einen Moment, dann zuckte er mit den Schultern und wandte sich wieder seinem Rauch zu. Seine Finger zitterten leicht. Die beiden Mann hatte ihn also gehört, ihm geantwortet. Das war doch ein gutes Zeichen, oder? Und doch fühlte sich alles noch genauso falsch an wie zuvor. Jonas stand da, den Blick auf den Mann gerichtet, mit dem er gerade gesprochen hatte. Irgendetwas war merkwürdig. Eine Unruhe fraß sich durch seinen Magen, ließ seine Hände kalt werden. Die Geräusche der Stadt verschwanden in einem dumpfen Rauschen. Der Mann drehte sich um, blonzelte – und dann veränderte er sich. Seine Haut wurde fahl, als würde jegliche Farbe aus ihr gesogen. Die Konturen seines Gesichts verzerrten sich, sein Mund zog sich zu einem unnatürlichen Grinsen in die Breite, während seine Augenhöhlen tiefer wurden, schwärzer, leerer. Jonas' Atem stockte. Nein. Das konnte nicht sein. „Du hast es wirklich getan, Jonas." Die Stimme war kratzig, trocken, als käme sie aus einer Kehle voller Staub. Jonas' Magen drehte sich um. Der Mann – oder was auch immer er war – trat einen Schritt auf ihn zu. „Du hast mich umgebracht." Es war Becker. Aber nicht so, wie er ihn kannte. Becker war tot. Er war tot, das wusste Jonas. Er hatte es selbst gesehen. Und doch stand er jetzt vor ihm, das Gesicht eine verzerrte, groteske Maske seines früheren Ichs. Jonas stolperte rückwärts, sein Herz hämmerte in seiner Brust. „Nein…", flüsterte er. Beckers verzerrtes Gesicht zuckte. „Nein? Willst du das etwa leugnen?" Jonas' Blick huschte panisch umher. Die Welt schien in diesem Moment stillzustehen. Niemand reagierte auf das, was hier geschah. Niemand sah, was Jonas sah. „Es… es tut mir leid…“, stammelte er. Becker lachte. Ein widerliches, gurgelndes Geräusch. „Es tut dir leid?“ Seine Stimme triefte vor Spott. „Glaubst du, das reicht?“ Jonas wollte sich abwenden, wegrennen, einfach nur weg von dieser… Sache, die Becker sein sollte. Doch er konnte sich nicht rühren. Sein Körper war starr, eingefroren vor Angst. Becker trat noch näher, bis Jonas seinen fauligen Atem riechen konnte. „Du dachtest wirklich, du kommst davon?“ Jonas keuchte, Panik stieg in ihm auf. Seine Knie zitterten. „Bitte…“ „Du hast geglaubt, es gäbe keine Konsequenzen?“ Die Welt um sie herum begann zu flackern. Jonas' Kopf pochte. Das war nicht real. Das konnte nicht real sein. Und doch… es fühlte sich echt an. Verdammt echt. Becker streckte eine skelettartige Hand aus und griff nach Jonas' Arm. Eiskalte Finger legten sich um sein Handgelenk. Jonas zuckte zusammen. Der Druck war real. Die Kälte war real. „Jetzt bist du dran, Jonas.“ Sein Herz setzte aus. Jonas versuchte, sich loszureißen, aber Beckers Griff war unmenschlich stark. Die Knochenfinger gruben sich in seine Haut, und Kälte kroch seinen Arm hinauf, als würde sie sein Fleisch durchdringen und sich bis in seine Brust fressen. „Was… was willst du von mir?“ Jonas' Stimme war nicht mehr als ein ersticktes Flüstern. Beckers Gesicht verzog sich zu einem grausamen Grinsen. „Gerechtigkeit.“ Jonas schüttelte den Kopf. „Das… das war nicht so…“ Becker neigte den Kopf, sein Hals knackte unnatürlich laut. „Nicht so?“ Die Welt um Jonas herum begann sich zu verändern. Die Farben verloren an Intensität, der Boden unter seinen Füßen fühlte sich weicher an, als würde er auf Sand stehen. Der Lärm der Stadt wurde dumpfer, als käme er durch eine dicke Wand. Dann waren sie nicht mehr auf dem Spielplatz. Jonas' Atem ging flach. Er kannte diesen Ort. Der große, karge Raum. Der billige Teppich. Die Wände in einem stumpfen Grau, das von der Zeit verfärbt war. Ein Geruch von abgestandenem Kaffee lag in der Luft. Das Büro. Jonas schnappte nach Luft. Das war nicht möglich. „Erinnerst du dich?“ Beckers Stimme klang jetzt verzerrt, ein Echo, das sich in Jonas' Schädel fraß. Jonas riss seinen Blick los und sah nach unten. Da lag er. Becker. Aber nicht als verzerrte Kreatur. Sondern genauso, wie er damals dort gelegen hatte. Der Kopf in einem unnatürlichen Winkel nach oben gedreht. Die Augen halb geöffnet, der Mund leicht geöffnet, als wollte er noch etwas sagen. Jonas spürte Übelkeit in sich aufsteigen. „Nein…“ „Nein?“ Becker erschien wieder neben ihm, diesmal in menschlicher Gestalt – aber seine Haut hatte eine fahle, tote Farbe. „Du hast es getan. Du hast es gesehen. Und dann bist du gegangen, als wäre nichts gewesen." Jonas spürte, wie sich alles um ihn herum drehte. „Ich hatte keine Wahl..." Becker lachte leise. „Keine Wahl? Doch, Jonas. Du hattest eine Wahl." Jonas taumelte zurück, aber da war keine Tür, kein Fenster, keine Fluchtmöglichkeit. Nur Becker. Und der tote Körper auf dem Boden. Becker trat näher. „Sag es, Jonas." Jonas schluckte schwer. „Sag... was?" „Sag, was du getan hast." Jonas' Lippen bebten. Er konnte es nicht. Er konnte es nicht aussprechen. Becker trat noch näher. „Sag es." Die Luft wurde schwer. Ein dröhnendes Geräusch pochte in Jonas' Ohren. „Ich...", begann er, aber die Worte blieben ihm im Hals stecken. Becker packte ihn am Kragen, riss ihn nach vorn, ihre Gesichter nur wenige Zentimeter voneinander entfernt. Seine fauligen Augen bohrten sich in Jonas'. „SAG ES!" Jonas' Herz hämmerte. Sein Körper fühlte sich an, als würde er auseinandergerissen werden. Die Welt begann zu verschwimmen. Und dann—war er wieder auf dem Gehsteig. Er lag auf dem Boden, die Luft brannte in seinen Lungen. Sein Körper zitterte. Die Gegend um ihn herum war leer. Keine Spur von Becker. Keine verzerrte Realität. Keine Stimme in seinem Kopf. Aber sein Körper fühlte sich an, als wäre er durch einen Sturm geworfen worden. Er rang nach Atem. War das gerade real gewesen? Oder hatte er endgültig den Verstand verloren?

*

Jonas saß noch immer auf dem kalten, feuchten Boden. Die Nacht lag wie eine bleierne Decke über ihm, und die Luft fühlte sich schwer an – schwerer als je zuvor. Er starrte auf seine Hände. Sie zitterten. Nicht vor Kälte, nicht vor Erschöpfung. Nein, es war etwas Tieferes. Etwas, das bis in den Kern seiner Existenz reichte. Seine Finger ... Sie hatten getötet. Sein Brustkorb zog sich schmerzhaft zusammen, als sich die Gedanken immer tiefer in sein Bewusstsein fraßen. Sein Atem ging schnell, flach, stoßweise. Sein Herz pochte in einem unruhigen Rhythmus gegen seine Rippen, als wolle es ausbrechen, als wolle es fliehen vor der Erkenntnis, die ihn nun endlich einholte. Er war ein Mörder. Das Wort war nicht nur ein Gedanke – es war ein

Urteil, das sich wie ein Brandmal in seine Seele brannte. Es war nicht mehr abstrakt, nicht mehr eine bloße Idee, die sich wegschieben ließ. Es war real. Greifbar. Jonas presste die Hände gegen seine Stirn, seine Finger gruben sich tief in seine Haare. Er keuchte leise. Becker. Das Bild flammte vor seinem inneren Auge auf, unerbittlich, brutal in seiner Klarheit. Beckers Körper, wie er auf dem Boden lag. Seine Augen halb offen, glasig, leer. Sein Mund leicht geöffnet, als hätte er noch etwas sagen wollen. Aber es gab keine Worte mehr. Keine Töne. Nur Stille. Jonas fühlte es fast körperlich. Den Rückstoß der Waffe. Den plötzlichen Stillstand. Das Leben, das im Bruchteil einer Sekunde ausgelöscht wurde. Seine Brust zog sich noch enger zusammen. Mia. Ein Würgereiz arbeitete sich seine Kehle hinauf. Er sah sie vor sich, genau in dem Moment, in dem es passiert war. Ihre Augen voller Angst, voller Entsetzen. Sie hatte verstanden. Sie hatte gewusst, was passieren würde. Und er hatte es trotzdem getan. Jonas spürte, wie seine Fingernägel sich in seine Kopfhaut bohrten. Er keuchte. Sein Körper zitterte jetzt unkontrolliert. Er hatte es getan. Nicht aus Notwehr. Nicht, weil es keine andere Wahl gab. Nicht, weil ihn irgendetwas oder irgendwer gezwungen hatte. Er. Er allein hatte diese Entscheidung getroffen. Sein Blick verschwamm. Wochenlang hatte er es verdrängt. Sich eingeredet, dass es nicht seine Schuld gewesen war. Dass die Umstände ihn dazu gezwungen hatten. Dass er nur reagiert hatte, anstatt zu handeln. Aber das war eine Lüge gewesen. Alles war eine Lüge gewesen. Die Wahrheit stand nun unerbittlich vor ihm, breitete sich aus wie ein eiskaltes Gift, das sich durch seinen gesamten Körper fraß. Seine Finger. Seine Hände. Sein Körper. Alles an ihm war schuldig. Die Stille um ihn herum war fast ohrenbetäubend. Kein Wind. Kein Geräusch. Nur er und die Gedanken, die nun wie ein Sturm auf ihn einprügelten. Ein Schluchzen kämpfte sich seine Kehle hinauf, aber er unterdrückte es mit aller Kraft. „Du bist ein Mörder“. Der Satz hallte in seinem Kopf wider. Immer und immer wieder. Und diesmal konnte er nicht mehr weglaufen.

*

Jonas hatte keine Ahnung, wie lange er durch die Stadt gewandert war. Die Stunden waren ineinander verschwommen, als wäre die Zeit eine zähe Masse, die ihn langsam, aber unerbittlich verschluckte. Der kalte Wind schnitt ihm ins Gesicht, während seine Füße automatisch einen Weg einschlugen, den sein Verstand kaum registrierte. Er hatte das Gespräch mit dem Fremden geführt. Oder mit Becker. Oder mit niemandem. Was auch immer es gewesen war, es hatte ihn zutiefst erschüttert. Sein Kopf fühlte sich an, als wäre er mit Watte gefüllt, und jeder Gedanke, der sich in seinem Bewusstsein formen wollte, wurde von einer lähmenden Müdigkeit erstickt. Seine Augen brannten. Wie lange hatte er nicht geschlafen? Zwei Tage? Drei? Vielleicht sogar länger. Es fühlte sich an, als hätte er den Schlaf vollständig verlernt. Jeder Muskel in seinem Körper schmerzte, seine Gelenke fühlten sich an, als würden sie bei jeder Bewegung auseinanderbrechen. Die Straßen um ihn herum wirkten unwirklich, verzerrt, als wäre er in eine Kulisse geraten, die nur oberflächlich wie die Realität aussah. Doch dann sah er es. Das Hotel. Das grelle Licht des Eingangs blendete ihn, während er die letzten Schritte dorthin stolperte. Seine Knie fühlten sich schwach an, seine Hände zitterten. Alles, was er wollte, war ein Bett. Ein Raum, in dem er sich einsperren konnte. Vielleicht konnte er endlich schlafen. Vielleicht würde er dann aufwachen, und alles wäre anders. Aber als er durch die Drehtür trat, wurde ihm sofort bewusst, dass sein Wunsch nicht so einfach in Erfüllung gehen würde. Der Nachtportier, ein mürrisch aussehender Mann mittleren Alters mit schütterem Haar und einer dicken Brille, richtete sich ruckartig auf, als er Jonas sah. „Ah, da ist er ja endlich“, sagte er mit einer Stimme, die von falscher Freundlichkeit triefte. „Dachte schon, Sie wären abgehauen.“ Jonas brauchte eine Sekunde, um zu begreifen, was der Mann meinte. Dann fiel es ihm ein. Die Bezahlung. Er hatte schon seit Tagen nicht mehr gezahlt. „Ich…“ Seine Stimme klang kratzig, als hätte er seit Ewigkeiten nicht mehr gesprochen. „Ich hole mein Portemonnaie… oben in meinem Zimmer.“ Der Portier verzog das Gesicht zu einem schiefen Lächeln. „Nein, nein. So läuft das nicht, mein Freund.“ Jonas’ Brust zog sich zusammen. „Hören Sie, ich bin müde. Ich kann das gleich regeln, ich –“ „Ich brauche das Geld jetzt.“ Die Stimme des Mannes war nicht laut, aber sie war fest. Entschlossen. Jonas öffnete den Mund, aber es kam kein Wort heraus. Er griff in seine Jackentasche – nur um festzustellen, dass sie leer war. Sein Portemonnaie war nicht da. Panik kroch durch seinen Magen. Hatte er es verloren? Hatte er es irgendwo fallen lassen?

„Haben Sie das Geld oder nicht?“ fragte der Portier ungeduldig. Jonas’ Gedanken rasten. Er hätte es einfach irgendwo vergessen haben können. Vielleicht auf der Straße. Vielleicht... Dann erinnerte er sich. Das Geld war in der Jacke gewesen. Derselben Jacke, in der auch die Waffe steckte. Langsam wanderte sein Blick zu der Jacke, die er seit Tagen trug. Der Stoff war zerknittert, schmutzig. Niemand würde ahnen, was sich in ihrer Innentasche befand. „Ich...“ Er schluckte. „Ich kann es holen.“ Der Portier schnaubte. „Hören Sie, ich bin nicht blöd. Sie sehen aus, als würden Sie sich kaum noch auf den Beinen halten können. Ich lass Sie nicht einfach in Ihr Zimmer verschwinden, um dann nie wieder was von Ihnen zu hören.“ Jonas’ Herzschlag pochte in seinen Ohren.„Ich kann... ich kann Ihnen meine Jacke dalassen“, stammelte er. Der Mann runzelte die Stirn. „Was?“ „Meine Jacke.“ Jonas’ Finger krallten sich in den Stoff. „Als... Pfand. Bis ich das Geld habe.“ Er wusste nicht, warum er das sagte. Aber irgendetwas an der Vorstellung, die Waffe in den Händen dieses Mannes zu wissen, gab ihm ein krankhaftes Gefühl der Erleichterung. Als würde er sich von etwas befreien, das ihm auf den Schultern lastete. Der Portier musterte ihn einen Moment lang misstrauisch. Dann zuckte er mit den Schultern. „Von mir aus. Aber wenn Sie mich verarschen, lasse ich Sie nicht mehr rein. Klar?“ Jonas nickte hastig, während er die Jacke langsam auszog. Sein Körper fühlte sich ohne sie seltsam nackt an. Der Mann nahm die Jacke entgegen und warf sie mit einem abfälligen Blick hinter den Tresen. „Also gut. Dann mal los. Aber keine Spielchen, verstanden?“ Jonas nickte erneut. Dann stolperte er in Richtung Fahrstuhl. Der Fahrstuhl war still, bis auf das leise Summen der Mechanik. Jonas lehnte sich an die kalte Metallwand, schloss für einen Moment die Augen. Sein Körper fühlte sich an, als wäre er aus Stein gemeißelt, jeder Muskel schwer, als würde er jeden Moment nachgeben. Ein leises Pling kündigte an, dass er sein Stockwerk erreicht hatte. Die Türen öffneten sich, und er zwang sich vorwärts. Der Flur erstreckte sich in zwei Richtungen, die Teppiche dämpften seine Schritte. Sein Zimmer lag am Ende des Korridors. Er griff nach der Karte in seiner Tasche, schob sie in den Schlitz des Türschlosses. Ein kurzes, grünes Blinken – dann ein Klicken. Die Tür schwang auf. Dunkelheit. Er trat ein, zog die Tür hinter sich zu. Ein tiefer Atemzug. Er streckte die Hand nach dem Lichtschalter aus, zögerte dann. Nein. Er wollte keine Helligkeit. Er wollte nur... liegen. Sein Körper fühlte sich an, als würde er aus einer anderen Realität stammen, als gehöre er nicht mehr wirklich zu ihm.Er schwankte, ließ sich auf das Bett sinken. Der Matratze entwich ein leises, gedämpftes Geräusch, als sein Gewicht darauf traf. Seine Hände fanden den Kragen seines T-shirts , er zog daran und zerrte es über seinen Kopf. Sein Atem ging flach. Sein Herzschlag pochte dumpf in seinen Schläfen. Er hatte das Gefühl, dass sein Körper nicht mehr wusste, ob er schlafen sollte oder in Panik geraten musste. Seine Augen fielen zu. Vielleicht... nur für einen Moment. Vielleicht... nur kurz. Er ließ sich nach hinten sinken, spürte, wie sein Kopf auf das Kissen traf. Schwarz. Stille.Ein leises Summen irgendwo in der Ferne. Schlafen. Schlafen.Schlaf—

*

Das Zimmer war dasselbe – und doch nicht. Jonas wachte auf. Etwas war... falsch. Die Möbel standen, wo sie vorher standen, und doch schienen sie sich verschoben zu haben. Der Schreibtisch neigte sich leicht zur Wand, als wäre der Boden darunter nicht mehr eben. Der Stuhl war schief, als hätte jemand ihn gerade erst hastig zurückgeschoben. Die Gardinen bewegten sich, obwohl das Fenster geschlossen war. Und die Schatten. Sie tanzten über die Wände, wogten über die Decke, krochen über den Boden – als würde das Licht von draußen nicht einfach nur leuchten, sondern atmen. Jonas rieb sich mit der Hand über das Gesicht. Sein Körper fühlte sich bleischwer an, sein Kopf pochte dumpf. Wie lange hatte er geschlafen? Wie lange war er wach? Wie viele Tage? Die Stunden zogen sich ineinander, verschwammen in einem nebligen Strudel aus Müdigkeit und Kälte. Er stand auf und machte einen Schritt nach vorne. Das Holz unter seinen Füßen knarrte – oder hatte es geächzt? Die Luft war dick, fast greifbar. Jonas atmete tief durch, aber es half nichts. Das Zimmer fühlte sich zu klein an, als wäre es in sich selbst geschrumpft. Sein Blick wanderte zur Lampe auf dem Nachttisch. Sie stand nicht ganz gerade. Ein kleines Detail, ein winziger Makel – aber sein Magen zog sich zusammen, als hätte er etwas Ungeheuerliches entdeckt. Er schüttelte den Kopf, fuhr sich durch die Haare. „Ich verliere den Verstand“. Aber das war es nicht, oder? Es war, als würde das Zimmer selbst auf ihn reagieren. Als würde es ihn beobachten. Jonas drehte sich langsam um, musterte die Ecken, die Wände, die Spiegelung im dunklen Fernseher. Sein eigenes

Gesicht starrte ihm entgegen – müde, verzerrt durch die schwache Beleuchtung. Dann – eine Bewegung. Hinter ihm. Jonas fuhr herum. Nichts. Nur das Zimmer. Nur die Schatten, die sich weiter bewegten, obwohl sich das Licht draußen längst nicht mehr veränderte. Das Hotelzimmer lag in einem sonderbaren Zwielicht. Die Gardinen waren halb zugezogen, wie von einer unsichtbaren Hand schräg auseinandergezogen, sodass nur ein schmaler Streifen blasses Licht auf den Boden fiel. Der Raum war leise, zu leise — so, als würde selbst der Staub in der Luft den Atem anhalten. Jonas stand in nun der Mitte, das Gesicht zur Tür gewandt, obwohl sie längst geschlossen war. Seine Schultern hingen schwer, als würde die Luft hier dicker sein als draußen, schwerer zu atmen. Er trat zwei Schritte nach vorn. Der Boden knarrte nicht, aber er hätte schwören können, dass der Teppich unter seinen Füßen leise seufzte. Die Welt schien zu flimmern. Oder war es nur seine Müdigkeit? Seit Tagen hatte er kaum geschlafen. Nächte waren zu Stunden geworden, Stunden zu schwarzen, zähen Minuten, in denen er lag, starrte, fror, schwitzte, dachte. Er blinzelte. Die Schatten an den Wänden waren nicht mehr so eindeutig wie früher. Früher hatten Schatten klare Konturen gehabt – jetzt wirkten sie, als würden sie sich im Augenwinkel bewegen, als hätten sie ein Eigenleben. Ein Stuhl stand schief. Ein Bild hing halb von der Wand. Die Lampe auf dem Tisch flackerte nicht, aber sie leuchtete in einem Ton, der sich falsch anfühlte. Jonas atmete schwer. Er hörte sich selbst nicht atmen, aber er fühlte, wie sich seine Brust hob und senkte, als würde sie von etwas anderem bewegt werden, als durch seinen eigenen Willen. Er ging zum Fenster, legte die Fingerspitzen an die Scheibe. Kalt. So kalt, dass es durch seine Haut zu brennen schien. Draußen war es heller, viel heller. Menschen gingen vorbei, redeten, lachten sogar. Eine andere Welt, jenseits dieses kleinen Zimmers. Er drehte sich um. Und da war es. Zuerst war es nichts als eine Ahnung. Wie das Prickeln in der Luft, bevor ein Gewitter losbricht. Etwas zog sich in ihm zusammen, tief im Magen. Kein Schmerz, aber so etwas wie ein Echo eines Schmerzes, der kommen würde. Am Rand seines Blickfelds bewegte sich etwas. Langsam. Er drehte den Kopf nicht. Er wagte es nicht. Stattdessen schloss er die Augen. „Jonas“, sagte eine Stimme. Kein Donnerschlag. Kein Flüstern aus der Tiefe. Es war eine warme, ruhige Stimme. Eine Stimme, die man vergessen hatte, aber beim Klang wusste man sofort, dass sie vertraut war. Eine Stimme, wie eine Erinnerung an einen sicheren Ort, der nie existiert hatte. „Du leidest.“ Jonas öffnete die Augen nicht sofort. Die Stimme war zu nah, als dass sie real sein konnte. Zu nah an ihm dran, zu sehr in seinem Inneren. „Ich habe es gesehen. Ich habe dich gesehen, Jonas." Langsam, fast wie gegen einen inneren Widerstand, drehte Jonas den Kopf. Da stand es. Nicht mehr als Schemen, nicht mehr als Schatten oder Ahnung. Es stand da. In der Zimmerecke, halb im Licht, halb im Dunkel. Eine Gestalt – groß, aufrecht, fast menschlich, aber etwas an ihr war... falsch. Der Kopf zu schmal. Die Arme zu lang. Die Augen tief und schwarz und voller Licht zugleich. Aber die Stimme – sie war so weich, so voll Mitgefühl. „Du trägst zu viel. Du zerbrichst daran." Jonas wollte antworten, aber seine Zunge fühlte sich wie ein Stein in seinem Mund an. „Ich habe dich niemals allein gelassen. Nicht in der Nacht im Regen. Nicht im Büro. Nicht auf dem Schulhof. Ich war da." Jonas nickte. Ganz langsam. Eine Träne, ohne Vorwarnung, lief über seine Wange. „Du glaubst, du bist ein Mörder. Vielleicht bist du das. Aber davor – davor warst du ein Mensch. Und ich habe dich gehalten, Jonas." Die Gestalt trat einen Schritt näher. Kein Laut. Nicht das leiseste Knarren des Bodens. Nur diese Bewegung – ruhig, wie im Wasser. Jonas wollte weichen. Aber seine Beine bewegten sich nicht. Das Wesen senkte den Kopf leicht. „Du musstest all das durchstehen. Weil niemand dich sah. Weil niemand dich hörte. Aber ich – ich war da. Ich habe gesehen. Ich habe gefühlt." Jonas öffnete den Mund. „Warum..." krächzte er. „Warum ich...?" Ein schwaches Lächeln glitt über das nicht ganz menschliche Gesicht des Wesens. „Weil du stark warst. Weil du mehr aushalten konntest als andere. Und ich wusste, ich musste dich begleiten. Niemand sonst hätte es geschafft." Jonas' Hände zitterten. Seine Schultern zogen sich zusammen. Er fühlte sich klein. Kindlich. Winzig. „Und jetzt?" flüsterte er. Die Gestalt neigte sich zu ihm. „Jetzt ruhe dich aus, Jonas. Ich bin da." Jonas stand da, unfähig, sich zu bewegen, während die Gestalt vor ihm verblieb, als gehöre sie nun ganz selbstverständlich in dieses Zimmer. Kein Schatten flackerte mehr um sie herum. Alles wirkte... ruhiger. Zu ruhig. Wie eine Stille, die nicht echt war. Eine Stille, die schwer auf den Wänden lag wie Staub, den niemand mehr zu wischen wagte. „Ruhe dich aus", hatte das Wesen gesagt. Aber Jonas konnte nicht ruhen. Wie sollte man sich ausruhen, wenn man von sich selbst verfolgt wurde? Trotzdem – seine Knie gaben langsam nach. Er setzte sich auf die Bettkante, ohne dass sein Blick sich vom Wesen löste. Es war so merkwürdig menschlich in seiner Haltung. Die Art, wie es die Arme hangen ließ, wie der Kopf leicht zur Seite geneigt war. Wie ein Freund. Wie jemand, den man aus der Vergangenheit kannte, ohne sich an seinen

Namen erinnern zu können. „Du bist müde, Jonas", sagte es wieder. Die Stimme war wie warmer Nebel. „Dein Körper braucht Schlaf. Deine Gedanken brauchen Ruhe." „Ich kann nicht schlafen", flüsterte Jonas. Seine Stimme klang brüchig, so als würde jedes Wort einen Riss in seine Kehle schneiden. „Ich träume dann." „Ich weiß." Ein paar Sekunden vergingen, vielleicht auch Minuten. Zeit war in diesem Raum nur noch ein Konzept, das sich weigerte, beachtet zu werden. Jonas' Hände lagen auf seinen Knien, die Finger ineinander verkrampft. Es war still. Nur das Wesen atmete nicht. Es war, als würde seine bloße Anwesenheit die Luft verändern, als würde das Zimmer mit ihm eine neue Form annehmen. Alles wurde... bedeutungsschwer. „Was willst du von mir?" Jonas sah es an, seine Stimme nun etwas fester, aber nicht weniger verletzlich. Die Gestalt trat ein paar Schritte zur Seite, ging langsam, wie ein Lehrer, der einem Schüler gegenübertreten will, ohne ihn zu verschrecken. Seine Bewegungen waren weich, aber präzise. Kein Laut, keine Unstimmigkeit. Nur das leise, fast ehrfürchtige Fließen der Präsenz durch den Raum. „Ich will, dass du dich erinnerst", sagte es. „An dich. An das, was war. Nicht nur das, was du getan hast, sondern auch das, was dir angetan wurde." „Ich erinnere mich", sagte Jonas. „Jeden Tag. Ich vergesse nichts." „Nicht so, wie du denkst", entgegnete das Wesen, und in seinen Worten lag keine Anklage. Nur eine Art... Mitleid. Fast väterlich. „Du erinnerst dich an Schuld. An Scham. Aber nicht an dein innerstes Selbst." „Ich habe Menschen getötet." Seine Stimme bebte nun. „Ja", sagte das Wesen. Kein Widerspruch. Kein Trost. Nur ein einfaches „Ja". Und es klang weder wie Verurteilung, noch wie Vergebung. Es klang... wie Wahrheit. Jonas schloss die Augen. Wieder tauchte der Schulhof auf. Die drei Jungen. Das Zittern seiner Hand. Das Drücken seiner Finger am Abzug. Und dann... „Was soll ich tun?" Er hatte keine Kraft mehr in der Stimme. Nur eine Frage, die nicht mehr mit Hoffnung gestellt wurde, sondern aus reiner Verzweiflung. Das Wesen setzte sich. Einfach so. Wie ein Mensch. Auf den Sessel in der Ecke, der immer ein wenig schief zum Fenster stand, als hätte ihn nie jemand zurechtgerückt. „Ich bin nicht hier, um dir zu sagen, was du tun sollst, Jonas. Ich bin hier, damit du es selbst erkennst." „Ich will es nicht erkennen." Ein fast kindliches Zittern schlich sich in seine Stimme. „Ich will nichts mehr erkennen. Ich will nur noch... nichts mehr." Stille. „Und doch bist du noch hier", sagte das Wesen leise. „Du atmest. Du fragst. Du wehrst dich." „Weil ich nicht weiß, wie man stirbt", hauchte Jonas. Das Wesen bewegte sich nicht. Und doch wirkte es, als würde es nun Jonas tiefer ansehen. Mit einer Wärme, die nicht von dieser Welt war. „Vielleicht, Jonas", sagte es langsam, „ist das der Anfang vom Leben."

*

Das Wesen schwieg eine Weile. Es ließ Jonas in dieser Leere zwischen Gedanken und Schlaflosigkeit treiben, in der der Verstand nichts Greifbares mehr fand. Nur noch Raum. Und Dunkelheit. Der Schatten auf dem Sessel neigte den Kopf leicht zur Seite. Es war ein fast zärtlicher Blick, den man jemandem schenkt, der endlich zu begreifen beginnt. Kein Grinsen. Keine Überlegenheit. Nur Stille – und Erwartung. „Du bist so weit gegangen", sagte das Wesen dann, fast bewundernd. „Und doch hast du dich nicht befreit." Jonas hob den Kopf. Seine Augen waren rot unterlaufen, glasig, erschöpft. Aber sie lebten noch. Irgendwo darin, zwischen Angst und Wahnsinn, brannte noch ein kleiner, zitternder Funke. „Befreit…?" murmelte er. Das Wesen nickte langsam. „Du hast dich gewehrt. Du hast dich aufgelehnt gegen das, was dich zerdrückt hat. Gegen das, was dich geformt hat." Es beugte sich leicht vor. „Aber es ist nicht vorbei. Du hast es gespürt. Du spürst es noch immer." Jonas schluckte hart. Sein Mund war trocken. Worte wollten nicht mehr raus. Nur Gedanken, wirr, kreisend, verwoben mit der Müdigkeit, mit der Kälte im Raum. „Du glaubst, es sei vorbei gewesen. Du glaubtest, das Dunkle in dir hätte sich gelegt. Aber du hast nur einen Teil berührt. Einen Splitter der Wahrheit." Das Wesen stand nun langsam auf. Seine Bewegungen waren fließend, fast schwerelos. Es trat ans Fenster, betrachtete die graue Stadt da draußen, in der Nebel über die Straßenkanten kroch wie Erinnerungen über die Haut. „Du hast so viel getragen, Jonas", sagte es, mit dem Rücken zu ihm. „So viel geschluckt. So viel ausgehalten. Immer wieder." Jonas antwortete nicht. Er fühlte nur, wie sich in seiner Brust etwas zusammenzog. Etwas, das er nicht benennen konnte. „Du erinnerst dich noch an das Haus, nicht wahr?" Die Stimme war jetzt leiser. Fast ein Flüstern. „An die Stimmen hinter den Türen. An die Enge. An die Erwartungen." Jonas blinzelte. Die Bilder kamen schneller, als er sie verdrängen konnte. Die langen Flure. Das scharfe Licht. Die stumme Verachtung. Oder war es Gleichgültigkeit gewesen? „Du denkst, du hättest all das hinter dir gelassen, Jonas“, sagte das Wesen, das sich jetzt wieder langsam umdrehte. „Aber die Wurzel – die Wurzel ist noch immer da. Tief. Fest. Giftig.“ Jonas’ Herz schlug schneller. „Ich weiß nicht, wovon du redest.“ „Oh doch“, sagte das Wesen ruhig. „Du weißt es. Du hast es nur nie zu Ende gedacht. Vielleicht aus Angst. Vielleicht aus Schuld. Vielleicht... aus Hoffnung.“ Es trat näher. Kein Laut. Kein Schritt. Es war einfach da – wieder vor ihm. Sein Gesicht war nicht greifbar, aber die Präsenz war überwältigend. „Du hast sie alle mitgenommen, Jonas. Jeden Schatten. Jeden Stich. Jedes kalte Wort.“ Jonas’ Hände begannen zu zittern. „Hör auf...“ „Warum aufhören?“ Die Stimme war weich. Verständlich. „Warum sollte man aufhören, wenn man endlich klar sieht? Wenn man weiß, was das Feuer nährt?“ Jonas starrte das Wesen an. Sein Blick suchte Halt in diesem formlosen Gesicht, in dieser Unwirklichkeit. Alles in ihm schrie nach Widerstand – und nach Bestätigung. „Manchmal“, sagte das Wesen, „muss man dorthin zurück, wo es begann.“ Jonas schüttelte den Kopf. Langsam. Verzweifelt. „Ich habe getan, was ich getan habe. Ich... ich habe...“ „Weil du getrieben wurdest.“ Das Wesen kniete sich jetzt hin, auf Augenhöhe mit ihm. Seine Stimme war leise wie ein Atmen. „Weil sie dich geformt haben. Weil sie zugesehen haben. Weil sie nie zugehört haben.“ Jonas’ Kiefer spannte sich. Die Hitze stieg in seine Wangen. „Das waren... ich war ein Kind.“ „Ja“, sagte das Wesen. „Und sie waren...?“ Es ließ den Satz offen. Schwebend. Giftig. „Hör auf“, flüsterte Jonas. „Du musst das zu Ende denken, Jonas“, sagte das Wesen sanft. „Du weißt es. Du hast es gespürt. Warum sonst... warum sonst schmerzt es noch immer so tief?“ Es legte ihm die Hand auf die Schulter. Die Berührung war seltsam warm. Kein Grauen ging davon aus – und genau das war das Erschreckende. „Vielleicht“, sagte das Wesen leise, „gibt es noch einen letzten Schritt. Einen, den du nie gewagt hast. Einen, den du fürchtetest. Aber der dich befreien könnte.“ Jonas starrte es an. Stille füllte den Raum. Der Druck auf seinen Schultern, auf seinem Brustkorb, wuchs. Das Wesen stand langsam auf. „Manchmal“, sagte es, „ist das Ende nicht der Untergang. Sondern der Anfang.“ Und dann wandte es sich ab, trat ein paar Schritte zurück in den Schatten. Und ließ Jonas allein mit diesen Worten. Mit diesen Gedanken. Mit dem Echo eines Vorschlags, der nie ausgesprochen worden war – und doch glasklar im Raum stand. Das Wesen trat noch einmal aus dem Schatten. Es bewegte sich diesmal langsam, fast bedächtig, so als würde es genau wissen, was zu viel und was zu wenig war. Es war die Ruhe selbst – und gerade diese Ruhe machte Jonas nervös. Nicht das, was es sagte. Sondern wie. „Du musst nichts tun, Jonas", begann es mit sanfter Stimme, während es sich wieder vor ihm niederließ, nicht als Bedrohung, sondern beinahe wie ein Zuhörer, der einem Freund gegenüber sitzt. „Ich zwinge dich zu gar nichts." Jonas blickte starr geradeaus. Seine Gedanken waren zu laut, um sie greifen zu können. Doch irgendwo darin vibrierte ein kleines, misstrauisches: Und doch bist du hier. „Ich weiß, wie schwer es ist", fuhr das Wesen fort. „Weißt du... Menschen glauben, dass Heilung etwas Sanftes ist. Eine Wunde, die langsam von selbst verheilt. Aber das ist eine Lüge." Es beugte sich etwas vor, und sein Blick – so vage er auch war – schien sich in Jonas hineinzubohren. „Manchmal muss man schneiden, Jonas. Manchmal muss man operieren. Und um das zu tun, braucht es ein Messer. Scharf. Präzise. Schmerzhaft." Jonas schloss die Augen, als könne er sich so verschließen, abriegeln. Doch das Wesen war bereits in ihm. Nicht in seinem Körper, sondern in seinem Denken. „Stell dir einen Tumor vor. Einen, der dein ganzes System vergiftet. Würdest du zögern, wenn du wüsstest, dass man ihn entfernen kann – wenn auch mit Schmerzen, mit Konsequenzen?" Jonas schüttelte leicht den Kopf, ohne es wirklich zu wollen. Es war ein instinktiver Reflex. „Natürlich nicht", antwortete das Wesen, als hätte Jonas gesprochen. „Denn das wäre logisch, richtig? Du willst leben. Du willst frei sein. Also nimmst du den Schmerz in Kauf, den Eingriff, das Risiko." Es stand langsam auf, ging ein paar Schritte durch das Zimmer, als würde es Gedanken sortieren, nicht Worte. „Manche Wunden, Jonas... die liegen tiefer als du denkst. Sie sind nicht sichtbar. Sie sprechen nicht. Aber sie schreien in allem, was du tust. Sie beeinflussen deine Entscheidungen, deine Träume, deine Schuld." Es blieb stehen, drehte sich langsam zu ihm um. „Und manchmal", fuhr es mit ruhiger Stimme fort, „tragen diese Wunden ein Gesicht. Oder zwei." Jonas' Atmung beschleunigte sich kaum merklich. Aber das Wesen bemerkte es. Natürlich bemerkte es das. „Sie haben dich gemacht. Nicht du selbst. Sie haben dich in diese Form gepresst, dich nie gefragt, was du brauchst. Sie waren da – und sie waren laut. Auf ihre Art." Das Wesen trat näher. „Die Welt spricht von Vergebung. Doch was, wenn die Welt sich irrt? Was, wenn du nicht verzeihen musst, sondern dich befreien? Was, wenn... du die Wahl hast?" Jonas öffnete die Augen. Seine Stimme kam heiser, als hätte sie tagelang geschwiegen. „Welche Wahl...?" Das Wesen kniete sich wieder hin. Es sprach jetzt fast flüsternd. „Die Wahl, zu beenden, was in dir tobt. Die Wahl, das zu entfernen, was dich innerlich auffrisst. Die Wahl, zu schneiden – nicht aus Wut, nicht aus Hass... sondern aus Notwendigkeit." Ein tiefer Atemzug ging durch Jonas' Körper. Der Raum schien sich zu verformen, als würde sich die Realität selbst unter der Schwere dieser Worte biegen. „Manche Dinge, Jonas", sagte das Wesen nun sehr leise, „kannst du nur auf eine Weise zum Schweigen bringen. Und manchmal... ist das Schweigen die einzige Rettung." Es schwieg. Jonas saß still. In ihm arbeitete etwas. Es war kein Impuls, kein Drang – es war ein leiser Gedanke, der so vernünftig klang, dass er sich gefährlich normal anfühlte. „Ich will nur, dass du weißt", flüsterte das Wesen, „dass du diese Wahl hast." Und dann stand es auf, ließ ihn wieder allein, als wäre es nie dagewesen – und doch klang seine Stimme noch minutenlang nach, als gehöre sie längst zu Jonas selbst.

*

Jonas saß auf dem Rand des Bettes, reglos, die Hände ineinander verschränkt, als müsste er sich daran festhalten, um nicht zu zerfallen. Das Licht im Zimmer war schummrig, flackernd wie ein alter Film, der bald endet. Die Tapete wirkte krumm, als hätte das Zimmer selbst sich unter dem Druck der letzten Tage verbogen. Stille. Er hörte nichts außer dem dumpfen Rauschen in seinem Kopf. Und seine Gedanken, kreisend wie verwundete Vögel. „Du hast die Wahl." Die Worte des Wesens hatten sich in ihm festgesetzt. Nicht wie eine Erinnerung, sondern wie ein Splitter – klein, scharf, kaum greifbar, aber schmerzhaft genug, um jeden Atemzug zu verzerren. Frieden. War das nicht alles, was er je gewollt hatte? Frieden. Nicht Ruhe – nicht das erzwungene Schweigen eines betäubten Geistes, sondern das ehrliche, tiefe, kaum beschreibbare Gefühl, dass es okay war. Dass er okay war. Aber wie konnte man Frieden finden, wenn der eigene Weg von Blut gezeichnet war? Er hatte Mia verloren. Sie, die einzige Person, die in seinem Leben irgendwann Wärme bedeutet hatte. Und Becker. Der Mann, der vielleicht nicht sein Freund war, aber der ihn wenigstens bemerkt hatte. Und dann... diese drei anderen. Drei Fremde, die er mit alten Gesichtern verwechselt hatte. Drei Leben, ausgelöscht in einem einzigen Moment zwischen Wahn und Wahrheit.

Jonas beugte sich vor, legte seine Stirn auf die Knie. Er atmete zittrig, flach. Sein Magen zog sich zusammen. Wie konnte ein Mensch damit leben? „Siehst du nicht, dass du nur leidest, weil du dich weigerst, zu tun, was nötig ist?" Wieder die Stimme. Nicht laut. Eher ein Nachhall. Er schloss die Augen, versuchte sie fortzuschieben. Aber die Schuld blieb. Sie war keine Stimme. Sie war ein Gewicht. Er dachte an die langen, leeren Gespräche. An das Schweigen, das mehr sagte als tausend Worte. An die Blicke. Die ständigen Blicke, prüfend, enttäuscht, kalt. Und dieses Gefühl, nie... genug zu sein. „Sie haben dich gebrochen, bevor du überhaupt eine Chance hattest." Jonas schüttelte den Kopf, murmelte etwas, unverständlich. Worte gegen das, was in ihm tobte. Aber sie verhallten im Raum. Nichts antwortete. Er stand auf. Ging zum Fenster. Sah hinaus. Draußen war die Stadt seltsam ruhig. Der Himmel war tiefblau, fast schwarz, mit einem rötlichen Schimmer am Horizont. Es wirkte wie ein Ort, der nicht wusste, ob er Abend oder Morgen sein wollte. Und wieder kam der Gedanke: Was, wenn es wirklich der einzige Weg war? Aber sofort folgte der Schmerz. Die Schuld. Sie war körperlich, wie ein zu enger Mantel, der ihm die Luft abschnitt. Er konnte sie nicht einfach auslöschen, all die Jahre. All die Dinge, die er gesagt hatte. Nicht gesagt hatte. Getan hatte. Er sah sich selbst im Spiegel über dem Schreibtisch. Blass. Augenringe wie Schatten. Die Haut spannte sich über seine Wangenknochen, als hätte er sich selbst vergessen. „Ich will nur, dass es aufhört", flüsterte er. Niemand antwortete. Kein Wesen, keine Stimme. Nur sein Spiegelbild. „Ich hab..." – er brach ab. Setzte neu an. „Ich hab sie umgebracht. Ich habe... ich..." Die Worte blieben ihm im Hals stecken. Sein Körper sackte zurück aufs Bett. Er vergrub sein Gesicht in den Händen. Der Kampf in ihm wogte. Frieden. Schuld. Verzweiflung. Verlangen. Ein innerer Krieg, so laut, dass alles andere verstummte. Die Luft im Hotelzimmer stand still, als wäre auch sie in Erwartung dessen, was Jonas gleich durchleben würde. Ein Flackern ging durch den Raum, kaum sichtbar, kaum greifbar. Er saß da, ziemlich mittig im schiefen Raum, die Schatten an den Wänden wie Schlieren in einem Traum, als würde jemand mit rußverschmierten Fingern über die Tapete fahren. Und dann – es begann. Zuerst war es nur ein Geräusch. Etwas dumpf Schlagendes. Fleisch gegen Holz? Nein. Irgendetwas... Näher kommend. Jonas fror in der Bewegung ein, als ein Ruck durch seine Glieder ging. Er spürte keinen Schmerz. Nur Kälte. Kälte, die von innen nach außen kroch. Seine Augen flackerten, und in diesem Moment begannen die Bilder. Sie kamen nicht wie ein Film. Nicht wie ein Gedanke. Es war, als würden sie in ihn gepresst. Ohne Vorwarnung. Ein Raum. Vertraut. Viel zu vertraut. Er sah Hände. Seine eigenen. Zitternd, aber zielgerichtet. Ein Schimmer aus Metall blitzte im Halbdunkel, ein Atmen, schwer und erschöpft. Dann Stimmen. Flehend. Verstört. Die Welt wurde rot. Nicht Blut. Nicht wirklich. Eher ein Schleier, der sich über alles legte. Geräusche von Schritten, die ihm zu folgen schienen, als würde etwas in ihm losgetreten, das sich nicht mehr aufhalten ließ. Die Schatten in der Vision wanden sich. Keine Gesichter. Nur Schemen. Schemen, die etwas in ihm auslösten. Groll. Etwas tief Vergrabenes, das jetzt mit aller Gewalt nach oben drängte. Die Hände in der Vision ballten sich, lösten sich wieder, tasteten nach Halt – und fanden nichts. Dann wieder dieses metallische Aufblitzen. Jonas wollte sich abwenden. Die Vision ließ ihn nicht. Er stand da, inmitten eines stummen Schreis, der ihm die Kehle zuschnürte. Keine Worte. Nur ein leiser, brennender Gedanke: „Es wäre einfach." Die Szene wechselte, abrupt. Jetzt war er draußen. Es regnete. Die Straßen waren leer, der Asphalt glänzte schwarz wie Öl. Wieder seine Schritte. Diesmal langsam, vorsichtig. Ein Haus vor ihm. Fenster, beleuchtet, innen Wärme. Er – draußen. Nässe auf der Haut, die ihn nicht kühlte, sondern reizte. Er trat näher. Eine Silhouette erschien hinter dem Glas. Jonas' Herz schlug schneller. Er erkannte sie nicht. Aber er wusste: Hier hinein. Er hob die Hand. Nicht zum Klopfen. Etwas Schweres, Kaltes. Wieder metallisches Licht. Die Vision verformte sich, zersplitterte. Er keuchte, als wäre er gerade aus tiefem Wasser aufgetaucht. Doch die Bilder ließen ihn nicht los. Eine dritte Szene folgte, bruchstückhaft. Diesmal war er nicht der Handelnde. Er war das Auge. Das Auge, das sehen musste. Er stand in einem Raum. Klein, niedrig, vollgestellt mit Erinnerungen. Da lagen sie. Nicht leblos. Noch nicht. Aber still. Zu still. Geräusche von Schritten hinter ihm. Das Wesen? Vielleicht. Vielleicht auch er selbst, in einer anderen Gestalt. Wieder das Gefühl: Es wäre einfach. Keine Erklärungen mehr. Kein Schmerz. Nur Stille danach. Eine absolute, endgültige Stille. Jonas taumelte zurück, stolperte, fing sich an der Kante des Bettes, atmete heftig aus. Seine Lunge schien zu brennen, als hätte er die Luft minutenlang angehalten. Doch auch jetzt, in der Realität, rissen die Bilder nicht ab. Sie klebten an seinem Geist wie Ölfarbe an rohem Holz – ließen sich nicht abwischen, nicht verdrängen.

*

Jonas' Atem ging stoßweise. Die Luft im Zimmer war dick, schien sich gegen ihn zu stemmen, klebrig auf der Haut, schwer in der Lunge. Noch immer stand das Wesen da – reglos, die Hände lose an der Seite, das Gesicht von einem Ausdruck durchzogen, der zu ruhig war. Zu verständnisvoll. Wie ein Arzt, der schon weiß, dass die Krankheit nicht heilbar ist. Etwas in Jonas zerriss sich. „Hör auf!", brüllte er, und seine Stimme schlug hart gegen die Wände, hallte dumpf von der Tapete zurück. „Hör verdammt nochmal auf! Ich bin kein Monster! Ich bin kein verdammtes Monster!" Seine Brust hob und senkte sich rasend. Er spürte, wie seine Stimmbänder brannten, wie der Schrei sich aus seinem tiefsten Inneren gewunden hatte – nicht geplant, nicht gedacht. Eher geworfen. Wie ein letzter Stein in einem Krieg, den man nie gewinnen konnte. Das Wesen sah ihn an. Und dann – lächelte es. Nicht sanft. Nicht spöttisch. Sondern mit dieser vollkommen unbeteiligten Ruhe, die grausamer war als jeder Spott. Das Lächeln eines Wesens, das etwas wusste, das Jonas nicht wissen wollte. Dann kam das Lachen. Leise. Wie eine tickende Uhr, deren Klang sich über Minuten aufbaut. Erst ein Schnauben, dann ein kehliger Laut – tiefer, langsamer, vibrierend durch den Raum. Es war kein hysterisches Lachen, kein Beben, kein Zittern. Es war ein kaltes, wissendes Lachen. Eins, das nichts hinterfragte. Eins, das schon alles verstanden hatte. Jonas wich zurück, stolperte über seine eigenen Füße. „Was ist daran so verdammt witzig?!", schrie er, seine Hände zu Fäusten geballt, sein Blick irrsinnig flackernd. Das Wesen trat keinen Schritt vor. Es musste es nicht. Seine Präsenz füllte das Zimmer, als wäre es der Mittelpunkt dieser Welt. Es sah Jonas nur an – dieses Lächeln, dieses Lachen, die Worte, die folgten, kamen wie Nebel über glühende Kohlen. „Du glaubst, das macht einen zum Monster?" Jonas starrte es an, unfähig zu antworten. „Die Tat?" Das Wesen neigte den Kopf. „Der Schmerz?" Ein Flüstern. „Oder ist es der Gedanke, Jonas? Der Wunsch? Die Möglichkeit?" Jonas schüttelte den Kopf, wieder und wieder, schneller. „Nein. Nein. Nein, ich hab das nicht gewollt. Ich wollte das nicht." „Aber du konntest es dir vorstellen." Die Worte schnitten durch ihn wie Glas. „Du hast es gesehen. Nicht ich. Du." „Du hast es mir gezeigt!" schrie Jonas. „Du hast das alles—!"

„Ich habe nichts erfunden." Das Lächeln verschwand. Jetzt war es nur noch Stille. Und Gewissheit. „Ich habe nur gezeigt, was du trägst." Ein dumpfes Pochen an der Tür riss Jonas aus seinem inneren Zusammenbruch. Er hob den Kopf, die Augen rot, das Gesicht blass, die Hände zitternd in der Luft. Noch immer schwebte das höhnische Lachen des Wesens in der stickigen Luft des Hotelzimmers – doch es war weg. Verschwunden. Zurückgelassen hatte es nur eine lähmende Stille und das Brennen in Jonas' Brust. Wieder pochte es, diesmal drängender, begleitet von einer Stimme, vorsichtig, aber bestimmt: „Hallo? Ist alles in Ordnung da drin?" Jonas starrte auf die Tür. Er sagte nichts. „Ich... ich hab Schreie gehört", kam es erneut, und dann, fast flehend: „Bitte öffnen Sie, Herr Falk. Sonst muss ich die Polizei rufen." Da fuhr Jonas plötzlich hoch, taumelte zur Tür wie ein Angeschossener, riss sie auf. Der Rezeptionist, ein junger Mann mit nervösem Gesichtsausdruck, trat einen Schritt zurück. Er musterte Jonas – die verquollenen Augen, das zitternde Kinn, die Schweißflecken auf dem Shirt, die nackten Füße. Und über allem: der Wahnsinn, der in seinen Zügen lauerte wie ein Tier, das gerade erst gezähmt worden war. „Sie haben geschrien", sagte der Mann vorsichtig. „Die Gäste auf dem Flur—" „Halt den Mund!" fuhr Jonas ihn an. Seine Stimme war laut, kratzig, verzerrt. „Du willst Geld, ja?!" Der Rezeptionist hob beschwichtigend die Hände. „Herr Falk, das ist—" Doch Jonas drehte sich um, stapfte zum Nachttisch, griff in seine Jacke – diese lag zerknüllt neben dem zerbrochenen Spiegel – und zerrte einen zerknitterten Umschlag hervor. „Hier!", schrie er und warf dem Mann die Geldscheine entgegen, als würde er ihn schlagen wollen. Einige flatterten zu Boden, andere landeten gegen die Brust des Rezeptionisten. „Das reicht für die Nächte! Und für den verdammten Spiegel! Und für was auch immer du sonst noch willst!" Jonas' Stimme überschlug sich beinahe. Er wirkte wie ein Mann, der nicht mehr wusste, ob er gegen jemanden oder sich selbst kämpfte. Der Rezeptionist stand starr, die Hände noch immer in der Luft, als hätte er Angst, jede Bewegung könnte die Situation eskalieren lassen. Ein paar der Geldscheine lagen nun vor seinen Schuhen auf dem Teppich. Einer klebte an seiner Hose, wie zufällig. Jonas stand schwer atmend in der Tür, als würde die Luft selbst gegen ihn arbeiten. In seinen Augen brannte etwas Wildes, Getriebenes. Etwas, das man nicht verstand, aber sofort spürte – wie einen Sturm, der sich ankündigt, ohne dass man ihn sieht. Der Rezeptionist sprach leise, vorsichtig, fast wie zu einem Kind: „Herr Falk... es geht mir nicht ums Geld. Ich wollte nur sehen, ob—" „Du hast gesehen, was du wolltest, oder?" Jonas fauchte. „Ich bin hier, ja? Lebendig. Noch. Kein Grund, den Helden zu spielen." Er trat einen Schritt auf den Rezeptionisten zu, der sofort zurückwich, den Blick senkte. Jonas lachte – ein kurzes, bitteres Aufbellen. „Natürlich nicht. Ihr seht alle nur zu, wenn's spannend wird. Wenn einer schreit, wenn einer fällt. Aber vorher, da sagt keiner was. Nie." Sein Blick glitt einen Moment lang an dem Mann vorbei, ins Leere, in die Schatten des Flurs. Etwas in seinem Gesicht veränderte sich – eine Mischung aus Müdigkeit, Wahnsinn und einem Anflug von Trauer. Er sah plötzlich aus wie ein erschöpftes Tier, das zu lange gejagt wurde. Dann ließ er die Schultern sacken, drehte sich ohne ein weiteres Wort um und schlurfte zurück ins Zimmer. Die Tür ließ er offen stehen. Der Rezeptionist blickte ihm noch einen Moment nach, dann ging er langsam in die Hocke, hob das Geld auf – mechanisch, wie jemand, der nicht sicher ist, ob er gerade Teil einer Realität oder eines Traums war. Im Zimmer sank Jonas auf das Bett. Das Wesen war verschwunden. Die Welt war leiser. Aber nichts war besser.

*

Jonas saß noch immer schwer atmend am Rand seines Bettes, als würde das Bett unter seinem Körper schwanken. Draußen im Flur herrschte wieder Stille – nur der ferne Klang eines knarrenden Treppenabsatzes und das gedämpfte Summen der Neonröhre über der Tür waren noch zu hören. Ohne hinzusehen stand Jonas auf und drückte die Tür langsam zu, bis sie mit einem gedämpften Klicken ins Schloss fiel. Ein Moment lang lehnte er die Stirn dagegen, atmete flach, als müsste er sich daran erinnern, wie das eigentlich ging – ruhig werden. Nicht explodieren. „Du bringst mich um den Verstand..." murmelte er, mehr zu sich selbst, aber es war klar, an wen es gerichtet war. „Ich helfe dir nur, Jonas." Die Stimme des Wesens war wieder da – leise, beinahe sanft, aber unter der Oberfläche lag etwas Unbewegliches, wie eine Hand, die gleichzeitig streichelt und festhält. „Du bist nur erschöpft. Überfordert. Und du hast jedes Recht dazu." Jonas presste die Augen zu. „Du bist der Grund, warum ich so bin." „Bin ich das?" Das Wesen lachte leise, fast bedauernd. „Oder bin ich nur die Stimme, die dir endlich zuhört? Die nicht so tut, als wäre alles okay, obwohl du längst am Zerbrechen bist?“ Jonas drehte sich um, trat einen Schritt ins Zimmer zurück, bleckte die Zähne wie ein Tier, das nicht mehr weiß, ob es fliehen oder beißen soll. „Verschwinde. Ich will dich nicht mehr hören.“ „Und doch hörst du mich. Immer.“ Die Stimme war jetzt näher, wie ein Schatten, der sich unaufhaltsam ausdehnt. „Aber gut. Du brauchst einen Moment. Ich sehe das.“ Jonas schwieg. Die Worte prallten nicht an ihm ab – sie sickerten ein, wie Regen in rissiges Mauerwerk. Dann sagte das Wesen, leiser, fast vertraulich: „Beruhige dich, Jonas. Nur ein bisschen. Und dann… zeige ich dir etwas. Etwas, das du sehen musst. Etwas, das nur für dich ist.“ Jonas stand reglos da. Noch immer zitterte seine Brust leicht mit jedem Atemzug, aber in seinen Augen lag nun eine Mischung aus Argwohn und brennender Neugier. Seine Stimme war rau, brüchig, fast schon verloren, als er flüsterte: „Und wenn ich's nicht will?“ Das Wesen schwieg einen Moment, ehe es sagte: „Dann gehst du weiter im Dunkeln. Aber ich denke… du willst endlich wissen, was dahinter liegt.“ Jonas setzte sich langsam aufs Bett. Die Matratze ächzte leise unter seinem Gewicht. Seine Hände ruhten reglos auf seinen Oberschenkeln. In seinem Blick lag der stille Sturm eines Mannes, der keinen Frieden kennt – aber vielleicht, für einen Moment, einen Kompass. Jonas' Blick war leer, aber innerlich brodelte etwas. Es war nicht Wut. Auch nicht Schmerz. Es war… Erwartung. Diese seltsame Mischung aus Angst und Ahnung, dass etwas kommen würde – etwas, das seine Welt erneut verrücken könnte. Und das Schlimmste daran war: Er wollte es sehen. Das Wesen trat lautlos näher. Jonas spürte keine Schritte, kein Gewicht, keine Bewegung. Nur Präsenz. Wie das Flackern von Hitze über heißem Asphalt, kaum sichtbar, aber deutlich zu spüren. „Du bist bereit“, flüsterte es. Jonas zuckte kaum merklich. Dann: ein leichtes Nicken. „Dann sieh.“ Die Welt um ihn herum veränderte sich nicht abrupt. Kein grelles Licht, kein Schwärze, die ihn verschluckte. Es war viel subtiler. Wie Nebel, der in Gedanken kroch. Wie das Öffnen einer längst verriegelten Tür tief im Inneren. Er saß nicht mehr auf dem Hotelbett. Er stand. Kleiner. Viel kleiner. Die Welt um ihn war riesig geworden. Farben wirkten kräftiger, Töne schärfer. Die vertraute Unsicherheit in seiner Brust war da – aber sie fühlte sich anders an. Roh. Ursprünglich. Kindlich. Er war in einem Flur. Linoleum-Boden. Kaltes Licht aus einer flackernden Deckenleuchte. Die Wände… alt. Beigefarben, leicht fleckig. Der Geruch von abgestandener Luft und… Reinigungsmittel? Sein Blick wanderte zur Tür direkt vor ihm. Groß. Dunkelbraun. Massiv. Er kannte sie.

Aber was lag dahinter? Er wusste es nicht. Oder – nicht mehr? „Geh hinein", flüsterte das Wesen. Es war nirgendwo zu sehen, aber seine Stimme schwebte durch den Raum, als würde sie aus den Wänden selbst sickern. Jonas, oder besser: die kindliche Version von ihm, zögerte. Die kleine Hand ballte sich zur Faust. Dann öffnete sich die Tür. Langsam. Knarrend. Der Raum dahinter war abgedunkelt. Nur eine Lampe in der Ecke warf einen schwachen Schein auf den Boden, wo ein alter Teppich lag – mit rissigen Fasern und eingetretenen Flecken. In der Mitte: eine Matratze. Ohne Bettgestell. Einfach auf dem Boden. Jonas trat hinein. Und dann sah er... sich selbst. Ein kleiner Junge. Blass. Mit Augen, die viel zu alt wirkten für ein Kind. Er saß auf der Matratze, die Beine angezogen, den Rücken an die Wand gedrückt, die Arme fest um die Knie geschlungen. Er wippte leicht vor und zurück. Keine Tränen im Gesicht, keine sichtbaren Verletzungen – und doch lag in dieser Haltung eine solche Erstarrung, dass sich Jonas der Erwachsene kaum zu atmen wagte. Der Junge auf der Matratze hob nicht den Blick, als Jonas den Raum betrat. Aber Jonas wusste: Er wusste, dass er da war. Er stand wie angewurzelt. Das Flackern der Lampe war das Einzige, das sich bewegte – warf Schatten an die Wand, die sich streckten, verzerrten, zu Figuren wurden, die Jonas nicht benennen konnte. Ein Knarzen. Die Tür hinter ihm? Nein. Etwas weiter im Raum. Ein Schatten löste sich aus der Ecke. Keine klare Gestalt – nur eine Silhouette. Groß. Dünn. Die Umrisse ungenau, als würde sie sich ständig leicht verändern. Jonas spürte, wie sich Kälte in seinen Nacken legte. Der Junge auf der Matratze begann zu zittern. „Schau genau hin", flüsterte die Stimme des Wesens wieder, nun direkt neben Jonas' Ohr. „Nicht wegsehen, nicht dieses Mal." Jonas wollte sich abwenden, aber etwas in ihm hielt ihn fest. Nicht das Wesen. Etwas in ihm. Ein Teil, der endlich wissen wollte, was hinter dieser Erinnerung lag – warum sie so lange verschüttet gewesen war. Die Silhouette bewegte sich langsam auf den Jungen zu. Kein Gesicht. Keine Stimme. Nur Präsenz. Sie setzte sich auf die Bettkante. Und dann – Jonas verstand nicht, wie – wusste er plötzlich, was passieren würde. Oder was passiert war. Kein Schlag. Kein Schrei. Nichts Körperliches. Doch eine Gewalt lag in der Luft, die schlimmer war als jede sichtbare Tat. Sie schlich sich in den Jungen hinein, schlang sich um seine Gedanken wie eine kalte Hand um ein schlagendes Herz. Worte, unausgesprochen, aber eingebrannt. Ein Gefühl, das Jonas nun erkannte, als würde es sich endlich in Worte übersetzen: *Du bist schuld. Du bist der Grund. Du bist Dreck.* Der Schatten beugte sich zu dem Kind hinab. Und wieder: keine Bewegung. Kein Laut. Nur dieses unausgesprochene Gift, das in den Raum sickerte. Jonas spürte, wie sein Körper schmerzte, obwohl er nur Beobachter war. Seine Hände zitterten. Sein Blick flackerte. „Du erinnerst dich jetzt, nicht wahr?“ Die Stimme des Wesens war ruhig, beinahe zärtlich. „Du hast es immer gespürt. Aber du durftest es nie wissen.“ Jonas öffnete den Mund, wollte protestieren – doch was hätte er sagen sollen? Dass das nicht sein konnte? Dass er das nicht kannte? Aber er kannte es. Die Stille. Die Verachtung. Die emotionale Abwesenheit. Das manipulative Schweigen, das ihn schon als Kind in die Knie zwang. Es war da gewesen. Immer. Doch er hatte es nie verstanden, nie zulassen dürfen. Denn es waren doch... sie gewesen. Die Menschen, die ihn großzogen. Die, die ihn lieben sollten. „Sieh hin, Jonas. Du hast dir dein ganzes Leben lang eingeredet, dass du übertreibst. Dass du empfindlich bist. Dass mit dir etwas nicht stimmt. Aber es war nie dein Fehler.“ Jonas ballte die Fäuste. Tränen liefen ihm über die Wangen, ohne dass er es merkte. „Warum jetzt?“, flüsterte er. „Warum erst jetzt?“ „Weil du jetzt bereit bist“, antwortete das Wesen. „Weil du endlich stark genug bist, es zu tragen.“ Jonas schaute wieder auf das Kind auf der Matratze, das nun ganz still war. Kein Zittern mehr. Kein Wippen. Nur diese tiefe, verzehrende Leere in den Augen, die Jonas das Herz zusammenschnürte. Es war, als würde er nicht nur in die Vergangenheit blicken – sondern in sich selbst. In den Ursprung. In den Moment, in dem etwas in ihm gestorben war, lange bevor er es benennen konnte. „Warum hast du ihn nie gerettet?“ Das Wesen stand nun neben ihm, in einem Hauch aus Schwärze gehüllt, der sich in der Luft zu verlieren schien. „Warum hast du ihn zurückgelassen, dort, in diesem Zimmer, auf dieser Matratze?“ Jonas schüttelte langsam den Kopf. „Ich... wusste es nicht. Ich hab das vergessen...“ „Du hast es nicht vergessen“, unterbrach ihn das Wesen leise. „Du hast es verdrängt. Verschlossen. Eingesperrt, wie man ein Tier in einen Keller sperrt, weil man seinen Anblick nicht erträgt. Weil er zu viel schreit. Zu viel erinnert.“ Ein Keuchen kam über Jonas' Lippen. Kein Schluchzen. Kein Schrei. Etwas dazwischen. Ein Laut aus gebrochenem Verstehen. „Es war nicht meine Schuld...“ murmelte er. „Ich war ein Kind...“ Das Wesen legte den Kopf leicht schräg. „Aber du glaubst es dir nicht, oder? Nicht wirklich. Irgendwo tief in dir... glaubst du es immer noch. Dass du nicht genug warst. Dass du es verdient hast.“ Jonas taumelte zurück, gegen die Wand, die nun weich wirkte, wie aus Nebel. Der Raum flackerte. Die Schatten an den Wänden bewegten sich zu schnell, zu chaotisch. Stimmen flüsterten – nicht zu hören, aber zu spüren. Der Junge auf der Matratze hob den Kopf. Endlich. Langsam. Und Jonas sah sich selbst an. Ein Blick, der so viel sagte, dass Worte nicht hätten ausreichen können. Anklage, Sehnsucht, Verlorensein. Aber keine Hoffnung. Nicht mehr. Dann flüsterte der Junge – mit Jonas' Stimme, aber jünger, zerbrechlicher: „Du bist zu spät." Die Szene zerfiel. Wie ein altes Foto, das in Flammen aufging. Der Teppich löste sich in Staub auf, die Lampe implodierte lautlos, der Raum verschwand hinter einem schwarzen Schleier, der wie Wasser über ihn hinwegzog. Jonas taumelte. Der Boden unter seinen Füßen war plötzlich fest, hart. Das Licht wieder fahl. Das Hotelzimmer. Er stand inmitten der Unordnung, die er zurückgelassen hatte: Scherben. Kissen auf dem Boden. Die zersprungene Spiegelfläche, wie ein gesplittertes Auge. Er sank auf die Knie. Schweigen. Das Wesen blieb still, stand neben ihm, als hätte es Jonas allein das Feld überlassen. Kein Triumph in seiner Haltung, kein Spott. Nur Geduld. Diese unheimliche, endlose Geduld, die fast... tröstlich wirkte. „Warum... hast du mir das gezeigt?" Jonas' Stimme war rau. Gebrochen. „Weil es Zeit war", sagte das Wesen schlicht. „Du musstest dich erinnern, bevor du dich entscheiden kannst." Jonas hob den Kopf. „Entscheiden wofür?" Das Wesen trat einen Schritt näher. „Für Frieden. Oder für die Wahrheit." „Ich dachte... das war die Wahrheit." „Es war ein Teil davon." Der Blick des Wesens schien durch ihn hindurchzugehen. „Aber der Rest liegt bei dir. Was du daraus machst. Wer du jetzt sein willst." Jonas ließ den Kopf gegen die Knie sinken. In seinem Inneren hallte der Blick des Jungen nach, diese unauslöschliche Stille in seinen Augen. Und langsam, wie ein kalter Nebel, kroch die Frage in ihm hoch: Wenn ich das nicht war... wer bin ich dann? Und was bleibt von mir – wenn ich alles andere loslasse?

*

Es war, als hätte die Zeit aufgehört zu existieren. Der Raum, das Hotelzimmer, das Licht an der Decke, der Staub auf dem Boden — alles schien in einem flachen, farblosen Nebel zu verschwimmen. Nichts hatte mehr Kontur. Nichts einen klaren Klang. Als wäre alles da und gleichzeitig nicht. Jonas stand mitten in diesem

Vakuum, sein Blick glitt über die Wände, über die leicht schräg stehende Kommode, das halb geöffnete Fenster, das sich im Wind ein wenig bewegte und ein leises, wehmütiges Quietschen von sich gab. Und dennoch: Es war vollkommen still. Toter als tot. Nur sein Atem – stoßweise, zittrig, gepresst – schien zu existieren. Und das Wesen. Das verdammte Wesen. Doch das stand jetzt nicht mehr vor ihm. Es war nur noch die Erinnerung daran. Die Worte, die es gesagt hatte. Die Wahrheit, die es in ihm freigelegt hatte wie ein rostiges Skalpell, das sich durch eine jahrzehntelang verschlossene Haut bohrt. Und jetzt war er hier. Inmitten des Nachbebens. Ein Strudel. Anders konnte er es nicht nennen. Ein Sog, der ihn mitriss. Kein greifbares Gefühl. Kein konkreter Gedanke. Eher ein dumpfes Pulsieren im Körper, als würde sein Innerstes nach außen drängen, bereit, sich zu zerreißen. Er schwankte leicht, trat zwei Schritte zur Seite, legte eine Hand an die Wand, als wolle er sich festhalten – nicht nur physisch, sondern an irgendeiner verbliebenen Struktur in seinem Inneren. Doch da war nichts mehr. Nichts, was er greifen konnte. Keine Stabilität. Keine Definition davon, was real war. Er fühlte sich wie ausgeleert – aber gleichzeitig übervoll. Und dann kam es. Zuerst wie ein Kribbeln in der Brust. Dann ein scharfer, ziehender Schmerz in den Schläfen. Seine Zähne pressten sich aufeinander, seine Fäuste ballten sich. Es war Wut. Reine, unverfälschte Wut. Sie stieg aus ihm hoch wie heißer Dampf aus einem Riss im Boden – unkontrollierbar, blind. Wut auf die Welt. Wut auf die Erinnerungen. Wut auf das verdammte Wesen. Aber am allermeisten: Wut auf sich selbst. „Verdammt!“, stieß er aus. Die Stimme war brüchig, voller Druck, als hätte sie sich seit Jahren angestaut. Er trat gegen die Kommode, die sich ruckartig verschob. Der Fernseher wackelte und fiel dumpf auf die Matratze. Dann Stille. Wieder. Nur sein Keuchen. Was hatte er zugelassen? Was hatte er verdrängt? Was hatte er getan? Ein Zittern ging durch seine Finger, seine Beine, seinen Rücken. Die Luft schien dicker geworden zu sein. Fast zähflüssig. Und inmitten dieser Starre schlich sich ein neues Gefühl in ihn hinein. Unheimlich. Fremd. Und doch ... irgendwie warm. Erleichterung. Als würde das Aussprechen, das Annehmen, das Offenlegen seiner innersten, dunkelsten Erinnerungen ein Ventil geöffnet haben. Der Druck wich. Nur für einen Moment. Es war, als hätte er eine lebenslange Maske abgenommen – und er konnte atmen. Zum ersten Mal. Auch wenn das, was unter der Maske hervorkam, entsetzlich war. Erleichterung, ja. Doch sie machte ihm Angst. Denn was, wenn dieser Bruch ... endgültig war? Was, wenn das, was er jetzt erkannt hatte, ihn für immer trennen würde von der Welt da draußen? Von einem normalen Leben? Von Hoffnung? Was, wenn der Mensch, der er jetzt war, nie wieder zurück konnte zu dem, der er glaubte gewesen zu sein? „Du hast es gesehen", flüsterte eine Stimme in ihm. „Du hast es gespürt. Es ist zu spät." Er sank auf die Bettkante, die Matratze quietschte unter ihm. Seine Ellbogen ruhten auf den Knien, der Kopf hing nach vorn. Und in dieser Position – zusammengesunken, klein, verloren – konnte er es nicht mehr verleugnen. Er war gefallen. Und je länger er dort saß, desto mehr kam die Schuld. Dickflüssig. Kalt. Schleimig wie ein schwarzer Strom, der sich durch jede Pore fraß. Er erinnerte sich an Beckers leeren Blick. An Mias Stimme, die abrupt verstummt war. An die drei Jungen, die sich am Boden gekrümmt hatten. Und an das letzte Bild in seinem Kopf, bevor alles wieder verschwommen war: seine Hand mit der Waffe. Sein Finger auf dem Abzug. Die Erschütterung. Der Klang. Er war ein Mörder. Nein, er hatte es nicht gewollt. Doch er hatte es getan. Und das unterschied ihn von all jenen, die nur dachten. Nur fühlten. Nur hassten. Er hatte gehandelt. Und plötzlich fühlte sich jede Bewegung falsch an. Seine Finger zu lang. Sein Körper zu schwer. Sein Atem zu laut. Die Welt zu scharf. Jedes kleinste Geräusch übertrieben. Das Ticken des Thermostats – ein Hämmern. Das Flackern des Straßenlichts – ein Blitz. Der Geruch von Teppich – wie Staub in der Kehle. Alles war übergroß. Als würden seine Sinne sich wehren.Dann zuckte er zusammen. Er hatte das Gefühl, das Bett hätte sich unter ihm bewegt. Nur einen Hauch. Vielleicht hatte er sich geirrt? Vielleicht ... Doch es reichte. Er fuhr hoch, riss den Blick zur Tür. War da etwas? Jemand? Das Wesen? Nein. Nichts. Und doch war es da. In ihm. Nicht als Gestalt. Nicht als Stimme. Sondern als Gedanke. Als Wahrheit. Als Schatten, der nun für immer mit ihm ging. Er war allein. Völlig. Und doch begleitet von etwas, das er nicht mehr loswurde. Die Schuld. Die Angst. Und – schrecklichstes von allem – der Hauch von Erleichterung, dass es jetzt ... raus war.

*

Als Jonas die schwere Tür des Hotels öffnete, schlug ihm die kalte, feuchte Nachtluft entgegen wie ein stiller Wächter, der ihm einen letzten Ausweg anbot. Doch er ging weiter. Kein Zögern in seinen Schritten, keine Unsicherheit. Seine Bewegungen waren ruhig, fast bedächtig, wie die eines Mannes, der eine Entscheidung längst getroffen hatte. Die Straßen glänzten vom Wasser, das sich in kleinen Rinnen sammelte. Neonlichter spiegelten sich darin, verzerrt und flackernd, als würde die Stadt selbst nicht genau wissen, ob sie wach war oder träumte. Jonas lief an ihnen vorbei. Kein Blick nach links, keiner nach rechts. Nur geradeaus. Schritt für Schritt. Sein Atem dampfte in der Luft, löste sich in wirbelnden Schwaden auf und verschwand. Genauso wie seine Zweifel. Oder besser: Sie hatten aufgehört zu sprechen. Vielleicht waren sie noch irgendwo in ihm, flüsterten aus der Ferne, doch sie hatten ihre Kraft verloren. Die Entscheidung war gefallen. Nicht in einem Moment. Nicht mit einem Knall. Sondern leise, langsam, schleichend – wie Nebel, der eine Landschaft verschlingt, ohne dass man es merkt. Er ging durch eine Seitengasse, vorbei an Müllcontainern, an schiefen Zäunen, über schmutzige Pflastersteine. Die Geräusche der Stadt waren weit weg. Kein hupendes Auto, keine Stimmen. Nur das gelegentliche Tropfen von Wasser irgendwo über ihm, das Aufheulen eines entfernten Motors – und seine Schritte. Jonas blieb nicht stehen. Sein Blick war leer. Nicht aus Abwesenheit. Sondern aus Überzeugung. Alles, was ihn sonst so oft aus dem Takt gebracht hatte – die Stimmen, die Bilder, die Zerrissenheit – sie schwiegen jetzt. Sie hatten ihren Zweck erfüllt. Sie hatten ihn hierher geführt. In ihm herrschte kein Frieden. Aber auch kein Krieg mehr. Nur diese seltsame Form von Stille. Wie das Vakuum nach einer Explosion. Wie das Atmen unter Wasser. Er griff in seine Jackentasche – nicht hastig, sondern mechanisch. Tastete nach etwas, schloss die Finger darum, zog sie wieder heraus. Und ließ die Hand sinken. Als hätte er nur prüfen wollen, dass es noch da war. Er wusste, wohin er ging. Die Straßen waren vertraut. Obwohl er sie in diesem Zustand noch nie betreten hatte, schien jede Ecke, jede Laterne, jeder Schatten ihm bekannt. Wie ein Weg, den man träumt, bevor man ihn geht. Es war keine Wut mehr, die ihn trieb. Keine Panik. Keine Trauer. Es war... Konsequenz. Was auch immer das Wesen in ihm freigelegt hatte – es hatte gewirkt. Nicht durch Zwang. Nicht durch Schreie. Sondern durch diese bohrende, kalte Logik, die sich wie ein Keil zwischen seine Gedanken geschoben hatte. Man musste schneiden, um zu heilen. Man musste zerstören, um frei zu sein. Vielleicht war das alles Unsinn. Vielleicht war er längst verloren, irregeleitet, vergiftet von etwas, das keine Wahrheit kannte. Aber es spielte keine Rolle mehr. Denn er ging. Und er würde ankommen. Er bog um eine Ecke. Ein schwaches Licht brannte irgendwo hinter einem Fenster. Ein Hund bellte in der Ferne. Er blieb kurz stehen. Nicht, um zu zweifeln. Nur, um zu atmen. Langsam. Tief. Dann setzte er den Fuß wieder nach vorn. Und ging weiter.

*

Jonas stand vor dem Haus. Es war nicht das alte. Nicht das mit den knarrenden Dielen, dem abblätternden Putz und der dunklen Erinnerung, die in jedem Winkel zu lauern schien. Dieses hier war kleiner, moderner. Ein Neubau, vermutlich kaum fünf Jahre alt. Schlicht, beinahe harmlos, als hätte es nie etwas Schlimmes beherbergen können. Aber das war eine Lüge. Die Fenster im Erdgeschoss waren dunkel. Nur im oberen Stockwerk glomm schwach ein Licht, matt und gelblich, kaum mehr als ein Hauch in der Dunkelheit. Jonas starrte es an, wie man eine offene Wunde anstarrt – mit Ekel, Faszination, Angst. Er hatte die Adresse nie vergessen. Sie stand in einer ihrer letzten Nachrichten. Als sie ihm schrieben, sie seien „nun angekommen", als wäre das Umziehen ein Neuanfang gewesen, als wäre alles davor bedeutungslos. Sie hatten ihn eingeladen. „Du kannst jederzeit vorbeikommen." Er war nie darauf eingegangen. Und doch stand er jetzt hier. Nach all den Jahren. Nach all dem Dazwischen. Seine Füße ruhten auf dem frisch verlegten Gehwegpflaster. Der Vorgarten war ordentlich, fast steril. Keine Blumen, keine Deko, nur kurze Hecken, akkurat geschnitten. Das war neu. Früher hatten sie nie auf so etwas geachtet. Früher war Chaos der Normalzustand gewesen. Er fragte sich, ob sie ihn erkennen würden. Wenn sie aus dem Fenster blickten – jetzt, in diesem Moment – ob sie ihn sehen und wissen würden, wer dort unten stand. Ob sie sich freuen würden. Ob sie Angst hätten. Jonas hob den Blick. Die Fassade war hell, das Dach flach, die Jalousien halb geschlossen. Kein Zeichen von Bewegung. Nur das Licht oben, das leise durch den Vorhang sickerte wie ein Auge, das ihn musterte. Es machte ihn nervös. Und gleichzeitig ruhig. Er hatte keine Waffe in der Hand. Kein Werkzeug. Nichts Sichtbares. Aber die Schwere in seiner Jacke war wie ein geheimer Vertrag, den er sich selbst gegeben hatte. Es ging nicht darum, ob er sie nutzen würde. Es ging nur darum, dass er sie dabei hatte. Ein Schritt nach vorn. Dann noch einer. Der Kiesweg knirschte unter seinen Schuhen. Langsam, sehr langsam bewegte er sich auf das Haus zu. Mit einer Präzision, die ihm selbst fremd vorkam. Als wäre jeder Schritt vorbereitet, geprobt, wie ein Schauspieler auf einer Bühne, dessen Rolle längst feststand. Der Briefkasten war leer. Ein Namensschild fehlte. Natürlich. Sie wussten, warum. Jonas blieb stehen, direkt vor der Tür. Nur noch eine Armlänge entfernt. Holz. Weiß gestrichen. Eine kleine Lampe über dem Türrahmen – ausgeschaltet. Die Stille war vollständig. Er hätte klopfen können. Er hätte schreien können. Er hätte umdrehen können. Aber er tat nichts. Nur stehen. Nur atmen. Nur sein. Die Kälte kroch ihm in den Nacken, aber er spürte sie kaum. In seinem Inneren spannte sich alles. Kein einziger Gedanke war klar, aber sie waren da – Schichten über Schichten. Bilder, Stimmen, Splitter. Und irgendwo darin das Wesen. Schweigend. Nicht mehr drängend. Nicht mehr flüsternd. Nur da. Wie ein Schatten, der sich nicht mehr bewegen musste, weil der Wille nun aus Jonas selbst kam. Es war so ruhig, dass er seinen Puls hörte. Jonas senkte den Blick, sah seine eigenen Hände. Still. Ruhig. Aber bereit. Was auch immer das bedeutete. Er musste nichts entscheiden. Er hatte es längst getan. Noch ein Schritt. Jetzt stand er direkt vor der Tür. Der Tür zu einer Vergangenheit, die nie abgeschlossen worden war. Der Tür zu einem Kapitel, das sich nie von selbst umgeblättert hatte. Jetzt hielt er den Finger an der Kante. Und es war nur noch eine Frage von Sekunden, ob er umblättern würde – oder verbrennen. Das Klingeln war zu laut. Viel zu laut. Es hallte in ihm, vibrierte gegen sein Brustbein, jagte ihm durch die Adern wie ein Stromstoß. Der Finger hatte kaum die Oberfläche des kleinen, silbernen Knopfes berührt – und schon schien die ganze Welt darauf zu reagieren. Ein einzelner Ton. Hoch, mechanisch, harmlos. Und doch war es, als hätte er einen Alarm ausgelöst. Er trat zurück. Nur einen halben Schritt, aber es fühlte sich an, als wäre der Boden unter ihm weggesackt. Der Kies knirschte so laut, dass es fast wehtat. Sein Atem klang wie das Rauschen eines Sturms in seinem eigenen Kopf. Jonas blinzelte, einmal, zweimal. Das Licht über der Tür flackerte. Er war sich nicht sicher, ob es das wirklich tat – oder ob seine Augen nur nicht mehr zuverlässig mitspielten. Alles schien sich leicht zu neigen, als würde das Haus selbst sich beugen, ihn anstarren, mit einer Miene, die keine Miene war. Schief. Verstellt. Wie Kulissen auf einer Bühne, die man nur zu nah betrachtet hatte. Hinter ihm zischte der Wind durch die Hecke. Es klang, als würde jemand flüstern. Direkt hinter seinem Ohr. Aber da war niemand. Nur er. Er wandte den Kopf. Der Garten war leer. Die Straße still. Kein Auto. Kein Mensch. Kein Leben. Nur dieses Haus. Nur dieses Licht. Nur das dumpfe Pochen seines Herzens in den Ohren. Und das Klingeln, das längst verklungen war, aber noch immer wie ein Nachbeben in seinen Knochen steckte. Seine Finger zuckten. Sie waren kalt, aber feucht. Er sah an sich herunter und stellte fest, dass seine Hände zitterten. Nicht stark, aber beständig. So, wie ein Motor vibriert, bevor er endgültig den Geist aufgibt. Das Haus antwortete nicht. Keine Schritte, kein Schatten im Fenster, kein Zeichen dafür, dass ihn jemand gehört hatte. Oder jemand ihn hören wollte. Die Tür blieb zu. Aber alles andere öffnete sich. In ihm. Die Gedanken, die Zweifel, die Stimmen. Was, wenn sie wussten, dass er kommen würde? Was, wenn sie seit Tagen darauf warteten? Was, wenn… sie gar nicht mehr da waren? Das Licht im oberen Stock flackerte wieder. Oder flimmerte. Oder vielleicht veränderte sich nur sein Blick darauf. Es schien weiter weg als eben. Viel weiter. Als hätte sich das Haus selbst gedehnt, um ihn nicht hereinzulassen. Oder um ihn auf Abstand zu halten. Jonas hörte einen Laut, der aus seinem eigenen Hals kam. Kein Wort. Nur ein keuchender Rest von Luft, wie ein Echo seiner Angst. Dann machte er einen Schritt nach vorn. Die Türklinke war zum Greifen nah. Und sie sah falsch aus. Nicht weil sie anders war, nicht weil sie irgendwie besonders war – sondern weil sie sich in dem Moment zu bewegen schien, als er sie ansehen wollte. Ganz leicht. Ein Zucken, ein metallisches Atemholen. Sein Kopf wurde schwer. Als würde er ihn kaum noch tragen können. Und gleichzeitig: leicht wie Dunst. War er schon hier gewesen? Hatte er die Tür schon einmal berührt? War das alles eine Wiederholung? Er wagte es nicht, noch einmal zu klingeln. Der Ton hallte immer noch in ihm nach. Stattdessen hob er langsam die Hand, vorsichtig, fast ehrfürchtig. Sein Finger näherte sich der Klinke, aber er berührte sie nicht. Noch nicht. Die Kälte an der Oberfläche spürte er schon aus der Entfernung. Und dann, aus dem Innersten seines Kopfes, kam ein neues Geräusch. Ein Klicken. Ein einfaches, stilles, inneres Klicken. Als hätte irgendetwas in ihm die Entscheidung bereits getroffen. Er senkte die Hand. Und in genau dem Moment – genau in dem Moment – knarrte etwas. Nicht die Tür. Nicht der Boden. Nicht einmal das Haus. Es war ein Laut aus ihm selbst. Als hätte seine Wirbelsäule sich leicht verschoben. Oder etwas in seiner Brust gebrochen. Jonas taumelte einen halben Schritt zurück. Nicht vor Angst. Sondern, weil alles… zu viel war. Die Luft roch seltsam. Scharf. Nach Metall und Papier. Und verbranntem Gummi. Er konnte nicht sagen, warum.

Er schaute zur Straße. Kein Mensch. Keine Bewegung. Dann zurück zur Tür. Die Klinke war nun ganz still. Doch in ihrem Schatten lag... etwas. Oder er glaubte es. Ein Stück Vergangenheit. Ein Abdruck. Ein Rest von etwas, das man nicht sehen konnte. Aber fühlen. Er wusste nicht, ob sie ihn gehört hatten. Oder ob sie längst wussten, dass er kam. Aber er wusste, dass er hier war. Und dass es kein Zurück mehr gab.

*

Seine Hand senkte sich langsam wieder zur Seite, und die Bewegung brachte ein Gewicht mit sich, das er einen Moment lang völlig verdrängt hatte. Die Jacke. Innen rechts. Das Leder gespannt vom Metall. Die Waffe war da. Nicht sichtbar, aber spürbar wie eine zweite Haut. Er schluckte. Kein Gedanke, kein Wort. Nur dieses seltsame, dumpfe Bewusstsein, dass sie ihn nie wirklich verlassen hatte – die Pistole. Sie war Teil von ihm geworden, leise, ruhig, abwartend. Und jetzt, in dieser Stille, in diesem Moment vor der Tür, erinnerte sie ihn daran, dass sie da war. Sein Blick fiel auf seine Hand, wie sie zitterte. Nicht viel. Aber genug, um ihn zu verunsichern. Was tat er hier? Die Luft war zu klar. Zu unbewegt. Er hörte alles. Die Spannung in seinem Rücken. Das Kratzen des Reißverschlusses bei jeder kleinsten Bewegung. Das dumpfe Klopfen seines Herzens, das durch den Stoff der Jacke zu pulsieren schien. Und darunter: das kalte Metall. Wie ein stummes Versprechen. Er schloss kurz die Augen. Nur für eine Sekunde. Aber in dieser Sekunde rauschte eine Erinnerung durch ihn hindurch – oder war es eine Möglichkeit? Ein Schatten in seinem Kopf, wie es sein könnte. Wie es sein würde. Wenn... Nein. Noch nicht. Nicht jetzt. Er öffnete die Augen wieder. Die Tür vor ihm. Unverändert. Doch jetzt fühlte sich alles schärfer an. Wie unter einer Lupe. Der winzige Sprung im Putz neben dem Türrahmen. Die Spinnenweben in der Ecke, die im Wind kaum sichtbar zitterten. Der kleine, rostige Fleck an der Türklinke – war der vorher schon da gewesen? Jeder dieser Details schien plötzlich Bedeutung zu haben. Als wären es Hinweise. Botschaften. Oder Warnungen. Jonas atmete flach. Das Leder der Jacke knisterte bei jeder Bewegung, als wollte es ihn mahnen. Er konnte sie fühlen. Die Waffe.

Unverrückbar. Wie eine Entscheidung, die längst getroffen war, bevor er selbst es begriff. Er trat näher an die Tür. Ein Hauch von Bewegung hinter dem Vorhang oben im Fenster? Oder Einbildung? Seine Finger zuckten wieder. Nicht nach der Klinke. Nach dem Jackenbund. Aber er hielt sich zurück. Noch. Die Luft war dick wie Glas. Seine Gedanken zerbrachen daran. Er flüsterte ein Wort. Nicht zu hören. Nicht einmal für ihn selbst. Und dann... blieb er einfach stehen. Ganz still. Innen drin pochte es. Nicht im Haus. In ihm. Eine Spannung, die sich nicht lösen wollte. Die Tür öffnete sich langsam, zögernd, als hätte selbst das Holz erkannt, wie viel Zeit vergangen war. Ein schmaler Spalt tat sich auf, und aus dem Halbdunkel heraus blickten zwei müde, vorsichtige Augen. Jonas stand still auf der Schwelle, die Hände in den Taschen vergraben, den Kragen seiner Jacke hochgeschlagen gegen eine Kälte, die nicht nur vom Wetter kam. Es war sein Vater. Für einen Moment sagte niemand etwas. Die Zeit dehnte sich, bis das kurze Blinzeln des Mannes wie ein Schnitt durch die Stille wirkte. Sein Blick wanderte über Jonas' Gesicht, versuchte etwas zu greifen, zu erkennen, was sich nicht benennen ließ. Und dann – kaum hörbar – sagte er nur: „Jonas?" Jonas nickte langsam. Kein Lächeln, kein Wort. Der Name hatte sich so fremd angefühlt in diesem Mund, dass ihn ein Echo der Kindheit durchzog – wie ein Lied, das man nie mochte, aber trotzdem auswendig kannte. Sein Vater öffnete die Tür ganz. Licht aus dem Flur fiel auf Jonas' Gesicht. Es war warmes Licht, aber es wärmte nicht. Hinter dem Mann bewegte sich eine Silhouette – seine Mutter, schmaler geworden, wie ausgedünnt vom Leben. Auch sie sagte nichts. Ihre Augen weiteten sich, als wäre er ein Geist. Jonas trat über die Schwelle. Das Geräusch seiner Schritte auf dem alten Parkett war fast unverschämt laut. Die Tür fiel hinter ihm zu, und für einen Moment herrschte eine Stille, die nicht nur akustisch war, sondern etwas Tieferes meinte – eine Leerstelle, die nicht gefüllt werden konnte. „Du... willst hereinkommen?" fragte seine Mutter mit belegter Stimme, obwohl er bereits im Flur stand. Jonas nickte wieder, kaum sichtbar. Seine Augen wanderten über die Wände – fremde Bilder, neue Möbel. Nichts von früher war geblieben. Sie waren umgezogen, ja. Und doch roch es nach früher. Es lag in der Luft – der Duft von Papier, von altem Holz, von abgestandener Zeit. „Ins Wohnzimmer", sagte der Vater leise, und Jonas folgte ihm wie jemand, der nicht zum ersten Mal in ein fremdes Haus geht, sondern in eines, das ihm einmal gehört hat, aber jetzt nicht mehr ihm gehört. Der Raum war aufgeräumt, ordentlich, fast steril. Ein schmaler Couchtisch stand zwischen zwei

Sesseln, die Lampe darüber warf weiches, gelbliches Licht. Der Teppich war zu sauber, die Kissen zu gerade. Jonas blieb kurz in der Tür stehen, bevor er sich auf das Sofa setzte. Seine Jacke behielt er an. Seine Mutter setzte sich ihm gegenüber, der Vater daneben. Niemand sprach. Das Ticken einer Wanduhr war das einzige Geräusch im Raum. Draußen fuhr ein Auto vorbei, warf für einen flüchtigen Moment das Schattenspiel der Scheinwerfer an die Wand. Alles wirkte überdeutlich. Jedes Geräusch, jede Bewegung, jeder Blick. „Willst du etwas trinken?" fragte seine Mutter schließlich, und ihre Stimme war vorsichtig, als spräche sie mit jemandem, der jeden Moment explodieren könnte. Jonas schüttelte den Kopf. „Nein." Sie senkte den Blick. Jonas fühlte die Spannung in seinem Kiefer, in seinem Nacken, als hätte jede Faser seines Körpers beschlossen, wachsam zu bleiben. Es war nicht Angst. Es war Kontrolle. „Es ist... schön, dass du da bist", sagte sein Vater dann, und es klang, als müsste er selbst sich davon überzeugen. Jonas reagierte nicht. Er starrte in das milchige Glas des kleinen Wohnzimmerschranks, wo sich sein Gesicht wie ein Schatten spiegelte – verzerrt, flüchtig, kaum zu fassen. „Du siehst müde aus", meinte die Mutter nach einer Weile. Wieder wollte sie wohlfühlen, glätten, beruhigen. Jonas lächelte kurz, aber es war kein echtes Lächeln. Es war eine Geste, die bedeutete: Ich weiß, dass du etwas sagen musst, und ich lasse es zu. „Ich schlafe nicht viel", antwortete er. „Du kannst hier bleiben, wenn du willst..." sagte sie sofort, zu schnell, als hätte sie sich den Satz vorher eingeprägt. Jonas sah sie an. Ihre Hände lagen auf ihren Knien, die Finger ineinander verschränkt, weiß an den Knöcheln. Er schwieg. Und wieder war da dieses Ticken. Der Vater räusperte sich. „Wie lange bleibst du?" Jonas zuckte die Schultern. „Ich weiß es nicht." „Wenn du irgendwas brauchst..." „Dann melde ich mich", beendete Jonas den Satz für ihn. Seine Stimme war ruhig, aber etwas in ihm bebte. Die Jacke schien schwerer zu werden. Die Waffe lag darin wie eine Erinnerung, die nicht vergessen werden wollte. Niemand erwähnte die Vergangenheit. Niemand sprach den Bruch aus, der zwischen ihnen lag wie eine Mauer aus Glas – durchsichtig, aber undurchdringlich. Und so saßen sie da. Drei Menschen in einem Wohnzimmer, das keines mehr war. Der Tisch zwischen ihnen ein Altar für all die Jahre, die verloren gegangen waren. Jonas' Blick wanderte zu den Händen seiner Mutter, dann zu den Augen seines Vaters. Und in ihm regte sich etwas – eine Ahnung, eine Bewegung unter der Oberfläche, wie ein dunkler Strom. Aber noch sagte er nichts. Noch war alles still.

*

Er hatte sich kaum bewegt, saß immer noch auf dem Rand des Sofas, als würde jede Veränderung seine Anwesenheit in diesem Raum gefährden. Die Luft war still, aber durchzogen von etwas Unsichtbarem – wie eine Spannung vor einem Gewitter, das man noch nicht hören, aber schon spüren konnte. Jonas hob den Blick, als sie sich seine Mutter langsam zuwandte. Für einen flüchtigen Moment stand sie nur da, wie eingefroren, als würde sie die Silhouette ihres Sohnes erst wirklich begreifen müssen. Ihre Lippen öffneten sich leicht, ein stummer Laut, ein kaum hörbares Einatmen. Nur ein kurzer Blick, wie ein Echo, das zurückgeworfen wurde, ohne anzukommen. „Du... du bist also wirklich hier", fuhr sie fort, ihre Stimme war leise, beinahe ehrfürchtig. „Ich habe nicht geglaubt, dass du jemals noch..." Sie stockte. Jonas legte die Hände auf seine Knie. „Ich bin da", sagte er nur. Neutral, nicht kalt, aber auch nicht offen. Seine Mutter stand auf und trat näher. Einen Schritt. Dann noch einen. Sie wirkte unsicher, wie jemand, der auf glattem Eis balanciert. Doch in ihrem Gesicht arbeitete es – ein innerer Kampf zwischen Rührung, Misstrauen und etwas Unausgesprochenem, das in ihrem Blick flackerte wie eine schwache Flamme im Wind. „Du siehst müde aus", wiederholte sie leise, fast genauso wie zuvor, aber jetzt mit einem Unterton, der schwer zu greifen war. Nicht mitleidig. Eher... prüfend. Jonas zuckte leicht mit den Schultern. „Ich hab viel erlebt." Sie nickte langsam, setzte sich wieder in den Sessel gegenüber, aber nicht ganz an die Lehne gelehnt – als könnte sie sich noch umentscheiden, wieder aufzustehen, wegzugehen. Dann kam der Umschwung. Es war kein einzelner Satz, keine eindeutige Geste. Es war ein leises Kippen in der Stimme, eine kaum merkliche Schärfe in ihrem Blick. „Du kommst also zurück... nach all den Jahren. Einfach so." Jonas sah sie an, spürte, wie seine Muskeln sich leicht anspannten. „Einfach so?" Sie lächelte schmal. „Versteh mich nicht falsch... ich bin froh. Oder... ich war es. Für einen Moment. Aber du hast nie geschrieben. Nie angerufen. Jahrelang. Und jetzt sitzt du da, als wäre nichts gewesen." Ihre Stimme war immer noch ruhig, aber sie war nicht mehr weich. Da war etwas Hartes darin, etwas, das sich über Jahre gesammelt hatte und jetzt, ganz langsam, zu krümeln begann. „Ich musste weg“, sagte Jonas leise. „Musstest du? Oder wolltest du einfach?“ Ihre Augen blitzten auf – nicht böse, sondern hungrig nach einer Wahrheit, die sie selbst nicht ganz aussprechen konnte. Er schüttelte den Kopf. „Du verstehst das nicht.“ „Nein, vielleicht nicht“, erwiderte sie, lehnte sich nun doch zurück, aber ihr Blick blieb fest. „Weißt du, es war nicht leicht. Dein Vater hat tagelang nicht gesprochen, als du weg warst. Ich... ich habe mir die schlimmsten Dinge ausgemalt. Und dann kamen die Nachrichten.“ Jonas' Atem stockte leicht, fast unmerklich. „Ich will nicht darüber reden“, sagte er ruhig, aber bestimmt. „Natürlich nicht“, sagte sie. „Das tust du nie.“ Ein Moment der Stille dehnte sich. Sie beide schauten sich an – kein Hass, aber auch keine Versöhnung. Nur zwei Menschen, die sich nicht mehr kannten. Dann, plötzlich, war da ein anderer Ton in ihrer Stimme. Weicher, aber auch gefährlicher. „Weißt du, ich habe oft überlegt, wie du geworden bist. Ob du gut bist. Ob du... kaputt bist.“ Jonas' Magen zog sich zusammen. „Und jetzt, wo du hier sitzt“, fuhr sie fort, „da sehe ich nicht meinen Sohn. Ich sehe einen Fremden. Einen Mann, der... eine dunkle Aura mitbringt.“ „Ich bin nicht hier, um dich zu überzeugen, wer ich bin“, sagte Jonas, leise, aber mit einem Zucken im Ton. Seine Finger bewegten sich langsam in der Jackentasche, spürten das Gewicht der Waffe, das kaum spürbar gegen seine Rippen drückte. Sie war noch da. Immer noch. „Dann wozu bist du hier?“ fragte sie, und diesmal war die Frage echt. Kein Vorwurf, kein Zorn. Nur ein aufrichtiges Unverständnis. „Was willst du, Jonas?“ Jonas schwieg. Die Sekunden zogen sich, und das Ticken der Uhr wurde zum Trommeln in seinen Ohren. Er wollte antworten. Irgendetwas. Aber da war diese Mauer in ihm, diese Grenze, die sich zwischen seiner Absicht und ihren Worten aufbaute. Und auf der anderen Seite – das Wesen, das in seinem Kopf leise war, aber nicht weg. Ein Windstoß draußen ließ die Fenster zittern. Die Lampe über dem Tisch flackerte leicht. Und seine Mutter sah ihn immer noch an. Ihre Pupillen klein, der Blick lauernd, tastend. „Ich glaube, du willst etwas“, sagte sie dann. „Etwas, das du dir selbst nicht eingestehen willst.“ Jonas' Herz schlug schneller. „Und vielleicht...“, fuhr sie fort, „bist du nicht nur zurückgekommen, weil du es wolltest. Vielleicht hat dich etwas gezogen.“ Jonas schluckte. Ihre Worte trafen etwas in ihm. Einen Nerv, den er selbst kaum zu benennen wagte. Er stand langsam auf. Seine Mutter sah ihm nach, regungslos, aber ihre Finger hatten sich fester um die Armlehnen des Sessels geschlossen. „Ich bin müde“, sagte er.

„Das glaube ich dir", sagte sie. „Aber Schlaf allein hilft nicht, Jonas." Er wandte sich zur Tür. Noch sagte er nichts. Noch war es nur ein Rückzug – kein Entkommen. Aber die Spannung im Raum war geblieben. Und sie würde nicht mehr verschwinden. Er war schon fast zur Tür gegangen, hatte die Hand auf der Klinke, als ihre Stimme ihn wie ein unsichtbares Seil zurückzog. „Jonas..." Er hielt inne, antwortete nicht. „Was ist los mit dir?" Ihre Stimme war jetzt nicht mehr ruhig. Sie war brüchig. Nicht mehr voller Vorwürfe – sondern durchzogen von echter, roher Angst. Langsam drehte er sich um. Ihre Augen hatten sich verändert. Sie sah ihn nicht mehr an wie ihren Sohn. Eher wie etwas, das sie nicht greifen konnte. Etwas, das ihr vertraut war und gleichzeitig vollkommen fremd. „Ich weiß es nicht", sagte Jonas, und seine Stimme klang anders als zuvor. Hohl, aber ehrlich. „Ich wünschte, ich wüsste es." Sie richtete sich auf, stand nun ebenfalls. Zwischen ihnen war nur der Couchtisch – aber gefühlt ein Ozean. Ihre Hände zitterten leicht. Und in ihrer Körperhaltung lag kein Schutz mehr, kein Versuch mehr, irgendetwas zu retten. Nur der Versuch, zu begreifen. „Ich hab dich damals getragen, Jonas... dich gefüttert, dir die Schuhe gebunden... Und jetzt stehst du da... so kalt... so leer..." Ihre Stimme riss ab. „Es ist, als würde ich durch dich hindurchsehen." Jonas' Miene verzog sich leicht. Nicht aus Zorn – eher aus innerem Riss. Etwas in ihm wollte sich rechtfertigen. Der andere Teil – der dunkle, ruhige – schwieg. „Ich habe Dinge gesehen, Mama", sagte er schließlich. „Dinge, die ich nicht vergessen kann." Sie wollte etwas erwidern, aber kein Wort kam. Und in der Stille, die folgte, war es, als würde das ganze Haus den Atem anhalten. Dann wandte sich Jonas wieder zur Tür. Dieses Mal machte er sie wirklich auf. „Ich geh nur ein bisschen raus", sagte er, ohne sich umzusehen. Aber sein Blick war leer, und seine Schritte schwer wie Blei.

*

Jonas hatte die Hand bereits auf der Türklinke. Der kalte Hauch des Winters drückte durch die feinen Ritzen des Rahmens, als wollte er ihm entgegenkommen, als wäre draußen etwas leichter, luftiger, weniger belastet als hier im Inneren, das sich so schwer anfühlte wie nasser Beton. Gerade als er die Klinke durchdrücken wollte, hörte er hinter sich ein Geräusch. Nicht seine Mutter. Es war tiefer, kräftiger. Der Klang eines Stuhls, der zurückgeschoben wurde. Schritte auf dem Laminat, etwas fester, zielgerichteter. Und dann die Stimme seines Vaters. „Jonas?“ Er hielt inne. Die Stimme war nicht laut, nicht hart, aber sie hatte dieses Gewicht, das Jonas kannte. Dieses Gewicht, das ihn seit seiner Kindheit dazu brachte, stehen zu bleiben. Eine Mischung aus Autorität und etwas Unausgesprochenem. Etwas, das Jonas nie ganz hatte greifen können. Langsam drehte er sich um. Der Vater stand jetzt am Rand des Flurs, die Hände in die Hosentaschen seiner beigen Cordhose geschoben. Sein Hemd war leicht zerknittert, und auf der Stirn lag ein feiner Schweißfilm, obwohl es im Haus nicht warm war. „Wohin willst du?“, fragte er. Jonas sah ihn einen Moment lang einfach nur an. Sein Blick war leer, nicht einmal müde – eher abgeklärt. Aber innerlich rumorte es, das wusste er. Der Sturm war nur... still geworden. „Nur ein bisschen raus. Frische Luft.“ Der Vater verzog kaum merklich den Mund. Kein Lächeln, kein Spott – eher ein Ausdruck der Skepsis. Er trat näher. „Jetzt? Um diese Uhrzeit?“, fragte er. „Du kommst nach all den Jahren hier rein, redest kaum ein Wort – und willst gleich wieder gehen?“ „Ich brauche kurz... einfach Ruhe“, antwortete Jonas leise. „Dann setz dich hin. Ruhe kriegt man nicht, indem man wegläuft.“ Der Vater machte eine kurze Bewegung mit dem Kopf in Richtung Wohnzimmer. „Du kannst dich setzen. Oder willst du gleich wieder verschwinden, wie damals?“ Die Worte trafen Jonas wie ein dünner Schnitt, nicht tief, aber unangenehm. Er schluckte. Die Finger an der Türklinke verkrampften sich für einen Moment. „Ich laufe nicht weg.“ „Ach nein?“ Der Vater hob leicht eine Braue. „Was ist das dann hier gerade? Du hast nicht mal die Schuhe ausgezogen. Du stehst hier wie... als würdest du nur schnell was holen. Bist du überhaupt hier, Jonas? Oder ist das alles nur...“ Er machte eine fahrige Geste. „Ein Theaterstück?“ Jonas ließ langsam die Klinke los. Sein Blick wanderte über die Wand gegenüber, auf der ein altes Foto hing. Er war darauf zu sehen. Zehn Jahre alt vielleicht. Sein Vater stand hinter ihm, eine Hand auf seiner Schulter. Beide lachten. Das Bild war vergilbt, aber nicht vergessen. Es war das einzige Familienfoto, das in diesem Haus zu sehen war. Fast, als hätten seine Eltern ihn aus ihrem Leben absetzen wollen. „Ich bin hier“, sagte Jonas tonlos. Der Vater nickte. „Gut. Dann bleib auch.“ Für einen Moment trat wieder Stille ein. Jonas machte zwei Schritte zurück in den Flur, während sein Vater ihn nicht aus den Augen ließ. Doch dann, als hätte jemand einen Schalter umgelegt, veränderte sich die

Stimmung in Sekundenschnelle. „Aber weißt du was?“, sagte der Vater jetzt schärfer, „vielleicht ist es auch besser, wenn du doch wieder gehst. Wenn du dich eh nicht auf ein Gespräch einlässt – was bringt das dann?“ Jonas blinzelte. Der Wandel kam zu schnell, zu scharf. „Ich hab gesagt, ich brauche kurz Ruhe“, wiederholte er. Die Stimme war ruhig, aber etwas darin vibrierte. „Ruhe?“, spottete der Vater. „Die hast du doch seit Jahren. Ruhe, Abstand, Stille – das ist doch alles, was du wolltest, oder? Nichts hören, nichts sagen. Und dann kommst du hier rein, mit diesem Blick... wie ein Fremder. Und willst, dass wir was machen? Applaudieren?“ Jonas’ Kiefer spannte sich an. „Ich hab nicht um Applaus gebeten.“ „Nein? Dann sag mir, warum du hier bist. Sag es mir. Du stehst da wie ein Gespenst. Und jetzt willst du einfach... gehen? Einfach so?“ „Weil ich nicht weiß, was ich sonst tun soll!“, brach es aus Jonas heraus. Die Worte waren schärfer, lauter, als er selbst erwartet hatte. Einen Moment lang war es still. Nur das Ticken der alten Küchenuhr war zu hören, das sich plötzlich anhörte wie Hammerschläge in einem leeren Raum. Der Vater blinzelte, schob die Schultern nach hinten. „Dann setz dich. Und hör auf, hier herumzuwandern, als wärst du auf der Flucht.“ Widerwillig – fast schon wie in Trance – drehte Jonas sich langsam zur Seite, ließ die Tür los und ging einige Schritte zurück ins Haus. Aber seine Gedanken waren noch draußen, bei der kalten Luft, bei der Dunkelheit, die ihn zu rufen schien wie ein altes Lied, das er schon lange nicht mehr gehört hatte. Sein Vater wartete, bis Jonas in Richtung Wohnzimmer ging, dann wandte auch er sich wortlos ab. Doch etwas war jetzt anders. Die Luft vibrierte, wie vor einem Gewitter. Und Jonas wusste: Das war noch lange nicht vorbei. Im Wohnzimmer wurde es unangenehm still. Die Gardinen waren halb zugezogen, draußen das fahle Licht der Straßenlaterne, das sich wie ein schiefer Schein auf das Bücherregal legte. Die Uhr an der Wand tickte weiter, gleichmäßig, fast spöttisch. Jonas stand im Raum, mitten zwischen den Möbeln, als wüsste er nicht, ob er Platz nehmen oder sofort wieder gehen sollte. Sein Vater hatte sich mit einem leisen Seufzen in den Sessel gesetzt. Er beugte sich leicht nach vorne, rieb sich die Stirn mit zwei Fingern, als würde er die Gedanken aus seinem Kopf drücken wollen. Seine Mutter war stumm geblieben. Sie hatte ihn nicht weiter angesehen, sondern sich auf die Couch gesetzt, die Beine übereinandergeschlagen, die Hände ineinander gelegt. Ihre Finger bewegten sich – kaum merklich, wie bei jemandem, der nervös ist, es aber verbergen will. Jonas stand noch immer. Niemand sagte etwas. Und je länger die Stille dauerte, desto lauter wurde sie. Der Raum spannte sich, als hielte er den Atem an. Und dann passierte es. Ein Glas auf dem kleinen Tisch vibrierte durch einen unachtsamen Ellbogenstoß seines Vaters und kippte. Es fiel nicht – aber der Klang des sich bewegenden Glases auf Holz war wie ein Donnerschlag. Jonas' Blick zuckte hinüber. Es war nichts. Nur ein Glas. Aber in ihm brach etwas auf. Zuerst war es ein Laut. Kein Schrei. Kein Wort. Nur ein Ausatmen, das sich anfühlte wie Dampf, der aus einem Kessel schoss. Und dann kam der erste Satz. Zögerlich. Zerrissen. „Ihr... habt es einfach nie gesehen, oder?" Der Vater sah hoch. Die Mutter auch. Doch Jonas starrte ins Leere, seine Stimme wuchs von Satz zu Satz. „Ihr habt nie gefragt. Nie wirklich. Nie mal – nur ein einziges Mal – gefragt, wie es mir geht. Ihr habt geglaubt, wenn ich still bin, ist alles gut." Sein Vater setzte an, aber Jonas hob eine Hand. „Nein. Sag jetzt nichts." Die Worte strömten wie aus einem geborstenen Damm. „Ich war ein Kind! Ein verdammtes Kind, das geschrien hat – aber nicht mit der Stimme. Ich habe geschrien, wenn ich nichts gegessen hab. Wenn ich nachts nicht geschlafen habe. Wenn ich stundenlang in meinem Zimmer lag und gehofft habe, dass ihr... dass ihr irgendwas merkt! Aber ihr habt einfach weitergemacht. Mit allem. Immer weiter." Sein Blick wanderte von einem zum anderen, aber es war, als würde er durch sie hindurchsehen. „Ich hab euch angefleht. Jeden Tag. Still, ja – aber ich hab es getan. Ich habe mich selbst zerrissen, nur um in euer Bild zu passen. Der gute Junge. Der Ruhige. Der, der funktioniert." Sein Vater atmete hörbar ein, öffnete den Mund, aber Jonas ließ ihn nicht. „Und dann habt ihr euch gewundert, warum ich verschwinde. Warum ich keinen Kontakt mehr wollte. Ihr habt gesagt: 'Er ist halt so.' Nein. Ich war nie so. Ihr habt mich so gemacht. Mit eurem Schweigen. Mit eurer Kälte. Mit eurem... verdammten Blick, wenn ich mal nicht funktioniert hab." Tränen standen ihm in den Augen, doch seine Stimme war noch klar. Wild. Gebrochen. Aber klar. „Ihr wart nicht da. Nie. Nicht wirklich. Nicht, wenn's gezählt hat. Nicht, wenn ich in der Schule stand, allein gegen alle. Nicht, wenn ich Angst hatte, nach Hause zu kommen, weil ich nicht wusste, ob ich ignoriert oder belehrt werde." Sein Blick flackerte. Die Wut in seiner Brust mischte sich mit einem tiefen, heißen Schmerz, der sich durch sein Zwerchfell fraß. „Ich hab euch gebraucht. Gott, ich hab euch gebraucht. Und ihr wart... leer. Wie Möbel. Wie Schatten." Seine Mutter war bleich geworden, der Mund leicht geöffnet. Der Vater sah ihn an – nicht wütend, nicht schockiert. Einfach nur... alt. Jonas fuhr fort, seine Stimme zitterte. „Und jetzt bin ich hier. Nach all den Jahren. Und ihr sitzt da, als sei es ein normales Wiedersehen. Ihr stellt Fragen, als hätten wir einfach nur lange nicht telefoniert. Ihr habt keine Ahnung. Keine Ahnung, was ich gesehen hab. Was ich getan hab. Was ich geworden bin." Stille. Jonas atmete schwer. Schweiß stand auf seiner Stirn. Die Fäuste geballt. „Und das Schlimmste?" Seine Stimme wurde leise. „Ich weiß nicht mal, ob es euch interessiert." Dann war es still. Für Sekunden, die sich anfühlten wie Stunden. Keiner sprach. Seine Eltern sahen ihn an, aber es war keine Antwort in ihren Blicken. Kein Trost. Kein Verständnis. Nur... Erschöpfung. Jonas drehte sich um. Ging zwei Schritte zur Tür – nicht, um zu gehen, sondern einfach, um Luft zu bekommen. Seine Gedanken wirbelten, wie in einem Sturm aus Erinnerungen, Vorwürfen, Bildern. Und irgendwo... lachte es wieder. Ganz leise. Ganz tief in ihm drin. Das Wesen. Es war nicht da – nicht sichtbar, nicht hörbar. Aber Jonas spürte es. In seiner Kehle. In seinem Nacken. In der Hitze hinter den Augen. Und noch war es nicht fertig.

*

Seine Worte hingen noch in der Luft, wie Rauch, der sich weigert zu verziehen. Seine Mutter starrte ihn an. Ihre Hände lagen reglos im Schoß, und ihre Augen waren geweitet – nicht wie bei jemandem, der wütend ist, sondern wie bei jemandem, der plötzlich begreift, dass er gerade von einer Klippe gestoßen wurde. Sie sagte nichts. Ihre Lippen bewegten sich minimal, als wollte sie Worte formen, aber keiner der Laute fand seinen Weg nach draußen. Stattdessen saß sie nur da, als würde sie innerlich in Zeitlupe auseinanderfallen. Sein Vater jedoch rückte sich im Sessel zurecht, straffte die Schultern und blinzelte. Dann fuhr er sich mit einer betonten Geste über das Gesicht, wie um all das Gesagte abzuwaschen, das eben durch den Raum gerollt war. „Jetzt reicht's." Die Stimme kam dumpf, aber fest. Sie schien nicht zu Jonas zu sprechen, sondern über ihn. Als wäre er ein Störgeräusch, das man abstellen muss. „Du kommst hier rein, nach all den Jahren – völlig aus dem Nichts – und schreist uns an, wirfst uns Dinge vor, die... die völlig aus dem Zusammenhang gerissen sind. Woher kommt das überhaupt? Was redest du da für einen Unsinn?"

Jonas blinzelte. Für einen Moment war da nichts als Stille in ihm. „Unsinn?" flüsterte er. „Du... nennst das Unsinn?" „Ja!", donnerte der Vater. „Weil es Unsinn ist. Das ist nicht passiert. Das ist alles in deinem Kopf." Er stand jetzt auf. Nicht drohend, aber mit diesem angestrengten Selbstbewusstsein eines Mannes, der nie gelernt hat, mit Konfrontation umzugehen, außer mit Ablehnung. „Du erinnerst dich falsch. Oder du... du fantasierst irgendwas zusammen. Du hast schon immer so 'ne komische Art gehabt, Dinge zu sehen. Du warst nie..." – er schnaufte durch die Nase – „...stabil." „Hör auf", sagte Jonas leise. „Nein. Das reicht jetzt. Du brauchst Hilfe, Jonas. Echte Hilfe. Keine Bühne für dein Leiden, keine Geschichten, die du uns auftischen kannst, um dich als Opfer darzustellen." „Hör auf", wiederholte Jonas. Sein Vater ging zwei Schritte auf ihn zu, das Kinn vorgestreckt, als wolle er ihm klarmachen, wer hier der Erwachsene war – wer hier noch immer das Sagen hatte. „Du bist krank, Jonas. Krank im Kopf. Und wenn du das nicht bald einsiehst, dann wird das nie besser. Vielleicht warst du schon immer so. Vielleicht war das nie anders." Jonas' Finger zuckten. Seine Mutter saß noch immer da, ihre Augen glasig. Sie hatte einen Arm über den Bauch gelegt, als wolle sie sich schützen – als wäre sie in einer fremden Wohnung, einer fremden Szene, einem Albtraum, aus dem sie jeden Moment erwachen würde. Und doch sagte sie nichts. Kein Wort. Kein „Lass gut sein", kein „Beruhigt euch". Nur Stille. „Ich bin nicht krank", sagte Jonas. Die Stimme kam flach und dünn, aber sie trug ein Messer mit sich. „Ich bin... ich war ein Kind." „Ach bitte!" Der Vater hob die Hände. „Wirklich? Wieder dieses alte Lied? Du warst ein schwieriges Kind, Jonas. Still, ja. In dich gekehrt. Aber wir haben alles für dich getan. Alles. Was du jetzt machst, ist... krankhaft. Du schiebst uns deine Probleme in die Schuhe, weil du nicht klarkommst. Weil du nichts auf die Reihe kriegst. Und jetzt stehst du hier und tust, als hättest du die verdammte Wahrheit gepachtet!" Etwas in Jonas sackte ab. Ein Teil von ihm, der auf irgendetwas gehofft hatte. Vielleicht auf ein Zittern in der Stimme. Ein kleinlautes Eingeständnis. Oder auch nur ein Blick, der sagte: Ich weiß es. Ich verdränge es. Aber ich weiß es. Doch da war nichts. Nur dieser kühle Blick. Diese verschlossene Stirn. Und ein Mund, der mehr Schuld in ihn hineindrücken wollte, als er je verdient hatte. Sein Blick glitt zurück zu seiner Mutter. „Du...?" flüsterte er. Sie öffnete den Mund. Endlich. Ihre Stimme kam brüchig, dünn wie eine Papierschicht im Wind. „Ich... ich weiß nicht, was ich sagen soll... Ich..." Mehr kam nicht. Ihre Augen wanderten zu seinem Vater. Und Jonas wusste:

Es war vorbei. Die Wahrheit hatte keinen Ort gefunden, an dem sie gehört werden konnte. Etwas in seinem Brustkorb krampfte sich zusammen. Und dann, für einen Moment, wurde alles wieder ganz still. Nur das Ticken der Wanduhr. Und draußen das Geräusch eines Autos, das über nasses Laub fuhr. Jonas sah zu seinem Vater. Dann zu seiner Mutter. Und plötzlich wusste er, was das Wesen gemeint hatte, damals – in jenem Hotelzimmer, in jenen dunklen Stunden, in denen alles in ihm zerfiel. Sie waren nie fähig gewesen, es zu sehen. Weil sie sich selbst nie angesehen hatten. Jonas' Schultern sanken. Nicht aus Erleichterung, nicht aus Ruhe – sondern weil etwas in ihm aufgab. Nicht das, was schreit, nicht das, was sich wehrt. Sondern das Hoffen. Das letzte Fünkchen, das geglaubt hatte, vielleicht würde einer von ihnen endlich etwas sagen, das nicht aus Ausreden, Angst oder Selbstschutz bestand. Sein Blick glitt über das Wohnzimmer – die makellose Anordnung der Bilder an der Wand, das Tischchen mit dem sauber gefalteten Tischtuch, die alten, abgegriffenen Sofakissen. Nichts hatte sich verändert, und vielleicht war genau das das Grauen. Die Welt dieser zwei Menschen war in sich geschlossen. Unberührt von dem, was war. Unantastbar. Undurchdringlich. „Ich wusste es", sagte Jonas leise. Fast mehr zu sich selbst als zu ihnen. „Ihr lebt weiter, als wäre nichts geschehen. Als wäre ich... nie hier gewesen. Nie Teil davon." Der Vater schnaubte. „Jetzt fang nicht wieder damit an." Doch Jonas hob die Hand. Nicht drohend, nur abwehrend. „Nein, bitte. Sag nichts mehr." Er sah ihn an. Dann sie. Und wieder ihn. Es war wie ein letzter Blick auf ein Buch, das man unzählige Male aufgeschlagen hat, in der Hoffnung, dass die Geschichte doch noch anders endet – und dann endlich begreift, dass sie immer gleich bleibt. „Ihr habt mich gebrochen, lange bevor ich überhaupt wusste, was Schmerz ist", sagte Jonas, beinahe tonlos. „Und jetzt... Jetzt wollt ihr nicht mal anerkennen, dass ich überhaupt verwundet bin." Ein Zittern huschte über das Gesicht der Mutter. Aber sie sagte nichts. Jonas drehte sich langsam um. Schritte auf altem Teppich. Die Schatten der Vergangenheit hinter ihm. Die Luft im Wohnzimmer war zäh wie dicker Rauch. Es roch nach aufgewärmtem Kaffee, nach Staub und irgendetwas Altem, das sich nicht benennen ließ, obwohl das Haus ganz neu erbaut war. Jonas stand noch immer mitten im Raum, leicht nach vorne gebeugt, als würde er jeden Moment etwas aus sich herausbrechen. Seine Finger zuckten, als lägen sie auf einem glühenden Draht, die Gedanken in seinem Kopf schrien durcheinander, und der Klang der Uhr an der Wand hämmerte mit jedem

Ticken tiefer in seine Schläfen. Sein Vater, inzwischen an der Tür zum Flur, schüttelte nur noch den Kopf, murmelte abfällige Worte, die Jonas nicht mehr verstand. „Verrückt“, „krank“, „immer das Gleiche“ – alles tropfte von seinen Lippen wie lauwarmes Gift. Die Mutter stand noch am anderen Ende des Wohnzimmers, die Hände vor der Brust gefaltet, die Augen voller Tränen, aber nicht ganz aus Trauer. Sondern aus Angst. Vielleicht auch aus etwas anderem – Reue, Sehnsucht, Mitleid? Jonas wusste es nicht. Er konnte es nicht mehr entziffern. „Jonas“, sagte sie leise, fast so, als würde sie ihn wecken wollen. „Es ist gut jetzt. Bitte. Setz dich. Lass uns reden, ja?“ Er wich nicht zurück, aber seine Atmung wurde schneller, stockender. Das Gewicht in seiner Jacke erinnerte ihn an sich selbst – wie ein leiser Druck, ein Schatten unter den Rippen. Er sah sie an. Seine Mutter. Ihre Stimme war wie aus einer anderen Zeit, aus einem Leben, das nie ganz seins gewesen war. „Du bist so durcheinander“, fuhr sie fort, und in ihrer Stimme lag etwas Sanftes. „Du brauchst doch Hilfe. Aber nicht so... nicht in dieser Art. Wir sind doch da.“ „Ihr wart nie da“, flüsterte Jonas. Sie machte einen vorsichtigen Schritt auf ihn zu. „Doch, mein Junge... Ich weiß, wir haben Fehler gemacht. Aber wir lieben dich. Du bist krank, aber du bist nicht allein. Bitte...“ Noch ein Schritt. Jonas spürte, wie sich etwas in ihm spannte. Der Raum dehnte sich, wurde eng und weit zugleich. Die Konturen der Möbel flackerten am Rand seines Blickfelds. Alles vibrierte. „Bleib stehen“, sagte er plötzlich, ein Zittern in der Stimme, seine Hand nun fest in der Jackentasche. Sie blieb stehen – für einen Moment. Doch dann trat sie noch näher. Vielleicht einen halben Schritt. Vielleicht war es nur eine Bewegung mit dem Oberkörper, ein Ausstrecken der Hand, ein Reflex, ihn zu berühren, zu beruhigen, ihm zu zeigen, dass sie da war. „Bitte, Jonas...“, flüsterte sie. Und dann passierte es. Ein Knall – so scharf und laut, dass er die Welt zerriss. Es war kein bewusster Moment, kein Entschluss, kein Gedanke, der sich vollzogen hatte. Es war ein Zucken. Ein panischer Reflex, geboren aus Angst, aus Anspannung, aus dem Chaos, das sich in ihm gesammelt hatte wie ein Sturm hinter brüchigen Mauern. Stille. Sein Vater stürmte aus dem Flur, brüllte etwas – seine Stimme war nur ein hohles Echo. Jonas sah die Gestalt vor sich. Die Hand seiner Mutter noch halb ausgestreckt, ihr Blick weit offen, überrascht. Nicht einmal schreckerfüllt. Nur... überrascht. Sie sackte langsam zusammen, als würde die Zeit nicht mehr ganz gehorchen. Jonas taumelte rückwärts, die Waffe noch immer in der Hand, der Griff warm, viel zu warm.

„Nein…“, flüsterte er. „Nein, nein, das sollte nicht… Ich wollte doch nur…“ Er wusste selbst nicht, was er gewollt hatte. Der Vater kniete sich zu ihr, rief ihren Namen, versuchte etwas, dass Jonas nicht mehr verstand. Und Jonas stand da, allein, wie in einer anderen Dimension, als hätte ihn jemand aus dem Film seines Lebens herausgeschnitten und an eine Wand genagelt. Die Welt war stehen geblieben. Und doch drehte sie sich weiter – nur ohne ihn. Für einen Moment herrschte eine vollkommene Leere. Als hätte jemand alle Geräusche dieser Welt ausgeschaltet. Keine tickende Uhr mehr, kein Brummen des Kühlschranks, nicht einmal das Rauschen der eigenen Gedanken. Nur ein einziges, dumpfes Pochen im Hinterkopf, wie ein Signal aus einer anderen Zeit. Dann brach etwas auf. „Was hast du getan?!“ Die Stimme seines Vaters schlug wie ein Peitschenhieb durch die Stille. Roh. Zerbrochen. Und doch voll einer uralten Wut, die sich nicht zum ersten Mal zeigte. Jonas rührte sich nicht. Der Vater sprang auf, stürmte auf ihn zu. Tränen und Zorn in seinen Augen, wie zwei gegensätzliche Ströme, die einander zerschneiden. „Du kranker kleiner…!“, brüllte er, seine Faust bereits geballt, der Körper angespannt, bereit, zuzuschlagen – und es war nicht das erste Mal, dass Jonas diesen Ausdruck in seinem Gesicht sah. Es war wie ein Déjà-vu. Wie ein stummer Schatten aus der Vergangenheit, der sich jetzt in das grelle Licht der Gegenwart drängte. Instinktiv fuhr Jonas' Arm hoch, die Waffe in der Hand. Nicht zitternd diesmal. Nicht ganz. Sein Finger lag auf dem Abzug, aber er drückte nicht. Noch nicht. „Bleib stehen“, hauchte er, kaum hörbar. Doch sein Vater hörte ihn nicht – oder wollte ihn nicht hören. Der erste Schlag traf Jonas nicht, streifte nur die Schulter, aber der Schmerz war nebensächlich. Der zweite folgte, wuchtiger, und Jonas taumelte zur Seite, prallte gegen die Wand, während die Schatten des Raumes wie lebendig zu flackern begannen. „Du hast sie umgebracht!“, schrie sein Vater wieder, spuckte ihm die Worte fast entgegen. „Du bist ein Monster!“ „Ich wollte das nicht!“ Jonas' Stimme brach. „Ich—ich…“ Der Vater griff nach ihm, wollte ihn zu Boden reißen, ihn an der Jacke packen, als könnte er ihn mit bloßen Händen in Stücke reißen. Aber dann war da wieder das Gewicht in seiner Hand. Die Kälte des Metalls. Und das Wissen: wenn er jetzt nichts tat, würde der Schmerz nie aufhören. Er hob die Waffe. Richtete sie direkt auf seinen Vater. Ihre Augen trafen sich – für einen endlosen Moment, der gleichzeitig kürzer war als ein Atemzug. Der Vater erstarrte. Keuchend. Schwitzend. Und voller Hass.

„Du würdest es tun, nicht wahr?“, presste er zwischen den Zähnen hervor. „Weil du feige bist. Weil du immer schon nur ein kleiner Feigling warst.“ Jonas zitterte. Doch der Lauf der Waffe blieb ruhig. „Ich wollte nur verstehen...“, flüsterte er. „Ich wollte nur, dass ihr... dass irgendwer versteht.“ Der Vater starrte ihn an, die Brust hob und senkte sich schnell, panisch – aber die Wut war noch nicht verflogen. „Du bist krank. Du gehörst weg. Eingesperrt. Weit weg von Menschen. Du bist gefährlich, Jonas.“ Das Wort hallte. Gefährlich. Jonas schluckte, die Waffe noch immer erhoben, aber sein Finger zuckte nicht mehr. Die Szene stand wie eingefroren. Dann, ganz plötzlich, trat sein Vater einen Schritt zurück. Langsam. Noch immer in Alarmbereitschaft. Als würde er nicht glauben, dass sein eigener Sohn ihn verschonen würde. Dass dieser Junge, den er einst als sein Kind betrachtete, nun ein Fremder war – oder schlimmer: der Spiegel eines Traumas, das nie geheilt war. Jonas senkte den Arm. Nicht aus Schwäche. Sondern weil etwas in ihm zu brennen begann, das tiefer ging als Wut. Etwas Bitteres. Klares. Er war kein Kind mehr. Und kein Opfer. Aber auch kein Held. Nur jemand, der viel zu spät begriff, was ihm angetan worden war. Und was er selbst daraus gemacht hatte.

*

Seine Hand ruhte auf der Klinke. Die Tür war schon einen Spalt offen. Kalte Luft kroch ins Haus wie eine Mahnung. Ein Schritt noch, und er wäre draußen. Fort. Weg. Ein Schnitt, ein Abbruch. Vielleicht nicht Erlösung, aber wenigstens Distanz. Er zögerte. Nur einen Moment. Eine Sekunde, kaum länger als ein Atemzug. Aber lang genug, um sich zu fragen, ob das hier alles gewesen war. Ob es jemals anders hätte sein können. Ob hinter dieser Tür nicht vielleicht doch noch ein anderer Ausgang auf ihn wartete – einer, in dem Vergebung möglich war. Hinter ihm knarrte das Parkett. Der dumpfe, schwere Atem seines Vaters füllte den Raum wie früher, wenn er betrunken spät nach Hause kam. „Feigling“, sagte die Stimme plötzlich. Jonas erstarrte. Die Worte schlugen in seinem Nacken ein wie ein kalter Windstoß. Alt. Vertraut. Giftig. „Nichts als ein verdammter Feigling“, wiederholte sein Vater. „So wie immer. Erst ein riesiger Aufstand, und dann rennst du weg. Wie ein kleiner

Junge, der Angst vor den Konsequenzen hat." Jonas schloss die Augen. Die Waffe in seiner Hand war plötzlich nicht mehr schwer. Sie war präsent. Pulsierend. Wie ein zweites Herz, das in seiner Brust schlug. „Wolltest du uns Angst machen?" Die Stimme seines Vaters war laut, beißend. „Na los, Jonas. Dann zeig doch, was du bist. Zeig, wie tief du gesunken bist. Aber das kannst du ja nicht, oder? Weil du nichts bist. Nie was warst. Und nie—" Der Rest des Satzes ging unter in einem plötzlichen, schrillen Knall. Jonas hatte sich nicht einmal bewusst bewegt. Seine Finger hatten wie von selbst geschlossen. Die Waffe war auf den Vater gerichtet, gehoben, entsichert. Ein einziger, fast mechanischer Ablauf – wie etwas, das längst in ihm eingespeichert war. Ein Reflex. Kein Plan. Der Knall hallte durch das Wohnzimmer wie ein Donnerschlag. Alles war in Bewegung – und doch stand alles still. Ein Schrei ertönte in seinem Inneren, in seinen Gedanken. Ein Schrei, dem er niemanden zuordnen konnte. Hoch, schrill, so durchdringend, dass es Jonas fast das Trommelfell zerriss. Etwas fiel um. Glas klirrte. Vielleicht war es das Regal. Vielleicht war es er selbst. Der Vater taumelte rückwärts, fiel in sich zusammen wie ein leerer Sack. Und Jonas... Jonas sah einfach nur zu. Er stand noch immer an der Tür. Ein Fuß draußen. Der andere drinnen. Die Pistole zitterte in seiner Hand. Seine Brust hob und senkte sich, unregelmäßig. Als hätte sein Körper erst jetzt bemerkt, dass er wieder atmen musste. Die Sekunden dehnten sich zu Ewigkeiten. Seine Eltern waren zu Boden gesunken. Die Augen weit aufgerissen. Doch Jonas nahm das alles nicht mehr wahr. Nur dieses Brummen im Ohr, dumpf und tief, wie das Rauschen eines Flusses unter Eis. Er sah auf den Körper seines Vaters, dann wieder auf den seiner Mutter. Die Augen starrten an die Decke. Der Mund geöffnet. Als hätte auch er nicht geglaubt, dass es wirklich so enden würde. Jonas konnte sich nicht bewegen. Nicht denken. Nicht fühlen. Nur stehen. Und atmen. Langsam. Langsamer. Als würde die Zeit ihn selbst ausradieren. Stille. Absolute, vollkommene Stille. Nicht die Art von Stille, die friedlich ist. Nicht die Stille eines frühen Morgens oder eines verschneiten Tages. Diese hier war dick, schwer und tot. Sie lag wie eine Decke über allem, erstickte jede Bewegung, jeden Gedanken, jedes Geräusch. Es war, als hätte die Welt selbst den Atem angehalten. Jonas stand da wie eingefroren. Die Pistole hing schlaff in seiner Hand, sein Blick starrte ins Leere. Die Kälte des Metalls in seiner Hand schien sich durch die Haut zu fressen, aber er spurte es kaum. Was er spürte, war... nichts. Oder zu viel. Beides vielleicht. Vor ihm lagen seine Eltern. Blut hatte sich wie ein dunkler Schatten unter seinem Körper ausgebreitet, es sickerte in das Parkett, krabbelte in den Fugen entlang wie ein eigenes, lebendiges Wesen. Jonas starrte darauf. Auf das Rot, das so dunkel war, fast schwarz, wie in den alten Träumen. Es roch nach Metall, nach etwas Warmem, das sich unaufhaltsam abkühlte. Nach etwas, das endete. Seine Beine gaben langsam nach, als würde die Schwerkraft ihn Stück für Stück zurück in die Welt zwingen. Er ließ sich auf die Knie sinken. Die Pistole rutschte ihm aus der Hand, landete mit einem dumpfen Klirren auf dem Boden. In dem Moment durchzuckte ihn etwas. Kein Schmerz, nicht wirklich. Es war wie ein inneres Zerreißen. Als hätte etwas in ihm aufgehört, ganz zu sein. Und dann kamen die Tränen. Zuerst nur eine. Dann eine zweite. Und dann brach der Damm. Jonas schluchzte. Nicht laut. Es war ein stummes, atemloses Weinen. Sein Körper zuckte, sein Gesicht verzog sich, doch kein Ton verließ seine Lippen. Nur Tränen, unaufhaltsam, als hätte er seit Jahren keine einzige geweint und nun müsste all das auf einmal geschehen. Er vergrub das Gesicht in den Händen. Reue. Schmerz. Fassungslosigkeit. Aber da war auch etwas anderes. Ein leiser Hauch von... Erleichterung? Es war so widersprüchlich, dass ihm beinahe übel wurde. Doch es war da. Nicht weil er glücklich war über das, was geschehen war – Gott, nein – sondern weil der Sturm, der in ihm gewütet hatte, für einen Moment stillstand. Als hätte sich ein Knoten gelöst. Als hätte all die Spannung, all der Druck, das Zittern, das Flackern in seinem Kopf endlich ein Ziel gefunden. Ein Ende. Und dieses Ende war... hier. Vor ihm. Inmitten von Blut und Schrecken. Jonas war in sich selbst gefangen, in dem Gefühl, dass die Welt zu klein geworden war für seine Gedanken. Er drehte sich leicht zur Seite, sackte ganz auf den Boden, saß nun da, die Knie angezogen, die Arme darum geschlungen, wie ein Kind. Der Boden war kalt. Oder war er selbst es, der fror? Das Zimmer war dasselbe geblieben. Die Möbel standen unverändert und doch war alles anders. Die Luft hatte sich verdichtet, als wäre sie nicht mehr zum Atmen gedacht. Die Schatten an den Wänden bewegten sich, flackerten leicht, obwohl kein Windhauch durch das Fenster drang. Er war zurückgekommen. Er hatte sich entschieden. Und jetzt war es geschehen. „Ich wollte doch nur..." flüsterte er plötzlich, kaum hörbar. Die Worte hingen in der Luft, verloren sich in der Stille. Er wusste selbst nicht, wie der Satz enden sollte. Was hatte er gewollt? Gerechtigkeit? Frieden? Antworten? Er wusste es nicht mehr. Und während die Tränen weiter über sein Gesicht rannen, während sein Atem flatterte wie der eines Tieres in der Falle, saß er da – ein Mann, der in sich zusammengefallen war. Ein Sohn. Ein Mörder. Und tief in seinem Inneren wuchs die furchtbare Erkenntnis, dass es keinen Weg zurück mehr gab. Die Minuten verstrichen wie Stunden. Oder vielleicht auch nur Sekunden. Jonas wusste es nicht. Zeit hatte ihre Bedeutung verloren, so wie alles in diesem Raum. Nur sein Herz schlug noch, als einziger Beweis dafür, dass er lebte. Dann – wie aus einer dumpfen Trance – bewegte er sich. Langsam, steif, als hätte sein Körper vergessen, wie man atmet, wie man aufsteht. Seine Hände zitterten, doch er zwang sich, sie zu kontrollieren. Seine Knie knackten, als er sich vom Boden löste, und das leise Geräusch schien im ganzen Haus zu hallen. Er stand nun aufrecht. Die Welt schwankte leicht, als sei der Boden unter ihm instabil. Doch er schob das Gefühl beiseite. Kein Raum mehr für Zweifel. Kein Platz für Flucht. Nur diese schreckliche, unausweichliche Wahrheit, die ihn mit eiskalten Händen umklammerte. Seine Schritte waren leise. Jeder davon schien zu wiegen, als würde er durch Wasser waten. Er ging zum Esstisch. Der massive Holztisch war noch derselbe wie aus seiner Kindheit. Daran hatten sie früher gesessen – an Geburtstagen, an Weihnachten, an unendlich vielen Abenden, die sich heute anfühlten wie aus einem anderen Leben. Jonas zog einen Stuhl zurück. Das Quietschen auf dem Holzfußboden schnitt durch die Stille wie ein Messer. Dann setzte er sich. Seine Augen wanderten langsam durch den Raum. Und dann – mit einem flachen, gebrochenen Atemzug – richteten sie sich auf das, was vor ihm lag. Seine Eltern. Sein Vater regungslos auf dem Teppich, das Gesicht von Schmerz und Wut entstellt, wie eingefroren in jenem letzten Moment. Das Blut unter ihm hatte sich weiter ausgebreitet, dunkelrot, fast schwarz. Seine Mutter lag weiter entfernt, wie hingefallen. Ihre Arme seltsam verdreht, ihr Blick offen, leer. Jonas hatte den Blick eines Toten schon gesehen. Aber nie so. Nie bei denen, die ihn einmal gehalten, ihn gewiegt, ihn in den Schlaf gesungen hatten. Er starrte sie an. Minutenlang. Vielleicht länger. Kein Gedanke formte sich, der sich halten konnte. Nur Bilder. Erinnerungen. Fragen. Ein Teil von ihm erwartete, dass sie sich plötzlich bewegten. Dass sein Vater aufstehen würde, wütend, lebendig, dass seine Mutter sich die Brust reiben würde, dass das alles ein böser Traum gewesen war. Doch nichts regte sich. Nur die Schatten an den Wänden, sanft wie Atem. Er legte seine Hände auf den Tisch. Die Oberfläche war glatt und kühl. Es fühlte sich an wie früher – und gleichzeitig nicht. Früher hatten sie hier gegessen. Gelacht. Oder geschwiegen. Auch das. Oft sogar. Aber es war damals eine andere Stille gewesen. Keine wie diese. Diese war endgültig. „So sitzen wir also wieder hier“, murmelte Jonas schließlich, seine Stimme rau, brüchig, fast nicht da. „Nur... anders.“ Er wusste nicht, mit wem er sprach. Vielleicht mit sich selbst. Vielleicht mit ihnen. Vielleicht mit etwas dazwischen – etwas, das ihn seit Wochen begleitete. Oder seit Jahren. Er beugte sich leicht nach vorn, stützte die Ellbogen auf die Tischplatte, verschränkte die Finger, ließ die Stirn dagegen sinken. Für einen Moment schloss er die Augen. Und in der Dunkelheit dort sah er nicht das Blut, nicht die Körper, nicht den Raum. Er sah sich. Ein kleiner Junge. In einem großen Haus. Mit leisen Schritten. Mit Fragen. Mit Schuld. Mit Hunger nach Liebe, die nie ganz da war. Er sah, wie das alles begann. Und er wusste, dass er nicht hier war, um es zu beenden. Sondern um endlich zu verstehen.

*

Stille. Keine Gedanken mehr. Keine Worte. Nur das dumpfe Dröhnen seines Pulsschlags in den Ohren, wie das ferne Rollen eines herannahenden Sturms, der doch nie ankommt. Die Wände atmeten nicht mehr. Die Schatten hatten sich gelegt. Kein Windhauch, kein Geräusch von draußen. Keine Uhr tickte. Nicht einmal das Tropfen eines undichten Wasserhahns. Die Welt hielt den Atem an. Jonas saß da. Die Hände noch immer gefaltet, der Blick leer, durchscheinend fast. Nicht auf die Leiber gerichtet. Nicht auf den Tisch. Irgendwo dazwischen. In dieser Leere, die sich aufgetan hatte – zwischen dem Alten und dem, was jetzt war. Selbst das Blut hatte aufgehört zu fließen. Seine Schultern sanken langsam. Nicht aus Erleichterung. Sondern aus der Erschöpfung, die nur kommt, wenn etwas endgültig geworden ist. Die Stille sprach nicht. Sie beschuldigte nicht. Sie verzieh nicht. Sie war einfach da. Und Jonas... war es auch. Die Stille hatte sich wie eine zweite Haut über ihn gelegt. Schwer, klebrig, beinahe warm. Jonas saß da, noch immer reglos, während die Leere im Raum schwoll, sich ausbreitete, sich in jede Faser seiner Wahrnehmung schlich.

Kein Wort kam über seine Lippen. Keine Bewegung ging von seinem Körper aus. Nur der flache Atem verriet, dass da noch etwas lebte. Etwas... menschliches. Und dann: ein Flüstern. So sanft, so glatt und seidig wie ein Hauch über kalte Haut. „Jonas..." Es war wieder da. Das Wesen. Die Stimme war nicht laut, sie brach nicht die Stille. Sie durchdrang sie. Als wäre sie schon immer da gewesen, nur jetzt endlich wieder hörbar. Jonas blinzelte nicht. Er drehte sich nicht um. Und doch wusste er: Es stand wieder hinter ihm. Oder neben ihm. Vielleicht auch in ihm. „Du hast es getan..." Eine Pause. „Endlich." Langsam, zäh wie Honig, sickerten die Worte in Jonas' Bewusstsein. Sie füllten die Risse, durch die noch etwas anderes durchzubrechen drohte – Zweifel, Schuld, Reue... vielleicht. Doch das Wesen war schneller. Wie immer. „Ich bin stolz auf dich." Es klang nicht wie Spott. Nicht wie Hohn. Es war ruhig. Sanft. Fast... väterlich. „So viele Jahre hast du geschwiegen, Jonas. So lange hast du geschluckt, verdrängt, dich selbst zerfleischt. Du hast dich krumm gemacht, zerrieben, dich mit Erinnerungen gequält, die dir niemand geglaubt hat. Niemand hat dich gehört. Niemand hat dich gesehen." Das Wesen bewegte sich nicht. Und doch veränderte sich die Luft um Jonas herum. Sie wurde dichter. Drängender. „Und jetzt? Jetzt sehen sie dich. Jetzt... hören sie dich." Jonas schluckte. Ein trockener Laut, kaum hörbar. Er wagte es noch immer nicht, zu sprechen. Doch sein Blick senkte sich, langsam, zögerlich, bis er an der Kante des Tisches hängen blieb. Seine Eltern. Regungslos. Friedlich, fast. Als hätten sie geschlafen. Aber das Blut widersprach. „Du bist kein Opfer mehr, Jonas," sagte das Wesen und ging ein paar Schritte, langsam, als wolle es den Moment auskosten. „Du hast dir genommen, was dir zustand. Gerechtigkeit. Freiheit. Frieden." Jonas' Finger zuckten leicht. „Sie haben dich zerbrochen, weißt du?" Die Stimme wurde ein Hauch dunkler. „Stück für Stück. Immer mit einem Lächeln. Immer so, dass es niemand sonst bemerkte. „Sie waren gut darin, nicht wahr? Im Verdrehen. Im Leugnen. In diesem... Gift, das sie in dein Innerstes tropften." Es wurde still. Und dann, ganz sanft: „Doch du bist aufgestanden." Jonas schloss die Augen. Für einen Moment. „Du hast getan, wozu die meisten niemals den Mut hätten. Du hast erkannt, dass manche Wunden nicht heilen. Dass man manchmal schneiden muss, um zu retten, was übrig ist." Er hörte einen Stuhl über den Boden schaben – ob es wirklich geschah oder nur in seinem Kopf war, ließ sich nicht sagen. Doch in der nächsten Sekunde spürte er, wie sich etwas neben ihn setzte. Ganz ruhig. Ganz nah.

„Du bist kein Monster, Jonas. Du bist ein Produkt. Ein Echo. Ein Überlebender." Eine kalte Hand – oder war es Einbildung? – legte sich auf seine Schulter. Sanft. Nicht fordernd. Nicht festhaltend. Nur da. „Und du bist stärker, als du jemals gedacht hast." Jonas atmete flach. „Die Welt wird dich nicht verstehen. Vielleicht nie. Aber ich... ich habe dich immer verstanden." Eine Pause. Die Stimme wurde weicher. Fast traurig. „Ich war da, als du nicht schlafen konntest. Ich war da, als du mit zitternden Händen versuchtest, dich selbst zu beruhigen, während du die Stimmen deiner Vergangenheit nicht loswurdest. Ich war da, als niemand anders kam." Ein Hauch an seinem Ohr. Ein Flüstern, das kaum mehr als ein Gedanke war. „Ich bin der Einzige, der geblieben ist." Ein Zittern durchfuhr Jonas' Schultern. Nicht stark. Nur ein kurzes Zucken. Doch es war da. „Du hast es getan, Jonas. Du hast dich befreit. Jetzt kann es beginnen. Jetzt... kann endlich heilen, was zu lange geschworen hat." Und dann schwieg das Wesen. Kein weiteres Wort. Kein Laut. Nur sein Blick – Jonas spürte ihn, ohne sich umzudrehen. Der Raum war noch immer still, aber in dieser Stille lag etwas Neues. Kein Frieden. Kein Chaos. Sondern... Erwartung. Und Jonas saß da. Noch immer am Tisch. Mit dem Lob in seinen Ohren und dem Gewicht seiner Taten in der Brust. Die Worte hallten nach. Nicht wie ein Echo, das verhallt – sondern wie ein Tropfen Öl, der in ein Glas Wasser fällt und sich langsam ausbreitet. Sichtbar. Unaufhaltsam. „Ich bin stolz auf dich." Jonas hörte sie noch. Immer wieder. Wie ein Mantra, das sich durch die Nervenbahnen fraß, sich an seinen Schädel klammerte, seinen Brustkorb füllte. Er saß da, starr, bleich, und blickte auf die Szene vor sich. Seine Eltern, verkrümmt in ihren letzten Momenten. Die Luft war dick. Sie schmeckte nach Metall, nach warmem, dumpfem Blut, das sich langsam in Fasern und Teppiche sog. Er zitterte nicht. Nicht mehr. Stattdessen herrschte etwas anderes in ihm. Etwas, das er nicht benennen konnte. Es war kein Frieden. Es war auch kein Schock mehr. Es war wie ein Flimmern hinter den Augen, das nicht verschwinden wollte. Das Wesen saß noch immer neben ihm – zumindest empfand es sich so. Körperlos, aber gegenwärtig. Wie ein zweiter Schatten, der nicht vom Licht abhängig war. Es schwieg jetzt. Ließ ihn. Ließ ihn allein inmitten der Trümmer seiner selbst. Doch das Schweigen war kein Rückzug. Es war Erwartung. Jonas atmete flach. Seine Hände lagen auf dem Tisch, die Finger gespreizt, als müsse er sich an der Welt festhalten. Er starrte auf einen Punkt zwischen zwei Tassen, wo sich ein Tropfen Blut mit dem Muster des Holzes vereinte. Eine kleine, rote Sonne inmitten eines spiralförmigen Universums. Ein Laut entkam seiner Kehle. Kein Wort. Kein Weinen. Nur ein dumpfer, tiefer Laut. Unverständlich. Und wieder: „Ich bin stolz auf dich." Nicht gesprochen diesmal. Es war ein Gedanke. Einer, der nicht von ihm kam. Und doch saß er jetzt in ihm fest. Wie eine Wahrheit, die man lange ablehnte – und dann plötzlich glaubte. „Sieh dich an, Jonas", hauchte das Wesen in seinem Kopf. „Du bist ruhig. Nicht weil du kalt bist. Sondern weil du dich befreit hast." Er ballte die Hände zu Fäusten, langsam. Die Fingernägel bohrten sich in seine Handflächen. Es war ein dumpfer Schmerz. Eindeutig. Echt. „Du glaubst, du müsstest jetzt zerbrechen", fuhr die Stimme fort, „aber du tust es nicht. Warum? Weil du weißt, dass es richtig war." Jonas schüttelte leicht den Kopf. Nur ein Hauch. Doch das Wesen fuhr unbeirrt fort. „Du hast die Wahrheit erkannt. Schon lange. Sie hat dich innerlich zerfressen, all die Jahre. Und trotzdem bist du weitergegangen. Ein Schritt nach dem anderen. Jeder davon ein Schlag ins Leere. Bis heute." Die Worte zogen in seinem Schädel Kreise. Langsame, brennende Kreise. „Und nun sitzt du hier. Und atmest. Das ist kein Zufall, Jonas. Das ist Erkenntnis." Jonas sog die Luft durch die Zähne ein. Es klang wie ein leises, tierisches Fauchen. Er presste die Lippen aufeinander. Blut pochte hinter seiner Stirn. „Du denkst, du bist ein Monster." Die Stimme wurde weicher. „Aber du warst nur das Ergebnis. Ein Spiegel. Sie haben dich geformt – mit jeder Lüge, jeder Berührung, jedem verschlossenen Blick. All das hat dich hergeführt." Jonas riss den Blick los von den Körpern. Er sah in den Raum. Die Möbel wirkten fremd. Zu glänzend. Zu still. Zu neu. Es war nicht mehr das Haus seiner Kindheit. Aber die Geister waren mitgezogen. „Du hast ihnen vertraut. Und sie haben dich geopfert. Immer wieder. Für ihr Bild von sich selbst. Für ihre Ruhe. Für ihre Macht." Jonas öffnete den Mund, wollte etwas sagen. Doch es kam kein Laut. Nur der Schmerz in seiner Kehle, der dort wütete wie ein Tier in einem Käfig. „Aber jetzt bist du frei." Frei. Das Wort traf ihn wie ein Schlag. War das Freiheit? Er fühlte nichts. Oder alles. Es war schwer zu unterscheiden. Es war wie ein dunkler See in seinem Innern. Und das Wesen war die Stimme, die ihn einlud, zu schwimmen. „Du bist kein Mörder, Jonas. Du bist ein Mensch, der das getan hat, was notwendig war. Niemand sonst hätte es für dich getan." Jonas wandte sich leicht, nur um zu prüfen, ob da wirklich jemand saß. Natürlich nicht. Der Stuhl war leer. Und doch... da war dieser Eindruck. Diese Präsenz. „Du denkst, du solltest jetzt weinen. Flehen. Zusammenbrechen." Ein leises, fast warmes Lachen folgte. „Aber du tust es nicht.

Weil du weißt, tief in dir – dass es nicht nur gerecht war. Es war unausweichlich." Er schloss die Augen. Der Tisch. Der Raum. Die Leiber. Alles war für einen Moment nicht da. Nur die Stimme. Und das Gefühl, dass da jemand war, der ihn nicht verachtete. „Du hast überlebt, Jonas. Und Überleben bedeutet manchmal... zerstören." Dann ein Schweigen. Doch es war anders als vorher. Kein belastetes Schweigen. Kein erstickendes. Sondern ein Abschluss. Wie das Zuklappen eines Buches. Jonas öffnete die Augen. Sah wieder auf den Tisch. Auf die Stille, die nun keinen Lärm mehr brauchte.

*

Jonas stand auf. Langsam, als hätte sich jede Bewegung durch Schlamm zu kämpfen. Der Stuhl schabte leise über den Boden, ein kratzendes, fast klagendes Geräusch, das in der nun unnatürlich ruhigen Luft wie ein Schrei wirkte. Er war blass. Die Tränen waren versiegt, ohne dass er es gemerkt hatte. Nur die Spuren auf seinen Wangen blieben zurück – salzige Linien, die sich in das matte Licht des Raumes schnitten. Sein Blick fiel nicht mehr auf die Körper. Er zwang sich dazu, sie nicht anzusehen. Nicht noch einmal. Stattdessen fixierte er die Tür. Den Flur. Den Ausgang. Die Bewegung, die ihn wegführen würde von hier, von diesem Ort, der für immer verschlossen war. Die Stille war nicht tot. Sie war schwer. Gefüllt. Voller Dinge, die man nicht benennen konnte. Worte, die nie gesagt wurden. Erinnerungen, die nie heilen durften. Mit trägen Schritten ging er durch den Flur. Jeder Tritt ein dumpfer Ton, der sich in seinem Kopf brach wie ein Echo gegen eine hohle Wand. Und da lag es. Fast hätte er es nicht gesehen – das alte Familienfoto. Es war aus dem Regal gefallen. Oder vielleicht hatte jemand es heruntergestoßen, in der Hektik. Vielleicht war es einfach zu alt gewesen. Das Glas war zersprungen. Die Risse zogen sich wie feine Spinnweben über die Gesichter. Sein Vater – stolz, streng. Seine Mutter – ein Lächeln, das zu groß war für das, was dahinter lag. Und Jonas dazwischen, als Kind. Blass, etwas abseits. Nicht wirklich lächelnd. Er hielt nicht inne. Keine Sekunde. Seine Schritte blieben ruhig, aber schwer. Ein leiser Knirsch, als seine Schuhsohle das Glas traf. Das leise Splittern war wie ein Versprechen, das endgültig zerbrach.

Er trat darüber. Ohne es zu wollen, ohne es zu planen. Aber bewusst. Ganz bewusst. Er drehte sich nicht um. Kein Blick zurück. Nur der Griff zur Klinke, das leise Klicken der Tür, das Öffnen. Und dann: frische Luft. Kühle, die sich anfühlte wie etwas Reines, aber Fremdes. Er ging hinaus. Langsam. Der Flur, das Haus, der Geruch – sie blieben hinter ihm. Und mit jedem Schritt entfernte er sich nicht nur vom Ort. Sondern von dem, was einmal war. Hinter ihm schloss sich die Tür mit einem sanften, aber endgültigen Laut. Das Wesen sprach nicht. Zum ersten Mal war auch in seinem Inneren vollkommene Ruhe. Keine Gedanken. Keine Fragen. Nur Bewegung. Und irgendwo hinter ihm, im Haus, unter seinem Schuh – das zerbrochene Bild einer Familie, die nie wirklich existiert hatte.

*

Ein leichter Wind fuhr durch die Straße, trug die kühlen Frühstunden des Tages mit sich. Die Sonne hatte sich noch nicht ganz entschieden, ob sie über den Horizont steigen wollte. Die Welt wirkte verschlafen, dunstig. Ein feines Licht sickerte zwischen den Hausdächern hindurch und zeichnete matte Konturen auf die Gehwege. Herr Steinmann, Mitte sechzig, müde vom frühen Aufstehen und mit einer Tasse dampfendem Kaffee in der Hand, trat wie jeden Morgen auf seine kleine Veranda. Sein Blick wanderte gewohnheitsmäßig über den Garten, die Nachbargrundstücke, die Straße. Alles war still, so wie es um diese Zeit immer war. Doch dann zuckte sein Blick. Da war etwas anders. Das Nachbarhaus. Das Haus der Falks. Die Haustür stand offen. Nicht weit. Nur einen Spalt, aber weit genug, dass es auffiel. Zu dieser Tageszeit ungewöhnlich. Und überhaupt – in den letzten Jahren hatte er dort kaum jemand gesehen. Manchmal wenn sie zur Arbeit oder einkaufen gingen ja, aber selbst für ihre Verhältnisse waren sie in letzter Zeit selten gesehen worden. Steinmann runzelte die Stirn. Er nahm einen Schluck Kaffee, stellte die Tasse dann langsam auf das Geländer der Veranda. Einen Moment lang zögerte er. Vielleicht hatten sie nur gelüftet? Oder jemand vergaß, sie ganz zu schließen? Aber irgendetwas fühlte sich... nicht richtig an. Er ging über die Einfahrt, seine Schritte vorsichtig, tastend. Die Stille war dicht, als würde sie lauschen.

„Hallo?" rief er leise, kaum mehr als ein Hauch in der Luft. Keine Antwort. Er hob die Hand, klopfte sacht an die halb geöffnete Tür. Sie schwang ein Stück weiter auf, knarrend, als ob sie sich selbst erschrak. „Ist alles in Ordnung?" Nichts. Keine Schritte. Kein Rascheln. Nur drinnen eine merkwürdige Kälte. Steinmann trat einen Schritt näher. Dann noch einen. Im Flur lagen Glassplitter. Er blieb stehen. Seine Augen verengten sich. Ein Gefühl kroch in seinem Rücken empor, wie eine kalte Hand, die sich um seine Wirbelsäule legte. Er roch etwas. Und plötzlich wusste er, dass etwas Furchtbares geschehen war. Er griff in seine Jackentasche, zitternd, und holte sein altes Handy hervor. Wählte die 110. „Ja… Ich glaube, hier ist etwas passiert. Etwas Schlimmes. Die Tür steht offen. Und da ist Blut…"

*

Die schwache Morgesonne schien schräg durch die Zweige der Bäume, warf lange, flimmernde Schatten auf den Gehweg, als das erste Streifenfahrzeug in die stille Wohnstraße einbog. Es war eine jener Siedlungen, die man in ihrer scheinbaren Ordnung leicht übersah – gepflegte Vorgärten, Gardinen in exakt gleichem Abstand zum Fensterrand, Mülltonnen akkurat ausgerichtet. Und doch hing an diesem Tag etwas in der Luft, das nicht hierher gehörte. Eine Verstimmung, kaum greifbar, aber spürbar. Der Anruf war knapp gewesen. Ein älterer Mann, leicht verwirrt, hatte der Zentrale mitgeteilt, dass die Tür seiner Nachbarn offenstand. Und dass etwas… nicht stimmte. Er hatte es nicht in Worte fassen können, aber man hörte es in seiner Stimme: Diese Unruhe, die einen wach hält, ohne zu wissen, warum. Zwei Beamte stiegen aus dem Fahrzeug. Hauptkommissar Brecht – in den Fünfzigern, grau an den Schläfen, bleierne Augen – war der erste, der sich dem Haus näherte. Neben ihm die jüngere Kollegin – Anna Jaspers, Anfang Dreißig, zurückgebundenes Haar, wachsam, mit einem Blick, der gern länger an Dingen haftete, als notwendig. Die Haustür stand einen Spalt offen. Kein Zeichen von Gewalt. Kein Schloss war aufgebrochen, kein Fenster eingeschlagen. Nur diese Stille, die sich wie Staub auf alles gelegt hatte. Brecht hob eine Hand, als wolle er das Haus berühren, bevor er es betrat. Dann drückte er die Tür ganz auf. Ein leises Knarren. Der Flur war sauber, fast zu sauber. Außer einigen Glassplittern sah es so aus, als würde kein einziges Staubkorn den Boden bedecken. Ein Mantel hing über der Lehne eines alten Stuhls, sorgfältig gefaltet. Die Luft roch abgestanden, aber nicht vergoren – als hätte jemand vor nicht allzu langer Zeit noch Kaffee gekocht. „Polizei", rief Jaspers leise. „Ist jemand da?",Keine Antwort. Sie bewegten sich weiter hinein. Ihre Schritte klangen gedämpft auf dem Teppichboden. An der Wand hingen einige Fotos – konservierte Augenblicke aus vergangenen Jahrzehnten. Vater, Mutter, ein Junge mit ernsten Augen. Alles sauber gerahmt. Alles still. Dann sahen sie die ersten Spuren. Ein Tropfen. Dunkel. Am Türrahmen zum Wohnzimmer. Ein weiterer, halb verwischt. Dann – in einem einzigen Moment kippte die Ordnung der Welt. Im Wohnzimmer: Zwei Körper. Die Frau lag halb zusammengesunken auf dem Boden. Ihre Bluse war an der Brust durchtränkt mit Blut, der Kopf zur Seite geneigt. Der Mann lag ebenfalls auf dem Boden, nur einen halben Meter entfernt, mit ausgestrecktem Arm, wie im Versuch, aufzustehen oder etwas abzuwehren. Brecht hielt inne. Sagte nichts. Jaspers trat vorsichtig näher. „Keine Anzeichen von Kampf", murmelte sie. „Kein zerbrochenes Fenster. Keine durchwühlten Schränke." „Gezielt", sagte Brecht schließlich. „Ein Raubüberfall sieht anders aus." Sie fotografierten die Szenerie. Jeder Winkel. Jedes Detail. Der Tisch war gedeckt gewesen – zwei Tassen, eine halbleere Kanne Tee, Kekse auf einem Teller. Ein Stuhl war zurückgeschoben worden, als hätte sich jemand abrupt erhoben. „Sie haben hier gesessen", sagte Jaspers. „Mit jemandem." „Der Täter war vermutlich eingeladen", antwortete Brecht. Dann sahen sie das Foto. Es lag direkt am Durchgang zur Tür. Umgestoßen oder gefallen, sie konnten es nicht mit Sicherheit sagen. Es zeigte dieselben Gesichter, die sie gerade blutüberströmt gefunden hatten – nur jünger. Glücklich. Und mit einem Kind, einem Jungen. Der Sohn, vielleicht zehn Jahre alt, trug ein gezwungenes Lächeln. „Der Nachbar erwähnte ihn", murmelte Brecht. „Ein schwieriges Verhältnis. Seit Jahren Funkstille." „Aber sie haben ihm die Adresse gegeben." „Das macht es nur seltsamer." Der Gerichtsmediziner kam, routiniert und schweigend. Beamte sicherten Spuren, machten Fotos. Handschuhe raschelten. Funkgeräte klickten. Doch all das konnte nicht die Atmosphäre vertreiben, die sich wie ein dichter Film über den Raum gelegt hatte. Brecht ging ins Nebenzimmer. Da war ein Schreibtisch, ein alter Computer, Notizblöcke. Rechnungen. Alles fein säuberlich geordnet. Aber keine Hinweise auf Streit. Keine Hinweise auf Angst. „Sie haben ihren Täter vermutlich erwartet“, sagte er. Sie gingen die Räume ab. Keine Anzeichen auf einen Kampf. Keine zerkratzten Möbel. Kein zerbrochenes Glas. Nur zwei Leichen. Zwei gezielte Schüsse. Und eine Atmosphäre, als hätte die Zeit selbst den Atem angehalten. „Das hier war keine pure Wut“, sagte Brecht, mehr zu sich selbst. „Das war... eine Entscheidung.“ Draußen stieg die Sonne. Im Flur war es inzwischen etwas heller geworden, das Licht fiel flach über den Boden. Jaspers trat an das Fenster, sah hinaus. Irgendwo bellte ein Hund. In der Ferne fuhr ein Auto vorbei. Alles schien normal. Aber nichts war es. Der alte Mann saß auf einem dunkelgrauen Ohrensessel. Seine Hände lagen auf den Knien, die Finger leicht verkrampft. Die Tasse, die ihm eine junge Beamtin gereicht hatte, stand unangerührt auf dem Tisch vor ihm. Der Raum war warm, fast zu warm. Die Heizung lief, obwohl es draußen nicht kalt war. Überall standen Bücher. Fotos. Ein Aquarium summte leise. Hauptkommissar Brecht setzte sich ihm gegenüber. Anna Jaspers blieb stehen, blockierte nicht bedrohlich, aber bewusst den Flur. Die Tür war angelehnt. „Herr Steinmann, danke, dass Sie sich Zeit nehmen. Ich weiß, das ist alles etwas... viel.“ Der alte Mann – sicher über sechzig – nickte langsam. Sein Blick war wach, aber unruhig. „Ja... ja, natürlich. Es ist... es ist furchtbar.“ „Wie lange kennen Sie die Familie, Herr Steinmann?“ fragte Brecht ruhig. „Seit... hm... seit sie eingezogen sind. Nach dem Abriss damals. Zwei, drei Jahre? Vielleicht mehr. Ich bin schlecht mit Zeit, wissen Sie. Aber ich hab ihnen damals einen Apfelkuchen vorbeigebracht. Die Frau – sie war sehr freundlich. Der Mann... na ja.“ „Wie meinen Sie das – ‚na ja‘?“ Steinmann zuckte leicht mit den Schultern, als hätte er das nicht sagen wollen. Oder dürfte es nicht. „Er war... reserviert. Ruhig. So ein Typ, der Sie anschaut, als hätte er alles schon gesehen. Sehr kontrolliert. Ich hab nie erlebt, dass er lachte.“ „Und die Frau?“ „Freundlich. Etwas angespannt manchmal. Ich dachte immer, sie hat ein schweres Leben gehabt. Manche Menschen sieht man an, dass sie viel geschluckt haben. So war sie.“ Brecht nickte. „Hatten Sie je Streit aus dem Haus gehört? Lautstärke, aggressive Töne?“ „Nein, nein. Es war immer still. Manchmal hörte man den Fernseher – irgendeine Quizshow oder so. Aber kein Geschrei. Nie.“ „Gab es Kinder?“ Steinmann zögerte. „Also... sie hatten einen Sohn. Jonas. Ich hab ihn aber nur einmal gesehen. Und das war auch... na ja... seltsam.“ „Inwiefern?“ „Er stand einfach da, auf dem Gehweg. Hat auf das Haus gestarrt. Bewegungslos. Vielleicht eine Minute. Ich wollte gerade rausgehen, um ihn zu grüßen, da hat er sich umgedreht und ist gegangen. Kein

Wort." „Wann war das?" „Vor... so zwei drei Jahren, kurz nachdem sie hier eingezogen waren. Vielleicht ein bisschen mehr. Es war später Nachmittag. Ich erinnere mich, weil die Sonne durch die Bäume kam." „Haben Sie ihn danach noch einmal gesehen?" „Nein. Nie wieder." „Und heute – wie genau sind Sie auf das Haus aufmerksam geworden?" Steinmann schloss für einen Moment die Augen. Dann öffnete er sie wieder und blickte auf seine Hände. „Ich... bin früh aufgewacht. Wie immer. Um sechs. Hab mir einen Kaffee gemacht, Nachrichten gehört. Gegen halb sieben da ist mir aufgefallen, dass die Tür gegenüber offensteht. Nur ein Spalt. Ich dachte erst, sie haben Müll rausgebracht oder lüften. Aber... sie blieb offen." „Wie lange haben Sie gewartet?" „Bis sieben. Vielleicht halb acht. Und dann bin ich rüber gegangen und habe das kaputte Glas gesehen und da... hab ich angerufen." Brecht lächelte schwach. „Sie haben genau richtig gehandelt, Herr Steinmann." Stille. „Haben Sie... Schüsse gehört?" fragte Jaspers leise. Steinmann hob den Blick, suchte den ihren. „Ich... weiß es nicht. Da war dieses... dumpfe Geräusch gestern spät am Abend. Ich dachte, es sei vielleicht eine Autotür. Oder... Holz, das kracht. Es war nur einmal. Vielleicht zweimal." „Zu welcher Uhrzeit?" „Spät. Sehr spät. Es war stockdunkel. Ich lag schon im Bett. Aber Nacht war es noch nicht". „Haben Sie jemanden das Haus betreten oder verlassen sehen?" „Nein. Ich sehe die Türe nicht ganz". „Und?"„Nichts. Ich hab nichts gesehen." Wieder diese Stille. Dann, leise: „Ich hätte hingehen sollen", sagte Steinmann plötzlich. „Ich hätte was tun sollen." „Nein", sagte Brecht ruhig. „Sie hätten sich in Gefahr gebracht. Und Sie wussten nicht, was dort geschah." Steinmann schwieg. Dann flüsterte er: „Ich hab den Jungen vor meinen Augen gehabt. Direkt, als sie ihn erwähnten. Jonas. Er war seltsam damals. Kalt. Wie... ein Geist." Brecht sah ihn lange an. Dann nickte er. „Danke, Herr Steinmann. Sie haben uns sehr geholfen."

*

Die Nachmittagssonne fiel durch die halbgeschlossenen Rollos und zog schmale, scharfe Lichtstreifen über den Boden – dort, wo das Blut bereits zu trocknen begann. Hauptkommissar Brecht stand in der Mitte des Raumes, die Arme verschränkt, das

Klemmbrett mit den ersten Notizen unter dem Arm. Es roch nach altem Holz, nach Teppich, nach etwas Metallischem. Aber nicht mehr nach Leben. „Kein Einbruch. Keine Spuren von Kampf. Die Nachbarn haben nicht wirklich etwas gehört, keine ungewöhnlichen Besucher bemerkt“, sagte Jaspers neben ihm, während sie durch das Haus ging, die Schritte vorsichtig, respektvoll. Brecht nickte langsam, sein Blick auf das Familienfoto gerichtet, das auf dem Boden lag. Der Rahmen war gesplittert. Es wirkte wie ein Symbol – nicht inszeniert, aber... bedeutungsschwer. Er trat näher. „Beide Opfer durch Schuss in die Brust. Kein zweites Mal geschossen. Sauber. Zielgerichtet. Ohne Zögern“, murmelte Jaspers, während sie das forensische Protokoll überflog. „Also: Kein Raub. Keine Spuren von Durchsuchung. Kein Verwüsten. Keine gestohlenen Wertgegenstände. Bargeld noch im Schreibtisch, Schmuck im Schlafzimmer. Alles da.“ „Ein Täter, der wusste, was er wollte.“ „Oder jemanden, den sie kannten“, ergänzte Brecht. „Jemanden, den sie freiwillig reingelassen haben.“ „Familienmitglied?“ „Das wäre die naheliegende Annahme. Aber wir haben keine aktuellen Verbindungen, keine bekannten Kinder laut Einwohnermeldeamt. Und laut Nachbarn gab es zwar einen Sohn... aber der sei schon lange nicht mehr gesehen worden.“ Jaspers schloss den Ordner. „Ein Sohn, der nie besucht. Und dann plötzlich zurückkommt?“ „Und direkt tötet? Ohne Einbruch? Ohne Streit vorher? Keine Anzeichen für einen Kampf – nur zwei präzise Schüsse.“ Brecht atmete tief durch. „Das riecht nach etwas anderem.“ „Was, wenn es ein Mord ohne Motiv ist?“ warf Jaspers ein, fast zögerlich. „Was, wenn es einfach keinen offensichtlichen Grund gibt?“ Brecht sah sie an. „Es gibt immer ein Motiv. Selbst Wahnsinn hat eine Logik.“ Sie blickten beide zurück auf die Leichen. Die Eltern lagen beinahe friedlich dort, eingefroren in einem Moment, der still war wie ein Filmstill – der Moment nach einem Satz, der nie zu Ende gesprochen wurde. „Der Täter war ruhig. Hat gewartet. Vielleicht sogar mit ihnen geredet“, sagte Brecht. „Er hat sich Zeit genommen.“ „Er wusste, dass er nicht gestört wird.“ „Das macht ihn gefährlicher.“ Jaspers blätterte durch ihre Aufzeichnungen. „Der Nachbar sagt, er hätte den Sohn zuletzt vor einigen Jahren gesehen. Stumm, fast wie ein Schatten. Der Name: Jonas.“ „Wir haben noch keine Meldeakte.“ „Aber das alte Wohnhaus... der Abriss. Vielleicht können wir da ansetzen.“ Brecht trat ans Fenster. Draußen spielte ein Kind mit einem Roller. Die Normalität draußen war fast obszön angesichts dessen, was sich hier abgespielt hatte. „Jonas. Wenn er es war... dann war das kein Ausbruch. Kein spontaner Wutanfall. Das war... ruhig. Geplant. Und doch – es fehlt etwas." „Ein Auslöser?" „Oder das Motiv. Vielleicht ist es so persönlich, dass es unsichtbar ist." Stille. Dann sagte Jaspers leise: „Ein Mord ohne sichtbares Motiv... ist oft der persönlichste von allen."

*

Der Raum war still, nur das leise Summen der Neonröhren vibrierte durch die Luft. Ein Stapel Akten lag geöffnet auf dem Tisch, der Geruch von Papier, Kaffee und Müdigkeit hing in der Luft. Hauptkommissar Brecht saß vornübergebeugt, ein Finger auf dem Foto, das auf der obersten Seite lag: Hans und Petra Falk. Zwei Gesichter, die in die Kamera lächelten, wie man es eben tut, wenn man glaubt, dass das Leben einfach weitergeht. „Hans Falk. 58. Gelernter Buchhalter, in Frühverrentung. Keine Vorstrafen. Keine Disziplinarverfahren. Keine besonderen Kontakte." Jaspers, die an der Wand lehnte, nickte. „Petra Falk, 56. Ehemalige Verkäuferin in einem Reformhaus. Seit Jahren Hausfrau. Beide eher zurückgezogen, aber nicht sozial isoliert. Nachbarn sagen: freundlich, aber distanziert. Der Typ Mensch, der zweimal im Jahr zum Nachbarschaftsfest kommt, einen Kartoffelsalat mitbringt und dann wieder geht." „Und doch liegt dieses Ehepaar jetzt erschossen in ihrem eigenen Wohnzimmer." Brecht hob den Blick. „Kein Motiv. Keine Wut. Kein Kampf. Kein Hass." Jaspers warf einen weiteren Blick auf die Skizze des Tatorts. „Kein gestörtes Verhältnis zu Nachbarn, keine Schulden. Keine Beschwerden, keine Psychiatrieakte. Nichts, was irgendwie auf Konflikte hindeutet." „Es sei denn, der Konflikt war hinter verschlossenen Türen." „Oder... lange her. Länger, als das jemand hier noch mitbekommen hätte." Brecht rieb sich die Stirn. „Was ist mit dem Sohn?" „Jonas Falk. Geboren 2000. Laut Meldeamt seit über vier Jahren nicht mehr offiziell wohnhaft bei den Eltern. Kein eingetragener neuer Wohnsitz. Keine, Krankenkasse, keine Kontobewegungen. Ein Phantom." „Ein Phantom, das plötzlich wieder auftaucht. Nach Jahren der Abwesenheit. Und keine dreißig Minuten nach dem ersten Kontakt liegen seine Eltern tot im Wohnzimmer." „Wenn er es war", warf Jaspers vorsichtig ein. Brecht nickte knapp. „Wenn." Sie schwiegen.

Die Uhr tickte. „Ich glaube, wir haben es nicht mit einem gewöhnlichen Mord zu tun", sagte Jaspers schließlich. „Es wirkt wie eine Exekution. Kein Zorn. Kein Chaos. Nur Präzision." „Es wirkt... wie eine lange überlegte Entscheidung", antwortete Brecht leise. „Vielleicht sogar... ein Urteil." Der Abend senkte sich langsam über die Stadt, als die Bürotür mit einem leichten Quietschen aufging. Jemand trat ein, stellte sich mit einem leisen „Mahlzeit" an den Rand des Raumes. Es war Hauptkommissar Arne Westphal, Mitte vierzig, etwas abgekämpft, aber hellwach hinter den Rändern seiner Brille. Er trug eine braune Lederjacke, unter der eine Mappe hervorlugte, zerknittert, als hätte sie Stunden im Fußraum eines alten Wagens gelegen. Die anderen drehten sich kaum um. Westphal war nicht bekannt dafür, sich zu melden, wenn er nichts zu sagen hatte. „Was gibt's?", fragte Brecht, der die Fotos von Hans und Petra Falk noch einmal durchging, als wollte er etwas darin lesen, das er zuvor übersehen hatte. „Ich habe nur am Rand was mitbekommen", sagte Westphal und setzte sich auf die Ecke eines benachbarten Schreibtischs. „Jonas Falk. Der Name. Der ist mir bekannt." Jaspers hob eine Braue. „Dir kommt der Name bekannt vor?" „Ja. Nicht konkret. Eher... atmosphärisch." „Atmosphärisch?" Brecht verzog das Gesicht. Westphal zuckte die Schultern. „Na, du weißt schon. Wie so'n Nebel im Hirn. Da war doch was... irgendwas mit diesem Namen. Irgendein Fall, irgendwann... Es war kein Strafverfahren. Kein klassischer Eintrag. Aber..." – er griff in seine Mappe, zog ein zerknittertes Notizbuch heraus – „ich schreibe mir manchmal Namen auf, wenn sie mir begegnen. Besonders die seltsamen." Brecht war nun doch neugierig geworden. „Und Jonas Falk war so ein Name?" „Ja. War vor ein paar Monaten. Ich war damals in einem anderen Bezirk, nur zur Aushilfe. War kein richtiger Einsatz – eher so eine Randbeobachtung bei einem Mordfall. Ging um ein junges Mädchen. Mia W.",„Und was hat das mit Falk zu tun?" „Der Junge – Jonas – war... auffällig, irgendwie. Kein direkter Verdächtiger. Aber er war da. Hat nicht viel geredet. Irgendwas an seiner Haltung war... leer. Nicht apathisch. Nur... verschlossen. So, als würde da was tief in ihm arbeiten, das nicht an die Oberfläche darf. Der leitende Beamte hatte ihn sich gemerkt. Später war er plötzlich verschwunden." Jaspers stieß sich vom Fensterrahmen ab und trat näher. „Meinst du, unser Jonas Falk war das?" Westphal blätterte in seinem Buch, hielt es den beiden anderen hin. Eine eingerahmte Zeile: Falk, Jonas –, still, keine Eltern vor Ort – Mia W. Ermordet, keine Anhaltspunkte – Nebel im Blick.

„Das ist doch kein Beweis“, sagte Brecht. „Nein, ist es nicht“, gab Westphal zu. „Aber es ist ein Schatten. Und in dem Fall von Hans und Petra Falk scheinen Schatten ja gerade das Einzige zu sein, was wir haben.“ Stille. Die drei Beamten standen inmitten der fluoreszierenden Leere des Büros. Draußen war es inzwischen dunkel geworden, und der Wind drückte sich gegen die Fensterscheiben. „Was ist mit dem Mädchen passiert?“, fragte Jaspers nach einer Weile. „Sie wurde erwürgt“, sagte Westphal. „Vielleicht ist das der Grund, warum Falk wieder aufgetaucht ist“, murmelte Brecht. „Vielleicht kommt alles zurück, irgendwann.“ „Vielleicht ist es auch nie wirklich weg gewesen“, antwortete Westphal. Die Gedanken verdichteten sich zu etwas, das keiner offen aussprach. Es war nicht nur ein Mord. Vielleicht war es ein Anfang. Oder ein Knoten, der jetzt endlich aufplatzte. Unterdessen hatte es angefangen zu regnen und der Regen prasselte sacht gegen die schmalen Scheiben des Kommissariats. Das Licht im Büro von Hauptkommissar Westphal war gedimmt, eine flackernde Lampe flackerte rhythmisch über den Akten auf dem Tisch. „Also nochmal“, sagte Westphal und rückte seinen Stuhl näher an den Tisch. „Hans und Petra Falk. Beide tot. Keine Anzeichen für Einbruch, kein Raub. Nachbar sagt, die Tür stand offen, er hat einen dumpfen Knall gehört – als er reingesehen hat... Blut und zerbrochenes Glas.“ Neben ihm saß Kommissarin Jaspers, die unaufhörlich mit dem Stift auf ihren Notizblock tippte. „Zwei Schüsse, laut Gerichtsmedizin präzise. Keine Kampfspuren. Kein Hinweis auf Flucht oder Panik. Es wirkt fast... geplant.“ „Ich sage euch, mit diesem Jonas war noch etwas“. Er griff nach seinem Handy, scrollte mit zusammengezogenen Augenbrauen. „Ich hab irgendwann mal was zu dem gelesen. War das nicht der Typ, der früher in Berlin gearbeitet hat? In so einem gläsernen Bürokomplex... Charlottenburg, glaub ich?“ Jaspers hob eine Augenbraue. „Was soll das bringen?“ „Warte.“ Westphal scrollte weiter. Dann hielt er inne. „Hier. Becker.“ „Vor ein paar Monaten Jahren. Der Mord in Berlin. Büroangestellter. Wurde erwürgt vor dem Bürogebäude, in dem er arbeitete“. Westphal zeigte aufs Display. „Dieses Gebäude war – zumindest damals – auch der Arbeitsplatz eines gewissen Jonas Falk.“ Stille. Jaspers lehnte sich langsam nach vorne. „Das kann kein Zufall sein.“ „Becker war Abends noch im Büro unterwegs“, ergänzte Westphal langsam. „– und wird noch am selben Abend erwürgt. Keine Zeugen, keine Spuren, nichts.“ „Das war nie aufgeklärt worden“, sagte Jaspers. „Ich erinnere mich. Die Presse war kurz dran, dann verschwand die Geschichte wieder. Totgeschwiegen fast.“

Westphal runzelte die Stirn. „Und dieser Jonas Falk... ist kurz danach wie vom Erdboden verschluckt. Bis heute. Und dann taucht er plötzlich auf – und erschießt seine Eltern.“ „Das ist nicht einfach ein verwirrter Rückkehrer“, sagte Westphal leise. „Ich weiß nicht warum, aber ich glaube, der ist nicht einfach nur durchgedreht. Das... ist Teil von etwas.“ Westphal tippte nachdenklich auf die Tischplatte. „Wenn wir Becker da mit reinnehmen... dann haben wir schon einmal zwei erwürgte – und nun zwei tote Eltern.“ Jaspers beugte sich vor. Westphal schwieg lange. Dann sagte er nur: „Oder Becker und Jonas hatte ihre Differenzen. Das wurde damals so an die Polizei weitergegeben.“ Ein stilles Schaudern legte sich über den Raum. „Wir müssen zurück nach Berlin“, sagte Westphal schließlich. „Sehen, ob da noch irgendetwas übrig ist. Jonas' Arbeitsplatz. Seine Kollegen von damals. Vielleicht wusste jemand, was Becker wollte.“ „Und der Junge selbst?“, fragte Brecht. Westphal sah auf. „Der hat jetzt zwei Leichen im Wohnzimmer und ist spurlos verschwunden. Wenn wir ihn finden... werden wir vielleicht endlich Antworten kriegen. Oder noch mehr Fragen.“

*

Das Neonlicht über den Schreibtischen im dritten Stock des Berliner Landeskriminalamts flackerte leise, wie eine alte Erinnerung, die sich nicht recht entscheiden konnte, ob sie bleiben oder verschwinden wollte. Es war ein grauer Nachmittag, trüb und reglos, das Wetter passte zur Stimmung in der Abteilung. Die Kollegen hatten sich längst an das ewig kalte Licht gewöhnt, an das Summen der Bildschirme, den Kaffeeduft, der sich wie ein Film auf allem ablegte. Kriminalhauptkommissar Paul Reinhardt, ein Mann mit müden Augen, aber wachem Blick, saß an seinem Schreibtisch, als die Mail eintraf. Sie war unscheinbar, wie so viele andere, doch irgendetwas an dem Betreff ließ ihn zögern, bevor er klickte: *„Anfrage zu Jonas Falk / Mord in Duisburg – Unterstützung durch LKA Berlin erbeten.“*

Er öffnete sie. Während sein Blick über die Zeilen glitt, runzelte er die Stirn.

Sehr geehrter Kollege,
wir bitten um Einsicht in mögliche Altakten zum Namen Jonas Falk, wohnhaft ehemals Berlin, derzeit Aufenthaltsort unbekannt. Falk steht im Verdacht, in Duisburg ein Ehepaar erschossen zu haben – seine Eltern, wie erste Erkenntnisse vermuten lassen.

Der Tatort weist keine Anzeichen von Einbruch auf. Es wurde nichts entwendet. Die Spurenlage lässt auf ein gezieltes Vorgehen schließen. Nachbar meldete offene Tür, Tatzeitraum vermutlich in den Nachtstunden. Die Opfer: Hans und Petra Falk.

Erste interne Datenbankabfragen ergaben, dass Falk vor einigen Monaten im Fall Hernn Becker – ebenfalls in Berlin – ein Verhör durchgeführt wurde.

Wir bitten um Überprüfung alter Aussagen, Aktenbestand, Hintergrundvermerke. Jeder Hinweis könnte für uns derzeit entscheidend sein.

Paul lehnte sich zurück. Jonas Falk. Der Name schlich sich durch sein Gedächtnis wie ein altes Gespenst. Becker. Ja, da war etwas gewesen. Ein Toter vor seinem eigenen Bürogebäude. Kein Verdächtiger, keine Verurteilung. Und ein stiller junger Mann, der – so erinnerte sich Paul vage – nie ganz dort war, wo sein Körper sich befand. Er stand auf und ging zum Büro nebenan. Die Tür war angelehnt. Er klopfte trotzdem. „Ja?", kam es von drinnen. Paul trat ein. Eine jüngere Kollegin, Sarah Keller, saß über einen dicken Stapel Fallakten gebeugt. Sie blickte auf, als sie seine Miene sah. „Was ist los?" Er hielt die Mail hoch. „Jonas Falk. Sagt dir das was?" Sie überlegte, schüttelte dann langsam den Kopf. „Sollte es?" „Wir hatten ihn verhört. Damals. Becker-Fall. War ein Arbeitskollege von ihm. Vor circa 2 Monaten." Keller zog die Augenbrauen zusammen. „Der Fall, der nie aufgelöst wurde?" Paul nickte. „Genau der. Jetzt das hier." Er reichte ihr das Tablet. Sie las schweigend. „Er hat seine Eltern erschossen?" „Verdacht. Noch nicht bestätigt. Aber die Fakten... sprechen dafür. Keine Spuren von Einbruch. Beide Opfer tot im Wohnzimmer. Schüsse aus nächster Nähe." Keller gab ihm das Tablet zurück. „Und was wollen die von uns?" „Die Aussagen von damals. Alles, was wir über ihn wissen. Ich will, dass wir in den Archiven nachsehen. Vielleicht gibt's noch eine Audioaufnahme. Vielleicht hat ihn jemand damals falsch eingeschätzt." Keller warf einen letzten Blick auf die Mail und stand dann auf. „Ich gehe runter ins Archiv." „Danke", sagte Paul leise, als sie ging.

Er selbst blieb stehen, sah aus dem Fenster auf den Innenhof des LKA. Der Wind zerrte an einem Papierfetzen, der sich wie ein Insekt über den Asphalt bewegte. Die Stadt schien stiller als sonst. Jonas Falk, dachte er. Warum kommt so ein Name so unerwartet wieder zurück? Im Archiv roch es nach Papier, Metall, Staub. Keller bewegte sich zwischen den Schränken, ihr Blick huschte über die Registraturkärtchen, bis sie den Eintrag fand: Fall B-95 / Becker. Der Ordner war dick, zerknickt an den Rändern. Als sie ihn aufklappte, sah sie das Foto des Tatorts – der tote Körper vor dem Eingang des Bürogebäudes, schräg auf dem Beton liegend. Und darunter: Verhörliste. Nummer drei: Falk, Jonas. Sie nahm den Ordner mit nach oben. Als sie zurück in Bastians Büro trat, klopfte ihr Herz schneller. „Ich hab's."Paul sah auf, und sie breiteten die Akte gemeinsam aus. Zwischen den Dokumenten: zwei Vernehmungsprotokolle, handschriftlich unterzeichnet von Falk. Und lasen sich diese durch „Irgendetwas stimmt hier nicht", murmelte Keller. „Die Antworten sind zu glatt. Zu leer." „Oder zu vorsichtig", ergänzte Paul. Er sah sie an. „Bereite alles auf. Wir schicken es rüber. Die sollen sehen, mit wem sie es zu tun haben." Ein paar Stunden später ging die Mail raus. Die angehängten Protokolle, Notizen, sowie eine kurze Einschätzung von Paul selbst:

> *Jonas Falk machte bereits im November einen ungewöhnlich dissoziierten Eindruck. Auffällig war, dass er trotz direkter Konfrontation mit dem Tatort kaum emotionale Reaktion zeigte. Aussagen blieben vage. Wir rieten damals zu einer psychologischen Nachbetrachtung, die jedoch – laut Protokoll – nie durchgeführt wurde.*

Als die Mail gesendet war, blieb wieder nur das Summen der Leuchtstoffröhren und das leise Tippen der Computer. „Wenn der Junge wirklich seine Eltern umgebracht hat...", sagte Keller leise, „dann war Becker vielleicht nicht das erste Trauma, sondern das erste Anzeichen." Paul schwieg lange. Dann sagte er: „Oder vielleicht... war Becker auch schon kein Zufall."

*

Die Minuten zogen sich zäh wie alter Honig durch das Präsidium. Draußen fiel ein bleierner Regen, der die Fenster in vibrierende Streifen aus Wasser verwandelte. Hauptkommissar Brecht saß am Schreibtisch, die Finger über der Tastatur ruhend. Der Fall Falk hatte sich in seinen Gedanken festgefressen, wie ein Dorn unter der Haut. Nicht wegen der Brutalität, sondern wegen der Kälte. Die Familie – äußerlich makellos. Keine Vorstrafen, keine Auffälligkeiten, keine Hinweise auf ein Motiv. Und dann: Jonas Falk. Sohn. Alleinstehend. Verloren in dieser Stadt, abgestiegen in einem billigen Hotel. Er war gekommen, als hätte er etwas zu erledigen. Und verschwunden, bevor jemand wirklich begriff, was passiert war. Brechts Blick glitt über den Ausdruck vor ihm– ein Standardformular mit Namen, Adressen, Hotelbuchung, nichts Besonderes. Aber dieser Name... Jonas Falk. Er brannte sich ein. Wie ein Echo, das irgendwo in der Ferne auf eine andere Wand traf und zurückhallte. Er lehnte sich zurück, ließ die Augen zufallen, nur für einen Moment. Und in diesem Moment tauchte ein Bild auf. Kein klares, aber ein Gefühl. Berlin. Monate her. Irgendeine Schlagzeile. Ein Interview. Vielleicht eine Akte. Vielleicht nur ein Zufall. Ein leiser Gedanke schob sich nach vorn: „Wir müssen Kontakt mit Berlin aufnehmen." Er sagte nichts. Stand auf, langsam. Trat zum Fenster. Schaute hinaus in das Grau. Als er zurück an den Schreibtisch trat, öffnete er die überregionale Kommunikationsdatenbank, loggte sich ein, wählte die Berliner Polizeidirektion aus. Der Cursor blinkte auf dem Bildschirm, als wollte er sie warnen. Doch er zögerte nicht. Tippte. Er schickte das Formular. Lehnte sich zurück. Draußen hörte man das leise Quietschen eines vorbeiziehenden Wagens auf nassem Asphalt. Der Tag neigte sich, aber etwas hatte begonnen. Kein Gespräch, keine Aufregung. Nur ein Schritt in eine Richtung, die niemand in diesem Gebäude wirklich benennen konnte. Noch nicht. Aber der Sog war da. Und Berlin antwortete schneller als erwartet.

*

Das Licht im Konferenzraum war kühl und nüchtern. Die Neonröhren summten ein beinahe unhörbares Flirren in der Stille, die über dem langen Tisch hing wie ein feiner Nebel. Nur das leise Ticken der schlichten Wanduhr markierte die vergehenden Sekunden. Es war ein Raum, wie ihn jede Polizeistation irgendwo in Deutschland hatte – graue Wände, abgegriffene Stühle, ein Wasserkocher in der Ecke, der seit Jahren mehr Kalk als Funktion zeigte. Brecht saß am Ende des Tisches. Vor ihm lagen ausgedruckte Berichte, ein Aktenordner, der sich beim ersten Öffnen widerspenstig verhielt, und ein Notizbuch, das er seit Jahren führte – immer von Hand. Seine Augen, umrahmt von müder, faltiger Haut, schweiften über die Seiten, aber lasen nichts mehr. Er wartete. Dann ging die Tür auf. Zwei Männer traten ein, der eine mit raschem Schritt, zielgerichtet, wie jemand, der schon wusste, dass die Zeit nie ausreichen würde. Der andere ein wenig langsamer, die Hände in den Taschen, der Blick wachsam. Reinhardt war der vordere – hager, kantig, mit leicht ergrautem Haar und dem Ausdruck eines Mannes, der zu viel gesehen hatte, um sich noch von dem Offensichtlichen beeindrucken zu lassen. Brecht erhob sich. Sie gaben sich die Hand, knapp. Reinhardt nickte. „Kommissar Brecht, nehme ich an." „Und Sie sind Reinhardt. Danke, dass Sie gekommen sind." „Kein Problem. Wir hätten sowieso früher oder später miteinander gesprochen." Reinhardt setzte sich, schlug eine Mappe auf. „Ihr Anruf klang... vorsichtig. Deshalb habe ich mir erlaubt, ein paar Unterlagen mitzubringen." „Das war Absicht. Ich wollte keine voreiligen Schlüsse ziehen. Ich habe es auch den anderen Kollegen hier nicht gesagt. Nur meiner Partnerin, Westphal. Der Rest glaubt, es sei ein Routinevergleich. Irgendwas aus der Datenbank, das nochmal geprüft werden muss." Reinhardt schnaubte leise. „So beginnt es immer." Einen Moment lang sagten beide nichts. Dann schob Brecht ein Blatt über den Tisch. „Das sind unsere Opfer. Petra und Hans Falk. Beide tot aufgefunden im Wohnzimmer ihres Hauses, erschossen mit derselben Waffe. Der Sohn, Jonas Falk, wird „vermisst", wir konnten ihn noch nicht erreichen. Verdacht auf gezielten Mord. Kein Raub. Keine Einbruchsspuren. Und – das ist der Punkt – kein sichtbares Motiv." Reinhardt hob die Augenbrauen. „Und Sie sagen, er hat hier in Berlin gelebt?" „Bis vor ein paar Wochen, ja. Wir haben Kontakt zu einem ehemaligen Arbeitgeber aufgenommen. Er hat dort in der Buchhaltung gearbeitet. Ruhiger Typ, pünktlich, distanziert. Keine Freunde, kein Drama. Dann der Bruch. Rauswurf. Verschwinden. Danach nichts." „Und Becker?" Reinhardt zog eine Fotografie aus seiner Mappe. Ein Tatortbild, verblasst und farblos. „Erinnern Sie sich daran?"

„Ich hab den Namen gelesen. Das war… im November, richtig? Ein Fall, der schnell wieder aus den Schlagzeilen verschwand." „Weil niemand was gefunden hat. Becker wurde vor dem Bürogebäude erdrosselt, spät am Abend. Keine Zeugen. Keine Tatwaffe. Keine Kameraaufnahme. Und ein Name, der immer wieder auftaucht." „Jonas Falk." „Exakt." Reinhardt lehnte sich zurück, ließ seine Worte im Raum hängen. „Damals war er nur einer von vielen, mit denen wir gesprochen haben. Unauffällig. Ruhig. Fast… leer. Er sagte, er habe Becker nicht gesehen. Es gab keinen Anlass, ihm nicht zu glauben." Brecht nickte langsam. „Was ist jetzt anders?" „Jetzt", sagte Reinhardt, „gibt es einen toten Vater, eine tote Mutter und einen Sohn, der wieder verschwunden ist." Wieder Stille. Nur das leise Surren der Lampen. „Es sind nicht dieselben Taten", sagte Brecht schließlich. „Der Mord an Becker war still. Berechnend. Fast persönlich. Die Eltern – das war impulsiv. Eine Explosion. Aber…" Er zog ein weiteres Blatt hervor. „Wir haben einen Psychologen hinzugezogen. Vorläufige Einschätzung: Beide Taten zeigen ein Bedürfnis nach Kontrolle. Und nach Vergeltung." „Vergeltung", wiederholte Reinhardt leise. „Aber gegen wen?" Sie sahen sich an, das erste Mal richtig. Nicht als Vertreter zweier Städte, zweier Teams. Sondern als Männer, die etwas Unausgesprochenem gegenüberstanden. Etwas, das nicht in eine Akte passte. „Ich weiß es nicht", gab Brecht zu. „Aber es fühlt sich nicht an wie Zufall." Reinhardt klappte seine Mappe zu. „Dann suchen wir keine Verbindung, Kommissar. Wir bestätigen eine." Er stand auf, trat ans Fenster. Draußen kroch der Nebel die Häuserwände hoch. Berlin und Duisburg. Zwei Punkte auf der Karte, verbunden durch einen Namen, einen Schatten, der sich wie ein Riss durch beide Städte zog. „Ich bleibe ein paar Tage", sagte Reinhardt schließlich. „Vielleicht ergibt sich was." Brecht nickte. „Ich habe das Gefühl, dass es das wird." Und wieder war es still. Aber es war nicht mehr dieselbe Stille wie zuvor.

*

Es war der späte Nachmittag, als sie zurück in das Büro im Polizeipräsidium traten. Brecht schloss die Tür leise hinter sich, während Reinhardt sich bereits einen Stuhl heranzog. Die Akten lagen ausgebreitet auf dem Tisch wie zerlegte Teile eines alten

Radios – Drähte, Schaltungen, kleine Platinen aus Zeugenaussagen, Tatortfotos und Lebensläufen. Nichts, das für sich allein stand. Aber alles deutete auf etwas Größeres. „Wir müssen es nicht erzwingen", sagte Brecht, während er einen Finger auf eine Kopie der Fallakte Becker legte. „Wir müssen nur sehen, was sich schon abzeichnet." Reinhardt nickte. „Falk ist der Schlüssel. Er verbindet beide Tatorte – Berlin und Duisburg. Er ist die einzige Konstante." „Richtig. Und wenn man sich seinen Lebenslauf ansieht, gibt es keinen dramatischen Bruch. Keine Vorstrafen, keine Anzeigen. Aber..." „Aber eine Verschiebung", ergänzte Reinhardt. „Ein leiser Drift. Der Abbruch sozialer Kontakte, ein immer zurückgezogeneres Verhalten. Niemand erinnert sich genau an ihn – und das ist ungewöhnlich. Man erinnert sich an die Stillen, wenn sie zu still sind." Brecht seufzte, rieb sich die Schläfen. „Ich habe mit seiner alten Nachbarin gesprochen. Sie sagte, er sei immer freundlich gewesen, aber distanziert. Man habe ihn kaum gehört. Nur... als seine Eltern in Duisburg umzogen, sei plötzlich Funkstille gewesen." „ Und jetzt, Rückkehr in die Heimat", murmelte Reinhardt. „Und kurz darauf eskaliert es. Er taucht auf – und zwei Menschen sterben. Kalt, direkt, ohne Umwege." Sie starrten eine Weile auf den Tisch. Dann griff Reinhardt nach einem Ausdruck – ein Straßenplan von Duisburg, handschriftlich markiert. „Hier", sagte er. „Das Hotel. Der Spielplatz. Das Elternhaus. Alles in einem Radius von wenigen Kilometern. Er hat sich nicht versteckt. Er war... im Zentrum. Als ob er sich selbst kreisen ließ." Brecht schnaubte leise. „Wie ein Tier, das um seine alte Höhle schleicht." „Oder ein Mann, der auf ein Ziel wartet. Oder auf eine Entscheidung." Sie schwiegen. Langsam, beinahe zögerlich, zog Reinhardt ein weiteres Blatt hervor – die Kopie der Aussage Jonas Falks aus dem Becker-Fall. Ein unscheinbares Dokument. Damals war es Routine gewesen. Heute war es ein Fragment einer größeren Wahrheit. „Er sagte damals, er habe nichts gesehen. Aber..." Reinhardt deutete auf eine Stelle. „Er beschreibt das Becker das Gebäude sehr spät verlassen hatte. Jonas dagegen war am frühen Nachmittag gegangen. Woher weiß man das, wenn man nicht da war?" „Weil man es oft genug beobachtet hat", murmelte Brecht. „Oder, weil man es gesehen hat. Einmal. An genau diesem Tag."„Und wenn man dann... schweigt", ergänzte Reinhardt. „Wenn man das in sich trägt. Jahre später zurückkehrt. Wenn man... nicht vergessen kann." Brecht stand auf, trat ans Fenster. Unten auf der Straße zogen die Lichter der Autos langsam durch die beginnende Dämmerung. Er sah sie nicht. In seinem Kopf formten sich Gedanken, still, tastend. „Es ergibt sich ein Bild", sagte er. „Nicht vollständig. Aber klar in seiner Bewegung. Falk kehrt zurück. Er kreist sein Ziel ein. Erst der Ort. Dann die Konfrontation. Dann die Tat." Reinhardt lehnte sich zurück. „Er eskaliert. Nicht plötzlich. Sondern gezielt. Wie eine Linie, die langsam auf ihr Ende zuläuft." „Eine Linie, die schon lange begonnen hat", murmelte Brecht. Und dann: ein leiser Windstoß, der das Fenster ein wenig klappern ließ. Die Neonlichter summten ihr dünnes Lied. Und im Raum stand, greifbar wie nie, die Ahnung: Dies war kein Mann, der zufällig getötet hatte. Dies war ein Mann, der etwas zu Ende brachte. Das Büro im Duisburger Präsidium war in fahles Licht getaucht. Der Tag draußen war längst verglüht, doch drinnen flackerte die Lampe über dem großen Konferenztisch unermüdlich weiter. Um sie herum: verstreute Ausdrucke, Karten, Aktennotizen, digitalisierte Gesprächsprotokolle. Brecht und Reinhardt standen nebeneinander, die Ärmel hochgekrempelt, ihre Gesichter müde, aber wachsam. Es war Zeit, den Mann, den sie jagten, zu durchdringen. „Wir müssen ein Profil erstellen", sagte Reinhardt ruhig. „Kein reines Täterprofil – ein Lebensbild. Wer ist er? Was treibt ihn an? Was hat ihn gebrochen?" Brecht nickte, griff zum Marker und schrieb oben auf das Whiteboard zwei Worte: Jonas Falk. Darunter folgte eine Liste, aus der langsam ein Bild wuchs.

Alter: Anfang/Mitte 20

Geboren in: Duisburg

Aufgewachsen: Brennpunktgebiet

Beruflich: Unauffällig – zuletzt in Berlin, mittleres Management

Kriminelle Vorgeschichte: Keine

Familiärer Status: Einzelkind, Eltern lebten zuletzt in Duisburg

Beziehung zu den Opfern: Eltern

Psychologische Auffälligkeiten: Verdacht auf posttraumatische Belastungsstörung oder dissoziative Episoden

„Es beginnt nicht mit dem Mord“, sagte Brecht. „Es beginnt davor. Viel früher.“ Reinhardt trat einen Schritt zurück, betrachtete die Stichpunkte. „Vielleicht sogar in der Kindheit. Etwas, das ihn still gemacht hat. Unauffällig. Aber innerlich... laut.“ Brecht nickte langsam. „Und dann Berlin. Die Sache mit Becker. Der Mord damals war unaufgeklärt – keine Spuren, kein Motiv, kein Zeuge. Und Falk war der Letzte, der ihn gesehen haben könnte. Damals war er nur ein stiller Schatten am Rand der Akte.“ Reinhardt nahm sich ein leeres Blatt. „Wir brauchen Struktur. Lass uns das Leben in Phasen aufteilen.“ Er schrieb:

Phase 1: Kindheit – Unklar, aber geprägt von Isolation.

Phase 2: Junge Erwachsene – Rückzug, Berufseinstieg, Distanz.

Phase 3: Der Vorfall in Berlin – Mord an Becker, unmittelbare Umgebung.

Phase 4: Rückkehr nach Duisburg – emotionale Nähe zu Eltern, Konflikt?

Phase 5: Eskalation – Mord.

„Die Rückkehr ist der Schlüssel“, sagte Reinhardt. „Er hätte nicht zurückkehren müssen. Kein Kontakt zu den Eltern, keine Verpflichtung. Und doch – er kam zurück.“ „Nicht, um zu reden. Nicht, um Frieden zu schließen“, murmelte Brecht. „Er kam zurück, um zu beenden.“ Sie blickten beide auf das Whiteboard.

Motiv: Noch unklar. Persönlich, aber nicht affektiv. Kontrolliert.

Vorgehen: Geplant, mit Momenten der Impulsivität. Keine Raubspuren, kein erkennbares Auslöserobjekt.

Tatwaffe: Schusswaffe – Herkunft unklar.

Reinhardt kreiste das Wort geplant ein. „Er hat die Waffe nicht zufällig gehabt. Er hat sie mitgebracht. Vielleicht schon aus Berlin. Das heißt, der Entschluss stand lange vorher fest.“ „Das Hotelzimmer war angemietet auf seinen Namen“, fügte Brecht hinzu. „Keine Fluchtversuche. Keine falsche Identität. Es ist, als wolle er gesehen werden.“ Reinhardt starrte in die Akte. „Oder wie jemand, der sich selbst aufgibt. Der sich als Täter begreift, bevor ihn jemand dazu macht.“

Sie schwiegen. Das Ticken der Wanduhr war das einzige Geräusch im Raum. Dann sagte Brecht leise: „Was, wenn es für ihn nie um Flucht ging? Was, wenn er auf den Moment gewartet hat, in dem alles sichtbar wird?“ Reinhardt überlegte. Dann: „Dann werden wir ihn finden. Nicht weil er flieht – sondern weil er sich finden lässt.“ Langsam traten sie zurück vom Tisch. Die Schatten ihrer Körper fielen auf das Whiteboard, auf die Worte, die Namen, die Linien. Es war kein vollständiges Bild. Aber es war ein Anfang. Ein Schattenriss eines Mannes, der aus dem Dunkel trat – langsam, unaufhaltsam, mit leeren Augen und einem Ziel, das nur er verstand.

*

Es war 07:46 Uhr, als der interne Haftbefehl ausgestellt wurde. Die Entscheidung fiel nicht leicht, aber sie war notwendig. Zu eindeutig waren die Indizien, zu klar die Linie, die sich durch das Bild zog, das die beiden Kriminalbeamten in stundenlanger Arbeit zusammengefügt hatten. Jonas Falk war kein bloßer Befragter mehr. Er war Zielperson. Tatverdächtiger. Flüchtiger. Und womöglich gefährlich. Doch eine Sache war beiden klar – Brecht wie Reinhardt: Die Presse durfte davon nichts erfahren. Noch nicht. Nicht wegen Rücksicht. Nicht aus Angst, etwas falsch zu machen. Sondern weil sie wussten, dass sie mit einem Mann zu tun hatten, der zu unberechenbaren Reaktionen fähig war – und der mit der Öffentlichkeit nichts mehr zu tun haben wollte. Er war kein Geltungssüchtiger, keiner, der ein Manifest hinterließ oder Schlagzeilen provozierte. Er war – in einem zutiefst beunruhigenden Sinn – leise. Und genau das machte ihn so gefährlich. Im Duisburger Präsidium wurde die Nachricht nur intern weitergegeben. Keine Pressekonferenz. Kein Hinweis an die Lokalreporter. Der Name Jonas Falk wanderte nur digital durch verschlüsselte Netze – von einem Büro zum nächsten, von einer Dienststelle zur anderen. Interne Mitteilungen, mit der Kennzeichnung vertraulich. Brecht stand vor dem Einsatzplan. Eine Karte von Nordrhein-Westfalen, markiert mit Stecknadeln: bekannte Aufenthaltsorte, Sichtungen, Bewegungsprofile. Es gab keine sicheren Hinweise, wo Falk sich jetzt befand – nur Vermutungen. Sein Hotelzimmer war verlassen, die Waffe nicht gefunden. Kein Taxi hatte ihn gemeldet. Kein Konto war benutzt worden. „Er ist wie vom Erdboden verschluckt", murmelte Brecht und rieb sich über die Stirn. Reinhardt betrat den Raum mit einer neuen Akte in der Hand. „Berliner Wohnsitz ist leer." „Und kein einziger Freund, keine Kontakte." „Nur Kollegen. Und die beschreiben ihn als ruhig, reserviert, unauffällig." Brecht schüttelte den Kopf. „Genau das ist das Beunruhigende. Es gibt keine offensichtlichen Spuren. Keine Wut-Mails, keine Eskalationen, keine Hinweise auf Gewalt. Er hat nichts vorbereitet, was man greifen kann – und trotzdem hat er sich vorbereitet." Reinhardt ließ sich auf einen Stuhl sinken. „Was, wenn er sich nicht versteckt? Was, wenn er... wartet?" Brecht sah ihn an. „Auf was?" Ein kurzes Schweigen. Dann sagte Reinhardt: „Auf das Ende." Draußen begann es zu regnen. Ein stiller, unauffälliger Nieselregen, der die Fenster langsam beschlug. Innen summten die Rechner, Beweismaterial wurde ausgewertet, Handyverbindungen verfolgt, Kontobewegungen analysiert. Doch Jonas Falk blieb stumm. Unsichtbar. Nur sein Name flackerte auf den Monitoren. Immer wieder. Jonas Falk. Verdächtigt des Doppelmordes und zwei weiteren. Keine offiziellen Spuren. Kein Aufsehen. Nur ein lautloses Netzwerk aus Beamten, das sich wie ein Netz über das Land legte. Ein bleierner Himmel hing über Duisburg, während sich ein milder, grauer Regen wie ein Schleier über die Straßen legte. Wasser sammelte sich in kleinen Pfützen, lief zögerlich über die Bordsteinkanten und färbte den Asphalt dunkler. Aus den feuchten Dächern tropfte es in regelmäßigen Abständen, als würde die Stadt selbst atmen — langsam, träge, erschöpft. Im Inneren des Polizeipräsidiums herrschte gedämpfte Betriebsamkeit. Die Gänge waren in das fahle Licht der Neonröhren getaucht, ihre Leuchtkraft von den dunklen Böden und den matten Wänden verschluckt. Stimmen klangen gedämpft, Schritte hallten nur schwach wider. Irgendwo summte ein alter Drucker, und der Duft von abgestandenem Kaffee vermischte sich mit dem metallischen Geruch der Technikräume. In einem der Büros saßen Kommissar Brecht und Kommissar Reinhardt, beide über Akten gebeugt, die inzwischen deutlich Spuren von Fingerabdrücken, Eselsohren und Notizzetteln trugen. Die beiden Männer arbeiteten seit Tagen fast ohne Unterbrechung an dem Fall Falk. Und heute stand der nächste Schritt an: Sie wollten tiefer graben — in Jonas' Vergangenheit, dort, wo er gelebt hatte, bevor er verschwunden war. Dort, wo vielleicht Antworten lagen, die ihre Vermutungen bestätigen oder widerlegen konnten. „Grünwald, dritte Etage, Wohnung 7", sagte Brecht, als er den letzten

Zettel auf dem Tisch ablegte. „Laut Melderegister war sie über 10 Jahre Nachbarin der Familie Falk. Wenn jemand noch etwas über ihn weiß, dann sie." Reinhardt nickte stumm, griff nach seinem Mantel und trat als Erster hinaus in den Flur. Der Regen hatte zugenommen, als sie kurze Zeit später das Präsidium verließen und die wenigen Meter zu Fuß durch das träge Viertel gingen. Das Viertel, in dem Jonas aufgewachsen war. Das Haus, in dem die Frau seit dem Abriss lebte, stand leicht zurückgesetzt von der Straße, ein grauer, unscheinbarer Bau aus den siebziger Jahren, mit rissigem Putz und verwitterten Briefkästen. Die Klingelschilder waren teilweise mit Pflastern überklebt, ausgeblichen oder handbeschriftet. Ein schwacher Geruch von feuchtem Beton und alter Farbe stieg ihnen entgegen, als sie durch das quietschende Metalltor traten und das Treppenhaus betraten. Der Aufstieg war gemächlich. Der Putz an den Wänden war stellenweise abgeblättert, und das Licht flackerte jedes Mal, wenn jemand die Bewegungsmelder passierte. Bei der Tür mit der Nummer 7 hielt Brecht inne, klopfte zweimal. Dann ein weiteres Mal, fester. Nach ein paar Sekunden hörte man das leise Schaben eines Riegels, und wenig später öffnete sich die Tür einen Spalt. Dahinter erschien das Gesicht einer älteren Dame. Die Augen hell, aber gerötet, die Haut von feinen Linien durchzogen.„Frau Grünwald?" fragte Brecht. Sie nickte zögernd. „Kommissare Brecht und Reinhardt. Es geht um Jonas Falk. Darf ich fragen, ob Sie sich an ihn erinnern?" Ein leises Seufzen. „Jonas... ja. Der Junge von nebenan. Das ist... viele Jahre her." „Dürfen wir kurz reinkommen?" Sie musterte beide, trat dann langsam zurück und öffnete die Tür weiter. „Ja, kommt rein. Aber erwartet nicht zu viel. Der Junge war... naja, er war wie Luft." Die Wohnung war alt, liebevoll eingerichtet, voller Erinnerungen. An den Wänden hingen vergilbte Fotografien — ein Hochzeitsporträt, ein s/w-Bild mit einem Hund, Kindergesichter in Rahmen. Im Wohnzimmer stand ein Glastisch mit gehäkelter Decke, darüber ein schwerer Kronleuchter aus den Achtzigern. Hannelore Grünwald bot Tee an, setzte sich in einen tiefen Sessel mit durchgesessenen Polstern. Brecht und Reinhardt nahmen auf dem Sofa Platz. „Erzählen Sie uns, was Sie noch wissen", begann Reinhardt. Hannelore Grünwald nickte langsam, fuhr sich mit den Fingern über die Stirn. „Die Falks waren... komisch. Nicht unfreundlich, aber... da war etwas Kaltes in diesem Haushalt. Die Mutter, Petra, war sehr kontrolliert. Ich erinnere mich, dass sie kaum mit mir sprach, außer wenn es um den Mullplatz oder den Lärm der Nachbarskinder ging. Und Hans, ihr Mann – der hat oft geschrien. Er war oft unterwegs. Angeblich geschäftlich, aber manchmal fragte ich mich, ob er nicht einfach weg war, um zu trinken. Er hat schon immer viel getrunken wissen Sie". Sie schwieg, nahm einen Schluck Tee, dann sprach sie weiter: „Jonas... er war seltsam. Nein – ruhig. So unheimlich ruhig. Als Kind. Die anderen Jungen spielten draußen, Jonas stand nur dabei. Schaute ihnen zu. Still. Wach. Als würde er alles sehen, aber nichts sagen." Reinhardt notierte mit langsamer Hand. „Gab es... Situationen, in denen Ihnen etwas auffiel? Irgendetwas Merkwürdiges?" Hannelore schüttelte den Kopf. „Er war höflich. Immer höflich. Aber nicht fröhlich. Nie. Ich erinnere mich, einmal – da war er vielleicht elf oder zwölf – da hatte ich ihm angeboten, mit in die Küche zu kommen, um einen Kuchen zu probieren. Er stand einfach da, hat mich angesehen, minutenlang, bis ich das Angebot zurückgenommen hab. Es war, als hätte ich ihn erschreckt mit der Geste." Sie blickte zu Boden. Brecht sah auf. „Hatten Sie den Eindruck, dass Jonas Angst vor seinen Eltern hatte?" Ein langer Moment. Dann nickte Hannelore kaum merklich. „Nicht offensichtlich. Aber... ja. Er war nie entspannt in ihrer Nähe. Immer wie auf Abruf. Wenn die Mutter auf den Balkon trat, stand er stramm, als würde er gleich Befehle erwarten. Wenn der Vater spät nach Hause kam, versteckte er sich. Ich habe das gesehen, durch das Fenster. Er hat ihn beobachtet. Immer aus dem Schatten heraus." Ein neuer Schluck Tee. Hannelore wirkte müde. „Ich hab mal versucht, mit Petra Falk zu reden. Nur so... wie man eben unter Nachbarn redet. Aber sie war so distanziert. Als hätte sie Angst, jemand könnte etwas erfahren." Reinhardt schloss langsam sein Notizbuch. „Danke, Frau Grünwald. Das hilft uns mehr, als Sie glauben." Die alte Dame lächelte schwach. „Ich hoffe, der Junge ist in Ordnung... Oder nein, ich hoffe, was auch immer mit ihm geschehen ist... dass es ihm endlich Frieden bringt."

*

Die Schule lag versteckt zwischen zwei langgezogenen Wohnblöcken, etwas zurückgesetzt von der Straße, fast so, als hätte sie sich mit den Jahren absichtlich in den Hintergrund gedrängt. Der Betonbau war graugelb und trug die Spuren der Jahrzehnte wie Narben: abblätternde Farbe an den Fensterrahmen, bröckelnde

Mauerecken, rostige Geländer an den Treppenaufgängen. Ein Ort, an dem Stimmen verhallten, Pausenglocken verklangen und Erinnerungen über die Jahre zu vagen Schemen wurden. Kommissar Brecht und Kommissar Reinhardt betraten das Gebäude durch den Seiteneingang. Die Luft im Inneren war muffig, durchsetzt mit dem kaum zu ortenden Geruch von altem Linoleum, trockener Kreide und Putzmitteln. Es war später Nachmittag, der Unterricht war vorbei, und auf den Fluren herrschte diese eigentümliche Ruhe, die nur Schulen am Ende eines langen Tages ausstrahlen – eine Mischung aus Erschöpfung und Schweigen, wie das Nachhallen unzähliger Gespräche, das nun plötzlich verstummt war. Der Konrektor, Herr Lichtenhagen, erwartete sie bereits in seinem Büro. Er war ein Mann um die sechzig, mit kurzem, weißem Haar, einer Brille, die ihm ständig von der Nase rutschte, und einer Stimme, die nach jahrelanger Pausenaufsicht ein wenig rau, aber warm geblieben war. Als er den Namen Jonas Falk hörte, runzelte er die Stirn. Nicht ablehnend – eher irritiert. „Jonas Falk… das ist wirklich lange her. Ich muss gestehen, dass ich mich kaum an ihn erinnere. Aber ich bin mir sicher, dass Frau Mentzler Ihnen mehr sagen kann. Sie hatte ihn damals in Deutsch und Geschichte, ich glaube, über drei Jahre hinweg. Eine ruhige Frau, aber mit einem sehr scharfen Gedächtnis. Ich ruf sie gleich mal an." Während Lichtenhagen wählte, standen Brecht und Reinhardt wortlos da, betrachteten die alten Klassenfotos an der Wand. Die Gesichter verschwammen ineinander, Kinder mit Zahnlücken und stolzen Mienen, Jungen in viel zu großen Pullovern, Mädchen mit Haarspangen und gefalteten Händen. Hinter jedem ein Leben, eine Geschichte. Und irgendwo unter ihnen: Jonas Falk. Frau Mentzler traf zehn Minuten später ein, noch im Mantel, ein schmaler Stoffbeutel in der Hand. Sie war um die siebzig, klein, mit silbergrauem Haar und wachen, wasserhellen Augen, in denen sich ein Rest jener Aufmerksamkeit spiegelte, mit der sie vermutlich jahrzehntelang auf Kinder geschaut hatte. „Jonas… Jonas Falk, ja. Ich erinnere mich. Ein sehr stiller Junge. Ungewöhnlich still." Sie setzte sich, legte den Beutel neben sich, schlug nicht einmal die Jacke auf. Ihre Stimme war leise, fast verschwörerisch, als würde sie über etwas sprechen, das besser im Verborgenen geblieben wäre. „Er war nie laut. Nie auffällig. Er war… da. Immer da. Und doch hat man ihn oft vergessen. Ich habe ihn manchmal auf der Klassenliste gesucht, weil ich dachte, er sei krank. Aber er war da. In der letzten Reihe. Unauffällig. Mit einem Heft, das nie beschmiert war. Mit Handschrift wie ein

Erwachsener." Reinhardt beugte sich leicht vor. „Gab es besondere Vorkommnisse mit ihm? Irgendetwas Auffälliges im Verhalten?" Frau Mentzler runzelte die Stirn. „Auffällig? Das ist schwer zu sagen. Nicht so, wie Sie vielleicht denken. Er war höflich. Immer vorbereitet. Aber… manchmal war da etwas in seinem Blick. Er hat Menschen angeschaut, ohne dass man wusste, ob er überhaupt etwas sah. Nicht feindlich. Auch nicht verträumt. Sondern… abwesend, aber wach. Wie jemand, der irgendwo anders ist – aber genau beobachtet, was hier geschieht." Brecht machte sich Notizen. „Gab es Situationen, in denen er auf andere auffällig reagiert hat? Mobbing? Gewalt? Rückzug?" Frau Mentzler überlegte lange. „Die anderen Schüler haben des Öfteren ausgestoßen. In den Pausen stand er oft abseits. Nicht aus Hass – eher aus… ich weiß nicht. Respekt? Angst? Er hatte diese Aura, als würde etwas in ihm schlummern, das man besser nicht aufweckt. Ich erinnere mich an einen Vorfall in der achten Klasse: Ein Junge – Leo, glaube ich – hat sich über Jonas lustig gemacht. Nichts Schlimmes. Ein dummer Spruch. Jonas hat ihn nur angesehen. Kein Wort. Kein Lächeln. Aber Leo hat danach nie wieder etwas gesagt. Nicht zu ihm. Nicht über ihn." Sie schwieg einen Moment. „Es war nicht, dass er andere ausgeschlossen hat. Er wurde ausgeschlossen. Und er hat niemanden hereingelassen. Manchmal dachte ich, er hätte keine Vergangenheit. Keine Zukunft. Nur dieses Jetzt. Und selbst das… war brüchig." Brecht: „Haben Sie jemals Kontakt zu den Eltern gehabt?" Frau Mentzler lachte leise, fast bitter. „Petra Falk, ja. Sie war bei jedem Elternabend, pünktlich, korrekt, kontrolliert. Sie stellte Fragen – aber nicht über Jonas' Wohlbefinden. Nur über seine Leistung. Ob er genug tue. Ob er nicht in eine bessere Klasse wechseln könne. Ob sein Verhalten unangemessen sei. Als wäre er ein Projekt. Kein Kind." Ein leises Seufzen. „Und Hans Falk? Den habe ich nie gesehen." „Gab es Schulberichte, Einträge, Auffälligkeiten?" „Nein, keine offiziellen. Keine Fehlstunden. Keine Disziplinarmaßnahmen. Ich erinnere mich nur an dieses eine Mal – da kam Jonas zu mir nach dem Unterricht. Ganz still. Und fragte, ob ich denke, dass Menschen sich ändern können. Ich fragte: ‚Wer?' Und er sagte nur: ‚Alle.' Dann ist er gegangen. Das war das letzte Gespräch, das ich mit ihm geführt habe." Die Pause, die folgte, war schwer. Dann stand Frau Mentzler auf, zog den Mantel enger um sich. „Es tut mir leid, wenn ich nicht mehr sagen kann. Ich fürchte, Jonas Falk war ein Rätsel, selbst in der Zeit, in der er jeden Tag vor mir saß." Draußen hatte der Regen nachgelassen. Brecht und Reinhardt standen einen Moment schweigend vor der Schule. Die Glocke über dem Eingang war alt und still, ein Mahnmal aus der Zeit, in der Kinder noch vom Läuten geleitet wurden. In diesem Moment schien es, als würde sie jeden Moment anschlagen, die Vergangenheit selbst zur Ordnung rufen. Jonas Falk war ein Schatten geblieben – und die Umrisse dieses Schattens wurden mit jeder Erinnerung deutlicher. Ein Junge ohne Stimme, ohne Freunde, mit Eltern, die mehr Rahmen als Familie gewesen waren. Und irgendwo zwischen stiller Beobachtung und tiefer Isolation hatte sich etwas geformt, das heute in Blut geschrieben war. Sie gingen schweigend über den Schulhof. Denn es gab nichts, das jetzt gesprochen werden musste. Nur das Wissen, das sich zwischen den Blicken aufbaute: Jonas war nie vergessen worden. Nur übersehen. Der Regen hatte den Tag grau gewaschen. Nichts glänzte, nichts bewegte sich, außer dem Wasser, das sich in Ritzen sammelte, Tropfen für Tropfen. Brecht führte Reinhardt durch einen schmalen Weg zwischen zwei alten Gewerbehallen hindurch, vorbei an einer Mauer, über die man früher Graffiti gesprüht hatte, deren Farben aber inzwischen in bleichen Schlieren zerflossen waren. Der Wind trug einen Hauch von Öl und altem Eisen mit sich – und etwas anderes, schwer Greifbares. Erinnerung vielleicht. Dann standen sie da. Ein offener Platz, kaum größer als ein kleiner Parkplatz. Am Rand: ein zusammengefallener Bauzaun. In der Mitte: drei Bilder, sorgfältig aufgestellt, aber längst von dem Wetter gezeichnet. Nasse Blumen in Plastikfolie lagen davor, daneben Windlichter – viele davon ausgebrannt, mit geschwärztem Glas. Eine Plastikschale mit Regenwasser schwappte, als der Wind auffrischte. Reinhardt blieb einen Moment stehen, bevor er langsam näherging. Die Gesichter auf den Fotos – Kinder, noch nicht ganz erwachsen. Ein Lächeln, ein trotziges Gesicht, einer mit einer Kamera in der Hand. Alles Leben. Alles vorbei. „Hier ist es passiert?" fragte er schließlich. „Hier", sagte Brecht. Seine Stimme klang ruhig, fast tonlos. Reinhardt betrachtete die Stelle auf dem Boden. Kein Blut. Keine Markierungen. Und doch wirkte der Ort aufgeladen. Nicht durch das, was man sah – sondern durch das, was nicht mehr da war. „Ich erinnere mich dunkel", sagte Reinhardt. „Drei tote Jungs, in den Nachrichten, irgendwo zwischen Meldungen über Bahnstreiks und Wohnungsmangel. Dann war es wieder weg. Kein Verdächtiger, kein Prozess." „Es gab Theorien", sagte Brecht. Er sah nicht zu ihm, sondern auf die Blumen. „Ein Motiv hatte keiner. Niemand hatte offene Rechnungen. Kein Racheakt. Kein Raubmord. Die Spurenlage war... dünn." „Und Jonas Falk?" Brecht atmete durch.

„Wurde nie offiziell verdächtigt. Kein Beweis. Kein Zeuge. Es war mehr ein Gefühl. Ein Schatten. Jemand hatte ihn hier gesehen – ein paar Tage vorher. Aber das war es." Reinhardt ging langsam zwischen den Blumen hindurch. „Und trotzdem kommst du hierher." „Weil es falsch ist, wie still es geworden ist", sagte Brecht. „Drei Jungen. Erschossen. Und niemand weiß, warum. Nicht mal sicher, von wem. Es ist, als hätte es nie jemand ganz glauben wollen." „Was weißt du über sie? Die Jungen?" Brecht zog die Schultern leicht hoch. „Sie hatten keine Geschichten. Keine Delikte. Einer war in einer Wohngruppe, der andere wohnte bei der Großmutter. Keine Engel. Aber auch keine Mörder. Sie hätten noch atmen dürfen." Reinhardt ließ den Blick schweifen. Es war still. Zu still. Keine spielenden Kinder. Kein Verkehr. Nur das Tropfen des Regens von einem Blechsims, immer wieder, wie ein Taktmesser. „Was ist dein Eindruck, Brecht?" „Dass jemand sie kannte", sagte Brecht. „Nicht im Sinne von Freundschaft. Sondern… jemand, der gesehen hat, wie sie waren. Und etwas darin erkannt hat. Vielleicht etwas gehasst hat. Oder fürchtete." „Aber wir wissen nicht, wer." Brecht schüttelte den Kopf. „Nein. Und das ist das Unheimliche." „Und Falk?" „Er war hier. Vielleicht. Vielleicht nicht. Der Name fiel. Dann verschwand er wieder." Reinhardt ging ein paar Schritte zur Seite, dort, wo das Pflaster ein wenig uneben war, wo sich kleine Pfützen gesammelt hatten. Er hockte sich hin, berührte den Boden mit der Hand. „Wenn er es war… hat er nichts hinterlassen." „Oder alles gelöscht", sagte Brecht. Sie schwiegen. Der Regen nahm zu, tropfte auf die Bilder, ließ sie glänzen. Die Gesichter verschwammen leicht unter der Feuchtigkeit, als wollten sie verschwinden, zurückweichen in das Vergessen, das ihnen auferlegt wurde. Reinhardt erhob sich. „Wie lebt man mit so etwas?" Brecht sah ihn an, und für einen Moment war da etwas in seinem Blick – Müdigkeit vielleicht, oder die Erkenntnis, dass manche Dinge einfach nicht gelöst werden wollen. „Gar nicht", sagte er leise. „Man erinnert sich nur. Immer wieder. Und fragt sich, ob man hätte etwas sehen können. Oder hören." Reinhardt trat zurück. Noch ein Blick auf die Blumen, auf das ausgebleichte Schild mit den drei Namen. Dann sah er zu Brecht. „Glaubst du, es hat mit damals zu tun? Mit Berlin?" „Ich weiß es nicht", sagte Brecht. „Aber es fühlt sich so an. Als würde jemand einen alten Faden wieder aufnehmen." Reinhardt nickte langsam. Dann wandte er sich ab, trat einen Schritt zur Seite – und blieb noch einmal stehen.„Weißt du, was mich irritiert?" „Was?" „Dass es so leise ist. Immer noch."

Brecht sah ihn lange an. Dann sagte er: „Weil niemand schreien will, wenn niemand mehr zuhört."

*

„Du willst mir sagen, du hast das mit Mia W. gar nicht auf dem Schirm gehabt?" Brecht klang nicht vorwurfsvoll, aber in seiner Stimme schwang ein Hauch Verblüffung mit. Reinhardt fuhr sich über das Gesicht, erschöpft. „Ich war bei Becker, bei dem Fall damals. Mia ist in einem ganz anderen Referat gelandet. Der Junge war nur Zeuge, kein Verdächtiger. Nicht ungewöhnlich." „Aber jetzt", sagte Brecht langsam, „jetzt ist das alles anders." Sie saßen im Halbdunkel, das Neonlicht über ihnen flackerte mit einem leisen Summen. Zwischen ihnen auf dem Tisch: Bilder. Schwarz-weiß Kopien. Aktenseiten. Zeitleisten, aufgeschrieben in krakeliger Handschrift. Und mittendrin: ein Name, der wie ein Brandzeichen wirkte. Jonas Falk. Reinhardt lehnte sich zurück, verschränkte die Arme. „Weißt du, was mich nicht loslässt? Das mit den drei Jungen. Ich hab die Fotos gesehen. Die Abstände. Die Platzierung der Körper." Brecht nickte. „Und?" „Das war keine Panik. Kein Kurzschluss. Das war—" Er stockte. „—geordnet. Irgendwie... rituell. Und dann diese Flucht. Kein Versuch, sich zu verstecken. Keine Spurenbeseitigung. Es war fast, als sollte man es finden." „Oder als wäre es ihm egal gewesen." Wieder Stille. Der Kaffee roch bitter. Die Neonröhre summte weiter, als würde sie das Gespräch mithören wollen. „Mia war jung", murmelte Brecht, und seine Augen waren auf einen alten Zeitungsausschnitt gerichtet. „Ihre Freunde sagten, sie war ruhig. Verträumt. Hat kaum jemandem wehgetan." „Und Becker war jemand, der sich einmischte", ergänzte Reinhardt. „Der Typ war bekannt dafür, dass er sich nicht raushielt." „Und Jonas war jedes Mal... irgendwie in der Nähe." Ein Schweigen, das schwerer wog als Worte, legte sich zwischen die beiden Männer. Draußen fuhr ein Auto vorbei, und das Licht huschte wie ein gehetzter Gedanke über die Wände. „Was haben wir wirklich?", fragte Reinhardt schließlich. „Vier Tatorte. Sieben Todesfälle. Keine Zeugen. Keine Tatwaffe. Kein eindeutiges Motiv." „Und trotzdem", sagte Brecht leise, „ist alles miteinander verbunden. Rückkehr in die Heimatstadt. Ein

Haus. Eine Familie. Die Vergangenheit, die aufbricht wie ein alter Riss in der Mauer.“ Reinhardt tippte mit dem Finger auf das Bild der Eingangstür von Familie Falk. „Das war nicht einfach nur Wut. Da war... Überzeugung. Ich seh das in der Anordnung. Die Spiegelung in der Art, wie die Schüsse gesetzt wurden.“ „Er hat gezielt. Auf etwas in sich drin.“ „Ja.“ Ein leiser Moment. Dann nahm Brecht einen neuen Ausdruck aus der Mappe. „Wir haben die Schulakten gecheckt. Es gibt da ein altes psychologisches Gutachten von einem Vertrauenslehrer, aber nie offiziell weitergegeben. Nur eine Notiz: ‚Der Junge wirkt abgespalten, wie jemand, der seine eigene Geschichte nicht kennt.‘“ Reinhardt sah ihn an. „Das ist kein offizieller Vermerk.“ „Nein. Aber es ist ein Eindruck. Und manchmal ist das mehr wert.“ Sie schauten beide auf das kleine vergilbte Bild in der Mitte des Tisches: ein Schülerausweis von Jonas Falk, etwa vierzehn Jahre alt. Blass, die Haare zu lang, der Blick halb an der Kamera vorbei „Unsichtbar“, sagte Reinhardt. „Und jetzt ist er überall.“ Langsam holte Brecht ein Blatt Papier hervor. Ein Ausdruck. „Ich hab das zusammengestellt. Eine Zeitleiste. Kindheit, Schule, Umzug nach Berlin, Job, Rückkehr. Es ergibt sich ein Muster. Immer wenn sich etwas in seinem Leben löst – zieht er sich zurück. Und kurz darauf passiert etwas.“ „Als würde er... reagieren. Wie ein System unter Druck.“ „Oder wie ein Mensch, der das Gleichgewicht verliert.“ Ein leises Nicken. Dann legte Reinhardt eine neue Mappe auf den Tisch. „Ich will mehr. Die Aussage von damals. Ich will wissen, was er gesagt hat, als er Becker gefunden hat.“ „Ich hab Berlin gebeten, mir die Originalabschrift zu schicken. Die digitalisierten Kopien reichen nicht. Ich will den Ton hören. Den Rhythmus seiner Worte.“ „Und wenn du nichts findest?“ Reinhardt schaute zum Fenster hinaus. „Dann fangen wir eben woanders an zu graben.“ „Und wenn er längst wieder untergetaucht ist?“ Ein leises, fast unmerkliches Lächeln zuckte über Reinhardts Lippen. „Dann hoffe ich, dass er irgendwann wieder Luft holen muss.“

*

„Er wird es wieder tun.“ Brecht sprach den Satz leise aus, aber in der Stille des Besprechungsraumes klang er wie ein Hammerschlag. Reinhardt sah ihn nur kurz an, dann wieder auf die Tafel. Rote Fäden, markierte Punkte. Zwei Städte. Sieben Opfer. Und Jonas Falk irgendwo dazwischen – wie ein Geist, ein Schatten, ein sich auflösendes Geräusch in dunklen Gassen. „Woran machst du das fest?“, fragte er knapp. „Es ist die Logik, Reinhardt. Sein Rhythmus. Es ist fast wie ein innerer Takt. Zwischen jedem Vorfall liegen Tage, manchmal Wochen. Aber sie folgen einem Muster – nicht in Art oder Ort, sondern in der Bewegung. Rückzug, Warten, Zuschlagen. Rückzug, Warten, Zuschlagen.“ Reinhardt atmete hörbar aus. „Also? Wo als Nächstes?“ „Das ist es ja.“ Brecht trat dichter an die Wand mit der Karte. Er zeigte auf einen roten Kreis um Duisburg. „Hier war der letzte bekannte Tatort. Die Eltern. Symbolisch aufgeladen. Familiär. Persönlich. Und davor: der Schulhof, das Bürogebäude in Berlin. Und Mia W – auch ein Ort der vermeintlichen Sicherheit. Immer durchdrungen von Nähe.“ „Nähe zu ihm“, murmelte Reinhardt. „Genau. Wir müssen davon ausgehen, dass das nächste Ziel wieder etwas mit seiner Vergangenheit zu tun hat.“ „Aber wie viele solcher Orte gibt es? Wir wissen kaum etwas über seine Kindheit. Die Schulen, die alten Nachbarn – alles bruchstückhaft.“ „Aber die Bruchstücke geben uns wenigstens einen Rahmen.“ Ein jüngerer Beamter platzte in den Raum, schwer atmend. „Die Tonaufnahme aus Berlin – sie ist da. Das Verhör mit Jonas Falk.“ Reinhardt nahm sie ihm aus der Hand. Ein USB-Stick. Klein, unauffällig. So unscheinbar wie der Junge, den sie einst befragt hatten. „Wurde er mit Fragen gedrängt?“, fragte Brecht sofort. „Oder hat er freiwillig gesprochen?“ „Es war ein Einzelverhör“, antwortete der Beamte. „Keine Aggression, keine Verdächtigung. Nur… eine seltsame Stille in seinen Antworten. Man sagt, er wirkte fast wie jemand, der die Fragen gar nicht richtig hört.“ Reinhardt ging zum Computer, steckte den Stick ein. „Dann hören wir uns das an.“ Ein Klicken. Ein leises Rauschen. Dann:

„Jonas Falk, Alter 22, befragt zu den Umständen des Fundes der Leiche von Herrn Becker…“

Die Stimme des damaligen Ermittlers war ruhig, formell. Jonas’ Stimme – leise. Ruhig. Fast schläfrig. Stille. Reinhardt stoppte die Aufnahme. In seinen Augen lag ein harter Ausdruck. „Er wusste es. Ohne Pulsfühlen. Ohne Näherkommen. Er wusste es.“ „Also war er dabei“, sagte Brecht tonlos. „Oder… er war der Täter.“ „Beides“, murmelte Reinhardt. „Vielleicht ist da kein Unterschied mehr.“

Brecht trat ans Fenster. Draußen schien die Stadt stillzustehen. Doch in seinem Kopf raste es. „Was tut ein Mann wie Jonas, nachdem er seine Eltern erschossen hat?“, fragte er in den Raum hinein. Reinhardt schwieg. „Er verschwindet nicht einfach. Er lebt nicht mit der Schuld. Nicht er. Er wird sie... weitergeben. An die Welt. An irgendwen.“ „Wir haben keine Zeit“, sagte Reinhardt endlich. „Jeder Tag, den er frei ist, ist ein potenzieller Tag, an dem jemand stirbt.“ „Wir brauchen Zugriff.“ „Wir brauchen ihn.“

*

Es war, als hätte er nie dort geschlafen. Das Hotelzimmer, der Spiegel, der Vorfall – all das war nun nicht mehr als ein dunkler Fleck in seiner Erinnerung, unscharf und zerrissen wie ein altes Polaroid in flackerndem Licht. Jonas war nicht zurückgekehrt. Er hatte es nicht geplant, nicht kalkuliert. Als er das Haus seiner Eltern verlassen hatte, als er durch die Türe trat, war er einfach weitergegangen. Ohne Ziel. Ohne Plan. Ohne sich umzudrehen. Die Scheine, die er dem Rezeptionisten vor die Füße geworfen hatte, war das Doppelte von dem, was er eigentlich schuldete. Für das Zimmer. Für den Lärm. Für den Spiegel. Vielleicht auch für etwas anderes. Vielleicht auch, weil er nicht mehr vorhatte, zurückzukehren. Jetzt saß er auf einer Bank. Die Nacht hatte ihn verschluckt, aber nicht verschont. Der Himmel war von einer matten, orangegrauen Farbe, als hätte sich das Licht in der Stadt selbst aufgegeben. Kein Stern. Kein Mond. Nur dieser fremde Dunst über den Dächern, das leise Summen der Laternen, das ferne Brummen von Motoren in den Straßen unterhalb. Die Bank stand in einem verlassenen kleinen Park. Ein vergessener Ort. Unkraut wuchs durch das Kopfsteinpflaster, die Umrandung eines längst ausgetrockneten Brunnens war von Moos überzogen. Ein Spielgerät knarzte im Wind – genau einmal, dann wieder Stille. Jonas hatte die Hände tief in den Jackentaschen vergraben. Er dachte nicht mehr in klaren Bahnen. Gedanken kamen wie Geräusche: bruchstückhaft, unterbrochen, fremdgesteuert. Alles vibrierte. Nicht äußerlich. Innen. Unter seiner Haut. Ein Geräusch ließ ihn aufblicken. Doch es war nur ein Vogel, der sich auf einem Zaun niederließ. Irgendein schwarzer Schatten mit zuckenden Flügeln, bevor er wieder davonstob. Jonas schloss die Augen. Und wieder war da: das Wesen. Nicht zu sehen. Nicht einmal zu hören. Aber spürbar. Eine Präsenz wie ein heißer Atem in seinem Nacken, wie ein Flüstern, das hinter der Sprache lauerte. Doch diesmal sagte es nichts. Es wartete. Er hatte das Gefühl, als wäre es... zufrieden. Nicht euphorisch, nicht triumphierend. Nur... ruhig. Als würde es zusehen, wie alles in die Richtung glitt, in die es von Anfang an bestimmt war. Wie ein Vater, der beobachtete, wie sein Kind endlich allein gehen konnte – auch wenn der Weg durch Dunkelheit führte. Jonas streckte die Beine aus, langsam, zitternd. In seinem Kopf war es still. Kein Schrei, kein Echo, nicht mal Reue. Nur die Leere nach einem Sturm. Aber irgendwo tief in seinem Innersten... da war noch etwas. Ein Pochen. Ein Flackern. Etwas, das sich nicht ganz ergeben hatte. Noch nicht. Er wusste nicht, wie lange er schon auf der Bank saß. Vielleicht war es eine Stunde. Vielleicht fünf. Vielleicht auch nur Minuten, die sich über ihn gelegt hatten wie Staub auf einer Oberfläche, die niemand mehr berührte. Zeit hatte längst ihre Kanten verloren. Alles war weich geworden. Ausgefranst. Ein Auto fuhr in der Ferne vorbei. Das gleichmäßige Grollen rollte durch die Straßen wie ein Tier, das nicht mehr wusste, wohin es gehörte. Danach wieder nur: der Wind. Dieses dünne, kränkliche Wehen, das kaum etwas bewegte und doch unaufhörlich in sein Gesicht griff, als wolle es etwas von ihm abziehen. Seine Gedanken. Seine Erinnerungen. Vielleicht ihn selbst. Jonas' Blick hing an einem rostigen Mülleimer ein paar Meter weiter. Irgendjemand hatte einen zerfetzten Schal hineingestopft. Er flatterte wie eine Fahne auf Halbmast. Es wirkte seltsam... falsch. Unproportional. Überbetont. Als wäre die ganze Welt in einem fremden Rhythmus, einer anderen Tonart. Alles war noch da – die Bänke, die Laternen, der rissige Asphalt – aber es hatte keinen Sinn mehr. Keine natürliche Verbindung. Wie in einem Traum, der nur aus vertrauten Teilen bestand, aber trotzdem nicht mehr richtig war. Er beugte sich vor, legte die Ellbogen auf die Knie, verschränkte die Finger im Nacken. Er hatte es getan. Die Bilder kamen nicht in einer klaren Reihenfolge. Keine lineare Erinnerung. Nur Farben. Klänge. Einzelne Worte. Das Aufreißen von Augen. Ein zu spät gehauchtes „Nein". Blut auf den Fliesen. Das Zittern seiner eigenen Finger. Die Stimme des Wesens irgendwo in seinem Kopf, weich wie Samt, schneidend wie Glas. Er wollte würgen, aber da war nichts mehr. Der Magen war leer, der Körper erschöpft. Alles hatte sich bereits entladen. Es gab kein Ventil mehr. Keine Träne. Keine Bewegung.

„Du bist hier“, flüsterte er. Aber das Wesen antwortete nicht. Er hatte sich entschieden. Ja. Aber war das… genug? War das wirklich er gewesen? Er richtete sich langsam wieder auf. Die Bewegungen kamen ihm fremd vor, als würde jemand anderes in seinem Körper sitzen. Etwas, das ihn kannte. Seine Muster. Seine Risse. Seine Schwächen. Etwas, das sich über Jahre hinweg in ihn eingesickert hatte – langsam, geduldig, wie Wasser, das durch Stein sickert. Er dachte an die Wohnung in Berlin. An das leise Brummen des Kühlschranks. An das Glas Wasser, das er sich fast jede Nacht nach exakt der gleichen Bewegung einschenkte. Ein Ritual. Ein Schutz. Die Normalität war ein System aus Wiederholungen gewesen. Alles, um das andere zu vergessen. Die tieferen Schichten. Die Dinge, die sich wie dunkler Schlamm unter der Oberfläche gesammelt hatten. Und jetzt? Jetzt war der Damm gebrochen. Er sah auf seine Hände. Verschmiert, aber nicht rot. Nicht mehr. Die Straßenluft hatte das meiste davon fortgenommen. Und doch war es da. Unter der Haut. In der Falte seiner Finger. In den winzigen Spuren seiner Nägel. In ihm. Ein Teil von ihm. War es das, was das Wesen gemeint hatte? Dass er endlich ganz war? „Nein“, murmelte er. Die Stimme war rau, kaum hörbar. Denn wenn das stimmte… dann bedeutete es, dass dieser Teil immer dagewesen war. Schon in ihm, lange bevor das erste Blut geflossen war. Nicht durch die Tat entstanden, sondern nur endlich… sichtbar geworden. Jonas schloss die Augen. Und dann sah er es. Nicht mit den Augen. Sondern mit dem, was darunter lag. Ein Schatten im Schatten. Eine Erinnerung. Ein Echo. Das Kinderzimmer. Die hellblaue Tapete. Das Knarren der Tür. Die Stille danach. Eine Stimme, die sagte, dass man nicht schreien solle. Ein kalter Griff. Er zuckte zusammen. Machte die Augen auf. Keuchte. Nein. Nicht jetzt. Nicht noch einmal. Doch der Schatten war schon da. Wieder. Immer. Und das Wesen auch. Unsichtbar, aber präsent. Wie ein zweiter Puls. „Das war der Anfang“, sagte es schließlich. Leise. Freundlich. Beinahe mitleidig. Jonas presste die Lippen zusammen. Ein Schauer lief durch ihn, obwohl der Wind aufgehört hatte zu wehen. Er war allein. Aber er war es nie gewesen. Du weißt es doch. Immer hast du es gewusst. Ein Geräusch riss ihn aus dem Gedanken. Schritte. Ein Fahrrad, das vorbeizog. Ein leises Kichern, irgendwo in der Nähe. Zwei Jugendliche. Stimmen, zu leise, um verstanden zu werden. Jonas sah ihnen nach. Ihre Schatten zogen sich durch das Licht der Straßenlaternen. Verschwanden. Er atmete tief ein. Es war, als würde sich etwas in ihm neu zusammensetzen. Nicht ruhiger. Nicht friedlicher. Aber… klarer. Er stand auf. Und diesmal zögerte er nicht.

*

Jonas lief durch eine Seitenstraße, von der Hauptstraße durch eine graue Häuserzeile abgeschirmt. Es war ein Platz, an dem niemand lange verweilte, zu unscheinbar, zu verlassen, und genau deshalb hatte Jonas ihn gewählt. Die Wolken am Himmel waren schwer und tiefhängend, und die Luft hatte dieses stumpfe, matte Gefühl, als würde Regen drohen, ohne wirklich zu kommen. Neben ihm: ein alter Papierbecher, halb zerdrückt, sein Inhalt verdunstet. Eine leere Plastiktüte flatterte kurz im Wind, bevor sie sich wieder reglos an einen Gullydeckel schmiegte. Er hatte das Hotel nicht wieder betreten. Schon als er gegangen war, hatte er gespürt, dass er dort nicht mehr hin zurückkehren konnte – nicht nach dem Spiegel, nicht nach dem Schreien, nicht nach den dunklen Worten, die das Wesen ihm ins Ohr geflüstert hatte. Der Gedanke an das Zimmer, das Bett, das Fenster – all das war ihm fremd geworden. Es war, als hätte er dort nie geschlafen, nie geatmet, nie gelebt. Der Ort hatte sich in etwas anderes verwandelt: eine Zwischenstation auf dem Weg zu etwas Endgültigem. Jetzt lief er, die Kapuze tief ins Gesicht gezogen, das Gesicht unrasiert, die Augen matt und unterlaufen. Passanten warfen ihm Blicke zu, aber niemand sah ihn wirklich an. Das war neu für ihn – und zugleich vertraut. Früher war es immer so gewesen. Unsichtbar. Eine Silhouette unter vielen. Er brauchte eine neue Haut. Eine neue Hülle. Nicht, um sich zu verstecken. Nein, das Gefühl war ein anderes. Tiefer. Elementarer. Als würde er sich häuten. Schicht um Schicht abtragen von dem, was Jonas Falk einmal gewesen war. Und was blieb, war… etwas anderes. Er zog die Jacke enger um sich. Seine Beine waren schwer, sein Nacken steif. Er hatte kaum geschlafen in den letzten Nächten, nicht wirklich. Die Stunden verschwammen, Tage liefen ineinander, wie Wasserfarben auf zu nassem Papier. Er wusste, was er jetzt tun musste. Nicht weglaufen. Nicht fliehen. Sondern verschwinden – durch Transformation. Wenn er sich veränderte, dann würde auch die Welt ihn nicht mehr erkennen. Und mehr noch – vielleicht würde auch er selbst vergessen können. Für einen Moment. Jonas betrat einen kleinen Secondhand-Laden. Die Glocke über der Tür bimmelte mit einer Müdigkeit, die perfekt zu seinem Zustand passte. Die Verkäuferin, eine Frau mit bleichem Teint und fahlem Lippenstift, sah nur kurz auf, dann wieder in ihr Magazin. Er ging zielgerichtet auf eine Reihe abgetragener Mäntel zu. Dunkelgrau, olivgrün, verwaschenes Schwarz – Farben, die nicht auffallen. Er ließ seine Finger über die Stoffe gleiten, spürte die rauen Nähte, die abgewetzten Kanten. Schließlich zog er einen Mantel heraus, der ihm einen Moment lang bekannt vorkam. Nicht wegen seiner Form oder Farbe. Sondern wegen des Gefühls, das er auslöste: Schwere. Verantwortung. Schutz. Er probierte ihn an. Der Stoff war zu groß, die Schultern hingen leicht, aber das war gut. Er wollte sich verlieren in der Kleidung, unkenntlich werden. Danach folgte eine Mütze – tief ins Gesicht gezogen, eng anliegend – und eine dunkle Sonnenbrille, die seine Augen verdeckte, auch wenn keine Sonne da war. Die Verkäuferin sagte kein Wort, als er bezahlte. Draußen betrachtete er sich im Schaufenster. Nicht Jonas. Nicht der Junge von früher. Nicht der Mann, der zurückgekehrt war, um Geister zu töten. Etwas dazwischen. Er ging weiter. In einen Drogeriemarkt. Nahm sich eine Schachtel Haarfärbemittel, schwarz. Einen Barttrimmer. Alles, was half, sich selbst auszulöschen. Als er wenig später in einem öffentlichen Waschraum stand, das Licht flackerte über ihm, entfernte er sich Schicht für Schicht. Er rasierte den Bart, der sein Gesicht verhüllt hatte. Die Farbe floss wie Tinte über seine Stirn, während er sie einarbeitete. Tropfen rannen über seine Wangen. Als er die Augen aufschlug, blickte ihm jemand Fremdes entgegen. Die Wangen kantiger, das Kinn markanter, die Haut blasser durch das Neonlicht. Die Haare pechschwarz, das Gesicht schmal. Er lachte leise. Kein fröhliches Lachen – ein Erkennen. Draußen war es kühler geworden. Die Nacht kroch heran. Und Jonas – oder was von ihm noch übrig war – verschwand darin wie ein Schatten unter vielen. Die Straße war kalt. Nicht im meteorologischen Sinn – das Thermometer zeigte milde Temperaturen – sondern auf eine Art, die Jonas unter die Haut kroch. Die Menschen gingen schneller als sonst, redeten weniger. Ihre Blicke schienen aneinander vorbeizugleiten, ohne sich zu treffen. Jonas schritt durch die Menge wie durch einen Nebel, unsichtbar und doch spürbar. Als hätte er etwas an sich, das man nicht sehen, aber erahnen konnte. Wie der Moment kurz vor einem Gewitter, wenn sich die Luft verändert. Er war nicht mehr Jonas Falk. Zumindest nicht äußerlich. Der Spiegel im Bahnhofsklo hatte ihm das gezeigt: Die schwarzen Haare, der abrasierten Bart, der neue Mantel. All das ließ ihn wirken wie ein anderer. Aber unter dieser neuen Oberfläche tobte noch immer der Sturm. Er hatte sich nicht von sich selbst befreit – nur von seiner Fassade. Er war auf der Suche. Nicht nach einem Ort – sondern nach einem nächsten Schritt. Etwas, das sich noch nicht in Worte fassen ließ. Die Umgestaltung war nur der Anfang gewesen. Er musste sich neu erschaffen. Nicht nur, um zu fliehen – sondern um etwas zu vollenden. Er betrat einen Friseursalon. Nicht irgendeinen. Einen dieser Läden mit Milchglas, wo keiner hinsieht, wenn du reingehst. Wo die Friseure keine Fragen stellen, wenn du um etwas Radikales bittest. Die Frau hinter dem Tresen hatte rauchige Stimme, türkise Fingernägel, und ein Blick, der alles gesehen hatte. „Was soll's werden?" Jonas überlegte einen Moment. Dann sagte er nur: „Weg damit." Sie verstand. Ohne Worte. Die Schere schnitt, als würde sie alte Leben abschneiden. Haare fielen zu Boden, mischten sich mit fremden Strähnen, Dreck und Staub. Jonas starrte in den Spiegel, aber er erkannte das Gesicht nicht. Nicht mehr. Nach der Prozedur ging er. Kein Dank, kein Gespräch. Nur ein Blick in ihre Augen, der vielleicht kurz Mitleid trug – oder Angst. Wenig später betrat er einen weiteren Laden. In seinem neuen Auftreten war er ruhig, konzentriert, präzise. Er wusste, was er wollte: Ein neues Portemonnaie. Ein einfacher Rucksack. Und in einer der hinteren Ecken: ein unscheinbares Prepaid-Handy. Er zahlte bar, ohne eine Miene zu verziehen. Im Spiegel des Geschäfts sah er sich erneut. Der neue Jonas. Oder der, der noch kein Name hatte. Er kehrte zurück auf die Straße, sein Gang flüssiger, sein Blick ruhiger. Etwas in ihm hatte sich gelegt. Nicht der Schmerz – aber die Unsicherheit. Es gab keinen Zweifel mehr, dass dieser Weg weiterging. Es gab keinen Ort der Rückkehr. Als die Nacht anbrach, stand er in einem Industriegebiet. Kaltes Licht, leer gefegte Straßen. Kein Mensch weit und breit. Er hatte ein leerstehendes Gebäude entdeckt. Ein verlassenes Bürogebäude, dessen Fenster eingeschlagen, dessen Innenräume vom Staub vergangener Jahrzehnte überzogen waren. Hier würde er bleiben, zumindest für ein paar Stunden. Er setzte sich auf den Boden, lehnte sich an eine Wand. Und hörte seinem eigenen Atem zu. Das Wesen war ruhig. Es sagte nichts. Aber Jonas wusste, dass es da war. Dass es ihn beobachtete. Nicht wertend. Nur wartend. Jonas atmete tief ein. Die Luft schmeckte alt. Metallisch. Und dennoch – es war besser als alles, was er in den letzten Tagen geatmet hatte. Er schloss die Augen.

*

Trotz all der Veränderungen – der neuen Kleidung, dem fremden Gesicht im Spiegel, den umherirrenden Gedanken, die langsam zu Überzeugungen wurden – bewegte Jonas sich vorsichtiger als je zuvor. Nicht aus Angst, erwischt zu werden. Nicht einmal, weil er glaubte, verfolgt zu werden. Es war etwas anderes. Eine Präsenz im Rücken, die nie ganz wich. Etwas wie ein sechster Sinn. Als würde ihn ein Blick treffen, den man nicht sehen, nur spüren konnte. Er nahm andere Wege. Nie zweimal denselben. Wenn er eine Straße entlangging, ließ er sich Zeit, an Ecken zu lauschen, sein Tempo zu variieren, gelegentlich stehen zu bleiben, als hätte er etwas vergessen. Und wenn sich eine Person zu oft in seiner Nähe aufhielt, wartete er – oder kehrte um. In diesen Bewegungen lag keine Hektik. Eher eine stille, kalte Berechnung. Jeder Schritt war durchdacht. Er trug eine Kapuze, tief ins Gesicht gezogen, selbst bei hellem Licht. Die Hände meist in den Manteltaschen, die Schultern leicht angehoben, als müsste er sich klein machen in einer Welt, die ihn größer wahrnahm, als er wirklich war. Sein Gang hatte sich verändert. Er war leiser geworden. Vorsichtiger. Die Absätze seiner Schuhe setzten weicher auf. Fast unhörbar. In Cafés hielt er sich nie länger als zehn Minuten auf. Nur Plätze am Fenster, mit Blick zur Tür. Er vermied Kameras, Spiegel, Schaufenster. Wenn er an gläsernen Gebäuden vorbeiging, wandte er den Blick ab. Zu groß war die Gefahr, sich selbst zu begegnen. In einer Zeit, in der sein Spiegelbild nicht mehr ihm gehörte. Einmal beobachtete er eine Frau, die mit dem Rücken zu ihm an einem Bankautomaten stand. Er sah, wie sie sich plötzlich umdrehte. Nur eine Sekunde zu lange sah sie ihn an. Keine Feindseligkeit in ihrem Gesicht – nur Verwunderung. Aber das reichte. Jonas verschwand. Bog ab, nahm eine Treppe in die U-Bahn, verließ den Bahnhof auf der anderen Seite. Er tauchte unter, auch wenn niemand ihn verfolgte. Er war ein Geist geworden. Nicht durch seine Taten – sondern durch das, was sie aus ihm gemacht hatten. Eine Stimme in seinem Inneren, die flüsterte, dass die Welt ihn nie wieder normal sehen würde. Und dass sie recht hatte. In der Nacht suchte er sich Schlafplätze, die niemand vermuten würde. Alte Kellerzugänge, verlassene Nebengebäude, dunkle Ecken unter Brücken. Er schlief wenig, und nie tief. Oft schreckte er hoch, wenn ein Auto vorbeifuhr, ein Hund bellte oder der Wind zu laut an einer Tür zerrte. Immer war da diese Anspannung. Ein innerer Alarmzustand, den er nicht ablegen konnte. Und selbst das Wesen – das ihm so oft wie ein dunkler Begleiter schien – war in diesen Momenten still. Vielleicht beobachtete es ihn. Vielleicht wartete es. Aber es sagte nichts. Keine Anweisungen. Kein Lob. Keine Verführung. Nur Schweigen. Das machte es schlimmer. Jonas bewegte sich weiter. Ein Ziel vor Augen, das sich nicht benennen ließ. Nur eine Richtung. Und eine Ahnung davon, dass es noch nicht vorbei war. Nicht für ihn. Nicht für das, was sich in ihm ausbreitete wie kaltes Feuer. Es war nun früher Nachmittag, ein milchiger Himmel hing über der Stadt, zäh und drückend wie feuchtes Papier. Jonas stand auf der anderen Straßenseite, im Schatten eines stillgelegten Zeitungskiosks. Seine Kapuze war tief ins Gesicht gezogen, die Hände fest in den Taschen vergraben. Vor ihm lag ein kleiner Platz. Ein Bäcker, ein Friseursalon, ein Spielplatz mit rostenden Ketten an der Schaukel. Ein Ort, der wirkte wie eingefroren in der Zeit. Friedlich. Harmlos. Er hatte keinen Grund, hier zu sein. Und doch war er es. Menschen kamen und gingen. Eine junge Frau mit einem Kind an der Hand, das quengelnd auf ein Eis zeigte. Ein älterer Mann mit einem Einkaufsbeutel, dessen Inhalt bei jedem Schritt klirrte. Zwei Schüler in zerschlissenen Jacken, vertieft in ihr Gespräch, gestikulierend, laut. Jonas sah ihnen zu. Lange. Ohne zu blinzeln. Sie lachten. Bewegten sich mit dieser Selbstverständlichkeit durch die Welt, wie es nur Menschen tun, die nicht rechnen müssen. Die nicht auf jede Bewegung achten. Die keine Schatten fürchten. Da. Wieder dieses Ziehen in seinem Nacken. Nicht von außen – sondern von innen. Als würde sich ein Muskel zusammenziehen, den es gar nicht geben durfte. „Sieh sie dir an", sagte das Wesen. Jonas' Augen verengten sich. Ein flüchtiges Flüstern nur, kaum mehr als ein Hauch. Doch es war da. Ein Echo, das aus seinem Inneren kam, sich wie Öl in seinem Magen ausbreitete. „Sieh, wie sie leben. Wie sie atmen, lachen, gehen. Sie wissen nichts. Und sie urteilen trotzdem". „Hör auf", murmelte Jonas. Ein kaum hörbarer Laut, kaum mehr als ein Atemstoß. Aber das Wesen lachte nicht. Es seufzte. Langsam. Bedauernd. „Ich weiß, dass du müde bist, Jonas. Ich weiß, wie schwer das alles wiegt. Doch sie – sie tragen nichts. Und sie haben dich vergessen. Alle". Er wandte sich ab. Versuchte, nicht zuzuhören. Aber sein Blick blieb hängen. Bei einem alten Ehepaar, das sich an den Händen hielt. Dann bei einem jungen Mann, der auf einer Bank saß, Kopfhörer in den Ohren, versunken in sein Handy. Einfach so. Einfach... existierend. „Sie haben dir nichts zurückgegeben", flüsterte es weiter. „Und doch geben sie sich das Recht, dich zu vergessen. Warum? Weil du unbequem bist? Weil du zu viel gesehen hast? Weil du zu viel fühlst?" Jonas kniff die Augen zusammen. Seine Finger hatten sich unbewusst zu Fäusten geballt. Das Zittern kam wie von selbst. „Was ist mit deiner Wahrheit, Jonas? Wer hat dir zugehört?" Die Stimme war sanft, fast liebevoll. Und genau das war das Schlimmste. Denn inmitten der Kälte der letzten Tage war sie der einzige Ton, der Wärme hatte. Der einzige, der ihn ansah – durch ihn hindurch. Jonas ließ den Blick wieder schweifen. Auf einen Jungen mit Sommersprossen, der auf dem Fahrrad einen Umweg über den Bordstein nahm. Auf eine Frau, die ein Sandwich aß, während sie durch ein Dokument auf ihrem Laptop scrollte. Sie alle sind sicher, weil sie nicht hinter die Fassade sehen. Weil sie blind sind – und dafür belohnt werden. „Was wäre, wenn du es ihnen zeigen würdest, Jonas? Nur zeigen. Kein Wort. Kein Schrei. Nur... eine Erinnerung. Ein letztes Echo".Jonas sog scharf die Luft ein. Das Licht flackerte irgendwo in der Ferne. Vielleicht ein Schatten. Vielleicht nur ein Vogel, der aufgeschreckt davonflog. Aber es reichte, um ihn herauszureißen. Er rieb sich das Gesicht. Hart. So als könne er die Gedanken aus seiner Stirn reiben. „Nein", murmelte er. Aber es klang nicht wie eine Antwort. Eher wie ein Versuch, etwas zu unterbrechen, das längst begonnen hatte. Das Wesen schwieg. Aber Jonas wusste, dass es nicht weg war. Es hatte gesät. Und es wartete. Der Wind frischte auf. Ein kühler Hauch zog durch die Straße und ließ die Papierschnipsel auf dem Boden tanzen wie stumme Geister. Jonas stand immer noch da, unbewegt, wie ein Schatten an der Wand. Minuten hatten sich zu Stunden gedehnt, und doch hatte er kaum bemerkt, wie die Zeit verstrich. Die Leute vor ihm – sie hatten sich längst verändert. Neue Gesichter, neue Bewegungen. Und doch... gleich. Alles wirkte wie eine Wiederholung. Ein sich stetig drehendes Karussell aus Gleichgültigkeit und versteinertem Glück. Seine Augen klebten an einem Mann, der an der Bäckerei vorbeiging. Dunkler Mantel, Aktentasche, stoischer Blick. Der Mann hielt kurz an, sah in das Schaufenster, überprüfte sein Spiegelbild, strich sich über das Haar und ging weiter. Nur ein Detail. Ein Nichts. Und trotzdem blieb Jonas an ihm hängen. „Siehst du ihn?" Die Stimme des Wesens kam diesmal nicht wie ein Flüstern. Sie war klar. Fast menschlich. So, als würde jemand direkt neben ihm stehen. Jonas zuckte nicht zusammen. Die Grenze zwischen dem, was in seinem Kopf war, und dem, was draußen geschah, war längst verwischt. „Was soll mit ihm sein?“ fragte er leise, die Lippen kaum bewegend. „Er lebt sein Leben. Er geht zur Arbeit. Er hat eine Frau, vielleicht ein Kind. Abends wird er müde auf der Couch einschlafen und nicht wissen, dass er den ganzen Tag lang blind war. Blind für das, was war. Und was ist. Und was kommt“. Jonas’ Augen verengten sich. „Er wird nie an dich denken, Jonas. Nicht an das, was du warst. Nicht an das, was du bist. Für ihn bist du nichts. Aber du – du bist jemand. Du warst immer jemand“. Ein nervöses Zucken zuckte durch Jonas’ rechten Mundwinkel. Nicht ganz ein Lächeln. Nicht ganz ein Schmerz. Er trat einen Schritt aus dem Schatten, das Licht eines vorbeifahrenden Autos streifte sein Gesicht. Dann blieb er stehen. Schaute. Wartete. „Du fühlst es, nicht wahr? Dieses Kitzeln unter der Haut. Dieses Kribbeln, wenn du begreifst, dass du sehen kannst, was sie nicht sehen. Dass du spürst, was sie nie spüren werden“. Ein älteres Ehepaar blieb stehen, direkt neben ihm, um die Bäckereitafel zu lesen. Der Mann lächelte kurz höflich zu Jonas, ein mechanisches Zucken der Mundwinkel, weiter nichts. Jonas erwiderte den Blick nicht. „Sieh sie an. Ihre Schritte. Ihre Körper. Ihre zerbrechliche Existenz. Alles in ihnen schreit danach, nicht gesehen zu werden. Aber du siehst sie. Du durchdringst sie. Du bist nicht wie sie“. Ein leiser Laut kam aus Jonas’ Kehle. Vielleicht ein Lachen. Vielleicht ein Schluchzen. Er wusste es selbst nicht. Aber das Wesen wusste es. Es wusste immer, was er fühlte, lange bevor Jonas es sich selbst eingestand. „Ich bin müde“, sagte Jonas. „Ich weiß. Aber du bist auch wach. Und du warst niemals wacher als jetzt“. Sein Blick wanderte weiter. Über Gesichter, über Hände, über Bewegungen, die alle zu Botschaften wurden. Ein Mann hielt einer Frau die Tür auf. Ein Kind schrie, weil es sich den Finger in der Jacke eingeklemmt hatte. Zwei Teenager stritten sich flüsternd, während einer von ihnen auf sein Handy starrte. Details. Unwichtig. Und doch... alles. Jonas war in Bewegung, ohne es zu merken. Seine Füße führten ihn am Bäcker vorbei, über den kleinen Platz, an den Spielgeräten entlang, über denen nur noch die Seile schwangen. Er bewegte sich langsam, fast bedächtig – wie ein Träumer, der sich vorsichtig in der Welt hält, um nicht zu erwachen. „Du musst es nicht sofort tun", sagte das Wesen. „Es gibt keine Eile. Du bist nicht wie sie. Du bist aus einer anderen Zeit gefallen. Du bist der Splitter im Zahnfleisch, der sich erinnert, dass er ein Zahn war“. Jonas blieb an einer Straßenecke stehen. Lehnte sich an einen Laternenpfahl. Von hier konnte er

Menschen beobachten, ohne dass sie ihn sahen. Er nahm seine Kapuze ab. Es war egal. Sein Gesicht gehörte keinem Ort mehr. Ein junges Paar küsste sich gegenüber auf dem Gehweg. In aller Öffentlichkeit. Als wäre das Leben nicht ständig auf der Kippe.„ Was wäre, wenn du sie ansprichst? Nur einen. Nur heute. Frag ihn, ob er sich an dich erinnert. Frag ihn, was es braucht, damit jemand wie du existieren darf. Und dann... sieh, was geschieht". Jonas schloss kurz die Augen. Die Bilder kamen wieder. Nicht brutal. Nicht blutig. Nur... klar. Wie eine Projektion auf die Innenseite seiner Lider. Er sah sich selbst. Zwischen Menschen. Mitten unter ihnen. Und doch allein. Ein einziger Ton – ein Schuss vielleicht – würde alles verändern. Und trotzdem... er war still. „Oder willst du nur beobachten? Willst du weiter Zeuge bleiben? Ein stummer Schatten in einer lauten Welt?" Jonas öffnete die Augen. Die Welt vor ihm hatte sich nicht verändert. Und doch fühlte sie sich jetzt fremder an. Kälter. Schärfer umrissen. Das Wesen schwieg. Und das war das Beunruhigendste. Denn wenn es schwieg, dann dachte es. Und wenn es dachte, dann... plante es.

*

Jonas' Blick blieb an dem Mann mit der Aktentasche hängen. Der, der sich vorhin im Schaufenster gespiegelt hatte. Er wirkte gepflegt, kontrolliert, jemand, der jeden Schritt vorausgeplant hatte. Vielleicht war es genau das, was Jonas reizte. „Jetzt?" fragte Jonas leise. Keine Antwort. Kein Flüstern mehr. Das Wesen war verschwunden wie Nebel, der sich zurückzieht, sobald man ihn greifen will. Und doch hatte es ihn genau an diesen Punkt geführt. Jonas trat von der Wand weg. Seine Beine zogen ihn vorwärts. Sein Herz schlug nicht schneller. Es war vielmehr ein leises, dumpfes Pochen – fast wie in einem Traum, in dem der eigene Körper nicht mehr gehorcht. Der Mann war gerade im Begriff, die Straße zu überqueren, als Jonas ihn erreichte. „Entschuldigung?" sagte Jonas, die Stimme rauer als erwartet. Der Mann drehte sich um. Eine Stirn, leicht gerunzelt. Augen, misstrauisch, aber nicht unhöflich. „Ja?" Jonas trat näher. Nicht zu nah. Nur so, dass er ihn genau sehen konnte. Das Gesicht war kantig, die Haare leicht ergraut an den Schläfen. Ein Mann, der wahrscheinlich noch nie über seine Existenz nachgedacht hatte. „Ich hab eine Frage", sagte Jonas.

Der Mann wirkte nun wirklich irritiert, nickte aber vorsichtig. „Okay...?" Jonas atmete durch, als müsste er sich selbst davon überzeugen, dass diese Begegnung real war. „Als du vorhin im Fenster geschaut hast... was hast du gesehen?" Der Mann runzelte die Stirn. „Bitte was?" „Eben. Beim Bäcker. Du hast kurz ins Schaufenster gesehen. Was hast du da gesehen?" „Mich? Mein Spiegelbild. Wie man das eben so macht..." Er ließ den Satz hängen, suchte offensichtlich nach der passenden Reaktion. „Warum fragst du?" Jonas nickte langsam. Es war, als würde die Wirklichkeit unter seinen Füßen vibrieren. „Weißt du, da war... jemand. Nicht im Spiegel. Neben dir. Ich hab ihn gesehen. Du nicht." Ein kurzer Moment Stille. Nur das Ticken der Ampel in der Ferne. Der Mann rückte unmerklich zurück. „Ich glaube, ich verstehe nicht ganz..." Jonas' Blick wanderte über die Schulter des Mannes, als würde das Wesen genau jetzt wieder auftauchen. Doch da war nichts. Nur Menschen, Lichter, Schatten. „Hör zu", sagte Jonas leiser. „Ich weiß, wie das klingt. Aber dieser... jemand, der hat etwas gesagt. Über dich. Über uns alle. Dass wir schlafen. Dass wir nicht sehen." Der Mann hob langsam die Hand, als wolle er beruhigend wirken. „Ich weiß nicht, ob Sie... äh... ob Sie mit jemandem reden sollten. Wenn Sie sich... seltsam fühlen oder so." Jonas lachte. Trocken. Bitter. „Seltsam. Das ist gut." Er trat näher. „Und was, wenn ich dir sage, dass ich Dinge gesehen habe, die... nun ja, du nicht sehen kannst? Dass es jemanden gibt, der immer mit mir spricht? Der mich geführt hat? Der mir gesagt hat, dass du... blind bist?" „Ich... glaube, das Gespräch ist vorbei." Der Mann wich zurück. Nicht panisch. Eher kontrolliert. Doch seine Augen flatterten. Und Jonas sah es. „Warum reagierst du so? Du hast keine Angst vor mir. Aber du hast Angst davor, was ich gesehen habe. Weil es bedeuten könnte, dass du dein Leben lang geschlafen hast." „Ich wünsche Ihnen einen schönen Tag." Der Mann wandte sich ab, versuchte, ruhig zu wirken, doch sein Schritt beschleunigte sich. „Er hat gesagt, du würdest mich nicht verstehen!" rief Jonas ihm nach. „Aber ich musste fragen! Ich musste wissen, ob ich noch... normal bin!" Keine Reaktion. Der Mann war in der Menge verschwunden. Nur ein Schatten unter Schatten. Jonas stand wieder allein. Die Geräusche der Straße wirkten lauter. Die Menschen schienen sich schneller zu bewegen. Und dann... „Du hast es versucht." Die Stimme war wieder da. Sanft. Fast wie ein Trost. „Er hat mich angesehen, als wär ich krank", flüsterte Jonas. „Aber ich bin nicht krank." „Nein", sagte das Wesen. „Du bist erwacht". Die Menge hatte ihn wieder verschluckt. Der

Mann, mit dem er gesprochen hatte – fort. Kein Blick zurück, kein Zögern. Jonas stand da, regungslos, während um ihn herum alles weiterfloss, als wäre nichts gewesen. Stimmen vermischten sich zu einem Rauschen, Autoreifen sirrten über nassen Asphalt, irgendwo bellte ein Hund. Doch für Jonas klang es, als sei der Ton aus der Welt geschnitten worden. Er hörte es nicht mehr. Oder... wollte er es nicht mehr hören? Mit jedem Atemzug breitete sich etwas in ihm aus. Keine Wut. Kein Zorn. Auch keine Angst. Sondern Leere. Eine kalte, klare Leere, wie frisch gefallener Schnee auf einem verlassenen Feld. Als sei jemand durch seine Gedanken gegangen und hätte alles mitgenommen. Jedes „Warum", jedes „Vielleicht", selbst das flüchtige „Es könnte noch etwas geben". Sein Blick glitt über die Gesichter, die an ihm vorbeizogen. Keine Bedeutung. Nur Masken auf Körpern. Bewegungen ohne Ziel, Worte ohne Gewicht. Er sah eine junge Frau lachen, ihr Partner küsste sie auf die Stirn – es fühlte sich an, als sähe er einen Film. Eine Szene aus einem Leben, das nicht das seine war. „Du hast es versucht." Das Wesen flüsterte noch immer. Doch selbst das fühlte sich jetzt fern an, wie ein Echo aus einer längst vergangenen Welt. Jonas ging weiter. Nicht, weil er ein Ziel hatte, sondern weil das Stehen schlimmer war. Die Luft vibrierte um ihn, und doch schien sie ihn nicht zu berühren. Menschen wichen ihm aus, als hätten sie unbewusst gespürt, dass er nicht ganz hier war – nicht mehr einer von ihnen. Er blieb an einer Straßenkreuzung stehen, ließ die Autos vorbeiziehen. Seine Hand ruhte schwer in der Jackentasche. Ein Relikt aus einer Entscheidung, die er längst getroffen hatte. Und doch... spürte er nichts dabei. Kein Zittern. Kein Puls. War das das Ende? Nicht das physische – sondern das innere? Die völlige Entkopplung? Er erinnerte sich nicht einmal mehr, wie seine Stimme geklungen hatte, als er mit dem Mann gesprochen hatte. War es seine gewesen? Oder hatte jemand durch ihn gesprochen? Er suchte die Augen eines Kindes, das gerade mit seiner Mutter vorbeiging. Klare, unbeschriebene Augen. Rein. Doch auch darin – nichts. Kein Erkennen. Kein Spiegelbild. Nur Distanz. Jonas atmete langsam durch die Nase ein, hielt die Luft an. Vielleicht in der Hoffnung, dass die Welt mit ihm stillstehen würde. Aber sie tat es nicht. Sie rauschte weiter. Und in ihm: nur diese Stille. Diese weite, dunkle, erschöpfte Leere, die sich wie ein Meer über jede Emotion legte. Und in dieser Stille, dieser ausgedehnten, erbarmungslosen Stille, wurde ihm eines bewusst: Er war niemand mehr. Nicht Sohn, nicht Opfer, nicht Mörder. Nur ein Schatten, der sich erinnerte, einmal jemand gewesen zu sein. Jonas setzte sich auf eine kühle, leicht feuchte Bank unter einer Straßenlaterne, deren Licht flackerte, als wollte es sich nicht entscheiden, ob es für ihn noch leuchten wollte. Er legte die Hände ineinander, starrte auf den Boden, das Muster der Pflastersteine. Er wusste nicht, wie lange er dort schon saß. Minuten? Stunden? Dann, wie ein Seufzen im Innern, eine Stimme. „Du bist müde." Er blinzelte. Nicht überrascht. Nicht beunruhigt. Nur... müde, ja. So müde. „Ich bin nicht sicher, ob ich überhaupt noch wach bin." „Du bist wacher als je zuvor." Jonas schnaubte. „Wach? Ich bin leer." „Leere ist nicht das Ende. Es ist der Übergang." „Zu was?" „Zu dem, was du wirklich bist." Er ließ die Worte einen Moment schweben, lauschte ihnen nach, so als könnten sie in den Ritzen zwischen seinen Rippen Wurzeln schlagen. Er hätte gelacht, wenn er noch hätte lachen können. Doch irgendetwas in ihm war längst versteinert. „Ich will nicht mehr denken", murmelte er. „Ich will einfach nur... nichts." „Dann lass zu, dass ich denke." Jonas runzelte die Stirn. „Wie meinst du das?" „Du bist müde. Deine Gedanken sind wie zitternde Flammen. Lass mich sie halten. Ich kann Ordnung in das Chaos bringen." „Und dann?" Er hob den Kopf, blickte in die Dunkelheit zwischen den Bäumen am anderen Ende des Platzes. Dort stand niemand. Und doch war da etwas. „Dann sagst du mir, was ich tun soll?" „Ich habe nie befohlen. Nur gezeigt. Du bist gegangen. Du hast entschieden. Immer." „Ich bin niemand mehr." „Du bist Jonas Falk." „Dieser Name bedeutet nichts." „Er bedeutet alles." Stille. Dann flüsterte er, kaum hörbar: „Ich habe alles verloren." „Nein. Du hast alles gesehen." „Gesehen...?" Jonas schloss die Augen. Bilder flackerten kurz auf – ein Gesicht unter Wasser, der kalte Griff der Pistole, das weiße Linoleum im Haus. „Ich sehe nichts als Trümmer." „Aus Trümmern entsteht das Echte. Weißt du, warum du überlebt hast?" „Weil ich zu feige war, es zu beenden?" „Weil du noch nicht vollständig warst." Ein Rauschen im Ohr, als hätte jemand die Luft um ihn herum dichter gemacht. Jonas schluckte. „Ich fühle nichts mehr." „Dann bist du nah dran." „Woran?" „An der Wahrheit." Jonas senkte den Kopf, legte eine Hand auf die Brust. Er spürte sein Herz schlagen. Es war noch da. Aber... für wen? Für was? „Was soll ich jetzt tun?" fragte er schließlich. „Du weißt es längst." „Ich will es nicht wissen." „Aber du wirst es tun." Jonas richtete sich langsam auf, sein Blick leer und doch fokussierter als zuvor. Die Dunkelheit wirkte nicht mehr kalt, sondern fast schützend. Die Nacht war sein Verbündeter geworden – still, geduldig, wach. „Wirst du mich verlassen, wenn es vorbei ist?" fragte er.

Das Wesen schwieg einen Moment, bevor es flüsterte: „Ich bin du. Ich kann dich nicht verlassen.“ Jonas erhob sich langsam von der Bank. Seine Bewegungen wirkten kontrolliert, beinahe mechanisch, als würde er seinem Körper Befehle geben, ohne wirklich verbunden zu sein mit dem, was er tat. Seine Füße setzten sich in Bewegung, tasteten über das Pflaster wie fremd gewordene Glieder. Die Stadt um ihn herum war gedämpft. Geräusche kamen durch, aber wie aus einer anderen Welt: das entfernte Quietschen einer Straßenbahn, das Klirren von Glas in einem Altglascontainer, ein einzelner, nervöser Hund, der bellte und dann wieder schwieg. Menschen kamen an ihm vorbei, ohne ihn zu sehen. Er war ein Schatten in der Masse. Unsichtbar – und trotzdem von allem beobachtet. „Fühlst du es?“ Die Stimme des Wesens war wieder da. Ruhig, fast zärtlich. Jonas reagierte nicht sofort. Er ging weiter, die Hände in den Taschen, die Schultern hochgezogen. Der Kragen seiner Jacke war ausgefranst, verschlissen. „Was soll ich fühlen?“ fragte er schließlich. „Die Stille. Sie ist dein Spiegel.“ „Ein Spiegel zeigt, wer man ist.“ „Wenn man hinsieht.“ „Ich will nicht mehr hinsehen.“ „Aber du wirst. Du hast immer gesehen.“ Jonas blieb stehen. Sein Blick fiel auf das Schaufenster eines geschlossenen Friseursalons. Der Spiegel darin war angelaufen, von der Kälte beschlagen. Für einen Moment meinte er, sich selbst darin zu erkennen – nicht als das, was er war, sondern als das, was er hätte sein können. Fragt sich nur: wann? Dann war da wieder die Stimme. „Sie sehen dich nicht. Niemand tut das. Und doch bist du da. Wie fühlt sich das an?“ Jonas schüttelte kaum merklich den Kopf. „Wie... ein Irrtum.“ „Oder eine Befreiung.“ Er setzte sich wieder in Bewegung. Jeder Schritt schien schwerer, aber auch zielgerichteter. Er wusste nicht, wohin er ging, aber es gab etwas in ihm – ein Drängen, ein Ziehen. Kein Gedanke, kein Plan, sondern ein Gefühl, das aus einer tieferen Schicht seiner Existenz kam. Eine Ahnung, dass er noch nicht fertig war. Dass etwas ihn erwartete. „Siehst du, Jonas...“ flüsterte das Wesen nun beinahe liebevoll, „du hast dich verändert. Dein Blick ist klarer. Deine Schritte sicherer. Es gibt keinen Weg zurück. Und das ist gut so.“ Jonas spürte, wie sich seine Kiefer verkrampften. „Und wenn ich das nicht will? Wenn ich einfach nur still sein will, verschwinden, nichts mehr entscheiden, nichts mehr tun...?“ „Dann wäre das längst geschehen.“ Er blieb erneut stehen. Sein Blick fiel auf einen Mann, der auf einer Parkbank saß, vielleicht Mitte vierzig, einen langen, dunklen Mantel tragend. Der Mann schien in Gedanken versunken, starrte ins Leere. Für einen Moment trafen sich ihre Blicke. Jonas blieb wie angewurzelt stehen. „Er erinnert dich an jemanden." „Nein." Jonas schüttelte langsam den Kopf, flüsterte es mehr zu sich selbst. „Nein, das ist nicht..." „Doch. Du fühlst es. Die Fäden ziehen sich. Du weißt, was ich meine." „Was meinst du?" fragte Jonas, nun etwas lauter. Der Mann auf der Bank hob irritiert die Augenbrauen, sah zu Jonas hinüber. Jonas machte zögernd einen Schritt auf ihn zu. Dann noch einen. „Entschuldigung", sagte er. Seine Stimme war heiser, fremd. „Haben wir uns schon mal gesehen?" Der Mann musterte ihn kurz, verwundert, dann schüttelte er den Kopf. „Ich glaube nicht." „Sicher? Irgendwas an Ihnen..." Jonas' Blick flackerte, suchte, tastete. „Sie erinnern mich an jemanden." „Oder an etwas." Der Mann lachte leise. „Kennen Sie das Gefühl, wenn einem ein Gesicht bekannt vorkommt, aber man weiß nicht, warum?" „Ja", sagte Jonas. „Vielleicht ist das alles, was ich noch kenne." „Er versteht dich nicht." Jonas senkte den Blick. „Vielleicht will ich das auch gar nicht mehr." „Geht's Ihnen gut?" fragte der Mann plötzlich. Ein feiner Tonfall in seiner Stimme – Sorge, aber auch Abstand. Jonas nickte. „Ja. Ich... Ich bin nur unterwegs. Schon eine Weile." Der Mann lächelte höflich, aber seine Augen wanderten weiter. Es war klar: Er wollte nicht mehr reden. Jonas trat zurück. „Sieh dich um, Jonas." Er tat es. Und auf einmal wirkte die Welt wieder... entkoppelt. Die Farben zu grell. Die Geräusche zu weit weg. Der Himmel zu niedrig. Alles war da – und doch schien nichts davon für ihn gemacht zu sein. „Du sprichst mit mir, weil ich der Einzige bin, der noch zuhört." „Das macht es nicht besser." „Aber wahr." Jonas schloss die Augen. Die Stadt pulsierte unter seinen Füßen, ein leises, pochendes Echo in seinen Knochen. Irgendwo, weit entfernt, lachte ein Kind. Und in ihm – nichts. Nur eine Stille, die sich langsam zu bewegen begann. Keine Ruhe. Kein Frieden. Sondern etwas anderes. Etwas Tieferes. Etwas, das ihn lenkte.

*

„Komm." Das Wort war kaum mehr als ein Hauch. Es vibrierte nicht in seinen Ohren, sondern in seinem Inneren, als wäre es dort schon immer gewesen und hätte nur darauf gewartet, hervorzutreten. Jonas hob den Kopf, schaute in die Dunkelheit, die sich inzwischen zwischen den Gebäuden gesammelt hatte wie kalter Staub. Sein

Atem stand weiß in der Luft. Er zögerte. Und dann ging er los. Es war nicht so, dass das Wesen ihn führte, wie ein Mensch einen anderen führt. Es nahm ihn nicht an die Hand. Es wies nicht die Richtung. Es war eher ein Drängen, ein Flüstern tief im Knochenmark, ein Ziehen an einem unsichtbaren Faden, der von irgendwoher kam. Nicht von außen. Nicht aus der Stadt. Sondern aus der Erinnerung. Aus dem innersten Kern seines müden Körpers. Die Straßen wurden enger. Die Häuser niedriger. Nur hier und da noch Laternen, deren Licht flackerte, als wäre es sich selbst nicht sicher. Jonas hörte seine Schritte auf dem nassen Asphalt. Eine Katze huschte zwischen Mülltonnen hindurch. Niemand war unterwegs. „Hier", sagte das Wesen, „links." Jonas bog ab, durch einen zugewachsenen Pfad, wo sich Brombeersträucher in die enge Gasse drängten. Am Ende: ein rostiges Tor, das halb offenstand. Dahinter ein Hinterhof, überwuchert, mit zersplittertem Beton und einem eingestürzten Geräteschuppen. An der Rückseite ein leerstehendes Gebäude – früher vielleicht ein Vereinsheim, ein Lagerhaus, vielleicht ein kleines Theater. Jonas wusste es nicht. Und es war auch egal. „Du kannst hier schlafen." „Hier?" flüsterte er. „Du brauchst keine Sicherheit. Nur Stille." Jonas betrat das verlassene Gebäude. Der Wind rauschte durch zerbrochene Scheiben. Alte Vorhänge flatterten wie fahle Geister. Der Staub auf dem Boden war dick, aber es gab keine Spuren. Niemand war hier gewesen seit Jahren. Er trat in einen kleinen Nebenraum. Abgeschottet. Dunkel. In der Ecke ein alter, zerschlissener Sessel, dessen Farbe einst rot gewesen sein mochte. Daneben ein umgestürzter Tisch, auf dem noch eine alte Kaffeekanne stand – leer, verrostet. Jonas ließ sich auf den Boden sinken. Die Kälte kroch sofort durch die Kleidung, aber er zuckte nicht. Er zog die Knie an sich, bettete seinen Kopf gegen die Wand. Für einen Moment glaubte er, das eigene Herz nicht mehr zu spüren. „Du bist weit gekommen", sagte das Wesen. „Ich weiß nicht mehr, wohin." „Du weißt es. Du willst es nur nicht wissen." Er schloss die Augen. Und in der Dunkelheit hinter den Lidern war es nicht leer. Dort sah er Fragmente – Gesichter, Stimmen, eine Bewegung durch Gänge, eine Hand, die sich verkrampfte. Und immer wieder: das Gefühl, dass alles auf etwas hinauslief, das nicht aufzuhalten war. „Warum hilfst du mir noch?" fragte er. „Ich bin nicht hier, um zu helfen." „Warum dann?" „Weil du mich gerufen hast. Immer wieder. Du hast mich gebaut aus der Wahrheit, die niemand hören wollte. Aus dem, was sie dir nicht geglaubt haben. Aus der Kälte. Aus der Einsamkeit. Ich bin nicht gegen dich. Ich bin aus dir." Jonas atmete flach.

Der Boden unter ihm vibrierte leicht, oder war es nur sein Körper, der endlich zur Ruhe kam? Für einen Moment war es still – wirklich still. Kein Wind. Keine Stimmen. Kein Drängen. Nur die Dunkelheit. Er rollte sich langsam zur Seite. Das Wesen sprach nicht mehr. Es war da, aber es schwieg – wie ein Schatten, der sich an die Wand lehnt und abwartet. Jonas spürte das Gewicht seiner eigenen Gedanken wie nasses Tuch auf der Haut. Und doch: Der Druck war anders. Gedämpft. Als hätte das Dunkel dieses Ortes ein Stück von ihm aufgenommen, ihn geschluckt und dabei seine Schärfe verloren. Sein Blick wanderte durch den Raum. Die Risse in der Decke. Die verwitterten Tapeten. Die Reste eines Posters, halb abgeblättert, auf dem man nur noch das Wort „Erinnerung" erkennen konnte. „Schlaf, Jonas." Die Stimme war sanft. „Morgen wirst du sehen, was zu tun ist." Er wusste nicht, ob er schlafen konnte. Aber er wusste, dass es keinen Ort mehr gab, an den er sich hätte zurückziehen können. Dies war jetzt sein Zuhause. Die Dunkelheit, in die er hinabglitt, war nicht sanft. Sie kam in Schüben. Erst das Ziehen in der Schläfe, dann das Flackern vor den Augen, als würde Licht durch eine zugeschlagene Tür rinnen. Ein Moment, ein einziger Wimpernschlag, und schon war alles anders. Er stand. Plötzlich. Ohne zu wissen, wie. Seine Füße auf etwas Kaltem. Nassem. Der Boden unter ihm schien zu atmen, sich zu bewegen wie ein lebendiges Wesen – unregelmäßig, zuckend. Um ihn herum: Nebel. Nicht weiß, sondern grau, schwer wie Asche, die in der Luft zu schweben schien, als hätte jemand ganze Zimmer verbrannt und dann versucht, den Rauch zu vergessen. Er war allein. Zuerst. Dann begann das Flüstern. Unverständlich. Wie Stimmen durch Wasser. Er drehte sich. Alles war unendlich. Keine Wände, keine Richtung. Doch dann: ein Flackern. Ein Licht. Ganz weit hinten. Bläulich. Irgendwie falsch. Als hätte jemand vergessen, wie Licht funktioniert. Er ging darauf zu, seine Schritte erzeugten keinen Laut. Oder vielleicht waren sie zu leise für die Welt, in der er war. Mit jedem Schritt wurde der Boden weicher. Schleimiger. Seine Sohlen rutschten. Etwas knackte unter seinem Fuß – nicht Holz. Etwas anderes. Knorpel. Fingergelenke? Er schaute nicht nach unten. Plötzlich – ein Zucken. Ein Körper? Nein. Eine Figur. Sie saß auf einem Stuhl, mitten im Nebel. Rücken zu ihm gewandt. Bewegte sich nicht. Nur ein leises Summen kam von ihr, wie eine kaputte Spieluhr. Er näherte sich. Und dann sah er es: Der Kopf war leer. Kein Gesicht. Nur eine glatte Fläche. Wie Wachs, das nie geformt worden war. Und doch erkannte er… etwas. Einen Hauch von Bekanntheit.

Den Schnitt der Schultern. Die Form der Ohren. Ein Gefühl im Magen. Es war er selbst. Jonas wich zurück. Und dann hörte er: „Du bist spät." Die Figur drehte sich nicht um, aber die Stimme war klar. Seine Stimme. Nur älter. Tiefer. Müdigkeit tropfte aus den Silben wie Öl. „Du hast sie zu lange leben lassen." Jonas wollte antworten, aber seine Zunge war schwer. Er schluckte. Nichts veränderte sich. „Was denkst du, wird das bringen?" Die Gestalt stand auf. Ihr Körper knackte. Ihre Bewegungen zuckten – wie eine Puppe, die von groben Fäden gezogen wurde. Jonas wich weiter zurück. Und dann sah er: Hände, voller Blut. Tropfend. Als wären sie frisch in ein Herz gegriffen worden. Die Gestalt kam näher. Jonas wollte schreien – doch der Nebel schlug ihm in den Mund. Schluckte jeden Ton. Plötzlich: Eine neue Szene. Ohne Übergang. Er stand in einem Wohnzimmer. Sein altes Zuhause? Nein. Anders. Verzerrt. Die Möbel zu groß. Die Wände schief. Alles schien zu kippen, zu atmen. Auf dem Tisch: Fotos. Fotos von Menschen ohne Gesichter. Ein einziges Bild bewegte sich. Flackerte. Ein Junge, vielleicht sieben Jahre alt. Saß auf einem Bett. Blick starr auf eine Tür, die sich im Hintergrund gerade öffnete. Aus dem Türspalt trat keine Person. Nur Dunkelheit. Und aus der Dunkelheit kamen Geräusche. Ein Surren. Ein Quietschen. Ein Wimmern. Jonas wollte das Bild zerreißen. Er griff danach – aber seine Hände gingen hindurch. Wie durch Rauch. Er drehte sich. Und da stand das Wesen. Nah. Zu nah. Sein Gesicht war... nichts. Aber Jonas sah es trotzdem. Seine Augen – nicht da, und doch starrten sie ihn an. Der Mund – geschlossen, aber die Worte waren da. „Sie haben dich gemacht." „Und jetzt hast du sie genommen." „Ist das nicht Gerechtigkeit?" Jonas schüttelte den Kopf, wollte weg, laufen, schreien, irgendwas – aber seine Beine versanken. Der Boden: flüssig. Wie Haut, die unter ihm schmolz. Dann: Stimmen. Viele. Dutzende. Ein Chor von Bekannten. Mia. Becker. Die drei Jungen vom Schulhof. Die Eltern. „Warum hast du...?" „Was hast du getan...?" „Wir hätten auch einfach leben können." „Warst du das...?" Die Stimmen wurden schneller. Schneller. Sie überlappten sich. Ein Strudel. Ein Mahlstrom. Und dann, plötzlich – eine Wand. Grelles Licht. Er stand in einem Raum, voll mit Spiegeln. Doch keiner zeigte ihn. Nur Fragmente. Ein Arm hier. Ein blutiges Auge da. Ein Mund, der nicht aufhörte zu lächeln. Zähne. So viele Zähne. Er presste die Augen zu. Öffnete sie. Und fand sich... in einem Bett wieder. Ein Krankenhaus? Er war festgeschnallt. Riemen an den Armen. Metallisch. Kalt. Eine Frau trat an ihn heran. Ihr Gesicht war verpixelt, wie ein altes Video.

Ihre Lippen bewegten sich. „...nicht retten..." „...war schon zu spät..." Er wollte schreien. Da trat das Wesen wieder an seine Seite. Es beugte sich über ihn. Ganz nah. Und diesmal sah er das Gesicht ganz deutlich: Es war seins. Aber älter. Verrottet. Verloren. Die Lippen bewegten sich. Und die Stimme kam nicht aus dem Mund, sondern direkt in seine Gedanken. „Du wachst gleich auf. Bereit?" Dann explodierte die Welt. Licht. Lärm. Schreie. Ein Sturz. Und Jonas riss die Augen auf. Er lag auf dem Boden des verfallenen Gebäudes. Schweiß rann über sein Gesicht, seine Finger krampften im Staub. Der erste Sonnenstrahl fiel durch das zerbrochene Fenster. Er war wach. Aber nicht befreit.

*

Die Luft draußen war kühl, aber nicht kalt. Sie legte sich wie ein dünner Film über Jonas' Haut, ließ seine Nackenhaare aufstellen und erinnerte ihn vage daran, dass er lebte. Nur vage. Der Himmel war bleich, ein schmutziges, fahles Blau, das sich nicht entscheiden konnte, ob es Morgen oder bloß ein neuer Abschnitt der Nacht sein wollte. Der Wind trug den Geruch von Moder, Stadtstaub und einem Hauch von Metall mit sich – so vertraut, dass es ihm beinahe wie Heimkehr erschien. Jonas trat über die Schwelle der Ruine, in der er geschlafen hatte – oder geträumt hatte, wenn man das so nennen konnte – und sein Gang war ruhig. Nicht schwerfällig, nicht gehetzt. Fast so, als würde er einen klaren Plan verfolgen.Aber seine Hände zitterten leicht. Nicht sichtbar auf den ersten Blick. Nur wenn man genauer hinsah – oder ihm zu nahekam. Er sah sich nicht um. Kein Blick zurück. Nur vorwärts. Die Menschen, an denen er vorbeiging, waren Schemen. Ihre Gesichter verschwammen. Oder lag das nur an seinen Augen? Jonas spürte es nicht genau. Sein Blick glitt durch sie hindurch. Nicht aus Arroganz – sondern aus einer Art mechanischem Schutz. Seine Wahrnehmung hatte Risse. Wie alte Porzellanfliesen, auf denen man weiterläuft, obwohl man weiß, dass sie irgendwann zerbrechen werden. Ein Mann mit einem Hund blieb kurz stehen, als Jonas vorbeiging. Irgendetwas an ihm ließ ihn innehalten. Vielleicht das Fehlen von Eile. Vielleicht der Blick. Vielleicht die Jacke, die zu groß war. Oder vielleicht, dass Jonas' Schritte zu leise waren für das Pflaster unter seinen Füßen. Der Hund knurrte leise. Jonas drehte sich nicht um. Er lief weiter, vorbei an Schaufenstern, die sein Spiegelbild zeigten – aber nur in Bruchstücken. Die Reflexionen schienen verzögert, als hätten sie Probleme, ihn mit sich selbst zu synchronisieren. Ein Arm zu langsam. Ein Schatten, der erst nachkam. Ein Kopf, der leicht schief war. Und in den Augen dieser Spiegelversion von ihm lauerte ein Ausdruck… der ihn selbst erschreckte. Doch er reagierte nicht. Denn irgendetwas in ihm war zu ruhig. Ein Teil von ihm – der Teil, der sich früher noch gegen das Wesen gewehrt hatte, gegen die Gedanken, gegen das Brennen in der Brust – der Teil war still. Nicht tot. Nur… wie unter Wasser gedrückt. Er spürte ihn noch. Aber alles, was daraus kam, war dumpf. Eine Frau rempelte ihn leicht an, weil sie in ihr Handy vertieft war. Jonas blieb stehen. Starrte sie an. Ihr Blick hob sich, nur ganz kurz, entschuldigend. Aber dann hielt sie inne. Ihre Pupillen verengten sich. Irgendetwas in seinem Gesicht – oder seinem Schweigen – ließ sie rückwärts weichen, nur einen Schritt. Sie sagte nichts. Und Jonas… auch nicht. Er drehte sich langsam wieder nach vorn. Innen war etwas zerrissen. Es knackte, ganz leise. Wie eine Spannung im Nacken, die gleich nachgeben könnte. „Du wirkst gut." Die Stimme war wieder da. Nicht laut. Nicht greifbar. Uns sie sprach nicht in seinem Kopf – sie sprach in den Zwischenräumen seiner Gedanken. Jonas antwortete nicht. Aber ein kaum merkliches Zucken lief über seinen Mundwinkel. Ein halbes Lächeln, das niemand sehen sollte. Er erreichte eine Brücke. Blieb stehen. Unter ihm floss Wasser – träge, schmutzig, aber mit rhythmischer Bestimmtheit. Er beugte sich leicht vor. Sah sein Spiegelbild. Nur für einen Moment. Und da war es wieder: Ein zweites Gesicht. Hinter seinem. Verzerrt. Lächelnd. Er atmete aus, ganz ruhig. Dann richtete er sich auf. Und ging weiter. Jemand hätte denken können, dass er seinen Weg kannte. Und vielleicht tat er das auch. Aber wo der Weg endete – das wusste er noch nicht. Die Straße war belebt, aber nicht überfüllt. Jonas lief mittendrin, zwischen Passanten, als wäre er einer von ihnen – aber das war er nicht. Nicht mehr. Nicht wirklich. Er hörte nichts. Kein Lachen. Kein Rufen. Kein Bremsen. Keine flüchtigen Gespräche. Die Welt war stumm. Sein Herz aber klopfte rhythmisch, wie ein Metronom, das nicht mehr zu einem Takt gehörte. Dann blieb er stehen. Einfach so. Mitten auf dem Gehweg. Die Menschen mussten ausweichen, einer schüttelte den Kopf, ein anderer murmelte etwas. Jonas bemerkte es kaum. Denn plötzlich… lachte er. Kein kehliges, lautes Lachen. Nein, es begann klein, leise, fast wie ein entweichender Atemzug. Dann wuchs es. Wurde voller. Ein Lachen ohne Grund.

Ohne Ursprung. Ohne Kontrolle. Es vibrierte in seiner Brust und schüttelte ihn durch, kam wellenartig, unaufhaltsam, wie ein hysterischer Reflex auf eine Wahrheit, die zu groß war, um sie auszusprechen. Er hielt sich die Rippen, beugte sich leicht vor, lachte noch. Die Leute hielten Abstand. Ein Mann mit einer Einkaufstasche blieb stehen, beobachtete ihn, trat dann einen Schritt zur Seite. Zwei Jugendliche kicherten – aber nicht über Jonas, sondern aus einer Mischung aus Verlegenheit und Nervosität. Eine ältere Frau zögerte, sah ihn sich genauer an, presste ihre Handtasche enger an sich und überquerte die Straße. Jonas merkte, dass sie ihn anstarrten. Und das brachte ihn nur noch mehr zum Lachen. Sein Gesicht war gerötet. Seine Augen glänzten. Aber es war kein fröhliches Glänzen. Es war das Flackern einer Glühbirne, kurz bevor sie endgültig durchbrannte. „Sieh sie dir an." Die Stimme. Das Wesen. Sanft. „Sie alle. Sie wissen nichts. Und du... du trägst die Wahrheit wie eine Krankheit in dir. Ist das nicht... komisch?" Jonas hielt sich an einer Mauer fest. Er wankte leicht, als würde das Lachen ihm die Beine rauben. Er sog Luft ein, als wäre sie knapp. „Ich—" Er japste. „Ich..." Dann kam ein kurzes, trockenes Husten. Ein letzter Lacher. Danach: Stille. Die Leute gingen weiter. Einige drehten sich noch einmal um. Andere murmelten etwas über „Drogen", „Psychose", „Armut" oder „Wahnsinn". Niemand hielt an. Niemand fragte. Niemand half. Jonas richtete sich wieder auf. Seine Augen hatten Tränen – aber sie waren nicht echt. Nur ein Nebenprodukt. Sein Blick war leer. Und wieder war da diese tiefe, unerschütterliche Ruhe in ihm. Eine Stille, die nicht friedlich war. Sondern tot. Er sah sich um. Und dann ging er weiter. Mit einem Lächeln, das nicht mehr zu seinem Gesicht passte. Jonas blieb erneut stehen. Mitten auf dem breiten Gehweg, der von flachen, kahlen Bäumen gesäumt war, zwischen hektisch hastenden Menschen, dampfenden Kaffeebechern und dem ewigen Rauschen der Verkehrswellen. Autos schoben sich aneinander vorbei wie Tiere in einem engen Stall, Lichter flackerten, Stimmen verschmolzen zu einem formlosen Chor. Jonas' Blick war auf nichts gerichtet. Er starrte durch die Welt hindurch. Es war, als wäre alles nur Dekoration, eine aufwendig gebaute Kulisse – und er selbst längst kein Teil davon mehr. Die Kälte kroch durch seine Jacke, doch er spürte sie kaum. Seine Finger waren rissig, die Lippen blass und trocken. Aber das war nebensächlich. „Siehst du sie?" Die Stimme war da. Nicht laut, nicht fordernd. Warm. Jonas zuckte nicht einmal. „Ich sehe sie alle", murmelte er. Die Menschen um ihn herum beachteten ihn nicht. Noch nicht.

„So beschäftigt. Jeder in seiner kleinen Welt. Und doch… keiner sieht dich.“ „Ich weiß.“ Er sprach leise, aber hörbar. Ein älteres Ehepaar, das an ihm vorbeiging, warf einen Seitenblick – nichts weiter. „Was würdest du ihnen sagen, wenn sie dich hören würden?“ Jonas atmete durch die Nase ein. Tief. Langsam. „Dass sie sich fürchten sollen.“ Ein kurzes Schweigen. „Und warum?“„Weil ich nicht mehr weiß, wo ich bin. Wer ich bin. Weil alles, was ich je war, längst verbrannt ist.“ Er senkte den Kopf. Die Welt wurde dumpfer. „Weil das hier… keine Rückkehr mehr erlaubt.“ Dann lachte er. Einmal. Kurz. Ein Ton, der nicht zu passen schien – zu hoch, zu schneidend, zu fremd in seinem eigenen Hals. Ein Teenager auf einem E-Scooter drehte sich beim Vorbeifahren um und starrte ihn an. Jonas richtete sich auf. „Ich weiß, dass du da bist“, sagte er in die Luft, aber mit Nachdruck. „Ich verlasse dich nie“, antwortete das Wesen. „Nicht mehr. Nicht jetzt.“ Ein Mann mit Aktentasche blieb stehen. Tat so, als würde er in seiner Tasche kramen, während er Jonas musterte. „Warum redest du mit mir wie mit einem Freund?“ sagte Jonas laut. „Du bist kein Freund.“ „Ich bin näher als das. Ich bin der Teil, den du brauchst.“ Jonas schüttelte den Kopf. „Du bist das, was geblieben ist, nachdem alles zerfallen ist.“ Worte ohne Ziel. Und dennoch sprachen sie Wahrheit. Seine Wahrheit. Dann wurde ihm bewusst, dass sich jemand ihm näherte. Langsame Schritte. Zögerlich. Die Schuhe der Frau waren schlicht. Graue Wolle, ein roter Schal. Sie sah ihn mit einem Ausdruck zwischen Vorsicht und Sorge an. „Entschuldigung…?“ Ihre Stimme war weich, aber von einer angestrengten Freundlichkeit, wie sie Menschen an den Tag legen, wenn sie sich nicht sicher sind, ob sie gerade etwas Riskantes tun. „Geht es Ihnen gut?“ Jonas blinzelte. Schaute sie an. Sein Blick war nicht feindselig – aber leer. „Wie meinen Sie das?“ „Ich… Sie haben vorhin gesprochen…“ „Ja. Hab ich.“ Kurzes Schweigen. Die Frau räusperte sich leicht. „Ich dachte, vielleicht brauchen Sie Hilfe.“ Er verzog das Gesicht zu einem Ausdruck, der irgendwo zwischen Spott und Misstrauen lag. „Hilfe?“ „Ja.“ „Von Ihnen?“ „Ich… ich weiß nicht, ob ich helfen kann. Aber ich wollte—“ „Niemand will einfach helfen. Nicht ohne Grund.“ Die Frau wirkte verunsichert. „Das stimmt nicht.“ „Doch“, entgegnete er sofort. „Sie wollen helfen, weil Sie sich dabei besser fühlen. Sie wollen die Welt retten, aber nicht mich. Nicht wirklich.“ „Das ist nicht wahr.“ Jonas machte einen Schritt auf sie zu. Die Menschen ringsum hatten begonnen, langsamer zu gehen, Blicke zu werfen, Abstand zu halten. „Ich weiß, was wahr ist“, sagte Jonas mit einem Anflug von Schärfe.

„Und ich weiß, was Sie sehen, wenn Sie mich anschauen." Die Frau sagte nichts. Er beugte sich leicht vor. „Einen Irren. Einen, der nicht mehr dazugehört." Sie hob die Hände. „Ich wollte Sie nicht angreifen." „Doch. Alle greifen irgendwann an." Ein Kind fragte laut, was mit dem Mann sei. Seine Mutter zog es weiter, schnell. Jonas fuhr sich mit der Hand über das Gesicht. Atmete stoßweise. Seine Augen glitten kurz über die Umstehenden – und dann wieder zurück zu der Frau. „Gehen Sie. Bevor Sie sich anstecken." Sie zögerte. „Ich..." „GEHEN SIE!" Der plötzliche Schrei durchbrach die Szenerie wie ein Riss in der Luft. Vögel flatterten auf. Ein Mann rief: „Hey! Ist alles in Ordnung?" Ein anderer zog sein Handy hervor. Jonas drehte sich um. Rannte nicht. Aber ging schnell. Er fühlte, wie die Blicke brannten. Er wusste, dass man tuschelte. Dass seine Worte gefallen waren wie Steine in ruhiges Wasser. Aber es war zu spät. Die Oberfläche war gebrochen. Und in seinem Inneren, ganz ruhig, fast zärtlich, sprach das Wesen weiter: „Sie werden dich nie verstehen. Aber ich bin hier. Immer. Und ich werde dich führen."

*

Jonas hatte sich vom Schauplatz entfernt. Nicht fluchtartig, nicht auffällig. Nur mit diesen schnellen, weiten Schritten, wie sie jemand macht, der nicht mehr stehen bleiben darf. Seine Füße fanden ihren Weg automatisch, durch die dicht bebauten Straßenschluchten, unter flackerndem Neonlicht hindurch, vorbei an Auslagen, überquerten Ampeln bei Rot, als hätte er das Recht dazu. Er hörte sein Blut rauschen, aber auch das war nicht laut. Nichts war mehr laut. Die Stadt blieb lebendig, aber sie sprach nicht zu ihm. Sie war Kulisse. Nur das Wesen atmete in seinem Nacken. Still. Warten. Beobachtend. Nach einer Weile fand er sich an einem Ort wieder, den er nicht bewusst gewählt hatte. Ein Park, alt, in die Jahre gekommen. Die Bänke morsch, das Licht spärlich. Ein paar Jogger in der Ferne, ein Hund, der gegen einen Zaun bellte. Aber dort, unter einer knorrigen Kastanie, zwischen Laub und Schatten, ließ Jonas sich nieder. Er öffnete seinen Rucksack. Langsam. Ritualhaft. Das Notizbuch, abgenutzt, Ecken aufgeraut. Der Einband dunkel, mit Kaffeeflecken, eingerissenen Kanten. Die Seiten voll mit Gedanken, Wut, Zahlen, Skizzen, Namen. Er schlug es auf. Es roch nach feuchtem Papier.

Der Stift glitt wie von selbst zwischen seine Finger. Und dann schrieb er.

„Tag unklar. Uhrzeit unbedeutend. Die Stadt ist lauter geworden. Nicht in Geräuschen – in Bedeutung. Alles, was ich sehe, ist aufgeladen. Ich erkenne ihre Blicke. Die Art, wie sie mich sehen. Wie sie glauben, zu wissen, was falsch läuft. Ich habe geschrien. Ich weiß das. Aber ich wollte nicht schreien. Ich wollte nur, dass jemand es endlich hört. Was in mir lebt. Was mich lenkt."

Er unterbrach. Strich sich mit dem Handrücken über die Stirn. Kein Schweiß. Nur Dreck. Dann fuhr er fort.

„Sie wollen helfen. Aber sie wissen nicht, wie tief dieses Ding reicht. Dieses... Loch. Dieser Bruch. Ich habe sie gesehen. Die Frau. Wie sie sich abwandte. Wie sie den Schrecken hinter der Freundlichkeit versteckte. Ich hätte ihr fast geglaubt. Fast. Das Wesen sagt, das wäre dumm gewesen. Ich glaube ihm. Manchmal glaube ich ihm zu sehr."

Er hielt inne. Sah auf seine Handschrift, kantig, schief. Ein Wort war durchgestrichen, immer wieder. Normal. Durchgeritzt mit der Spitze des Stifts. Er schrieb weiter.

„Ich bin nicht verloren. Ich bin verwandelt. Das sagen wir doch über Schmetterlinge. Dass sie sich verpuppen, sich auflösen, zu Schleim werden – und dann schön. Aber niemand spricht über das Dazwischen. Über den Moment, wo der Kokon reißt und etwas halbfertiges herauskriecht."

Ein Windstoß. Laub wirbelte auf. Jonas hob nicht den Blick.

„Ich bin dieses Dazwischen."

Er atmete flach. Die Brust hob und senkte sich schnell. Dann folgten keine Worte mehr. Nur Linien. Zitternde. Spiralen. Kreise, die sich nicht schlossen. Das Wesen schwieg. Und die Nacht stand still.

*

Der darauffolgende Tag war grau, als hätte ihn jemand mit schmutzigem Wasser übermalt. Keine Sonne, kein Schatten. Alles wirkte wie eine Fotografie, deren Farben langsam ausbleichen. Jonas saß auf einer Bank unter einem abgewetzten Wartehäuschen, dessen Plexiglas mit Kratzern und Tags übersät war. Er hatte sich die Kapuze tief ins Gesicht gezogen, nicht aus Kälte, sondern weil er das Gefühl hatte, seine Haut sei zu dünn geworden. Jeder Blick, jedes vorbeigehende Augenpaar konnte ihn durchbohren. Der Asphalt glänzte noch feucht vom Regen in der Nacht, und auf der anderen Straßenseite schoben sich die Menschen zögerlich durch den Alltag – mit Einkaufstüten, dampfenden Kaffeebechern, ernsten Gesichtern. Er sah sie sich genau an. Eine Frau, die mit ihrem Kind redete, ohne es anzusehen. Ein alter Mann, der seinen Schritt trotz Gehstock mit verbissener Entschlossenheit führte. Jugendliche, die lachten, aber ihre Augen waren wachsam. Jonas' Blick blieb lange an diesen Menschen hängen. Er analysierte sie. Studierte ihre Bewegungen, die kleinen Nervositäten in ihren Schultern, die zu oft geschluckten Wörter, die verkrampften Münder. Es war, als würde er durch eine andere Linse sehen – eine Linse, die jedes Zittern, jedes Augenzucken, jedes Zögern hundertfach vergrößerte. Ihre Fassaden wirkten auf ihn wie Theaterkulissen: schön bemalt, aber aus Pappe. Dahinter war nichts. „Du siehst sie jetzt, nicht wahr?" Die Stimme. Das Wesen. Er blinzelte, fuhr sich langsam über die Stirn. Der Wind trug den Geruch von abgestandenem Regen und metallischer Luft zu ihm. „Ich weiß, was du denkst", flüsterte es sanft. „Aber das, was du fühlst, ist keine Leere. Es ist Klarheit. Diese Risse in dir... sie sind nicht dein Zerfall. Sie sind der Weg hinaus." Jonas zuckte kaum merklich. Sein Blick wanderte an den gegenüberliegenden Gebäuden entlang. Altbau, Bäckerei, ein Optiker. Davor stand ein Mann. Groß. Breit gebaut. Eine Uniform. Ein Polizist. Jonas' Magen zog sich zusammen, aber sein Körper blieb regungslos. Der Mann schien nicht auf ihn zu achten. Er war in ein Gespräch am Telefon vertieft, scrollte mit dem Finger über ein kleines Notizbuch, das aufgeschlagen in seiner Hand lag. Jonas senkte den Blick ein wenig, nicht auffällig. Ruhig. Er erhob sich von der Bank, den Rucksack locker über einer Schulter, und überquerte die Straße, als wäre es der natürlichste Gang der Welt. Kein Zittern, kein Stolpern. Die Beine gehorchten ihm. Die Welt wirkte dumpf, als würde jemand Watte gegen seine Ohren drücken. Er spürte, wie das Herz schneller schlug – nicht aus Angst, sondern aus einer seltsamen Erwartung heraus. Eine Art Vorahnung. Oder ein unbestimmtes Wissen, dass jede Bewegung jetzt eine Bedeutung hatte. Was Jonas nicht bemerkte: Ein dezentes Klicken. Eine Kamera, fest montiert an einer Ampelanlage an der Ecke, blinkte unmerklich auf. Der optische Sensor registrierte Bewegungen, analysierte Gesichter, verglich Rasterpunkte. Jonas Falk. Schwacher Treffer. Unsicheres Ergebnis. Die Kamera übertrug das Bild an ein Kontrollzentrum. Dort saß jemand – ein Mann mittleren Alters mit Augenringen und Kaffee in der Hand –, der den Bildschirm nur beiläufig prüfte. Doch dann blieb sein Blick hängen. „Warte mal..." murmelte er und vergrößerte das Bild. Verpixelt. Unscharf. Doch der Gang, der Gesichtsschnitt, der Ausdruck... Das System arbeitete im Hintergrund. Die Trefferquote war nicht hoch genug, um Alarm auszulösen. Aber hoch genug, um ein Flag zu setzen. Der Mann im Kontrollraum hob den Hörer. „Zentrale, hier Kontrollpunkt 4. Ich hab ein Gesicht, das ihr euch anschauen solltet. Könnte nix sein, aber... besser ihr seht selbst." Jonas selbst bog zur gleichen Zeit in eine schmale Gasse ab. Zwischen alten Müllcontainern, nassem Pflasterstein und dem modrigen Geruch vergangener Wochen. Er blieb stehen. Die Häuser über ihm ragten wie Schultern, die sich zueinander lehnten, und das Licht wurde schmal, blass. Er atmete tief ein. „Siehst du?" Das Wesen trat wieder an seine Seite, als wäre es aus dem Nebel gewachsen. „Du bist nicht mehr wie sie. Nicht blind. Nicht gefangen in ihren kleinen Lügen." Jonas antwortete nicht. Seine Gedanken liefen wie auf zwei Spuren. Die eine war wachsam, rechnete alles durch, jeder Fluchtweg, jedes Geräusch. Die andere... war leer. Fast friedlich. „Was ist mit dem Polizisten?" fragte er leise. „Er hat dich nicht erkannt", antwortete das Wesen mit beinahe liebevoller Ruhe. „Noch nicht. Du bist ihm begegnet, wie man einem Schatten begegnet – flüchtig, bedeutungslos. Aber Schatten wachsen. Besonders wenn das Licht auf dich fällt." Jonas' Hände ballten sich in den Taschen. Dann ließ er sie wieder locker. Er trat zurück auf den Gehweg, ließ sich im Menschenstrom treiben, der ihn langsam in Richtung einer kleinen Unterführung spülte. Die Kamera über seinem Kopf schwenkte träge. Der Schatten war gesetzt. Noch war es nur eine digitale Ahnung. Aber bald... würde er mehr sein. Er war gerade aus der Seitengasse getreten, als der Wind auffrischte. Jonas zog die Kapuze tiefer ins Gesicht. Die Luft roch nach Metall und feuchter Erde, die Stadt vibrierte leise, irgendwo in der Ferne ein hupendes Auto, ein bellender Hund. Der

Himmel war bleiern, schwer, und schien tiefer zu hängen als noch am Morgen. Er hatte kaum geschlafen in der Nacht zuvor, der Körper müde, aber nicht erschöpft – eher auf eine ungesunde Art stillgelegt, als würde der Schlaf von innen her zerfallen. Er hatte sich ein Brötchen in einem Kiosk geholt, nicht wegen Hunger, sondern um etwas zu tun zu haben. Um normal zu wirken. Ein Pappbecher mit dünnem Kaffee dampfte in seiner Hand. Dann hörte er es. Zuerst war es nur ein Gesprächsfetzen, der an ihm vorbeiflog, gesprochen von einem Mann mit Telefon am Ohr: „...die Eltern, brutal... stand grad online..." Jonas wandte den Kopf nicht. Doch die Stimme hatte sich in seinen Nacken gebohrt. Ein paar Schritte weiter, vor einem Zeitungsladen, drängten sich Menschen. Die Auslage war mit bunten Schlagzeilen gepflastert. Eigentlich achtete er nie auf so etwas. Aber diesmal blieb sein Blick hängen. Und dann sah er es. Unten, am Rand der Titelseite einer der kleineren Boulevardblätter: „Doppelmord in Reihenhaussiedlung – Spuren führen zu mysteriösem Sohn." Daneben ein altes Passfoto. Unscharf. Aber sein Gesicht. Sein. Gesicht. Die Worte fielen wie Glassplitter in seinen Verstand. Er machte einen Schritt zurück, hörte, wie ein kleines Glöckchen über der Ladentür bimmelte, als jemand herauskam. Der Mann bemerkte ihn nicht. Aber Jonas sah jetzt überall aufgespannte Zeitungen, offene Handys, leuchtende Screens. „Jonas Falk", las jemand laut vor. „Hab ich noch nie gehört. Aber wenn du das liest – Wahnsinn." Ein Junge zeigte seinem Vater das Handy. Der Vater nickte. „Na ja, sowas kündigt sich ja an. Da war bestimmt was im Argen. Immer die Stillen, sagt man doch." Jonas stand wie festgewurzelt. Die Welt kippte nach hinten. Das Geräusch war auf einmal überall. Stimmen, Screens, Nachrichten. Eine Frau neben ihm sprach gerade mit jemandem am Telefon. „Ja, das ist hier in der Nähe passiert! Die haben jetzt ein Foto vom Sohn, der war wohl psychisch labil oder so..." Er drehte sich abrupt um. Sein Atem wurde flacher. Das Wesen war wieder da, neben ihm, unfassbar ruhig. „Sie sehen dich jetzt", sagte es. Keine Wut, kein Triumph in der Stimme. Nur dieser Tonfall – wie ein Lehrer, der einen Schüler daran erinnert, dass er wusste, was auf ihn zukommt. Jonas ging weiter. Rasch, aber nicht flüchtig. Noch nicht. Er durchquerte eine kleine Seitenstraße, vorbei an einem Friseur, der das Radio laut aufgedreht hatte. Die Stimme des Nachrichtensprechers durchschnitt die Luft: „...Jonas Falk wird im Zusammenhang mit mehreren ungeklärten Todesfällen gesucht. Der 22-Jährige soll sich zuletzt im Raum Duisburg aufgehalten haben. Die Polizei warnt die

Bevölkerung, sich der Person nicht zu nähern…" Ein leises Summen breitete sich in seinen Ohren aus. Wie Druck unter Wasser. Jeder Bildschirm, jedes Handy ein potenzielles Fenster zu ihm. Er bog um eine Ecke, verschwand in ein Café, das kaum beleuchtet war. Die Bedienung warf ihm einen flüchtigen Blick zu, doch er setzte sich nur, zog den Rucksack auf den Schoß. Niemand hatte ihn hier erkannt. Noch nicht. Aber es war nur eine Frage der Zeit. Jonas lehnte sich zurück. Sah hinaus. Ein Polizeiwagen fuhr in der Ferne vorbei – nicht langsam, nicht suchend, einfach nur routinemäßig. Noch war es keine Jagd. Noch nicht. Aber das Bild war draußen. Die Geschichte war draußen. Und sie trug seinen Namen. Das Wesen sprach wieder, leiser diesmal, fast fürsorglich: „Jetzt beginnt der wahre Teil, Jonas. Jetzt wissen sie es. Jetzt musst du entscheiden, wie die Geschichte zu Ende geht." Jonas antwortete nicht. Aber seine Finger krallten sich langsam in das zerknitterte Zeitungspapier, das jemand auf dem Nachbartisch liegen gelassen hatte. Oben rechts: „Jagd auf einen Sohn – was trieb Jonas Falk zur Tat?" Und darunter: Ein Foto von ihm. Größer. Schärfer. Unwiderruflich. Jonas starrte auf das Zeitungspapier. Seine Hände waren ruhig, doch innerlich spannte sich etwas an, als würde eine unsichtbare Schnur sich um sein Brustbein legen und langsam, stetig, enger ziehen. Er war nicht überrascht. Nicht wirklich. Vielleicht hatte er es immer gewusst. Der Kaffee auf dem Tisch vor ihm war längst kalt geworden. Unberührt. Die Krümel des Brötchens, das er sich zuvor gekauft hatte, klebten an seinen Fingerkuppen, als wäre das Essen von vorhin in einem anderen Leben passiert. Einer anderen Realität. Draußen fuhr ein Polizeiauto vorbei. Nicht suchend. Noch nicht. Aber das würde sich ändern. Sehr bald. Die Türglocke des Cafés klingelte wieder. Zwei ältere Männer traten ein, warfen einen Blick auf den Fernseher über der Theke. Wieder lief der Beitrag. Wieder sein Gesicht. „Das ist doch direkt hier passiert, oder?", murmelte einer. Jonas senkte den Blick, zog die Kapuze tiefer ins Gesicht. Das Wesen war zurück – ruhig, fast zärtlich. Es sprach nicht, aber es war da. Und Jonas wusste: Das Schweigen war bedeutungsvoller als jedes Wort. Es hatte begonnen. Unaufhaltsam. Sein Gesicht war bekannt. Sein Name war bekannt. Die Welt hatte ihn endlich bemerkt – nur eben nicht so, wie er es sich früher vielleicht gewünscht hatte. Er stand auf, langsam. Hob den Rucksack, strich sich fast automatisch über die Jacke, als wolle er sicherstellen, dass alles noch da war. Dass nichts verrutscht war. Niemand hielt ihn auf. Noch nicht.

Als er das Café verließ, war die Luft schwerer. Die Stadt hatte sich verändert – oder er. Vielleicht beides. Blicke prallten von ihm ab. Oder landeten an ihm. Er konnte es nicht mehr unterscheiden. Er ging. Schritt für Schritt. Durch Straßen, die ihm immer fremder wurden. Vorbei an Plakaten, an Bildschirmen, an Menschen, deren Gesichter für Sekunden einfroren, wenn sie den Namen hörten. Jonas wusste es. Wusste es mit jeder Faser seines Körpers: Es war nur noch eine Frage der Zeit. Und diesmal… würde niemand mehr wegblicken.

*

Der Regen hatte sich verzogen, doch die Straßen waren noch feucht. Eine stumpfe Feuchtigkeit hing in der Luft, als könne selbst die Zeit den Dreck nicht abwaschen. Jonas wusste nicht, welcher Tag es war. Dienstag? Vielleicht Mittwoch? Es spielte keine Rolle mehr. Er hatte kein Hotelzimmer mehr, kein Ziel, keinen Plan – nur ein paar zerknüllte Geldscheine in der Tasche und das Wesen, das in seinem Kopf wohnte, wie ein Untermieter, der die Regeln neu schrieb. Er hatte sich zurückgezogen, in die Randbereiche der Stadt. Eine verlassene Werkhalle hatte ihm Schutz geboten, dort schlief er auf zusammengerollten Kartons, unter einer Decke, die er in einem Container gefunden hatte. Es roch nach Öl, nach Metall und nach altem Schweiß. Jonas störte das nicht. Gerüche waren Erinnerungen – aber seine Vergangenheit war längst zu einem kalten See geworden, in dem nur noch Schatten schwammen. Die ersten zwei Tage waren stumm gewesen. Kein Wort hatte er gesprochen, nicht einmal zum Wesen, das sich nur durch ein gelegentliches, kaum merkliches Vibrieren in seinem Schädel bemerkbar gemacht hatte. Jonas aß kaum, schlief schlecht – seine Träume waren brennende Fragmente. Immer wieder sah er Türen. Immer wieder seine Eltern. Aber nicht, wie sie zuletzt aussahen – sondern jünger. Glücklicher. Oder vielleicht war das auch eine Lüge. Am dritten Tag stand er vor dem Spiegel eines heruntergekommenen Waschraums in einem leerstehenden Gebäude, das früher einmal ein Jugendzentrum gewesen sein mochte. Jonas sah sich an. Die Bartstoppeln hatten sich unregelmäßig über sein Kinn und seine Wangen ausgebreitet. Seine Augen – leer. Oder zu voll, das wusste er nicht. Seine Kleidung klebte an ihm, an einigen Stellen zerrissen, der Stoff glänzte dort, wo er von Regen und Schweiß durchtränkt war. Er sah aus wie jemand, den niemand vermissen würde. „Du bist nicht mehr du“, sagte das Wesen. Jonas blinzelte. „Doch“, antwortete er. Seine Stimme kratzte, war tief und trocken. „Ich bin... das hier.“ „Nein“, flüsterte das Wesen. „Du bist noch in der Hülle. Aber du wirst bald schlüpfen.“ Er spuckte in das rostige Waschbecken, wischte sich über das Gesicht, als könne er die Haut abziehen wie eine Maske. Dann zog er die Jacke enger um sich. Er verbrachte den vierten Tag auf einer Bank im Park. Es war früher Nachmittag, und Kinder spielten auf einem Spielplatz ein paar Meter entfernt. Ihre Stimmen waren hell, schrill, ein wenig zu laut. Jonas saß da, die Kapuze tief ins Gesicht gezogen, die Hände in den Taschen vergraben. Er fühlte sich wie ein Schatten. Niemand beachtete ihn, niemand sah ihn. Eine Frau mit einem Kinderwagen ging an ihm vorbei. Sie warf ihm einen Blick zu, flüchtig, irritiert. Dann sah sie wieder weg. Das Wesen lachte leise. „Siehst du? Du bist kein Teil mehr davon. Du warst es nie.“ Jonas sagte nichts. Aber sein Kiefer spannte sich an. Etwas in ihm wollte aufstehen, wollte sie anschreien. Wieso? Wieso sie und nicht ich? Wieso darfst du leben und ich nicht? Wieso darf dein Kind schreien, lachen, rennen – während ich...? Er atmete flach. Die Hände zitterten leicht. Er zwang sich zur Ruhe. Er durfte nicht auffallen. Am Abend schrieb er in sein Tagebuch. Er hatte sich ein neues gekauft, billig, aus einem Kiosk, mit einem hässlichen blauen Umschlag. Seine Schrift war unleserlich. Die Buchstaben sprangen, zitterten, rutschten aus den Zeilen. Aber er schrieb trotzdem. Ganze Seiten voller Fragen. Worte wie Wunden. Er kritzelte Sätze, dann strich er sie wieder durch. Eine Seite war nur ein einziges Wort: „WARUM“. Er schlief auf dem Boden einer Baustelle, unter einer Plane. Der Wind zog über die Gerüste, ließ sie knarren wie ein altes Schiff auf rauer See. In der Nacht schrie er im Schlaf. Träume, die sich anfühlten wie Schnitte. Die Gesichter tauchten wieder auf – Mia. Becker. Die Jungs vom Schulhof. Seine Eltern. Aber auch andere. Namenlose. Menschen, die nie existiert hatten, aber die ihm in den Träumen etwas zuflüsterten. Mal war es Liebe. Mal war es Hass. Meistens war es beides. Am fünften Tag war sein Blick verändert. Schärfer. Wachsam. Aber auch leerer. Er bewegte sich kontrollierter, wählte seine Wege mit Bedacht. Er vermied Kameras, große Plätze, Einkaufsstraßen. Er war ein Jäger geworden, der sich selbst jagte. Das Wesen sprach wieder häufiger mit ihm. Nicht laut – sondern wie ein Echo in der Tiefe.

„Du wirst sehen", sagte es. „Bald bist du rein." „Ich bin nicht schmutzig", antwortete Jonas. „Doch", sagte das Wesen liebevoll. „Aber du wirst es abwaschen." Er duschte in einem Schwimmbad, das er mit einem gestohlenen Schlüssel betrat. Das Wasser war kalt, die Fliesen rutschig. Er rieb sich die Haut rot, bis sie brannte. Dann stand er nackt vor dem Spiegel, betrachtete sich. Und lächelte. Für einen Moment. Nur einen Moment. Dann verließ er das Gebäude. Draußen regnete es wieder. Die Tropfen waren kühl. Nicht unangenehm. Nicht mehr. Am sechsten Tag ging er wieder unter Menschen. In einem Einkaufszentrum, das groß genug war, um in der Masse zu verschwinden. Er beobachtete. Setzte sich in ein Café, trank einen Kaffee, der nach Asche schmeckte. Sah sich Gesichter an. Lachte leise, als er ein Kind sah, das seinem Vater einen Schokoriegel stahl. Dann weinte er – ohne zu wissen, warum. Er ging auf die Toilette. Schrieb wieder in sein Tagebuch. „Ich glaube, ich verschwinde", stand da. „Aber ich sehe mich noch. Ich sehe mich an und weiß nicht, ob ich es bin. Und wenn ich es bin, wieso fühle ich nichts?". Am Abend kehrte er zurück zu seinem Versteck – doch etwas war anders. Jemand hatte in der Nähe geschlafen. Eine Matratze war verrutscht. Müll war anders gestapelt. Jonas roch den Unterschied. Er fluchte. Er wollte nicht gesehen werden. Nicht jetzt. Nicht kurz vor dem Ende. „Sie werden dich finden", sagte das Wesen. Jonas schüttelte den Kopf. „Noch nicht." „Bald", flüsterte es. Am siebten Tag – Jonas wusste es jetzt, weil er es in einem Kalender in der Bahnhofsbuchhandlung überprüft hatte – war es wieder sonnig. Die Stadt war voller Leben. Und Jonas war leer. Komplett leer. Er sprach mit niemandem. Aß fast nichts. Trinkwasser holte er aus einem öffentlichen Brunnen. Er roch nach Straße. Seine Augen waren rot. Die Haut fahl. Doch er bewegte sich wie jemand mit einem Ziel. Ein letztes Ziel. Und während in einer Polizeistation irgendwo die Telefone klingelten, Akten geöffnet und Namen verglichen wurden, saß Jonas auf einer Bank in der Sonne. Und lächelte. Ganz leicht.

*

Die Straßen glänzten im Nachmittagslicht, als hätte der Regen ihnen einen feinen, silbernen Schleier verliehen. Autos rauschten vorüber, Stimmen vermischten sich zu einem monotonen Hintergrundrauschen, und irgendwo spielte ein Straßenmusiker auf einer verstimmten Gitarre. Jonas lief mittendrin. Aufrecht, mit ruhigen Schritten, den Blick leicht gesenkt, aber nicht geduckt. Es war der achte Tag. Und in ihm wuchs ein Gedanke, der ihm schmeichelte wie warmer Rauch: Du bist sicher. Nichts war passiert. Niemand hatte ihn erkannt. Keine Sirenen, keine Schatten, die sich schneller bewegten als sie sollten. Der Schreckensmoment, als er die Nachrichtensendung gesehen hatte – sein Bild, verzerrt, pixelig, untertitelt mit „Person von Interesse" – dieser Moment war vorbei. Und dann: nichts. Keine Streifenwagen in den Gassen, keine Polizisten mit fragenden Blicken. Die Welt hatte ihn wieder vergessen. Vielleicht hatten sie längst eine andere Spur. Vielleicht waren sie sich nicht sicher. Vielleicht war das alles ein Test gewesen. Er hatte bestanden. Jonas trat in ein kleines Café, das er vom Vorbeigehen kannte. Die Fenster waren beschlagen, drinnen war es warm. Die Bedienung, ein junger Mann mit glasigen Augen, nickte nur knapp, als Jonas sich an einen der Tische setzte. Er bestellte einen schwarzen Kaffee. Bezahlen würde er bar, wie immer. Niemand fragte nach einem Namen. Niemand stellte Fragen. Er sah hinaus. Die Menschen gingen vorüber, wie Wassertropfen an einer Fensterscheibe – ohne Form, ohne Richtung. Und er? Er war mittendrin. Niemand achtete auf ihn. Niemand sah den Sturm in seinen Gedanken. Ich habe es unter Kontrolle, dachte Jonas. Ich bin weiter als sie.„Sie glauben, du schläfst", flüsterte das Wesen. Jonas nickte kaum merklich. Er nahm einen Schluck Kaffee. Die Hitze brannte an seinem Gaumen. Es fühlte sich gut an, fast wie früher. „Vielleicht schlafen sie wirklich", sagte er leise. „Oder sie lassen dich laufen. Manchmal ist das Spiel besser, wenn es sich selbst entfaltet." Jonas schnaubte leise, schüttelte den Kopf. „Du redest zu viel", murmelte er. Ein Pärchen am Nachbartisch warf ihm einen Blick zu, irritiert, doch nicht misstrauisch. Jonas ignorierte sie. Er saß lange da, beinahe eine Stunde. Beobachtete. Den Kellner, der gedankenlos Tassen stapelte. Die Frau am Fensterplatz, die nervös mit ihrem Handy spielte. Das Kind draußen, das gegen einen Laternenpfahl trat, immer wieder, mit fast hypnotischer Regelmäßigkeit. Alles war… ruhig. Und genau das machte ihn sicher. Er ging einkaufen, nahm sich neue Kleidung aus einem Secondhand-Laden – ein grauer Kapuzenpullover, eine einfache Jacke, Jeans. Der Verkäufer nahm das Geld, sagte: „Viel Glück." Jonas nickte, ohne zu fragen, was er meinte. Er zog sich um, in einer öffentlichen Toilette. Betrachtete sich im Spiegel. Er sah… normal aus. Unsichtbar.

Durchschnittlich. Jemand, der vergessen wird, sobald er an dir vorbeigeht. „Du wirst gut", sagte das Wesen. Fast anerkennend. Jonas lächelte. Nur kurz. In der Nacht schlief er in einem leerstehenden Wohnhaus, das abgeriegelt war – zumindest offiziell. Er hatte ein Fenster im Erdgeschoss aufgestemmt, war hineingeklettert. Es roch nach Feuchtigkeit und Staub. Doch der Boden war trocken, die Luft still. Ein sicherer Ort. Er lag dort auf dem Boden, unter einer alten Decke, und schrieb wieder in sein Tagebuch. Längere Sätze diesmal. Klare Gedanken.

> *„Ich glaube, ich bin bereit. Es fühlt sich an, als hätte sich etwas in mir geordnet. Ich bin nicht verloren. Ich bin Teil von etwas Größerem. Ich spüre... Ruhe. Und Kontrolle."*

Dann legte er das Buch beiseite und schloss die Augen. Kein Traum. Keine Schreie. Nur Dunkelheit. Und der Gedanke: Sie wissen nicht, wo ich bin. Ich bin frei. Am nächsten Morgen duschte er in einem Schwimmbad, stahl sich Frühstück aus einem Bäckerregal. Niemand hielt ihn auf. Niemand sah ihn. Selbstbewusstsein wuchs in ihm wie eine stumme Flamme. Nicht stolz. Nicht Arroganz. Sondern eine Überzeugung: Ich weiß, was ich tue. „Du merkst es, nicht wahr?" Das Wesen klang fast belustigt. „Wie gut du dich schlägst. Wie leicht du atmest." „Ja", antwortete Jonas. „Aber weißt du auch, dass es eine Falle sein kann?" Jonas blieb stehen. Mitten auf der Straße. Autos rauschten vorbei. Menschen drängten sich um ihn herum. Und plötzlich war sie da – diese winzige Sekunde des Zweifels. Ein Blick über die Schulter. Ein kalter Schweiß auf der Stirn. Was, wenn sie mich nur laufen lassen, um mich zu jagen? Was, wenn sie mir näher sind, als ich glaube? Dann schob er den Gedanken weg. Mit Gewalt. „Ich bin nicht mehr der, den sie suchen", flüsterte er. „Ich bin weiter." Er glaubte es. Oder musste es glauben. Denn wenn nicht...dann war alles umsonst gewesen.

*

Der Laden war klein, schmal gebaut, mit niedriger Decke und einem eigenartigen Geruch, den man nicht ganz zuordnen konnte – irgendetwas zwischen abgestandenem Putzmittel und altem Holz. Jonas war schon seit ein paar Minuten drin, bewegte sich wie jemand, der nichts sucht, aber trotzdem weiß, wo er ist. Die Regale waren dicht bestückt mit Produkten, die zu keinem klaren System gehörten. Konserven neben Zahnpasta, Hundefutter neben Glühbirnen. Der Boden knarzte bei jedem Schritt, selbst durch die billigen Gummisohlen seiner Schuhe spürte er die unnachgiebige Kälte der Fliesen darunter. Er nahm sich Zeit. Zu viel Zeit. Aber alles an ihm war genau kalkuliert. Keine plötzlichen Bewegungen. Kein Umsehen. Nur eine Hand, die ab und zu ein Produkt aufnahm, drehte, prüfte – und wieder zurückstellte. Der Mann an der Kasse – etwa Mitte fünfzig, schmale Schultern, ein spärlicher Haarkranz, der nervös hinter die Ohren gestrichen wurde – beobachtete ihn. Anfangs kaum merklich, dann immer deutlicher. Seine Finger tippten auf dem Tresen, hörten wieder auf. Ein Zucken im Mundwinkel. Ein leichtes Zittern beim Griff zum Kugelschreiber, der unbenutzt auf der Kassenlade lag. Jonas bemerkte es. Er nahm sich eine Tüte Nüsse, ein kleines Päckchen Kaugummi. Als er sich bückte, um sich eine Flasche Wasser vom untersten Regal zu greifen, hörte er ein dumpfes Klicken. Kein Knall. Kein metallisches Geräusch. Nur dieses eine, leise „Klick". Er fror in der Bewegung ein. Ein Blick zur Seite. Der Verkäufer hatte sich nicht gerührt. Stand einfach da. Starrte. Zu starr. Jonas richtete sich langsam auf. Der Spiegel oberhalb der Kühltheke zeigte das verzerrte Bild der Ladenfläche. Und da sah er sie: zwei Männer. Dunkle Jacken, kein Einkauf in der Hand, keine Bewegung, kein Ziel. Sie standen einfach da – ein paar Schritte voneinander entfernt, als würden sie sich nicht kennen. Doch sie hatten dieselbe Haltung, dieselbe Spannung in der Brust. Einer von ihnen drehte sich scheinbar zufällig um, warf Jonas einen flüchtigen Blick zu – viel zu kurz, als dass er wirklich schauen wollte. Viel zu bewusst, um zufällig zu sein. Jonas trat einen Schritt zurück. Nicht in Richtung Ausgang. Er ging zur Kühltruhe. Öffnete sie. Ein leises Summen. Kalte Luft strömte heraus. Die Männer bewegten sich nicht. Doch ihr Blick lag auf ihm, wie das Gewicht eines steinernen Turms. „Kann ich Ihnen helfen?" fragte der Verkäufer plötzlich. Seine Stimme war zu laut, zu hell. Sie zerschnitt die Stille des Ladens. Jonas drehte sich langsam zu ihm um. „Nein." Seine Stimme war ruhig. Fast freundlich. Aber seine Augen... sie waren wie Glas. Undurchdringlich. Er hörte, wie einer der Männer jetzt näher kam. Schritte, kaum zu hören, aber rhythmisch, sicher. Jonas schloss den Deckel der Truhe und trat langsam zur Kasse. „Das wäre alles." Er legte die Produkte auf den Tresen. Die Hand des Kassierers zitterte leicht, als er sie erfasste.

„Das macht… drei Euro siebzig." Jonas griff in seine Tasche. Sein Blick glitt über das Glas der Kühlregale. Er spiegelte sich. Nahm die Bewegung des zweiten Mannes wahr, der sich nun ebenfalls in seine Nähe bewegte, wie ein Schatten, der langsam heranwuchs. Er legte einen Zehn-Euro-Schein hin. Der Kassierer fummelte an der Kasse. „Haben Sie's… vielleicht passend?" Jonas schwieg. Dann – die erste Stimme, ruhig, autoritär, fast freundlich: „Herr Falk?" Jonas erstarrte. Er wandte sich langsam um. Der erste Mann stand da. Keine Waffe gezogen. Nur die Haltung eines Polizisten, der keine Beweise braucht, weil er die Wahrheit schon kennt. „Bleiben Sie ganz ruhig, ja? Wir möchten nur kurz mit Ihnen sprechen." Jonas' Finger schlossen sich um das Kleingeld, das der Kassierer ihm gerade reichen wollte. Das Scheppern der Münzen zwischen ihren Händen klang wie eine Glocke. Der andere Mann trat jetzt ebenfalls näher. Die Tür hinter ihnen war verschlossen. Jemand hatte sie von außen verriegelt. Oder von innen – das ließ sich nicht sagen. Jonas atmete ein. Tief. Langsam. „Jetzt zählt jede Sekunde." Das Wesen war da. Es flüsterte, aber diesmal war kein Spott in seiner Stimme. Nur Klarheit. Eine Präsenz, die zwischen jeder Pore seines Körpers vibrierte. „Ich will nur rausgehen." Jonas' Stimme war ruhig, beinahe beiläufig. „Hab nichts gemacht." „Das klären wir gleich", sagte der ältere Polizist. „Aber bitte… keine plötzlichen Bewegungen." Der Verkäufer trat einen Schritt zurück, zuckte zusammen. Die Männer taten nichts. Noch nichts. Aber alles in diesem Moment vibrierte vor Spannung. Ein einziger Herzschlag – und die Welt würde kippen. Jonas stand reglos zwischen den Regalen, als hätte jemand die Zeit angehalten. Die Flasche in seiner Hand war kalt und glatt, ihre Oberfläche leicht verstaubt, obwohl sie aussah, als wäre sie erst vor kurzem eingeräumt worden. Ein winziges Detail. Unbedeutend. Und doch haftete sein Blick daran, als würde er sich an diesem scheinbar harmlosen Objekt festhalten wollen. Ein leises Summen erfüllte die Luft – die Neonröhren über ihm flackerten in einer langsamen, unsteten Frequenz, und das Geräusch vermischte sich mit einem kaum hörbaren, aber stetigen Rauschen in seinen Ohren. Es war das Blut, das durch seine Schläfen hämmerte. Er hatte das Gefühl, beobachtet zu werden. Nicht nur vom Verkäufer, der stocksteif hinter der Kasse stand, als hätte ihn ein Schock gelähmt, sondern von etwas Unsichtbarem, Allumfassendem. Etwas, das längst wusste, was er getan hatte – und was er womöglich noch tun würde. Langsam, fast mechanisch, wandte er den Kopf zur Seite. Zuerst ganz leicht, dann weiter. Seine Augen lösten sich von der Flasche und glitten über die Reihen konservierter Lebensmittel, über die aufgestapelten Pappkartons mit Sonderangeboten und schließlich zur Glastür des kleinen Ladens. Ein winziger Impuls zuckte durch Jonas' Körper. Ein uralter Reflex. Flucht. Doch seine Beine gehorchten ihm nicht. Dann, für einen Moment, veränderte sich alles. Nicht durch eine Bewegung oder ein Geräusch, sondern durch das Spiegelbild im Glas der Tür. Jonas' Blick blieb daran haften, und sein Magen zog sich zusammen. Hinter ihm – undeutlich, verschwommen durch das Glas – bewegten sich weitere Gestalten. Schatten. Dunkel gekleidete Menschen, schwer zu erkennen, aber unmissverständlich. Zwei trugen Helme. Einer hatte einen gepolsterten Einsatzrucksack. Ein anderer hob kurz eine Hand ans Ohr – vielleicht ein Funkgerät. Jonas sog scharf die Luft ein. Es war kein zufälliges Aufeinandertreffen. Kein Missverständnis. Kein harmloser Irrtum. Sie waren wegen ihm hier. Die Erkenntnis fiel wie ein Stein durch die Tiefe seines Bewusstseins, riss alles mit sich, was er sich in den letzten Tagen eingeredet hatte – die Kontrolle, die Tarnung, die Distanz. Es war vorbei. Oder stand kurz davor, vorbei zu sein. Er wagte einen kurzen Blick über die Schulter – in Richtung des hinteren Ladeneingangs. Der Gang war leer. Doch als er die Tür im Augenwinkel erfasste, spürte er, wie sich sein Nacken verkrampfte. Er wusste es, noch bevor er es wirklich sah. Da standen noch mehr. Hinter ihm, zwischen ihm und der Fluchtrichtung, befanden sich ebenfalls Gestalten. Männer. Drei. Vielleicht vier. Schwer auszumachen, aber unübersehbar in ihrer Haltung. Bereit. Ruhig. Wachsam. In diesem Moment war Jonas vollständig umstellt. Er drehte sich wieder nach vorn. Die Flasche in seiner Hand begann leicht zu zittern. Seine Finger pressten sich um das Plastik, bis der Hals komplett eingedrückt war. Nichts bewegte sich. Niemand sprach. Die Zeit zog sich in die Länge wie zäher Teer, und Jonas hatte das Gefühl, dass sein Herzschlag nicht mehr im Inneren seines Körpers stattfand, sondern draußen, hörbar für jeden. Die Tür des Ladens war noch immer verschlossen. Doch es spielte keine Rolle mehr. Jonas stand inmitten eines unsichtbaren Kreises. Einer Schlinge, die sich jetzt – in diesem Moment – zu schließen begann. Er schluckte trocken. Seine Kehle war rau, wie aus Sandpapier. Der Verkäufer an der Kasse hatte die Augen geweitet, als hätte er Angst, selbst durch bloßes Atmen das Unausweichliche auszulösen. Jonas verstand plötzlich etwas. Nicht mit Logik. Nicht in Worten. Er fühlte es. Das Spiel war vorbei. Nicht laut. Nicht dramatisch. Sondern mit der lautlosen, alles erfassenden Klarheit eines

Moments, der nicht mehr umkehrbar war. Er blinzelte einmal. Dann noch einmal. Der Schweiß auf seiner Stirn war kalt geworden. Noch sagte niemand etwas. Doch das Schweigen war schwerer als jeder Befehl.

*

Die Welt schien zu zerbrechen – nicht in Lärm, sondern in lautloser Klarheit. Jonas stand regungslos da, die Wasserflasche noch immer fest in der Hand, als wären seine Finger an das Plastik geschweißt. Seine Augen zuckten zwischen den Silhouetten hin und her, zwischen den zwei Männern vor der Tür und den schemenhaften Gestalten, die sich langsam hinter den Regalen positionierten. Ein Fluchtweg existierte nicht mehr. Die Luft im Laden war dick und schwer, elektrisiert wie vor einem Gewitter, und Jonas' Körper spannte sich unwillkürlich an. Für einen winzigen Moment dachte er daran, zu rennen. Irgendwohin. Vielleicht durch ein Fenster. Vielleicht durch eine der Gestalten hindurch. Vielleicht... Aber dann bewegte sich jemand. Nicht schnell. Nicht aggressiv. Nur einen halben Schritt vor. Die Männer an der Tür hoben beide synchron die Hände in einer Geste, die Deeskalation signalisieren sollte. „Jonas Falk," sagte einer der Männer ruhig, mit klarer, tiefer Stimme. „Ganz ruhig. Alles ist gut. Legen Sie die Flasche hin." Jonas rührte sich nicht. Sein Atem ging stoßweise. Er wusste, dass sein Blick irrte. Dass sein Gesicht zuckte. Dass er aussah wie jemand, der nicht mehr wusste, wo er war – oder wer er war. „Wir wollen nicht, dass jemand verletzt wird," sagte der zweite Mann. Die Worte tropften wie Öl in einen bereits lodernden Brand. Ein weiteres Geräusch – hinter ihm. Schritte. Näher. Jonas spürte sie mehr, als dass er sie hörte, vibrierend in seinen Füßen. Er drehte sich ein Stück, schnell, beinahe ruckartig. Zwei weitere Männer standen jetzt hinter ihm. Die Uniformierten, schwarz gekleidet, mit Schutzwesten unter den Jacken. Einer hielt bereits Handschellen in der linken Hand. Der andere hatte die rechte Hand auf seiner Hüfte, direkt über der Dienstwaffe. Sein Herz schlug rasend schnell. „Lassen Sie uns das ruhig regeln, Jonas," sagte der erste Mann, seine Stimme fest, aber nicht hart. „Legen Sie die Flasche weg. Dann die Hände über den Kopf." Und dann – ganz plötzlich – tat Jonas es.

Nicht als bewusste Entscheidung. Sondern wie ein Muskelreflex. Er ließ die Flasche fallen. Sie schlug auf dem Boden auf, rollte ein kleines Stück und prallte gegen das Regalbein. Das Geräusch hallte in seinem Kopf nach wie ein Schuss. Dann hob er die Hände. Langsam. Zitternd. Ein Moment des Zögerns, der Luftzug einer Entscheidung – dann bewegten sich die Männer. Zwei kamen von hinten, schnell, effizient. Einer griff nach seinem linken Arm, der andere nach dem rechten. Der Griff war fest, aber nicht brutal. Sie drehten ihm die Arme auf den Rücken, und die kalte Berührung von Metall traf sein Handgelenk mit einem Klicken, das sich unendlich laut anfühlte. Jonas versuchte, sich nicht zu wehren. Vielleicht tat er es auch gar nicht. Vielleicht war alles nur noch Bewegung, durch ihn hindurch, als wäre sein Körper leer. Die zweite Handschelle klickte zu. Einer der Beamten sprach ihm ruhig ins Ohr: „Runter auf die Knie." Seine Beine knickten fast von selbst ein. Jonas sank langsam zu Boden, sein Blick starr auf den Bodenfliesen, auf denen der Staub sich in kleinen Schlieren absetzte. Dann drückten sie ihn ganz hinunter. Die Wange berührte den kalten Boden. Der Geruch von Gummi, Reinigungsmittel und Panik stieg ihm in die Nase. „Ziel gesichert," hörte er eine Stimme über Funk sagen. Der Verkäufer hinter der Kasse stand noch immer bewegungslos da. Eine ältere Frau, die das Ganze beobachtet hatte, hielt sich die Hand vor den Mund. Irgendwo weinte ein Kind. Jonas schloss die Augen. Die Hände auf seinem Rücken brannten. Nicht vom Schmerz, sondern von der Realität. Es war vorbei. Doch unter der Oberfläche – irgendwo tief drinnen – spürte er: Das Wesen schwieg nicht. Noch nicht. Es lachte auch nicht. Es wartete. Still. Geduldig. Und Jonas, mit dem Gesicht am Boden, wusste: Der wahre Kampf hatte noch nicht begonnen. Zwei der Beamten hielten ihn immer noch fest, obwohl die Handschellen längst eingerastet waren. Jonas spürte jede Bewegung, jedes Geräusch wie durch ein dickes, zähes Tuch – dumpf, aber überdeutlich zugleich. Seine Wange klebte noch immer an der kalten Fliese des Ladenbodens, als einer der Männer neben ihm in die Hocke ging. Er sagte es ohne Zögern, ohne Aggression, beinahe wie auswendig gelernt – was es wahrscheinlich auch war: „Jonas Falk, Sie sind vorläufig festgenommen. Sie haben das Recht zu schweigen. Alles, was Sie sagen, kann gegen Sie verwendet werden. Sie haben das Recht auf einen Anwalt. Wenn Sie sich keinen leisten können, wird Ihnen einer zur Verfügung gestellt." Die Stimme war ruhig, kontrolliert, professionell. Jonas antwortete nicht. Kein Wort. Keine Bewegung. Nicht einmal ein Blinzeln. Er lag einfach da. Sein Atem war flach, sein Blick leer. Der Mann, der mit ihm sprach, wartete kurz, als würde er eine Reaktion erwarten. Als sie nicht kam, stand er wieder auf und nickte seinen Kollegen zu. „Nehmt ihn hoch.“ Die Hände griffen wieder zu, diesmal weniger zurückhaltend. Zwei Beamte zogen Jonas auf die Beine. Seine Gelenke knackten, der Rücken spannte sich kurz auf, aber er ließ es über sich ergehen. Er wankte nicht. Wehrte sich nicht. Er sagte nichts. Der Supermarkt war inzwischen evakuiert. Blaulicht zuckte durch die Fensterfront, Schatten bewegten sich draußen in gleichmäßigen Mustern. Stimmen drangen durch das Glas – Funkgeräte, Anweisungen, Neugier. Jonas hörte es alles. Und doch nichts. Er spürte, wie ihn jemand am Arm packte und nach draußen führte. Er ging, weil man ihn zog. Nicht, weil er wollte. Nicht, weil er sich ergab. Sondern weil es keinen Widerstand mehr gab, den er aufbringen konnte. Die Stille in seinem Kopf war laut. Und tief in dieser Stille – irgendwo zwischen Erinnerung und Gegenwart – saß das Wesen noch immer. Wartend. Und Jonas? Er blieb stumm.

*

Der Raum war still bis auf das leise Summen der Geräte. Flachbildschirme säumten die Wände, jeder einzelne zeigte anderes Material – Standbilder, Überwachungsvideos, Livefeeds von öffentlichen Plätzen. Zwei Ermittler lehnten über einen Schreibtisch, auf dem ein einzelner Monitor ein Standbild zeigte. Unscharf, doch deutlich genug: eine Gestalt, eingefangen von der Linse einer öffentlichen Kamera, am Rande eines Bahnhofs. Der Mann war im Begriff zu gehen – halb gedreht, das Gesicht nicht ganz zur Kamera gewandt. “Stopp,” sagte Brecht leise, fast mehr zu sich selbst. Er tippte auf die Tastatur, hielt das Bild an, vergrößerte den Ausschnitt. Das Gesicht war grobkörnig, das Licht schlecht – doch die Silhouette war da. Etwas in der Haltung. In dem Ausdruck, selbst so verschwommen. “Hol mir ’ne Musterabfrage aus der KI-Datenbank. Profilabgleich, Bewegungsmuster. Jetzt.” Ein junger Techniker nickte und setzte sich sofort an die Konsole. Der Raum füllte sich mit Klicks, ein leises elektronisches Brummen durchzog die Luft, während das System arbeitete. “Wir haben was,” sagte die

Technikerin. Ihre Stimme war flach, aber mit einem Hauch von Nervosität. Brecht trat näher. Auf dem Bildschirm flackerte ein Ladebalken, dann erschien ein Bild. Darunter ein Name. Jonas Falk. Geboren: 2000. Duiburg. "Er war damals im Mordfall Becker", murmelte Brecht. " Reinhardt, sein Kollege aus Berlin, war in einer Videokonferenz zugeschaltet. Die Verbindung flackerte kurz, dann stabilisierte sich das Bild. "Was habt ihr da?", fragte Reinhardt, die Stirn in Falten gelegt. Brecht drehte den Monitor leicht zur Kamera. Reinhardt blinzelte. Dann lehnte er sich langsam zurück. "Jonas Falk... Scheiße. " Brecht nickte. "Wir lassen ihn nicht aus den Augen." Der Raum war abgedunkelt, nur die Monitore leuchteten. Drei Beamte starrten auf ein Playback-Video: Jonas, wie er durch eine belebte Straße ging. Er trug einen Kapuzenpulli, den Blick gesenkt, in der Menge fast unsichtbar. Aber nicht für das System. Sie hatten sein Gesicht aus den wenigen, unvollständigen Daten mithilfe der neuen KI-Rekonstruktionssoftware analysiert. Die KI war nicht perfekt, aber gut genug, um Bewegungsprofile zu erstellen. In weniger als vier Stunden hatten sie eine digitale Karte seiner letzten Aufenthaltsorte. Jemand hatte ihn in der Nähe einer Obdachlosensiedlung gesehen. Ein anderer Bericht sprach von einem Mann, der an öffentlichen Plätzen oft sprach – mit sich selbst, wie es schien. Aufnahmen zeigten ihn manchmal still, manchmal aufgebracht, manchmal einfach... leer. Er war instabil. Unberechenbar. "Wir haben 'nen Schatten," sagte einer der Techniker. "Er bewegt sich kreuz und quer, schläft selten am selben Ort. Hält Abstand von U-Bahn-Kameras. Zahlt alles bar. Klassisches Verhalten: paranoid, kontrolliert." "Wie lange habt ihr ihn schon im Blick?", fragte Brecht. "Seit der Ladenaufnahme vor vier Tagen. Da hat ihn eine Kamera frontal erfasst. KI hat das Bild abgeglichen. Seitdem tracken wir Bewegungen. Keine digitalen Spuren – kein Handy, keine Karte. Aber die Kameras geben uns genug." Duisburger Innenstadt. Verdeckte Ermittler waren abgestellt. Zwei Zivilbeamte folgten Jonas aus der Entfernung. Kein direkter Zugriff, keine Konfrontation – noch nicht. Brecht war dagegen. "Wir müssen ihn einfangen, wenn wir sicher sind. Er ist gefährlich. Wenn er misstrauisch wird, taucht er ab. Für immer." Also warteten sie. Dokumentierten jede Bewegung. Jeder Laden, jede Begegnung. Reinhardt ließ sich aus Berlin zuschalten. "Er ist am Limit," sagte er. "Diese Leute – sie platzen irgendwann. Wir dürfen nicht zulassen, dass noch jemand stirbt." Im Observationsfahrzeug vor dem Laden klickt ein Tracker auf. "Ziel im Gebäude," meldet ein Beamter. Brecht spricht ins Funkgerät.

“Zivilkräfte in Position. Blockiert Ausgänge. Keine Eskalation.” Die Kamera zeigt Jonas, wie er die Regale entlangschlendert. Die Haltung gelassener als zuvor. Zu gelassen. “Er glaubt, wir haben ihn vergessen,” murmelte Brecht. “Das glauben sie alle,” sagte Reinhardt ruhig aus dem Hintergrund.

*

Die Luft in der Zelle war schwer, fast dickflüssig, wie abgestandener Rauch, den niemand weggeschoben hatte. Es war, als hätte sich Zeit nicht nur entschleunigt, sondern gänzlich aufgelöst. Jonas saß da, sein Körper erschöpft, aber starr, die Muskeln gespannt wie vor einem Fall. Nur war da kein Abgrund mehr unter ihm – er war längst hineingesunken. Die Pritsche unter ihm fühlte sich nicht wie ein Bett an, sondern wie ein Grabstein aus Metall. Hart. Unnachgiebig. Nüchtern. Der kleine, fast unsichtbare Spalt in der Tür ließ nur ein diffuses Licht hinein, doch dieses Licht kam und ging, flackerte, zuckte, warf lange, verzerrte Schatten an die Wand, die sich wie alte Erinnerungen streckten, verzogen, wieder verschwanden. Das leise Brummen der Neonröhre auf dem Flur war das einzige Geräusch – monoton, kriechend. Es schien sich mit jedem Atemzug tiefer in Jonas' Schädel zu bohren. Er hatte nicht das Gefühl, verhaftet worden zu sein. Nicht wirklich. Es war kein klares Ereignis gewesen – kein Moment von Triumph, kein grelles Blaulicht, keine dröhnenden Sirenen, keine lauten Kommandos. Nur diese Erkenntnis, dass die Flucht vorbei war. Dass der Kreis sich geschlossen hatte. Die Polizisten hatten nicht geschrien. Sie hatten nicht geschlagen. Sie hatten ihn nicht gefragt, warum. Sie hatten ihn einfach festgenommen – beinahe sanft. So als hätte alles, was vorher geschah, nicht existiert. Und jetzt war er hier. Er bewegte sich kaum. Nur seine Augen wanderten manchmal, verloren, durch den Raum. Als suchten sie etwas – vielleicht einen Riss in der Wand, einen Fluchtweg, einen Beweis dafür, dass das alles nicht echt war. Doch da war nichts. Keine Stimme mehr draußen. Keine Schritte. Keine Klirren von Schlüsseln, keine Stimmen aus anderen Zellen. Nur Stille. Und dann – „Du bist wirklich ganz allein jetzt, nicht wahr?“ Die Stimme war wieder da. Sie war nicht laut. Nicht drohend. Nicht einmal verhöhnend. Sanft. Fast tröstlich.

Wie ein altes Lied, das man nie gemocht hat, aber trotzdem auswendig kennt. Jonas bewegte den Kopf nicht. Seine Lippen blieben geschlossen. „Du dachtest, es würde helfen. Das alles. Dass du Ordnung schaffst. Dass du beendest, was nie hätte sein dürfen." Jonas schloss kurz die Augen. „Hör auf." „Warum? Jetzt? Gerade jetzt, wo du endlich ganz du selbst bist? Schau dich an. Kein Lärm mehr. Keine Lügen mehr. Kein Lächeln, das du vorspielen musst. Keine Masken. Du und ich. So, wie es immer sein sollte." Jonas stand plötzlich auf. Seine Beine fühlten sich fremd an, als wären sie seit Tagen nicht benutzt worden. Der Boden unter seinen Füßen war kalt. Das Metall der Pritsche schabte beim Aufstehen. Er trat in die Mitte der Zelle. Die Hände hingen lose an den Seiten. Die Kamera oben in der Ecke war wie ein Auge. Unbeweglich. Wach. „Was willst du von mir?" Seine Stimme war rau. Leer. „Nichts mehr. Du hast alles getan. Du hast gesehen, was war. Du hast gefühlt, was niemand fühlen wollte. Jetzt... kannst du endlich ruhen." Jonas lachte. Ein einzelnes, trockenes Aufstoßen. „Ruhen? In dieser Zelle? In dieser Welt?" „Nein. In dir." Das Licht flackerte erneut. „Siehst du es nicht?" fuhr die Stimme fort. „Du bist nicht gescheitert. Du hast nur zu Ende gebracht, was nie begonnen werden durfte. Alles war vorbereitet. Jeder Schritt. Jeder Moment. Du hast nichts entschieden. Du hast erkannt." Jonas trat langsam zurück, lehnte sich an die Wand gegenüber der Tür. Er ließ sich herabsinken, bis er auf dem Boden saß, die Knie angezogen, den Kopf darauf gebettet. „Ich habe sie umgebracht." „Ja." „Und vorher..." „Du hast dich gesehen." „Ich wollte nicht, dass es so endet." „Dann hättest du nie zurückkommen dürfen." „Warum hast du nicht vorher Klartext geredet? Warum erst jetzt?" „Weil du es vorher nicht ertragen hättest." Jonas schwieg. Die Neonröhre brummte. Irgendwo in der Ferne schlug eine Tür. Dann wieder Stille. Er hob den Kopf. „Was wird jetzt passieren?" Das Wesen antwortete nicht. Oder vielleicht doch. Vielleicht war die Antwort längst gegeben worden. Er senkte den Blick. Auf seine Hände. So still. So ruhig. Die Haut gespannt über den Knochen. Er erinnerte sich, wie sie gezittert hatten. Wie sie zu Fäusten wurden. Wie sie abdrückten. Aber jetzt... nichts. Keine Bewegung. Keine Absicht. Nur ein müdes Gewicht. Minuten vergingen. Vielleicht Stunden. Niemand kam. Er hatte vergessen, wie viele Menschen er getötet hatte. Nicht weil es egal war. Sondern weil es sich wie eine Kette anfühlte, die kein Anfang, kein Ende mehr hatte. Mia. Becker. Die drei Jungen. Seine Eltern. Ein Wimmern stieg in ihm auf, aber es war nicht laut. Kein Weinen. Kein Klagen. Nur dieser Druck, als würde etwas in seiner Brust brechen wollen, aber keinen Weg finden. Er ließ sich wieder auf die Pritsche sinken. Blickte an die Decke. „Ich weiß nicht mehr, wer ich war,“ flüsterte er. „Du warst nie jemand. Du warst ein Echo. Und jetzt bist du Klang.“ Das war die Zelle. Das war der Anfang vom Ende. Oder das Ende des Anfangs. Die Stille war zu laut. Jonas lag noch immer auf der harten Pritsche, sein Blick starr zur Decke gerichtet. Sekunden dehnten sich wie Kaugummi, klebten an seinen Gedanken, zogen sie in die Länge, ließen alles schmerzen, was in ihm noch zu spüren war. Kein Geräusch. Kein Schritt. Kein Laut von draußen. Nur dieses monotone, flache Summen irgendwo in der elektrischen Leitung über ihm, das sich wie ein Tinnitus in seine Ohren fraß. Und in seinem Kopf... dieses Atmen, das nicht seins war. Diese Stimme, die sich nicht mehr zeigte. Nur noch wartete. Es war wie das Innere einer Uhr, die längst kaputt war, deren Zahnräder sich aber trotzdem weiter drehten – ziellos, sinnlos, klirrend vor Wahnsinn. „Sag was“, flüsterte Jonas. Keine Antwort. „Ich hab gesagt, sag was!“ Die Zelle blieb stumm. Stiller als alles, was er je erlebt hatte. Kein Rückzug mehr möglich. Kein Außen. Nur die Welt in seinem Schädel – brennend, schmerzend, bohrend. Jonas sprang auf, so plötzlich, dass die Pritsche unter ihm schepperte. Er taumelte, schlug mit der Faust gegen die Wand. Einmal. Zweimal. Immer wieder. „REDE MIT MIR!“, brüllte er. Seine Stimme explodierte in dem winzigen Raum, prallte von den kahlen Wänden zurück wie zersplittertes Glas. Er packte den Stuhl, den einzigen im Raum, und warf ihn gegen die Tür. Er zerschellte nicht, sondern krachte dumpf dagegen, rutschte scheppernd zu Boden. Jonas keuchte, seine Brust hob und senkte sich heftig, der Hals war trocken, wie zugeschnürt. Dann riss er sich das T-shirt auf. Er trat gegen die Wand, trat gegen das Bettgestell, das nun schepperte, sich kaum bewegte – festverschraubt. Metall gegen Metall. Nichts gab nach. „ICH HALT DAS NICHT MEHR AUS!“, schrie er. Er fuhr sich mit beiden Händen durch das Haar, als wolle er sich selbst aufreißen. Krallte sich an den Schläfen fest, presste die Finger in die Haut, bis sich die Nägel schmerzhaft bohrten. Er wollte sich hören. Er wollte etwas hören. Irgendwas. „WARUM SAGST DU NICHTS MEHR?! DU BIST DOCH NOCH DA! ICH WEISS, DASS DU DA BIST!“ Keine Antwort. Etwas in Jonas brach. Etwas, das noch übrig gewesen war – ein letzter, dünner Rest von Kontrolle, von zusammengehaltenem Inneren, von Menschlichkeit vielleicht. Die Leere in ihm krümmte sich zu etwas Dunklem, Fauchendem, Rasendem. Und da war kein Ventil.

Er warf sich gegen die Tür. Noch einmal. Und noch einmal. Dann schlug er mit der Stirn dagegen, bis der Schmerz aufstieg wie ein zischendes Pfeifen im Kopf. „Ich dreh durch…“, keuchte er. „Ich dreh wirklich durch…“ Er sackte zu Boden, rutschte an der Tür hinab. Sein Atem ging stoßweise, seine Augen weit aufgerissen, glasig, voller rasendem Irrsinn. Dann kam das Lachen. Erst nur ein Hauch. Dann ein kehliges Glucksen. Dann ein ausgewachsenes, hohles Lachen, das durch die Zelle gellte, so schrill, dass es selbst ihn selbst erschreckte. „Wollt ihr, dass ich wahnsinnig werde, ja?! Na dann! Ich mach's euch leicht!“ Er lachte weiter. Und weinte gleichzeitig. Tränen liefen über seine Wangen, unkontrolliert, während sein Körper sich krümmte, zuckte, schwankte zwischen Hilfeschrei und Kapitulation. Irgendwo draußen waren Schritte. Eilige. Ein Schlüssel drehte sich. Die Tür ging auf. Zwei Beamte stürmten herein.„Beruhigen Sie sich! Falk! Beruhigen Sie sich sofort!“ „Bleiben Sie sitzen!“ Jonas reagierte nicht. Er starrte sie an, als wären sie bloß Schatten. Dann sackte er zurück, kauerte sich auf den Boden, das Gesicht auf die Knie gedrückt, murmelnd, nicht mehr verständlich. Nur ein Satz wiederholte sich, immer wieder, kaum hörbar: „Nicht allein… nicht allein… nicht allein…“

*

Die Tür fiel mit einem schweren, dumpfen Geräusch ins Schloss. Metall auf Metall. Das Klicken des automatischen Schlossmechanismus verhallte wie ein Nachhall im toten Raum. Zwei Beamte hatten Jonas eben noch stumm fixiert, mit Blicken voller Misstrauen, vielleicht auch Ekel. Kein einziges Wort war gefallen, seit sie ihn in die Zelle zurückgebracht hatten. Nur ihre Blicke hatten gesprochen – und wie laut sie doch waren. Jetzt war es still. Viel zu still. Die Art von Stille, die sich in den Magen legte. Wie eine zweite Haut. Dicker, schwerer, aus Luft und Angst gewebt. Eine Stille, die atmete. Die lebendig war. Jonas stand mitten im Raum. Regungslos. Die Hände noch an den Seiten, die Finger leicht gespreizt, als wüssten sie nicht, wohin. Er drehte den Kopf langsam nach links, dann nach rechts. Keine Fenster. Nur graue Wände, karg und fleckig vom Alter. Die Neonröhre über ihm flackerte einmal, dann wieder. Und dann sah er sie. Oben in der Ecke. Die Kamera. Schwarz. Stumm. Der winzige Lichtpunkt darunter war rot. Nicht flackernd, nicht hektisch – nur ein stetiges, kontrolliertes Glimmen. Wie ein Herzschlag ohne Gefühl. Jonas blinzelte. Ein Mal. Zwei Mal. Dann ging er langsam auf sie zu. Die Schritte hallten im Raum wider. Seine Schuhe klangen wie Trommelschläge auf einem weiten, leeren Feld. Als stünde er auf einer Bühne. „Also gut“, sagte er leise. Die Worte kamen kratzig. Trocken. Er blieb genau unter der Kamera stehen. Legte den Kopf leicht schräg. Die Lippen zuckten, als wollten sie lächeln – doch das Gesicht blieb kalt. „Ihr seht mich also wieder.“ Ein leises Lachen. Kurz. „Na los. Schaut ruhig. Das ist doch, was ihr wollt, oder? Noch ein bisschen Material. Noch ein bisschen mehr... Wahnsinn für eure Protokolle.“ Er legte die Hand an die Brust. „Hier bin ich. Euer Hauptdarsteller. Der Mörder. Das Monster. Der verlorene Sohn. Sucht euch was aus.“ Seine Stimme wurde brüchiger. „Aber ihr wart nie da, als es angefangen hat. Ihr habt nicht gesehen, wie alles gebröckelt ist. Wie ich gebröckelt bin.“ Er machte einen Schritt zurück, dann einen zur Seite, wanderte wie ein Tier im Käfig auf und ab, die Kamera nie aus den Augen verlierend. „Ich hab versucht, das Richtige zu tun. Ich hab geschwiegen. Jahre lang. Ich hab geschluckt, was sie mir gegeben haben – Worte, Lügen, Erinnerungen, die nie meine waren.“ Er fuhr sich mit der Hand über den Nacken, als würde er etwas abschütteln wollen. Dann drehte er sich mit einer plötzlichen Bewegung wieder zur Kamera. „Und dann kam ER.“ Die Stimme wurde tiefer, wärmer, fast sehnsüchtig. „Er hat mich gesehen. Anders als ihr. Ihr mit euren Listen und Paragraphen. Ihr habt Akten gelesen. Er hat mich gelesen. Und ihr wollt wissen, wer er ist?“ Er lachte. Laut.„Ihr würdet es eh nicht verstehen. Niemand tut das. Ihr würdet ihn wegsperren, analysieren, sezieren – aber ihr würdet ihn nicht hören.“ Plötzlich wurde sein Ton scharf. „Ich habe ihn gehört! Ich habe ihm geglaubt! Weil er ehrlich war. Weil er mir keine Märchen erzählt hat. Weil er mir gesagt hat, was ihr nie zu sagen gewagt habt: Dass ich nicht schuld bin. Dass es schon lange entschieden war.“ Jonas trat wieder näher an die Wand heran. Sein Atem beschlug das kalte Metall unter der Kamera. „Und jetzt sitzt ihr da, irgendwo hinter diesem Glas, und fragt euch, was ihr mit mir machen sollt. Ihr denkt, ihr habt mich endlich. Ihr denkt, ihr habt alles unter Kontrolle.“ Seine Augen wurden glasig. „Aber ihr habt keine Ahnung, was ihr entfesselt habt.“ Ein Moment Stille. Schwer. Dicht. Dann flüsterte er, kaum hörbar: „Es war nie nur ich.“ Ein Zittern ging durch ihn. Dann presste er beide Hände gegen die Wand, gegen die Kamera gerichtet, wie in stummer Anklage. „Ich wollte nie ein Monster sein!“ rief er plötzlich. „Ihr habt mich gemacht! Sie haben mich gemacht! Und er… hat mir endlich gesagt, was ich immer schon wusste.“ Er sackte langsam zu Boden, die Stirn gegen die Wand gelehnt, die Schultern zitternd. „Es war seine Stimme, die in der Stille blieb. Nicht eure. Ihr habt mich vergessen. Alle. Und jetzt wollt ihr mir erzählen, ich sei allein schuld?“ Ein letzter Blick nach oben. „Schaut ruhig zu. Ich hoffe, ihr seht alles. Ich hoffe, ihr nehmt das auf, bis zum letzten Wort.“ Er kicherte. Leise. „Denn es ist noch nicht vorbei.“ Still lehnte er sich zurück, ließ den Kopf an die kalte Wand fallen. Die Kamera blickte weiter stumm auf ihn herab. Er murmelte noch immer. Worte, nur für ihn. Für das Wesen. Denn es war der Einzige, der wirklich zuhörte. Die Tür zum Überwachungsraum fiel leise ins Schloss. Ein gedämpftes Klicken, das in der Stille des Flurs beinahe laut wirkte. Reinhardt lehnte sich an die gekachelte Wand, zog sich die Jacke enger um die Schultern, obwohl es nicht wirklich kalt war. Brecht stand ein paar Schritte entfernt, die Hände in den Taschen vergraben, der Blick auf einen undefinierten Punkt irgendwo vor sich auf dem Boden. Für einen Moment sagten sie nichts. Nur der entfernte Hall von Schritten in anderen Gängen war zu hören. Das, und das Echo von Jonas' Worten, das noch in ihren Köpfen pochte. „Du… hast ihn gehört, oder?“ Reinhardts Stimme war leise, fast brüchig. Als wollte er mit der Frage überprüfen, ob alles eben Geschehene nicht bloß eine Einbildung war. Brecht nickte langsam. „Jeden verdammten Satz.“ Reinhardt schnaubte leise. „Das war… keine normale Aussage. Kein Geständnis. Kein Ausbruch. Das war…“ – er suchte nach dem richtigen Wort – „…eine Art Beichte. Oder ein Gespräch. Mit jemandem, den nur er sieht.“ „Vielleicht auch mit sich selbst“, murmelte Brecht. „Oder mit einer Erinnerung. Vielleicht eine Stimme aus der Vergangenheit. Oder…“ Er brach ab, schüttelte leicht den Kopf. „Ich weiß es nicht.“ Reinhardt schob sich vom Boden ab, trat ein paar Schritte durch den Flur, dann wieder zurück. „Glaubst du, er ist irre? Also wirklich – klinisch gestört?“ Brecht zuckte nur die Schultern. „Was heißt das schon, in dem Fall? Er ist kontrolliert. Intelligent. Kein Wahn in dem Sinne, dass er Stimmen hört und wahllos handelt. Aber da ist etwas… in ihm, das nicht mehr greifbar ist. Eine Logik, die nicht mehr unsere ist.“ „Wie er gesprochen hat.“ Reinhardt blickte zu Brecht, seine Stirn in tiefe Falten gelegt. „Das war nicht einfach nur verwirrt oder vernebelt. Das war… zielgerichtet. Fast so, als hätte er sich das alles schon tausendmal im Kopf durchgespielt.“ „Hat er vielleicht auch“, sagte Brecht ruhig. „Vielleicht hat er sich so lange mit diesem 'er' unterhalten, dass er vergessen hat, wie sich echte Gespräche anfühlen." Sie standen wieder still. Die Luft zwischen ihnen war schwer. Dann, leise, fast wie eine Entschuldigung, sagte Reinhardt: „Er tut mir leid." Brecht drehte leicht den Kopf. „Dir tut ein Mann leid, der seine Eltern erschossen hat? Der vielleicht noch viel mehr getan hat, was wir noch nicht wissen?" „Ja", antwortete Reinhardt ohne zu zögern. „Gerade deshalb. Weil er... nicht mehr weiß, wer er ist. Weil er glaubt, da wäre jemand, der ihn geführt hat. Weil er in dieser scheiß Zelle sitzt und denkt, er sei ein Werkzeug. Ein Ausführender. Kein Täter. Er ist... verloren." Brecht schwieg eine Weile. Dann sagte er, fast tonlos: „Vielleicht war er das schon immer. Vielleicht ist das, was wir gerade gesehen haben, einfach nur das Ende eines sehr langen Weges." Reinhardt presste die Lippen aufeinander. „Glaubst du, er wurde so gemacht? Oder war er immer so?" „Vielleicht beides", murmelte Brecht. „Vielleicht hat man ihn ignoriert, zu oft übersehen. Und irgendwann hat er angefangen, in sich selbst zu verschwinden. In etwas, das ihm Halt gegeben hat. In ihn. Wer oder was auch immer das ist." Reinhardt sah wieder zur Tür des Überwachungsraumes. „Er hat uns nicht einmal angeschrien. Nicht gebettelt, nicht geleugnet. Er hat einfach... mit ihm gesprochen." „Weil das die einzige Sprache ist, die ihm geblieben ist", antwortete Brecht. Dann fügte er hinzu: „Und wir verstehen kein Wort davon." Eine Weile standen sie schweigend nebeneinander. Zwei erfahrene Ermittler, ratlos wie selten zuvor. Der Flur war still, aber etwas daran fühlte sich bedrohlich an. Als würde sich hinter den Mauern der Zelle eine Geschichte winden, die sie noch lange nicht verstanden hatten. Reinhardt sagte leise: „Wir müssen vorsichtig sein. Nicht nur, was er getan hat. Sondern wie wir mit ihm umgehen." „Weil er gefährlich ist?", fragte Brecht. „Weil er Mensch ist", antwortete Reinhardt. „Und weil man mit Menschen wie ihm nie ganz sicher sagen kann, was als Nächstes passiert."

*

Die Türen fielen mit einem metallenen Dröhnen hinter ihm ins Schloss. Jonas zuckte nicht. Kein Zucken, kein Wort. Nur seine Augen, die für einen Moment den kahlen, grauen Raum abtasteten, bevor er sich langsam auf die harte Pritsche setzte. Untersuchungshaft. Ein Wort, das wie ein Fluch klang, wie ein Urteil, obwohl das eigentliche Urteil noch ausstand. Aber für Jonas war es längst gesprochen. Nicht von einem Gericht, sondern von der Welt selbst. Von dem Leben, das ihn verschluckt hatte. Von ihm – dem Wesen, dessen Stimme nun verstummt war. Oder? Nein, nicht verstummt. Still geworden. Lauschend. Wartend. Die Zelle war karg. Ein kleines Fenster mit dickem Drahtgitter, kaum Licht, kaum Luft. Eine Toilette in der Ecke. Ein Tisch. Ein Stuhl. Die Matratze war dünn, das Bett knarrte bei jeder Bewegung. Jonas hatte nicht viel bei sich. Ein paar Kleidungsstücke. Die Polizei hatte alles durchwühlt, jede Naht durchsucht, jeden Zettel notiert. Es roch nach Bleichmittel und kaltem Staub. Der erste Tag verging ohne Zwischenfälle. Er aß nicht. Trank kaum. Redete nicht. Der Wärter, der ihm das Tablett hinstellte, hatte ihn kurz gemustert, dann schweigend den Raum verlassen. Keine Worte, keine Blicke. Nur ein kurzes, kaum merkliches Innehalten – als spürte auch er, dass Jonas nicht einfach nur ein weiterer Gefangener war. In der Nacht lag Jonas wach. Das Neonlicht draußen auf dem Flur brannte grell, warf schwache Schatten durch das Gitterfenster der Tür. Schatten, die sich bewegten, auch wenn niemand lief. Oder war das nur Einbildung? Die Dunkelheit hatte ihre eigenen Stimmen, ihre eigenen Gesichter. Und mitten darin: Jonas. Still. Starr. Ein Mann, der mehr gesehen hatte, als man ertragen konnte, und der nun mit nichts als sich selbst zurückblieb. Am zweiten Tag wurde er vernommen. Nur ein paar Fragen. Standard. Name, Geburtsdatum, Adresse – Dinge, die längst bekannt waren. Jonas antwortete monoton. Blickte niemandem ins Gesicht. Keine Regung, keine Wut, keine Angst. Als hätte sich alles, was in ihm war, tief zurückgezogen. In einem Ort, an den selbst er keinen Zugang mehr hatte. Dann zurück in die Zelle. Er begann zu zählen. Die Risse in der Wand. Die winzigen Kratzer auf dem Tisch. Die Male, die das Gitter am Fenster bei Wind leicht vibrierte. Seine Gedanken kreisten. Erst ziellos. Dann immer enger. Immer dunkler. Nachts sprach er wieder mit ihm. Nicht laut. Nicht in Worten. Aber in Gedanken. In Bildern. In jenem merkwürdigen inneren Dialog, der niemals verstummte. „Warum hast du nichts gesagt?“, dachte Jonas. Keine Antwort. „Ich bin hier. Wegen dir.“ Stille. „Oder wegen mir?“ Ein Flüstern. Nicht real. Und doch klar wie ein Atem im Nacken. „Du bist, was du geworden bist.“ Am dritten Tag verweigerte Jonas das Essen erneut. Die Beamten notierten es. Taten ihren Job. Aber auch sie warfen sich

Blicke zu. Man hatte über ihn gelesen, ihn in Berichten gesehen. Und nun war er hier. Blass. Verändert. Undurchsichtig. Wie ein stiller Abgrund. Er begann zu schreiben. Sie hatten ihm Papier gegeben, einen Stift. Vielleicht, weil sie dachten, es würde helfen. Vielleicht, weil sie hofften, er würde etwas aufschreiben, das sie verwerten konnten. Was er aber schrieb, war wirr. Fragmente. Sätze ohne Zusammenhang. Namen, die niemand zuordnen konnte. Zeichnungen. Spiralen. Schatten. Ein Wärter las heimlich mit, als Jonas schlief. Ging zurück zu Brecht. Flüsterte: „Er ist nicht einfach nur gestört. Da ist... System drin. Oder Wahnsinn. Oder beides." Tag vier. Jonas sprach nicht. Bewegte sich kaum. Nur sein Blick lebte, wanderte immer wieder zur Kamera über der Tür. „Ich weiß, dass du da bist", sagte er eines Nachts. „Du kannst mich anschauen, aber nicht sehen." Dann lachte er. Kurz. Trocken. Leer. „Ich hab getan, was du wolltest." Dann Stille. Wieder. Unheimlich. Wie das Schweigen vor einem Sturm, von dem man nicht weiß, ob er wirklich kommen wird. Am fünften Tag kam ein Psychologe. Freundlich. Ruhig. Jonas sah ihn nicht an. Antwortete nicht. Spielte mit dem Papier auf dem Tisch. Kritzelte kleine schwarze Punkte, die sich verdichteten zu einem großen Kreis. „Jonas?", fragte der Psychologe. „Möchten Sie reden?" Keine Antwort. „Ich bin nicht hier, um Sie zu verurteilen." Noch immer keine Reaktion. Der Psychologe notierte etwas. Ging. Und Jonas sah wieder zur Kamera. Als würde das Gespräch erst dann beginnen. „Ich weiß, dass sie dich nicht hören können. Aber ich weiß auch, dass du es warst. Immer du. Du hast gesagt, das sei der Weg. Dass das alles Sinn hat. Wo ist er, der Sinn?" Er wartete. Hörte nichts. Und begann dann zu lachen. Nicht laut. Nicht wild. Aber mit etwas in der Stimme, das sich wie ein Riss im Glas anhörte. Er stand auf. Ging zur Tür. Legte die Stirn an das kalte Metall. „Ich weiß, dass es nicht vorbei ist. Noch nicht." Jonas sprach nicht. Nicht ein einziges Wort. Er aß nicht. Trank kaum. Und er bewegte sich nicht – jedenfalls nicht mehr als unbedingt nötig. Die Zelle war sein neuer Kosmos geworden, ein Ort, an dem Zeit keine Bedeutung mehr hatte und Gedanken sich in dunklen Spiralen verloren. Die Beamten, die ihm das Essen brachten, tauschten flüchtige Blicke, wenn sie seine stumme Gestalt auf der Pritsche sahen. Immer in derselben Haltung. Immer an derselben Stelle. Die Tabletts blieben unberührt. Das Brot wurde hart, die Suppe kalt. Die Teller verschwanden wieder, wie sie gekommen waren – wortlos. Er saß einfach da. Der Rücken gerade, die Hände auf den Oberschenkeln, die Augen halb geschlossen. Wie eine Statue, von der niemand wusste, ob sie lebendig war. Selbst die Kamera schien zu zögern, ihn aufzunehmen – als würde das Gerät nicht wissen, was es dort eigentlich dokumentierte. Leben? Wahnsinn? Schuld? Draußen auf dem Gang hörte man Schritte. Schlüssel. Türen. Stimmen. Die Welt ging weiter. Aber Jonas blieb stehen. In sich. Gefangen in einer eigenen Zeit. Zwei Tage, drei, vier. Keine Veränderung. Sein Gesicht war eingefallen, die Wangen schmaler geworden, die Lippen spröde. Er schien kein Bedürfnis mehr zu empfinden. Nicht nach Nahrung, nicht nach Licht, nicht nach Schlaf. In der Nacht lag er stumm auf dem Rücken, die Augen offen zur Decke. Manchmal für Stunden. Manchmal bewegte sich nur ein Muskel in seiner Wange, als würde ein Gedanke versuchen, durchzubrechen – aber dann fiel er wieder zurück in die Dunkelheit, in das große, schwarze Schweigen. Einmal kam ein Arzt. Jonas reagierte nicht. Als man ihm die Augenlider anhob, blinzelte er nicht. Als man ihm Blutdruck maß, ließ er es geschehen, wie ein lebloser Körper. Die Werte waren schlecht, aber nicht lebensgefährlich. Noch nicht. Man diskutierte, ob man ihn zwangsernähren sollte. Ob man ihn verlegen sollte. Doch jede Entscheidung zog sich. Jonas war kein gewöhnlicher Häftling. Er war der, der geschwiegen hatte, als alle fragten. Der, dessen Vergangenheit sich wie Rauch zwischen Akten und Berichten verlor. Der, der niemandem etwas sagte – nicht über das Warum, nicht über das Was, nicht über das Wer. Nur die Kamera war Zeuge seines Verfalls. Und vielleicht er. Das Wesen. Denn tief in Jonas' Blick lag noch etwas. Etwas, das sich weigerte, vollständig zu sterben. Nicht Leben – aber auch kein völliger Zerfall. Eher wie ein innerer Spiegel, auf dem sich Bilder abspielten, die nur er sehen konnte. Szenen, Gespräche, Erinnerungen. Stimmen. Immer wieder diese Stimme. Nicht laut. Nicht fordernd. Aber da. „Sie glauben, du bist schwach." Jonas blinzelte kaum merklich. „Aber du weißt es besser." Sein Kiefer zuckte leicht, wie von innen gesteuert. „Du bist nicht fertig." Es war kein Wahnsinn in seinem Blick. Kein Feuer, keine Wut. Nur diese tiefe, absolute Leere. Als sei in ihm eine Tür geöffnet worden, durch die alles entkommen war – Hoffnung, Schuld, Angst, selbst Reue. Er war da. Und doch nicht mehr greifbar. Die Wärter begannen, leiser über ihn zu sprechen. Mit einer Mischung aus Scheu und Misstrauen. Manche nannten ihn „den Stummen". Andere „den Schatten". Niemand sprach ihn direkt an. Es war, als fürchteten sie, dass ein Wort zu viel ihn aufbrechen könnte – oder dass das Schweigen, das in ihm wohnte, sie verschlingen würde. Und Jonas? Er zählte weiter die Stunden. Oder die Minuten. Oder die Atemzüge. Keiner wusste es. Vielleicht nicht mal er selbst. Aber er wartete. Auf was – das blieb sein Geheimnis.

*

Auch wenn Jonas sich nicht bewegte, nicht sprach, nicht aß – er sah. Seine Augen waren nicht tot. Nicht wirklich. Sie wirkten träge, ja. Leer vielleicht. Doch wenn man lange genug hinsah, wenn man den Mut aufbrachte, sich dem kalten, stillen Korridor seiner Zelle zu nähern und seinem Blick zu begegnen – dann erkannte man etwas anderes: Wachsamkeit. Aufmerksamkeit. Eine kalte, schweigende Präsenz. Er beobachtete alles. Jede Bewegung der Beamten. Jede Abweichung im Ablauf. Wer wann den Flur entlangging, welcher der Wärter im Vorbeigehen immer räusperte, welche Schlüssel zuerst in die Tür passten und welche danach. Er merkte es sich. Ob er wollte oder nicht – sein Geist klammerte sich an Details, weil das alles war, was noch existierte. Die Außenwelt war weit weg, versunken hinter meterdicken Mauern. Aber hier – hier konnte er sehen. Hören. Spüren. Das Surren der Kamera über seiner Tür war rhythmisch. Es folgte einem festen Muster. Drei Sekunden starr, dann eine kurze Bewegung, dann wieder still. Jonas wusste das. Er hatte es gezählt. Unzählige Male. Wenn jemand den Gang entlangkam, hörte Jonas es, bevor es sichtbar wurde. Das Knacken der Sohlen auf dem alten Linoleumboden war wie ein Code. Der eine schlurfte. Der andere trat schwer auf. Wieder ein anderer tippte beim Gehen auf seinem Handy. Jonas wusste, wer es war, noch bevor sich der Schatten am Türfenster zeigte. Er beobachtete sogar die Schatten. Das Spiel aus Licht und Dunkelheit, das sich in den frühen Morgenstunden an die Wände seiner Zelle legte – von draußen, von einer Welt, die ihn verstoßen hatte. Oder die er selbst verlassen hatte. Die Form der Fensterstreben auf dem Boden. Wie sich das Licht über den Tag verschob. Wie es verschwand, ohne dass jemand es bemerkte. Er merkte es. Und nachts, wenn alles still war – wenn keine Schritte mehr kamen, keine Essensschalen klapperten, kein Schlüsselbund rasselte – dann begann er, tiefer zu sehen. In das, was hinter der Welt lag. Zwischen den Wänden. Im eigenen Schädel. Dort, wo Worte keinen Halt mehr fanden. Dort, wo es wohnte. Das Wesen. Es sprach nicht mehr so deutlich wie früher. Aber Jonas spürte es. Im Flackern einer Lampe. In der Art, wie das Neonlicht kurz zuckte, wenn niemand hinsah. Im leisen Kratzen einer Maus hinter der Wand. Kleine Zeichen. Geräusche, die keiner sonst hörte. Und manchmal – wenn Jonas zu lange auf die weiße Fläche der Wand starrte, die direkt gegenüber seiner Pritsche lag – dann verwandelte sich das Weiß. Dann sah er Bewegungen darin. Schatten, die sich nicht erklärten. Formen, die sich wie Erinnerungen anfühlten, aber keine waren. Er war nicht mehr allein. Nicht wirklich. Die Beamten ahnten es nicht. Für sie war er nur ein stummer Mann in einer grauen Zelle. Ein Mörder. Oder ein Opfer. Ein Rätsel. Vielleicht ein Fall für die Psychiatrie. Vielleicht ein Fall für das Gefängnis. Niemand wusste es. Noch nicht. Aber Jonas wusste, dass sie ihn beobachteten. So wie er sie beobachtete. Ein endloses Spiegelspiel. Und während sein Körper schwächer wurde, seine Wangen sich weiter einsogen, seine Augenringe dunkler wurden – da wurde sein Blick schärfer. Konzentrierter. Und inmitten all der Leere, des Schweigens, der Isolation – inmitten der völligen Erstarrung – sammelte sich etwas in ihm. Langsam. Aber sicher. Etwas formte sich. Es begann leise. Wie ein Murmeln. Ein Wispern an die Wand. Jonas saß auf seiner Pritsche, die Knie angezogen, der Rücken rund, der Blick ins Leere gerichtet. Die Kamera über ihm hatte längst aufgehört, ihn zu interessieren. Jetzt war es nur noch er – und es. Das Wesen, das nie fort war, nur stiller geworden, geduldiger, tiefer unter der Haut. „Du wusstest es also“, sagte Jonas flach. Seine Lippen bewegten sich kaum, aber seine Stimme war da. Brüchig zuerst. Dann fester. „Du wusstest, dass es so enden würde. Immer.“ Die Zelle antwortete nicht. Nur das Summen der Elektrik. Ein fernes Brummen in der Wand. Aber in seinem Inneren regte sich etwas. Eine Regung – kein Geräusch, aber ein Eindruck. Wie das Nachhallen eines Gedankens, der nicht ganz der eigene war. „Warum hast du es mir nicht früher gesagt?“ flüsterte Jonas. Dann: „Oder hast du? Und ich wollte einfach nicht hören?“ Seine Hände lagen reglos auf seinen Knien. Nur seine Finger bewegten sich. Ein nervöses Spiel, ein winziges Zittern. Er atmete flach. Der Beton um ihn herum schien sich zu beugen, das Licht flimmerte schwach. „Ich erinnere mich noch an damals. Als du das erste Mal… da warst. Es war gar nicht so schlimm, weißt du? Ich war nur müde. Alles war schwer. Und du… hast einfach mit mir gesprochen. So einfach. So ruhig.“ Ein Lächeln zog kurz über sein Gesicht. Es war traurig. Alt. Abgezehrt. „Du hast verstanden, was niemand sonst verstehen wollte. Nicht die Lehrer. Nicht die Nachbarn. Nicht mal sie." Eine kurze Pause. Ein Schlucken. „Vor allem nicht sie." Er lachte – ein trockenes, tonloses Lachen, das im Husten endete. „Ich hab sie angelogen. Alle. Mich selbst am meisten. Aber du nicht, oder?" Er hob den Kopf, als würde er dem Wesen direkt in die Augen sehen. Dort war nichts. Nur eine graue Wand. Doch Jonas starrte sie an wie ein Spiegel. „Sag es mir", flüsterte er. „Sag mir, dass es richtig war. Dass ich richtig lag. Dass es... nötig war." Ein Moment der Stille. Dann sprach er weiter, jetzt eindringlicher, schneller: „Manchmal denke ich, dass ich nie frei war. Nicht eine Sekunde. Dass ich von Anfang an nur durch Korridore lief, die jemand anderes gebaut hat. Und dann kommst du. Und du sagst: Schneide den Weg frei. Mach Schluss mit dem, was war. Ich... ich hab versucht, es zu verstehen. Aber es war zu laut. In meinem Kopf. Zu viele Stimmen. Erinnerungen. Und dann wieder du. Immer du." Seine Hände krallten sich in den Stoff seiner Hose. Er beugte sich nach vorne, als würde er sich selbst umklammern müssen, um nicht zu zerbrechen. „Ich hab alles verloren, weißt du das? Alles. Und trotzdem... bist du noch da." Ein Blick zur Wand. Fast flehend. „Warum?" Wieder dieses Schweigen. Doch es war kein leeres Schweigen. Es war gefüllt. Mit Spannung. Mit Sinn. Mit Präsenz. Jonas nickte langsam, als hätte er etwas gehört, das nur für ihn bestimmt war. „Ja... ja, vielleicht war das der Fehler. Ich hab zu viel gefragt. Hab zu viel gezögert. Aber nicht mehr. Ich... ich versteh es jetzt." Sein Blick wurde fester. Die Stimme ruhiger. Als hätte das Reden, das Fragen, das Bitten etwas gelöst in ihm. „Der Weg endet nicht hier, oder?" Ein leises Lächeln. Nicht warm. Nicht kalt. Einfach... wissend. „Du hast mir gesagt: Es gibt keine Tür, aus der man einfach rausgeht. Man muss sich durch Wände schneiden. Durch Haut. Durch Zeit. Durch Schuld." Er lehnte sich zurück. Sah an die Decke. Lange. Dann: „Was kommt als Nächstes?" Er wartete. Ohne Angst. Ohne Hoffnung. Nur mit einer eigenartigen, stillen Gewissheit. Und in der Stille der Zelle – im fahlen Licht des späten Nachmittags – wirkte Jonas nicht mehr wie ein Gefangener. Nicht wie ein Täter. Nicht wie ein Opfer. Er wirkte wie jemand, der einen Weg sieht, den kein anderer gehen kann. Und der sich, trotz allem, darauf vorbereitet. Die Zeit dehnte sich. Minuten verflossen in lautlosem Tropfen. Kein Schritt auf dem Gang, kein Ruf, kein metallisches Klirren. Die Welt hinter diesen Mauern schien aufgehört zu atmen. Und Jonas? Jonas zählte nicht mehr. Keine Stunden. Keine Tage. Nur Atemzüge. Und Gedanken. Immer wieder dieselben

Schleifen, dieselben Bilder. „Es ist wie ein Echo", murmelte er, den Blick auf die grauen Fliesen gerichtet. „Ich höre sie immer noch, wie sie rufen. Aber ich bin längst nicht mehr da." Seine Stimme war rau geworden, aber nicht heiser. Als hätte sie sich an das Sprechen im Nichts gewöhnt. „Sie glauben, ich sei gebrochen", sagte er. „Aber was ist ein Bruch, wenn man vorher schon nur ein Konstrukt war? Eine Fassade, die nie jemand wirklich angeschaut hat? Ich war doch nie echt." Er fuhr sich mit einer Hand über das Gesicht, langsam, tastend, als wolle er spüren, ob er überhaupt noch existierte. Dann legte er die Stirn gegen die Wand. Die Kühle des Steins durchdrang seine Haut. „Ich war so lange still. So lange. Und jetzt... kann ich nicht mehr schweigen." Wieder wandte er sich der Kamera zu. Dieses winzige, schwarze Auge an der Wand – stumm, unnachgiebig, ungerührt. „Hörst du mich noch?" Er flüsterte kaum. „Bist du noch da? Oder hast du mich verlassen, jetzt, wo ich alles getan habe? Jetzt, wo ich... dich nicht mehr brauche?" Ein bitteres, hartes Lachen. „Was für eine Lüge. Ich brauch dich mehr denn je." Er wartete. Horchte. Vielleicht auf ein Echo, vielleicht auf ein Gefühl. Und da war es wieder. Dieses kaum wahrnehmbare Vibrieren in seinem Inneren. Eine Regung unter der Haut, wie eine zweite Stimme, die durch sein Blut floss. „Ich weiß, was du willst", sagte er. „Du willst, dass ich weitermache. Dass ich nicht aufhöre. Du hast mir gezeigt, was Wahrheit ist – und was Illusion. Und das hier? Diese Mauern? Diese Kameras? Diese... Männer mit ihren Fragen? Sie glauben, sie hätten mich gefangen." Er drehte sich langsam um, lehnte sich mit dem Rücken an die Wand, ließ sich auf dem kalten Boden nieder, die Beine von sich gestreckt, den Blick starr nach vorne. „Sie wissen nichts. Gar nichts." Ein leises Geräusch drang von draußen an seine Ohren – ein Türschlag, ein metallischer Riegel, ein gedämpfter Schritt. Doch es regte ihn nicht. Er sprach weiter, flach, aber eindringlich: „Du warst der Einzige, der blieb. In all der Dunkelheit. Der Einzige, der nicht weggeschaut hat. Und weißt du was?" Er lächelte, matt, beinahe liebevoll. „Dafür danke ich dir." Ein Zittern durchlief ihn, unmerklich. Wie eine Erinnerung, die zu nah kommt. „Sie werden fragen", murmelte er. „Immer wieder dieselben Fragen. Und ich werde schweigen. Weil Worte nicht reichen. Weil... Wahrheit nicht erklärt werden kann. Man muss sie spüren. Riechen. Erleiden." Ein paar Sekunden vergingen. Dann: „Sag mir, was ich tun soll." Stille. Und dann, so glaubte Jonas, war da eine Antwort. Kein Satz. Kein Befehl. Nur ein Gefühl. Warm. Vertraut. Dunkel. Er schloss die Augen. Flüsterte: „Ich war nie allein." Wieder öffnete er sie. Und in seinem Blick lag kein Wahnsinn, sondern etwas viel Verstörenderes: Klarheit.

*

Der Raum war kalt. Nicht wegen der Temperatur allein, sondern wegen der Art, wie er eingerichtet war: nüchtern, abweisend, steril. Die Wände waren in einem matten Grau gestrichen, das Licht kam von einer einzelnen Neonröhre, die summte, als würde sie sich über die Ereignisse hier drin mokieren. In der Mitte: ein Tisch. Metallbeine, Laminatplatte. Zwei Stühle auf der einen Seite, einer auf der anderen. Jonas saß auf dem Einzelstuhl. Seine Hände lagen ruhig auf dem Tisch. Nicht gefesselt. Noch nicht. Seine Augen waren glasig, leer. Er hatte sich nicht bewegt, seit sie ihn hereingeführt hatten. Nicht einmal der Blick war gewandert. Er hatte die Tür beobachtet. Starr. Ohne jede Regung. Dann öffnete sich diese Tür. Zwei Männer traten ein – Brecht und Reinhardt. Keine Uniformen, nur dunkle Anzüge, diskret, aber eindeutig Beamte. Sie setzten sich gegenüber von Jonas, ließen ein paar Sekunden verstreichen, ehe einer von ihnen sprach. Reinhardt war es, der das Schweigen zuerst brach. „Jonas Falk." Keine Reaktion. „Wir wissen, dass du verstehst, was wir sagen. Du bist nicht hier, weil man dich zufällig festgenommen hat. Du bist hier, weil etwas passiert ist. Mehreres. In verschiedenen Städten. Und du warst immer da. Immer in der Nähe." Jonas blinzelte. Nur einmal. Dann nichts mehr. Brecht öffnete eine Mappe, legte mehrere Fotos auf den Tisch. Tatortbilder. Die Leichen von Hans und Petra Falk. Nahaufnahme, Weitwinkel, die Wohnzimmeransicht. Die Patronenhülsen. Die zersplitterte Vase. Das umgestürzte Familienfoto. Es war alles darauf zu sehen. Kein Detail fehlte. „Wir wissen, dass du in diesem Haus warst", sagte Brecht ruhig. „Der Nachbar hat dich erwähnt. Die Kamera aus dem Supermarkt zeigt dich am selben Tag, bewaffnet. In deiner Jacke wurde Schmauchspur gefunden. Schweigen. Jonas sah die Bilder nicht an. Kein Zucken, kein Schütteln des Kopfes. Nur Leere. Nur das Summen der Neonröhre. „Dein Fingerabdruck war auf dem Türrahmen. Dein Schuhabdruck in der Blutlache deines Vaters." Reinhardts Stimme klang gedämpft, aber fest. „Was auch immer du jetzt sagst, Jonas – es ist dokumentiert.“ Jonas drehte langsam den Kopf. Sah Reinhardt an. Nur für einen Moment. Dann senkte er den Blick. „Warum?“, fragte Brecht. Keine Anklage, kein Vorwurf. Nur eine Frage. Eine einfache, klare Frage. Die einzige, die vielleicht zählte. Jonas öffnete den Mund. Kurz zitterte seine Unterlippe. Als würde er sprechen wollen. Dann geschah es. „Er hat gesagt, es ist notwendig“, sagte Jonas leise. Brecht runzelte die Stirn. Reinhardt sah ihn an. „Wer?“, fragte Reinhardt ruhig. „Wen meinst du mit ‘er’?“ Jonas lächelte. Ganz leicht. Kein glückliches Lächeln. Es war etwas anderes. Etwas Gebrochenes, Trauriges, vielleicht sogar Triumphierendes. „Ihr würdet es nicht verstehen“, sagte er. „Ihr hört ihn nicht.“ Reinhardt beugte sich ein wenig vor. „Versuch’s.“ Jonas’ Blick wurde glasiger. „Er ist da. Immer. Leise, aber deutlich. Er... beobachtet. Führt. Er kennt die Wahrheit. Die, die ihr vergessen habt. Oder verdrängt.“ Brecht griff nach einem weiteren Blatt Papier. Es war ein Ausdruck von Jonas’ Aussage im Fall Becker. Damals, Monate zuvor. Als man ihn befragt, aber nie eindeutig als Täter eingestuft hatte. Doch diesmal – diesmal waren die Spuren zu eindeutig. „Damals in Berlin, das Bürogebäude... du warst der, mit dem Becker am meisten Probleme zu haben schien. Du hast gesagt, er hätte dich manchmal schickaniert, aber du hättest ihn nie angegriffen, stimmt das?“. Jonas starrte ihn an. Und dann lachte er leise. Ein heiseres, bitteres Geräusch, das viel zu alt klang für einen Mann seines Alters. „Nein“, sagte er. „Ich habe nur den Rest gesehen. Das Ende. Mehr nicht.“ „Und Mia W.?“, warf Reinhardt ein. „Was war mit ihr?“ Jonas’ Augen zuckten. Ein kurzer Moment von Schmerz. Oder war es Wut? „Sie wollte Licht, wo nur Schatten waren“, flüsterte er. Reinhardt lehnte sich zurück. Er atmete durch. „Du meinst, sie hat dich bedroht? Dich erkannt?“ „Nein.“ Jonas’ Stimme wurde fester. „Sie wollte helfen. Und das war das Schlimmste.“ Ein Moment der Stille. Brecht tippte mit dem Finger auf den Tisch. „Du hast deine Eltern erschossen. Becker erwürgt. Mia... erwürgt. Und das alles unter dem Einfluss von jemandem, den du ‘ihn’ nennst. Jonas, das ist nicht normal.“ Jonas schloss die Augen. Seine Stimme kam dumpf, aber deutlich. „Normale Menschen hören zu. Sie sehen sich an. Und dann schauen sie weg. Ihr habt alle weggesehen.“ „Was meinst du damit?“, fragte Reinhardt. Doch Jonas schwieg. Dann hob er die Hand und legte zwei Finger auf die Stirn, als würde er etwas aufhalten wollen. Oder als wollte er zuhören. Dann sagte er: „Ihr hört ihn nicht. Aber das heißt nicht, dass er nicht da ist.“ Der Raum schien sich zu verändern, nicht physisch, aber atmosphärisch. Seit Jonas zu sprechen begonnen hatte, lag eine andere Spannung in der Luft – ein flimmerndes Vibrieren, das sich nicht benennen ließ. Als hätte jemand eine feine, unsichtbare Membran zwischen den Beteiligten gespannt, durch die Worte und Blicke sich schwerer bewegten. Reinhardt und Brecht spürten es, auch wenn sie es sich nicht eingestanden. Jonas saß wieder regungslos. Die Finger leicht aneinandergeschmiegt, der Kopf leicht geneigt. Die Augen halb geschlossen. Er wirkte, als lausche er einem entfernten Klang, der den anderen verborgen blieb. Reinhardt griff zu einem neuen Blatt. Diesmal eine Übersicht der Telefonbewegungen am Tattag. Keine ausgehenden Gespräche. Kein Empfang. Jonas' altes Smartphone war in einem Altglascontainer gefunden worden, ausgeschaltet und in einem Beutel eingeschlagen. Die Polizei hatte Wochen gebraucht, um es Jonas zuzuordnen. Und doch war da kaum etwas drauf gewesen. Nur Bilder. Keine Kontakte. Keine Notizen. Kein Verlauf. „Du warst vorbereitet", sagte Brecht nun sachlich. „Du wusstest, wie du dich bewegen musst. Wann du nicht aufzufallen hast. Und trotzdem – du wusstest auch, dass es enden würde." Jonas sagte nichts. Reinhardt nahm ein weiteres Foto. Es zeigte die drei Jungs auf dem Schulhof. Das Tatortbild war frischer, schärfer – doch es zeigte, was es zeigen musste: Drei Körper, Blut. Auch Jonas war nie mit 100 % Sicherheit mit dem Fall in Verbindung gebracht worden. Doch jetzt, mit allem, was geschehen war, rückte alles näher zusammen. „Du warst da schon in der Stadt. Warum warst du dort? Warum genau an dem Tag?" Jonas hob nun den Kopf. Sein Blick war klar, fast kühl. „Sie haben geschrien", sagte er. „Laut. Und keiner hat sie gehört. Keiner. Ich bin nur gekommen, weil ich wusste, dass sie nicht aufhören würden." Brecht verschränkte die Arme. „Wer?" Jonas schüttelte nur den Kopf. Und dann, nach einem Moment: „Ich habe sie nicht berührt. Damals nicht. Es war... ein Test." „Ein Test? Von wem?", fragte Reinhardt. Jonas' Augen verengten sich. „Er wollte wissen, wie weit ich gehen würde. Aber ich habe nicht bestanden. Damals nicht." Brecht stieß hörbar den Atem aus. „Und diesmal? Hast du bestanden?" Stille. Reinhardt griff zu einem letzten Dokument: das Transkript eines Anrufs. Ein Mann hatte angerufen, Stunden nach dem Mord an Hans und Petra Falk. Er hatte ihren Sohn beschrieben. Seine Beschreibung passte. Doch die Stimme am anderen Ende hatte gezittert. Der Mann hatte gesagt: Er war ganz still. Und oft hat er mich angesehen, als würde ich nicht existieren. Reinhardt las das Zitat laut vor. Jonas schloss die Augen. „Ich erinnere mich an an“, murmelte er. „Er war traurig. So... leer. Ich wollte ihm helfen. Aber er hat gesagt, er ist nicht bereit.“ „Wieder ‘er’“, sagte Brecht. „Willst du uns erklären, wer das ist? Ein Mann? Eine Stimme? Ein Teil von dir?“ Jonas sah ihn an, ganz direkt. „Er ist der, der weiß, was in der Dunkelheit lebt.“ „Jonas – du hast Menschen getötet. Reale Menschen. Keine Schatten. Keine Stimmen. Du hast eine Pistole in der Hand gehalten. Du hast abgedrückt. Nicht er.“ Jonas lächelte sanft. „Wer hält die Waffe, wenn der Gedanke nicht dir gehört?“ Der Satz hing schwer im Raum. Reinhardt wechselte einen Blick mit Brecht. Beide wussten: Hier sprach kein gewöhnlicher Mörder. Vielleicht sprach hier gar kein Mörder, sondern ein Mann, der in den Ruinen von etwas Größerem saß. Etwas, das sich niemand von ihnen ganz erklären konnte. Noch nicht. „Du wirst medizinisch untersucht werden müssen“, sagte Brecht leise. „Es gibt psychiatrische Verfahren, Tests, Gespräche.“ „Ihr werdet nichts finden“, sagte Jonas. „Keine Wahnvorstellungen. Keine Halluzinationen. Keine gespaltene Identität. Nur das Echo. Und vielleicht die Stille.“ Reinhardt stand auf. Er war blass geworden. „Wir machen eine Pause.“ Jonas nickte. „Macht ihr. Ich bleib hier. Er ist sowieso noch da.“ Sie verließen den Raum. Draußen, vor der Beobachtungsscheibe, atmeten sie schwer. Ein anderer Beamter reichte ihnen Wasser. Reinhardt trank es nicht. Er starrte nur durch das Glas. Jonas hatte sich nicht bewegt. Er sah nun zur Kamera. Direkt. „Glaubst du, er lügt?“, fragte Brecht leise. Reinhardt antwortete nicht sofort. Dann sagte er: „Ich glaube, er glaubt es.“ Die Luft im Besprechungsraum war verbraucht, als hätten die letzten Worte Jonas’ nicht nur Gedanken, sondern auch Sauerstoff verschlungen. Reinhardt lehnte mit den Unterarmen auf dem Tisch, das Gesicht in den Händen vergraben, während Brecht unruhig auf und ab ging. Keiner sprach. Draußen regnete es inzwischen in feinen Schleiern, die gegen die Scheiben schlugen wie klagende Finger. Dann sagte Reinhardt leise: „Ich will ihn nochmal sehen. Allein.“ Brecht blieb stehen. „Du glaubst, er sagt dir mehr?“ „Nein. Aber ich will sehen, wie er schweigt, wenn er denkt, niemand bewertet ihn. Nur ich.“ Brecht nickte, zögerlich. Dann verließ er den Raum. Die Tür fiel lautlos ins Schloss. Reinhardt stand auf. Mit ruhigen Schritten ging er zurück in den Verhörraum. Jonas hatte sich nicht bewegt. Er starrte immer noch zur Kamera – oder vielleicht durch sie hindurch. „Nur wir zwei“, sagte Reinhardt, während er sich langsam setzte. „Ich bin nicht hier, um dich zu überführen. Das ist längst geschehen. Ich bin hier, weil ich wissen will, was dich gebrochen hat.“ Jonas lächelte. „Wer sagt, dass ich gebrochen bin? Vielleicht war ich nie ganz.“ „Du redest in Rätseln, Jonas. Aber ich glaube nicht, dass du verrückt bist.“ Jonas legte den Kopf schief. „Und doch sagt ihr alle, ich müsste behandelt werden.“ „Weil das, was du getan hast, nicht nur grausam war – sondern präzise. Zielgerichtet. Kalt.“ „Weil es nötig war.“ „Warum?“ Jonas sah ihn an. Lange. Und dann, fast wie aus dem Nichts, flüsterte er: „Manchmal musst du das Haus abreißen, um die Ratten zu vertreiben.“ Reinhardt blinzelte. „Deine Eltern...“ „Keine Familie“, unterbrach Jonas. „Nie gewesen. Nur Kulisse. Tapete über dem Schimmel.“ „Und Becker?“ Jonas schwieg. Reinhardt rückte näher. „Jonas, ich erinnere mich noch sehr gut an den Fall. An das, was nicht gesagt wurde. An das Schweigen in den Akten. Der Mann wurde vor seinem Büro erwürgt. Es gab keine Zeugen. Nur Spuren eines Kampfes.“ „Ich habe nichts gesehen“, sagte Jonas monoton. „Aber du hast etwas gewusst.“ Wieder Schweigen. Reinhardt lehnte sich zurück. Er wusste, Druck war der falsche Weg. Jonas lebte in seiner eigenen inneren Architektur – und jede falsche Bewegung konnte die Tür zuschlagen. Also fragte er anders: „Hast du je gedacht, dass man dich retten könnte?“ Jonas' Lippen zuckten. Fast so, als wolle er lachen. Doch das Lachen blieb in seiner Kehle stecken. Stattdessen sagte er: „Man kann keine Asche heilen.“ Ein Schatten huschte über Reinhardts Gesicht. „Du fühlst also nichts mehr?“ „Oh doch“, flüsterte Jonas. „Ich fühle alles. Zu viel. Und das ist das Problem.“ Die Tür öffnete sich leise. Brecht trat ein, das Gesicht angespannt. „Sie wollen ihn verlegen. Bald. In die forensische Psychiatrie.“ Reinhardt sah Jonas an. „Das ist nicht das Ende.“ „Nein“, sagte Jonas. „Es ist der nächste Raum. Und er wartet schon.“ „Wer?“, fragte Brecht – gegen besseres Wissen. Jonas schloss die Augen. „Der, der hinter allem steht.“ Stille. Dann, leise, beinahe ehrfürchtig, sagte Jonas: „Er ist der Einzige, der mich je gesehen hat.“

*

Der Flur vor dem Verhörraum war schmal und klangvoll leer. Die Neonlichter an der Decke summten monoton, und mit jedem Schritt, den Brecht und Reinhardt von der Tür entfernten, schien der Druck, der auf ihnen lastete, sich nicht zu lösen –

sondern sich nur zu verlagern. Wie ein bleierner Schleier, der über ihren Schultern lag. „Das war doch... Irrsinn“, murmelte Brecht, kaum dass sich die Tür hinter ihnen geschlossen hatte. Seine Stimme war rau, angestrengt, wie jemand, der gegen Wind redet, der nicht da ist. „Der Typ ist krank. Völlig fertig. Vielleicht schon seit Jahren.“ Reinhardt blieb stehen, blickte kurz zur Glastür des Flures, durch die man die Schemen anderer Kollegen sehen konnte. Dann drehte er sich langsam um. „Du meinst, wir sollen das so abhaken? Als Wahnsinn eines Einzelnen?“ „Was denn sonst?“ Brecht fuhr sich durch die Haare. „Der Typ hat seine Eltern erschossen, ohne mit der Wimper zu zucken. Er sitzt da, redet mit sich selbst – oder mit irgendeinem eingebildeten... was weiß ich – Wesen. Der ist in einer Realität unterwegs, die nichts mehr mit unserer zu tun hat.“ „Vielleicht“, sagte Reinhardt leise. „Oder er hat zu viel von unserer gesehen.“ Brecht verzog das Gesicht. „Was soll das heißen?“ „Vielleicht... ist es keine Psychose. Vielleicht ist es Reaktion. Auf etwas, das wir nicht begreifen wollen. Oder können.“ Reinhardt machte ein paar Schritte, dann lehnte er sich gegen die Wand. „Mir geht er nicht aus dem Kopf. Dieses Schweigen. Diese Blicke. Und wie er manchmal ganz klar wird. Das ist kein ständiger Wahn. Das ist... punktuell. Fast strategisch.“ Brecht verschränkte die Arme. „Na super. Jetzt fängst du auch an, ihn zu romantisieren.“ „Nein“, entgegnete Reinhardt sofort. „Aber ich habe das Gefühl, wir sehen nur den Schatten. Nicht, was ihn wirft.“ Brecht schnaubte, aber es klang weniger überzeugt als zuvor. „Dann sag du mir: Was soll das gewesen sein? Ein perfides Spiel? Eine Botschaft? Und wenn ja, an wen? An die Gesellschaft? An sich selbst?“ „Vielleicht ist es noch nicht vorbei“, sagte Reinhardt. „Er ist in Untersuchungshaft.“ „Ja. Und vorher hat er gemordet, obwohl niemand ihn gesucht hat. Obwohl er hätte verschwinden können. Er ist wieder aufgetaucht. Hat provoziert. Hat mit uns gespielt.“ Reinhardt sah Brecht an. „Hast du nicht auch das Gefühl, dass wir etwas übersehen?“ Brecht zögerte. Nur eine Sekunde – aber lang genug, dass Reinhardt es bemerkte. „Irgendetwas... passt nicht. Das gebe ich zu“, sagte Brecht schließlich. „Aber vielleicht suchen wir auch einfach Sinn, wo keiner ist.“ „Weil wir das müssen“, sagte Reinhardt ruhig. „Weil es sonst nichts von uns unterscheidet. Wenn wir den Sinn aufgeben, sind wir keine Ermittler mehr. Dann sind wir nur noch Zuschauer.“ Brecht seufzte und sah zur Decke. „Was schlägst du vor? Noch mehr Akten durchwühlen? Noch mehr von seinem Wahnsinn anhören?“ „Ich will rausfinden, wer dieser er ist. Von dem er ständig spricht.“

„Der imaginäre Freund seiner Kindheit?“ Reinhardt schüttelte den Kopf. „Nein. Das war kein Kindheitsgespenst. Er glaubt, dass dieser er real ist. Vielleicht war es ein Mensch. Vielleicht ein Einfluss. Jemand, der ihn gelenkt hat. Oder etwas, das in ihm gewachsen ist. Wir wissen nichts über seine inneren Strukturen. Nur was er uns zeigt. Und ich bin mir sicher, das ist nur die Oberfläche.“ „Und was, wenn du Recht hast? Wenn es wirklich etwas Tieferes gibt – was dann?“ „Dann müssen wir tiefer gehen“, sagte Reinhardt. „Bevor noch jemand stirbt.“ Brecht schwieg. Dann nickte er langsam. „Aber wenn du mir am Ende mit irgendeiner übernatürlichen Scheiße kommst, kündige ich.“ Reinhardt lächelte schwach. Doch in seinen Augen glomm der Zweifel. Nicht an Jonas. Sondern an allem, was bisher als „Normalität“ gegolten hatte. Denn in Jonas' Blick, in seinem leisen, rätselhaften Flüstern, hatte er einen Abgrund gesehen, der älter war als jedes Motiv. Tiefer als jeder Plan. Und dunkler als die Nacht vor der Wahrheit. Der Flur vibrierte leise unter dem dumpfen Dröhnen entfernter Schritte, aber der kleine Raum, in dem Reinhardt und Brecht standen, war abgeschirmt, fast wie ein Vakuum. Die Scheibe zum Verhörraum war milchig getönt, dahinter saß Jonas Falk – still, unbewegt, wie eine Statue aus etwas zu Lebendigem. Und doch richteten sich alle Gespräche, alle Gedanken auf ihn. „Du kannst doch nicht ernsthaft glauben, dass der Typ... eine Art Opfer ist!“, fuhr Brecht dazwischen. Seine Stimme überschlug sich fast. Er wirkte rastlos, sein Blick irrte durch den Raum, als würde er nach etwas Greifbarem suchen, etwas, das sich nicht ständig unter seinen Fingern auflöste. „Der hat zwei Menschen regelrecht hingerichtet. Kalt. Durchdacht. Ohne Fluchtversuch, ohne Reue.“ „Du hast gesehen, was im Verhör passiert ist!“, konterte Reinhardt, seine Stimme ruhiger, aber geladen. „Da ist keine Kälte. Da ist... Zerrissenheit. Du willst, dass alles glatt und eindeutig ist, aber das ist es nicht. Vielleicht war es nie so.“ „Zerrissenheit? Willst du ihn zum tragischen Helden machen, oder was?“ „Ich will verstehen!“, rief Reinhardt nun lauter, das erste Mal mit echter Wut in der Stimme. „Und du solltest das auch wollen! Oder hast du vergessen, wofür wir das hier tun? Es geht nicht nur um Schuld. Es geht darum, wie so etwas passiert.“ „Es ist passiert, weil er krank ist!“, schnappte Brecht. „Weil er in seiner eigenen Welt lebt und nicht mehr zurückkommt. Vielleicht war er nie da. Vielleicht ist das alles nur Theater.“ „Nein.“ Reinhardt schüttelte den Kopf, langsam, wie jemand, der einen inneren Widerstand zerbricht. „Er spielt nicht. Ich hab es gesehen – in seinen Augen. Der glaubt, was er sagt. Er lebt darin." „Was sagt er denn überhaupt, hm?" Brecht war jetzt dicht an ihm dran. „‚Er hat es mir gezeigt.' ‚Er war da, bevor ihr alle wusstet, was Wahrheit ist.' – Das ist doch wirres Zeug. Der Typ ist schizophren oder schlimmer." „Oder er hat etwas erlebt, das niemand verstehen will, weil es zu schmerzhaft ist." Brecht schnaubte. „Jetzt bist du auch noch sein Therapeut?" „Nein", erwiderte Reinhardt leise. „Ich bin sein Gegenüber." Einen Moment war es still. Nur das tiefe Surren der Überwachungstechnik begleitete den Atem der beiden Männer. Dann trat Brecht an die Scheibe, blickte auf Jonas, der sich kaum bewegt hatte. „Was ist, wenn er einfach nur das Böse ist, Reinhardt? Keine Erklärung. Kein Symptom. Einfach... Finsternis. Die irgendwo in ihm gewachsen ist." „Dann müssen wir wissen, wie es hineingekommen ist", flüsterte Reinhardt. „Denn wenn wir das nicht begreifen, wiederholt es sich. Immer und immer wieder." „Du glaubst wirklich, da ist mehr?" „Ich glaube, wir stehen erst am Anfang." Brecht starrte noch eine Weile auf Jonas, dann wandte er sich langsam ab. Seine Stirn war in Falten gelegt, seine Haltung unsicher. Es war das erste Mal, dass seine Überzeugung ins Wanken geriet. „Was machen wir jetzt?" Reinhardt atmete tief durch. „Wir graben tiefer. Viel tiefer. Und wir fangen an, Fragen zu stellen, die uns Angst machen." Brecht schloss für einen Moment die Augen. Dann nickte er. „Na gut. Aber wenn ich am Ende bei irgendeinem Exorzisten aufwache, bist du dran." Reinhardt lächelte matt. „Abgemacht." Die Tür fiel hinter ihnen zu. Und im Verhörraum hob Jonas leicht den Kopf. Als hätte er jedes Wort gehört. Oder als hätte er es ihm gerade erzählt.

*

Die Tür öffnete sich langsam, ein leises Quietschen durchschnitt die gedrückte Stille des Verhörraums. Licht fiel in den kargen, grauen Raum, doch Jonas bewegte sich nicht. Seine Augen ruhten auf der Tischplatte, als hätte sie ihm etwas versprochen, das niemand sonst verstehen konnte. Reinhardt trat ein, gefolgt von Brecht. Kein Stuhl wurde zurückgezogen, niemand setzte sich. „Herr Falk", begann Reinhardt ruhig, beinahe vorsichtig, als würde er einen schlafenden Hund nicht wecken wollen. „Nur ein kurzes Wort. Wir... wollen Ihnen die Gelegenheit geben, mit jemandem zu sprechen. Jemandem, der helfen kann." Jonas hob langsam den Kopf. Die Bewegung war so sanft, so brüchig, als würde er sich gegen eine unsichtbare Schwere stemmen. Seine Augen wirkten glasig, aber darunter flackerte etwas – eine Ahnung von Aufmerksamkeit. Vielleicht auch Spott. „Ein Arzt?", fragte er leise, mit einem Lächeln, das zu schmal und zu müde war, um wirklich Freude zu bedeuten. „Ein Psychologe", sagte Brecht nüchtern. „Kein Verhör. Keine Anschuldigungen." Jonas neigte den Kopf leicht zur Seite, als würde er lauschen – nicht auf ihre Stimmen, sondern auf etwas anderes. Dann sprach er, kaum hörbar: „Er wird kommen. Und sie werden denken, es sei Hilfe." Reinhardt warf Brecht einen kurzen Blick zu. Dann nickte er. „Es ist Ihre Entscheidung, Herr Falk. Aber wir hoffen, Sie lassen ihn an sich heran." Jonas' Lächeln blieb. Doch diesmal war es ein wenig leerer. „Alle kommen irgendwann", murmelte er. „Fragen... reden... analysieren. Doch keiner versteht das Schweigen." Reinhardt trat einen Schritt zurück. „Wir melden uns, wenn es so weit ist." Die Tür schloss sich. Jonas blieb allein zurück. Nur die Kamera über ihm summte weiter stumm. Und irgendwo in der Ecke seines Geistes lachte er. Leise. Erwartungsvoll. Der Raum war nicht kalt, aber Jonas spürte trotzdem, wie eine klamme Stille sich um ihn legte, als hätte die Luft selbst Angst, sich zu bewegen. Die Neonröhre über seinem Kopf summte kaum hörbar, ein durchdringender Ton, wie das Flüstern eines Gedankens, den man nicht denken will. Der Tisch vor ihm war aus schwerem Holz, darauf ein Glas Wasser, unangetastet, der kleine Ring am Boden des Glases zeigte, dass es schon länger dastand. Die Wände waren hellgrau, die Ecken wirkten zu scharf, die Tür zu schwer. Dann ging sie auf. Nicht laut. Nicht dramatisch. Einfach ein Klick, ein kurzes Knarren der Scharniere, und der Mann trat ein. Kein Polizist. Kein Ermittler. Ein Mann in einem gut sitzenden Anzug, hellblaues Hemd, graue Krawatte. Um die Fünfzig. Dünn. Brille mit einem feinen, silbernen Rahmen. Er trug nichts bei sich außer einer kleinen Mappe aus Leder. Keine Waffen. Keine Handschuhe. Keine Fesseln. Jonas blickte auf, hob den Kopf so leicht, dass es fast eine Beleidigung war. Der Mann lächelte schwach, ein freundliches, kontrolliertes Lächeln, wie man es vielleicht einem Patienten schenkt, der glaubt, dass die Welt gegen ihn ist. Und der in diesem Moment vielleicht gar nicht so unrecht hat. „Guten Tag, Jonas", sagte der Mann ruhig, seine Stimme hatte etwas Weiches, Rundes, aber es war nicht nachgiebig. Kein Mitleid. Nur Beobachtung. Jonas sagte nichts.

Der Mann setzte sich langsam, faltete die Hände auf dem Tisch, ließ die Mappe geschlossen. Keine Eile. „Mein Name ist Dr. Adrian Lemke. Ich bin Psychologe. Ich arbeite unabhängig von der Polizei – nicht für sie, nicht gegen dich. Ich bin hier, um mit dir zu sprechen." Wieder keine Antwort. Jonas starrte ihn an. Nicht feindselig. Aber auch nicht interessiert. Als würde er prüfen, ob dieser Mann wirklich da war – oder wieder nur ein weiterer Schatten in seinem Kopf. „Sie sagen, du redest kaum mit jemandem", fuhr Dr. Lemke fort. „Kein Wort mit den Beamten. Du hast Essen verweigert. Kaum geschlafen. Und dennoch: du bist aufmerksam. Sehr aufmerksam." Jonas' Augen verengten sich leicht. Nicht aus Wut. Eher aus Interesse. „Ich frage dich nicht nach den Morden. Nicht nach Schuld oder Unschuld. Ich frage dich nur: Warum sprichst du nicht mit ihnen?" Ein Moment verging. Dann hob Jonas ganz leicht den Kopf, neigte ihn zur Seite, als höre er etwas. Oder jemanden. „Weil sie nicht zuhören würden", sagte er schließlich. Seine Stimme war leise, tief, aber klar. „Sie wollen nur hören, was sie schon glauben." Dr. Lemke nickte langsam. „Und du glaubst, ich bin anders?" Ein schiefes Lächeln zuckte über Jonas' Gesicht. „Nein. Aber du tust wenigstens so, als wärst du es." Dr. Lemke ließ sich davon nicht beirren. „Manchmal hilft das. So tun als ob. Manchmal entsteht aus dem Spiel ein ehrlicher Moment." „Glaubst du das wirklich?" „Ich hoffe es." Wieder Stille. Dann Jonas, mit einem leisen Lachen, das fast kindlich klang: „Du bist besser vorbereitet als die Kommissare. Die wollten mich knacken. Du willst... was? Mich verstehen?" „Wenn du es zulässt, ja." Jonas beugte sich ein wenig vor, die Hände gefaltet auf der Tischplatte. Die Ruhe in seinem Gesicht war brüchig wie Glas, das unter der Oberfläche längst zersplittert war. „Verstehen", wiederholte er langsam. „Das ist ein gefährliches Wort, Doktor. Verstehen kann bedeuten, dass man rechtfertigt. Dass man sucht, wo nichts gefunden werden sollte." Dr. Lemke nickte wieder. „Oder dass man sieht, was zu lange im Dunkeln lag." Eine kurze Pause. Jonas sah ihn an, und dieses Mal war da etwas in seinem Blick. Nicht Zustimmung. Nicht Vertrauen. Aber ein winziger Moment von... Neugier. „Du stellst gute Fragen", sagte Jonas. „Aber die falschen." „Dann hilf mir. Welche Fragen sollte ich stellen?" Jonas lachte. „Du willst, dass ich den Pfad zeige, der zu mir führt?" „Ich will wissen, warum du ihn gehst." Ein Zittern durchfuhr Jonas' Gesicht. Kurz. Dann: wieder diese Maske. „Es ist nicht mein Pfad, Doktor. Ich habe ihn nicht gebaut." „Wer dann?" „Er", flüsterte Jonas, und seine Stimme veränderte sich. Ein Hauch. Ein Schatten. „Er hat ihn gezeigt. Ich bin nur gefolgt.“ Dr. Lemke lehnte sich zurück. Die erste Notiz in seinem Kopf: Dissoziation? Projektion? Aber er schrieb sie nicht auf. Noch nicht. „Er. Wer ist das?“ Jonas lächelte – aber das Lächeln war wie ein Riss im Porzellan. „Ein alter Freund.“ „Einer, den sonst niemand sieht?“ „Vielleicht. Vielleicht auch nicht.“ Dr. Lemke schwieg. Er ließ die Worte stehen, wie man ein Bild betrachtet, das sich verändert, je länger man es anschaut. „Und dein alter Freund... ist er hier?“ Jonas blickte kurz zur Decke. Dann zur Kamera. Dann wieder zu Dr. Lemke. „Er hört zu. Er will wissen, ob du lügst.“ „Und was denkst du? Lüge ich?“ Jonas sah ihn an – lange, still. Dann sagte er: „Noch nicht.“ Dr. Lemke verharrte in seinem Sitz. Seine Haltung blieb ruhig, doch seine Augen verrieten, dass er wachsam war. Nicht ängstlich, aber konzentriert – als würde er durch ein Schlüsselloch in ein brennendes Haus blicken. Jonas hatte sich zurückgelehnt, den Kopf gegen die kühle Wand der Zelle gestützt, seine Augen halb geschlossen, als hätte der Moment etwas Beruhigendes, fast Intimes. „Sag mir etwas über ihn“, sagte Lemke sanft. „Nicht, weil ich es aufschreiben will. Sondern weil ich glaube, dass du das willst.“ Jonas öffnete die Augen. Kein Zucken, keine Regung. Nur diese ruhige, flache Dunkelheit in seinem Blick. „Was willst du hören? Dass er Stimmen im Kopf ist? Ein alter Kindheitsfreund, den ich mir eingebildet habe? Ein Hirngespinst, ein Trauma, ein dunkler Spiegel?“ Lemke antwortete nicht sofort. Stattdessen beobachtete er Jonas' Stimme, seine Haltung, die Spannung in den Händen. Kein Zittern. Kein Zucken. Nur Kontrolle. Und darunter – Schmerz? „Ich will wissen, was du glaubst“, sagte er schließlich. Jonas' Mund verzog sich leicht, als hätte er einen bitteren Geschmack auf der Zunge. „Glauben ist ein merkwürdiges Wort. Die meisten Menschen glauben an Dinge, die sie nie gesehen haben. Ich habe ihn gesehen. Immer wieder. Gesehen. Gefühlt. Ich weiß, wie er klingt. Ich weiß, wie er denkt. Ich weiß, was er will.“ „Und was will er?“ Jonas sah ihn direkt an. Zum ersten Mal. „Reinheit.“ Ein Moment lang war nichts zu hören außer dem fernen, dumpfen Schlag einer Tür im Korridor. Reinheit. Das Wort hing in der Luft wie Rauch. „Er sagt, die Welt ist schmutzig. Verfault. Und dass ich der Einzige bin, der es noch sehen kann. Der es noch spüren kann.“ „Und was ist deine Rolle in seiner Welt?“ Jonas' Blick veränderte sich. Er wurde weicher. Nicht freundlicher – aber menschlicher. „Ich war sein Schüler. Jetzt bin ich... etwas anderes.“ „Ein Werkzeug?“ Ein leises Lachen. „Mehr als das. Er hat mir gezeigt, wie das alles wirklich funktioniert. Dass Moral eine Geschichte ist, die wir uns erzählen, um nicht durchzudrehen." Lemke schrieb immer noch nichts auf. Stattdessen sagte er: „Was hat er dir gesagt – über das, was du getan hast?" Jonas beugte sich vor, langsam, fast feierlich. „Dass es nötig war. Dass sie es verdient haben." „Wer?" Jonas schwieg. Dann schüttelte er langsam den Kopf. „Nein. Du fragst wieder nach dem Falschen. Namen... Daten... Das sind Konstrukte. Du willst Taten begreifen, aber nicht Ursachen." Lemke nickte nur. Er ließ sich treiben – nicht weil er die Kontrolle verloren hatte, sondern weil Jonas selbst sie ihm anbot. „Was war der erste Moment, in dem du ihn gesehen hast?" Jonas sah nach unten. Minutenlang sagte er nichts. Dann: „Ich war vielleicht acht. Ich saß auf dem Dachboden. Es roch nach Staub und Öl. Es war dunkel. Ich hörte die Stimmen unten. Streiten. Die Schritte. Immer näher. Und dann war er da. Neben mir. Kein Gesicht, keine Gestalt. Nur... Präsenz. Wärme. Kälte. Gleichzeitig. Er sagte: ‚Du musst keine Angst haben. Die da unten, die sind das Problem. Nicht du." Dr. Lemke lehnte sich langsam zurück. Seine Stimme war jetzt leiser, als spräche er zu einem Kind. „Und hast du ihm geglaubt?",„Ich wollte es." Stille. Dann, beinahe flüsternd: „Ich hatte niemanden sonst." Das war es. Ein Haarriss in der Mauer. Ein Licht, das durchdrang. Lemke antwortete nicht sofort. Er ließ die Worte in sich wirken. Jonas hatte sich nicht bewegt. Doch sein Gesicht war weicher geworden. Verletzlicher. „Was würdest du tun, wenn er plötzlich verschwände?", fragte Lemke nach einer langen Pause. Jonas hob die Schultern. „Dann wäre ich leer." „Und das wäre schlimmer als alles andere?",„Die Leere ist schlimmer als das Monster." Lemke ließ das sacken. Er sah Jonas jetzt nicht mehr wie einen Mörder. Nicht nur. Sondern wie einen, der auf einer Straße gegangen war, die von Anfang an ins Dunkle führte. Dann fragte er: „Willst du, dass er geht?" Jonas sagte nichts. Er sah zur Kamera. Dann wieder zu Lemke. Und ganz leise, kaum hörbar, sagte er: „Ich weiß es nicht."

*

Die Tür schloss sich leise hinter Dr. Lemke. Der sterile Flur des Untersuchungsbereichs war kühl, der Geruch von Desinfektionsmittel schwebte wie ein scharfer Nebel in der Luft. Die beiden Kommissare, Reinhardt und Brecht, warteten bereits auf ihn, ihre Gesichter eine Mischung aus Erschöpfung, Neugier und einer Spur von Ungeduld. Brecht stand an die Wand gelehnt, mit verschränkten Armen, Reinhardt hatte sich ein Stück vom Kaffeeautomaten geholt, der dampfende Becher unbeachtet in seiner Hand. Lemke trat langsam zu ihnen, atmete tief durch, dann hob er den Blick. „Also?" fragte Brecht ohne Umschweife. Der Psychologe nickte einmal, als würde er innerlich einen Schalter umlegen. „Jonas Falk ist strukturell schwer gestört. Ich kann keine endgültige Diagnose stellen, dafür sind weitere Gespräche notwendig – aber was ich mit Sicherheit sagen kann: Wir haben es hier mit einem hochgradig dissoziativen Zustand zu tun. Und mit jemandem, der gefährlich ist." Reinhardt runzelte die Stirn. „Dissoziativ? Also was genau?" „Er trennt sein inneres Erleben vom äußeren. Radikal. Jonas hat nicht einfach nur eine gestörte Sicht auf die Realität – er lebt in zwei parallelen Ebenen, die für ihn gleichwertig sind. Da ist die Welt, wie wir sie sehen. Und dann ist da... 'er'. Diese Figur, diese Präsenz, von der er spricht." Brecht schnaubte leise. „Der imaginäre Freund, der ihn zu Mord und Wahnsinn antreibt." Lemke hob eine Hand. „Das klingt einfach. Zu einfach. Ich will euch nicht mit Fachbegriffen erschlagen, aber was wir hier sehen, ist keine klassische Psychose. Keine Stimmen aus dem Nichts. Jonas ist nicht verwirrt – im Gegenteil: Er ist strukturiert, intelligent, sprachlich präzise. Aber sein Wertesystem ist vollständig umgekehrt." „Und das macht ihn gefährlich", murmelte Reinhardt. „Extrem", sagte Lemke. „Er wirkt ruhig, charismatisch sogar – aber da ist keine Reue. Keine Empathie für das, was er getan hat. Er glaubt, dass es notwendig war. Und das macht ihn unberechenbar." Brecht trat vom Fenster weg. „Würdest du sagen, er ist schuldfähig?" Lemke zögerte. „Er versteht, was er getan hat. Und warum. Für das Gesetz ist das ein entscheidender Punkt. Die Frage ist nicht, ob er wahnsinnig ist – sondern ob er so tief in seine eigene Logik verstrickt ist, dass er trotz dieser geistigen Struktur wusste, dass es falsch war. Und ich glaube: Ja, das wusste er. Er hat sich versteckt, geplant, manipuliert. Das ist kein impulsiver Wahn. Das ist... Kalkül."Reinhardt schüttelte leicht den Kopf, blies die Luft durch die Nase. „Und dieses Wesen – meinst du, das ist ein Teil seiner Psyche?" „Vermutlich. Ein Abspaltungsmechanismus. Vielleicht ein alter Schutz aus der Kindheit, der irgendwann zur dominanten Instanz geworden ist. Er spricht von 'ihm' mit Ehrfurcht, mit Angst – und gleichzeitig mit einer Art devoter Loyalität. Dieses Wesen ist für Jonas moralische Instanz, Rechtfertigung und Richter in einem. Und so lange das so bleibt, ist er nicht heilbar.“ Brecht sah zum Verhörraum. „Er hat sich also komplett diesem ‘Wesen’ verschrieben.“ „Mehr als das“, sagte Lemke. „Es ist seine einzige Beziehung. Alles andere ist bedeutungslos geworden.“ „Und wie geht man mit jemandem um, der so denkt?“ fragte Reinhardt leise. Lemke sah die beiden ernst an. „Man isoliert ihn. Man beobachtet ihn. Und man bereitet sich darauf vor, dass das hier noch nicht zu Ende ist. Solche Menschen... sie lassen Spuren. Immer.“ Die Akte lag vor Dr. Lemke, aufgeklappt, ein blassgrünes Gummiband hielt lose Blätter zusammen, die bei jeder kleinen Bewegung sacht raschelten. Er hob nicht sofort den Blick. Seine Finger ruhten aneinandergelegt auf dem Tisch, sein Gesicht wirkte ruhig – fast zu ruhig. „Na?“ fragte Brecht schließlich. „Was ist er? Ein Psychopath? Ein Spinner? Oder einfach nur ein Mörder?“ Dr. Lemke hob langsam den Blick. Sein Blick war kühl, aber nicht leer – er war wachsam, analytisch. „Er ist strukturiert“, sagte er ruhig. „Geordnet in seinem Denken. Seine Antworten sind gewählt, seine Körpersprache kontrolliert. Keine Anzeichen von akuter Verwirrtheit, keine Panik, keine Realitätsflucht.“ Reinhardt nickte langsam. „Und das Wesen, oder was auch immer er mit „Ihm“ meint?“ „Das Wesen“, sagte Lemke, während er sich etwas im Stuhl zurücklehnte, „ist kein Hirngespinst im klassischen Sinne. Es ist eine manifestierte Instanz seines inneren Konflikts. Eine Figur, in der sich Trauma, Schuld und Ohnmacht bündeln. Jonas hat diesem Konstrukt über Jahre hinweg eine Stimme verliehen. Und diese Stimme spricht jetzt für ihn.“Brecht verdrehte die Augen. „Also ein imaginärer Freund mit Todesliste.“ „So einfach ist das nicht“, erwiderte Lemke, nun etwas fester im Ton. „Was Jonas durchlebt, ist kein infantiles Spiel. Dieses Wesen ist für ihn der Katalysator seiner Entscheidungen. Es ist nicht schuld, es ist Ausdruck.“ Reinhardt legte die Hände auf den Tisch. „Und das macht ihn was? Krank? Zurechnungsfähig? Gefährlich?“ „All das“, antwortete Lemke. „Er ist gefährlich, weil er zurechnungsfähig ist. Er versteht, was er getan hat. Er versteht auch, dass es falsch ist – moralisch gesehen. Aber seine eigene Moral steht über allem. Und sie ist – aus seiner Sicht – vollkommen gerechtfertigt.“ Brecht ließ sich auf den Stuhl fallen, schnaubte leise. „Er hat seine Eltern erschossen. Kalt. Direkt. Hat ihnen alles an den Kopf geworfen, was sich über Jahre aufgestaut hat. Und dann... einfach abgedrückt.“ Lemke nickte langsam. „Das war kein impulsiver Ausbruch. Das war ein Schlussstrich. Einer, der lange geplant war – und von dem er sich Erlösung erhoffte.“ „Hat er Reue gezeigt?“, fragte Reinhardt. „Nicht im klassischen Sinn“, sagte Lemke. „Aber ich habe einen tiefen inneren Riss gesehen. Eine Art... Bruch. Zwischen Tat und Mensch. Er lebt nicht in einem Rausch. Er lebt in einem Zustand, in dem jedes Gefühl übersteuert ist. Eine Mischung aus Klarheit und Wahnsinn." Brecht rieb sich übers Gesicht. „Er redet mit der Wand. Flüstert in die Kamera. Stellt Fragen an einen Schatten. Und dabei wirkt er... charmant. Ruhig. Fast höflich. Als würde er sich in einer Gesprächsrunde befinden." „Und das ist das Erschreckende", antwortete Lemke. „Weil es zeigt, wie tief diese Struktur sitzt. Jonas Falk ist kein impulsiver Killer. Er ist das Produkt einer langen, stillen Verwahrlosung – nicht körperlich, sondern emotional." Reinhardt senkte den Blick. „Das Wesen hat ihn gerettet." Lemke nickte. „Aus seiner Sicht, ja. Es hat ihm geholfen, durchzuhalten. Und dann, als es keine andere Option mehr gab, hat es ihm erlaubt, zu handeln." „Also ist er nicht schizophren?" fragte Brecht. „Nein", sagte Lemke fest. „Keine klassische Schizophrenie. Keine Stimmenvielfalt, keine Kontrollverluste. Es ist eher... dissoziativ. Ein Teil von ihm hat sich abgekapselt. Und dieser Teil spricht jetzt. Er ist nicht viele. Er ist zwei." Es folgte ein Moment der Stille. Reinhardt starrte auf die Tischkante. Brecht sah zu Boden. Lemke blätterte in der Akte. „Was empfehlen Sie?" fragte Reinhardt schließlich. „Beobachtung. Intensive psychologische Betreuung – und eine lückenlose Überwachung. Jonas Falk ist gefährlich, nicht weil er tobt, sondern weil er denkt. Und weil er glaubt, dass er recht hat." Brecht schüttelte den Kopf. „Und wenn wir ihn fragen, warum er es getan hat?" Lemke schloss die Akte. „Dann wird er sagen, dass es nicht seine Entscheidung war. Sondern seine einzige Möglichkeit."

*

Die Zelle war still. Still in einem Ausmaß, das fast übernatürlich wirkte. Keine Rufe von Mitgefangenen. Kein Klackern von Schlüsseln. Kein Flüstern hinter den Mauern. Nur das leise Summen des Neonlichts über Jonas' Kopf – flackernd in unregelmäßigen Abständen, als würde selbst das Licht sich nicht entscheiden können, ob es noch bleiben oder verschwinden wollte. Jonas stand mitten im Raum. Seine Hände hingen schlaff an den Seiten. Die Haare klebten an seiner Stirn, Schweiß auf der Oberlippe, obwohl es kühl war. Seine Augen waren glasig, aber aufmerksam. Er blickte nicht zur Kamera. Er blickte an ihr vorbei, darüber hinweg, durch sie hindurch. Er war allein – und doch nicht allein. Sein Blick richtete sich zur linken Wand, die aus grobem Beton bestand, uneben, mit kleinen Rissen und dunkleren Schattenlinien. Er trat näher. Die Stirn fast dagegengelehnt. Und dann begann er zu sprechen. Ganz leise. „Du warst nicht weg", flüsterte er. „Du warst... nur still." Eine Pause. „Aber ich hab dich gespürt. Ich hab dich immer gespürt. Auch als sie mich festhielten. Auch als sie schrieen. Du hast gelacht." Die Worte wirkten wie Glas auf Asphalt – leise, aber mit messerscharfem Nachklang. Er hob die rechte Hand und strich mit den Fingern über die Wand, als würde er eine unsichtbare Gestalt ertasten. „Ich weiß, dass du noch hier bist. Du bist überall. Du bist in der Luft, in den Poren der Wände. In meinen Knochen. Du bist unter meiner Haut, nicht wahr?" Er lachte leise, kehlig. Kein echtes Lachen. Eher ein Knistern, ein Knacken in der Dunkelheit seiner Kehle. „Sie glauben, sie haben mich. Sie denken, jetzt ist Schluss. Aber sie sehen dich nicht, sie hören dich nicht. Du hast dich gut versteckt. Wie immer." Er ging zur anderen Wand. Bewegte sich, als würde ihn etwas führen. Nicht ziellos, sondern mit einer seltsamen, inneren Klarheit. Dort blieb er stehen. Sah dem Schatten nach, den seine Gestalt warf. „Weißt du noch... damals, als ich noch nicht wusste, wie laut du sein kannst? Als du mir Dinge gezeigt hast, die kein Kind sehen sollte?" Seine Stimme zitterte kurz. Nicht vor Angst. Vor Ehrfurcht. Oder Wut. Oder beidem. Es war schwer zu sagen. „Du hast mir die Wahrheit gesagt, als sie alle gelogen haben. Du hast mir gezeigt, was hinter den Türen passiert, wenn alle glauben, sie seien allein. Du hast mir gezeigt, wie Dreck riecht. Und wie Schuld schmeckt. Ich hab sie geschluckt. Jeden Tag. Und du hast applaudiert." Jonas schloss die Augen. Atmete flach. Dann riss er sie plötzlich wieder auf – blitzschnell, als hätte ihn jemand geweckt. Er starrte die Wand an, als würde sie atmen. „Du warst stolz, oder? Auf das, was ich getan habe. Auf das, was ich endlich geschafft habe. Siehst du es noch? Das Blut auf dem Boden? Das Foto, das zerbrochen ist? Siehst du es, verdammt nochmal?!" Er schrie. Nur für einen Moment. Dann wieder flüstern. Dann wieder Stille. „Sie denken, ich bin krank", sagte er. „Aber sie irren sich. Sie sind krank. Weil sie wegsehen. Weil sie nicht hören wollen, was hinter den Stimmen liegt. Du bist nicht mein Wahnsinn. Du bist mein Zeuge." Er trat einen Schritt zurück. Betrachtete die Wand mit einem Blick, der zwischen Ehrfurcht und Verachtung schwankte. „Willst du, dass ich weitermache?“ fragte er dann. „Willst du, dass ich ihnen alles erzähle? Oder... sollen wir schweigen, wie immer?“ Er wartete. Still. In völliger Ernsthaftigkeit. Als hätte er eine Antwort empfangen, die niemand außer ihm hören konnte. Dann nickte er leicht, kaum merklich. Als sei ein Befehl ausgesprochen worden, dem er zu folgen gedachte. „Dann schweigen wir.“ Er ging in die Ecke der Zelle. Setzte sich. Legte die Stirn gegen die Wand. Murmelte etwas, das nicht einmal mehr Worte waren. Nur Laute. Fragmente. Ein ständiges Zwiegespräch mit einem Schatten, der nicht zu greifen war – aber allgegenwärtig. Draußen vor dem Monitor flackerte das Bild. Brecht und Reinhardt standen schweigend nebeneinander. Keiner sagte etwas. Doch in ihren Augen – die eine Mischung aus Furcht, Mitleid und tiefer Ratlosigkeit spiegelten – war klar: Sie hatten so etwas noch nie gesehen. Und sie wussten, sie würden es nie wieder vergessen. Nach einer Woche verflossen die Stunden nur noch. Ohne Namen, ohne Gesicht. In der Zelle, die Jonas Falk bewohnte wie ein Körper einen fiebernden Geist, wurde die Zeit zu etwas Zähem, Schwerem. Etwas, das an den Wänden klebte wie Schimmel. Die Kamera summte, das Licht flackerte — ein elektrisches Zwinkern, das sich mit seinem inneren Zittern zu einem gemeinsamen Takt verband. Jonas hatte sich verändert. Nicht äußerlich. Äußerlich war er nur müder geworden, blasser. Die Augen tief eingesunken, die Wangen hohl wie bei einem Schlafwandler. Doch in seinem Blick war etwas anderes eingekehrt. Eine Tiefe, die nicht mehr nur Dunkelheit war, sondern wirkte, als habe sich etwas geöffnet. Etwas hinter seinen Augen. Etwas, das nicht mehr zu schließen war. Er sprach nicht mehr in Worten. Er murmelte Zahlen. „Zweiundsechzig... zweiundsechzig... zweiundsechzig...“ Dann: „Zweiundsechzig... einundsechzig... sechzig... neunundfünfzig...“ Ein Mantra, das kaum zu hören war, aber stetig lief, während seine Finger an der Wand arbeiteten. Fingernägel scharrten an Beton. Er hatte eine kleine Stelle gefunden, an der sich der Putz etwas gelöst hatte. Dort kratzte er. Immer wieder. Immer wieder. Die Nägel splitterten. Die Haut an den Fingerkuppen war aufgerissen, kleine Spuren von Blut vermischten sich mit Staub. „Siebenundfünfzig... sechsundfünfzig...“ Die Wand war sein Blatt Papier. Und das, was er hineingrub, war kein Wort. Kein Symbol. Es war eine Spirale. Unvollkommen, schief, zittrig. Aber in der Mitte: ein Punkt. Ein Punkt, der tiefer war als der Rest. In den er bohrte, mit seinem Nagel, bis das Blut dunkler wurde. „Vierundfünfzig... vierundfünfzig... vierundfünfzig...“ Dann brach er ab. Stille. Er setzte sich auf den Boden, Rücken an die Wand, Beine ausgestreckt, Kopf zur Seite gelehnt. Und dann kam das Lächeln. Langsam. Breit. Wie ein Riss, der sich durch Stein frisst. Er lachte. Leise. Wie jemand, der gerade einen Witz gehört hat, den niemand anderes je verstehen würde. „Er hat mir einen Witz erzählt", sagte er plötzlich. Zur Wand. Oder zur Kamera. Oder zu niemandem. „Willst du ihn hören? Er geht so: Drei Menschen gehen durch einen Tunnel, und nur einer kommt wieder raus. Weißt du warum? Weil der Tunnel lebt." Wieder Lachen. Schneller diesmal. Stakkato. Wie ein Husten. Er stand auf. Ging zur Wand. Strich über das Zeichen, das er hineingeritzt hatte. Die Spirale mit dem Punkt. Er tippte gegen den Punkt mit seinem blutigen Finger, als wäre es eine Türglocke. „Ich habe verstanden, was du willst", flüsterte er. „Ich habe es jetzt ganz verstanden." Er drehte sich zur gegenüberliegenden Wand. Und begann, dort ebenfalls zu kratzen. Diesmal war es kein Muster. Es waren Linien. Zählende Linien. Wie Striche in einer Zelle, nur dass er rückwärts ging. Erst zehn. Dann neun. Dann acht. Über jede Linie sprach er den Namen einer Erinnerung, kaum verständlich, undeutlich, wie ein Kind, das aus einem Alptraum erzählt. „Mia... der Mann mit dem Kaffee... die drei Jungen... der Riss in der Wand... die roten Schuhe..." Er stoppte. Sah zur Kamera. Nahm sie jetzt ganz offen wahr. Ging langsam darauf zu. Nah genug, dass nur noch seine Augen zu sehen waren. „Wollt ihr wissen, was er gesagt hat?", flüsterte er. „Ich sag's euch nicht. Ihr würdet es nicht verstehen. Ihr habt nie zugehört." Er setzte sich direkt unter die Kamera. Schaute nach oben. Fing an zu zählen, diesmal lauter. „Zehn. Neun. Acht. Sieben. Sechs..." Dann verstummte er wieder. Die Spirale in der Wand blutete still. Und Jonas begann zu weinen. Nicht laut. Nicht wütend. Sondern wie ein Kind, das verloren gegangen war, in einem Raum ohne Türen, ohne Ausweg, ohne Licht. Die Tränen liefen über das Lächeln auf seinem Gesicht, und das Lachen kam zurück, leise, heiser, brüchig. Ein Geräusch, das selbst der Beton zurückhielt. Irgendwo draußen im Korridor flackerten Monitore. Die Beamten sahen zu. Niemand sagte ein Wort. In der Zelle sprach Jonas in Zungen, kratzte Zeichen in Stein, zählte rückwärts in die Dunkelheit und hörte zu, wie das Wesen ihm Geschichten erzählte — Geschichten, die ihn zum Zittern brachten. Und die Wand hörte zu. Wie ein stiller Zeuge. Wie ein Spiegel seiner Angst. Wie der einzige Freund, der blieb.

*

Die Tage in Untersuchungshaft flossen ineinander wie Tinte in Wasser – farblos, konturlos, still. Niemand wusste mehr so genau, wie lange Jonas schon dort war. Ein Monat vielleicht. Oder mehr. Für Jonas selbst spielte Zeit längst keine Rolle mehr. Er zählte keine Nächte. Er wartete auf nichts. Er war einfach – da. Ein Körper, gefüllt mit Leere. Seine Zelle war klein, karg und kalt. Eine matte Neonröhre an der Decke brannte rund um die Uhr, zu schwach, um Wärme zu spenden, aber stark genug, um jeden Gedanken zu stören. Der Raum war immer gleich. Die weißen Wände waren nicht weiß. Sie waren grauweiß, aschweiß, wie Zähne, die zu lange Zigaretten gekannt hatten. Das Bett: hart. Die Decke: dünn. Die Toilette in der Ecke: stummes Mahnmal für alles, was Würde einmal bedeutet hatte. Jonas saß. Und wenn er nicht saß, dann lag er. Stundenlang. Auf dem Rücken, auf der Seite, in der Ecke. Er bewegte sich kaum. Er aß nicht. Trank das Nötigste. Sprach nie. Seine Lippen waren rissig. Die Haut an seinen Fingern begann zu reißen, weil er stundenlang dieselbe Position hielt, sich nicht streckte, nicht lüftete, nicht versuchte, sich selbst zu retten. Aber das, was ihn wirklich ausmachte, das, was den Wärtern auffiel, ohne dass sie es in ihre Berichte schreiben konnten – war diese unfassbare Traurigkeit. Sie war nicht laut. Kein Weinen, kein Schreien, keine theatralischen Ausbrüche. Es war ein inneres Sterben in Zeitlupe. Wie ein Licht, das über Wochen hinweg schwächer wird, bis es irgendwann flackert und dann... nichts mehr. Seine Augen waren stumpf geworden. Nicht leer – das hätte Stärke bedeutet. Nein, sie waren müde. Als würde er ständig gegen ein Gewicht in sich selbst ankämpfen, das ihn niederdrückte. Wenn jemand kam – ein Arzt, ein Wärter, ein Kommissar – hob Jonas den Blick nicht. Er zuckte nicht. Und wenn sie gingen, drehte er sich wieder zur Wand und atmete leise. Fast so, als wäre jede weitere Sekunde seines Lebens eine Zumutung. Manchmal sprach er doch. Nicht mit den Menschen – nein. Sondern wenn es still war, tief in der Nacht. Dann kam ein Flüstern aus seinem Bett. Worte, unverständlich. Sätze, abgehackt. Es war kein Gebet. Kein Bekenntnis. Es war etwas... anderes. Und wenn man sehr genau hinhörte, dann konnte man manchmal hören, wie er sagte: „Ich hab's doch getan, oder? ... Nein. Er hat es getan... Ich war doch nur... Ich wollte nur, dass es endlich aufhört." Und dann Stille. Tiefer als zuvor. Die Kamera in seiner Zelle zeichnete alles auf. Und dort, in den Räumen hinter den Monitoren, saßen Reinhardt und Brecht. Nächte. Stunden. Immer wieder. Und sahen einem Menschen dabei zu, wie er sich selbst verlor. „Er ist todtraurig", murmelte Reinhardt eines Abends. „Er stirbt, aber nicht nach außen. Da drin stirbt jemand gerade ganz langsam." „Oder er spielt es nur", konterte Brecht, aber seine Stimme war weich. Die Härte, die sonst so selbstverständlich war, fehlte. Manchmal – selten, aber deutlich – weinte Jonas. Nicht mit Ton. Nicht mit Schluchzen. Es war ein leises, erschütterndes Weinen. Tränen liefen ihm über das Gesicht, während sein Körper ganz ruhig blieb. Keine Mimik, kein Zittern. Nur diese Tränen. Sie kamen ohne Vorwarnung. Ohne Auslöser. Und sie hörten nicht auf. Stundenlang konnte er so daliegen, während das Salz auf seine Haut brannte. Ein Wärter fand ihn einmal so, reglos, mit offenen Augen, Tränen noch auf den Wangen. Und ging rückwärts wieder aus dem Raum, als hätte er einen Leichnam gesehen. In dieser Traurigkeit wurde Jonas gefährlich. Nicht weil er tobte. Nicht, weil er aggressiv war. Sondern, weil er nichts mehr zu verlieren hatte. Weil er nichts mehr wollte. Und weil in dieser tiefen, trostlosen Einsamkeit das Wesen wieder Raum fand. Manchmal sah man, wie Jonas die Lippen bewegte – lautlos, wortlos. Als würde er mit einem imaginären Gegenüber reden. Und in diesen Momenten wirkte er fast... friedlich. Fast, als hätte er nur dort, in dieser inneren Welt, noch Halt. Aber dann kam wieder die Stille. Die lähmende, erstickende Stille. Und dann zerfiel er wieder. In sich. Niemand wusste genau, wann er damit begonnen hatte. Die Kamera hatte es nicht festgehalten – vielleicht hatte sie gerade nicht funktioniert. Vielleicht war der Winkel zu eng. Oder vielleicht hatte Jonas gewartet, gewusst, dass man ihn nicht sieht. Aber irgendwann waren sie da gewesen: Die ersten Linien. Dünn, kaum sichtbar. Bleistiftstriche, eingeritzt mit der Spitze eines Knopfs, der sich von seiner Hose gelöst hatte. Und dann wucherten sie – Tag für Tag, Stunde um Stunde. Jetzt waren die Wände seiner Zelle ein einziges Geflecht aus Symbolen, Zeichen, Wortfragmenten, wirren Formeln und geometrischen Mustern. Kein Quadratzentimeter war mehr leer. Die weiße Farbe war verschwunden, ersetzt durch ein Labyrinth aus Gedanken, die keiner verstand. Kein Wärter, kein Beamter, kein Psychologe. Nur Jonas. Er saß manchmal stundenlang auf seinem Bett und starrte auf die Wand, als würde er darin etwas lesen. Und dann stand er plötzlich auf – ruhig, ohne Hast – und schrieb weiter. Mit Fingern, mit Nägeln, mit kleinen abgebrochenen Plastikstücken, mit allem, was er finden konnte. Worte, die sich immer wiederholten: "Flüstern", "Er", "Einkehr", "die Leere ist laut", "Kein Ich ohne Ihn", "Wurzel aus Schuld = Jonas", "Ich bin nur das Werkzeug". Dazwischen: Strichmännchen mit durchgestrichenen Gesichtern. Kreise, Spiralen, verschachtelte Rechtecke. Sätze in Spiegelschrift. Und überall diese rätselhaften Fragmente wie Funksignale aus einem kaputten Hirn:

„Wenn der Schlaf ihn verlässt, beginnt das Erwachen."

„Dreizehn Schatten, einer spricht."

„Ich habe ihn eingeladen, das war der Fehler."

Die Wärter machten sich Notizen. Reinhardt ließ die Wände fotografieren. Ein Linguist wurde konsultiert. Ein Kryptograf sogar. Niemand verstand es. Kein Muster, keine Logik. Und doch – das spürte man, wenn man vor diesen Wänden stand – etwas war darin. Eine Ordnung, die sich jedem Blick entzog. Jonas hingegen schien die Zeichen zu lesen wie ein heiliges Buch. Er wanderte mit dem Finger über Linien, murmelte dabei, nickte manchmal, als würde jemand ihm antworten. Dann lachte er. Manchmal leise. Manchmal laut. Manchmal ohne jede erkennbare Emotion im Gesicht. Nur das Lachen, dieses eine, falsche Geräusch. Es war, als hätte er sich ein zweites Universum erschaffen. Eines, in dem er die Regeln schrieb. In dem er nicht mehr der Gefangene war. In dem er... mächtig war. Und immer wieder sprach er mit der Wand. Oder besser: mit dem, was dahinter war. „Du hast gesagt, es wird besser... Lügner. Ich hab getan, was du wolltest, und trotzdem frisst es mich auf." „Du bist stiller geworden. Warum bist du stiller geworden? ... Ich hab es für dich getan. Warum schweigst du?" „Willst du, dass ich noch mehr mache? Sag es. Sag es einfach." Diese Monologe waren selten laut. Es war ein Flüstern, kaum wahrnehmbar für das Mikrofon, aber die Lippen bewegten sich klar. Immer in eine Richtung. Immer zu derselben Wand. Dort, wo ein Auge in Kohle gezeichnet war – groß, unheimlich präzise, als hätte er dafür Stunden gebraucht. Oder Nächte. Das Auge war das Zentrum. Und um das Auge herum waren Kreise gezogen. Worte wie „Sein Blick kennt keine Zeit" oder „Er sieht mich noch, wenn ich verschwinde" bildeten einen Kranz. Als ein neuer Psychologe das erste Mal die Zelle betrat, blieb er in der Tür stehen und sagte nur: „Das ist nicht mehr nur Krankheit. Das ist ein Universum." Einmal – nach einer besonders langen Nacht – fand man Jonas auf dem Boden liegend, die Finger blutig, weil er versucht hatte, mit seinen Nägeln neue Zeichen in den Beton zu kratzen. Seine Augen waren weit aufgerissen, aber ohne Fokus. Er hatte nichts gesagt. Nicht geschrien. Nur – mit einem seltsamen Lächeln – vor sich hingestarrt. Im Bericht des Psychiaters hieß es später: „Patient zeigt dissoziative Episoden, tiefgreifenden Realitätsverlust und wahnhaften Rückzug in ein geschlossenes Zeichensystem. Eigen- und Fremdgefährdung nicht auszuschließen.“ Aber niemand wagte es, ihn in eine andere Zelle zu verlegen. Nicht, weil man Angst hatte. Sondern weil es sich... falsch anfühlte. Diese Wände gehörten zu Jonas. Und Jonas – gehörte längst nur noch ihnen.

*

Jonas wusste nicht, wie viele Tage vergangen waren. Vielleicht waren es Wochen. Vielleicht nur Stunden. Die Zeit hatte längst jede Bedeutung verloren, verflossen zwischen den Betonwänden, aufgesogen vom Neonlicht, das ohne Gnade brannte, als hätte jemand vergessen, den Schalter umzulegen. Er saß auf der Pritsche, das Kinn auf die Knie gelegt, die Arme um die Beine geschlungen. Seine Fingernägel waren schmutzig, teilweise blutig, kleine Risse zogen sich über seine Knöchel. Seine Haut wirkte grau im sterilen Licht, seine Lippen waren spröde und rissig. Alles in ihm war still. Aber die Stille war nicht leer. Die Stille war ein Raum, in dem etwas wuchs. Etwas Dunkles. Etwas Altes. Zuerst war es nur ein Flüstern gewesen – ein kaum hörbares Wispern am Rand seines Bewusstseins, wie das Rascheln von Blättern in einem weit entfernten Wald. Jetzt aber... jetzt war es ein Pulsieren. Ein Herzschlag. Ein Befehl. „Jonas....“ Er zuckte zusammen, als das Flüstern seinen Namen formte, sanft, beinahe zärtlich – und doch voller einer Kälte, die ihn bis ins Mark frieren ließ. Er wagte nicht, sich zu rühren. Sein Blick klebte an der Wand gegenüber. An der Wand, die voller eingeritzter Worte war. Worte, die er selbst nicht mehr entziffern konnte. Worte, die er nicht einmal bewusst geschrieben hatte. Seine Finger glitten über die rauen Linien, als suchten sie nach etwas. Nach Halt. Nach Sinn. Aber alles, was sie fanden, war das Echo von etwas, das längst außer Kontrolle geraten war. „Du bist alleine Jonas. Aber ich bin hier.“ Das Wesen sprach in seiner vertrauten, trügerischen Stimme. Er schloss die Augen, drückte die Stirn gegen die kalte Wand. Er wollte schreien. Er wollte weinen. Aber nichts kam. Nur sein stotternder Atem, der sich rau in der Stille verlor. Er hörte Schritte draußen auf dem Gang. Ein Schlüssel klimperte. Das kleine Essensfach in der Tür öffnete sich. Eine Hand stellte ein Tablett auf die andere Seite. Keine Worte. Keine Blicke. Nur diese mechanische Geste. Das Fach schloss sich wieder mit einem metallischen Klicken. Jonas rührte sich nicht. Das Essen blieb unangerührt. Wie immer. Sein Magen zog sich schmerzhaft zusammen, aber er ignorierte das Gefühl. Hunger war nebensächlich geworden. Vergänglich. Unwichtig. Was in ihm arbeitete, was in ihm schrie, war viel lauter als jeder körperliche Schmerz. „Schreib für mich Jonas." Er öffnete die Augen. Seine Fingernägel gruben sich wieder in die Wand. Er begann zu kritzeln. Kreise. Linien. Wörter. Wörter, die in keiner Sprache existierten. Wörter, die er nicht verstand und doch aus seinem Innersten kamen. Das Blut mischte sich mit dem Staub des Betons. „Ihr werdet brennen", murmelte er, ohne es zu wollen. „Alles wird gereinigt. Alles wird neu geboren." Seine Stimme war kaum mehr als ein Hauch, ein Kratzen in der Luft. Er kicherte leise. Dann weinte er. Dann lachte er wieder. Der Wechsel kam schnell, ruckartig, wie ein Riss in der Realität. Er stand auf und taumelte zur Tür. Die Kamera über ihm surrte leise. Er starrte sie an, seine Augen weit, glänzend, leer und gleichzeitig übervoll. „Ihr beobachtet mich", sagte er. „Ihr glaubt, ihr versteht irgendwas davon." Er grinste. Seine Zähne blitzten schmutzig auf. „Aber er hat es euch längst gezeigt. Er hat mich auserwählt." Er klopfte sanft gegen die Linse, als wäre sie ein altes Haustier. „Bald." Dann drehte er sich abrupt um und begann rückwärts zu zählen. „Hundert... neunundneunzig... achtundneunzig..." Er kratzte neue Zeichen in die Wand. Er murmelte Namen. Manche davon kannte er nicht einmal. Manche davon hatte er vielleicht erfunden. Er sprach mit der Wand, als sei sie ein alter Freund. Manchmal lauschte er, als würde die Wand antworten. Dann nickte er. Lächelte. Schlug sanft mit dem Kopf gegen den Beton. Sein Körper wurde dünner. Schwächer. Aber sein Geist – oder das, was davon übrig war – brannte heller denn je. „Jonas... hör mit zu". Das Wesen wurde lauter. Drängender. Seine Worte bohrten sich wie Nadeln in Jonas' Schädel. „Ich höre", flüsterte Jonas. Er sprach nicht zu den Wänden. Nicht zur Kamera. Nicht zu den Wärtern draußen. Nur zu ihm. Dem Einen, der immer bei ihm war. Dem Einzigen, der ihn verstand. „Bald Jonas. Bald wirst du frei sein". Er nickte. Er glaubte es. Er fühlte es. Mit jedem Tag, der verging – oder vielleicht auch nicht verging, wer konnte das sagen? – verschmolz Jonas mehr mit der Dunkelheit, die ihn nährte. Seine Zelle wurde zu einer Kirche. Seine Kritzeleien wurden zu Psalmen. Sein Schmerz wurde zu Glaube. Er war der Prophet. Der Auserwählte. Er würde bringen, was kommen musste. Er würde vollenden, was begonnen worden war. Und während draußen die Welt in ihrer Gleichgültigkeit weitertickte, während die Beamten Akten wälzten und ihre Zigaretten in den Pausen pafften, während Autos hupend die Straßen entlangfuhren – während all das geschah, saß Jonas in seiner Zelle. Und wartete. Und lächelte. Es begann ohne Vorwarnung. Wie ein Riss in der Haut der Welt. Ein einziger Moment – und alles veränderte sich. Jonas stand mitten in der Zelle. Er wusste nicht, wie er dorthin gelangt war. Eben noch hatte er auf der Pritsche gesessen, die Stirn an die kalte Wand gelehnt, und den Atem gezählt. Doch jetzt... jetzt stand er. Seine Füße waren nackt auf dem kalten Betonboden. Seine Hände hingen schlaff an den Seiten. Sein Herz schlug langsam, dumpf, wie aus einer anderen Zeit. Und etwas stimmte nicht. Die Zelle... sie flimmerte. Die Wände schienen zu atmen. Atmen. Wie ein riesiger, lebendiger Organismus, der ihn umschloss. Die Linien, die er in den Beton gekratzt hatte, begannen sich zu bewegen, als ob sie lebendig geworden wären. Wörter schlängelten sich an der Wand entlang wie dunkle Schlangen, verdrehten sich, verschmolzen miteinander. Er blinzelte. Aber die Welt blieb verzerrt. Die Neonröhre an der Decke knackte einmal scharf – dann schien das Licht zu flackern. Schatten tanzten über die Wände, über seine Haut. Sein eigener Körper wirkte fremd. Falsch zusammengesetzt, wie eine Marionette, die nicht richtig geschnitzt worden war. Und dann... kam die Erinnerung. Sie überfiel ihn wie ein Schlag ins Gesicht. Plötzlich war da wieder dieses Gefühl – dieses erste Gefühl. Der Anfang von allem. Nicht die Morde. Nicht die Flucht. Nicht das Blut. Sondern dieser eine Moment: Als das Wesen ihn zum ersten Mal berührt hatte. Er sah sich selbst – gesünder, dicker, verlorener – auf einer grauen Straße stehen. Regentropfen auf dem Asphalt. Autos, die an ihm vorbeirasten. Menschen, die ihn nicht ansahen. Erinnerung und Realität verschmolzen zu einem einzigen, atemlosen Albtraum. „Jonas...", flüsterte die Stimme – sie klang jetzt nah, fast in seinem Ohr. Er konnte sie fühlen, wie ein Atemhauch auf der Haut. Er drehte sich langsam um, mitten in seiner Zelle – aber die Zelle war nicht mehr nur eine Zelle. Sie war ein Korridor. Ein endloser, schmutziger Korridor, der in die Dunkelheit führte.

Und am Ende dieses Korridors... stand eine Gestalt. Unscharf. Verschwommen. Wie ein Schatten, der sich selbst nicht ganz glauben konnte. Jonas' Herz schlug schneller. Schweiß trat auf seine Stirn, kühlte sofort auf der klammen Haut. Er machte einen Schritt nach vorn. Die Gestalt blieb regungslos. Noch ein Schritt. Und mit jedem Schritt zerbrach die Welt ein kleines bisschen mehr. Die Wände rissen auf wie Papier. Das Licht wurde dunkler, schwerer. Seine eigenen Atemzüge klangen plötzlich laut, viel zu laut, als ob sie gegen die Mauern prallten. „Erinnerst du dich, Jonas?" Das Wesen sprach – aber es war nicht nur eine Stimme. Es war ein Gefühl. Ein Geschmack. Eine Kälte, die sich tief in seine Knochen grub. Er nickte langsam. Oder glaubte es zumindest. Ja. Er erinnerte sich. An die Straße. An die Einsamkeit. An das erste Flüstern, das ihm gesagt hatte, dass die anderen falsch lagen. Dass er anders war. Dass sie alle bezahlt würden. Eine Träne lief ihm über die Wange. Ohne dass er es wirklich spürte. Die Gestalt am Ende des Korridors hob eine Hand. „Komm". Der Befehl lag in der Geste. Jonas setzte einen Fuß nach dem anderen. Sein Körper bewegte sich wie von selbst. Und mit jedem Schritt wurde die Erinnerung stärker. Er sah sich selbst – wie er damals zum ersten Mal das Blut auf seinen Händen gesehen hatte. Wie er sich nicht ekelte. Wie er sich... frei fühlte. „Das ist dein Weg Jonas". Die Worte hallten durch den endlosen Korridor. Und in der Zelle, in der er stand – oder glaubte, zu stehen – zerfiel die Welt weiter. Die Betonwände bröckelten, Staub wirbelte auf wie Nebel. Das Licht fraß sich selbst. Nur das Wesen blieb klar. Nur seine Stimme blieb sicher. „Du wirst beenden, was du begonnen hast". Jonas blieb stehen, nur wenige Meter von der Gestalt entfernt. Er konnte keine Details erkennen – kein Gesicht, keine Haut, keine Konturen. Nur eine dunkle, vibrierende Masse. Aber er wusste, was sie war. Wer sie war. Er streckte die Hand aus. Und in dem Moment, in dem seine Finger die Gestalt beinahe berührten – schlug die Realität zurück. Mit der Wucht eines Hammerschlags. Jonas' Körper zuckte heftig zusammen. Er fand sich wieder – mitten in seiner Zelle. Allein. Schweißgebadet. Keuchend. Die Wände starrten ihn an. Die Kamera surrte leise. Alles war wieder still. Aber in ihm... in ihm tobte ein Sturm. Er sank auf die Knie. Verloren. Erschöpft. Zitternd. „Bald", murmelte er heiser. „Bald wird alles vorbei sein." Und tief in seinem Innern lachte das Wesen.

*

Es begann mit einem Flimmern in der Luft. Kaum wahrnehmbar – ein Zittern, ein Wispern am Rand der Wirklichkeit. Jonas lag noch auf den Knien, den Kopf gesenkt, den Blick auf den Boden geheftet. Sein Atem ging stoßweise. Sein Körper war schwer wie Blei. Dann hob er langsam den Kopf. Und sah es. Direkt vor ihm. Etwas löste sich aus dem Dunst der zerrissenen Wirklichkeit. Formte sich. Verdichtete sich. Wuchs empor wie Rauch, der plötzlich greifbar wurde. Jonas riss die Augen auf. Er wollte zurückweichen, doch seine Muskeln gehorchten ihm nicht. Das Wesen stand jetzt klar vor ihm. Nicht länger ein Schemen, kein formloser Schatten, kein Flüstern aus einer anderen Dimension. Es hatte ein Gesicht. Einen Körper. Eine Stimme. Und es war... er selbst. Aber nicht er, wie er jetzt war. Nicht der gebrochene, ausgemergelte Mann, der in dieser Zelle saß. Es war das Kind, das er einmal gewesen war. Etwa sieben Jahre alt. Braune, verstrubbelte Haare. Große, ängstliche Augen. Zarte Hände, dünne Arme. Schmutzige Turnschuhe, ausgebeultes T-Shirt. Er selbst – aus einer Zeit, die so weit entfernt schien, dass sie beinahe nicht mehr existierte. Das Kind lächelte. Ein schiefes, trauriges Lächeln. „Hallo, Jonas", sagte es leise. Jonas' Herz schlug hart gegen seine Rippen. Sein Mund öffnete sich, aber kein Laut kam heraus. Er starrte das Kind an – sein anderes Ich – unfähig zu begreifen, was er da sah. Das Wesen machte einen Schritt auf ihn zu. Kleine, tapsige Füße auf kaltem Beton. Es wirkte völlig fehl am Platz, ein Trugbild aus einer anderen Welt, inmitten dieser grauen, erbarmungslosen Zelle. „Ich bin immer bei dir gewesen", sagte das Kind. Die Stimme war weich, kaum mehr als ein Flüstern. „Immer." Jonas blinzelte heftig. Er glaubte, den Boden unter sich schwanken zu fühlen. „Warum...", brachte er schließlich heiser hervor. Seine eigene Stimme klang fremd in seinen Ohren. Das Kind lachte leise. Kein grausames Lachen. Eher traurig. Verständnisvoll. „Damit du nicht alleine bist", antwortete es. „Damit du weißt, wer du wirklich bist." Jonas schüttelte den Kopf. Langsam. Verzweifelt. Sein Atem ging schneller. „Du bist... du bist nicht real", murmelte er. „Das... kann nicht sein." Das Kind lächelte wieder. Aber in diesem Lächeln lag eine unheimliche Tiefe, etwas Altes, etwas Uraltes. „Real genug", sagte es. „Real genug, um dich daran zu erinnern, Jonas." Jonas spürte, wie sich Tränen in seinen Augen sammelten. Er wollte schreien, wollte weglaufen, wollte sich selbst auslöschen. Aber stattdessen saß er einfach nur da und starrte das kleine Abbild seiner selbst an. Sein jüngeres Ich. Sein reineres Ich. Oder vielleicht – sein verlorenstes Ich. „Was willst du von mir?“ fragte Jonas leise. Seine Stimme brach unter dem Gewicht der Angst. Das Kind hockte sich zu ihm hin, legte den kleinen Kopf schief und sah ihn mit endlosem Mitleid an. „Nichts“, sagte es. „Ich bin hier, weil du mich brauchst.“ Stille breitete sich aus. Eine tiefe, undurchdringliche Stille, die drückender war als jeder Schrei. Und während Jonas in die kindlichen Augen blickte, erkannte er etwas: Das Wesen hatte sich diese Form nicht zufällig gewählt. Es hatte das gewählt, was Jonas am meisten vermisste. Was er verloren hatte, lange bevor er es überhaupt begriffen hatte: Sein eigenes, unschuldiges Selbst. Das Kind streckte ihm die Hand entgegen. „Komm“, flüsterte es. „Wir haben noch so viel zu tun.“ Und Jonas… nahm die Hand. Seine Finger schlossen sich um die kleinen, kühlen Finger des Kindes. Und für einen winzigen, gebrochenen Moment spürte er keinen Schmerz. Keine Schuld. Keine Furcht. Nur die trügerische, süße Lüge, dass er nicht alleine war. Jonas hielt die kleine Hand des Kindes noch immer fest umklammert, als sich plötzlich etwas veränderte. Es war, als ob die Haut des Jungen zu flimmern begann. Ein Zittern lief durch die Gestalt, ein unnatürliches, leises Knistern wie bei einer schlechten Übertragung. Jonas zog erschrocken die Hand zurück. „Nein“, flüsterte er, „bitte nicht.“ Aber es war bereits zu spät. Vor seinen Augen begann das Kind sich zu verändern. Die Konturen verflossen, die Farben verzerrten sich, das blonde Haar wurde dunkler, die schmalen Schultern breiter. Das Lächeln verschwand – und stattdessen kam ein anderes Gesicht zum Vorschein: Sein eigenes Gesicht. Aber nicht so, wie es jetzt war. Nein. Es war ein Jonas, der frei war. Ungebrochen. Selbstsicher. Stark. Seine Augen blitzten vor Entschlossenheit. Sein Gang war ruhig und kontrolliert. Sein Blick stolz und furchtlos. Ein Jonas, der über alles triumphiert hatte. Über Angst. Über Schuld. Über Schmerz. Jonas wich einen Schritt zurück. Das Wesen – in seiner neuen Form – lächelte. Ein langsames, kaltes, wunderschönes Lächeln. „Siehst du es, Jonas?“ Die Stimme war tief und voll, fast hypnotisch. „Das könnte dein Weg sein.“ Jonas schüttelte heftig den Kopf. Sein Herz raste. Er wollte die Augen schließen, sich weigern hinzusehen – aber der Anblick fesselte ihn. „Wenn du es endlich beendest“, flüsterte das Wesen, „wirst du frei sein. Kein Leiden mehr. Keine Scham. Keine Ketten.“ Die Zelle um ihn herum begann sich zu verändern. Die grauen Wände schmolzen zu goldenem Licht. Der kalte Betonboden verwandelte sich in weiche Erde. Er stand auf einer weiten Wiese, unter einem offenen Himmel. Frei. Leicht. Ungebunden. Das Wesen trat näher an ihn heran. Seine Augen leuchteten. „Nur ein Schritt“, sagte es sanft. „Nur eine Entscheidung.“ Jonas spürte, wie Tränen seine Wangen hinunterliefen. Nicht vor Freude. Nicht vor Hoffnung. Vor Verzweiflung. Er schüttelte wieder den Kopf, tastete blind nach dem Kind, das noch vor wenigen Minuten seine einzige Zuflucht gewesen war. „Bitte…“, flüsterte er. „Bitte werde wieder der Junge…“ Das Wesen legte den Kopf schief, und für einen Moment flackerte in seinen Augen etwas auf – etwas, das fast Bedauern war. „Das Kind“, sagte es, „existiert nur, solange du an ihm festhältst.“ Jonas fiel auf die Knie. Seine Hände zitterten. Sein Körper bebte. „Ich will ihn nicht verlieren“, schluchzte er. „Ich will nicht, dass er geht.“ Das Wesen kniete sich langsam zu ihm hinunter. Sein Blick war jetzt seltsam weich. „Dann tu, was nötig ist.“ Jonas schloss die Augen. Aber die Bilder hörten nicht auf. Er sah sich selbst – stark, frei, mächtig – sah, wie die Welt unter seinen Füßen lag, sah ein Leben ohne Angst. Und er sah das Kind – seinen kleinen, verletzlichen Zwilling – immer blasser werden,immer weiter verblassen, fast so, als würde es von der Realität ausgelöscht werden. „Nein“, keuchte Jonas. „Nicht verschwinden. Bitte nicht.“ Das Wesen streckte die Hand nach ihm aus. „Dann beende es, Jonas“, sagte es ruhig. „Beende alles. Für ihn. Für dich.“ Jonas sank tiefer auf den Boden. Sein Gesicht lag auf dem kalten Stein. Er krümmte sich zusammen wie ein verletztes Tier. Das Wesen wartete. Geduldig. Wie ein dunkler Schatten, der genau wusste, dass sein Moment kommen würde. In Jonas brach etwas auf. Etwas Altes. Etwas Verlorenes. Eine tiefe, dunkle Ahnung, dass es kein Entkommen mehr gab. Und irgendwo, ganz tief in seinem Inneren, flüsterte eine Stimme: „Du weißt doch, dass es das Einzige ist, was dich retten kann.“

*

Jonas’ Körper spannte sich an. Ein Beben durchzog ihn, eine Kraft, die aus tiefster Verzweiflung entsprang. Plötzlich riss er den Kopf hoch – und schrie. Ein lauter, gellender Schrei, roh und voller Schmerz, hallte von den kargen Zellenwänden wider.

Er sprang auf, als würde ihn etwas Unsichtbares antreiben. Mit den Fäusten schlug er gegen die Wand, immer wieder, wieder und wieder, bis seine Knöchel aufplatzten und Blutspuren auf dem grauen Beton hinterließen. „Lass mich in Ruhe!“ brüllte er mit gebrochener Stimme. „Verschwinde! Verschwinde endlich!“ Er schlug weiter, trat gegen die Wände, warf sich gegen die Tür, die keinen Millimeter nachgab. Der Schmerz in seinen Händen, in seinem Körper, war real – und doch war nichts stark genug, um den Schmerz in seiner Seele zu überdecken. Seine Schreie verwandelten sich in unverständliches Gebrüll, eine Kaskade aus Wut, Verzweiflung und purer Angst. Er schlug so lange, bis seine Arme kraftlos herabhingen. Sein ganzer Körper zitterte, sein Gesicht war eine verzerrte Fratze aus Tränen, Blut und Wut. Keuchend sackte er auf die Knie. Sein Blick irrte durch den Raum, suchte Halt – doch da war nichts. Nur kahle Wände, ein kalter Boden und die alles verschlingende Leere. Das Wesen stand noch immer dort, nahm jetzt wieder die Gestalt des Kindes an. Es lächelte traurig. „Du kämpfst gegen den Falschen, Jonas“, sagte es mit sanfter Stimme. „Du kämpfst gegen dich selbst.“ Jonas starrte es an, schnappte nach Luft, zitterte wie ein Schiff in einem tosenden Sturm. „Ich... ich will das nicht“, stammelte er. „Ich will das nicht mehr!“ Das Kind trat näher, legte eine warme, kleine Hand auf seine zitternde Schulter. „Aber du hast nie eine Wahl gehabt.“Ein neuer Schrei bahnte sich seinen Weg durch Jonas’ Kehle, doch diesmal war er anders. Kein Wutlaut, kein Aufbäumen – sondern ein leiser, klagender Laut, das Weinen eines Jungen, der nie gelernt hatte, zu leben. Er fiel nach vorn, presste die Stirn gegen den Boden und weinte hemmungslos. Draußen, vor der Zellentür, lauschten Polizisten und Wärter. Niemand wagte es, einzugreifen. Die Überwachungskamera zeigte das Bild eines gebrochenen Mannes, der in einer Zelle aus Beton und Dunkelheit gegen seine inneren Dämonen verlor. Jonas lag noch immer auf dem kalten Boden der Zelle, sein Körper bebte. Schluchzer rissen aus ihm heraus, ohne dass er sie hätte kontrollieren können. Es war, als hätte etwas in ihm endgültig nachgegeben, als sei ein letzter Schutzwall eingerissen worden. Und da, mitten in seinem Schluchzen, hörte er es wieder – das leise, fast schon verspielte Kichern. Langsam hob er den Kopf. Das Wesen stand direkt vor ihm. Noch immer in der Gestalt des kleinen Jungen. Noch immer mit diesem unschuldigen Gesicht. Aber seine Augen – seine Augen glitzerten boshaft. „So sieht also der große Jonas Falk aus, wenn er endlich kaputt ist.“ Die Stimme des Wesens klang jetzt spöttisch, hämisch, eine grausame

Karikatur von Mitgefühl. Jonas schluckte schwer, sein ganzer Körper schmerzte. Er versuchte zu sprechen, doch kein Wort kam über seine Lippen. Das Kind ging langsam um ihn herum, schleppte die kleinen Füße schwer über den Boden, als würde es das Leid genießen, das es verursachte. „Du bist erbärmlich", hauchte es direkt an seinem Ohr vorbei.„Ein Jammer. Ein Nichts. All die Kraft, all die Wut, all der Hass – und jetzt liegst du hier, wimmernd wie ein kleiner Junge, wie damals..." Jonas schloss die Augen, presste die Hände auf die Ohren. Er wollte es nicht hören. Er wollte das alles nicht mehr fühlen. Doch das Wesen ließ ihn nicht entkommen. „Dachtest du, du könntest mich einfach vergessen?" Es lachte – ein schrilles, kaltes Lachen, das durch Mark und Bein ging. „Dachtest du, sie könnten dich heilen? Diese dummen Menschen da draußen? Mit ihren Fragen, ihren Vorschriften, ihren Mauern?" Jonas zitterte. In seinem Inneren tobte ein Sturm aus Wut, Scham und bodenloser Verzweiflung. Aber seine Arme waren zu schwer. Sein Herz war zu schwer. Alles in ihm war... müde. Das Kind kniete sich neben ihn. „Du bist nichts ohne mich", säuselte es, als würde es ein trauriges Geheimnis verraten. „Ich bin der Einzige, der dich je wirklich gesehen hat." Eine heiße Träne rollte Jonas über die Wange. Er wollte etwas erwidern. Wollte sagen, dass es nicht wahr war. Dass er... dass er doch mehr war als das. Aber die Worte blieben ihm im Hals stecken. Das Wesen grinste. „Du hast niemanden mehr, Jonas. Niemanden." Es stand auf, schlurfte ein paar Schritte weg, nur um sich dann noch einmal umzudrehen. „Also bleib liegen. Zähl weiter deine toten Sekunden. Denn das ist alles, was du noch hast." Dann verschwand es – oder verschmolz einfach mit dem dumpfen Licht der Zelle, ließ Jonas allein zurück in einer Dunkelheit, die tiefer war als alles, was er je gekannt hatte. Aber diesmal... diesmal blieb Jonas nicht einfach liegen.Ein dumpfer Laut, ein halb ersticktes Keuchen brach aus ihm hervor, als er sich auf die Knie zwang. Sein ganzer Körper schien aus Blei zu bestehen, als würde die Verzweiflung ihn zurück auf den Boden drücken wollen, aber etwas in ihm – ein letzter, zäher Rest von Widerstand – bäumte sich auf. Sein Blick war glasig, doch in der Tiefe seiner Augen flackerte etwas auf: ein schwaches, trotziges Glühen. Er riss die Hände von seinen Ohren, ballte sie zu Fäusten, seine Fingernägel gruben sich in seine Handflächen. „NEIN", stieß Jonas heiser hervor. Seine Stimme klang brüchig, rau von all den ungesagten Schreien der letzten Tage – aber sie war da.Er taumelte auf die Beine. Wankte erst. Musste sich an der kalten Wand der Zelle abstützen. Dann stand er.

Zitternd, schmutzig, völlig ausgelaugt – aber er stand. Das Lachen des Wesens hallte noch in seinem Kopf, doch Jonas ignorierte es. Er spürte, wie es in der Ecke seines Bewusstseins lauerte, ihn weiter verspotten wollte, ihn in Stücke reißen wollte. Doch er ließ es nicht zu. „Du bist nicht... alles, was ich bin", keuchte er. Seine Stimme klang beinahe wie ein Flüstern, aber sie war erfüllt von einer Klarheit, die er lange nicht mehr gespürt hatte. „Du bist... ein Teil von mir. Aber nicht der, der mich bestimmt." Er rammte die Faust gegen die Wand, neben eines der wirren Zeichen, die er dort eingeritzt hatte. Schmerz durchzuckte ihn. Ein echter, greifbarer Schmerz, der ihn wieder in die Gegenwart riss. Der ihn daran erinnerte, dass er noch hier war. Noch lebte. Noch... kämpfen konnte. Das Wesen tauchte in seinem Blickfeld auf, immer noch in der Gestalt des kleinen Jungen, dieses Mal mit einem bösen Funkeln in den Augen. „Du bist nichts ohne mich, Jonas", zischte es. „Du brauchst mich." Jonas schüttelte langsam den Kopf. Eine tränenverzerrte, zittrige Bewegung, aber sie war eindeutig. „Nein", flüsterte er. „Ich will dich nicht mehr." Das Kind machte einen Schritt auf ihn zu, das Gesicht eine Maske aus Zorn. Doch Jonas wich nicht zurück. Er starrte das Wesen an, atmete schwer, und für einen winzigen Moment – einen Herzschlag lang – flackerte die Gestalt des Kindes. Wurde durchscheinend. Brüchig. Jonas sah es. Und er spürte es: Es hatte Angst. Nicht er – das Wesen. Er lachte – kein wahnsinniges, irrsinniges Lachen, sondern ein erschöpftes, bitteres, aber aufrichtiges Lachen. Ein Lachen, das direkt aus der tiefsten Ecke seines gebrochenen Herzens kam. „Du hast genauso viel Angst vor mir, wie ich vor dir hatte", murmelte Jonas. Er trat einen Schritt vor. Das Wesen zuckte zurück. Jonas hob eine Hand, legte sie flach gegen die Wand, dort, wo er eines der wirren Symbole eingeritzt hatte. Er drückte die Hand fest dagegen, als wollte er sich selbst verankern.Sich daran erinnern, dass er real war – und dass das Ding vor ihm nur... nur ein Schatten war. Eine Fratze aus seiner Vergangenheit. „Ich bin nicht mehr dein Kind", flüsterte Jonas. Das Wesen schrie auf – ein gellender, unmenschlicher Laut, und Jonas verzog das Gesicht, doch er wich nicht zurück. Er blieb stehen, seine Stirn schweißnass, die Muskeln zum Zerreißen gespannt. Und dann – ganz plötzlich – war das Wesen verschwunden. Einfach weg. Wie Rauch, der sich auflöste. Wie ein Alptraum, aus dem man erwacht, keuchend, schwitzend, aber... frei. Jonas sackte an der Wand hinab, ließ sich auf den Boden gleiten, vergrub das Gesicht in den Händen. Er weinte. Nicht vor Angst. Nicht vor Wut. Sondern vor etwas, das sich wie

Erlösung anfühlte. Erlösung, die weh tat, aber trotzdem echt war. Und zum ersten Mal seit einer Ewigkeit... fühlte er sich ein winziges Stück leichter.

*

Die Zelle war ein stickiger Käfig aus Beton und Stille. Jonas stand mitten im Raum, die Stirn gerötet vom Aufprall gegen die kalten Mauern, seine Hände zitterten unkontrolliert, als würden sie die aufgestaute Spannung nicht mehr halten können. Die Luft vibrierte vor unausgesprochener Wut, Verzweiflung und einem schattenhaften Wahnsinn, der sich wie eine Krankheit in jeder seiner Bewegungen fraß. Er atmete schwer, sein Brustkorb hob und senkte sich in schnellen, krampfhaften Bewegungen Schweiß rann über seine Schläfen, vermischte sich mit dem Blut, das von einer kleinen Wunde an seiner Stirn tropfte, wo die Haut der Wand nachgegeben hatte. Trotzdem stand er da, aufrecht, wachsam, gefangen zwischen der Welt draußen und dem tosenden Chaos in seinem Inneren. Sein Blick war glasig, aber nicht leer – vielmehr war er zu voll, als könne er all die Bilder, all die Erinnerungen und Stimmen nicht mehr halten. Ein Beben ging durch ihn, als ein weiterer Schwall an verzerrten Szenen in seinen Kopf brach: Seine Mutter, ihr Gesicht.Sein Vater, dieser Ausdruck aus Abscheu und Enttäuschung.Das dumpfe Echo der Schüsse. Das warme, spritzende Blut auf seinen Händen.Er taumelte, tastete blind nach Halt und fand nur die kalte, abweisende Wand. Und dann, inmitten der zähen Dunkelheit seines Wahnsinns, hörte er es wieder:Ein Kichern. Ein Flüstern. Das Wesen.„Schwach", hauchte es in sein Ohr. „So erbärmlich schwach bist du." Jonas kniff die Augen zusammen, seine Fingernägel kratzten über die Wand, als wollte er sich die Worte aus dem Kopf reißen. „Es könnte enden, Jonas... Du weißt, wie."Er drehte sich abrupt um und starrte ins Nichts. Sein Blick irrte über die leeren Wände, die Kamera, die in der Ecke funkelte, aber das Wesen war nicht sichtbar.Nur seine Stimme blieb – ein gehässiges Wispern, das jede seiner Bewegungen zu lenken schien. „Feigling", zischte es. „Mörder." „Versager." „Held."Die Worte überschlugen sich, jagten sich durch seinen Kopf, ließen Jonas taumeln. Er hielt sich die Ohren zu, doch es half nichts.Die Stimme war in ihm. Ein Teil von ihm.Und dann, wie aus dem Nichts, veränderte sich die Luft.Sie wurde schwer, zäh, beinahe greifbar. Jonas öffnete die Augen und sah – ihn. Das Wesen hatte sich verändert. Vor ihm stand ein Junge. Nicht irgendeiner. Sein jüngeres Ich. Braun, schmal, mit denselben großen, traurigen Augen, die er einst gehabt hatte. Nur... sie sahen ihn nicht an wie ein Spiegelbild – sie sahen ihn an wie ein Vorwurf. Jonas atmete scharf ein. Er wollte die Hand ausstrecken, doch sein Körper erstarrte. „Du wolltest mich doch nicht verlieren, Jonas", sagte der Junge leise, und seine Stimme war so voller kindlicher Unschuld, dass sie Jonas mitten ins Herz schnitt. „Aber du bist dabei, es zu tun." Ein Schrei stieg in ihm auf.Er wollte protestieren, wollte schreien, dass es nicht seine Schuld war, dass es nie seine Schuld gewesen war – doch seine Kehle war wie zugeschnürt. Seine Hände ballten sich zu Fäusten, seine Fingernägel gruben sich in seine Handflächen. Das Wesen – der Junge – trat einen Schritt auf ihn zu. Und in dem Moment veränderte sich alles. Die Haut des Jungen zerplatzte, sein Gesicht zerfiel zu einer Fratze aus Rauch und Blut und Zähnen. Das Wesen nahm neue Gestalt an – grauenhaft, entstellt, kaum noch menschlich –und zeigte Jonas, was ihn erwartete, wenn er endlich nachgab:Frieden.Vergessen. Stille. Jonas stolperte zurück, gegen die Wand, gegen die verzweifelten Kratzspuren, die er selbst hinterlassen hatte. Er schrie.Er schlug um sich, versuchte, das Wesen zu vertreiben, doch seine Fäuste trafen nur Luft. Das Wesen lachte.Es lachte laut und lang, ein kehliges, grausames Lachen, das in den Ecken der Zelle widerhallte.„Du kannst mich nicht töten, Jonas", spottete es. „Ich bin du. Ich war immer du." Jonas schlug mit der bloßen Faust gegen die Wand, spürte, wie seine Knöchel aufplatzten, wie warmes Blut seine Finger hinab rann.Er schrie wieder – ein raues, tierisches Geräusch, das durch Mark und Bein ging. Er fiel auf die Knie. Er weinte.Er lachte. Er keuchte, während sein Blick irrte, während sein Verstand weiter zerriss. Die Welt um ihn herum zerfiel in Stücke. Ein greller, blitzender Albtraum aus Schuld, Wut und unbändiger Sehnsucht nach Ruhe.Er hörte, wie draußen Stimmen riefen.Er hörte schwere Schritte.Das Quietschen der Tür. Doch alles war weit weg. Nur das Wesen war noch da, stand lächelnd über ihm, mit den traurigen Augen seines eigenen jüngeren Ichs. Und während Jonas zusammenbrach, während er endgültig in sich selbst versank, flüsterte das Wesen: „Bald, Jonas.Bald wird alles vorbei sein." Jonas taumelte zurück, stolperte gegen die kargen Zellenwände. Die Welt um ihn herum schien zu flimmern, zu flackern wie altes Zelluloid, das von einem schadhaften Projektor gespielt wurde. Die Luft war dick und schwer, vibrierte von einem Laut, den nur er hören konnte – das Flüstern des Wesens, das zu einem Brüllen anschwoll. „Genug!“, fauchte die Stimme, die gleichzeitig in seinem Kopf und in seinen Knochen zu hallen schien. „Genug deiner erbärmlichen Zweifel! Genug deines Gejammers!“ Jonas hielt sich die Ohren zu, presste die Handflächen verzweifelt an den Schädel, doch das half nichts. Das Wesen war überall. Es war die Wand. Es war der Boden. Es war in ihm. Mit einer Gewalt, die nichts Menschliches an sich hatte, spürte er plötzlich einen unsichtbaren Druck auf seiner Brust. Er japste nach Luft, versuchte einen Schritt zurückzutreten – doch es war, als würde eine gewaltige Hand ihn packen. Dann stürzte er. Der Aufprall war hart und brutal. Sein Körper krachte auf die kalten Fliesen, die Luft wurde ihm aus den Lungen gepresst. Er keuchte, rang nach Atem, doch der Druck ließ nicht nach. Er spürte, wie das Wesen – oder was auch immer es wirklich war – ihn auf den Boden presste, als wollte es ihn verschmelzen lassen mit dem Stein. „Du bist erbärmlich!“, grollte das Wesen. „Ohne mich wärst du nichts! Nichts als eine leere, winselnde Hülle!“ Jonas wollte schreien, doch kein Ton kam aus seiner Kehle. Nur sein stummes, qualvolles Keuchen füllte die kleine Zelle. Tränen liefen ihm über das Gesicht, mischten sich mit dem Schweiß, der ihm in die Augen rann. Vor ihm – oder über ihm – veränderte sich das Wesen. Die Gestalt des Kindes, seines jüngeren Ichs, verzerrte sich, wurde länger, schattenhafter, die Umrisse verschwammen wie Rauch in einem Sturm. Es war mal Kind, mal etwas, das keine Worte hatte – etwas Dunkles, Riesiges, Unheimliches. „Sieh es endlich ein“, zischte es. „Es gibt nur einen Weg. Einen Weg, um mich – um dich – zu retten.“ Jonas schüttelte heftig den Kopf, doch die Kraft wich aus seinem Körper. Er schluchzte, bäumte sich auf, kratzte verzweifelt mit den Fingernägeln über den Boden, als wolle er sich aus der Realität selbst herausziehen. Aber der Druck blieb. Hart. Unnachgiebig. Minuten vergingen – oder waren es Stunden? Die Zeit verlor jede Bedeutung. Nur der Schmerz, die Angst und das grenzenlose Gefühl des Verlorenseins blieben. Schließlich ließ der Druck nach, so abrupt, dass Jonas mit einem Ruck die Arme frei bekam. Er drehte sich auf den Rücken, hustete und sog heiser Luft ein, während seine Augen hektisch die kahle Decke absuchten. Das Wesen stand wieder da, in der Ecke, reglos, lächelnd. Die Stimme kam sanft, fast liebevoll: „Bald, Jonas. Bald wirst du frei sein.“

*

Im Überwachungsraum des Polizeireviers hockten Reinhardt und Brecht dicht nebeneinander vor dem Bildschirm. Der Raum war abgedunkelt, nur das bläuliche Leuchten der Monitore erhellte ihre angespannten Gesichter. Beide starrten gebannt auf die Live-Aufnahmen aus der Zelle, in der Jonas Falk lag. Reinhardt rieb sich das Kinn, sein Blick voller Besorgnis. „Verdammt… siehst du das?“ murmelte er leise. Brecht nickte, die Stirn tief in Falten gelegt. „Ja. Der hat komplett den Verstand verloren.“ Auf dem Bildschirm sahen sie Jonas, wie er am Boden kauerte, den Kopf ruckartig hin- und herwerfend, als würde er unsichtbare Stimmen abschütteln. Seine Lippen bewegten sich schnell, unzusammenhängend, als rede er mit jemandem, den außer ihm niemand sehen konnte. Dann begann er plötzlich, wie von Sinnen zu lachen, sein Körper zuckte heftig, Tränen liefen über sein Gesicht. „Das ist ein psychotischer Zusammenbruch, das kann mir keiner erzählen“, sagte Brecht mit fester Stimme, während er die Arme verschränkte. „Das ist keine Show mehr. Reinhardt presste die Lippen zusammen. Er wollte widersprechen, wollte sagen, dass er das Gefühl hatte, hier sei noch mehr – aber was konnte man hier noch mehr sehen als einen Mann, der am Ende war? Jonas’ Hände kratzten hektisch an der Zellenwand, zeichneten wilde, unverständliche Muster, als ob er in einer anderen Sprache mit der Welt kommunizierte. „Schau dir das an…“ flüsterte Reinhardt schließlich. „Er… er verliert völlig die Kontrolle.“ Brecht atmete schwer aus. „Er war immer schon am Rande, oder? Wir haben’s nur nicht gesehen. Er war ein Schatten, damals in Berlin. Niemand hat hingeschaut. Und jetzt… jetzt explodiert alles.“ Auf dem Bildschirm drückte Jonas sich plötzlich selbst zu Boden, die Arme um den Kopf geschlungen, murmelte verzweifelte Worte. „Ich weiß nicht, was er da sieht“, sagte Reinhardt tonlos, „aber für ihn ist es real.“ Ein leises Piepen erklang, als ein dritter Beamter den Raum betrat. „Wir haben den Psychiater informiert. Der Mann braucht dringend Hilfe“, sagte der Kollege. Brecht nickte nur, sein Blick blieb am Monitor hängen. „Ja“, murmelte er. „Aber wenn wir Pech haben, ist es längst zu spät.“ Sie sahen zu, wie Jonas plötzlich innehielt, reglos wurde, nur sein Atem sichtbar heftig ging. In seinem Blick lag eine Mischung aus Verzweiflung, Angst – und einer seltsamen Entschlossenheit, die Reinhardt unruhig werden ließ. „Wir müssen herausfinden, was in seinem Kopf vorgeht“, murmelte Reinhardt. „Sonst kriegen wir das hier nicht mehr eingefangen.“ Brecht schüttelte langsam den Kopf. „Vielleicht ist das nicht mehr zu retten.“ Herr Lemke stand still vor dem großen Überwachungsbildschirm. Der Raum war dämmrig, nur die kalten, blauen Lichtstrahlen der Monitore warfen Reflexe auf seine Brillengläser. Neben ihm standen Reinhardt und Brecht, die beide versuchten, sich keinen Unmut anmerken zu lassen, obwohl ihre Körperhaltung etwas anderes verriet. Auf dem Bildschirm: Jonas Falk. In seiner Zelle. Allein. Und völlig versunken. Er ging in kleinen Kreisen, immer wieder, die Hand fuhr über die rauen Wände, die voller eingeritzter Zeichen, Wörter, Pfeile waren. Ein seltsames, wirres Muster, das niemand in diesem Raum deuten konnte. Nur Jonas wusste, was es bedeutete. Lemke zog hörbar die Luft ein, seine Stirn legte sich in Falten. „Sehen Sie das?“ murmelte er. Reinhardt nickte langsam. „Er wirkt... weggetreten.“ „Nein.“ Lemke schüttelte den Kopf. „Das ist nicht bloß Wegtreten. Er ist in etwas versunken. Ich glaube, er interagiert.“ „Mit wem denn, bitte?“ fragte Brecht spöttisch. „Mit der Wand?“ Lemke hob nur einen Finger, bat um Stille. Auf dem Bildschirm sahen sie, wie Jonas abrupt stehen blieb. Er legte den Kopf schief, als lausche er auf etwas, was die Mikrofone nicht einfingen. Sein Gesicht verzog sich, als hörte er eine Stimme – eine vertraute, intensive Stimme. „Sehen Sie, wie er reagiert?“ murmelte Lemke. „Das ist kein zufälliges Murmeln. Er führt ein Gespräch.“ „Mit wem?“ wiederholte Reinhardt, diesmal leiser. „Mit jemandem, den nur er kennt,“ antwortete Lemke ruhig. „In seinem Kopf.“ Jonas lachte plötzlich, abrupt, schrill. Er tippte mit dem Finger gegen die Wand, als würde er jemanden schelten. Dann fuhr er sich mit den Händen durch die Haare, lachte wieder, diesmal leiser, dunkler. Seine Lippen bewegten sich, bildeten lautlose Worte. „Das hier,“ flüsterte Lemke, „ist kein gewöhnlicher psychotischer Schub. Das ist strukturiert. Verankert. Er kennt dieses ‚Wesen‘, mit dem er spricht, schon lange.“ Brecht verschränkte unruhig die Arme. „Sie meinen, das ist nicht erst jetzt hier im Knast entstanden?“ „Nein,“ sagte Lemke, seine Stimme fest. „Das ist Teil seiner Lebensgeschichte. Ich sehe hier keine akute Reaktion auf die Haft. Ich sehe einen Menschen, der mit dieser inneren Figur schon lange lebt. Vielleicht Jahre. Jahrzehnte.“ Jonas war jetzt ganz nah an der Wand, seine Stirn berührte das Mauerwerk, die Hände lagen flach auf den Kritzeleien. Er begann, mit den Fingerspitzen bestimmte Muster nachzufahren, wiederholte Bewegungen, als wären es Rituale. „Sehen Sie das?“ Lemke zeigte auf den Bildschirm. „Das ist Zwang. Zwanghaftes Verhalten. Aber nicht beliebig. Er folgt einem inneren Code. Und ich glaube, dieser Code... bestimmt alles, was er tut.“ Reinhardt und Brecht sahen einander an, dann wieder auf den Monitor. „Wir haben es hier nicht mit einem Mann zu tun, der einfach nur ausgerastet ist,“ fuhr Lemke ruhig fort. „Das hier ist nicht ‚nur‘ Wahnsinn. Er ist gefährlich, weil er sich in einem eigenen Regelwerk bewegt. Er glaubt an etwas, das wir nicht sehen.“ Jonas schlug plötzlich mit der Faust gegen die Wand, ein einziger, harter Schlag. Dann legte er die Handfläche dagegen, atmete stoßweise, als rede jemand eindringlich auf ihn ein. „Ich glaube,“ murmelte Lemke nachdenklich, „dass dieses Wesen, mit dem er spricht, ihn zu allem getrieben hat. Zu den Morden. Zu den Fluchten. Zu diesen Mustern.“ Brecht schnaubte leise. „Und Sie meinen, wenn wir das Wesen verstehen, verstehen wir ihn?“ Lemke nickte langsam. „Ja. Aber das Problem ist... nur er kennt es.“ Auf dem Bildschirm ging Jonas jetzt auf und ab, murmelte etwas Unverständliches, lachte plötzlich leise, dann blieb er abrupt stehen, blickte direkt in die Kamera. Für einen Moment war es, als blicke er durch die Linse hindurch. Reinhardt zog unwillkürlich die Schultern hoch. „Hat der uns bemerkt?“ „Das glaube ich nicht,“ murmelte Lemke. „Aber in seiner Welt... wird er beobachtet. Vielleicht ständig. Von diesem Wesen.“ Jonas schüttelte jetzt heftig den Kopf, schlug sich mit der flachen Hand gegen die Stirn. „Er kämpft,“ flüsterte Lemke. „Aber nicht gegen uns. Gegen sich selbst.“ Es war ein stiller, intensiver Moment. Die Männer vor dem Bildschirm standen reglos, die Luft zwischen ihnen schwer. Auf dem Monitor tobte ein innerer Krieg, den niemand außer Jonas sehen konnte. Lemke strich sich über as Kinn, dann murmelte er mehr zu sich selbst: „Wir haben es hier nicht nur mit einem Täter zu tun. Wir haben es mit einem Gefangenen zu tun. Einem, der schon lange in einem Käfig sitzt, den wir nicht sehen.“ Lemke blieb noch einen Moment vor dem Bildschirm stehen, die Arme locker verschränkt, den Blick fest auf Jonas geheftet. Reinhardt und Brecht schwiegen; man hörte nur das leise Summen der Überwachungsgeräte, das gelegentliche Knistern eines Funkgeräts irgendwo im Nebenzimmer.

Schließlich atmete Lemke tief durch. „Wir müssen reden.“

Er wandte sich abrupt zu den beiden Kommissaren um. Seine Augen wirkten jetzt viel wacher, klarer, als ob die Analyse in seinem Kopf einen entscheidenden Punkt erreicht hätte. „Wir können das hier nicht nur wie einen Mordfall behandeln.“ Reinhardt hob die Brauen. „Wieso nicht? Er hat gestanden, auch wenn’s wirr war. Die Spuren sind eindeutig.“ „Weil wir es hier nicht nur mit Schuld zu tun haben,“ erwiderte Lemke ruhig. „Wir haben es mit einem Geflecht zu tun. Einem Netz aus psychischen Abläufen, Mustern, Stimmen. Dieser Mann da drin ist nicht einfach ein Täter, der aus niederen Beweggründen gehandelt hat. Er ist jemand, der von innen gesteuert wird.“ Brecht runzelte die Stirn. „Und?“ Lemke machte einen Schritt auf ihn zu. „Und das bedeutet, dass wir ihn nur knacken können, wenn wir verstehen, was in ihm vorgeht. Jonas Falk ist kein Mensch, der einfach sagt: ‚Ja, ich habe das getan.‘ Er funktioniert nach einem inneren System, das wir nicht kennen. Seine ‚Geständnisse‘ sind voller Rätsel, seine Reaktionen nicht zufällig. Wir müssen tiefer.“ Reinhardt verschränkte unruhig die Arme. „Und wie stellen Sie sich das vor? Noch mehr Verhöre? Noch mehr stundenlanges Anschweigen?“ „Nein.“ Lemke schüttelte den Kopf. „Wir müssen anders an ihn heran. Ich muss mit ihm arbeiten. Nicht als Ermittler, nicht als Polizist. Sondern als jemand, der verstehen will, was dieses Wesen für ihn bedeutet.“ Brecht knurrte leise: „Dieses ‚Wesen‘... das ist doch nur sein Wahnsinn.“ „Vielleicht,“ räumte Lemke ein. „Aber es steuert ihn. Das ist der Punkt. Es ist der Motor hinter allem. Und solange wir das nicht begreifen, werden wir nur an der Oberfläche kratzen.“ Reinhardt seufzte, strich sich durch die Haare. „Also was schlagen Sie vor?“ Lemke dachte einen Moment nach. Dann sprach er leise, fast behutsam: „Wir lassen ihn in seiner Zelle. Keine Konfrontation, kein Druck. Ich werde ihm etwas bringen – Papier, Stifte, Materialien, die er nutzen kann. Ich will sehen, was er aufschreibt, was er malt, was er ausdrückt. Ich will ihm Raum geben, seine Welt nach außen zu bringen.“ Brecht warf ihm einen skeptischen Blick zu. „Meinen Sie ernsthaft, der malt uns jetzt die Morde auf? Ein paar Strichmännchen mit Pistolen in der Hand?“ Lemke lächelte kalt. „Nein. Ich erwarte keine Beweise. Ich erwarte Muster. Fragmente. Und ich erwarte, dass wir anfangen, zwischen den Zeilen zu lesen.“ Reinhardt nickte langsam. „Das könnte funktionieren. Er redet mit uns ja sowieso nicht.“ „Eben.“ Lemke trat wieder näher an den Bildschirm, betrachtete Jonas, der jetzt erschöpft auf der Pritsche saß, die Knie angezogen, den Kopf auf die Arme gestützt. „Und noch etwas: Wir dürfen ihn nicht unterschätzen. Dieser Mann ist gefährlich. Auch jetzt noch, auch hier drin.“ Brecht schnaubte. „Bitte, Lemke, er sitzt in einer gesicherten Zelle.“ „Das reicht nicht.“ Lemkes Stimme war ruhig, aber fest. „Er ist gefährlich, weil er eine Welt in sich trägt, die wir nicht kennen. Und wenn wir sie nicht verstehen, dann wird sie ihn eines Tages wieder steuern – ob er nun hier sitzt oder draußen." Es entstand eine schwere, angespannte Stille. Reinhardt und Brecht sahen einander an, dann wieder Jonas auf dem Bildschirm.

*

Die Zelle war dunkel. Dunkler als sonst. Jonas wusste, dass es nur seine Wahrnehmung war — das schwache Licht der Deckenleuchte brannte noch, flackerte leicht, warf matte Flecken auf die kahlen Wände. Aber für Jonas war alles schwärzer, als es hätte sein dürfen. Er stand in der Mitte des Raumes. Seine Brust hob und senkte sich schnell, zu schnell. Seine Hände zitterten, die Finger spreizten sich, krallten sich wieder zusammen. Sein Herz raste. Und vor ihm stand das Wesen. Es war klein, in diesem Moment. Ein Kind, neun Jahre alt, vielleicht. Es hatte seine Augen. Seine Haare. Seine Form. Es war er — das wusste Jonas längst. Aber es war auch nicht er. Niemals wirklich gewesen. „Jonas," sagte das Kind. Die Stimme war süß, weich, honigfarben. Sie tropfte in sein Ohr, sickerte in seinen Kopf. „Warum wehrst du dich?" Jonas schüttelte den Kopf, taumelte einen Schritt zurück. „Nein..." flüsterte er. „Nein... geh weg..." Aber das Kind lächelte nur. Seine Augen waren zu schwarz. Seine Lippen zu rot. Es war falsch. Alles daran war falsch. „Ich hab dir alles gegeben, Jonas." Das Wesen trat näher. „Ich hab dich immer begleitet. Ich hab dir geholfen, als niemand sonst da war. Erinnerst du dich nicht?" Jonas schnappte nach Luft, fühlte, wie ihm schwindelig wurde. „Ich will nicht mehr..." keuchte er. „Bitte... bitte hör auf..." Doch das Wesen lachte. Ein feines, silbriges Lachen, das in seinem Kopf dröhnte, sich vermehrte, multiplizierte, bis es war, als würde die ganze Zelle lachen. „Du willst nicht mehr? Jonas, Jonas, Jonas..." Das Kind schüttelte langsam den Kopf. „Das hier war nie deine Entscheidung." Jonas schrie plötzlich auf, ein schrilles, gellendes Geräusch, das aus der Tiefe seiner Kehle kam. Er krümmte sich, hielt sich den Kopf, als wollte er die Stimme aus sich herausreißen. „Hör auf! Hör auf! Hör auf!"

Sein Körper bebte. Die Knie gaben nach, er fiel auf die Knie, die Stirn gegen den Boden gedrückt. Tränen tropften auf die Fliesen. „Warum lässt du mich nicht in Ruhe...?" schluchzte er. „Warum...?" Das Kind kniete sich neben ihn. Legte den kleinen Kopf schief. „Weil du mich geschaffen hast." Jonas heulte auf. Seine Finger krallten sich in den Boden, rissen sich die Nägel wund. „Ich hab das nicht gewollt! Ich wollte das nie! Ich wollte nur, dass es aufhört!" Aber das Wesen legte den Kopf zurück und lachte, lachte, lachte. Jonas' Atem ging stoßweise. Schweiß tropfte ihm von der Stirn, vermischte sich mit den Tränen. Seine Brust zog sich zusammen, als würde ein eiserner Ring darum gelegt. Und dann kam der Schmerz. Nicht körperlich zuerst — nein, es war der Schmerz im Kopf, der Schmerz im Herzen, der Schmerz in der Seele. Jonas schrie. Er schrie so laut, dass die Kameras draußen knackten. Dass die Beamten, die vor den Bildschirmen saßen, erschrocken zusammenzuckten. Brecht fuhr hoch, Reinhardt hielt die Hand vor den Mund. „Mein Gott..." murmelte Lemke. „Das... das ist..." Jonas schrie. Er warf den Kopf zurück, das Gesicht verzerrt, die Augen blutunterlaufen, die Kehle aufgerissen. „LASS MICH IN RUHE! ICH WILL NICHT MEHR! ICH KANN NICHT MEHR! ICH... ICH... ICH..." Er schlug mit den Fäusten gegen die Wand, immer wieder, immer wieder. Blut spritzte. Knochen knackten. Doch er hörte nicht auf. „ICH HASSE DICH! ICH HASSE DICH! ICH HASSE DICH!" Das Kind stand still da, lächelte nur. „Du kannst mich nicht hassen, Jonas." „DOCH!" brüllte Jonas. „DOCH, DOCH, DOCH, DOCH, DOCH!" Seine Stimme brach. Er stürzte zu Boden, lag zitternd auf der Seite, rang nach Atem. Seine Rippen hoben sich, sanken wieder, er spürte, wie ihm schwarz vor Augen wurde, wie sein Körper nicht mehr konnte. Und trotzdem... Das Wesen kniete sich zu ihm. Legte eine kalte, kleine Hand auf seine Stirn. „Du bist so schwach, Jonas." Jonas schluchzte. „Bitte... bitte... ich will nur... schlafen..." „Du kannst nicht schlafen." Das Kind lächelte. „Du bist in mir gefangen. Und ich bin in dir." Jonas krümmte sich zusammen, presste die Hände auf die Ohren, schloss die Augen, wollte nichts mehr sehen, nichts mehr hören. Aber die Stimme war in ihm. Und sie hörte nicht auf. Jonas lag auf dem Boden. Sein Körper zitterte unkontrolliert. Er wusste nicht mehr, wo er war. Wer er war. Alles verschwamm. Das Kind war da. Immer da. Über ihm. In ihm. „Jonas..." flüsterte es. „Mach es zu Ende." Jonas weinte, verzweifelt, hilflos. „Ich kann nicht..." „Mach es zu Ende." Jonas schlug mit dem Kopf gegen den Boden, wieder und wieder, bis ihm schwarz vor Augen wurde. Doch selbst in der Dunkelheit war das Wesen bei ihm. Jonas lag reglos am Boden. Sein Gesicht war in die kühlen Fliesen gepresst, seine Wange brannte von der rauen Oberfläche. Er atmete stoßweise, schwer, rau — jeder Atemzug war ein Ringen. Die Lungen schmerzten, als hätte er stundenlang geschrien, geweint, geröchelt. Und tatsächlich war das vielleicht auch genau so gewesen. Seine Hände lagen neben seinem Kopf. Sie waren aufgeschürft, das Blut klebte dick zwischen den Fingern, getrocknet an den Knöcheln, wo er gegen die Wand geschlagen hatte. Immer wieder. Immer wieder. Bis die Haut platzte, die Nägel einrissen, bis es ihm egal gewesen war, ob es wehtat. Sein Körper zuckte manchmal, als liefen kleine Stromschläge durch ihn. Ein Zucken in der Schulter. Ein Zusammenziehen der Finger. Ein Zittern der Beine. Er fühlte sich leer und doch aufgeladen. Und das Wesen war immer noch da. Es hockte irgendwo an der Wand, da, wo Jonas es nicht sehen konnte, aber er wusste, dass es dort war. Es hatte seine Form gewechselt — nicht mehr das Kind, nicht mehr die tröstliche, süße Stimme. Jetzt war es größer. Dunkler. Schattenhafter. Etwas, das sich von der Dunkelheit kaum mehr unterschied, nur zwei glühende Augen in der Ecke. „Schwach." flüsterte es. Jonas' Atem ging schneller. „Schwach, Jonas." Er schluckte mühsam, sein Hals war trocken wie Papier, die Kehle wund, wund von den Schreien, die ihm entronnen waren. „Lass mich..." krächzte er. „Bitte... lass mich..." Die Augen in der Dunkelheit flackerten kurz auf. „Du hast mich erschaffen." Jonas presste die blutigen Hände an die Ohren. „NEIN!" „Doch." Er schüttelte heftig den Kopf, wälzte sich auf den Rücken, starrte an die Decke, die sich über ihm drehte, als wäre die ganze Welt ein Karussell, das nicht aufhören wollte. „Ich will das nicht mehr..." murmelte er. „Ich will das alles nicht mehr..." Das Wesen bewegte sich, kroch näher. Ein schwerer Schatten, der über den Boden glitt, der sich um Jonas legte, sich an ihn schmiegte wie ein dunkles Tier. „Aber ich will." Jonas schnappte nach Luft. Er spürte, wie ihm Tränen über die Schläfen liefen. Heiß. Bitter. „Warum..." wimmerte er. „Warum ich...?" Das Wesen neigte sich über ihn. „Weil du perfekt bist, Jonas." Er wand sich, wollte sich losreißen, wollte aufspringen, wollte wegrennen. Doch sein Körper war schwer, so schwer, als würde ihn die ganze Luft, die ganze Dunkelheit, die ganze Schuld niederdrücken. „Hör auf..." keuchte er. „Hör auf..." Aber das Wesen lachte. Und draußen, vor den Monitoren, standen Reinhardt, Brecht und Lemke, stumm. Sie sahen, wie Jonas auf dem Boden lag, zuckte, stöhnte, sich wand, die Hände in die

Luft reckte, als wollte er etwas Unsichtbares greifen. „Das... das ist ein kompletter psychotischer Schub.“ flüsterte Lemke. „Das hier... das ist eine tiefe, schwere Störung. Wahrscheinlich schon seit Jahren.“ Reinhardt presste die Lippen zusammen. „Wir sehen nur die Oberfläche.“ murmelte er. „Da ist noch so viel mehr drunter.“ Brecht fuhr sich nervös durchs Haar. „Der Typ ist nicht mehr zu retten.“ sagte er rau. „Der hat sich längst verloren.“ Lemke nickte langsam. „Vielleicht.“ Jonas presste das Gesicht in die Hände. „Ich... ich war doch immer nur... normal...“ flüsterte er. „Ich wollte nie... ich hab nie...“ Das Wesen legte ihm die dunkle Hand auf die Schulter. „Du hast nie zugehört, Jonas.“ Er schrie auf, ein heiserer, zerrissener Laut, schlug mit den blutigen Fäusten um sich, rollte sich zusammen, drückte die Knie an die Brust. „NEIN! NEIN! NEIN!“ Sein ganzer Körper bebte. Schweiß und Blut und Tränen mischten sich zu einem ekelhaften, klebrigen Film auf seiner Haut. Seine Haare klebten in Strähnen an der Stirn. Und immer wieder, immer wieder, hörte er diese Stimme in seinem Kopf. „Mach es zu Ende, Jonas.“ „Beende es.“ „Du weißt, was du tun musst.“ „Du hast es immer gewusst.“ Jonas wimmerte, kratzte über den Boden, suchte Halt, wo keiner war. „Bitte... bitte...“ Aber es gab kein Erbarmen. Nicht jetzt. Nicht hier. Nicht mehr. In der Zelle war es totenstill. Jonas lag auf dem Boden, das Gesicht in die Arme gepresst, die Finger blutig gekratzt, die Haut an seinen Händen aufgerissen von all dem Schlagen, dem Ringen, dem ziellosen Um-sich-Hauen. Sein Atem ging stoßweise, rasselnd, als kämpfte er um jeden Hauch Luft. Die Kamera in der Ecke an der Decke blinkte schwach, flackerte, summte ganz leise. Niemand sprach mit ihm. Niemand war da. Und doch zuckte Jonas' Körper immer wieder, als würde jemand Unsichtbares an seinen Schultern reißen, ihm ins Ohr schreien, ihn zum Aufstehen zwingen. Seine Lippen bewegten sich, formten Worte, die keiner hörte. Ein leises Kratzen ertönte. Nicht aus der Zelle. Aus den Wänden. Aus dem Stromkasten. Aus der Kamera. Das Bild der Kamera sprang kurz. Ein grauer Schleier huschte über die Linse, als würde für den Bruchteil einer Sekunde etwas zu nah daran vorbeigehen. Dann wieder Jonas, wie er zitterte, flüsterte, flehte. Ein Windhauch, wo keiner sein konnte. Ein Schatten, wo kein Licht war. Ein kaltes, schiefes Kinderlachen, das durch den Raum vibrierte — nur für ihn hörbar. Jonas' Augen weiteten sich. Ganz langsam hob er den Kopf, schaute zur Kamera. Direkt hinein. Er wusste, sie war da. Er wusste, irgendetwas war da. Und für einen winzigen, kaum fassbaren Moment sah es so aus, als würde eine zweite Gestalt hinter ihm auftauchen. Nur eine Verzerrung. Nur ein Rauschen. Oder? Die Kamera sprang. Bildfehler. Störung. Dann Jonas, wieder allein. Keuchend. Schwitzend. Weinen, lautlos. Seine Finger zeichneten zittrige Linien in den Staub auf dem Boden. Zeichen, Muster, die niemand verstand. Worte ohne Sprache. Und in der Ecke, im allerletzten Schatten der Zelle, war etwas, das dort nicht hingehörte. Etwas, das lachte. Ganz leise. Ganz nah.

*

Jonas lag auf dem kalten Boden der Zelle. Sein Rücken war schmerzhaft verkrampft, der Atem stoßweise, das Hemd an den Schultern zerrissen. Die Hände, die er vor sich auf den Boden stützte, waren blutverschmiert – eigenes Blut, aufgebrochene Knöchel, wo er gegen die Wand geschlagen hatte. Die Kamera an der Decke summte leise, ein mechanisches Auge, das jede Bewegung aufnahm – doch Jonas sah sie nicht mehr. Er sah nur noch das Wesen. Es stand mitten im Raum. Nicht mehr das unsichtbare Wispern in seinem Kopf, nicht mehr nur eine Stimme, nicht mehr nur eine Idee, sondern eine Form. Es hatte sich aus dem Dunkel seiner Erinnerungen gefaltet, als würde die Realität selbst brüchig werden, und war nun da: groß, schlank, langgliedrig, mit einem Gesicht, das mal sein eigenes war, mal das eines Fremden. Es schien aus Schatten zu bestehen und aus Licht zugleich, schimmerte an den Rändern, als könne es jeden Moment verschwinden – aber es blieb. „Schwach", flüsterte es mit einer Stimme, die überall im Raum war. „Immer noch schwach, Jonas." Jonas zog sich mühsam auf die Knie, sein Körper bebte. „Lass mich... in Ruhe..." Das Wesen lachte. Ein hohles, kaltes Lachen, das sich wie Frost über Jonas' Gedanken legte. „Das hast du nie gewollt. Das hier bist du. Ich bin du. Ich war immer du." Jonas' Kopf zuckte. Er schüttelte sich, rieb die Hände an den Schläfen, als könne er die Worte aus sich herausreiben. „Nein... nein, nein, nein..." „Oh doch." Bilder blitzten vor seinen Augen auf. Seine Kindheit – leer, kalt, die dunklen Ecken, in denen er sich verkrochen hatte, die langen Nächte, das ewige Schweigen. Er sah sich als kleiner Junge, verloren in einem Zimmer voller Schatten. Er sah Hände, die ihn wegstießen, Stimmen, die ihn übertönten, Gesichter, die ihn niemals wirklich ansahen. „Du bist aus dem Schatten geboren, Jonas“, zischte das Wesen. „Du bist nichts ohne mich.“ Jonas schrie auf, seine Stimme scharf, roh, zerrissen. Er schleuderte sich gegen die Wand, hämmerte mit der Stirn dagegen, wieder und wieder, bis warme Tropfen an seiner Nase herunterliefen. „Mach es weg, mach es weg, mach es weg!“ Doch das Wesen kam näher, schwebte, glitt, mit Bewegungen, die nicht von dieser Welt waren. Seine Hand, dünn wie ein Flammenstreifen, legte sich über Jonas' Kinn. Die Berührung war eiskalt, und doch brannte sie sich tief in seine Haut. „Du hast mich eingeladen“, flüsterte es. „Du hast mich gemacht. Ich bin dein Messer, Jonas. Ich bin dein Werkzeug. Ich bin der Schnitt in der Realität, durch den du atmest.“ Jonas schluchzte, kauerte sich zusammen, die Arme über den Kopf geschlagen. Seine Fingernägel kratzten über den Boden, rissen Splitter aus dem Beton. „Bitte... bitte... hör auf...“ Das Licht in der Zelle flackerte. Die Kamera oben an der Decke, die alles übertrug, sprang für einen Moment auf statisches Rauschen um. Dann kam das Bild zurück, unscharf, verwaschen, als sei ein Schleier darübergelegt. Jonas kroch auf allen vieren, seine Knie rutschten im eigenen Blut. Seine Lippen murmelten unverständliche Worte, er zählte, mal rückwärts, mal vorwärts, dann wieder nur Buchstaben, die keinen Sinn ergaben. „Jonas...“ Das Wesen beugte sich herab, seine Gesichtsform war jetzt die eines Kindes, das Jonas selbst als Junge darstellte. Große, dunkle Augen. Ein kleines Lächeln. „Weißt du noch? Weißt du, was sie dir gesagt haben? Damals, als du weggesperrt wurdest? Als niemand dich wollte?“ Jonas presste die Hände gegen die Ohren. „Hör auf... bitte... hör einfach auf...“ „Ich kann nicht aufhören.“ Die Stimme war sanft, beinahe zärtlich, während das Wesen mit einem Finger über Jonas' Rücken fuhr, dort, wo alte Narben lagen, unsichtbare Linien aus Schmerz und Scham. „Ich bin deine Erinnerung. Ich bin dein Spiegel. Du kannst mich nicht töten. Du kannst mich nicht ersticken. Ich war immer hier.“ Jonas schrie. Es war ein Schrei, der die Luft zerriss, der aus seiner Kehle riss wie ein Tier, das sich befreite. Er warf den Kopf zurück, sein Gesicht verzogen, die Augen weit, gehetzt. Er sprang auf, taumelte gegen die Wand, schlug mit den Fäusten, kratzte mit den Fingernägeln, zog Blut. Seine Lippen bebten, seine Stimme überschlug sich. „ICH... ICH... ICH WILL NICHT MEHR!“ Das Wesen stand still, schaute ihn an, das Kindergesicht wieder sanft, ein Lächeln, das wehtat. „Aber Jonas... wir haben gerade erst angefangen.“ Jonas stand mitten in der Zelle, die Stirn blutig, die Hände zitternd, die Augen glasig. Sein ganzer Körper bebte, als würde jeder Muskel gegen sich selbst kämpfen, jede Sehne kurz davor sein, zu reißen. Seine Kehle war wund vom Schreien, doch in ihm brodelte es weiter, als wäre da ein Vulkan, der nicht aufhören konnte, Lava zu speien. „Du... hast... alles... kaputt gemacht..." brachte er nur noch heiser hervor, während Tränen ihm über das Gesicht liefen. Die Worte kamen stoßweise, gezwungen, brüchig. Das Wesen – dieses verzerrte Bild seines kindlichen Selbst – stand immer noch da. Es lächelte. Kein warmes Lächeln, kein tröstendes – es war ein Lächeln, das bis ins Mark schnitt, das alles infrage stellte, was Jonas je geglaubt hatte. „Du hast mich geholt, Jonas", sagte es sanft. „Ich war immer hier. Ich war schon da, als du noch in deinem Bett lagst und gehofft hast, dass jemand kommt. Ich war da, als niemand kam." Jonas schrie. Es war kein Schrei mehr aus Worten. Es war ein reiner Laut, roh, voller Zorn, Verzweiflung, Schmerz. Sein ganzer Körper spannte sich an, die Muskeln krampften, seine Hände ballten sich zu Fäusten, schlugen in die Luft, schlugen gegen die Wände, gegen den Boden, gegen sich selbst. „NEIN! NEIN! NEIN! NEIN!" Er taumelte rückwärts, stolperte über seine eigenen Füße, fiel zu Boden, keuchend, röchelnd. Die Luft schien dick zu sein, schwer, als würde er unter Wasser liegen, als würde jeder Atemzug ihn weiter nach unten ziehen. „Warum... warum..." murmelte er, während er sich krümmte, die Stirn gegen den Boden drückte. „Warum... hast du mir das angetan..." Das Wesen hockte sich vor ihn, legte den Kopf schief, betrachtete ihn mit diesen dunklen, unergründlichen Augen. „Ich habe dir nichts angetan, Jonas", flüsterte es. „Du hast mich gebraucht." Jonas schüttelte den Kopf, Tränen spritzten aus seinen Augenwinkeln. Seine Hände schlugen auf den Boden, wieder und wieder, bis das Fleisch rot und offen war, bis die Knochen schmerzten. „Ich... ich will nur... RUHE!" Das Wesen legte eine durchscheinende Hand an seine Wange. „Ruhe? Du weißt doch gar nicht, was das ist." Jonas schrie wieder, noch lauter, noch verzweifelter, bis seine Stimme riss, bis nur noch ein wimmerndes Röcheln aus seiner Kehle kam. Er wälzte sich auf dem Boden, trat um sich, schlug den Kopf gegen die Wand, biss sich in den Arm, als wolle er sich selbst zum Schweigen bringen. „BITTE! BITTE, ICH WILL NICHT MEHR! ICH KANN NICHT MEHR!" Seine Fingernägel kratzten über den Boden, über die Wand, rissen blutige Linien, formten Zeichen, die nur er verstand. Er begann, zu lachen – ein schneidendes, gebrochenes Lachen, das nichts Fröhliches mehr hatte, das nur noch Schmerz war. „Es ist egal, nicht wahr?" flüsterte er zwischen den Lachern. „Egal, was ich tue... egal, wie sehr ich mich wehre…“ Das Wesen nickte langsam. „Egal.“ Jonas’ Gesicht verzog sich, der Schmerz malte sich wie eine Fratze hinein. Dann brach er zusammen. Sein Körper sackte in sich zusammen, die Arme um den Kopf geschlungen, die Knie an die Brust gezogen. Er weinte. Lautlos, dann wieder laut, dann wieder in einem krampfhaften, stoßenden Rhythmus, der kein Ende fand. „Bitte… bitte… bitte…“ murmelte er immer wieder. „Bitte lass mich… bitte lass mich…“ Doch das Wesen rückte näher, setzte sich neben ihn, legte einen Arm um seine Schultern. Es war kalt. Unendlich kalt. „Wir gehören zusammen, Jonas.“ Jonas presste die Hände gegen die Ohren, schüttelte den Kopf, während Tränen und Rotz über sein Gesicht liefen. „Nein… nein… nein…“ „Immer.“ Sein Körper zuckte, die Schultern hoben und senkten sich unkontrolliert. Der Boden war feucht vom Blut, von Schweiß, von Tränen. Die Kamera oben summte, das Licht flackerte. Jonas schrie noch einmal, mit letzter Kraft, als wollte er sich selbst aus der Welt hinausbrüllen. Ein Schrei, der alles in ihm zerriss, der ihm die Seele aus dem Leib riss. Dann brach er zusammen. Flach atmend, zitternd, leer. Das Wesen lächelte. „Jetzt habe ich dich genau da, wo ich dich immer haben wollte.“

*

Jonas lag mitten in der Zelle, das Gesicht halb im Schatten. Sein Körper war nicht mehr angespannt, nicht mehr kämpfend, nicht mehr weinend. Er war nur noch… da. Die Finger, die sich eben noch blutig gegen die Wand gekrallt hatten, lagen schlaff am Boden. Seine Brust hob und senkte sich kaum merklich, als wäre selbst der Atem nur noch ein mechanischer Rest, kein Zeichen von Leben, nur von Funktion. Und sein Gesicht. Sein Gesicht war seltsam. Starr. Ein Lächeln zog sich über seine Lippen – nicht breit, nicht übertrieben, sondern klein, gekrümmt, wie eine eingerostete Maske. Es war kein frohes Lächeln. Kein siegreiches. Kein erleichtertes. Es war… tot. Leer. Seine Augen standen offen, der Blick ging ins Nichts, durch die Wand, durch den Boden, vielleicht direkt in sich selbst hinein. Das Wesen stand ihm gegenüber. In dieser seltsamen, kindlichen Gestalt – das Spiegelbild seines jüngeren Ichs. Es neigte den Kopf, sah ihn an, als wolle es prüfen, ob noch irgendetwas in ihm lebte.

Aber Jonas reagierte nicht mehr. Kein Zucken. Kein Blinzeln. Es war, als wäre der letzte Kampf in ihm versiegt, als wäre alles, was er war, zu Staub zerfallen. Draußen vor der Zelle flackerte das Kameraauge, übertrug jede Sekunde dieses Moments. Aber niemand, der zusah, verstand, was hier wirklich geschah. Für sie war es nur ein psychotischer Zusammenbruch, vielleicht eine Erschöpfung, vielleicht ein Kollaps. Aber für Jonas? Innen war es still. Still wie in einem Grab. Er fühlte weder Angst noch Wut noch Trauer. Nur... Leere. Ein totes, verzogenes Lächeln, eingefroren auf einem Gesicht, das zu viel gesehen hatte. Und das Wesen? Es trat näher, beugte sich hinunter, flüsterte nah an sein Ohr: „Jetzt bist du nur noch mein." Jonas blinzelte nicht. Seine Lippen zuckten nicht. Er hörte es. Aber er wusste nicht mehr, was das bedeutete. Jonas' Körper bewegte sich langsam, bedächtig, als würde er zum ersten Mal die Schwerkraft spüren. Seine Arme hoben sich, seine Finger tasteten durch die Luft — aber nicht, weil er etwas suchte. Er war es nicht, der suchte. Er war nicht mehr hier. Seine Augen waren offen, die Pupillen weit, als wären sie in einem ständigen Schockzustand gefangen. Wenn man nah genug herankäme, würde man sehen, dass sie leicht zuckten, ein winziges Zittern, als würde ein Strom durch sie hindurchfließen. Sein Kopf legte sich schräg zur Seite. Ganz langsam. Die Bewegung hatte nichts Menschliches. Sie war zu gleichmäßig, zu sauber, ohne das unbewusste Zögern, das jede natürliche Bewegung begleitete. Seine Schultern spannten sich, die Muskeln zitterten nicht mehr vor Angst oder Erschöpfung — sie spannten sich, weil sie jetzt einem anderen Zweck dienten. Er atmete ein. Tief. Langsam. Zog die Luft durch die Nase, als würde er etwas prüfen, als würde er die Umgebung abtasten. Die Lippen bewegten sich leicht, ein kaum hörbares Murmeln. Es war kein Gespräch mehr. Es war ein leises Surren, als würde eine fremde Maschine sich in ihm justieren. Jonas schritt durch die Zelle. Die nackten Füße setzten sanft auf, als würden sie den Boden nicht berühren. Der Gang war rhythmisch, fast wie ein Tanz. Kein Stolpern, kein Schwanken — perfekt austariert, als wäre jede Bewegung berechnet, vorausgeplant. Seine Hände glitten über die Wände, nicht suchend, sondern fühlend. Sie hinterließen Spuren, kleine, kaum sichtbare Linien, wo Fingernägel über die Wand kratzten. Jonas selbst spürte es nicht. Seine Haut war nur noch Hülle, eine Membran, die bewohnt wurde. Er blieb plötzlich stehen. Starrte an die Wand. Die Augen fokussierten nichts, aber der Körper verharrte, als würde er einer unsichtbaren Anweisung folgen. Die Brust hob und senkte sich langsam, ganz gleichmäßig, wie ein

Pendel. Dann, ohne Vorwarnung, hob sich die rechte Hand. Die Fingernägel bohrten sich in die eigene Schulter, gruben sich durch den Stoff, in die Haut, als wäre es ein Test: Wie tief kann ich gehen? Wie viel kann ich fühlen? Kein Zucken, kein Aufschrei, kein Schmerz in Jonas' Gesicht. Nur das tote Lächeln, das dort klebte wie eine Maske. Der Körper drehte sich. Langsam, fast feierlich, als würde er eine unsichtbare Prozession begleiten. Schritt für Schritt, jeder Fuß präzise vor den anderen gesetzt, wie ein Tänzer auf einer Bühne, der nur für sich selbst aufführt. In der Dunkelheit seines Bewusstseins gab es keinen Jonas mehr. Keine Fragen, kein Protest, kein Flehen. Da war nur noch das große schwarze Gewicht, das alles durchdrungen hatte, bis nichts Eigenes übrig war. Seine Hände tasteten nun über den Boden. Sie spürten den kalten Stein, den Staub in den Ritzen, das winzige Zittern der Wände, das kein Mensch wahrnehmen konnte. Jonas kniete nieder, legte die Handflächen flach auf den Boden und beugte sich vor, so tief, dass die Stirn fast die Fliesen berührte. Von außen betrachtet sah er aus wie jemand, der betete. Doch es war kein Gebet. Es war das Hineinsinken. Das völlige Aufgehen. Sein Körper vibrierte leicht. Nicht von außen sichtbar, aber spürbar für das, was ihn jetzt steuerte. Seine Muskeln waren gespannt, als wäre er auf der Schwelle zu etwas, das größer war als er, größer als der Raum, größer als alles, was seine menschliche Hülle je erfassen konnte. Er hob den Kopf. Ganz langsam. Das tote Lächeln wurde breiter. Der Körper setzte sich in Bewegung, stand auf, streckte sich, als würde er sich aus einem langen Schlaf recken. Die Glieder knacken, die Sehnen dehnten sich, als wären sie neu, frisch, ungenutzt. Jonas selbst war längst fort, irgendwo tief vergraben, unter Schichten aus Dunkelheit und fremdem Willen. Der Körper bewegte sich nun freier, schneller, als würde die neue Kontrolle sich ausbreiten, sich anpassen, sich mit der Hülle vertraut machen. Die Füße traten präzise auf, die Arme schwangen leicht mit, der Kopf bewegte sich rhythmisch, als würde eine Melodie spielen, die niemand sonst hören konnte. Das tote Lächeln blieb. Es war nicht glücklich. Es war nicht traurig. Es war einfach nur leer. Die Stille nach dem Sturm war bleiern, schwer wie ein alter Mantel, der Jonas' Schultern erdrückte. Seine Brust hob und senkte sich flach, seine Finger zitterten kaum merklich. Das Blut an seinen Handflächen war kalt geworden, schmierte in stumpfen Schlieren über den Boden, und die Neonröhren über ihm summten in einem kaputten, flackernden Rhythmus, der sich mit jedem Moment tiefer in seine Schädeldecke fraß. Er blinzelte. Einmal. Langsam. Der Boden unter ihm war nicht mehr nur kalt, er war fremd. Glatt, aber nicht so, wie Beton glatt war – mehr wie Haut, gespannt, atmend, als ob das ganze Zimmer lebte. Jonas zog ein Zittern durch die Glieder, doch nicht aus Kälte, nicht aus Erschöpfung. Sein Kopf war leer. Nicht leer wie jemand, der zu viel geweint hat. Nicht leer wie jemand, der sich aufgibt. Es war ein anderes Leer. Ein fremdes. Und dann, langsam, Stück für Stück, begann er sich zu bewegen. Aber es war nicht Jonas. Seine Hände hoben sich, mechanisch, als zöge jemand Fäden, die unsichtbar an seinen Gelenken befestigt waren. Die Finger klappten auf, die Gelenke knackten, als hätten sie vergessen, wie sie funktionierten, und dann streckte sich der Arm, elegant, aber unnatürlich, als gehörte er nicht mehr zu einem Menschen. Jonas spürte, wie seine Beine sich anspannten, wie die Muskeln sich streckten, doch er gab keinen Befehl – das war nicht seine Entscheidung. Er spürte es nur. Als Zuschauer, gefangen in seinem eigenen Körper. Vor seinen Augen flimmerte es. Schatten glitten über die Ränder seines Sichtfeldes, formten Gesichter, die er kannte, und doch nicht benennen konnte. Die Stimmen, die einst geflüstert hatten, waren nun verstummt – nicht, weil sie fort waren, sondern weil sie nicht mehr nötig waren. Das Wesen war nicht länger getrennt von ihm. Es war nicht länger ein Begleiter, ein Einflüsterer, ein dunkler Gedanke am Rande seines Bewusstseins. Es war er. Jonas blinzelte noch einmal. Dann drehte er sich. Langsam, bedächtig, als wolle er jede Bewegung auskosten, hob er den Kopf zur Kamera in der Ecke der Zelle. Ein leises Knacken ging durch seinen Nacken, als ob auch dort ein altes, vergessenes Gelenk neu eingehakt wurde. Die Augen, die in die Linse sahen, waren nicht mehr Jonas' Augen. Ein totes Lächeln kroch über sein Gesicht. Nicht triumphierend. Nicht mal böse. Nur leer, hohl, tot. Und dann öffnete er den Mund. „Jetzt hören wir auf zu spielen." Die Überwachungskamera surrt leise, kaum hörbar. Jonas' Blick wandert, als würde er gezogen, dorthin. Seine Augen, leer und weit, starren direkt in die Linse, als sähe er hindurch, als sähe er die Gesichter dahinter, die jetzt gebannt auf die Monitore schauen. Und tatsächlich: draußen im Beobachtungsraum stehen Reinhardt, Brecht und der Psychologe Lemke, stumm, gebannt, die Stirnen gerunzelt, als die ersten Werte aufblinken. „Seine Herzfrequenz...", murmelt Lemke. „Geht runter", flüstert Brecht, irritiert. „Das sollte nicht sein." „Atmung verlangsamt", fügt Reinhardt an. „Aber... das passt nicht zu einem Zusammenbruch. Er wirkt... ruhig." „Zu ruhig", sagt Lemke. „Das ist nicht normal." Drinnen zieht Jonas langsam die Beine an. Er richtet sich auf, fast in Zeitlupe, jede Bewegung wirkt, als würde jemand unsichtbar an ihm ziehen, ihn leiten, ihn aufrichten wie eine Marionette. Seine Finger spreizen sich, ein leichtes Zucken geht durch seinen Arm, dann dreht sich sein Kopf noch einmal — diesmal wirkt es flüssig, zu flüssig, als gehöre diese Bewegung gar nicht zu ihm. Er steht. Einfach so. Als hätte ihm jemand befohlen, sich zu erheben, ohne dass er selbst noch darin vorkommt. Seine Lippen, eben noch blass und trocken, formen sich plötzlich zu einem leisen, kaum merkbaren Lächeln. Kein echtes, kein menschliches, sondern dieses tote, hohle Grinsen, das durch Mark und Bein fährt. Draußen fixieren die Beamten das Bild. „Das ist nicht der Jonas, den wir die letzten Tage gesehen haben", murmelt Lemke. Reinhardt verschränkt langsam die Arme, die Stirn liegt tief in Falten. „Wir greifen noch nicht ein. Beobachten." „Aber seine Vitaldaten..." Brecht wirkt angespannt. „Beobachten", wiederholt Reinhardt. Jonas hebt jetzt die Arme leicht, seine Hände zittern nicht mehr. Keine Angst mehr, keine Panik. Nur diese mechanischen, präzisen Bewegungen. Er dreht sich ganz zur Kamera, das Lächeln festgefroren im Gesicht, die Augen wie leer gespült. Und dann spricht er. Langsam, klar, fast liebevoll, aber mit einem Hauch Wahnsinn, der sich durch jedes Wort zieht, als würde er nicht allein sprechen. „Jetzt bin ich dran." Draußen gefriert den Männern das Blut in den Adern. Keiner sagt ein Wort. Die Werte auf dem Bildschirm verändern sich wieder. Puls steigt, Atmung wird schneller. Jonas' Kopf kippt leicht nach vorne, als würde er sich verbeugen. Das Wesen hat jetzt übernommen. Und sie wissen es nicht. Sie sehen nur: etwas ist völlig aus dem Ruder gelaufen. Der Bildschirm, auf dem Jonas in seiner kahlen Zelle zu sehen war, flackerte nur noch leicht, aber das Bild stabilisierte sich wieder. Jonas saß dort ... ruhig. Nicht wippend, nicht murmelnd, nicht schreiend, nicht kratzend. Einfach nur da. Reinhardt legte die Stirn in Falten. „Das ... passt nicht." Brecht sah ihn scharf an. „Was meinst du?" „Seine Geduld." Reinhardt deutete mit einem kaum merklichen Kopfnicken auf den Bildschirm. „Er war die letzten Tage unruhig, impulsiv, verzweifelt. Und jetzt? Jetzt sitzt er da, als würde er ... warten." Lemke verschränkte die Arme vor der Brust. „Ein plötzlicher Umschwung nach einem psychotischen Schub. Das kann eine gefährliche Phase sein. Er könnte in einen dissoziativen Zustand geraten sein." „Nein." Reinhardt schüttelte den Kopf, langsamer diesmal. „Das ist keine Leere. Schau dir sein Gesicht an." Der Zoom der Kamera schob sich näher an Jonas heran. Seine Augen waren geöffnet, aber sie wirkten nicht leer. Sie waren ... fokussiert. Fest, kalt, irgendwie fremd. Brecht biss sich auf die Unterlippe. „Willst du mir sagen, der plant was?“ „Ich sage, er hat was vor.“ Reinhardts Stimme war heiser. „Und er hat plötzlich alle Zeit der Welt.“ Ein paar Sekunden lang sagten sie nichts. Nur das surrende Geräusch der Überwachungskameras und das gelegentliche Rascheln von Papieren im Hintergrund erfüllten den Raum. Jonas im Monitor blieb reglos. Dann, fast lautlos, drehte Jonas seinen Kopf. Langsam, ganz langsam. Direkt zur Kamera. Sein Mund bewegte sich. Ein unnatürlich breites Lächeln breitete sich auf seinem Gesicht aus. Ein Lächeln, dass sich bis zu den Ohren hinzog. Viel zu breit um wirklich zu sein. Brecht wich einen halben Schritt zurück. „Scheiße.“ Reinhardt spürte, wie sein Herzschlag schneller wurde. „Wir müssen hier raus. Wir brauchen Verstärkung.“ „Verstärkung wofür?“ Lemke klang irritiert, fast genervt. „Er ist hinter Gittern.“ Doch Jonas lächelte weiter.

*

Jonas saß mit dem Rücken an der Wand, die Knie angezogen, das Kinn auf den Knien. Seine Augen waren weit aufgerissen, aber sie sahen nichts. Sein Blick war nicht auf die graue Zelle gerichtet, nicht auf die kahle Tür, nicht auf den Tisch, nicht auf die Überwachungskamera. Er sah nach innen. Sein Mund bewegte sich. Ganz leicht. Nur ein Zittern, ein leises Murmeln, das fast unhörbar war. Ein Flüstern, das durch die Zelle schlich wie ein kalter Luftzug. „...nicht hier... nicht jetzt... du weißt es... du weißt es...“ Es war nicht Jonas, der da sprach. Seine Lippen formten die Worte, ja, aber die Stimme, die Bedeutung, die Quelle – die lagen woanders. Tief in ihm, in einem Raum, den er selbst nicht mehr betreten konnte. Er zuckte zusammen, als hätte ihn jemand am Arm berührt. Ein ruckartiges Zucken, das ihn gegen die Wand prallen ließ. Seine Fingerspitzen krallten sich in den Stoff seiner Hose, zogen, zupften, rissen. Das Flüstern wurde lauter. Es war, als würde ein ganzer Chor aus Stimmen in ihm sprechen, überlagert, ineinander verwoben, ein dunkles Summen, das keine Richtung hatte, keinen Anfang, kein Ende. „...sie sehen dich... sie sehen dich... sie wissen... aber nicht alles... nicht alles...“ Jonas keuchte. Sein Atem war flach, schnell, als würde er gegen eine unsichtbare Wand anrennen. Seine Brust hob und senkte sich in kurzen Stößen, die Rippen zeichneten sich unter der Haut ab. Schweiß perlte an seiner Stirn, rann an den Schläfen hinab, tropfte von seinem Kinn. „...du bist mehr... mehr als sie denken..." Er drückte die Hände gegen die Ohren, versuchte, das Murmeln abzustellen. Aber es kam nicht von außen. Es war in seinem Kopf, in seinem Fleisch, in seinen Knochen. Es vibrierte in ihm, als wäre er ein Instrument, das jemand anders spielte. „...hör mir zu... hör mir zu... ich führe dich... ich zeige dir..." Sein Kopf zuckte nach links, dann nach rechts. Ein Ruck ging durch seinen Nacken, als würde jemand von innen ziehen. Seine Augen rollten, die Lider flatterten. Seine Lippen bewegten sich schneller, formten Silben, Wörter, ganze Sätze, die keinen Sinn ergaben, die nur ein einziger endloser Strom waren. „...sie kommen... sie wissen... sie irren sich... sie irren sich..." Jonas' Finger krallten sich in die Wand hinter ihm. Er spürte den kalten Beton, spürte, wie seine Nägel splitterten, wie die Haut an den Spitzen aufplatzte. Es war ihm egal. Er fühlte keinen Schmerz mehr. Nur das Murmeln. Nur das Summen. „...ich war immer da... immer... du hast mich gerufen... du hast mich gerufen..." Ein leises Kichern entwich seinen Lippen. Ein kindliches, helles Kichern, das nicht zu seinem Gesicht passte, nicht zu seinem Alter, nicht zu diesem Ort. Er spürte, wie seine Schultern zuckten, als wollte sein Körper aufspringen, als wollte er loslaufen, etwas tun, etwas zerbrechen. Aber er blieb sitzen. Das Wesen hielt ihn fest. Noch. „...warte... warte... warte..." Das Flüstern wurde schneller, hektischer, als würde es sich selbst jagen, als würde es versuchen, sich selbst zu überholen. Jonas' Atem kam stoßweise, seine Brust bebte, sein ganzer Körper vibrierte. Er schlug den Kopf gegen die Wand, einmal, zweimal, dreimal. Blut tropfte an seinem Haaransatz hervor, rann langsam über die Schläfe. Er bemerkte es nicht. „...bald... bald... bald..." Seine Augen weiteten sich noch mehr. Er starrte in die Dunkelheit der Zelle, als würde dort etwas lauern, etwas, das nur er sehen konnte. Seine Hände griffen ins Leere, als wollte er etwas festhalten, das gleich verschwinden würde. Sein Körper spannte sich an, die Muskeln zuckten, als würde er jeden Moment zerspringen. „...du bist bereit... du bist bereit..." Jonas lachte leise. Ein hohles, dumpfes Lachen, das sich anhörte, als käme es aus einem tiefen Schacht. Es war nicht sein Lachen. Nicht mehr. Er spürte, wie das Wesen sich in ihm ausbreitete, wie es jede Faser seines Körpers, jede Erinnerung, jeden Gedanken durchdrang. Er war nur noch eine Hülle. Nur noch ein Gefäß. Und das Flüstern hörte nicht auf. Es wurde lauter. Und lauter. Und lauter. Die Luft in der Zelle schmeckte schal, wie altes

Metall. Jonas lag reglos auf dem kalten Boden, seine Finger zuckten noch leicht, das Blut an seinen Handknöcheln war inzwischen getrocknet und spannte bei jeder winzigen Bewegung. Es war still. Nicht diese flüchtige, zarte Stille, die in Räumen schwebte, sondern eine erdrückende, massive Leere, die jede Ritze ausfüllte. Er hatte so lange geschrien, sich gewunden, gekämpft, gegen das, was niemand außer ihm sah. Die Kamera an der Decke, die mit einem leisen, kaum wahrnehmbaren Surren über ihn wachte, war sein einziger stummer Zeuge gewesen. Doch er wusste, dass niemand wirklich verstand. Niemand dort draußen konnte erahnen, was hier drinnen mit ihm geschah. Langsam, so langsam, dass es schien, als sei er eine Maschine, deren Mechanik erst wieder Öl brauchte, hoben sich seine Finger. Die Hand spannte sich, als würde ein fremder Impuls durch seine Muskeln schießen. Nicht er – nein, es war nicht er, der das tat. Jonas' Kopf lag noch schwer auf dem Boden, doch plötzlich, mit einem Ruck, als habe jemand einen unsichtbaren Faden straffgezogen, schnellte sein Kopf nach oben. Er atmete nicht. Seine Brust bewegte sich nicht. Und doch waren seine Augen weit geöffnet – weit, bis fast nur noch das Weiße sichtbar war, die Pupillen zu winzigen schwarzen Punkten verengt. Sein Mund war leicht geöffnet, die Lippen trocken, rissig, blutig. Ein Zittern ging durch seinen Körper, aber es war kein Zittern der Angst, kein Zittern der Erschöpfung – es war das Zittern, das ein altes Radio durchläuft, kurz bevor es den Sender wechselt. Und dann: Er spürte nichts mehr. Nicht die Schuld, nicht die Angst, nicht die Trauer, nicht die Müdigkeit. Alles war... abgeschaltet. Als hätte jemand den letzten Schalter in seinem Inneren umgelegt, das Licht ausgemacht, den Stecker gezogen. Aber etwas anderes war da. Etwas, das nun anstelle seiner stand, aufstand, atmete, lachte. Jonas war nur noch eine Hülle. Langsam, wie in einer feierlichen Zeremonie, zog er die Beine unter sich, kniete auf dem Boden. Seine Hände legten sich mit einer unnatürlichen, fast tänzerischen Bewegung auf seine Oberschenkel. Der Kopf, der noch eben so schwer auf den Boden gefallen war, drehte sich abrupt, als wäre sein Hals aus Eisen, hinauf – direkt zur Kamera. Die Zelle war voller Zeichen, die er in seinen Wahnsinn geritzt hatte: Kratzer, kleine Figuren, Wörter, Linien, Wirbel, Muster, die nur er verstand. Das Wesen, das ihn jetzt vollständig übernommen hatte, sah diese Kratzer nicht als Spuren von Schwäche. Es sah sie als Spuren des Eintritts, als Siegel der Öffnung. Es spürte sich selbst in jeder Faser. Jonas' Körper – oder was von ihm übrig war – erhob sich mit einer Eleganz, die nicht zu seinem ausgezehrten, zitternden Zustand passte.

Ein Lächeln – kein menschliches Lächeln, kein trauriges, verzweifeltes, kein ironisches. Sondern ein totes, endlos leeres Grinsen. Die Kamera summte leise. Jonas stand da, völlig still, und hob langsam die Hand. Einen Moment lang hielt er sie in der Luft, als wolle er sie betrachten. Doch dann ließ er sie langsam, langsam sinken, bis sie wieder an seiner Seite hing. Seine Schultern spannten sich leicht an, ein kurzes Rucken ging durch den Rücken, als ob er sich strecken wollte, doch es war nicht er, der diese Bewegung steuerte. Im Inneren spürte er – oder das, was von ihm übrig war – dass es keine Rückkehr mehr gab. Das Wesen hatte Besitz genommen. Vollständig. Es lenkte seine Bewegungen, lenkte sein Lächeln, lenkte seine Gedanken. Und während es die Kontrolle hatte, sah Jonas in einem winzigen, noch zuckenden Winkel seines Bewusstseins all das wie von außen: Er selbst, wie er da stand, wie er sprach, wie er grinste. Er selbst, wie seine Hände nun zuckten, fast spielerisch, wie seine Beine einen Schritt nach vorn setzten. Er selbst, wie seine Schultern sich noch einmal ruckartig hoben, als wolle er gleich lachen.Es war kein Lachen, das kam. Es war etwas Tieferes. Etwas, das keinen Laut brauchte. Etwas, das nur er hörte. Und dieses Etwas sagte nur: „Endlich."

*

Jonas' Hände hoben sich langsam. Nicht ruckartig, nicht hektisch — ganz langsam, mit einer fast unheimlichen Langsamkeit, als wüsste er genau, was er tat, als folgte er einem inneren Skript. Seine Finger spreizten sich leicht, zitterten ein winziges bisschen, als sie sich seinem Hals näherten. Die Haut dort war blass, leicht verschwitzt, kleine feine Äderchen pulsierten unter der Oberfläche. Langsam legte er die Fingerspitzen an die Kehle. Nicht grob, nicht mit Gewalt — zunächst nur ein sanftes Tasten, als würde er prüfen, als würde er sich versichern, dass er noch da war. Dann, wie geführt, verstärkte sich der Druck. Die Finger krallten sich fester. Die Daumen schoben sich in die Mulde zwischen den Schlüsselbeinen, die anderen Finger legten sich seitlich um den Hals, spannten die Sehnen, als würden sie ein Stück Fleisch greifen wollen. Sein Kopf neigte sich leicht nach hinten. Die Kehle wurde frei, der Adamsapfel zeichnete sich scharf unter der Haut ab. Jonas' Kiefer war locker, die Lippen leicht geöffnet, als er stumm ausatmete, als ob er etwas suchte, das nur er spüren konnte. Plötzlich verzog sich das tote Lächeln ein wenig. Nur minimal — eine kaum merkliche Bewegung der Mundwinkel, ein Zucken in den Wangen. Die Finger schoben sich noch fester in die eigene Haut, als wollte er hineinlangen, als wollte er etwas zwischen den Muskeln ertasten. Sein Daumen tastete sich unter das Kinn, drückte gegen das weiche Fleisch dort, während die anderen Finger sich um die Kehle schlossen, enger, fester, als könnte er unter der Haut etwas packen, greifen, herausziehen. Er riss nicht daran. Es war kein panisches Zerren. Es war ein langsames, methodisches Drücken, ein vorsichtiges Herantasten an eine unsichtbare Linie. Sein Atem wurde flacher, aber nicht aus Angst. Die Brust hob und senkte sich nur noch leicht, die Nasenflügel bebten kaum. Die Augen waren weit offen, starrten an die gegenüberliegende Wand, als würde er in sie hineinschauen, hindurchschauen, als wäre das, was er suchte, irgendwo dahinter verborgen. Ein dünnes, heiseres Geräusch kam aus seiner Kehle, kein Wort, kein Laut — eher ein kratzendes, schleifendes Atmen, als würde er sich selbst ausräumen, als würde er das, was tief in ihm vergraben war, durch die bloße Kraft seiner Hände nach außen zwingen wollen. Seine Nägel bohrten sich nun stärker in die Haut, rote Linien zogen sich über die blasse Oberfläche, kleine Perlen aus Blut traten hervor, langsam, schwerfällig, als müsste sogar das Blut selbst erst begreifen, was hier geschah. Jonas' Körper spannte sich, die Muskeln entlang der Schultern, des Nackens, der Oberarme traten deutlich hervor. Die Finger zitterten stärker, aber sie lösten sich nicht. Sie drückten weiter, tiefer, als ob die Fingerkuppen ein unsichtbares Band fassen könnten, das irgendwo tief im Inneren befestigt war. Ein leichtes Schaukeln begann in seinem Körper, vor und zurück, ganz minimal. Die Knie beugten sich leicht, die Zehen gruben sich in den Boden, als müsste er sich erden, um das, was er herausholen wollte, mit ganzer Kraft zu erfassen. Die Haut am Hals begann sich leicht zu verfärben, ein dunklerer Ton schlich sich unter die Oberfläche. Doch Jonas blinzelte nicht, reagierte nicht, spürte nichts. Seine Augen fixierten nur diesen einen Punkt — diesen einen fernen, leeren, schwarzen Punkt, den niemand sonst sehen konnte. Die Finger bewegten sich. Ganz sachte. Sie zogen. Nicht fest, nicht reißend — als wollten sie etwas Unsichtbares von innen nach außen zerren, als wäre da ein Faden, ein Strang, der nur für ihn fühlbar war. Sein Mund öffnete sich ein wenig weiter. Kein Schrei, kein Laut.

Nur ein langsames, ersticktes Ausatmen, das sich anfühlte wie das Entweichen von Luft aus einem undichten Gefäß. Und immer weiter drückten die Finger. Immer weiter schoben sich die Nägel in die Haut, bis kleine Tropfen über seine Fingerknochen liefen, warme, dicke Flüssigkeit, die er nicht beachtete. Sein ganzer Körper war nun auf diesen einen Punkt konzentriert. Alles, was er war, alle Muskeln, alle Knochen, alle Sehnen, dienten nur diesem einen Zweck: Irgendetwas, irgendetwas, das tief in ihm lag, aus sich herauszuholen. Seine Schultern zuckten leicht, als würde er für einen Moment Widerstand spüren — nicht von außen, sondern von innen. Das tote Lächeln auf seinem Gesicht zuckte, ein kurzer Riss lief hindurch, als ob zwei gegensätzliche Kräfte daran zerrten. Die Finger spannten sich noch einmal, ein letztes Mal. Die Augen rollten leicht nach oben, das Weiß wurde sichtbar. Und dann hielt alles still. Seine Hände erstarrten. Die Luft stand still. Ein Moment wie ein eingefrorenes Bild, wie ein Standbild aus einer anderen, fremden Welt. Jonas stand da, mit den Händen um seinen Hals, mit weit offenen Augen, mit diesem leeren, toten Lächeln — und keiner konnte sagen, ob er in diesem Moment noch Mensch war oder schon etwas ganz anderes geworden war. Jonas taumelte, sein Atem ging stoßweise. Alles in ihm war leer, ausgezehrt, zerschunden. Die Schatten an den Zellenwänden tanzten flackernd wie lebendig, die Neonröhren an der Decke summten dumpf, als würden sie sich über ihn lustig machen. Er stand ganz langsam auf, mit schleppenden Bewegungen, als hingen seine Glieder an unsichtbaren Fäden. Seine Finger zuckten unkontrolliert, die Schultern hingen schlaff herab, der Kopf kippte zur Seite. Er fühlte nichts mehr. Keine Angst, keine Wut, keine Trauer – nur ein dumpfes Echo in der Brust, das sich wie ein schwarzes Loch anfühlte. Die Präsenz des Wesens war nicht mehr außen, nicht mehr in Gedanken oder Worten – es war in ihm. Tief verwurzelt. Jede Regung, jedes Zucken kam nicht mehr aus Jonas' eigenem Willen. Sein Gesicht zuckte in einem angedeuteten Grinsen, kalt, leer, fremd. Jonas spürte, wie sein Körper sich steif wandte, wie die Muskeln zuckten, wie er seine Arme hob, als ob er sich gegen einen unsichtbaren Druck stemmen wollte – doch da war kein Widerstand. Nur er selbst, sein Körper, gelenkt von etwas, das stärker war als er. Langsam – qualvoll langsam – wandte sich Jonas der Kamera in der Ecke der Zelle zu. Der dunkle Glaslinsenpunkt funkelte kalt, wie ein unbestechliches Auge, das jeden seiner Zusammenbrüche, jeden seiner Schreie, jedes seiner Zucken mitverfolgt hatte. Seine Lippen formten sich. Erst ein leises, schiefes Lächeln. Dann öffnete sich sein Mund. „Jetzt reicht es mir." Seine Stimme war fremd. Rau. Tiefer, als seine Stimme je geklungen hatte, und doch ... war es seine. Jonas hörte sie selbst, als würde jemand anderes sie sprechen, als würde sie von weit weg durch einen Tunnel zu ihm getragen. Die Worte hallten durch den Raum, füllten ihn, ließen das Summen der Lampen für einen Moment verstummen. Und dann hob Jonas seinen Kopf, ruckartig, mit einer Bewegung, die nicht nach ihm aussah. Seine Augen weiteten sich, sein Kiefer spannte sich, und bevor er den Gedanken fassen konnte, bevor er einen einzigen klaren Gedanken formen konnte, rammte er mit aller Kraft seinen Kopf gegen die harte Zellenwand. Der Aufprall war dumpf, knirschend, furchtbar real. Schmerz blitzte auf, gleißend hell, ein Feuerwerk hinter den Augen, gefolgt von einer heißen, klebrigen Wärme, die sich an seiner Stirn ausbreitete. Er keuchte, taumelte zurück, schnappte nach Luft. Doch es war noch nicht vorbei. Jonas hörte keinen Protest mehr in sich. Keine Stimme, die rief: Hör auf! Keine eigene innere Abwehr. Nur diesen dunklen Impuls, diesen Schub, der aus der Tiefe kam und ihn wieder nach vorne drängte. Seine Knie gaben leicht nach, doch er fing sich, stieß sich erneut ab, mit noch mehr Kraft, noch mehr Verzweiflung – oder vielleicht war es gar keine Verzweiflung mehr. Vielleicht war es nur noch ... Ausführung. Wieder krachte sein Schädel gegen die Wand. Ein dumpfes Splittern, als ob etwas nachgegeben hätte – in der Wand, in ihm, in der Welt. Jonas spürte, wie das warme Blut nun an seinen Schläfen herunterlief, heiß, klebrig, pulsierend. Seine Hände ballten sich krampfhaft zu Fäusten, er zitterte am ganzen Körper, doch er machte keine Anstalten, sich zu wehren. Seine Lippen verzogen sich zu einem Grinsen, das nicht seines war. Seine Schultern zuckten leicht, als würde er gleich lachen. Und für einen Moment, nur einen winzigen Moment, spürte Jonas inmitten all dieses Chaos, wie ein winziges Flüstern aus ihm selbst kam, aus einem verschütteten, vergrabenen Teil in seinem Inneren, der noch nicht ganz erstickt war. „Bitte ..." Doch das Flüstern erlosch, wie eine Flamme, die erstickt wurde. Und stattdessen blieb nur noch das dunkle Echo des Wesens, das jetzt durch seine Glieder floss, das ihn aufrecht hielt, das ihn grinste, das ihm die Arme hob, das ihm sagte, er solle weitermachen, weiter, immer weiter, bis nichts mehr übrig war. Jonas spürte, wie seine Stirn erneut gegen den kalten Beton prallte. Alles verschwamm. Sterne tanzten vor seinen Augen, die Welt kippte, drehte sich, rauschte. Er schmeckte Blut auf den Lippen, spürte, wie seine Knie unter ihm nachgaben, doch er wurde immer wieder aufgerichtet, von einer Kraft, die nicht nachließ. Und dann – plötzlich – war da absolute Stille. Keine Stimme mehr, kein innerer Impuls, kein Drängen, kein Ziehen. Nur noch Jonas, der da stand, taumelnd, blutend, mit einem leeren Blick, der direkt in die Kamera gerichtet war. Sein Gesicht zuckte. Seine Lippen formten sich noch einmal zu einem letzten, verzerrten, fast kindlichen Lächeln. Und dann fiel er einfach auf die Knie. Langsam. Lautlos. Der Boden unter ihm war kalt. Das Blut sickerte zwischen seine Finger, tropfte auf die Fliesen. Jonas spürte nichts mehr. Keine Gedanken. Keine Stimmen. Nur noch diese tiefe, erschöpfte Leere, die ihn umhüllte wie eine schwere Decke. Jonas war nicht mehr Jonas.

*

Im Überwachungsraum war es stickig, als hätte die Luft sich vor Stunden schon verabschiedet. Schweiß glänzte auf Reinhardts Stirn, während er reglos auf den Bildschirm starrte. Brecht stand mit verschränkten Armen neben ihm, die Kiefer angespannt, als würde er versuchen, den Druck in seinem Kopf nur durch Willenskraft zu unterdrücken. Auf den Monitoren, die die kleine graue Zelle zeigten, war Jonas Falk zu sehen. Er wirkte... nicht mehr menschlich. Jonas stand mitten im Raum, die Stirn gegen die Wand gepresst, atmete schwer, so als müsste er jede Bewegung mit unendlicher Anstrengung stemmen. Dann zog er sich abrupt zurück – und rammte seinen Schädel mit voller Wucht gegen die Wand. Ein dumpfes, widerliches Geräusch drang durch die Lautsprecher. Blut zeichnete sich an der Kante ab. „Was zur Hölle..." flüsterte Reinhardt. Brecht trat nervös von einem Fuß auf den anderen. „Er bringt sich um." „Oder er will's zumindest." Reinhardts Stimme war tonlos. Sie sahen zu, wie Jonas wieder Anlauf nahm, wieder gegen die Wand krachte, diesmal so hart, dass er kurz schwankte, die Knie leicht einknickten, bevor er sich wieder aufrichtete. „Wir müssen da rein." Brecht drehte sich bereits halb um, griff nach der Tür. Doch Reinhardt hielt ihn zurück, legte ihm eine Hand auf die Schulter. „Warte." „Warten? Ernsthaft? Er schlägt sich gleich das Hirn raus!" „Schau hin." Reinhardts Stimme war heiser, fast brüchig. „Schau dir sein Gesicht an." Brecht wirbelte herum, starrte auf den Monitor. Jonas stand jetzt vollkommen still, den Kopf leicht geneigt. Ein Rinnsal Blut lief ihm über die Schläfe, aber er schien es nicht zu bemerken. Und dann, ganz langsam, hob er den Kopf – direkt in die Kamera. Das Gesicht, das sie anstarrte, war nicht das eines Mannes, der am Ende war. Es warkein gebrochener Mensch, kein verzweifelter Gefangener. Es war... lächelnd. Ein totes, leeres Lächeln zog sich über Jonas' blutverschmiertes Gesicht, seine Augen weiteten sich, als hätten sie etwas erkannt, das niemand sonst im Raum verstand. Reinhardt blinzelte, fuhr sich mit der Hand übers Gesicht. Brecht wirkte, als hätte man ihm den Boden unter den Füßen weggezogen. Scheiße," murmelte Reinhardt. „Wir müssen ihn da rausholen." „Wir haben keine Freigabe," gab Brecht zurück, die Stimme brüchig. „Wir sollen warten, bis das Einsatzteam da ist." „Warten?" Reinhardt drehte sich abrupt zu ihm um. „Willst du zusehen, wie der sich das Hirn aus dem Schädel hämmert? Siehst du ihn?! Das ist kein normaler Zusammenbruch mehr!" Ein Techniker, der hinten am Schaltpult stand, hob die Hand. „Äh... Leute?" Seine Stimme zitterte. „Ich... ich glaube, wir haben ein Problem." Brecht sprang auf. „Was für ein Problem?" Der Techniker zeigte auf ein kleines Fenster am Monitor, das leise rot blinkte. „Die Tür. Die elektronische Steuerung hängt." Reinhardt beugte sich vor. „Wie, sie hängt?" „Ich kann sie nicht öffnen. Ich versuche es hier manuell, aber es reagiert nicht." Brecht knallte mit der Faust auf den Tisch. „Verdammte Scheiße!" Auf dem Monitor hob Jonas langsam den Kopf. Sein Gesicht war zerschrammt, das Blut lief ihm an Stirn und Wangen herab. Doch was Reinhardt und Brecht das Blut in den Adern gefrieren ließ, war der Ausdruck. Es war nicht der panische, gebrochene Blick eines Mannes am Ende – es war ein Lächeln. Starr. Leer. Tödlich. „Er schaut in die Kamera," hauchte Reinhardt. Und tatsächlich: Jonas' Blick war direkt auf die kleine Linse gerichtet, als wüsste er genau, wo sie war. Langsam öffnete er den Mund. „Jetzt hören wir auf zu spielen." Die Worte waren kaum hörbar, nur ein Flüstern – aber die Lippenbewegung war eindeutig. Im Überwachungsraum brach Unruhe aus. Mehrere Beamte kamen angelaufen, hektisch, nervös, die Stimmen überschlagen sich. „Wir müssen rein!", „Was ist los mit der Tür?!", „Holt jemand den Techniker für die Schleusensteuerung!" „Wir kommen hier nicht rein, verdammt!" Der Techniker schlug verzweifelt auf die Konsole ein. „Das System blockt uns ab. Als ob..." Er verstummte. „Als ob was?" Reinhardt packte ihn grob an der Schulter. „... als ob von innen gesperrt." Brecht fuhr sich mit zitternder Hand durchs Gesicht. „Das ist unmöglich. Das System lässt sich nur von außen steuern.“ „Ich weiß!“ Der Techniker war blass geworden. „Aber die Signale… als würde da irgendwas gegensteuern…“ Auf dem Bildschirm erhob sich Jonas langsam. Er richtete sich auf, streckte die Arme aus, als würde er die ganze Zelle umarmen, und begann zu gehen – langsame, kontrollierte Schritte, kreisend, fast tänzerisch. Die Bewegungen hatten nichts mehr Menschliches. „Das ist nicht mehr der Mann, den wir verhört haben,“ flüsterte Reinhardt. „Irgendwas stimmt hier nicht.“ „Das Einsatzteam braucht noch zwanzig Minuten!“ rief jemand. „Zwanzig Minuten?!“ Brecht wirbelte herum. „Der bringt sich bis dahin um!“ Jonas drehte sich plötzlich zur Wand, legte die Stirn dagegen, ganz sacht, als würde er horchen. Dann hob er ruckartig den Kopf und begann wieder zu murmeln. Die Mikrofone nahmen keine klaren Worte auf, nur bruchstückhaftes Flüstern, das kaum zu dechiffrieren war. „Was redet er da?“ Reinhardt kniff die Augen zusammen. „Wir… wir wissen es nicht,“ stammelte der Techniker. „Er redet nur mit sich selbst.“ „Nein,“ sagte Reinhardt leise. „Nicht mit sich selbst.“ Jonas‘ Bewegungen wurden hektischer. Er schlug mit den Händen gegen die Wand, kratzte, brüllte lautlos – das Mikrofon fing nur ein schwaches Röcheln auf, aber das Bild sprach Bände. Es war der Körper eines Mannes, der kämpfte, aber nicht gegen etwas Sichtbares. Nicht gegen sich selbst. „Wir müssen da rein!“ schrie Brecht. „Scheiß drauf, sperrt die Tür auf, sprengt sie, irgendwas!“ „Ich sagte doch, das System blockt!“ Der Techniker war den Tränen nahe. „Ich kann nichts tun!“ Reinhardt stand ganz starr da. In seinem Kopf rasten die Gedanken, aber nichts ergab einen Sinn. Warum dieses plötzliche Umschlagen? Warum jetzt? Warum dieses Gefühl, dass hier etwas am Werk war, das nichts mit Jonas‘ Psyche allein zu tun hatte? Auf dem Monitor brach Jonas plötzlich zusammen. Sein Körper zuckte, bog sich unnatürlich, die Arme wanden sich, als würde er von unsichtbaren Fäden gezogen. Sein Gesicht war verzerrt, Schaum trat ihm aus dem Mundwinkel. „Er stirbt,“ murmelte jemand. „Oh Gott, er stirbt da drin.“ „Nein,“ sagte Reinhardt leise. „Nein. Er kämpft.“ „WAS?“ Brecht drehte sich zu ihm um. „Wovon redest du? Der Typ ist am Ende!“ „Er kämpft,“ wiederholte Reinhardt. „Nicht gegen uns. Nicht gegen sich. Gegen… etwas.“ Das Flackern der Kamera wurde stärker. Das Bild sprang, Linien zogen sich über den Monitor, Störsignale tauchten auf. „Ich verliere das Signal!“ rief der Techniker. „Ich… ich verstehe das nicht! Es ist, als ob…“ Und dann war der Bildschirm schwarz. Für einen Moment war es, als würde der ganze Raum den Atem anhalten. Stille. Nichts als das

Summen der Geräte. Brecht war der Erste, der sich bewegte. „Wir gehen rein. Scheißegal, wie." „Das ist gefährlich," warnte einer der jüngeren Beamten. „Wir wissen nicht, was er..." „Wir wissen," schnitt Brecht ihm das Wort ab, „dass wir ihn da nicht verrecken lassen. Beweg dich!" Reinhardt blieb noch einen Moment länger stehen, die Augen fest auf den toten Monitor gerichtet. Irgendetwas nagte an ihm, ein Gefühl, das er nicht abschütteln konnte. Kein Mörder, kein Psychopath, kein Wahnsinniger... Etwas anderes.Er schüttelte den Kopf, holte tief Luft und folgte Brecht hinaus auf den Gang. Die schweren Schritte hallten über die Flure, während die Beamten zur Zelle stürmten. Hinter ihnen flackerte das Überwachungssystem einmal kurz auf – für den Bruchteil einer Sekunde zeigte der Bildschirm ein verzerrtes Bild, ein Gesicht, das sich über den Monitor beugte, ein Lächeln, das viel zu groß war. Doch niemand sah es mehr. Sie rannten, rannten gegen die Zeit.

*

Brecht stieß sich ruckartig von der Wand ab. „Scheiße." Er trat zum Türsummerr, gegenüber vom Jonas' Zelle „Tür aufmachen! Jetzt!" Doch nichts passierte. Reinhardt schluckte. „Reinhardt drehte sich um, warf einen Blick auf den Techniker, der hektisch an der Konsole arbeitete. „Ich... ich kriege noch immer kein Signal." Der junge Mann wirkte blass. „Die Steuerung ist wie eingefroren." Brecht knallte mit der Faust auf den Tisch. „Dann mach's manuell, verdammt!" Reinhardt trat näher an den Monitor. Die Kamera lief wieder. Jonas hatte sich abgewandt. Er stand mitten in der Zelle, die Arme leicht ausgebreitet, als ob er etwas Unsichtbares umarmen würde. Sein Kopf zuckte leicht zur Seite. Dann hörten sie es. Ein Schrei. Doch es war kein menschlicher Schrei. Es war tiefer, vibrierender, verzerrt. Etwas in diesem Laut war falsch, zu langgezogen, zu grell und dumpf zugleich. Reinhardt fröstelte unwillkürlich. Er hatte in seiner Karriere vieles gehört – das Weinen von Eltern, das Brüllen von Tätern, das Winseln von Opfern. Aber das hier... das war anders.„Scheiße, scheiße, scheiße..." murmelte Brecht und stürmte aus dem Raum. „Los, alle mitkommen!" rief Reinhardt. Er schnappte sich seine Jacke, rannte hinterher, hörte hinter sich das hastige Stolpern der anderen Beamten. Sie rannten durch den Flur, ihre Stiefel klackerten auf den Fliesen. Irgendwo fiel ein Klemmbrett zu Boden, jemand rief panisch, dass die Tür blockiert war. „Hat jemand den Techniker gerufen? Wo bleibt der Notfallcode?“ schrie Reinhardt. Brecht stand vor der dicken Sicherheitstür zur Zelle, hämmerte mit beiden Fäusten dagegen. „Jonas! Falk!“ brüllte er. „Bleib, wo du bist! Wir kommen rein!“ Doch der Schrei aus der Zelle hatte aufgehört. Und jetzt war Stille. Reinhardt legte die Hand an die Tür. Er spürte, wie sein Herz raste, hörte das Blut in den Ohren rauschen. „Was, wenn...“ Er sprach den Gedanken nicht zu Ende. Brecht sah ihn an, Schweiß auf der Stirn. „Du denkst doch nicht ernsthaft, dass...“ „Ich weiß nicht, was ich denke“, murmelte Reinhardt. Hinter ihnen näherte sich der Notfalltechniker. Ein junger Mann, kaum älter als Mitte zwanzig, hektisch, mit rotem Gesicht. „Ich – ich versuche es, aber das System... es ist, als ob es von innen blockiert wird.“ „Von innen?“ Brecht schnappte nach Luft. „Das geht doch gar nicht.“ „Normalerweise nicht“, stammelte der Techniker. „Aber irgendwas...“ Ein lautes Knacken hallte durch den Flur. Alle zuckten zusammen. „Was war das?“ flüsterte Reinhardt. Der Techniker hob die Hände. „Nicht von mir.“ Brecht trat zurück, sein Blick wanderte zur kleinen Sicherheitskamera über der Tür. „Siehst du das?“ Das Bild flackerte. Schwarz-weiß, verrauscht, nur Fragmente von Bewegung. Und dann wieder dieser Laut – ein Kratzen, ein dumpfer Schlag, als ob etwas Schweres gegen die Wand knallte. Reinhardt packte den Techniker an der Schulter. „Krieg diese verdammte Tür auf! Jetzt!“ „Ich versuche es!“ Der Junge war blass wie Kreide, seine Finger zitterten auf der Konsole. „Es dauert...“Wieder dieses Knacken. Etwas in der Zelle war zerbrochen. Reinhardt schloss die Augen, zwang sich zu atmen. „Wenn er sich selbst umbringt...“ „Wenn er sich selbst umbringt, dann sind wir die Idioten, die draußen standen und zugesehen haben“, knurrte Brecht. „Komm schon, los, los, los!“ „Gleich... ich bin dran...“ Dann hörten sie Jonas’ Stimme. Sie war ganz nah am Mikrofon. Ganz leise. „Ich habe euch gewarnt.“ Ein Klicken. Ein lautes Krachen. „Tür auf!“ brüllte Reinhardt.

*

Der Überwachungsraum war still, als ob alle drinnen das Atmen vergessen hätten. Seit Stunden saßen Reinhardt, Brecht und einige jüngere Kollegen vor den flimmernden Monitoren, starrten auf die Bilder aus Jonas Falks Zelle. Herr Lemke, der Psychiater, hatte noch vor kurzem gesagt: „Wir dürfen ihn nicht mehr bedrängen. Er steht kurz vor dem völligen Zusammenbruch." Aber jetzt — ein plötzliches, verzerrtes Bild, ein Ruck durch die Übertragung. „Verdammt! Was war das?!" rief einer der jüngeren Beamten, seine Stimme überschlug sich fast. Reinhardt sprang auf. „Zoom auf Kamera drei!" Brecht kam näher, sein Herz raste plötzlich, obwohl er sich selbst wiederholt einzureden versuchte, dass hier nur ein völlig zerstörter Mann in einer kahlen Zelle saß. Die Kamera fing sich, zuckte einmal, zweimal — dann war das Bild wieder klar. Jonas war aufgestanden. Langsam. Doch irgendetwas stimmte nicht. Seine Bewegungen waren nicht menschlich, nicht fließend, nicht so, wie jemand sich erhebt, der gerade am Boden gelegen hat, erschöpft und voller Blut an den Händen. Es war, als würde ihn etwas hochziehen. „Verdammt", murmelte Reinhardt, seine Hand zitterte leicht. Jonas stand jetzt vollkommen aufrecht. Sein Kopf fiel leicht zur Seite, als hätte er kein Gewicht mehr, seine Schultern sackten ab, und dann – drehte er sich zur Kamera. Ein toter Blick, ein leeres Lächeln. Der Raum hinter der Scheibe explodierte in Bewegung. „Holt die anderen! Holt alle hier rein!" schrie jemand, während Lemke mit geweiteten Augen flüsterte: „Das... das ist nicht mehr derselbe Mann." Und dann begann es. Jonas begann sich zu bewegen. Erst war es nur ein Zucken in den Schultern, ein leichtes Neigen des Kopfes, als würde er auf Befehle lauschen, die nur er hören konnte. Seine Finger krampften, die Knöchel wurden weiß, die Nägel bohrten sich fast in die Haut. Dann, langsam, ganz langsam, begannen seine Arme sich nach hinten zu biegen. Reinhardt keuchte hörbar. „Das... das geht doch gar nicht..." Jonas' Arme bogen sich weiter, über den normalen anatomischen Winkel hinaus, als ob jemand von hinten an ihnen zog, als ob unsichtbare Hände seine Gliedmaßen führten. Sein Rücken krümmte sich, seine Wirbelsäule wölbte sich unnatürlich nach vorne. „Er bricht sich gleich die Knochen..." stammelte Brecht, bleich geworden. Aber Jonas schien keinen Schmerz zu zeigen. Kein Schrei, kein Stöhnen. Nur dieses tote, leblose Lächeln, das ihm auf den Lippen lag, während sich sein Körper weiter in Positionen bog, die kein Mensch überleben konnte. Die Kamera zuckte, das Bild flackerte kurz, aber der Ton war weiterhin da: ein leises, gepresstes Atmen, das nicht wie das eines Menschen klang, sondern tief, kehlig, beinahe… doppelt. „Da stimmt etwas nicht“, murmelte Lemke, der seine Hand vor den Mund geschlagen hatte. Im Inneren der Zelle schien Jonas den Kopf zu neigen, als lausche er einem Befehl. Sein Körper drehte sich ruckartig nach links, dann nach rechts, die Bewegungen so rasant und unnatürlich, dass alle vor dem Monitor zusammenzuckten. „Raus da“, rief einer der Techniker, „schaltet die Kamera aus, das… das sollten wir nicht sehen!“ Aber niemand bewegte sich. Sie alle waren wie gebannt. Jonas hob die Arme, langsam, als würde eine fremde Kraft sie an unsichtbaren Fäden ziehen. Seine Hände spreizten sich, Finger zuckten, und dann riss er den Kopf nach hinten, als würde jemand in seinen Schädel hineinsprechen, direkt durch sein Fleisch und sein Knochenmark hindurch. „Holt Verstärkung“, krächzte Brecht, doch niemand rührte sich. Jonas ging jetzt einen Schritt vor, sein Fuß schleifte unnatürlich, als hinge er nur lose an seinem Bein. Dann noch ein Schritt. In der Zelle war es totenstill, nur das Geräusch seiner Atmung war zu hören, ein tiefes, kehliges Ziehen und Stoßen. „Das ist nicht mehr Jonas Falk“, murmelte Lemke, Tränen in den Augen. „Das ist… das ist etwas anderes.“

*

Die Zelle war still. Nicht die Stille, die Frieden brachte, sondern die Sorte, die wie ein schweres Tuch auf allem lag. Er stand. Ganz aufrecht. Rücken zur Wand, zur Kamera, zur Tür. Vor ihm: die Wand. Kalt. Beton. Roh. Voller Spuren. Voller Kratzer. Einige von ihm. Andere alt. Namen. Zahlen. Spuren vergangener Bewohner. Doch jetzt war er allein. Vollständig. Keine Stimmen mehr im Kopf. Kein Widerstand mehr. Nur das Vibrieren. Nur das Ziehen. Die Stille dehnte sich. Dann ging er. Ein einziger Schritt. Nicht zögerlich. Nicht wankend. Nicht wie ein Mensch. Jonas senkte den Kopf leicht, als ob er sich verbeugen wollte. Seine Schultern spannten sich. Die Sehnen am Hals traten hervor. Sein ganzer Körper formte sich, richtete sich aus — ein Akt purer Geometrie. Präzision. Und dann — Er rannte. Es waren keine drei Schritte. Die Zelle war zu klein. Aber es reichte. Reichte vollkommen. Der Aufprall war dumpf. Nicht das Klirren von Glas, nicht das Splittern von Holz. Es war das Dröhnen von Fleisch auf Stein. Ein gedämpfter Knall.

Sein Schädel traf genau dort, wo er zuvor eingeschlagen war. Jonas' Körper zuckte nicht zurück. Er fiel nicht. Er blieb stehen. Ein dünner, klarer Strahl frisches Blut kroch aus seiner Stirn.Langsam. Wie eine Linie, die sich ihren Weg bahnte. Über Nase. Lippe. Kinn. Dann trat er zurück. Ein halber Schritt. Nur um Anlauf zu nehmen. Erneut.Er knallte den Schädel gegen die Wand, diesmal mit mehr Wucht. Es war kein Wollen mehr. Kein inneres Toben. Es war Funktion. Blut spritzte jetzt. Nicht viel. Nur ein Hauch.Ein Tropfen flog gegen die Wand, ein anderer tropfte auf den Boden. Und dann kam der Schmerz. Aber nicht so, wie früher. Nicht als Warnung. Nicht als Grenze. Der Schmerz war jetzt ein Echo.Etwas, das die Hülle durchzuckte, als Zeichen. Wieder.Der dritte Aufprall. Diesmal hörte man ein Krachen. Kein Bruch des Betons. Kein Riss in der Wand. Aber etwas in ihm klang hohl. Als sei darin Platz geworden. Seine Stirn war aufgerissen. Blut lief ihm nun wie eine zweite Haut über das Gesicht. In den Augenwinkeln, in den Mund. Sein Blick war leer, aber weit. Als sähe er etwas, das die Wand durchdrang. Er murmelte nichts. Keine Worte. Keine Sätze. Stille. Dann: der vierte Stoß. Diesmal ohne Anlauf. Nur aus der Hüfte, ein schnelles, wütendes Stoßen des Kopfes. Der Aufprall war härter. Der Schmerz: dumpfer. Und plötzlich sackte er in sich zusammen. Nicht, weil er fiel. Sondern weil etwas in ihm sich senkte. Seine Knie gaben nach. Er rutschte an der Wand hinunter, hinterließ eine schmierige Blutspur. Sein Körper zitterte. Aber es folgte keine Reaktion. Kein Schrei. Kein Rufen. Kein Flehen. Nur dieses pulsierende, pochende Gefühl in seinem Schädel. Wie ein zweites Herz. Ein Herz, das nicht mehr schlug, sondern hämmerte. Er legte den Kopf zur Seite. Presste ihn erneut gegen die Wand. Langsam. Und dann, wie in Trance, begann er wieder. Wieder. Und wieder. Ohne Anlauf. Nur Druck. Ein immer gleiches, rhythmisches Drücken des blutenden Schädels gegen die Wand. Ein mechanisches Nicken. Als würde er einem inneren Takt folgen. Er wusste nicht, wie lange. Er zählte nicht mehr. Es war, als hätte das Wesen – das ihn besetzt hielt – eine Art Gebet begonnen. Nicht mit Worten. Mit Knochen. Mit Blut und mit Schmerz. Irgendwann tropfte das Blut konstant. Seine Augen halb geschlossen, glasig. Die Lippen ein roter Strich. Keine Stimme mehr. Nur der Körper. Ein leises Surren. Flackerndes Licht. Die Kamera in der oberen Ecke der Zelle zittert kurz, ein einzelner Frame bleibt eingefroren, springt dann nach vorn. Still. Jonas' Körper auf dem Boden, zusammengesunken, Hände von Blut geschwärzt, das Gesicht starr wie eine Maske – ein Lächeln, tot und stumm wie Glas.

Im Überwachungsraum ist es zunächst ebenso still. Dann – Bewegung. Ein Bildschirm beginnt zu piepen. Ein Techniker reißt die Augen auf. Der Livestream springt zurück, wird neu aufgebaut, aber das Bild ist verzogen. Nur die Umrisse von Jonas sichtbar, schwankend, flackernd, als würde er in einer anderen Frequenz existieren. Irgendetwas stimmt nicht. Der Ton? Verzerrt. Dumpfes Kratzen, ein metallisches Pfeifen, Stimmen, vielleicht – zu viele Stimmen. Kommissar Brecht steht noch mit einer Tasse Kaffee in der Hand, sein Blick starr auf die Monitore gerichtet. Reinhardt, der etwas hinter ihm steht, presst die Lippen zusammen. „Was zur Hölle ...", flüstert jemand. „Zurückspulen!", ruft ein anderer. Der Techniker zögert keine Sekunde. Die Szene läuft in Zeitlupe. Jonas, wie er sich erhebt – viel zu gelassen und dann, wie er seinen Kopf wieder gegen die Wand schlägt. Kein Zittern, keine Unruhe mehr. Stattdessen: Kontrolle. Kalte, absolute Kontrolle. Reinhardt tritt näher an den Bildschirm. „Moment. Spult das nochmal!" Im Raum hält niemand mehr den Atem an – sie alle haben ihn längst verloren. Panische Betriebsamkeit bricht aus. Ein Beamter ruft den medizinischen Notdienst. Ein anderer greift zum Funkgerät und versucht, die Beamten in der Nähe der Zelle zu koordinieren. Doch die Verbindung kratzt. Nur Rauschen. Dann ein Schnipsel Stimme: „Zug—ä—b ges—ten — nicht—weiter—Verbind—abbruch—" Chaos. Im Raum wimmelt es plötzlich von Bewegung. Tastaturen klacken. Befehle werden geschrien, Stühle kippen, jemand stößt sich die Hüfte an der Konsole, flucht. Die Luft ist geladen, aufgeladen von einer seltsamen Spannung – keiner wagt es, es laut zu sagen, aber sie alle spüren es. Hier stimmt etwas nicht. Und zwar auf eine Art, die nichts mit normalen Polizeiarbeit zu tun hat. Ein Mann vom IT-Team wirft ein: „Die Datei ist beschädigt. Das Signal... es wurde gestört. Nicht von außen. Von... innen. Als hätte jemand versucht, die Verbindung zu überlagern." „Unsinn. Das ist gesicherte Leitung, abgeschirmt –" „Ich weiß, aber sehen Sie doch!" Er zeigt auf den Schirm, auf das Flackern, die Schatten, die sich nicht mit den Lichtquellen in der Zelle decken. Etwas bewegt sich. Ein zweiter Schatten? Oder nur Jonas' Schatten, verzerrt, aufgespalten? Der Sanitätsdienst trifft ein, doch sie kommen nicht weiter – die Tür zur Zelle ist blockiert. Automatische Sicherung, ausgelöst durch... was eigentlich? „Wir haben noch immer keinen Zugriff", sagt jemand. „Jonas ist da drin. Verdammt nochmal – wir müssen rein!" Reinhardt wirft Brecht einen Blick zu, beide sind bleich. „Los, schnell!" Brecht drehte sich abrupt um, seine Schritte hallten in der kargen, grauen Korridorluft wider, während seine Hand auf die Brusttasche griff und den Schlüsselbund wie ein Artefakt hielt. Das kalte Metall in seiner Hand fühlte sich nicht mehr vertraut an. Er rannte, als könnte er dem Unausweichlichen entkommen – aber das war es, was ihm nicht klar war: Es gab keinen Ausweg mehr. Reinhardt folgte ihm, der Blick fest auf Brechts Rücken gerichtet. Ihre Schritte waren laut, die Bewegung im Flur verwischte jede Vorstellung von Zeit. Die Kameras, die sie früher so eifrig überwacht hatten, schienen jetzt nur eine bloße Erinnerung zu sein. Alles, was sie noch kontrollierten, war die beschleunigte, schwerfällige Bewegung ihrer Körper. Aber was taten sie? Was wollten sie finden? „Brecht!", rief Reinhardt, als er auf die Zellentür starrte, die sie eben noch verlassen hatten. „Warte!" Seine Stimme war jetzt panisch, mit einem Hauch von Angst, der sich unwillkürlich in sie schlich. Doch Brecht hörte nicht. Er war bereits an der Zelle angekommen, seine Finger fast automatisch am Türmechanismus, der wie durch Zauberhand wie butterweich aufging. Er war zu schnell. Zu fest entschlossen. Er drückte die Tür auf. Und dann stand er da. Im schwachen Licht der Deckenlampe, das durch den Raum flimmerte, sah Brecht zuerst nur die Form von Jonas. Da lag er, regungslos auf dem kalten Boden, wie eine Statue – aber in den Augen des Kommissars war er viel mehr als das. Er war ein verlorenes Versprechen, das nicht mehr gehalten werden konnte. Ein letzter Augenblick, eingefroren in der Zeit. Brecht trat einen Schritt näher, sein Atem viel zu laut, als er es hätte erwarten können. In der Zelle war es still, zu still. Nur der Klang seines eigenen Herzschlags dröhnte in seinem Kopf. Er spürte eine Leere, eine Leere, die ihn in diesem Raum ergriff. Etwas stimmte hier nicht. Etwas war grundlegend falsch. „Jonas!", rief er, doch das Wort zitterte bereits in der Stille, als könnte es keinen Widerhall finden. Er trat näher an den Körper heran. Jonas lag auf dem Rücken, der Kopf schief, die Augen weit geöffnet, leer, als hätte der Tod sie auf eine Weise verändert, die noch nicht fassbar war. Das Blut war immer noch frisch, die dunklen Flecken auf dem Boden wie ein Makel, der alles andere überschatten sollte. Aber der Blick des Mannes war das, was Brecht packte. Die Leere in diesen Augen war kein leerer Blick eines Mannes, der zu Ende gegangen war. Es war der Blick eines Mannes, der etwas wusste, das sie nicht wussten. Etwas, das sie niemals verstehen würden. „Verdammt ...", flüsterte Reinhardt, als er hinter Brecht in die Zelle trat. Er warf einen schnellen Blick auf den leblosen Körper, bevor er sich wieder abwandte. Es war zu viel. Zu unheimlich. „Er ... er hat es getan", murmelte er.

Brecht kniete sich neben den Körper und griff nach Jonas' Hand. Sie war kalt, leer, wie eine Puppe, deren Fäden längst gerissen waren. Keine Lebendigkeit. Keine Wärme. „Er wollte nicht, dass wir ihn retten. Er wollte ... etwas anderes", sagte Brecht, die Worte schwer wie Blei in seinem Mund. Etwas war hier passiert. Irgendetwas, das jenseits ihrer Vorstellungskraft lag. „Aber ..." Reinhardt schüttelte den Kopf, als könnte er die Worte nicht finden, die diesem Moment gerecht würden. „Warum ... warum jetzt? Warum so?" Die Antwort blieb ungesagt in der Luft hängen, schwebte wie ein unsichtbarer Schatten. Und dann, wie aus dem Nichts, stieg der kalte Schauer in ihnen hoch. Ein unheimliches Gefühl, als würde etwas anderes sie beobachten. Die Wände schienen dichter zu werden, und der Raum begann sich in eine andere Dimension zu verschieben. Ein Moment, der sich ewig dehnen würde. Aber das war nicht alles. Der Bildschirm in der Überwachungszentrale flackerte erneut. Das Bild sprang wild hin und her. Der Techniker, der die Szene beobachtete, starrte auf die verzerrten Bilder. Was auch immer auf den Aufzeichnungen geschah – es war nicht mehr in der normalen Welt. Die Umrisse von Jonas zogen sich durch das Bild, wie ein Schatten aus einer anderen Zeit. Es war, als würde der Raum selbst versuchen, ihn zu verbergen. „Brecht!", rief Reinhardt plötzlich. „Schau dir das an." Brecht drehte sich zu ihm um. Der Schock war in seinen Augen, als er begriff, was sich auf dem Bildschirm abspielte. Das Bild war noch immer verzerrt, aber dieses Mal war es nicht Jonas' Körper, den sie sahen. Es war ... es war wie eine Reflexion von ihm. Aber nicht von dieser Welt. Eine Art zweite Realität, die sie jetzt begannen zu erahnen. Ein kaltes, rätselhaftes Etwas, das sich zwischen den Dimensionen bewegte. „Was zum Teufel ...", stieß Brecht hervor. Doch er konnte nicht weiter sprechen, da ihm die Worte im Hals stecken blieben. Etwas war in dieser Zelle passiert. Etwas, das die Welt überstieg. Etwas, das mehr war als nur ein einfacher Selbstmord. „Wir müssen herausfinden, was hier los ist", sagte Reinhardt mit einer Stimme, die nun wie ein Befehl klang. Doch Brecht wusste: Sie waren nicht nur Zeugen eines Verbrechens. Sie waren Zeugen eines Phänomens, das sie sich nicht erklären konnten.

*

Das Gefängnis war still – eine erdrückende, unaufdringliche Stille, die sich wie ein unsichtbares Gewicht auf alles legte. Der Korridor, der zuvor immer von den Rufen der Gefangenen und den schnellen Schritten der Wächter erfüllt war, schien nun von der Zeit selbst übergangen worden zu sein. Die Lichter flimmerten schwach, als hätten sie selbst die Last der Geschehnisse nicht mehr ertragen können. Der Geruch von kaltem Stein und des allgegenwärtigen Desinfektionsmittels hing in der Luft, aber jetzt schien sogar der Geruch schwer und abgestanden, als ob er die Trauer in den Wänden atmete. Jeder Schritt hallte in den leeren Gängen wider, doch es war kein Geräusch der Hoffnung, sondern das dumpfe Echo von etwas Unabänderlichem. Etwas, das in den Zellen von den Wänden aufgesogen und in die Luft gebannt war. Es war der Tod, der in den Fugen des Mauerwerks saß, unsichtbar, aber immer fühlbar. Die Zellen, die oft als quälend laut empfunden wurden, standen nun in ihrer eigenen, tragischen Stille. Die dünnen Matratzen, auf denen sich Menschen mit gebrochenen Träumen ausruhten, schienen an diesem Tag noch dünner zu werden, als hätten sie den Schmerz von Jonas' letztem Moment in sich aufgesogen. Die Wachen, die den Flur entlanggingen, bewegten sich langsamer als gewöhnlich. Ihre Blicke waren starr, leer, als ob der Verlust nicht nur das Leben eines Gefangenen, sondern auch einen Teil von ihnen selbst ausgelöscht hätte. Sie wussten, dass sie an diesem Tag etwas verloren hatten, das sie sich selbst nicht erklären konnten. Es war nicht nur ein Leben, das dahingeschieden war, es war die Erinnerung an einen Menschen, der ihnen, auf eine seltsame Weise, nicht ganz gleichgültig war. In den Innenhöfen, wo das Licht von draußen schwach durch die dicken Mauern drang, sah man die Gefangenen, die in ihren Zellen verharrten, ihre Blicke nach unten gerichtet, als ob sie den unsichtbaren Schatten von Jonas spürten, der sich über den Raum gelegt hatte. Die Fenster, normalerweise so trüb und durchlässig wie die Gedanken der Gefangenen, gaben heute noch weniger Licht durch. Alles war gedämpft, als ob die Welt draußen sich ebenfalls in eine Trauer gekleidet hatte. Der Wind draußen, der in den Ritzen der Gefängnismauern zischte, schien mit einer Leere gefüllt zu sein, die von den Wänden zurückgeworfen wurde, als ob der gesamte Komplex den Verlust von Jonas zu begreifen versuchte. Es war eine Stimmung, die durch jede Faser des Gebäudes zu pulsen schien – der unausgesprochene Kummer von Leben, das in dieser Art von Ort nur zu zerbrechen vermochte. Und in dieser traurigen, bleiernen Atmosphäre blieb nur das unaufhörliche Gefühl der Leere, das mit jedem Atemzug tiefer wurde, bis es zu einem ständigen Begleiter des Gefängnisses selbst wurde. Der Ort war nicht mehr derselbe. Und jeder, der dort war, wusste es. Doch die Zeit, sie ging weiter, im gleichen Rhythmus wie immer. Nur dass alles, was sie berührte, von nun an ein wenig stiller und ein wenig schwerer war.

*

Der Raum war klein, zu klein für die Menge an Papier, die sich in ihm türmte. Akten lagen gestapelt auf dem Schreibtisch, auf dem Boden, auf einem Metallregal, das sich unter dem Gewicht der Vergangenheit leise bog. Das Fenster war geschlossen, die Jalousien halb heruntergelassen, der Staub hing in der Luft wie vergessene Gedanken. Und alles, wirklich alles, roch nach altem Papier, nach kaltem Kaffee und dieser Art von Stille, die nur existiert, wenn niemand mehr wagt, laut zu denken. Reinhardt stand am Fenster. Die Hände tief in den Taschen seines zerknitterten Jacketts, der Blick hinaus, wo es nichts zu sehen gab. Nur grauer Beton, der zum Innenhof führte. Keine Bewegung. Kein Geräusch. Und hinter ihm: Brecht, der auf einem harten Stuhl saß, die Schultern nach vorn geneigt, als würde allein die Schwerkraft ihn noch aufrecht halten. In seinen Händen: ein Vorgang der letzen Wochen. Jonas F. – Häftling 2814. „Es sind... über zweitausend Seiten", sagte er, ohne aufzusehen. Seine Stimme klang rau, verbraucht. „Zweitausend Seiten, und ich weiß weniger als vorher." Reinhardt antwortete nicht. Nur das leise Ticken der Wanduhr unterbrach die Trägheit des Raums. Brecht blätterte weiter, langsam, fast zögerlich. Als fürchtete er, mit jeder weiteren Seite etwas aufzudecken, das besser vergessen geblieben wäre. Die Schriftzüge waren mal akribisch, mal fahrig. Diagnosen. Verhöre. Berichte von Wachen, medizinische Einschätzungen, psychologische Protokolle. Alles lückenlos. Und doch – alles leer. „Er war krank", murmelte Reinhardt schließlich. Nicht überzeugend, sondern wie jemand, der sich selbst zwingen muss, an die offizielle Wahrheit zu glauben. „Diagnostiziert.

Behandelt. Paranoid, dissoziativ... was weiß ich. Vielleicht war es am Ende einfach das." Brecht schüttelte kaum merklich den Kopf. „Wenn es das nur gewesen wäre..." Er legte die Akte zur Seite, griff nach einer anderen. Tonbandabschriften. Alte Verhöre, lange vor dem Vorfall. Jonas' Stimme, transkribiert in einem in maschinen getippten Schwarz auf vergilbtem Weiß. Immer die gleichen Muster: Schweigen. Andeutungen. Fragen, die nie Antworten wurden. Und dazwischen immer wieder das Gefühl, als hätte Jonas ihnen etwas sagen wollen – aber nie das, was sie hören wollten. „Ich habe letzte Nacht von ihm geträumt", sagte Reinhardt plötzlich, ohne sich umzudrehen. „Er stand einfach nur da. In der Zelle. Nicht tot. Nicht lebendig. Einfach nur da. Und er hat nichts gesagt." Brecht hob langsam den Blick. „Ich auch." Ein Schweigen, das nicht überraschte. Nur bestätigte. Die Luft im Raum war stickig. Keine Frischluftzirkulation. Kein Sauerstoff, nur der Dunst alter Geheimnisse. Brecht stand auf, ging zum Regal, zog einen dünnen, blauen Ordner hervor. Er war unscheinbar, fast übersehen worden. Kein offizieller Stempel, keine Signatur. Nur ein handgeschriebener Titel: Lemke – Notizen. „Die Sitzungen mit dem Psychologen", murmelte er. „Der einzige, der noch mit ihm sprach, als niemand mehr zuhörte." Er schlug die Mappe auf. Unordentliche Handschrift, chaotische Randnotizen. Zitate, Gedankenfragmente. Nichts davon war je Teil des offiziellen Berichts geworden. Und doch war es da – zwischen den Zeilen.

> *„Er spricht von Türen. Von Übergängen. Als wären unsere Wände durchlässig. Nicht für Körper, sondern für... Gedanken. Erinnerungen. Etwas, das dahinter liegt. Ich glaube nicht, dass er halluziniert. Ich glaube, er sieht etwas, das wir nicht sehen."*

Brecht las laut. Die Worte schienen im Raum zu hängen, wie Spinnweben, die man nicht mehr wegwischen konnte. Reinhardt drehte sich langsam um, sein Gesicht blass, tiefe Schatten unter den Augen. „Wenn das stimmt... was dann?" „Dann war er nicht krank. Zumindest nicht so, wie wir dachten." Wieder Stille. Im Flur draußen ging jemand vorbei, doch ihre Schritte klangen wie aus einer anderen Welt. Der Raum blieb, wie er war – voller Papier, voller Spuren. Voller Dinge, die sie niemals ganz verstehen würden. Reinhardt trat zum Tisch, griff nach einem Foto. Jonas, in der Zelle. Es war eines der letzten Bilder. Verwackelt, unscharf, aufgenommen aus einem Monitor. Sein Blick – direkt in die Kamera. Oder vielleicht durch sie hindurch. „Glaubst du, er wusste es?", fragte Reinhardt. „Was passieren würde?"

Brecht antwortete nicht sofort. Dann: „Ich glaube, er wusste mehr, als er zeigen durfte." Und in diesem Raum, der von Akten überquoll, in dem zwei Männer zwischen Erinnerung und Verdrängung saßen, lastete etwas Unsichtbares auf allem, was nicht gesagt wurde. Die Vergangenheit war nicht tot. Sie wartete nur, dass jemand erneut die falsche Tür öffnete. Reinhardt lehnte sich gegen die Fensterbank, die Hände um eine kalte Kaffeetasse gekrallt, als würde die Kälte ihn wachhalten. Brecht saß wieder, hatte die Stirn in die Hand gestützt und starrte auf eine geöffnete Seite aus Lemkes Notizen. Die Worte dort flackerten förmlich – nicht wirklich, natürlich nicht. Aber ihr Inhalt schien sich in Bewegung zu setzen, je länger man sie betrachtete. „Weißt du, was mich nicht loslässt?" Reinhardt sprach langsam, fast widerwillig. „Er war ruhig. Zu ruhig. Diese... Kontrolle. Als hätte er uns erlaubt, ihn zu beobachten. Als hätte er gewusst, dass wir es tun." Brecht blätterte eine Seite weiter. „Vielleicht hat er das auch." „Aber wie?" Reinhardt schüttelte den Kopf. „Wie kann jemand wissen, wann Kameras wieder angehen? Wie kann jemand... so präzise mit seinem Tod umgehen?" Ein Rascheln, Papier auf Papier. Brecht hielt inne. Zeigte auf eine Zeile mit dem Finger, ohne aufzusehen.

„Er spricht nicht mit mir. Nicht wirklich. Er führt mich."

„Das hat Lemke geschrieben", murmelte Brecht. „Er führt mich." „Glaubst du... Jonas hat ihn manipuliert? Den Psychologen?" „Ich glaube..." – Brecht zögerte, seufzte. – „...dass Lemke selbst nicht mehr wusste, wer hier mit wem sprach." Reinhardt schwieg. Der Raum war zu still für solche Gedanken. Draußen, im Flur, quietschte leise ein Rollwagen – doch der Klang verhallte sofort. Keine Stimmen, keine Schritte. Nur sie beide, zwei Männer, die sich selbst nicht mehr sicher waren, ob sie einem Gefangenen gegenüberstanden – oder etwas anderem. „Und dieser Satz...", Reinhardt griff sich eine Notiz vom Stapel, hielt sie hoch. Die Schrift war zittrig, ein hastiger Eintrag:

„Er sagt, es sei ein Ort hinter den Orten. Wo nichts stirbt. Wo Erinnerung nicht Erinnerung ist. Ich frage ihn, ob das Religion sei. Er lacht. Und schweigt dann."

„Er hat gelacht", wiederholte Reinhardt leise. „Kurz bevor er geschwiegen hat." „Du meinst... das war keine Wahnidee? Kein religiöser Irrsinn?" „Ich meine gar nichts mehr mit Sicherheit." Reinhardt rieb sich die Augen. „Ich weiß nur, dass ich manchmal das Gefühl hab, er ist nicht gestorben. Nicht wirklich. Als hätte er uns nur ausgesperrt." Brecht sagte nichts. Sah nur das Foto wieder an. Jonas, dieser Blick – ruhig, beinahe mild. Kein Hass, keine Angst. Eher... Mitleid? „Warum hat er seinen Kopf gegen die Wand geschlagen?", fragte Reinhardt. „Einfach so. Als wäre das nichts." „Vielleicht war das der einzige Weg, die Tür zu finden, von der er immer sprach." Reinhardt verzog das Gesicht. „Glaubst du, das war eine Metapher?" „Glaubst du, Wahnsinn ist je eine Metapher?", entgegnete Brecht trocken. Eine lange Pause entstand. Dann stellte Reinhardt die Kaffeetasse ab und sah Brecht direkt an. „Wenn er nicht krank war – sondern nur anders... radikal anders –, haben wir ihn dann getötet?" Diese Frage hing im Raum wie Rauch, schwer, süßlich, erstickend. „Oder er hat uns gerettet", antwortete Brecht leise. „Vielleicht wollte er nicht, dass jemand ihm folgt." Wieder dieser Blick zum Regal. Die Papiere. Die Zeilen, die keinen Anfang und kein Ende mehr hatten. Worte, die sich zu Gedankenfetzen formten und genauso schnell wieder zerfielen. „Und Lemke?", fragte Reinhardt schließlich. „Warum ist der einfach verschwunden?" Brecht schloss die Akte vor sich, langsam. „Ich denke, er hat die Tür auch gesehen." Stille. Dann nur noch das Ticken der Uhr. Und das vage Gefühl, dass irgendwo – zwischen Papier, Staub und Schatten – noch jemand im Raum war, den keiner mehr sehen konnte.

*

Der Regen prasselte gegen das Fenster wie ein stetiges, dumpfes Trommeln. Draußen flackerte das Licht einer alten Laterne, warf verzerrte Schatten an die Wand des Besprechungsraums, in dem sich Reinhardt und Brecht erneut eingefunden hatten. Der Tisch zwischen ihnen war übersät mit alten Protokollen, Auszügen aus Lemkes Notizen, Fotos. Jonas' Gesicht blickte von einer der Akten aus dem Papiermeer – ausdruckslos. Oder vielleicht nur zu ausdrucksvoll, um es klar zu deuten. Brecht fuhr sich mit zwei Fingern über die Stirn, als wollte er etwas aus seinem Kopf streichen. „Ich krieg's nicht zusammen", murmelte er. „Ein Mensch kann sich nicht so... loslösen. Nicht so kontrolliert sterben. Nicht so leise verschwinden." Reinhardt antwortete nicht sofort. Er saß aufrecht, beide Hände vor sich verschränkt, den Blick nachdenklich auf ein Diktat gerichtet. „Vielleicht… war er's nicht selbst", sagte er schließlich. Brecht sah auf. „Du meinst… jemand hat ihn umgebracht?" „Nein. Ich meine: etwas." Ein Moment Stille. Kein Widerspruch. Nur das Tropfen von Wasser aus einem undichten Rohr irgendwo über ihnen. Brecht lehnte sich zurück. „Du meinst dieses… ‚Wesen', von dem Lemke schrieb? Das, was Jonas in den Sitzungen andeutete?"Reinhardt nickte. „Es war nie konkret. Keine Form, keine Herkunft, kein Name. Nur eine Präsenz. Etwas, das ‚hinter' allem war. Jonas sprach davon, als wäre es längst da – nicht herbeigerufen, sondern entdeckt." „Aber Entdeckung bedeutet nicht Kontrolle", warf Brecht ein. „Vielleicht war er krank. Vielleicht hat er das Ding erschaffen, um seinem Leid einen Sinn zu geben." Reinhardt schüttelte langsam den Kopf. „Er hat nie gewirkt wie jemand, der unter Wahnvorstellungen leidet. Nicht im klassischen Sinn. Keine Paranoia, keine Halluzinationen. Im Gegenteil – er war ruhig. Methodisch. Als hätte er eine Entscheidung getroffen. Oder… als wäre sie ihm eingeflüstert worden." Brecht ließ die Schultern sinken. „Das ist es ja. Ich weiß nicht, was mir mehr Angst macht: Dass er das selbst getan hat… oder dass er's nicht selbst getan hat." Wieder ein Zögern. Dann schob Brecht einen der Ausdrucke zu Reinhardt.

> *„Es ist wie eine zweite Stimme. Nicht laut. Nie laut. Aber sie spricht, wenn alles andere still wird. Ich glaube, sie war schon immer da."*

„Das ist von Lemke", flüsterte Reinhardt. „Er hat es in sein Tagebuch geschrieben. Drei Wochen bevor er verschwand." Brecht starrte auf das Zitat. Dann: „Wenn dieses… Wesen wirklich existiert, dann war Jonas vielleicht nur ein Kanal. Ein Behälter. Und als der nicht mehr gereicht hat, hat es ihn… verlassen." Reinhardt verzog das Gesicht. „Oder zerstört. Wie ein Haus, das man niederbrennt, wenn man umzieht." Stille. „Aber was war der Zweck?", fragte Brecht. „Was hatte dieses Ding davon, durch Jonas zu handeln?" Reinhardt blickte lange auf das Foto. „Vielleicht hat es nichts gewollt. Vielleicht ist es einfach nur da. Wie… ein Gedanke, der zu groß ist, um ihn auszusprechen. Und Jonas war der Erste, der ihn gedacht hat." Brecht fröstelte. Er rieb sich die Arme.„Weißt du, was ich glaube?", sagte er schließlich. „Ich glaube, Jonas war beides. Täter und Opfer. Der Schlüssel – und das Schloss." „Und das Wesen?", fragte Reinhardt. Brecht schüttelte langsam den Kopf. „Das war der Raum dahinter." Sie schwiegen eine Weile. Draußen zuckte ein leiser Blitz, zu fern, um Donner zu bringen. Nur Licht – wie ein kurzes Flackern von Wahrheit, das gleich wieder im Nebel versank. „Und wenn es noch da ist?“, fragte Reinhardt leise. Brecht antwortete nicht. Denn manche Fragen klingen nach – in den Wänden, in den Träumen, und besonders in jenen Momenten, wenn alles still ist. Und vielleicht, nur vielleicht, wartet dort etwas. Etwas, das wieder gehört werden will.

*

Drei Wochen vor heute. Eine Woche nach Jonas’ Tod. Man hatte es nicht sofort realisiert. Die Tage nach dem Vorfall waren durchzogen von hektischen Besprechungen, internen Untersuchungen, Presseanfragen, übernächtigten Gesichtern und einem bleiernen Schweigen, das sich über das Revier gelegt hatte wie Nebel über kalten Asphalt. Jonas war tot. Das war der Mittelpunkt, um den sich alles drehte. Alles andere – wurde übersehen. Erst Tage später, genau eine Woche nach Jonas’ Tod, fiel auf, dass Dr. Adrian Lemke nicht mehr erschienen war. Kein Anruf. Kein Termin abgesagt. Keine Notiz. Nur ein leerer Platz im Kalender. Ein nicht betätigter Chip am Eingang. Zuerst hieß es, er sei krank. Dann, er sei überlastet. Doch als eine Kollegin versuchte, ihn zuhause zu erreichen, meldete sich niemand. Schließlich, am fünften Tag, wurde seine Wohnung überprüft. Nichts. Keine Hinweise auf Abreise, kein Koffer fehlte, keine Spuren von Gewalt. Sein Auto stand in der Tiefgarage, abgeschlossen, unbenutzt, keine Kleidung verschwunden. Kein Reisepass mitgenommen. Kein digitales Lebenszeichen. Dann der seltsamere Fund – in seinem Büro im Anbau des psychiatrischen Flügels. Die Tür war verschlossen – von innen. Sie mussten sie aufbrechen. Drinnen: perfekte Ordnung. Stuhl zurechtgerückt, Computer heruntergefahren, Ordner alphabetisch geordnet. Auf dem Schreibtisch: eine einzige Akte. Jonas F. Offen aufgeschlagen, exakt auf der Seite mit der Notiz:

> *„Wenn man zu lange in die Dunkelheit schaut, beginnt sie, zurückzublicken. Das ist kein Spruch. Das ist Warnung.“* Daneben: Lemkes Zugangskarte. Und seine Armbanduhr – exakt stehengeblieben auf 02:13 Uhr.

Das Kameramaterial der Nacht? Lückenhaft. Die Aufzeichnung brach um genau diese Zeit ab. Kein technischer Defekt, keine Überschreibung, kein Stromausfall. Einfach... nichts mehr. Als hätte die Realität selbst beschlossen, diesen Moment nicht festzuhalten. Und noch etwas: die Temperatur in dem Raum war auffällig niedrig, laut einem Techniker fast zehn Grad unter dem Rest des Gebäudes. Keine Erklärung. Keine offenen Fenster. Keine defekte Lüftung. Reinhardt hatte den Bericht mehrfach gelesen. Immer wieder. Er hatte jede Zeile angestrichen, mehrfach zurückgeblättert, gesucht nach dem einen Fehler, der alles rational erklären könnte. Er hatte ihn nicht gefunden. „Was glaubst du, ist passiert?“, hatte Brecht ihn damals gefragt, leise, fast so, als wollte er die Antwort gar nicht hören. Reinhardt hatte lange nichts gesagt. Dann nur: „Ich glaube... er ist zu weit gegangen.“ Brecht hatte genickt, aber nicht überzeugt. „Du meinst, er hat sich das genommen, was Jonas nicht mehr halten konnte.“ „Oder es hat ihn genommen.“ Seitdem wurde Lemke nicht mehr gesehen. Keine Spuren. Keine Abhebungen. Kein letzter Ort, an dem man ihn sicher hätte verorten können. Man sagte, der Fall sei „offen“. Aber in Wahrheit sprach niemand mehr darüber. Denn manchmal ist das Nicht-Wissen die einzige Art zu überleben.

*

Die Kaffeemaschine röchelte und starb einen kleinen Tod, während Reinhardt zwei Tassen aus dem Schrank zog. Der Geruch von altem Papier und abgestandener Luft hing über dem Raum, in dem sich die Ermittlungen fortsetzten – oder besser gesagt: wieder entzündeten. Denn etwas ließ sie beide nicht los. Kein offizieller Druck, kein Vorgesetzter. Nur dieses unstille Gefühl, dass die Geschichte noch nicht zu Ende erzählt war. Brecht stand am Fenster, die Arme verschränkt. „Was, wenn das hier kein Einzelfall war?“, sagte er leise, beinahe zu sich selbst. Reinhardt stellte ihm die Tasse hin. „Was meinst du?“„Ich meine... was, wenn Jonas nicht der Ursprung war. Sondern nur ein Symptom. Oder schlimmer: ein erstes Anzeichen.“ Reinhardt setzte sich langsam. „Du denkst, es gibt mehr wie ihn.“ „Nein.“ Brecht sah ihn an. „Ich denke, es gibt mehr davon.“ Ein Moment Stille. Dann blätterte Reinhardt in einem neuen Ordner – Material, das sie aus Lemkes digitalem Archiv geborgen hatten. Zwischen klinischen Fallbeschreibungen und alten Transkripten fanden sich unbenannte Audiodateien, anonymisierte Notizen, Berichte über Patienten, die nie registriert waren. Menschen, die Ähnliches gesagt hatten wie Jonas.

„Es flüstert, wenn ich allein bin."
„Es spricht durch Gedanken, die nicht meine sind."
„Es verspricht, dass ich dann endlich verstehe."

„Das wiederholt sich", murmelte Reinhardt. „Unterschiedliche Namen, unterschiedliche Orte. Aber die Sprache bleibt gleich." Brecht trat näher, betrachtete die handschriftlichen Randnotizen. „Lemke hat das nicht dokumentiert wie ein Psychologe. Er hat's gesammelt. Fast wie ein Archäologe." „Oder wie ein Jäger." Reinhardt blätterte weiter. „Oder ein Gläubiger." Sie schwiegen. „Wir brauchen den Anfang", sagte Brecht dann. „Das erste Mal, dass sowas passiert ist. Der erste Patient, das erste Auftreten dieser... Präsenz. Wenn es einen Ursprung gibt – dann vielleicht auch ein Muster." „Und wenn nicht?" Reinhardts Stimme war rau. „Was, wenn das Ding keinen Anfang hat? Wenn es sich einfach einnistet, wo es will?" „Dann müssen wir lernen, wo es war. Und wann. Und warum dort." Brecht nahm den nächsten Stapel Akten. „Ich hab noch zwei Stunden, bevor ich meine Tochter abholen muss. Bis dahin will ich wissen, wer mit Jonas in Kontakt war – medizinisch, psychologisch, sogar rein zufällig." „Und ich", sagte Reinhardt, „gehe Lemkes private Korrespondenz durch. Vielleicht hat er mit jemandem geschrieben, der mehr wusste, als wir glauben." Es begann mit einer Falte. Eine einzelne, feine Linie, die sich zwischen Reinhardts Brauen zog, kaum sichtbar, aber für Brecht, der ihm gegenüber am Tisch saß, nicht zu übersehen. Sie kam plötzlich, wie ein feiner Riss im Putz. Erst war da noch nichts. Dann... war sie da. Reinhardt sagte nichts. Brecht sprach weiter, zeigte mit dem Stift auf eine Stelle in den Unterlagen. „Sieh dir das hier an – Lemkes Korrespondenz mit diesem Professor aus Wien. Die Sprache ist... seltsam. Es klingt fast wie ein Code." Er wartete auf eine Reaktion. Nichts. „Reinhardt?" Der hob den Blick – aber langsam, als müsste er sich erst daran erinnern, wo er war. Seine Augen trafen Brechts für einen Moment. Und dann geschah etwas, das Brecht noch nie an ihm gesehen hatte: Ein leeres Blinzeln. Nicht Müdigkeit. Nicht Unachtsamkeit. Etwas anderes. „Alles in Ordnung?" Reinhardt öffnete den Mund, als wolle er etwas sagen, aber die Worte kamen nicht. Stattdessen: Ein kurzes, fast lautloses Keuchen. Dann schüttelte er den Kopf, mehr aus Reflex als aus Überzeugung. „Ich... Ich weiß nicht“, murmelte er. Brecht richtete sich auf. „Was meinst du damit?“ Reinhardt legte sich eine Hand auf die Stirn. „Plötzlich... ist mir schwindlig. So, als würde der Boden... nachgeben.“ Er schloss kurz die Augen, atmete ein – flach, gehetzt. „Scheiße. Mir ist eiskalt.“ Brecht umrundete den Tisch, langsam, vorsichtig. „Setz dich hin. Du stehst doch schon die ganze Zeit.“ „Ich saß gerade noch.“ „Eben.“ Brecht spürte, wie ein Schatten an seinem Hinterkopf kitzelte. „Wie lange fühlst du das schon?“ Reinhardt setzte sich schwer zurück in den Stuhl. „Keine Ahnung. Vorhin hat’s mit Kopfschmerzen angefangen. Dachte, das ist nur die Luft hier. Aber jetzt...“ Brecht betrachtete ihn, wie man einen Tatort betrachtet. Mit Respekt. Und Unbehagen. „Du bist blass.“ „Bin ich das?“ „Als hätte jemand den Kontrast rausgedreht.“ Reinhardt lachte leise. Ein tonloses, erschöpftes Geräusch. Dann: „Da war dieses Geräusch vorhin.“ „Was für ein Geräusch?“ „Wie... Flüstern. Aber nicht aus dem Raum. In meinem Kopf.“ Brecht schwieg. Dann nickte er, obwohl er es nicht verstand. „Du gehst jetzt nach Hause.“ „Ich will das noch zu Ende lesen.“ „Nein.“ Brecht klopfte ihm auf die Schulter – sanft, aber bestimmt. „Du brauchst Schlaf. Und einen Arzt, wenn’s morgen nicht besser ist. Das ist nicht normal, Reinhardt.“ Reinhardt nickte langsam. Langsam, als müsste jeder Muskel überzeugt werden. Dann stand er auf. Und taumelte. Nur leicht – aber genug, dass Brecht ihn auffangen musste. Ein kurzer Griff am Arm. Zu lange. „Alles gut“, sagte Reinhardt sofort, fast beschwörend. „Du bist ein miserabler Lügner.“ Der Flur zum Ausgang war lang. Zu lang. Die Deckenlampen flackerten leicht – aber vielleicht war das auch nur Reinhardts Wahrnehmung. Der Boden unter seinen Füßen fühlte sich an, als hätte jemand die Ebenen verschoben. Nicht instabil – sondern falsch. Verschoben, verschraubt, versetzt. „Ich bring dich runter“, sagte Brecht. „Muss nicht.“ „Doch.“ An der Tür blieb Reinhardt stehen. Wandte sich noch einmal um. Sah zurück in den Flur. „Hast du das gespürt?“ „Was?“ „Als wir durchgegangen sind.“ „Nein. Was denn?“ Reinhardt sagte nichts mehr. Nur ein Blick – zu lang, zu leer. Dann öffnete er die Tür und trat hinaus in die Nacht. Die Luft schlug ihm entgegen wie kaltes Wasser. Für einen Moment glaubte er, klarer zu sehen. Aber das war eine Lüge. In der Dunkelheit seines Wagens, die Hände auf dem Lenkrad, hatte er das Gefühl, etwas in sich hineinzulassen. Etwas, das er nicht eingeladen hatte. Etwas, das mitging.

Brecht schloss die Tür hinter Reinhardt. Ein leises Klicken, dann Stille. Nur das Summen des alten Neonlichts über seinem Kopf begleitete ihn zurück zum Tisch, auf dem das Chaos der letzten Tage verteilt lag: lose Berichte, Ausdrucke, zerfledderte Akten. Und mittendrin – Jonas' Notizbuch. Das Original. Keine Kopie. Keine Abschrift. Ein schmales Ding mit abgewetzten Ecken und einem Riss am Rücken. Abgesplitterte Farbe auf dem Einband, als hätte es zu oft in zu vielen kalten Händen gelegen. Brecht ließ sich in den Stuhl sinken. Für einen Moment saß er einfach nur da, die Hände auf den Oberschenkeln, die Stirn in Falten. Dann zog er das Buch zu sich. Langsam. Er öffnete es. Die ersten Seiten waren kaum lesbar – hastige Linien, durchgestrichene Wörter, unzusammenhängende Gedanken. „Es denkt mich." Daneben: Zahlenreihen. Gekritzelte Kreise. Worte, die immer wiederkehren:

„Tür – Tür – Tür – NICHT SCHLIEẞEN – DREI – FLÜSTERN – ICH BIN

Brecht sog scharf die Luft ein. Er erinnerte sich. An Jonas' Stimme, noch in der Zelle. An diesen Moment, als der Junge plötzlich völlig klar war. Für einen einzigen Satz. „Wenn du es liest, wirst du mich hören." Er blätterte weiter. Seite um Seite verging unter seinen Fingern. Manches war wirr, anderes beinahe poetisch. Zeilen, die wie Tagebucheinträge wirkten – Reflexionen. Dann wieder: mathematische Skizzen, fremde Sprachen, Worte, die rückwärts geschrieben waren. Und mittendrin: ein Abschnitt, sauberer geschrieben als der Rest. Fast ruhig. So, als wäre Jonas in dem Moment ganz bei sich gewesen.

„Ich dachte immer, der Wahnsinn sei ein Bruch im Verstand.
Aber das hier ist ein Echo.
Als würde mein Denken gegen etwas stoßen, das schon da war –
lange vor mir.
Es denkt zurück."

Brecht las die Zeilen zweimal. Dann ein drittes Mal. Auf der nächsten Seite: Ein einzelnes Wort. Mit so viel Druck geschrieben, dass die Tinte durchgedrückt hatte.

„Zuhörer."

Darunter:

„Sie beobachten nicht. Sie erinnern sich.
An dich.
Bevor du warst.“

Brecht schlug das Buch zu. Ein Laut entwich ihm – mehr Atem als Stimme. Er lehnte sich zurück, der Raum schien sich für einen Moment zu verengen, die Wände ein Stück näher gerückt. War das nur Wahnsinn gewesen? Ein zerfallender Geist, der sich in seine eigene Sprache flüchtete? Oder... hatte Jonas wirklich etwas berührt? Etwas, das größer war als die Sprache. Etwas, das sich nur über Gedanken selbst fortpflanzte. Nicht durch Worte. Nicht durch Taten. Sondern durch Verstehen. Brecht saß lange da. Das Notizbuch vor sich. Das Licht über ihm flackerte kurz. Dann wieder Stille. In seinem Kopf formte sich ein Gedanke. Langsam. Zögerlich. Und zum ersten Mal fragte sich Brecht, obdas Flüstern, das Jonas beschrieben hatte... ob es wirklich nur in Jonas gewesen war.

*

Das Notizbuch lag noch immer vor ihm auf dem Tisch. Brecht hatte sich inzwischen eine neue Tasse Kaffee geholt, doch der bittere Geschmack half kaum gegen das Gefühl, das sich in ihm ausbreitete – diese seltsame Mischung aus Müdigkeit, Anspannung und dem vagen Wissen, dass etwas nicht stimmte. Er zog das Buch wieder zu sich heran. Seine Finger waren leicht feucht vom Keramikbecher. Die Seiten raschelten, als er sie aufschlug – dieselben Zeilen wie zuvor, dieselben Skizzen, Zahlen, Fragmente. Doch dann... Er runzelte die Stirn. Eine Seite. Die Schrift dort... die war vorher nicht da gewesen. Er war sich sicher. Er erinnerte sich genau an das große weiße Feld unten rechts – leer, nur ein Tintenklecks. Jetzt aber: eine Zeile, hingekritzelt wie mit zitternder Hand, schräg, abdriftend.

„Du warst schon hier.“

Brecht beugte sich näher heran. Der Schriftzug wirkte älter als der Rest, blasser. Fast aschgrau. Sein Finger fuhr langsam die Linie entlang – nicht Tinte. Etwas anderes.

Wie eingeritzt. Mit einem Fingernagel? Er blätterte zurück. Dann vor. Zwei Seiten weiter dasselbe Phänomen: dort, wo zuvor bloß ein zerquetschtes Insekt gelegen hatte – jetzt Kratzspuren. Lange, dünne Linien, die sich über das Papier zogen wie das Krallenmuster eines Tieres. Oder – nein – einer Hand. Brecht schluckte trocken. Er riss sich zusammen. Blinzelte. Vielleicht hatte er es beim ersten Mal einfach übersehen. Vielleicht war das Licht anders gefallen. Vielleicht... Die Kratzer waren nicht nur wahllos. Sie formten etwas. Kein Wort – kein Klartext. Aber ein Muster. Ein Kreis. Und darin ein Viereck. Und innerhalb: kleine Striche, wiederholend. Wie ein Takt. Wie ein Rhythmus. Er kannte diese Form. Er hatte sie gesehen. Im Bericht von Lemke, Seite 9. Damals hatte der Psychologe über „automatisches Zeichnen" geschrieben – eine Technik, in der Patienten Dinge reproduzieren, die sie selbst nie bewusst gesehen haben. Jonas hatte dieselbe Figur gezeichnet, auf dem Rand seines Essenstabletts. Brecht atmete durch. Tief. Wieder blätterte er zurück – zu der Seite mit der Zeile:

„Du warst schon hier."

Und jetzt war da noch mehr. Darunter, neu:

„Nicht du. Der, der denkt."

Ein Zittern ging durch ihn. Es war nicht bloß der Text. Es war die Art, wie er da stand – wie er sich plötzlich eingefügt hatte. Nicht wie ein Eintrag, sondern wie eine Antwort. Auf ihn. Auf sein Lesen. Er sah zum Raum. Alles still. Der Flur draußen leer. Aber das Licht war anders jetzt. Etwas zu gedämpft. Der Schatten der Stehlampe in der Ecke – war der eben auch schon so groß gewesen? Brecht stand auf. Er ließ das Notizbuch offen liegen. Wollte sich entfernen. Nur für einen Moment. Frische Luft. Vielleicht Wasser. Abstand. Doch als er sich abwandte, fiel sein Blick noch einmal auf die Seite. Und unterhalb der letzten Zeile stand nun, in kleinster, kaum sichtbarer Schrift:

„Du denkst also noch, du liest. Du hast zu lange hingesehen"

Brecht blinzelte. Sein Blick klebte noch immer an der letzten Zeile – dieser winzigen, kaum lesbaren Schrift, die sich wie ein geflüsterter Gedanke zwischen den Seiten festgesetzt hatte. Er starrte sie an. Regungslos. Dann rieb er sich die Augen. Hart. Zu hart. Seine

Fingerknochen drückten gegen die Lider, bis das Dunkel hinter ihnen flackerte. Weiß. Schwarz. Muster. Er atmete tief durch, streckte sich, fuhr sich durch die Haare, dann über das Gesicht. Der Dreitagebart kratzte unter seinen Handflächen. „Du brauchst Schlaf, verdammt", murmelte er – halb zu sich selbst, halb zur Neonlampe über ihm. Die summte weiter, als hätte sie ihm ohnehin nie zugehört. Er lehnte sich zurück. Die Lehne seines Stuhls knarzte protestierend. Erschöpfung wie eine Decke über seinem Geist. Er spürte sie schon seit Tagen – zäher, als wäre sie mit der Trauer gekommen und dann geblieben. Zuerst wegen Jonas. Dann Lemke. Und jetzt Reinhardt. Zu viele Lücken. Zu wenig Schlaf. Er sah wieder auf das Notizbuch. Blätterte zurück zur Seite mit den eingeritzten Zeichen. Ein Kringel, ein Viereck. Kleine Striche. Taktlinien. Er seufzte. Lange. Und dann, wie zur Bestätigung seiner Vernunft, sagte er laut in den leeren Raum: „Ich werde langsam paranoid." Sein Tonfall war ruhig. Ironisch. Fast belustigt. Aber das Lächeln, das sich auf seine Lippen schob, blieb halb. Verfing sich. Verlor sich. Denn irgendetwas blieb. Ein Nachgeschmack. Ein Gefühl...dass das Notizbuch nicht einfach nur gelesen wurde. Sondern dass es sich lesen ließ. Und vielleicht – Nur vielleicht –Beobachtete. Er rieb sich wieder die Augen. Langsamer diesmal. Zog den Blick hoch zur Decke. „Fünf Stunden. Wenn ich jetzt losfahre, krieg ich fünf Stunden Schlaf." Er blieb noch sitzen. Eine Minute. Zwei. Dann sah er wieder hinunter. Die letzte Seite war leer. Einmal. Zweimal. Er schlug sie auf, dann wieder zu. Blätterte zurück. Dann vor. Keine eingeritzten Kratzer mehr. Keine winzige Schrift. Kein „Du warst schon hier." Nur Papier. Alt, fleckig, unbeschrieben. Brecht fuhr sich mit dem Handrücken über die Stirn. Es fühlte sich an wie Fieber. Er atmete einmal tief durch, stand auf. Ging zum Fenster, lehnte sich dagegen. Die Stadt draußen war still. Lichter in der Ferne. Der Wind bewegte kaum ein Blatt. Doch irgendwo, ganz tief in seinem Inneren, hatte sich etwas verschoben. Nicht viel. Nur ein Grad. Aber genug, um nicht mehr geradeaus sehen zu können.

*

Es war ein leiser Moment. Einer, wie er in langen Nächten in alten Polizeigebäuden oft entsteht – zwischen zwei Schlucken kalten Kaffees und dem Gedanken, einfach aufzustehen und nach Hause zu gehen. Brecht saß noch immer im Dämmerlicht des Archivs. Die Neonröhren surrten, eine davon flackerte unregelmäßig, als würde sie mit einem fremden Puls schlagen. Er hatte sich aufgerichtet. Die Jacke hing bereits über seiner

Schulter. Ein Blick zur Uhr – später als gedacht. Schon wieder nach Mitternacht. Das war jetzt die dritte Nacht in Folge. Er hatte seine Frau angerufen damit diese seine Tochter abholt. Der Stuhl unter ihm knarzte leise, als er sich ein Stück vom Schreibtisch wegschob. Er wollte gehen. Wirklich. Aber dann war da dieser Gedanke. Kein Geräusch. Kein Reiz. Nur – ein Impuls. Ohne Sprache, ohne Richtung. Wie ein Ruck tief im Inneren, einer, der nichts erklärte, aber alles verlangte. Ein Ziehen. Wie wenn man in einem Traum plötzlich weiß, dass man irgendwohin muss – obwohl man nicht weiß, warum. Sein Blick glitt zurück über den Tisch. Über das aufgeklappte Notizbuch, die verstreuten Seiten aus Jonas' Fallakte, über die braune Mappe, auf der groß mit Kugelschreiber geschrieben stand: „Lemke, Dr. A. / Fallakte 74-A" Er zögerte. Dann griff er wieder zu. Ein Griff, wie aus Reflex. Fast widerwillig. Die Mappe war etwas schwerer, als er sie in Erinnerung hatte. Oder war das Einbildung? Er klappte sie auf. Leer. Ein Moment lang war da noch nichts. Keine Panik. Kein Zweifel. Nur... Leere. Die erste Seite – weiß. Die zweite – ebenfalls. Keine Registerkarten. Keine Anlagen. Kein Inhaltsverzeichnis. Brecht blinzelte. Griff mit den Fingern tiefer hinein, in der Erwartung, die Papiere könnten sich bloß verkeilt haben. Doch er stieß nur auf Karton. Er zog die Mappe ganz auf. Schüttelte sie. Ein einzelnes Blatt glitt heraus und landete auf dem Tisch. Er sah darauf. Es war blank. Nicht einmal gelocht. „Was zum..." murmelte er. Er drehte sich halb um, öffnete die zweite Schublade des Schranks, wo sie Lemkes Unterlagen archiviert hatten. Dort, wo sie immer lagen. Er kannte den Platz. Er hatte sie selbst einsortiert. Kein Ordner. Kein Etikett mit Lemkes Namen. Nur eine Lücke. Ein Nichts. Brecht sog scharf die Luft ein. Er ging einen Schritt zurück, als wäre die Leere darin selbst eine Bedrohung. Dann riss er die obere Schublade auf. Nichts. Die untere. Nur Standardakten – gestempelt, vergilbt, vergessbar. Keine Spur von Lemke. Er ließ sich wieder auf den Stuhl sinken. Sah auf die Mappe. Noch immer leer. Noch immer da, aber nicht mehr das, was sie gewesen war. Er erinnerte sich genau. Er hatte sie vor wenigen Tagen noch durchgeblättert. Er hatte Lemkes Handschrift gesehen. Sein letztes Protokoll. Die Randnotiz mit den Sätzen, die wie zwischen den Zeilen geschrieben worden waren.

„Ich habe zu lange hingesehen..."
„...nicht verstanden, dass das Hinsehen das Echo erzeugt."

Er sah sie. Hörte sie fast. Doch jetzt – nichts. Kein Wort. Kein Name. Kein Hinweis. Er stand wieder auf. Ging zum Computer am Rand des Raumes. Langsames Hochfahren. Ein Brummen aus dem Gehäuse. Er öffnete das interne Archivsystem. Suchbegriff: Lemke. Enter. Ladebalken. Er wartete.

„Keine Treffer." Er runzelte die Stirn. Gab einen weiteren Befehl ein. Psychologisches Gutachten – Fall 74/A. Enter.

„Akte nicht vorhanden oder verschoben."

Er öffnete die zentrale Fallakte von Jonas noch einmal digital. Seite für Seite. Dort, wo früher in Fußnoten Lemkes Beobachtungen zitiert worden waren – war nun Leere. Oder besser gesagt: es sah nicht aus wie Leere. Es sah aus, als wäre nie etwas dort gewesen. Die Formatierung sprang. Eine Stelle, an der ein Absatz hätte sein sollen, klaffte wie eine Narbe. Nicht ausradiert. Ausgelöscht. Er schloss die Datei. Öffnete eine andere. Ein altes PDF von der ersten Sitzung mit Jonas. Auch dort: Kein Lemke. Stattdessen ein Vermerk:

„Erstkontakt durch interne Ermittlungsstelle. Kein externer Psychologe zugeteilt."

Aber das war falsch. Falsch. Falsch. Sein Herz schlug schneller. Nicht aus Angst – noch nicht. Aus... Irritation. Oder aus diesem ersten dunklen Wissen, dass etwas nicht stimmte. Nicht mit der Welt. Nicht mit dem System. Mit seiner Erinnerung. Es war schon fast zwei Uhr morgens, als Brecht das Gebäude verließ. Die kalte Nachtluft empfing ihn wie ein nasser Lappen. Keine frische Klarheit, kein befreiender Moment – nur diese klebrige Schwärze, wie ein Vorhang aus Öl, durch den er sich hindurchschieben musste. Er hatte nicht geplant, in dieser Nacht noch irgendwohin zu fahren. Aber Pläne hatten heute ohnehin keine Bedeutung mehr. Er schnappte sich den Schlüssel zu Lemkes Wohnung und verließ das Gebäude. Die Straße war still. Sein Wagen stand unter einer flackernden Laterne. Er stieg ein, startete den Motor, das Radio blieb stumm. Er ließ es absichtlich so. Keine Stimmen. Keine Musik. Nur das Geräusch der Reifen auf dem feuchten Asphalt. Er wusste, wo Lemke gewohnt hatte. Charlottenstraße 62. Altbau. Dritter Stock links. Er war einmal dort gewesen – kurz nach der ersten Sitzung mit Jonas. Nur um ein paar Unterlagen zu bringen. Lemke hatte ihm die Tür geöffnet, mit einer dieser faltbaren Brillen auf der Nasenspitze und einer Kaffeetasse in der Hand. Die Wohnung hatte nach alten Büchern gerochen. Nach Pfefferminz. Nach Schlaflosigkeit. Jetzt, mit jeder Minute Fahrtzeit, wurde diese Erinnerung stiller. Leiser. Wie ein Tonband, das sich unhörbar zurückspult. Nicht gelöscht – aber verschoben. Er bog in die Charlottenstraße ein. Die Häuser rechts und links standen wie schwarze Zähne gegen den Nachthimmel. Die Nummern zählten sich aufwärts. 58. 60. 64. Er hielt an. Stieg aus. Ging zurück. Keine 62. Zwischen der 60 und der 64 gähnte nur eine Lücke. Eine Lücke, wie sie manchmal in alten Städten vorkam – ein Baugrundstück, auf dem früher ein Haus stand. Nur war dort kein Schild. Kein Hinweis. Kein Abriss.

Nur… Gras. Und ein verrosteter Bauzaun, der nirgends anfing und nirgends endete. Brecht stand davor, die Stirn in Falten. Er trat näher. Über den Zaun hinweg sah man unebenen Boden, ein paar alte Steine, eine umgestürzte Mauer. Aber nichts, das auf ein bewohntes Haus hindeutete. Aber hier war es. Genau hier. Er war sich sicher. Er umrundete die Fläche. Dort, wo das Klingelschild gewesen wäre, war nur Luft. Er starrte in den Raum zwischen den Gebäuden, als könnte er mit bloßem Blick ein Phantom erkennen. „Entschuldigen Sie…?" Eine Stimme ließ ihn herumfahren. Ein Mann stand auf dem Gehweg, Pyjamahose, Jacke übergeworfen. Offenbar vom Licht des Wagens geweckt. Brecht zögerte einen Moment, dann trat er auf ihn zu. „Kennen Sie einen Dr. Lemke, Psychologe? Er hat hier gewohnt. Nummer 62." Der Mann runzelte die Stirn. Sah an Brecht vorbei ins Dunkel. Dann wieder ihn an. „Hier gab's nie 'ne Zweiundsechzig. Zwischen 60 und 64 war schon immer der Durchgang." Pause. „Wollen Sie wen suchen?" Brecht nickte langsam. „Ich war hier schon mal. Vor nicht allzu langer Zeit." Der Mann sah ihn an wie jemanden, der sich gerade an einen Traum erinnert, den nur er geträumt hat. Dann zuckte er mit den Schultern. „Tut mir leid. Wohne hier seit zwanzig Jahren." Brecht dankte ihm. Ging wieder zurück zum Auto. Setzte sich. Startete nicht. Er starrte lange in die Lücke zwischen den Häusern. Dann zog er sein Notizbuch aus der Jacke. Blätterte nach hinten. Dort, wo er einmal Lemkes Adresse notiert hatte. Die Seite war leer. Er hatte nicht vorgehabt, einen Zweiten zu fragen. Nicht wirklich. Aber als er den Mann sah – älter, mit einem Hund an der Leine, der gerade eine der vergessenen Grasinseln am Straßenrand beschnüffelte – da spürte Brecht erneut dieses Ziehen. Nicht wie ein Impuls von innen. Diesmal eher wie ein Blick im Rücken. Er trat näher. „Guten Abend. Entschuldigen Sie die späte Störung." Der Mann richtete sich langsam auf. Sah ihn aus blassen Augen an, die unter dicken Lidern halb verborgen lagen. „Wohnt hier jemand namens Lemke?" fragte Brecht. Und wartete. Der Mann schien den Namen zu wiederholen – stumm, in Gedanken. Dann nickte er langsam. „Lemke… ja… den Namen kenn ich." Brecht machte einen Schritt näher. „Adrian Lemke. Psychologe. Hat in der 62 gewohnt. Vor vielleicht einem Monat war ich noch bei ihm." Der Mann hob eine Braue. Sein Blick wanderte über Brechts Gesicht, suchte vielleicht nach einem Scherz, einer Pointe, etwas, das ihm helfen würde, das Ganze einzuordnen. Dann schüttelte er den Kopf. „Das kann nicht sein. Der Lemke ist doch tot." Ein Satz. Klar gesprochen. Ohne Zögern. Ein Fakt, als würde man sagen: Der Bäcker schließt um sieben. Brecht blinzelte. „Tot?" Der Wind rauschte über das verlassene Grundstück neben ihnen. Der Hund knurrte leise, ohne ersichtlichen Grund. „Schon Jahre her, glaub ich. Herzinfarkt, wenn ich mich nicht täusche." Der Mann zuckte mit den Schultern. „War 'n ruhiger Typ. Kam nie viel raus. Hat oft spät nachts gearbeitet, glaub ich. Manchmal Licht gesehen, dritte Etage, ganz links.“ Er deutete auf das, was jetzt nichts war. Ein schwarzes Loch zwischen Häusern. Brecht fröstelte. Nicht vor Kälte. „Sie sagen, das war vor Jahren?“ „Sicher. Bin damals zur Beerdigung. Kleines Ding. War kaum jemand da. ’Ne entfernte Cousine, sonst keiner.“ Es stimmte nicht. Es konnte nicht stimmen. Er hatte mit Lemke gearbeitet. Noch vor Wochen. Er hatte Mails gelesen. Berichte gesehen. Er erinnerte sich an Gespräche. An Stimme, Tonfall, an den leicht sarkastischen Unterton, mit dem Lemke Jonas’ Aussagen analysierte. Das war kein Geist gewesen. Kein Echo. Er holte tief Luft. „Sind Sie sicher, dass wir vom selben sprechen?“ „Adrian Lemke, kleiner Mann, Brille, graue Haare?“ Der Hund zog an der Leine. „War Psychologe oder so was, ne?“ Brecht starrte ihn an. Langsam, sehr langsam nickte er. Die Luft war plötzlich schwer. Seine Haut schien zu eng. Die Straße fühlte sich länger an, als sie war. „Danke...“ sagte er schließlich. Die Stimme war rau. Fremd. Als hätte er in der Zwischenzeit vergessen, wie man spricht. Der Mann zuckte noch einmal die Schultern, sagte etwas wie „Tut mir leid“ und verschwand mit dem Hund in der nächsten Seitenstraße. Brecht blieb zurück. Und zum ersten Mal hatte er das Gefühl, dass etwas an ihm nagt. Nicht wie ein Gedanke. Wie eine Art... Wirklichkeit, die sich leise umschreibt.

*

Er schloss die Tür auf, langsam, beinahe widerwillig, als fürchte er, was ihn dahinter erwartete. Die Wohnung war dunkel. Kein Licht, kein Laut – nur die matt graue Umrisslinie des Türrahmens hinter ihm, die langsam von der Nacht verschluckt wurde, als er die Tür hinter sich schloss. Seine Frau und seine Tochter schliefen schon. Der Schlüssel blieb im Schloss. Er ließ ihn einfach stecken. Brecht blieb stehen. Atmete durch. Hörte, wie das alte Holz unter seinen Schuhen knarzte, ein Geräusch, das er seit Jahren kannte. Aber heute klang es fremd. Falsch. Als gehörte es nicht mehr zu diesem Ort – oder nicht mehr zu ihm. Er hängte den Mantel an den Haken, wo er sogleich halb abrutschte und schräg baumelte wie ein Erhängter. Dann lief er stumm in Richtung Wohnzimmer, durch den engen Flur, vorbei an den staubverhangenen Bildern an den Wänden. Familienfotos, die keine Bedeutung mehr hatten. Lächeln, die längst vergangen waren. Im Wohnzimmer war es kalt. Die Fenster waren beschlagen, die Scheiben von feinen, fast unsichtbaren Rissen durchzogen. Der Sessel vor dem Fernseher empfing ihn ohne Widerstand. Brecht sank hinein, ließ die Schultern hängen, als würde ihn das Gewicht seiner eigenen Gedanken nach unten ziehen. Er starrte ins Nichts. Kein Fernseher, kein Radio. Kein Handy in der Hand. Nur er. Und das Summen in seinem Kopf. Lemke ist tot. Seit Jahren. Das Echo dieser Worte riss immer wieder durch seine Gedanken, wie ein rostiger Nagel, der sich drehte. Nicht schnell. Nicht heftig. Aber tief. Immer tiefer. Er fuhr sich mit beiden Händen übers Gesicht. Sein Bart kratzte an den Handflächen, seine Haut war heiß. Oder war sie kalt? Er konnte es nicht sagen. Alles fühlte sich anders an. Unbestimmt. Als wäre die Wirklichkeit mit einem feinen Nebel überzogen worden, durch den man zwar noch sehen konnte – aber nichts mehr greifen. Er stand auf, ging in die Küche. Die Lampe flackerte, als hätte auch sie Zweifel daran, was sie beleuchten sollte. Der Kühlschrank surrte, als sei er erleichtert, dass jemand wieder da war. Brecht öffnete ihn. Er griff nach einer Flasche Bier. Drehte sie auf. Trank. Kein Toast. Kein Prost. Nur das Geräusch von Flüssigkeit, das die Kehle hinunterrann, ohne dass es irgendetwas löschte. Als die Flasche leer war, stellte er sie nicht zurück. Er ließ sie einfach auf der Spüle stehen, wo sie langsam zur Seite kippte und gegen das Spülbecken rollte. Das Geräusch hallte durch den Raum, als wäre sie aus Blei. Er lehnte sich gegen die Arbeitsplatte, schloss die Augen. Atmete. Einatmen. Ausatmen. Nichts passierte. Er sah hinüber zum Fenster. Der Blick in den Hinterhof war verzogen, als läge eine dünne Schicht Wasser auf dem Glas. Oder ein Hauch, den niemand hinterlassen hatte. Da war Licht im Nachbarhaus. Eine Lampe im dritten Stock. Schatten bewegten sich darin – flüchtig, formlos. Oder nicht? Vielleicht war da auch niemand. Vielleicht war es nur sein Spiegelbild. Vielleicht war es gar nichts. Er wollte schlafen, aber der Gedanke daran war so fern wie das Meer. Stattdessen ging er zurück ins Wohnzimmer. Er setzte sich auf den Boden, Rücken an den Sessel gelehnt. Die Dielen kalt unter ihm, das Holz splitterig, aber er spürte kaum etwas. Nur Müdigkeit. Eine Schwere, die nicht in die Knochen, sondern unter die Haut kroch. Tiefer. Immer tiefer. Irgendwo tropfte ein Wasserhahn. Taktvoll. Fast wie ein Uhrwerk. Aber er hatte keine Uhren mehr in der Wohnung. Es dauerte lange, bis er merkte, dass er weinte. Die Tränen liefen still, langsam, und er wusste nicht, ob es Trauer war – oder etwas anderes. Vielleicht war es nur das Eingeständnis, dass er nicht mehr verstand, was eigentlich vor sich ging. Dass er auf etwas zu steuerte, das nicht zu benennen war. Eine Grenze. Ein Abgrund. Er dachte an Jonas. An die Zelle. An das Blut. An die Stimmen im Überwachungsraum. An die Bilder, die zuckten, flackerten, als sei der Junge in einer anderen Frequenz gefangen gewesen. Und er dachte an Reinhardt. Wie blass er war, bevor er gegangen war. Wie seine Augen flackerten, als hätte er etwas gesehen, das er nicht beschreiben konnte. Wie er nichts mehr sagen konnte. Und dann einfach nur ging. Die Flasche rollte noch einmal, klirrte leise gegen die Spüle. Brecht zog die Knie an die Brust. Er schloss die Augen. Und für einen Moment war da kein Geräusch mehr. Nicht der Tropfen.

Nicht das Surren des Kühlschranks. Nicht das Rauschen der Stadt. Nur die Stille. Und sie war nicht leer. Sie war voll. Mit allem, was noch kommen würde. Er wusste nicht, wie lange er so dagesessen hatte. Vielleicht eine Stunde. Vielleicht auch drei. Die Dunkelheit hatte sich längst festgesetzt – nicht nur draußen, sondern auch in ihm. Sie füllte die Räume aus, dehnte sich zwischen Gedanken und Erinnerungen, wie ein langsamer Nebel, der auch vor den letzten klaren Gedanken nicht Halt machte. Dann, ohne es geplant zu haben, stand Brecht auf. Er ging in den kleinen Raum neben dem Schlafzimmer, das, was er scherzhaft immer „sein Archiv" genannt hatte – ein winziger Schrank mit zu vielen Kisten, Mappen, losen Papieren, eingerollten Protokollen, Erinnerungen. Er suchte nicht. Er wühlte nicht. Er griff. Seine Hand landete auf einer flachen Kiste aus grauer Pappe. Staub tanzte auf, als er sie anhob und zurück ins Wohnzimmer trug. Er setzte sich wieder in den Sessel. Langsam, wie ein alter Mann. Mit einer Bewegung, die wie ein Übergang wirkte – von dem, was war, zu dem, was nie hätte sein dürfen. Die Kiste enthielt Fotos. Keine offiziellen, keine aus Ermittlungen. Private Bilder. Erinnerungen, zufällige Schnappschüsse. Auch Lemke war dabei. Ein paar Bilder von gemeinsamen Abenden im Präsidium, ausgedruckte Screenshots von Online-Videokonferenzen, auf denen sie über Jonas' Zustand diskutiert hatten. In Farbe, in Schwarzweiß. Immer Lemke mit seinem üblichen Ausdruck: analytisch, leicht distanziert. Aber nie kalt. Niemals kalt. Brecht blätterte durch. Eine Aufnahme blieb ihm an den Fingern kleben, als hätte sie gewusst, dass sie es war, die gefunden werden musste. Ein Gruppenfoto. Drei Personen. Lemke in der Mitte, Brecht rechts daneben, links davon Reinhardt. Sie standen im Flur des alten Gerichtsgebäudes, an dem Tag, als Jonas' Überstellung beschlossen wurde. Die Beleuchtung war schlecht, das Bild ein wenig verwackelt. Doch Lemke lächelte. Nicht breit. Nur ein leichtes Ziehen an den Mundwinkeln – das war selten bei ihm gewesen. Brecht starrte auf das Foto. Irgendetwas... stimmte nicht. Er neigte den Kopf. Schob die Brille höher. Runzelte die Stirn. Hinter Lemke, kaum sichtbar, nur ein dunkler Fleck in der Unschärfe, direkt zwischen den Holzpaneelen an der Wand – da war ein Schatten. Nicht der natürliche Schatten eines Körpers im Licht, nicht die Silhouette eines zufällig Anwesenden. Dieser Schatten hatte eine Form. Und sie war... falsch. Lang. Asymmetrisch. Wie ein Mensch, dessen Glieder zu weit auseinandergezogen waren. Wie etwas, das einmal menschlich gewesen sein mochte – aber jetzt nur noch eine Ahnung davon war. Die Schultern sanken schräg ab. Der Kopf... schien zu fehlen. Oder war zu weit nach hinten geneigt. Die Arme... waren zu lang. Und das Erschreckendste: man konnte die Augen nicht sehen, und doch hatte man das Gefühl, sie sahen einen an. Brecht erstarrte. Er legte das Foto auf den Tisch. Stand auf. Ging drei Schritte zurück. Das Bild blieb dort liegen – regungslos. Doch der Schatten war immer noch da. Nicht verschwunden, nicht Ergebnis von Müdigkeit oder Einbildung. Kein Lichteffekt, keine Reflexion. Sein Magen krampfte sich zusammen. Er trat wieder näher heran, hob das Bild mit zitternden Fingern auf, hielt es gegen das Licht, drehte es, suchte nach einer Erklärung – irgendeiner. Es gab keine. Der Schatten war eingebrannt. Festgehalten. Inmitten eines ganz gewöhnlichen Moments. Er sank zurück auf den Sessel. Das Bild hielt er immer noch in der Hand. Seine Finger wollten es loslassen, aber sie gehorchten nicht. Da war eine Kälte in der Luft. Nicht von außen. Von innen. Seine Kehle war trocken. Er atmete flach. Jede Bewegung fühlte sich plötzlich beobachtet an. Als hätte das Ding auf dem Foto nicht nur auf ihn gesehen, sondern hätte auch gesehen, dass er es jetzt erkannt hatte. Das Licht im Flur flackerte. Ganz kurz. Ein einziges Mal. Und Brecht begann zu begreifen: Was auch immer sie bei Jonas gesehen hatten... Was immer in der Zelle war, im Schatten, in den Stimmen, in den Blicken – ...es war nicht mehr nur dort. Es war hier. Vielleicht schon die ganze Zeit. Er starrte es lange an. Das Foto in seinen Händen wirkte plötzlich schwer, als bestünde es nicht mehr aus Papier, sondern aus Blei. Der Schatten auf der Vorderseite brannte sich ihm in die Netzhaut – mit jedem Blinzeln war er da, wie eine Nachbildung aus Rauch, die nicht vergehen wollte. Seine Finger zitterten. Langsam, mit der Vorsicht eines Mannes, der zu ahnen beginnt, dass alles, was er zu wissen glaubte, nur eine dünne Decke über einem tiefen Loch gewesen war, drehte er das Bild um. Rückseite: leer. Zumindest schien es so im ersten Moment. Dann, mit dem richtigen Winkel, mit dem Licht der Stehlampe, das leicht schräg fiel, trat etwas hervor. Eine Schrift. Nicht gedruckt. Nicht gestempelt. Handgeschrieben. Die Buchstaben waren mit Druck in das Papier geritzt worden, als habe jemand mit einem stumpfen Stift oder einem zu spitzen Fingernagel geschrieben. Sie waren unruhig, verkrampft – und doch so eindeutig, dass kein Zweifel blieb. Drei Worte.

Du bist dran.

Kein Name. Keine Erklärung. Nur diese Worte. Und die Handschrift... Brecht kannte sie. Er hatte sie gesehen. In Protokollen. In alten Schulheften. In einem Notizbuch, das sie aus einer Zelle geborgen hatten, deren Wände blutgetränkt gewesen waren. Jonas. Die Buchstaben hatten diesen typischen Druck in der Mitte. Dieses leichte Nachziehen beim „D". Das abgerissene „r", das fast wie ein „v" wirkte. Es gab keine Zweifel. Nicht in seinem Kopf. Nicht in seinem Bauch. Jonas hatte es geschrieben. Aber wann? Und wie? Das Foto war nur in seinem Haus gewesen. Und Jonas war tot. Tot in einer Zelle, in der die Realität selbst sich zu wölben begonnen hatte. Tot unter einem Himmel, der flackerte wie eine kaputte Glühbirne. Tot unter dem Blick eines Wesens, das nicht greifbar, nicht benennbar, aber anwesend war. Brecht starrte die Worte an, bis sie vor seinen Augen begannen, sich zu bewegen. Nicht wirklich. Natürlich nicht. Aber fast. Es war kein Satz. Es war ein Urteil.

*

Die Stimmen kamen nicht plötzlich. Sie waren kein lauter Knall, kein Schrei in der Nacht, kein spürbarer Riss in der Wand der Realität. Nein. Sie kamen... langsam. Wie Nebel unter einer Tür hindurch. Wie das erste Kratzen eines Zweigs am Fenster, das man beim ersten Mal noch ignoriert. Brecht saß da, das Foto noch in der Hand, der Blick auf die drei Worte geheftet, als sich plötzlich etwas veränderte. Zuerst war es nur ein Gefühl. Ein Ziehen im Nacken. So, als würde jemand direkt hinter ihm stehen – zu nah, zu still. Er wandte sich nicht sofort um. Nicht, weil er keine Angst hatte. Sondern weil er wusste, dass niemand da sein konnte. Nicht wirklich. Und dann: Ein Laut. Ein Flüstern. Ganz schwach. Wie der Wind in einem engen Spalt zwischen zwei Fensterscheiben. Er hielt den Atem an. Horchte. Stille. Dann... wieder. Ein leises Wispern. Worte – keine Worte. Ein Laut, zu kurz, um Sprache zu sein, zu lang, um Zufall. Es war wie ein Stimmengewirr in der Ferne, wie eine Unterhaltung hinter einer Wand, nur gedämpft, aber stetig da. Er stand langsam auf. Ließ das Foto auf dem Tisch liegen. Seine Hände zitterten, als hätte er Fieber, doch sein Körper war kalt. Er ging in den Flur. Die Schatten waren länger als sie sein sollten. Er lauschte. Nichts. Nur sein Herz, das schwer in seiner Brust arbeitete. Und dann – wieder – Stimmen. Diesmal näher. Kein Gespräch. Kein Ruf. Nur Fragmente. Abgeschnittene Laute. Und sie klangen bekannt. Ein „Brecht“. Oder ein „Nicht“. Ein „Warum“. Oder ein „Komm“. Er konnte es nicht genau sagen. Die Worte verschmolzen mit der Stille, wie Tinte in Wasser. „Hallo?“, sagte er. Nur, um irgendetwas zu sagen. Nur, um seine eigene Stimme zu hören. Keine Antwort. Aber der Schatten im Flur war länger geworden. Er begann am Türrahmen und zog sich über den Boden, bis zu seinen Füßen. Und er war nicht seiner. Langsam drehte er sich um. Niemand da. Er wandte sich wieder zum Wohnzimmer. Und da hörte er es ganz deutlich:

„Du... bist... dran...“

Er fuhr herum. Nichts. Der Raum war leer. Kein Fernseher, kein Radio. Die Fenster geschlossen. Die Tür verriegelt. Aber die Stimme... sie war in ihm gewesen. Nicht über ihm. Nicht um ihn. In ihm.

Tief, dunkel, fremd. Wie ein Echo aus einem Teil seines Hirns, das längst niemand mehr benutzen sollte. Und dann: Ein Flüstern direkt an seinem Ohr.

„Brecht."

Er zuckte zusammen. Stolperte gegen die Wand. Die Lampe flackerte. Ein einzelnes Buch fiel aus dem Regal. Die Luft war kälter geworden. Viel kälter. Er stand da. Starr. Der Flur war leer. Das Wohnzimmer still. Und doch hatte sich etwas verändert. Alles war gleich – aber nichts mehr normal. Er wagte es nicht, sich zu bewegen. Nicht, bevor das Zittern aus seinen Knien wich. Nicht, bevor der Schatten wieder kürzer wurde. Und dann hörte er es zum letzten Mal, ganz leise, wie durch einen Tunnel:

„Mach weiter."

Er zitterte noch, als er zurück ins Wohnzimmer taumelte. Die Worte hallten nach, vibrierten wie Nachklänge eines Traums, aus dem man zu spät erwacht. Seine Kehle war trocken, seine Gedanken ein einziger chaotischer Wirbel aus Erinnerungen, Stimmen und einem einzigen Satz, der wie in roter Tinte durch alles hindurchsickerte: Du bist dran. Er schnappte nach Luft, rang um Kontrolle. Doch Kontrolle war längst keine Option mehr. Das war kein Hirngespinst. Kein Stress. Kein Erschöpfungszustand. Das... war real. So real, wie Jonas Blut in der Zelle. So real wie Lemkes Verschwinden. So real wie der Schatten auf dem Foto. Er griff nach dem Handy, ließ es beinahe fallen. Seine Finger wollten nicht gehorchen. Der Bildschirm flackerte beim Einschalten – oder bildete er sich das ein? Er tippte. Reinhardt. Ein Anruf. Ein Freizeichen. Noch eines. Noch eines. „Geh ran... bitte geh ran...", flüsterte Brecht, sein Blick auf den Flur, der leer war – und doch zu tief, zu schwarz. Dann klickte es. „Ja?" Reinhardts Stimme, müde, heiser. Er klang, als hätte er kaum geschlafen. Als hätte auch er längst zu viel gesehen. Brecht holte Luft, aber was er sagen wollte, kam nicht. Nur ein gepresstes, fahriges: „Reinhardt..." „Brecht? Was ist los?" Ein Moment der Stille. Dann brach es aus ihm heraus. „Ich hab's gesehen. Es war auf dem Foto. Es ist da. Es war immer da. Jonas war nicht verrückt. Oder vielleicht doch – aber aus einem verdammten Grund. Wir haben alle falsch gelegen. Es war nicht nur er... Reinhardt... das geht weiter. Es ist noch da!" Am anderen Ende wurde es still. Dann ein leises: „Was hast du gesehen?" Brecht umklammerte das Handy. Sah wieder auf das Foto. Auf die Rückseite. Auf die Schrift. Die ihn ansah wie ein Auge. „Ein Schatten", sagte er. „Auf dem Foto. Neben Lemke. Und auf der Rückseite – Jonas Handschrift. 'Du bist dran.'" Er stockte. „Ich höre Dinge. Reinhardt. Ich höre seine Stimme. Jonas. Oder was auch immer er war. Es spricht mit mir." „Brecht...", begann Reinhardt. „Hör mir zu!" schnitt er ihm das Wort ab.

„Jonas war nur der Anfang. Das, was ihn hatte – es ist weitergezogen. Es hat ihn zerstört, dann Lemke ausgelöscht, aus allem getilgt, aus Daten, aus Erinnerungen. Und jetzt... jetzt ist es bei mir.“ Schweigen. Dann hörte er Reinhardt leise fluchen. Papier raschelte, ein Stuhl knarrte. „Ich hab gestern noch mal alte Akten durchgesehen...“ sagte Reinhardt. „Wegen Lemke. Und du hast recht. Es ist alles weg. Als hätte jemand ihn aus der Realität gestrichen. Wie mit einem verdammten Radiergummi.“ Brecht spürte, wie sein Magen sich drehte. „Reinhardt... wenn das stimmt... Wenn das, was Jonas gesehen hat, echt war... dann ist das Ding nicht tot. Nicht gefangen. Es ist... frei. Und es sucht sich das Nächste.“ Stille. Dann sagte Reinhardt, flach atmend: „Du glaubst, wir sind es.“ Brecht schloss die Augen. „Ich weiß es.“

*

Brecht hielt das Handy noch immer ans Ohr, seine Finger waren feucht vor Schweiß, die Luft um ihn herum zäh wie Sirup. Jede Sekunde, die verstrich, schien sich zu dehnen, aufzublähen wie ein klaffender Riss in der Zeit. Reinhardt atmete am anderen Ende. Schwer. Flach. Man hörte, wie er sich bewegte, wahrscheinlich in seinem Büro oder Wohnzimmer. Irgendein Raum mit Aktenschränken, Papier, Notizen – Beweise eines Lebens, das sich noch an Logik klammerte. „Wir müssen das Bild untersuchen“, sagte Reinhardt leise. „Du bringst es morgen ins Präsidium. Oder besser—wir treffen uns. Gleich.“ Brecht wollte nicken, doch seine Kehle war zu eng. Er warf einen Blick zum Tisch. Das Foto lag da, stumm, unauffällig. Und doch... wie ein offenes Auge. Dann, plötzlich – ein lautes Krachen am anderen Ende der Leitung. Ein dumpfer Stoß. Etwas fiel. Ein schweres Atmen. Reinhardts Stimme – aber nicht mehr ruhig. „Verdammter...! Nein—warte! Wer bist—“. Ein kurzes, gurgelndes Aufschreien. Kein Schrei des Schmerzes. Sondern der Erkenntnis. Wie jemand, der im letzten Moment begreift, dass er zu spät ist. Dann – ein Knacken. Wie ein Übersteuern. Ein elektrisches Störgeräusch. Und danach: nichts. Die Verbindung brach nicht ab. Sie... verharrte. Ein stummes, tosendes Weißrauschen füllte das Ohrstück. Kein Freizeichen. Kein Abbruch. Nur ein konstantes, gleichmäßiges Rauschen, das nicht nach Technik klang. Es klang wie Atmen. Brecht starrte ins Leere. „Reinhardt?“ flüsterte er. Keine Antwort. Er nahm das Handy vom Ohr. Schaute auf das Display. Verbindung aktiv. Doch dort, wo normalerweise der Name stand, war nur ein Flackern. Wie Text, der geladen werden sollte – oder nicht mehr existierte. Er tippte auf

„Anruf beenden". Nichts passierte. Noch einmal. Wieder nichts. Dann: Das Rauschen wurde lauter. Ein leises Kratzen mischte sich hinein. Wie Fingernägel an Glas.Wie eine Stimme... Die aus der Tiefe einer anderen Frequenz zu ihm sprach. Brecht schleuderte das Handy von sich. Es prallte gegen die Wand, fiel zu Boden, zersplitterte. Der Ton war weg – und doch vibrierte es noch, schwach, als würde es unter der Hülle weiterflüstern. Er stand mitten im Raum, atmete schwer. Der Flur war leer. Das Fenster geschlossen. Das Foto... regungslos. Aber die Wahrheit war längst nicht mehr aufzuhalten. Jonas war nur der Anfang. Jetzt wusste er es. Und Reinhardt...Reinhardt war dran gewesen. Die Splitter des Handys lagen verstreut auf dem Boden, das Gehäuse geöffnet wie eine Wunde, aus der keine Drähte, sondern Schatten zu sickern schienen. Brecht starrte sie an, als würde das Gerät jeden Moment wieder zu leben beginnen, als könne es aufspringen, sich neu zusammensetzen und wieder flüstern. Doch es blieb still. Nur sein Herz schlug weiter – wild, unregelmäßig, als wolle es ihn warnen oder verlassen. Seine Finger krallten sich in die Kante des Tisches. Er spürte nichts außer einem einzigen, rasenden Drang: weg. Dann – Schritte. Leise. Barfuß. Vom Flur her. Er hob den Blick. Seine Frau stand in der Tür. Schlafanzug. Verschwommene Augen. Die Haare wirr, eine Hand noch an den Türrahmen gelehnt. Sie sagte erst nichts, sah ihn nur an, als habe sie etwas geträumt, das nicht ganz aus dem Kopf wollte. „Jonas?", fragte sie. Nicht als Frage, sondern eher wie eine Ahnung. Brecht öffnete den Mund, wollte etwas sagen, doch seine Stimme war weg. Nur Luft. Sie trat näher, ihre Stirn in Falten. „Was ist los, Schatz?" Ihre Stimme war leise, fast ein Flüstern. „Ich hab Stimmen gehört...", begann sie dann zögerlich. „Ich dachte, du wärst am Telefon. Mit jemandem." Er nickte. Langsam. Mühsam. Dann sagte er: „Ich muss los." Sie trat einen Schritt näher. „Es ist fast zwei Uhr... Wo willst du hin?" Ein schwaches Lächeln huschte über ihre Lippen, unsicher, tastend. „Ist alles okay? Du bist... blass. Du siehst aus, als hättest du—" „Es ist ein Notfall." Seine Stimme war plötzlich fest, fester als er sich fühlte. Sie erstarrte. Ihre Hand glitt vom Türrahmen, als hätte sie gespürt, dass etwas in der Luft lag. Etwas Unsichtbares, aber... lauernd. „Ein Notfall... bei der Arbeit?" Ein Schritt zurück. Ein Zucken im Blick. „Hey, du zitterst." „Ich..." Er wusste nicht, was er sagen sollte. Dass Reinhardt gerade in etwas gezogen wurde, das sie nicht begreifen konnten? Dass ein Junge sich selbst in einer Zelle zerstört hatte – aber vielleicht nie wirklich allein gewesen war? Dass er das Gefühl hatte, es stünde jetzt direkt zwischen ihnen? „Ich kann's dir nicht erklären. Nicht jetzt. Aber ich muss—" „Wann wirst du zurückkommen?" Ihre Frage schnitt durch den Raum wie ein Messer. Er hielt inne. Sah sie an. So, wie man jemanden ansieht, von dem man nicht weiß, ob man ihn ein letztes Mal sieht – nicht, weil man gehen will, sondern weil etwas anderes mitkommt. Etwas, das keinen Ausgang kennt. „Bald". Lügner. „Pass auf dich auf“, flüsterte sie, trat zu ihm und legte eine Hand an seine Wange. Ihr Blick war voller Sorge. Und… etwas anderem. Etwas, das er nicht deuten konnte. Etwas wie ein Echo. „Ich komme zurück“, sagte er leise, aber er glaubte es selbst kaum. Dann griff er nach seinem Mantel, ging zur Tür. Seine Schritte hallten auf dem Holz. Bevor er hinaus trat, drehte er sich noch einmal um. Sie stand da. Im Halbschatten des Flures. Und sie sah ihn an. Regungslos. Fast zu ruhig.

"Du bist dran."

Nein. Sie hatte es nicht gesagt. Er hatte es nicht gehört. Oder? Die Tür fiel hinter ihm zu. Die Nacht verschluckte ihn. Der Regen setzte ein, kurz nachdem Brecht das Auto gestartet hatte. Nicht heftig – nur ein feines, fast gleichgültiges Prasseln auf die Windschutzscheibe, wie das Flüstern von Gedanken, die sich nicht fassen lassen. Die Straßen waren leer. Zu leer. Wie ausradiert. Kein Mensch draußen. Kein Licht in den Fenstern. Selbst die Stadt wirkte, als hielte sie den Atem an. Er fuhr mechanisch, ohne zu überlegen, als ob seine Hände genau wussten, wohin sie mussten. Die Strecke zu Reinhardts Hotel war ihm vertraut – sie hatten sich oft dort getroffen, bevor alles so geworden war wie jetzt. Jetzt war alles anders. Nichts an dieser Nacht fühlte sich mehr real an. Sein Herz pochte schnell, nicht wie bei einem Adrenalinstoß, sondern wie bei einem inneren Fieber. Die Bilder in seinem Kopf – Jonas' Zelle, das Foto, die Stimme – alles verschmolz. Und darunter das dumpfe Gefühl: dass Reinhardt nicht mehr sicher war. Oder schlimmer – dass es bereits zu spät war. Das Hotel lag am Rand der Stadt, ein altes Gebäude mit verwitterter Fassade und einem kleinen Vorgarten, der nicht wirklich pflegte. Brecht parkte schräg vor dem Bordstein, sprang aus dem Wagen, noch bevor der Motor ganz verstummt war. Der Regen war kalt, senkte sich auf ihn wie Asche. Die Straße glänzte nass im schwachen Licht der Laternen. Er lief zur Hotellobby, an der Empfangsdame vorbei, die ihm keinerlei Beobachtung schenkte. Der Flur war dunkel. Kein Lichtschimmer, kein Schatten. „Reinhardt!“, rief er. Keine Antwort. Er klopfte. Laut. Mehrmals. Wieder: nichts. Ein Ziehen in der Brust. Kein Zweifel mehr. Er rüttelte an der Klinke – verschlossen. Natürlich. „Verdammt… Reinhardt!“ Jetzt brüllte er fast. Er trat einen Schritt zurück, schaute sich um. Niemand. Kein Mensch auf dem Flur. Keine neugierigen Augen. Als würde auch die Welt selbst beschlossen haben, bei dieser Geschichte nicht mehr mitzumachen. Dann hob er den Fuß. Zögerte kurz. Und trat mit voller Wucht gegen die Tür. Das Holz vibrierte, aber gab nicht nach. Er trat noch einmal. Wieder. Ein dritter, wütender Tritt – und die Tür krachte auf. Ein dumpfer Knall hallte durch das stille Hotel. Innen war alles dunkel. Nur das Licht der Straßenlaterne fiel durch die offene Tür und legte sich wie ein fahler Schleier über den Flur. Brecht zögerte. Eine

Kälte, nicht vom Regen, kroch ihm über den Nacken. Er trat ein. „Reinhardt?" Seine Stimme hallte. Zu laut. Er zog die Taschenlampe aus seiner Jacke, schaltete sie an. Der Lichtkegel zitterte, als hätte er selbst Angst. Im Flur lagen Reinhardts Schuhe. Seine Jacke hing am Haken. Nichts wirkte ungewöhnlich – aber genau das war es. Zu ordentlich. Zu still. Er schloss die Tür hinter sich. Und trat tiefer ins Zimmer hinein.

*

Brecht blieb einen Moment stehen. Der Flur war dämmrig, das Licht des Hotelzimmers trüb. Eine einzelne Stehlampe in der Ecke warf ein fahles, warmes Licht über das durcheinandergeworfene Bett. Die Vorhänge waren zugezogen. Die Luft – abgestanden. Schwer. Die Knochen schmerzten. Der Kopf pochte. Alles in ihm war leer, erschöpft, überfordert. Seine Gedanken liefen in Schleifen, aber sie fanden keine Form mehr. Die Bilder wollten nicht mehr zu Erinnerungen werden. Nur Fragmente – Reinhardts Stimme, Jonas' leere Augen, das verschwundene Gesicht Lemkes. Und dieser Schatten auf dem Foto. Brecht fuhr sich mit einer Hand über das Gesicht, setzte sich langsam aufs Bett. Der Bezug war zerknittert, kalt. Er streckte sich nach dem Notizbuch, das er vor seiner Abfahrt achtlos auf dem Tisch liegen gelassen hatte, und schlug es halb blind auf. Die Seiten waren noch da. Auch die Kratzspuren. Die Worte, die dort nicht hingehörten.Er blinzelte. Rieb sich die Augen. Vielleicht war es wirklich Schlafmangel. Vielleicht... war es längst zu spät, das noch auseinanderzuhalten. Ein leises Knacken. Er erstarrte. Nicht draußen. Nicht im Flur. Es kam aus dem Raum. Langsam hob er den Blick. Und sah die Gestalt. Zuerst glaubte er, sein Gehirn spiele ihm einen Streich. Dass sein Spiegelbild sich verselbstständigt hatte, dass der Schatten der Gardine sich in ein Gesicht formte. Doch dann erkannte er die Silhouette. Die Haltung. Die Arme, lose hängend. Den Körper, der mit seltsamem Winkel an die Wand lehnte, halb im Licht, halb im Schatten. Reinhardt. Regungslos. Sein Blick war offen. Der Mund leicht geöffnet. Blut unter der Nase, ein dünner Streifen getrockneten Rinnsals am Hals. Die Haut blass. So blass. Der Körper war wie fallengelassen, wie vergessen. „Nein...", hauchte Brecht. Sein Magen krampfte sich zusammen. Er stolperte zurück, stieß sich das Knie am Bettgestell. Der Schmerz war real. Hart. Aber alles andere – war das noch wirklich? Er kroch näher. Langsam. Zwang sich, nicht zu blinzeln. Nicht wegzusehen. „Reinhardt?", flüsterte er. „Verdammt, Reinhardt..." Doch der Körper reagierte nicht. Keine Bewegung. Keine Wärme. Nur der Geruch – metallisch, süßlich, wie vergorener

Atem und Verfall. Brecht kniete vor ihm. Zitternd. Dann sah er es. Die Wand hinter Reinhardts Kopf. Wieder diese Kratzer. Und wieder ein Wort. „WIR“ Tiefer geritzt als alles zuvor. Die Farbe der Wand war aufgerissen, die Spuren rot durchzogen, als hätte jemand mit den Nägeln... nein. Als hätte Reinhardt selbst... Brecht fiel zurück, der Atem stoßweise. Er keuchte. Es war nicht mehr möglich, das alles wegzuerklären. Nicht mehr mit Schlafmangel. Nicht mit Wahnsinn. Nicht mit logischer Konstruktion Reinhardt war tot. Hier. In seinem Zimmer. Und niemand hatte ihn hereingelassen. Niemand... außer ihm selbst. Seine Hände zitterten. Er hatte sich aufgerappelt, stand nun vor dem kleinen Schreibtisch am Fenster. Der Stuhl war umgekippt, er stellte ihn nicht auf. Die Schublade knarrte, als er sie aufzog – darin: ein dünner Notizblock, das Deckblatt eingerissen, die Kanten eingerollt von Jahren in stickigen Zimmern. Daneben ein Hotelkugelschreiber. Plastik. Leicht. Billig. Doch in diesem Moment wirkte er wie ein Schwert. Brecht riss die erste Seite aus dem Block. Die Geräusche um ihn herum – das leise Tropfen vom Bad, das entfernte Klopfen aus dem Flur, sein eigener hektischer Atem – verschwammen zu einem Summen im Hintergrund. Er setzte sich. Der Stift traf das Papier. Zögerlich zuerst. Ein Punkt. Dann ein Strich. Dann ein Wort. Dann zwei. Und plötzlich floss es aus ihm heraus. Nicht planvoll, nicht überlegt – sondern wie ein innerer Riss, aus dem alles, was sich aufgestaut hatte, hervorbrach. Die Buchstaben kamen in rascher Folge. Seine Hand war fahrig, die Linien schief, die Tinte an manchen Stellen so heftig gedrückt, dass sie fast durch das Papier brach. Er schrieb weiter, während draußen irgendwo in der Nacht ein Auto vorbeifuhr. Während der tote Reinhardt noch immer reglos an der Wand lag. Während etwas – ein Druck, ein Gefühl, ein Hauch – sich im Raum ausbreitete, wie eine nahende Präsenz. Brecht atmete hart. Schwitzte. Schluckte. Er blickte nicht mehr auf. Nur der Stift auf Papier. Nur das, was gesagt werden musste. Ohne zu wissen, für wen. Oder ob es überhaupt noch jemand lesen würde. Als er fertig war, legte er den Stift zur Seite. Langsam. Vorsichtig. Wie jemand, der etwas zu Ende gebracht hatte. Etwas Endgültiges. Es war nicht das Geräusch, das ihn weckte. Nicht das leise Ticken der Uhr auf dem Nachttisch, nicht das entfernte Summen aus den Wänden, das schon seit Stunden dort zu leben schien. Es war das Gefühl. Das unbestimmbare, das tiefe, stumme Ziehen in der Magengrube. Als hätte sich etwas in ihn gesetzt, noch bevor er die Augen öffnete. Reinhardt lehnte noch immer gegen die Wand. Die Dunkelheit im Raum war dicht, aber nicht absolut. Ein fahler Lichtstreifen lag auf dem Teppich, dort, wo der Vorhang nicht ganz zugezogen war. Draußen: Stadtlärm, verwässert. Weit weg. Fast wie unter Wasser. Er hob die Hand an die Stirn. Kalter Schweiß. Als wäre er stundenlang gerannt. Oder gefallen. Er richtete sich auf. Jeder Muskel protestierte, als hätte sein Körper sich gegen ihn verschworen. Sein Blick glitt über das Hotelzimmer: der Sessel in der Ecke, leer. Der Tisch, auf dem noch immer ein Glas halbvolles Wasser stand. Kein Anzeichen von Unordnung. Und doch: Etwas stimmte nicht. Es war der Spiegel. Er hing an der Wand gegenüber dem Bett. Groß, rechteckig, im Messingrahmen. Nichts Besonderes – und doch schien er... präsent. Lebendig. Mehr als ein Objekt. Fast wie ein Beobachter. Er stand auf. Langsam. Füße auf dem kühlen Teppich, das leise Knacken der Knie in der Stille fast zu laut. Er ging ein paar Schritte, versuchte, tief zu atmen, die Spannung abzuschütteln. Dann, wie auf Befehl: Er hob den Kopf. Und sah. Im Spiegel stand ein Mann. Er selbst. Und doch nicht. Sein Spiegelbild wirkte zu aufrecht, zu ruhig, zu klar. Als hätte es ihn erwartet. Als wäre es nie weg gewesen. Kein Zittern in den Schultern, keine Müdigkeit im Blick. Der Brecht dort sah ihn direkt an – und lächelte nicht. Er bewegte sich nicht. Und doch... da war etwas. Ein Zug um den Mund. Eine Spannung im Blick. Etwas Fremdes. Tief in ihm. Brecht trat näher. Der Boden unter seinen Füßen fühlte sich seltsam an, zu weich, zu nachgiebig. Als würde er durch etwas hindurchgehen, nicht darüber. Das Licht war kühler geworden. Der Raum dunkler. Oder war es einfach nur der Spiegel, der alles um sich herum verschluckte? Seine Hand hob sich wie von selbst. Und der Spiegel reagierte... nicht. Keine perfekte Synchronität. Keine millimetergenaue Bewegung. Das Spiegelbild zögerte. Als würde es überlegen, ob es folgen sollte. Brecht fröstelte. Dann berührten seine Fingerspitzen das Glas. Eiskalt. Ein Riss, kaum sichtbar, lief vom unteren rechten Eck des Spiegels bis zur Mitte. Er war vorher nicht da gewesen. Ganz sicher. Er beugte sich vor. „Wer bist du?", flüsterte er. Es klang dumm. Kindisch. Und doch – im selben Moment bewegte sich der Mund im Spiegel. Zeitversetzt. Die Lippen formten dieselben Worte, aber zu langsam. Zu bedächtig. „Wer... bist... du?" Brecht trat zurück. Sein Herz raste. Der Spiegel zeigte wieder das, was er erwarten sollte – ihn, nur ihn. Aber das Lächeln war geblieben. Nicht auf seinem Gesicht. Nur auf dem des anderen. Er schloss die Augen. Atmete ein. Zählte bis drei. Öffnete sie wieder. Und sah sich selbst – aufrecht, wach, wie eine Kopie, die besser war. Glatter. Unberührt. Keine dunklen Ringe unter den Augen, kein Zittern, kein Schmerz. Es flackerte. Nur für den Bruchteil einer Sekunde – als wäre das Spiegelbild nicht fest verankert. Dahinter ein zweites Gesicht, eine Silhouette. Kein Licht, keine Farbe. Nur Kontur. Und dann: wieder er. „Was willst du von mir...", murmelte Brecht. Er hatte das Gefühl, dass er es nicht für sich selbst sagte. Der Spiegelbild-Brecht antwortete nicht. Aber seine Hand bewegte sich. Langsam. Er hob sie – nicht wie Brecht selbst, nicht spiegelverkehrt. Es war keine Reflexion. Es war... ein Echo. Ein Eigenleben. Die Hand legte sich auf die Innenseite des Glases. Die Finger spannten sich. Kratzten. Als wollte sie durchbrechen. Brecht taumelte zurück, stolperte gegen den Sessel. Die Luft im Raum war jetzt kalt. Nasskalt. Wie Nebel, der in den Lungen brannte.

Dann, ganz plötzlich: das Spiegelbild war verschwunden. Der Spiegel zeigte nur ihn. Wirklich. Wieder synchron. Ein Mann, erschöpft, fassungslos, bleich. Aber auf dem Glas, dort, wo die fremde Hand eben noch lag, waren fünf Abdrücke. Als hätte jemand von der anderen Seite geatmet. Oder gekratzt. Er drehte sich um. Der Raum war leer. Aber er wusste: er war nicht mehr allein. Reinhardt atmete flach. Sein Blick war auf den Spiegel gerichtet, doch die Welt um ihn herum hatte längst begonnen, sich aufzulösen.

Zuerst war es nur ein Vibrieren in den Ohren. Ein leises Flirren, kaum lauter als das Rauschen des Blutes in den Schläfen. Dann folgte das Licht. Es zuckte. Die Stehlampe in der Ecke flackerte, dann erlosch. Mit ihr starb jedes Geräusch. Stille. Nicht die beruhigende Art. Sondern die Art, in der man die Anwesenheit von etwas spürt, das keinen Laut braucht, um alles zu erfüllen. Brecht drehte sich langsam zur Seite. Das Spiegelglas glänzte wie Wasser in der Dunkelheit. Schwarz, aber tief. Kein Abbild mehr. Keine Reflexion. Nur Dunkelheit. Und Bewegung. Zuerst nur ein Schatten – ein Flackern am Rand der Wahrnehmung. Dann: eine Gestalt. Schemenhaft, zu hoch für einen Menschen, zu unregelmäßig. Die Konturen pulsierend, als bestünden sie nicht aus Fleisch, sondern aus Erinnerung. Oder Schuld. Brecht wich zurück. Schritt für Schritt. Sein Rücken stieß an die Wand, die Tapete war kalt, rau, lebendig. Das Wesen trat hervor. Langsam. Aus dem Spiegel. Nicht durch Glas – sondern durch einen Spalt, der nie hätte da sein dürfen. Ein Riss in der Realität selbst. Brechts Blick war starr, seine Pupillen geweitet. Der Körper gehorchte nicht mehr. Nur sein Herz schlug noch. Schnell. Unaufhörlich. Wie ein Countdown. „Warum...?", presste er hervor. „Was bist du...?" Keine Antwort. Nur Nähe. Das Wesen blieb stehen – direkt vor ihm. Und für einen Moment schien alles stillzustehen. Wie eingefroren. Der Raum, die Zeit, selbst die Angst. Dann senkte es den Kopf. Und Brecht... verstand.

„Am Anfang war es nur ein Flüstern – bei ihr in den Träumen, bei ihm im Spiegel. Dann kamen die Schatten in den Ecken, das Kratzen unter der Haut, das Gefühl, dass man nicht mehr allein war, selbst wenn niemand im Raum war. Und irgendwann – ganz leise – hörten sie beide auf zu fragen, wem die Stimme gehörte. Denn sie klang wie ihre eigene. Nur... tiefer. Und hungriger.“

Printed in Poland
by Amazon Fulfillment
Poland Sp. z o.o., Wrocław

53969376R00277